LES ANNÉES DU CAUCHEMAR

DU MÊME AUTEUR

Dans l'édition originale

BERLIN DIARY. 1941
END OF A BERLIN DIARY. 1947
THE TRAITOR. 1950
MIDCENTURY JOURNEY. 1952
STRANGER COME HOME. 1954
THE CHALLENGE OF SCANDINAVIA. 1955
THE CONSUL'S WIFE. 1956
THE RISE AND FALL OF THE THIRD REICH. 1960
THE RISE AND FALL OF ADOLF HITLER. 1961
THE SINKING OF THE BISMARCK. 1962
THE COLLAPSE OF THE THIRD REPUBLIC. 1969
20TH CENTURY JOURNEY. 1976
GANDHI – A MEMOIR. 1980

Ouvrages parus en France

LE TROISIÈME REICH. Stock 1960.
LA CHUTE DE LA TROISIÈME RÉPUBLIQUE. *Une enquête sur la défaite de 1910.* Stock 1970.
TÉMOIN DU XXe SIÈCLE. Stock 1981.

WILLIAM L. SHIRER

LES ANNÉES DU CAUCHEMAR

1934-1945

Mémoires d'une vie plongée dans son temps

Traduit de l'américain
par Claude Yelnick

PLON

8, rue Garancière
PARIS

TITRE ORIGINAL

20th CENTURY JOURNEY.
A Memoir of a Life and the Times.
The Nightmare Years

ISBN Édition originale 0-316-78703-5,
Little, Brown and Company, Boston, USA.

ISBN 2-259-01315-5

A Deirde, Caitlin,
Christina et Alexander.

Puisse le monde de ces petits-enfants
connaître la paix!

INTRODUCTION

Pour moi, comme pour des millions d'autres sur notre petite planète, les années de 1930 à 1940 ont été une époque de bouleversements croissants. Correspondant américain en Europe et en Asie, je fus de plus en plus souvent amené à suivre les révolutions, les soulèvements et l'intolérance, la violence, l'oppression, l'agression et la barbarie dans des pays considérés comme civilisés. Le tout conduisant inexorablement à la guerre.

Ce furent des années de cauchemar. J'avais vingt-six ans au début de cette décennie. Pendant les cinq années précédentes, depuis que j'étais arrivé à Paris venant tout droit d'une petite université de l'État d'Iowa, j'avais travaillé comme journaliste dans la plupart des grandes capitales européennes et je sentais s'écrouler l'ordre ancien, les structures de la paix établie par les démocraties occidentales victorieuses à Versailles, en 1919, à la fin de la Grande Guerre.

Le *statu quo* en Europe était menacé par les dictatures totalitaires de droite et de gauche – la Russie bolchevique de Staline, l'Italie fasciste de Mussolini – et par l'essor soudain de Hitler en Allemagne au début des années 30. Il était aussi miné par l'arrivée de la Crise, avec le chômage croissant, les faillites de banques et d'entreprises, la dépréciation des monnaies et la faim qui s'aggravait.

Pourtant, la terrible effusion de sang de la guerre avait été suivie d'une décennie de paix et d'un certain bien-être pour des peuples épuisés par ce conflit si meurtrier. A Paris, la merveilleuse Ville lumière, que j'avais peu à peu aimée avec passion, mais aussi à Londres, à Rome, à Vienne et à Genève (le siège de la Société des Nations), j'avais été correspondant du *Chicago Tribune* : une vie intéressante – et un solide apprentissage – pour un jeune Américain naïf et ignorant.

Et puis, un jour d'août 1930, à Vienne où j'étais alors affecté, je reçus un bref télégramme du colonel Robert Rutherford McCormick, l'éditeur de la *Tribune*, un homme assez original, qui m'envoyait par avion en Inde. La campagne de désobéissance civile du Mahātmā Gandhi menaçait l'autorité britannique et faisait chanceler les fondations de l'Empire. Gandhi devenait un personnage hors série. Il prêchait une nouvelle forme de révolution, le refus de toute collaboration avec l'autorité britannique par la non-violence. Il parcourait le pays à pied, vêtu d'un pagne, pour réveiller ses compatriotes indiens de la torpeur où les avaient enfoncés des siècles de domination étrangère. Pour la plupart des Indiens, Gandhi était devenu un saint, un sauveur. Pour certains, en Occident, il était une sorte de Christ, dévoué aux pauvres et mettant en pratique ce qu'il prêchait. Profondément religieux, Gandhi était aussi un politicien habile et un chef charismatique. Parmi tous les dirigeants du monde, il m'avait déjà frappé comme le plus grand et le plus original. J'avais hâte de lui parler et d'essayer de le comprendre, lui et la révolution qu'il avait lancée. J'ai déjà évoqué cette expérience et l'impact qu'il eut sur moi, sur l'Inde, sur les Britanniques et en fait sur le monde, dans *Gandhi – A Memoir.*

Je suis resté ensuite en Asie, montant par la Khyber Pass (le col qui conduit de l'Inde à l'Afghanistan) jusqu'à Kaboul, la capitale de ce pays de tribus primitives, pour voir un nouveau roi s'installer après une guerre civile sanglante de plus, avant de revenir ensuite en Europe, par voie de terre, par la Mésopotamie, la Syrie et la Turquie, faisant étape à Ur, à Babylone et à Bagdad. J'ai connu quelques aventures dans ces régions lointaines en pleine effervescence, et j'ai admiré à Ur deux des plus grandes découvertes archéologiques de notre temps.

De retour à Vienne, je me suis marié, j'ai perdu mon job, j'ai pris une année de repos dans un petit port de pêche espagnol, où j'ai vu chanceler déjà la République espagnole à peine née. J'ai suivi alors dans les journaux la prise de pouvoir de Hitler; j'ai écrit mon premier livre, impubliable, je suis retourné à Paris à temps pour « couvrir » [1] l'offensive fasciste (soutenue par les communistes) contre la IIIe République, et les plus sanglants affrontements depuis la Commune, sur la place de la Concorde. A la fin de l'année 1934, je quittais Paris pour Berlin.

Il se trouve que ce fut pour moi un tournant capital. Il allait orienter ma vie et mon métier pendant des années. Comme ma rencontre avec Gandhi, il me laissa une impression indélébile. L'essentiel de ces Mémoires est consacré à son évocation.

De plus en plus fasciné, de plus en plus horrifié aussi, j'ai vu Hitler écraser la liberté et le respect humain en Allemagne, le pays de Luther, de Kant, de Beethoven, de Goethe et de Schiller, persécuter les Juifs et se préparer à les massacrer, détruire tout ce qui lui résistait et entraî-

1. Le terme « couvrir », passé dans le langage journalistique français, désigne le travail qui consiste à suivre et à décrire pour un journal (écrit ou parlé) un événement précis ou une série d'événements *(N.d.T.).*

ner ce grand pays vers une guerre de conquêtes et ses ravages. Consterné, j'ai vu la plupart des Allemands adopter d'enthousiasme la barbarie nazie.

J'ai quitté l'Allemagne en décembre 1940, quinze mois après que Hitler eut plongé l'Europe dans la guerre. Comme correspondant de guerre, j'avais suivi les armées allemandes dans une partie de leurs premières campagnes, en Pologne et à l'Ouest, décrivant la façon dont elles avaient révolutionné l'art de la guerre avec leur *Blitzkrieg* (la guerre éclair), où une concentration écrasante de chars et d'avions sur un front étroit perçait les lignes ennemies, encerclant des armées entières pour les anéantir rapidement. Quand je quittai Berlin, les armées allemandes, après avoir conquis facilement et rapidement la Pologne, le Danemark, la Norvège, la Hollande, la Belgique et la France, montaient la garde du cap Nord aux Pyrénées, de l'Atlantique jusqu'au-delà de la Vistule. La Grande-Bretagne restait seule. Rares étaient ceux qui doutaient que Hitler serait, à la fin de la guerre, le plus grand conquérant depuis Napoléon. Rares aussi ceux qui croyaient que la Grande-Bretagne survivrait.

Mais l'Histoire, comme c'est souvent le cas, prit un virage imprévu. Le dictateur nazi, trop gâté par ses premiers succès, en voulut trop. Il se tourna contre la Russie, qui, sous Staline, était devenue en fait son alliée, et s'en prit aux États-Unis qui étaient restés dans l'ensemble à l'écart. C'étaient, potentiellement, les deux plus puissants pays du monde. Les entraîner dans la guerre allait sceller le destin de Hitler.

A la fin de la guerre, en 1945, j'étais de retour en Allemagne pour voir les ruines et essayer de comprendre sur place comment le Reich en était arrivé à cette fin tragique. Berlin, la capitale naguère encore si orgueilleuse, n'était plus qu'un amas de décombres, dévastée au-delà des mots. Il en était de même de la plupart des autres villes d'Allemagne. Le peuple allemand, si fier de ses conquêtes la dernière fois que je l'avais vu, souffrait de la faim et du froid, survivant à grand-peine à son premier hiver de paix.

Hitler s'était suicidé, comme deux de ses plus proches complices, Goebbels et Himmler. Sept millions de Juifs et autant de Slaves – Polonais et Russes – étaient morts, assassinés par les chefs de ce pays chrétien. Goering, Ribbentrop, Rosenberg, Hess et la plupart des hommes qui entouraient Hitler étaient vivants, détenus à Nuremberg, dans l'attente du procès des criminels de guerre nazis. Je descendis à Nuremberg pour les voir dans le box des accusés, pour suivre les premières semaines du procès, et pour évoquer les hauts et les bas de l'Histoire dont ces Mémoires sont remplis. Je pensais que, dans ce procès, la justice avait fini, pour une fois, par attraper les responsables de crimes parmi les plus tragiques et les plus froidement prémédités que l'homme ait jamais commis. C'était une occasion exceptionnelle que d'assister à ce procès. Je n'aurais pas cru, dans les années désespérantes où je travaillais à Berlin, que je le verrais jamais.

Mes deux ans en Inde avec Gandhi, mes six ans en Allemagne nazie sous Hitler et la longue guerre, qui avait commencé pour moi le 1er septembre 1939, m'avaient appris quelque chose de la vie. Dans mon introduction au premier volume de ces Mémoires [1], j'ai essayé de résumer ces enseignements, ainsi que les années suivantes, celles où, pour la première fois depuis ma jeunesse, je travaillais chez moi, dans mon pays.

Ce qui m'intéressait, c'était la vérité et le sens de la vie. La vérité? Les hommes la cherchaient – Gandhi disait qu'il passait l'essentiel de sa vie à cette recherche – mais l'avait-il trouvée, lui ou aucun autre homme, fût-il un saint? Toute la vérité? Même la vérité sur soi-même? C'est ce qui était le plus difficile. « Quel sorte d'homme suis-je? », s'est demandé Stendhal toute sa vie, dans tous ses livres. Pour reconnaître finalement : « En vérité, je n'en ai pas la moindre idée. »

Peut-on dire la vérité dans des Mémoires comme ceux-ci? Je m'y suis efforcé. Mais je sais bien que la mémoire, estompée, décousue au fil du temps écoulé, et déformée par l'imagination, conduit plus souvent à la fiction qu'à la réalité. Je me rappelle Isadora Duncan réfléchissant sur ce sujet quand elle écrivait ses Mémoires à Paris :

« Comment peut-on écrire la vérité sur soi-même? demandait-elle. Et la connaît-on même? »

J'ai eu la chance de ne pas m'appuyer sur ma mémoire en rédigeant ces pages. J'ai pu sauver et ramener chez moi d'Asie, d'Europe et de la guerre, une quantité de documents sur ma vie et mon travail : mes carnets, mes articles de journaux, les textes, les « scripts » de mes émissions de radio, des lettres, des photos, des coupures de presse et des notes. Ce qui m'a permis d'écrire, sur les événements et sur moi-même, non pas ce dont je me souvenais au bout de trente, quarante ou cinquante ans, mais ce que j'avais vécu à l'époque. J'ai souvent été frappé par la différence entre les deux. Chaque fois – et ce fut souvent le cas – que mes souvenirs étaient en contradiction avec les preuves tirées de mes archives, je m'en suis tenu aux preuves.

J'ai eu de la chance aussi que ces Mémoires évoquent la plupart des grands courants et des grands événements du XXe siècle. Le seul fait de survivre m'a permis de traverser la plus grande partie de ce siècle, qui a commencé avec la voiture à cheval et est entré dans l'ère nucléaire et de

1. *Un témoin du vingtième siècle*, éd. Stock.

l'ordinateur, où les Américains ont atteint la Lune avec leur fusée, photographié des planètes à des millions de kilomètres, et où l'humanité s'est brusquement trouvée en possession des moyens de faire sauter la planète. Dans les limites de ma seule existence, le monde a connu plus de changements que depuis mille ans. Aujourd'hui, vers la fin du siècle, nous les trouvons tout naturels. Mais lorsque je suis né, à Chicago, au début de 1904, l'automobile apparaissait tout juste. Il n'en existait que quinze mille dans toute l'Amérique, et pas de routes empierrées pour y rouler. Il n'était pas question d'avions, de radios, de postes de télévision, de réfrigérateurs, de machines à laver le linge ou la vaisselle, de poêles à mazout, d'air conditionné, de tracteurs à gazole, de stations-service, de grandes surfaces, de parkings, de feux tricolores, d'ordinateurs, d'impôts sur le revenu, de Sécurité sociale, de napalm, de bombes nucléaires, de guerres mondiales et de tant de choses devenues banales aujourd'hui.

Finalement, mon rôle de correspondant de guerre américain à l'étranger m'a permis d'être personnellement témoin de bon nombre des grands événements et des grands progrès de ce siècle. Le compte rendu que contiennent ces pages est donc de première main. Je les ai vus, je les ai senti arriver.

Sans cette expérience directe, je n'aurais jamais pu comprendre, et encore moins éprouver ce qui s'est passé à l'époque de ce cauchemar et pourquoi. Elle m'a aidé par la suite à écrire un peu d'histoire, et les pages que voici. Elle m'a aidé dans ma traversée du XXe siècle.

LIVRE PREMIER

LA ROUTE DE BERLIN

1930-1934

Chapitre premier

HITLER ET LE IIIe REICH PREMIÈRES IMPRESSIONS 1934-1935

Berlin, 25 août 1934. *Demain, début d'un nouveau chapitre pour moi.* [...]

Je n'avais aucune idée, en griffonnant cette ligne dans mon carnet le soir de notre arrivée de Paris à Berlin, de ce que serait ce chapitre : énorme, horrible et long, dans ma vie personnelle et dans mon métier, mais aussi, avec tout ce qui allait se passer dans cette Allemagne nazie déchaînée, pour des centaines de millions d'autres, ici et à l'étranger. Rares seraient ceux, dans le monde occidental, qui échapperaient aux conséquences de ces événements, et des millions n'y survivraient pas.

Nuremberg était un bon point de départ.

Nous étions à peine arrivés dans la capitale allemande que j'y fus envoyé pour le Congrès annuel du parti nazi. C'était la meilleure introduction au monde de cauchemar que Adolf Hitler commençait à installer dans son pays d'adoption. Pendant toute une semaine de septembre, tandis que des centaines de SA et de SS [1] se réunissaient pour acclamer le Führer et entendre ses harangues, je pus me faire une opinion personnelle sur cet homme étrange en qui tant d'Allemands voyaient un génie et un sauveur. Je le voyais chaque jour exercer son pouvoir magique sur les masses allemandes et je commençais peut-être à discerner les raisons de quelque chose qui dépassait ma compréhension : la mainmise, dont on parlait tant, de cet Autrichien vulgaire, sans instruction, totalement fanatique, sorti des bas-fonds de Vienne, sur un

1. SA : *Sturmabteilung*, sections d'assaut, les Chemises brunes qui « tenaient » la rue. SS : *Schutzstaffel*, échelons de protection, la garde d'élite en chemises noires. Les Chemises brunes étaient un million à l'époque, les SS environ 100 000. Très vite, dans les années qui suivirent, les effectifs des SS aux ordres de Heinrich Himmler, un ancien éleveur de volailles, allaient s'accroître pour devenir la principale arme paramilitaire du Parti et dominer la police et la police secrète.

grand peuple qui depuis des siècles avait apporté une contribution si considérable à la civilisation occidentale.

Le Congrès du parti en septembre de cette année 1934 promettait d'être particulièrement important, voire explosif. L'été avait été sanglant et crucial pour le dictateur nazi. Le 30 juin, Hitler avait massacré les gradés des SA, à commencer par leur chef, Ernst Röhm, son seul ami personnel, puis ordonné l'assassinat de plusieurs anciens ennemis politiques, dont son prédécesseur à la Chancellerie, le général Kurt von Schleicher et son épouse.

Le vénérable Feldmarschall Paul von Hindenburg, président de la République, était mort le 2 août dans sa quatre-vingt-septième année, et Hitler, qui n'était jusqu'alors que chancelier, avait aussitôt pris également le titre de chef de l'État, au mépris d'une clause du testament du vieil homme qui demandait la restauration de la monarchie des Hohenzollern. A Berlin, pendant les quelques jours que j'y passai avant mon départ pour Nuremberg, on sentait la tension monter à l'approche du Congrès du parti. Hitler, disait-on, craignait que des SA déçus ne tentent de venger l'assassinat de leurs chefs. L'armée, bien que satisfaite que le Führer ait détruit les SA, ses rivaux de toujours pour le pouvoir militaire, n'acceptait pas qu'il ait fait échouer le vœu de Hindenburg de restaurer l'Empire des Hohenzollern. Les généraux, pendant les quatorze années de la République, avaient été monarchistes fervents. Nombre d'entre eux considéraient Hitler comme un parvenu. Certains étaient indignés qu'il ait assassiné le général von Schleicher, qui avait été des leurs.

Mes dix premiers jours à Berlin m'avaient déprimé. Certaines de mes anciennes relations, contaminées par le virus nazi, me faisaient solennellement des sermons sur le destin de l'Allemagne sous son Führer, la renaissance de la patrie allemande sous le national-socialisme, la nécessité d'une nation forte et virile, bien armée, libérée des chaînes de Versailles et du poison du libéralisme, du socialisme et du communisme, une nation ressuscitée et fondée de nouveau sur les solides traditions de l'ancienne Germanie, qui respectait l'autorité. J'avais peine à croire que c'étaient là les mêmes Allemands que j'avais connus naguère, que j'avais aimés et admirés.

Pas tous, bien sûr. Quelques-uns, heureusement, n'avaient pas changé. Mais en général ils avaient peur.

Les rues étaient parcourues sans interruption par des pelotons ou des compagnies de SA en chemise brune, de SS d'élite en chemise noire, qui faisaient sonner leurs bottes sur le pavé. On m'avait prévenu que ne pas s'arrêter sur le trottoir pour saluer leurs drapeaux au passage, c'était risquer le passage à tabac immédiat. J'appris bientôt à me cacher dans une boutique à leur passage. Il arrivait qu'elle soit juive : il en restait encore quelques-unes ouvertes en 1934.

On nous avait présentés à la Gestapo au moment même de notre arrivée à Berlin. Les premiers à nous accueillir sur le quai, à la gare de Friedrichstrasse, étaient de la police secrète. Deux policiers en civil m'avaient poussé dans un coin pour me demander si j'étais Herr Un tel. J'avais dit que non, mais ils insistaient. Ils avaient épluché mon passeport.

« Il est peut-être faux, avait chuchoté l'un d'eux à l'autre.

– Où l'avez-vous eu? me demanda-t-il.

– A Paris », dis-je.

Finalement, ils avaient claqué des talons et, avec un sourire affecté, m'avaient rendu mon passeport avant de faire demi-tour et de s'éloigner.

A Nuremberg, le 4 septembre, dix jours après mon arrivée en Allemagne nazie, je vis Hitler pour la première fois. Comme un empereur romain, il fit son entrée dans les rues étroites de la cité médiévale, au coucher du soleil, devant des rangs serrés d'Allemands qui l'acclamaient frénétiquement. Des milliers de drapeaux à croix gammée cachaient les merveilles de l'architecture gothique, les façades des vieilles maisons, les toits à pignons. Les rues, à peine plus larges que des ruelles, n'étaient qu'un océan d'uniformes bruns et noirs.

J'aperçus d'abord Hitler alors que sa voiture passait devant notre hôtel pour aller à son quartier général du Deutscher Hof, un vieil hôtel qu'il aimait et qui avait été récemment restauré pour lui. Il jouait avec sa casquette, qu'il tenait dans la main gauche, debout dans sa voiture, remerciant de cet accueil délirant avec des salut nazis un peu mous. Il se retenait sans doute, sachant qu'il aurait à lever des milliers de fois le bras droit avant la fin de la semaine. Il portait un trench-coat bien usagé, tout à fait comme ceux que nous, les journalistes étrangers, nous portions à l'époque. Son visage, assez flasque, n'avait aucune expression particulière – je l'attendais beaucoup plus énergique – et je me demandai ce qu'il y avait dans son allure presque modeste, dans son aspect presque banal, pour déchaîner les acclamations hystériques de la foule, des hommes, des femmes et des enfants tellement fous de joie de le voir qu'ils en étaient défigurés d'une façon que je n'avais jamais vue auparavant, jamais.

La frénésie de la foule me fascina ce soir-là plus encore que mon premier regard sur le dictateur. J'avais vu des foules énormes, dans l'Inde, bouleversées à la vue de Gandhi et, à Rome, de Mussolini. Mais cette horde germanique était différente, d'une façon que je ne comprenais pas encore. Plus tard dans la soirée, je fus pris dans cette foule frénétique qui se pressait dans les douves devant l'hôtel de Hitler. Elle se balançait d'avant en arrière, comme les Holy Rollers que j'avais vus jadis dans les régions reculées de l'Arkansas et de la Louisiane, avec la même expression éperdue sur les visages. Ils criaient d'une seule voix :

« Nous voulons notre Führer! »

Lorsqu'il apparut un instant sur le balcon et salua, leur joie devint démente. Plusieurs femmes se pâmèrent. Plusieurs femmes, et des hommes aussi, furent écrasés par la foule qui se poussait vers l'hôtel pour voir le Messie de plus près. Car c'est bien ce qu'il était décidément pour eux.

A la fin de la soirée du lendemain, après les événements du premier jour de ce Congrès, j'avais « commencé à comprendre, notai-je fièrement dans mon carnet, quelques-unes des raisons du succès stupéfiant de Hitler ».

Il s'était inspiré de l'Église romaine, notai-je, pour ramener l'apparat dans la vie terne des Allemands. La séance d'ouverture du lendemain matin dans l'immense salle Luitpold, à la sortie de Nuremberg, était plus qu'un spectacle coloré. Il y avait quelque chose du mysticisme et de la ferveur religieuse d'une messe de Pâques ou de Noël dans une grande cathédrale gothique.

La salle était un océan de drapeaux multicolores. Soudain, l'orchestre cessa de jouer. Les 30 000 spectateurs entassés dans l'immense arène firent silence. Puis l'orchestre attaqua la « Marche de Badonviller », un air assez entraînant qui n'était joué, me dit-on, que lorsque le Führer faisait une entrée solennelle. Hitler apparut au fond de la salle, en uniforme brun du parti, suivi par ses aides de camp, Hermann Goering, Joseph Goebbels, Rudolf Hess et Heinrich Himmler, tous en uniforme brun, sauf Himmler, qui portait la tenue noire des SS. Il descendit lentement la large allée centrale devant trente mille paires d'yeux et autant de bras levés pour le saluer. C'était le rituel, me dit-on, au début de tous les grands rassemblements du parti depuis des années.

Aussitôt les chefs nazis assis sur l'immense estrade, un grand orchestre symphonique entama la pathétique ouverture d'*Egmont*, de Beethoven. De gros projecteurs étaient braqués sur la scène. Derrière Hitler et la centaine de membres du parti qui l'entouraient avec quelques officiers de l'armée et de la marine, était drapé le « drapeau sanglant » à croix gammée qui avait été porté dans les rues de Munich par une colonne nazie lorsqu'on ouvrit le feu lors du putsch manqué de Hitler à la brasserie en 1923. Derrière cet emblème, sacré pour les nazis, cinq cents étendards de SA se dressaient.

Lorsque l'orchestre se tut, Rudolf Hess, l'adjoint du Führer et à l'époque son plus intime confident, se leva et lut lentement les noms des « martyrs » nazis, les Chemises brunes qui avaient été tués dans les rues pendant la bataille pour le pouvoir. Il lisait la liste des morts lentement et solennellement tandis que, dans l'immense assistance, on inclinait la tête en silence.

C'est dans cette atmosphère recueillie que Hitler lança sa proclamation au peuple, qui – nous avait confié la veille le service de presse nazi – serait sans précédent de la part du Führer. Chacun s'attendait à l'entendre la lire lui-même. Au lieu de quoi, pour garder sa voix avant les sept discours qu'il devait prononcer pendant la semaine, il la fit lire par le gauleiter de Bavière, Adolf Wagner, qui avait une voix et des manières si étonnamment semblables à celles de Hitler que certains journalistes, en l'écoutant à la radio de l'hôtel, crurent que c'était le Führer lui-même.

Je n'oublierai jamais les termes de cette proclamation. Ils ne devaient pas me quitter pendant les années qui suivirent, pour me rappeler que l'Histoire n'évolue pas comme certains, et même les plus puissants, l'ont prévu.

> Le mode de vie allemand est fixé définitivement pour mille ans! Pour nous, le XIXe siècle troublé est enfin terminé. Il n'y aura pas de révolution en Allemagne pendant mille ans!

Ainsi, le IIIe Reich allait durer mille ans! J'étais abasourdi. Mais la foule, dans la salle, accueillit ces paroles avec frénésie. Les 30 000 Chemises brunes se dressèrent pour applaudir en criant leur enthousiasme.

Je protestais en moi-même, tandis que la foule continuait de rugir. C'était impossible que ce mal avilissant pour un grand peuple puisse durer un millénaire, ou même un siècle. Mais j'avais le cœur serré à l'idée qu'il allait durer longtemps. Hitler tenait le peuple allemand beaucoup mieux en main que je ne l'avais cru.

La foule était debout, reprenant ses acclamations, lorsque le Führer en vint, inévitablement, à son explosion habituelle contre le communisme :

« L'Allemagne a fait tout ce qui était possible pour assurer la paix mondiale. Si la guerre éclate en Europe, ce ne pourra être qu'à cause du chaos communiste. »

Il y revint encore, l'après-midi, en prenant la parole à une réunion consacrée à la « Kultur » :

« Seuls des nains sans cervelle, s'écria-t-il, ne comprennent pas que l'Allemagne a été la digue contre le raz de marée communiste, qui aurait englouti l'Europe et sa culture. »

Il n'avait pas de peine à en convaincre le peuple allemand, nombre d'Anglais, de Français, et même d'Américains. Beaucoup plus tard, Hitler étant déjà embarqué dans sa guerre d'agression contre le reste de l'Europe, Charles Lindbergh exprimerait dans les mêmes termes sa certitude que l'Allemagne, l'Allemagne de Hitler, « maintenait aujourd'hui intangible la frontière orientale de la civilisation européenne ».

Au-delà, c'était le bolchevisme, dans l'esprit de Hitler comme dans celui de Lindbergh, et ses partisans étaient les destructeurs de la civilisation européenne. Mais je commençais à découvrir, plongé dans le délire nazi de Nuremberg, que la civilisation européenne pourrait ne pas survivre à la dictature de Hitler.

Je n'avais pas encore tout à fait compris que, pour garder le peuple allemand sous pression, Hitler avait besoin d'ennemis à accuser de tout ce qui allait mal auparavant et de tout ce qui menaçait le nouveau Reich réveillé, autoritaire. Outre les bolcheviques, il y avait les Juifs! Deux fois, en ce jour inaugural, il avait tonné contre eux. Le chaos dont il avait sauvé le pays, dit-il, avait été l'œuvre de l' « intellectualisme juif »! Il disait encore :

« La vie et la forme d'esprit étrangères, imposées aux nations par l'intellectualisme juif racialement dépourvu de fondement, conduisaient à un État étranger, sans racines et, internationalement, à un chaos complet dans la vie culturelle! »

Il avait sauvé l'Europe, disait-il fièrement, non seulement des bolcheviques mais aussi des Juifs, et il voulait que son auditoire s'en souvienne et lui en soit reconnaissant.

Chaque jour à Nuremberg, cette semaine-là, et souvent tard dans la nuit, il y eut un nouveau spectacle qui soulevait l'enthousiasme, paraissant inspirer à la foule une ferveur renouvelée pour le Führer et ce qu'il apportait à la vie de la nation allemande. Le troisième jour, Hitler présenta son *Arbeitsdienst*, le Service du travail. C'était un rassemblement de jeunes nazis fanatiques qui, bien qu'armés seulement de pelles, avaient déjà manifestement un entraînement militaire certain. L'armée allemande était encore limitée à 100 000 hommes par le traité de Versailles et le service militaire obligatoire interdit. Mais le Service du travail était manifestement militaire, et quelqu'un m'avait dit que ses 100 000 membres recevaient une instruction de base pour devenir soldats. Ce qui serait bientôt évident.

Au garde-à-vous sur le stade Zeppelin, dans le soleil levant qui brillait sur leurs pelles, 50 000 d'entre eux – les mille des premiers rangs torse nu – écoutaient le bref discours de Hitler qui les remerciait de leurs services pour la Patrie. Puis, alors qu'ils défilaient devant l'estrade, ils se mirent soudain au pas de l'oie – aucun sergent prussien de jadis n'eût sans doute fait mieux – et la foule explosa de joie. Le pas de l'oie me paraissait ridicule mais l'assistance l'adorait. Spontanément, tout le monde se leva pour hurler et applaudir. Et tandis que les jeunes gens en uniforme vert foncé défilaient, un immense chœur parlé s'éleva :

Nous voulons un seul Chef! Rien pour nous!
Tout pour l'Allemagne! Heil Hitler!

Outre le Service du travail, Hitler, me dit-on, organisait un mouvement encore plus nombreux, la Jeunesse hitlérienne, qui mobiliserait tous les enfants à partir de sept ans.

La nuit suivante vit une autre réunion impressionnante : 200 000 responsables du parti nazi rassemblés avec leurs 21 000 drapeaux claquant sous les projecteurs sur le stade Zeppelin. Ils étaient tous en uniforme brun avec un képi brun, dessiné par Hitler lui-même.

« Nous sommes forts et nous deviendrons plus forts encore! » leur cria Hitler dans le micro, retransmis par tous les haut-parleurs. C'était un grondement de tonnerre, renvoyé en écho à l'orateur, qui paraissait s'en nourrir comme cette foule de petits chefs se nourrissait de ses paroles. Il leur disait ce qu'ils, ce que tous les Allemands voulaient entendre : que l'Allemagne était grande et qu'elle était forte et que, résolue et guidée par lui, elle deviendrait plus grande et plus forte.

« Ce que nous avons gagné en combattant, poursuivit-il, nous le garderons. Nous tendrons une main pacifique à tous ceux qui voudront la prendre. Mais nous serons fermes avec tous ceux qui croient pouvoir refuser à l'Allemagne la justice et l'égalité. »

Cet appel inspiré à la force et à la grandeur s'adressait aussi à la raison. L'Allemagne nouvelle serait forte mais pacifique. Elle ne voulait que la justice et l'égalité. C'était là un thème sur lequel j'allais voir le dictateur revenir des douzaines de fois au cours des années suivantes mais il commençait déjà à sonner le creux pour moi, sinon pour les Allemands. Ce que Hitler voulait dire en réalité, et qui deviendrait clair, au moins pour moi, sinon pour les Allemands, c'était que l'Allemagne maintiendrait la paix tout en préparant la guerre. Il lui fallait la paix tant qu'elle était faible, encore entravée par les restrictions du traité de paix. Mais lorsqu'elle aurait retrouvé sa puissance...? Dans l'air frais de la nuit, on sentait la joie collective. J'essayai de la décrire dans mon carnet ce soir-là :

> Dans la nuit illuminée, serrés comme des sardines, les petits hommes d'Allemagne qui, réunis en masse, ont rendu possible le nazisme, atteignaient le plus haut niveau d'existence que connaisse l'homme germanique : l'abandon de son âme et de son esprit propres – avec ses responsabilités, ses doutes, ses problèmes personnels – pour se fondre complètement dans le troupeau allemand dans les lumières mystiques et la magie des paroles de l'Autrichien.

Hitler, avec son génie pour soulever les instincts profonds de son peuple, avait fait revivre l'ancienne coutume des marches aux flambeaux que les Allemands aimaient tant. Plus tard cette nuit-là, 15 000 hommes, parmi les 200 000 réunis sur le stade, commencèrent à défiler avec leurs torches dans les rues tortueuses de la vieille ville de Nuremberg, Hitler recevant leur salut devant la gare, en face de notre hôtel. C'était la première fois que je voyais ce genre de défilé. Il touchait à la fois les marcheurs et les spectateurs le long des rues. J'étais moi-même un peu ému en regardant le ruban sans fin des torches qui montaient et descendaient pour se fondre dans la nuit, les fanfares qui se suivaient en claironnant les vieux airs militaires allemands, et les hommes en marche chantant les vieux chants nazis. On aurait dit une scène d'un opéra de Wagner : *Lohengrin*, ou bien *Tannhäuser*, ou *les Maîtres chanteurs de Nuremberg?*

Le lendemain, Hitler se trouva face à ses SA pour la première fois depuis la sanglante épuration de leurs chefs au mois de juin. Dans son discours, le Führer leur donna « l'absolution » pour ce qu'il appelait « la révolte de Röhm ». Il régnait une tension considérable dans le stade et Hitler lui-même, me sembla-t-il, paraissait nerveux en montant sur le podium. Mais il n'avait pris aucun risque. Les 100 000 Chemises brunes sans armes sur le terrain étaient entourés de 20 000 SS en manteau noir, et la propre garde du corps de Hitler, 2 500 SS, l'arme au poing, était alignée devant l'estrade, le séparant et le protégeant de la masse des SA en dessous.

Il n'y eut pas d'attentat contre lui ce jour-là, ni, pour autant que je sache, pendant les six ans et demi où il maintint la paix. Les diplomates et les journalistes étrangers allaient souvent se demander pourquoi. Quelques jours plus tôt, certains d'entre nous, correspondants britanniques et américains, avaient vu à quel point c'eût été facile. Nous prenions un verre dans la chambre d'hôtel de l'un des correspondants. Il se trouva que Hitler passa justement en voiture, exactement en dessous de nous, rentrant d'une quelconque réunion. Comme ce serait simple, nous sommes-nous dit, de laisser tomber d'une chambre comme celle-ci une bombe sur la voiture en dessous, de dégringoler dans la rue et de se fondre dans la foule! Que personne ne l'eût fait ou, nous semblait-il, ne l'eût seulement tenté, pas même les amis ou les parents des dizaines d'officiers SA assassinés, ni ceux du général von Schleicher et de sa femme, ou des autres sommairement exécutés le 30 juin, cela donnait à penser sur ce pays et ce que Hitler en avait fait.

Ce qu'on n'avait pas compris à l'étranger et que je commençais tout juste à comprendre moi-même, c'était que le dictateur venu d'Autriche donnait aux Allemands – ou à la plupart d'entre eux – ce qu'ils voulaient. En un an et demi à peine, il avait unifié le pays, supprimé les anciennes divisions en Länder, États, provinces, et même abaissé la Prusse, créatrice de l'Allemagne moderne militariste. Même Bismarck, même les Hohenzollern n'y étaient pas tout à fait parvenus.

L'unification rapide et brutale du Reich avait répondu, je commençais à m'en rendre compte, au désir profond des Allemands. Elle avait aussi rendu l'Allemagne plus forte et, pour Hitler, plus facile à gouverner. C'était ce désir de redevenir forts, d'être les égaux des autres grandes puissances alliées européennes après l'humiliante défaite de 1918, dont Hitler avait joué si habilement pour soulever les passions et obtenir l'accord de tant d'Allemands.

Ils étaient peut-être 300 000 et quelques à Nuremberg, le dernier jour du Congrès du Parti, à manifester ce sentiment, avec un enthousiasme déchaîné par le spectacle de 10 000 soldats aguerris reconstituant avec un parfait réalisme une bataille sur le stade Zeppelin.

Manifestement, ils aimaient jouer à la guerre. Avaient-ils oublié le grand roman allemand *A l'ouest rien de nouveau*, qui l'avait montrée telle qu'elle était : une horreur brutale et insensée?

L'idée me vint que le militarisme allemand, dont nous avions tellement entendu parler hors d'Allemagne, n'était pas seulement un produit de la Prusse spartiate et des Hohenzollern, de Frédéric le Grand au kaiser Guillaume II. Il était profondément enraciné dans ce peuple et, manifestement, il n'était pas mort avec la guerre perdue de 1914-1918.

Après sept jours de marches ininterrompues, de pas de l'oie, de discours et de grande pompe, le Congrès du parti prit fin. J'étais mort de fatigue et je souffrais d'une allergie aiguë à la foule. Pourtant, j'étais content d'être venu. C'était en somme le baptême de l'Allemagne nazie dont j'avais besoin pour pouvoir la décrire en profondeur. Tard dans la nuit, après avoir envoyé ma dernière dépêche de Nuremberg, je notai dans mon carnet :

> Il faut avoir vécu ce genre de choses pour comprendre l'emprise de Hitler sur le peuple, pour sentir le dynamisme du mouvement qu'il a déchaîné et la force pure et disciplinée que possèdent les Allemands. Et maintenant – comme Hitler l'a dit aux journalistes hier – le demi-million d'hommes et de femmes qui sont venus ici cette semaine retourneront dans leurs villes et dans leurs villages pour prêcher la foi nouvelle avec un fanatisme tout neuf.

De retour à Berlin, j'essayai de trier mes premières impressions d'Adolf Hitler. Son apparence et son comportement étaient assez différents de ce que j'avais attendu. A Nuremberg, sauf pendant les explosions traditionnelles contre les bolcheviques et les Juifs, il n'avait pas eu l'air du dictateur brutal et fou de rage décrit dans ce que j'avais lu, et qu'il s'était montré lors du massacre impitoyable des chefs SA et des opposants politiques, moins de trois mois auparavant.

Son visage était assez banal et pas particulièrement énergique.

Parfois, lorsqu'il était visiblement fatigué par ses longs discours, les heures passées en revue des troupes, il avait l'air indolent.

Pendant toute la semaine à Nuremberg, où je m'étais trouvé souvent assis ou debout à côté de lui sur les estrades, j'avais essayé d'évaluer les dimensions du personnage. Il mesurait environ 1,75 m pour un poids d'environ 68 kg. Il avait les jambes courtes et les genoux légèrement tournés vers l'intérieur, de sorte qu'il avait l'air un peu cagneux. Il avait des mains bien faites, avec des doigts longs, élégants, rappelant ceux d'un pianiste de concert et, me disais-je, il s'en servait effectivement pour accompagner un discours ou pendant une conversation détendue avec quelques-uns.

C'était son nez qui trahissait sa brutalité : droit, mais assez gros et élargi à la base, et avec des narines épaisses. C'était le trait le plus grossier de son visage et c'était peut-être pour l'adoucir qu'il s'était fait pousser sa fameuse moustache à la Charlot. Sa bouche était très expressive et pouvait exprimer toute la diversité de ses humeurs.

Les anciens correspondants affirmaient que Hitler n'avait aucun sens de l'humour et ne riait jamais. Pour l'humour, je n'avais aucun moyen de le savoir mais, au Congrès du parti, je le vis rire de bon cœur au moins une douzaine de fois. Il renversait alors la tête en arrière, et sa mèche brune, qu'il peignait du côté droit, lui tombait sur la tempe gauche et sur l'œil, jusqu'à ce que, sans cesser de rire, il la renvoie en arrière d'une secousse ou d'un revers de main.

C'étaient les yeux qui dominaient dans ce visage par ailleurs banal. Ils avaient un pouvoir hypnotique. Pour autant que je puisse le dire, ils étaient bleu clair, mais ce n'était pas leur couleur qui frappait : c'était leur force. Le regard, pénétrant, qui vous transperçait. Il semblait immobiliser ceux qu'il fixait, effrayant les uns et fascinant les autres, surtout les femmes, mais les dominant tous de toute façon. Il me rappelait des tableaux de la Méduse, dont on disait que son regard changeait les hommes en pierre ou les rendait impuissants. A Nuremberg, j'ai vu, jour après jour, de vieux chefs du parti, des durs, qui avaient passé des années en compagnie de Hitler, se figer quand il s'adressait à l'un ou l'autre d'entre eux, hypnotisés par son regard pénétrant. Je crus d'abord que seuls les Allemands réagissaient ainsi. Mais un jour, à une réception de diplomates étrangers, je les vis tous, l'un après l'autre, succomber au célèbre regard. Martha Dodd, la fille de l'ambassadeur américain, avec la vivacité de sa jeunesse, m'avait dit, un jour ou deux avant mon départ pour Nuremberg, de bien regarder les yeux de Hitler :

« Ils sont inoubliables. Irrésistibles. »

Son éloquence aussi était irrésistible, du moins pour les Allemands. Il les subjuguait. A Nuremberg, je compris pour la première fois que c'était l'éloquence de Hitler, son étonnante aptitude à émouvoir qui, plus que toute autre chose, l'avait tiré de l'oubli pour en faire un dictateur et, apparemment, allait le maintenir au pouvoir.

Les mots qu'il prononçait, les idées qu'il exprimait me paraissaient souvent ridicules, mais, cette semaine-là, à Nuremberg, j'avais commencé à comprendre que l'important n'était pas tellement ce qu'il disait mais sa façon de le dire. Le contact de Hitler avec ses auditoires était mystérieux. Il établissait un rapport presque immédiat, qui devenait plus profond, plus intense à mesure qu'il parlait, les tenant totalement sous son charme. Dans cet état, il me semblait qu'ils croyaient facilement tout ce qu'il disait, même les plus incroyables absurdités. Au cours des années où j'ai entendu quantité de discours importants de Hitler, je m'arrêterais en moi-même pour m'exclamer :

« Quelle ânerie! Quels mensonges éhontés! »

Puis je regarderais l'assistance. Ses auditeurs allemands avalaient la moindre de ses paroles comme la vérité absolue.

Le thème de ses discours, que j'entendis pour la première fois à Nuremberg, allait se répéter dans presque tous ceux que j'écouterais pendant six ans. En fait, me dit-on, il avait tout préparé des années auparavant, quand il était un jeune agitateur à Munich, au point que c'était devenu une seconde nature. Malgré la répétition, ses auditeurs ne semblaient jamais s'en lasser.

Il commençait toujours invariablement d'une voix de basse, sonore, magnifiquement modulée, lentement, en paraissant mesurer ses mots. Sur ce mode, il évoquait le passé, ses propres débuts à zéro à la fin de la guerre, soldat démobilisé sans le sou, inconnu, ses premières années de lutte comme chef du parti nazi, les premiers échecs décourageants, l'Allemagne d'après-guerre dans le chaos, et sa volonté inflexible de réveiller la patrie pour la tirer de la honte et de la misère de la défaite, pour la rendre à sa vraie grandeur germanique, un but auquel il s'était voué sans faiblesse et, même, fanatiquement, il était fier de le dire même si beaucoup s'en moquaient et même en riaient.

La voix sonore, profonde, de l'ouverture de son discours, qui touchait tant ses auditeurs, n'était pas, me dit un journaliste allemand expérimenté, un don de Dieu. Hitler, selon lui, avait plutôt une petite voix, assez haut placée. Au fil des années, il avait appris à en descendre le registre et à la rendre plus sonore, et il avait exercé ses poumons gazés pendant la guerre, exactement à la façon des chanteurs d'opéra, pour lui donner plus de volume et lui permettre de mieux la moduler.

En approchant de l'apogée de son discours, sa voix naturelle reparaissait, le ton montait graduellement et, les paroles coulant comme un torrent, devenait aigu. Alors il commençait à crier frénétiquement pour atteindre, selon la formule d'un journaliste irlandais irrespectueux, un orgasme de bruit et de fureur, suivi d'une extase telle que je n'en avais jamais vue chez aucun orateur, et que les auditeurs bouleversés paraissaient partager totalement.

Il pouvait insuffler à ses auditeurs allemands les sentiments qu'il voulait : une haine brûlante, lorsqu'il parlait des bolcheviques et des Juifs, ou, plus tard, de tous ceux qui lui faisaient obstacle : les Tchèques à l'époque de la crise des Sudètes, les Polonais à la veille de les attaquer. Je n'oublierai jamais les hurlements qu'il poussait contre eux, au comble de l'hystérie, les traitant de bêtes, de barbares, de Pygmées, et les menaçant de destruction totale, une menace qu'il réaliserait.

Hitler pouvait être ironique, sarcastique, soulevant des rires rauques quand il ridiculisait ses adversaires en provoquant le mépris. L'acteur-né qu'il était apparaissait alors et il faisait des grimaces, il tordait la lèvre, il roulait les yeux et roulait les *r* aussi comme font les Autrichiens et les Bavarois.

Dès le début, Hitler avait saisi d'instinct l'importance, le pouvoir sans égal de la parole dans la vie publique. Dès les dernières années de sa vie de clochard, avant la guerre, à Vienne, écrivait-il dans *Mein Kampf*.

Il avait commencé à exercer ses dons oratoires devant des auditoires de rencontre dans les asiles de nuit, les soupes populaires et au coin des rues de Vienne. Mais il avait du chemin à faire.

Après la guerre, où il avait passé quatre ans dans les tranchées comme simple soldat dans un régiment bavarois, il trouva à Munich une place d'officier instructeur dans l'armée, *bildungsoffizier*, chargé d'exposer aux soldats les vices du pacifisme, du socialisme et de la démocratie.

> Tout à coup, écrit-il dans *Mein Kampf*, on m'offrait la possibilité de parler devant un plus vaste auditoire. Et ce que j'avais toujours pressenti sans le savoir, par instinct pur, se confirmait : je savais parler!

Cette révélation lui procura une vive satisfaction. Il avait craint que sa voix n'eût été définitivement affaiblie par les gaz qu'il avait subis au front. Il découvrait maintenant qu'il était assez rétabli pour se faire entendre, « au moins dans tous les coins des petites chambrées », dit-il alors.

Telle fut l'origine d'un talent qui allait faire de lui l'orateur le plus efficace de l'Allemagne d'après-guerre et le dictateur de ce grand pays. En tant que correspondant, mais aussi, simplement, parce que j'étais fasciné, j'ai écouté pendant les six années qui suivirent presque tous ses discours publics, toujours stupéfait de leur pouvoir sur le peuple allemand.

Moi aussi, à ma petite échelle, j'avais été très intéressé depuis ma jeunesse par l'art de parler en public. Ce n'était pas très courant dans mon pays. C'était un art presque perdu et il allait l'être définitivement lorsque la radio apparut et que les politiciens et les hommes d'État se mirent à lire leurs dicours, si mal qu'ils vous endormaient.

L'un des points que j'ai notés à ce premier Congrès du parti à Nuremberg, et qui avaient le parfum particulier de cette dictature, était l'apparition de Hitler, partout où il allait, toujours entouré d'une bande d'hommes en uniforme brun, dont beaucoup avaient l'air de gangsters, du genre que j'imaginais autour d'Al Capone dans mon Chicago natal. C'étaient les SA, les SS et les chefs du Parti, les ministres et les copains de Hitler. Ils avaient, pour la plupart, des visages grossiers, des manières rudes, les cheveux courts ou le crâne rasé, un gros ventre et les joues marquées de cicatrices. Manifestement, le Führer aimait à s'entourer de cet essaim de mâles bruns. Il y avait rarement quelqu'un en civil. Pas de femmes, non plus. C'était un univers d'hommes, et d'hommes en uniforme.

Je continuais à réfléchir à tout cela en traînant parmi la foule dans les rues de Nuremberg, en cette fin de semaine. Ces Allemands qui se pressaient autour du Führer quand il arrivait ou repartait lors d'une cérémonie, qui le suivaient en Mercedes noire derrière la sienne pour courir l'entourer aussitôt qu'il s'arrêtait, et qui s'agitaient autour de la tribune pendant qu'il parlait, sortaient presque tous de nulle part. Mais ils étaient maintenant ministres, chefs des services paramilitaires et d'une quantité de bureaux du Parti ou de l'administration. Ils gouvernaient ce grand pays pour son chef. Pourtant, on cherchait en vain en eux ces marques d'intelligence, de réflexion, de culture, de sensibilité, de chaleur humaine qu'on trouvait à l'occasion ailleurs dans tous les gouvernements civils.

L'influence adoucissante, civilisatrice que les femmes commençaient à exercer dans la vie publique des autres pays paraissait manquer totalement. Était-ce dû à l'attitude de Hitler vis-à-vis des femmes? N'en avait-il aucune dans sa vie privée? J'ignorais alors à peu près tout dans ce domaine. Chez les journalistes, on disait qu'il avait eu un grand amour dans sa vie, une nièce, Geli Raubal, qui s'était suicidée il y avait trois ans à Munich après une querelle d'amoureux. Depuis lors, disaient-ils, il restait inconsolable. Ils ajoutaient que Hitler fascinait les femmes, et qu'il flirtait vaguement avec certaines, en particulier les jolies comédiennes invitées à ses réceptions, mais sans aller plus loin.

Il avait refusé d'admettre des femmes dans le parti nazi. Je me demandais quelle serait leur place dans le pays (si elles devaient en avoir une), maintenant qu'il avait pris le pouvoir. Un jour, à Nuremberg, j'avais entendu dire que Hitler allait, pour la première fois, faire un discours devant la « Frauenschaft » (la Ligue féminine nazie). Et, bien que les correspondants étrangers ne fussent pas invités, j'allai dans la salle pour voir ce que le Führer avait à dire aux femmes.

Pas grand-chose! Ce fut tout de suite évident, bien que son discours ait duré deux heures. L'émancipation des femmes? C'était une idée absurde, disait Hitler :

> Parler de l'émancipation des femmes est une invention de cerveaux juifs. La femme allemande n'a pas besoin d'être émancipée. Elle a toujours possédé ce que la nature lui a donné [...]. Son univers est son mari, sa famille, ses enfants et son foyer. Où en serait le grand univers (des hommes) si le petit univers (des femmes) n'était pas organisé? La Providence a confié aux femmes le soin de leur propre univers, sur lequel l'univers des hommes peut être construit. Ces deux univers ne sont pas opposés. Ils sont complémentaires, ils vont ensemble, comme les hommes et les femmes.
>
> Nous estimons mauvais que la femme envahisse l'univers de l'homme. Nous considérons comme simplement normal que les deux univers restent séparés.

N'y avait-il donc aucune place pour les femmes dans la vie politique de l'Allemagne national-socialiste? Hitler dissuadait les femmes de tout espoir de ce genre.

> Depuis de nombreuses années, dit-il, nous, nationaux-socialistes, nous sommes opposés à l'entrée des femmes dans la vie politique qui, selon nous, n'est pas digne d'elles.

Puis, comme s'il faisait la leçon à de jeunes enfants, il raconta une histoire aux femmes qui l'écoutaient :

> Un jour une femme me dit : « Il faut que vous fassiez entrer les femmes au Parlement car elles sont les seules à pouvoir l'améliorer. – Je ne crois pas, lui ai-je répondu, que l'humanité puisse améliorer ce qui est tellement mauvais en soi. » Et je lui ai expliqué que je ne voulais pas laisser aux femmes ce que j'enlevais aux hommes [1].
>
> Nos ennemis disaient qu'avec ce point de vue nous ne pourrions jamais rallier les femmes. Mais nous en avons rallié plus que tous les autres partis réunis. Et je suis sûr que nous aurions rallié la dernière Allemande si elle avait eu seulement la possibilité d'étudier notre Parlement et l'influence dégradante qu'il avait sur les femmes.

Il y avait un vieux dicton en Allemagne qui énumérait les trois choses réservées aux femmes dans la vie, les « trois K » : *Kirche, Küche, Kinder* (l'église, la cuisine, les enfants). Hitler, en guerrre contre les Églises, ne parlait pas du premier K. Mais il affirmait avec force que, dans l'Allemagne nazie, la place de la femme était à sa maison dans sa cuisine

1. Les nazis étaient le seul parti au Reichstag qui ne comptait aucune femme parmi ses députés, depuis que Hitler désignait ceux-ci lui-même.

et avec ses enfants. C'était tout ce que les Allemandes pouvaient avoir comme perspective.

Cela ne me paraissait pas très attirant, mais les 10 000 femmes de l'assistance, toutes en uniforme comme leurs hommes, applaudirent chaleureusement [1].

Elles paraissaient enchantées. A moi, cela semblait un triste retour en arrière. Plus que dans tout autre pays d'Europe, les femmes allemandes, si longtemps tenues en bride à l'époque impériale, avaient joué un rôle d'une importance croissante dans la vie publique et professionnelle pendant la république de Weimar. Elles avaient été nombreuses à se faire élire au Reichstag, aux assemblées des Länder, aux conseils municipaux des villes, petites ou grandes. Des milliers d'entre elles s'étaient réalisées dans des carrières de médecin, d'avocat, de journaliste.

Maintenant un ordre du Führer les renvoyait au foyer, aux tâches ménagères.

Adolf Hitler était devenu un homme public et il s'y plaisait tellement, il passait tellement de temps à se montrer aux foules que je me demandais s'il avait une vie privée. Un journaliste étranger à Nuremberg ne pouvait tirer aucune information à ce sujet de son entourage. C'était un secret bien gardé, comme dans toutes les dictatures. Aucun journaliste allemand, de la radio ou de la presse écrite, n'aurait osé aborder le sujet.

« Vous pouvez dire, me dit un membre de l'entourage de Hitler, qu'il mène une vie personnelle spartiate. Il est végétarien, anti-alcoolique et célibataire. »

Nul autour du dictateur n'osait se risquer à parler des femmes dans cette vie de célibataire, s'il en existait. Un membre du Parti me confia même qu'il était certain que Hitler ne se marierait jamais :

« Pourquoi pas?

– Il considère que sa femme c'est l'Allemagne », me répondit-il.

Il est une chose dont je fus certain après cette semaine à Nuremberg. En Occident, nous avions tous, nos hommes politiques et nos journaux surtout, sous-estimé Hitler et son autorité sur le pays et son peuple. Ses idées pouvaient paraître élémentaires et souvent mauvaises, à moi en tout cas. Mais le fait était là, désagréable certes, non seulement qu'il y croyait, fanatiquement, mais qu'il était en train de persuader le peuple

1. Après avoir entendu le discours de Hitler, je ne fus pas surpris d'apprendre, en quittant cette réunion décourageante, qu'à la tête de la « Frauenschaft » national-socialiste se trouvait... un homme.

allemand d'y croire. Il pouvait avoir l'air d'un démagogue : il l'avait été souvent pendant ces journées de Nuremberg. Mais son talent oratoire, son énergie, sa ferveur, sa volonté de fer et la puissance de sa personnalité avaient un impact énorme sur les citoyens de son pays. Il les convainquait que l'Allemagne nouvelle, l'Allemagne nazie, sous son autorité, était grande, était forte et avait évidemment une éclatante destinée. Il leur demandait des sacrifices et leur promettait la gloire. Ils acceptaient les uns pour obtenir l'autre.

Je n'entendis jamais parler, à Nuremberg, de la perte de la liberté individuelle et des droits démocratiques. Apparemment, ce n'était pas un grand sacrifice. Ils s'en moquaient totalement. Ils s'étaient voués à Adolph Hitler et à sa dictature barbare.

L'Occident libéral, démocratique, ne le comprenait pas encore, ni l'Union soviétique à l'est.

J'avais été un peu surpris, en arrivant à Berlin, de découvrir que la censure allemande, bien que très stricte, ne s'appliquait pas à nos dépêches (comme c'était le cas, à l'époque, je suppose, pour celles des correspondants étrangers à Moscou). Un confrère m'avait expliqué ce que j'allais apprendre par moi-même : on n'était pas forcé de soumettre ses textes aux autorités avant de les câbler, mais il fallait en peser les termes avec soin quand on parlait de Hitler et du régime nazi. Si lui-même ou l'un de ses collaborateurs, en particulier le Dr Joseph Goebbels, le fanatique ministre de la Propagande, chien de garde des journalistes étrangers, trouvait un texte inacceptable, on était expulsé. C'est ce qui était arrivé à Dorothy Thompson le jour de notre venue, et à quelques autres pendant les quelques mois précédents.

Le Dr Ernst Hanfstaengl (dit « Putzi »), le chef du service de presse nazi, nous avais avertis le jour où nous arrivions à Nuremberg pour couvrir le Congrès du parti. Dans son allocution de bienvenue, il nous avait demandé de décrire les affaires allemandes sans tenter de les interpréter. « Seule l'Histoire, nous dit-il, pourra juger les événements qui ont lieu ici sous Hitler. »

Aucun correspondant étranger ne l'avait pris très au sérieux : c'eût été impossible. Grand, dégingandé, excentrique, incohérent et excessivement nerveux, Putzi était une sorte de clown. Les correspondants, en particulier les Américains, l'avaient pris en amitié. Il avait étudié à Harvard, où il avait eu comme condisciple Franklin D. Roosevelt. Il était à demi américain par sa mère, née Sedgwick et originaire de Nouvelle-Angleterre [1]. Putzi et sa famille bavaroise, riche et conservatrice, étaient devenus amis de Hitler dès les premiers jours, à Munich. Le principal

1. L'« aristocratie » américaine (*N.d.T.*).

intérêt de Putzi pour Hitler n'était pas son rôle de chef du service de la presse étrangère du Parti, un travail qu'il faisait souvent dans la confusion et avec négligence, mais son rôle de musicien et de bouffon. Il savait détendre Hitler après une journée difficile avec ses plaisanteries innombrables et ses histoires à dormir debout, et surtout en se mettant au piano. Il cognait comme un sourd sur Wagner, Beethoven, Liszt, Brahms et les autres.

Un soir, quelques jours après notre arrivée, pendant une soirée chez Knickerbocker – un vieil ami, correspondant chevronné en poste à Berlin – le téléphone avait sonné pendant que Putzi matraquait une sonate de Beethoven. On le convoquait immédiatement à la Chancellerie pour jouer pour le Fürher qui avait, paraît-il, du mal à trouver le sommeil. Avec sa façon diabolique de cogner sur le piano, je me demandais comment Putzi allait bien pouvoir faire dormir Hitler.

De sorte que nous n'avions pas pris au sérieux l'avertissement de Putzi, ce premier soir à Nuremberg, de laisser à l'Histoire le soin d'interpréter les événements en Allemagne hitlérienne que nous rapportions. Je n'avais pas envie d'attendre si longtemps. Mais j'allais apprendre bientôt à être prudent. Pendant toutes mes années à Berlin, j'ai eu l'impression un peu floue de marcher sur la corde raide. Si on s'en écartait un peu trop, on risquait l'expulsion. On apprenait vite à sentir jusqu'où on pouvait aller trop loin. Pour ma part, dès le début, je décidai qu'aussi longtemps qu'on me permettait de rapporter l'essentiel de l'histoire de l'Allemagne hitlérienne, entièrement, fidèlement et exactement, je resterais. Quand cela deviendrait impossible, je partirais.

L'un après l'autre, au cours des années qui suivirent, nombre de mes confrères – et c'étaient en général les plus brillants et les meilleurs – allaient être expulsés. J'en serais moi-même menacé. Lorsque la guerre éclata, je me rendis compte que les censeurs nazis n'allaient plus me permettre de rapporter ce qu'un correspondant étranger était tenu de faire, même en temps de guerre. Et je partis, définitivement [1]. Mon départ serait alors évidemment rapproché par la certitude que les autorités avaient commencé à me soupçonner d'espionnage, de passer en code, dans mes émissions de CBS, des secrets militaires que mon gouvernement retransmettait en Grande-Bretagne, le seul ennemi que Hitler n'avait pas encore vaincu alors. Un ami allemand bien placé m'avait prévenu que je risquais d'être bientôt arrêté et inculpé d'espionnage. J'avais beau être innocent de cette accusation absurde, je ne comptais pas que le redoutable Tribunal du peuple nazi m'acquitterait. Dans le cas contraire – et le Tribunal acquittait rarement, même en

1. La censure de nos émissions de radio fut instituée après le début de la guerre, de même, je pense, qu'à Paris et à Londres.

l'absence de preuve – le couperet risquait de tomber, au sens littéral du mot : les espions condamnés étaient décapités, en Allemagne, à cette époque.

Ainsi, non sans quelques difficultés, j'arriverais à m'en aller à temps, pour ne revenir qu'une fois les restes calcinés d'Adolf Hitler enterrés dans les ruines de la Chancellerie lorsque le Reich militaire ne serait plus qu'un souvenir.

Mais le moment n'était pas encore venu, et de loin. J'en étais à m'orienter dans cette Allemagne étrange, dynamique, paranoïaque et totalitaire.

Chapitre 2

LA VIE DANS LE IIIe REICH *1934-1937*

Heureusement pour moi, frais émoulu dans ce pays en plein délire, il ne se passa rien d'essentiel pendant le reste de l'automne 1934.

Après une année triomphale marquée par des massacres et la consolidation de sa dictature, Hitler semblait laisser courir les choses pour un temps. Aucun correspondant, aucun diplomate étranger ne savait ce qu'il projetait. Le régime totalitaire, je commençais très vite à l'apprendre, sait garder ses secrets. Mais l'impression générale dans la capitale était qu'après tous les événements sensationnels de l'été qui s'achevait, il y aurait un entracte tranquille. Cela me donnait la possibilité de m'installer à Berlin et de commencer à sentir ce pays effervescent.

Nous avons loué un appartement dans la Tauenzienstrasse, à deux pas du haut du Kurfürstendam. Le propriétaire, un sculpteur juif et sa femme, spécialiste renommée de l'histoire de l'art, avaient hâte de se réfugier en Angleterre. Étant juive, elle était désormais sans travail et il ne pouvait plus vendre ses œuvres, du moins aux Aryens. Nous nous arrangeâmes pour leur payer le loyer en livres, à Londres, en violation des nouvelles lois sur les changes. Mais cela leur permettrait au moins de survivre un certain temps.

Nous étions heureux d'avoir trouvé ce logement, agréablement meublé dans le style moderne, contenant une belle bibliothèque de livres allemands qui pourraient me servir. Nous étions maintenant habitués, Tess et moi, à vivre dans des appartements et des maisons meublés par d'autres : à Vienne, en Espagne, à Paris.

Il n'y eut pas de grand événement à couvrir pendant le reste de l'année mais j'eus beaucoup à faire. Et d'abord, me remettre à l'allemand.

Il y avait aussi des contacts à prendre : avec les fonctionnaires allemands qui participaient à l'administration du pays; avec les dissidents allemands, si l'on arrivait à les joindre et à gagner leur confiance ; avec les rédacteurs en chef et les reporters allemands (tous les bons écrivains et artistes avaient fui à l'étranger) ; avec les diplomates et mes confrères les correspondants étrangers. Et il fallait aussi que je sorte, que je voie les rues, que je prenne le métro, l'autobus et le tramway pour me mettre autant que possible à l'écoute de l'opinion publique. Cela s'était révélé différent de ce que j'attendais.

On sentait très vite, certes, à l'arrière-plan, la terreur de la Gestapo et la peur du camp de concentration chez ceux qui s'écartaient trop de la ligne, ou qui avaient été communistes ou socialistes, ou trop libéraux, ou pacifistes, ou qui étaient juifs. La « purge » sanglante de juin dernier servait d'avertissement, montrant à quel point Hitler pouvait être sans pitié.

Pourtant, la terreur nazie dans ces premières années, je commençais à m'en rendre compte, ne touchait qu'un nombre d'Allemands relativement petit. La grande majorité ne paraissait pas particulièrement concernée par ce qui arrivait à quelques communistes, aux socialistes, aux pacifistes, aux prêtres contestataires et aux Juifs. Un observateur nouveau venu était bien obligé, même malgré lui comme moi, de conclure que, dans l'ensemble, les Allemands ne paraissaient pas se sentir domestiqués, tenus en main par un tyran sans scrupule. Au contraire, et à ma grande surprise, ils semblaient le soutenir avec un enthousiasme sincère. Adolf Hitler réussissait à leur insuffler un nouvel espoir, une confiance nouvelle et une foi étonnamment renouvelée dans l'avenir de leur pays.

Ce qui semblait leur importer le plus était que le Führer s'était mis en devoir de liquider le passé, avec toutes ses déceptions et ses amertumes. Il promettait de libérer l'Allemagne des conséquences de ses défaites de 1918, des entraves du traité de paix imposé au vaincu. Il promettait au peuple de rendre sa force à l'Allemagne, d'en refaire l'égale des autres grandes puissances. C'était cela que voulait la majorité des Allemands, même les moins convaincus par le nazisme, même les opposants, et ils acceptaient les sacrifices que leur demandait le Führer : la perte de la liberté individuelle, un régime spartiate (« les canons avant le beurre ») et le travail sans relâche.

Au moment où j'arrivais en Allemagne, Hitler commençait à tenir sa promesse de supprimer le chômage. L'année d'avant, on comptait six millions de chômeurs déclarés : le chiffre avait déjà baissé d'un million. Encore deux ans et il tomberait à moins d'un million pour disparaître totalement peu après. J'allais bientôt découvrir ce que représentait un job et une assiette pleine. Lorsque je visitai des grands ensembles industriels des environs de Berlin, qui fonctionnaient maintenant à plein régime grâce aux commandes du réarmement clandestin, je m'attendais à trouver les ouvriers maussades après l'interdiction par les nazis de leurs syndicats, qui avaient été les plus puissants d'Europe et l'armature de la république de Weimar. Je ne les trouvai pas du tout malheureux.

La plupart des ouvriers syndiqués allemands avaient été socialistes, un certain nombre communistes, jusqu'à la dissolution de leurs partis pendant la première année de la prise de pouvoir par Hitler. Ils usaient encore du jargon marxiste, mais ils paraissaient se contenter d'avoir du travail et de laisser aux nazis la politique, qui les avait tant occupés avant 1933.

J'allais entendre beaucoup de récriminations parmi eux. Mais, comme tout le monde en Allemagne nazie, ils faisaient ce qu'on leur disait et avec une docilité assez surprenante. A mesure que le pays devenait plus fort, en particulier militairement, que Hitler se battait pour reprendre ce qui avait été perdu après la guerre et prendre un nouveau départ, les ouvriers suivaient de bon cœur, comme la plupart des autres Allemands. Leur zèle rendait possible le réarmement rapide de l'Allemagne. Il n'y eut jamais de révolte du prolétariat allemand, comme en 1918.

Le peuple allemand, dans son ensemble, avait accepté la tyrannie nazie et contribuait à la rendre efficace. Un correspondant américain, à son arrivée, devait reconnaître cette réalité stupéfiante. Dans le reste du monde, on ne le croyait pas encore, et on ne nous croyait pas quand nous commencions à le dire.

Les Églises n'étaient pas encore en révolte, à l'automne de 1934, mais elles étaient de plus en plus méfiantes. Les prêtres, aussi bien protestants que catholiques, n'aimaient pas ce qu'ils commençaient à ressentir comme une persécution de leur foi. Pour rassurer les catholiques inquiets, Hitler, catholique de naissance mais non pratiquant, avait, l'été précédent, conclu un concordat avec le Vatican qui garantissait la liberté de la religion catholique en Allemagne et le droit de l'Église « de régler ses propres affaires ».

Le concordat, arrivant au moment où les premiers excès du nouveau régime, en particulier contre les Juifs, provoquaient l'indignation du monde entier, avait donné au régime nazi un prestige bien nécessaire à l'étranger, et en Allemagne même quelque peu rassuré les catholiques, c'est-à-dire un tiers de la population.

Mais pas pour longtemps. Cinq jours après la signature du concordat, le gouvernement allemand promulguait une loi sur la stérilisation, qui indigna beaucoup l'Église catholique. Cinq jours plus tard encore, Hitler prenait les premières mesures en vue de dissoudre le mouvement de Jeunesse catholique. Bientôt, il fut totalement supprimé et ses membres inscrits de force à la Jeunesse hitlérienne. Pendant les années suivantes, des milliers de prêtres, de religieuses et de responsables catholiques laïques allaient être arrêtés, nombre d'entre eux sur des inculpations truquées d'« immoralité » ou de « trafic de devises étrangères ». Eric Klausener, le chef de l'Action catholique, avait été assassiné à son bureau lors de la purge du 30 juin, et tous ses collaborateurs envoyés en camp de concentration. Des dizaines de publications catholiques avaient été interdites, et même le caractère sacré de la confession violé par des agents de la Gestapo, jouant les pénitents pour arrêter les prêtres en les accusant de calomnier l'État.

Tout au long des années suivantes, j'allais entendre les horribles récits que me faisaient en secret des prêtres et des sœurs, car la plupart des attaques contre l'Église n'étaient pas publiées par la presse contrôlée. Parfois l'archevêché de Munich ou l'évêché de Berlin était mis en quarantaine par la Gestapo : personne n'avait alors le droit d'entrer ou de sortir. Cela se produisait en général après que la police eut interdit la lecture en chaire de lettres pastorales protestant contre les dernières persécutions. Ils arrivaient toujours, cependant, à nous en faire passer des copies, à nous, les correspondants étrangers, de sorte que nous pouvions au moins tenir le monde extérieur informé.

Au début du printemps 1937, la hiérarchie catholique en Allemagne, qui, comme le clergé protestant, avait d'abord essayé de collaborer avec le nouveau régime, avait perdu toutes ses illusions. Le cardinal-archevêque de Munich nous fit savoir qu'il était écœuré. Lui et d'autres prélats allemands, je le savais, avaient appelé à l'aide le Vatican. Le Saint-Siège ne pouvait plus garder le silence devant ce que le nouveau régime faisait à l'Église. Et c'est ainsi que le 14 mars 1934, au grand soulagement de la hiérarchie allemande mais à la grande colère de Hitler et Goebbels, le pape Pie XI finit par publier une encyclique, *Mit Brennender Sorge (Avec un chagrin brûlant)*, accusant le gouvernement nazi de « faux-fuyants » et de « violations » du concordat et de semer « l'ivraie du soupçon, de la discorde, de la haine, de la calomnie, d'une hostilité fondamentale, secrète et ouverte, contre le Christ et Son Église ».

Goebbels interdit la publication de l'encyclique en Allemagne. Mais nombre de prêtres, au risque de leur vie, s'en procurèrent des photocopies qui furent bientôt distribuées clandestinement dans toutes les paroisses d'Allemagne.

« J'ai couvert la bagarre dans le temple protestant. »

C'est une note dans mon carnet, le 15 novembre de ma première année à Berlin. En un sens, c'était plus intéressant et plus important que la bataille de l'Église catholique pour demeurer libre. Les catholiques, du moins, présentaient un front uni. Mais les protestants étaient divisés.

Sur quarante-cinq millions, les deux tiers appartenaient à vingt-huit Églises luthériennes et réformées, dont la plus importante était l'Église de l'ancienne Union prussienne, comptant dix-huit millions de fidèles. La montée du national-socialisme avait amené une division de plus parmi les protestants. L'année d'avant la prise de pouvoir des nazis, les adeptes les plus fanatiques de Hitler avaient organisé le « Mouvement allemand de la foi chrétienne », partisan convaincu des doctrines antisémites du Parti, et d'expurger la Bible de « ses impuretés non allemandes », en particulier celles tirées de l'Ancien Testament. Ce mouvement voulait appliquer les principes d'autorité du Parti de Hitler à une nouvelle Église protestante du Reich. Il cherchait à rassembler tous les protestants en une congrégation unique contrôlée par l'État. Ses membres s'appelaient eux-mêmes les « chrétiens allemands ». Mais, après avoir assisté à quelques-unes de leurs réunions, j'en conclus qu'ils étaient plus païens que chrétiens.

Le chef du mouvement à Berlin, par exemple, proposait l'abandon de l'Ancien Testament « avec ses contes de marchands de bestiaux et de maquereaux », et la révision du Nouveau Testament pour rendre les enseignements de Jésus « entièrement conformes aux exigences du national-socialisme ». Cet automne et cet hiver-là, les chrétiens allemands exigèrent que tous les pasteurs prêtent serment de fidélité à Hitler et excluent les Juifs convertis de leurs congrégations. Ils adoptèrent également le slogan : « Un seul Peuple, un seul Reich, une seule Foi. »

Un autre groupe, opposé aux chrétiens allemands, s'était appelé l'« Église confessionnelle ». Elle résistait à la nazification des Églises protestantes, rejetait les doctrines racistes nazies et dénonçait les déclarations antichrétiennes des chefs du Parti. Au moment de mon arrivée en Allemagne, les deux groupes, bien que d'importance à peu près égale, ne comptaient à eux deux qu'environ un tiers des congrégations. Les autres, c'était la majorité des protestants, ceux qui paraissaient trop timides pour se rallier à l'un des deux groupes militants. Pour l'instant, ils restaient neutres, attendant de voir lequel prendrait le dessus et ce que ferait à ce sujet Hitler, que la plupart d'entre eux approuvaient politiquement.

Je m'intéressai bientôt au chef de l'Église confessionnelle, le révérend Martin Niemöller, dont je commençais à fréquenter assez régulièrement l'Église de Jésus-Christ, à Dahlem, un faubourg cossu de Berlin. Non pas, je dois l'avouer, parce que les cérémonies religieuses commençaient à m'attirer, mais parce que cette congrégation et son pasteur étaient devenus le symbole d'un défi au régime totalitaire, du moins tant que leur foi chrétienne était en jeu. Non seulement ils suscitaient mon admiration, mais ils me donnaient un sujet d'articles.

Les sermons courageux du pasteur Niemöller et les vibrantes déclarations de ses fidèles sur la liberté religieuse étaient de l'information, sinon en Allemagne où il n'était pas permis de les publier, mais pour nous, correspondants étrangers, qui étions libres de les faire connaître au monde extérieur.

Aucun pasteur n'aurait paru moins destiné à ce rôle que Niemöller. Commandant de sous-marin abondamment décoré pendant la Grande Guerre, nationaliste allemand convaincu pendant les années de chaos qui suivirent, il avait accueilli avec chaleur l'arrivée au pouvoir de Hitler en 1933. Cette année-là il avait publié son autobiographie, *De l'U-boot à la chaire.* Il y disait que, pour lui comme pour tant de pasteurs protestants, les quatorze années de la République avaient été « des années de ténèbres ». Dans un texte ajouté à la fin de son livre, il déclarait que le triomphe de Hitler avait enfin rendu la lumière à l'Allemagne. Il était sûr qu'il amènerait la « Renaissance nationale » pour laquelle lui-même avait si longtemps combattu, entre autres pendant un temps après la guerre, avec les révoltés du *Frei Korps* (le Corps franc), dont étaient issus tant de chefs nazis. La presse nazie avait publié un éloge de son livre et en avait fait un best-seller.

Moins de deux ans après, Niemöller avait perdu toutes ses illusions. A l'automne de mon arrivée, il réunit des pasteurs partageant ses opinions à Dalhem, où son « Église confessionnelle » se proclama l'Église protestante légitime d'Allemagne et fonda rapidement un conseil provisoire de l'Église.

C'était un défi éclatant à Hitler. L'année précédente, celui-ci avait donné aux protestants allemands un avant-goût de la terreur avec ses SA et sa Gestapo – plusieurs pasteurs avaient été anéantis et maltraités, d'autres chassés de leur chaire. Puis il leur avait imposé un pasteur complètement stupide, Ludwig Müller, comme « évêque du Reich » d'une nouvelle « Église du Reich » prétendument unifiée. Partisan dévoué de Hitler depuis le début, Müller avait été enlevé de son poste d'aumônier de la région militaire de Prusse-Orientale, mis à la tête de l'Église et chargé par le dictateur de l'unifier et de la nazifier. Hitler, disait-on, avait toujours eu un certain mépris pour les protestants allemands. Selon un de mes informateurs, il l'avait confié récemment à l'un de ses fidèles nazis.

« On peut en faire tout ce qu'on veut, avait-il dit. Ils s'inclineront [...]. Ce sont de petits bonshommes insignifiants, soumis comme des chiens, et ils suent d'angoisse quand on leur adresse la parole. »

Mais à l'automne de 1934, il découvrit qu'il ne pouvait pas faire tout ce qu'il voulait avec certains d'entre eux. Et il en fut exaspéré. Il ne comprenait pas, disait-on dans les milieux du Parti, qu'un homme comme Niemöller, ancien commandant de sous-marin, patriote, nationaliste et sympathisant nazi, ose s'opposer à lui. Et il dut être plus exaspéré encore, le soir du 8 novembre, lorsque quelque vingt mille fidèles rassemblés à Dahlem entendirent Niemöller et d'autres dénoncer la tentative pour nazifier le protestantisme allemand. Je notai que c'était la première manifestation de masse non nazie depuis leur prise de pouvoir. Elle avait été interdite et pourtant elle avait eu lieu, comme un défi.

Et jamais le régime totalitaire n'avait été critiqué avec tant d'énergie. J'avais remarqué des agents de la Gestapo qui prenaient des notes en sténo dans la foule.

« Nous combattons, dit le Révérend Dr Kock, l'un des orateurs, contre la diffamation du Christ et du véritable christianisme. De faux prophètes se répandent dans le pays en prêchant la doctrine du sang, du sol et du mysticisme racial. Nous la rejetons. »

Un manifeste, aux acclamations de l'assistance, demanda l'abolition « de tout cet ensemble d'hérésie, de mensonges et d'oppression. Nous rejetons tout le régime actuel de l'Église ».

Niemöller, prenant la parole en dernier, repoussa tout compromis :

« Pour nous, dit-il, la question est de savoir quel maître les protestants allemands vont suivre : le Christ ou un autre. »

Il était clair que, pour lui, « l'autre » était Adolf Hitler, son idole déchue.

Cette révolte dans l'Église protestante du IIIe Reich, qui était et resta le fait d'une minorité, marqua quelques points pendant un an ou deux. Mais c'était un combat perdu d'avance. Pendant les douze mois qui suivirent, la Gestapo allait arrêter encore 700 pasteurs de l'« Église confessionnelle ». Mais même avec cette aide, le douteux évêque du Reich Müller n'arriva pas à intégrer l'Église protestante selon les ordres de Hitler. A la fin de 1935, il démissionna et disparut de la circulation. C'était une victoire majeure pour Niemöller et ses partisans, mais ce devait être presque la dernière.

En 1937, Niemöller sentit venir la fin. Il ne le dissimula pas dans ses sermons et des bribes de conversation que moi-même et d'autres journalistes étrangers eûmes avec lui ce printemps-là. Décharné, austère, avec le regard fiévreux des premiers martyrs, il paraissait, du haut de sa chaire, attendre le destin avec le même stoïcisme, j'imagine, que dans le kiosque de son sous-marin pendant la guerre. Le dimanche 27 juin 1937, j'allai l'écouter prêcher ce que nous pensions tous devoir être son dernier sermon. Les fidèles se pressaient dans l'église. Comme s'ils savaient parfaitement, lui et sa congrégation, ce qui allait arriver, il conclut son sermon en ces termes :

« Nous n'imaginons pas plus d'user de nos moyens pour échapper au bras de l'autorité que les Apôtres de jadis. Nous ne sommes pas non plus disposés à garder le silence sur l'ordre de l'homme, lorsque Dieu nous commande de parler. Car il s'agit pour nous, et il doit s'agir toujours, d'obéir à Dieu plutôt qu'à l'homme. »

Trois jours plus tard, il était arrêté et incarcéré à la prison de Moabit à Berlin. Au bout de huit mois de détention, il comparut devant un *Sondergericht*, un de ces tribunaux d'exception créés par Hitler pour juger les crimes contre l'État. Bien qu'acquitté du principal chef d'accusation – « menées clandestines contre l'État » (toutes ses « menées » avaient été à ciel ouvert) – il fut condamné à 2 000 marks d'amende et à sept mois de prison pour « prédications abusives » et pour avoir fait la quête dans son église. Comme il avait passé plus de sept mois en prévention, le tribunal ordonna sa libération. Mais alors qu'il quittait la salle, fêté par sa famille et ses fidèles, il fut arrêté par la Gestapo, remis en « détention protective » et emmené en camp de concentration, d'abord à Sachsenhausen, puis à Dachau, où il allait rester sept ans jusqu'à sa libération, par l'armée américaine, aux derniers jours de la guerre. Selon mes estimations, 807 autres pasteurs et fidèles éminents de l'Église confessionnelle furent arrêtés cette année-là et la plupart envoyés en camp de concentration. La répression réussit à peu près à décourager les fidèles. Quant à la majorité des pasteurs protestants, comme presque tout le monde en Allemagne, ils se soumirent devant la terreur nazie.

A la fin de 1937, à ma grande surprise, bien que je le comprenne, le respectable évêque Marahrens, de Hanovre, fut amené par le Dr Kerrl, ministre nazi des Affaires religieuses, à faire une déclaration publique qui dut paraître particulièrement humiliante à des hommes de Dieu plus solides tels que Niemöller :

« La conception national-socialiste de l'existence est l'enseignement national et politique qui détermine et caractérise l'homme allemand. Comme telle, elle est obligatoire aussi pour les chrétiens allemands. »

Au printemps de 1938, le bon évêque fit le dernier pas en ordonnant à tous les pasteurs de son diocèse de prêter serment d'obéissance à Hitler. Je n'aurais pas dû être aussi étonné. Je ne connaissais pas, à travers l'Histoire, la docilité du clergé protestant allemand à l'autorité de l'État. Essentiellement sous l'énorme influence de Martin Luther, le protestantisme allemand était devenu un instrument de l'absolutisme royal et princier depuis le XVIe siècle, jusqu'à ce que les rois et les princes soient détrônés, en 1918.

La république de Weimar, m'expliqua-t-on, était sacrilège aux yeux de la plupart des pasteurs protestants, comme de Niemöller, non seulement parce qu'elle avait déposé les rois et les princes, mais parce qu'elle s'appuyait surtout sur les catholiques, les socialistes et les syndicats.

En revoyant cette époque de l'Allemagne nazie, je m'aperçois que moi-même et certains de mes confrères étrangers donnions peut-être trop d'importance à la persécution des Églises protestantes et catholique. La résistance à un régime totalitaire donne de bons papiers et nous en avons joué.

Ce que, pour ma part, je n'ai pas souligné, c'est que les batailles de l'Église n'ont jamais réellement affecté, ni même beaucoup intéressé, l'immense majorité du peuple allemand aux premiers temps du IIIe Reich. J'aurais dû comprendre qu'un peuple qui avait si facilement abandonné ses libertés politique, culturelle et économique n'était pas, à d'assez rares exceptions près, disposé à mourir ou même à risquer la prison pour défendre la liberté des cultes.

Ce qui motivait réellement les Allemands dans les années 30 était la réussite éclatante de Hitler, qui donnait du travail, amenait la prospérité, restaurait la puissance militaire de l'Allemagne et marchait de triomphe en triomphe en politique étrangère, en particulier lorsqu'il lui récupérait les territoires perdus après la guerre et en acquérait de nouveaux pour agrandir le IIIe Reich. Rares étaient les Allemands que les arrestations de quelques milliers de pasteurs, de prêtres et de religieuses empêchaient de dormir, ou les disputes entre les diverses sectes protestantes.

Pourtant, il me semblait étrange alors, comme aujourd'hui encore, près d'un demi-siècle plus tard, que ce peuple chrétien, dont les protestants nous avaient donné la Réforme et dont les catholiques avaient triomphé de Bismarck dans la grande affaire du Kulturkampf, à la fin du XIXe siècle, n'ait pas compris que le régime nazi visait à détruire le christianisme. Cela pour le remplacer par le vieux paganisme des premiers dieux des tribus germaniques, et par le paganisme nouveau des extrémistes nazis. Des chefs nazis tels que Rosenberg, Bormann et Himmler n'en faisaient pas mystère dans leurs déclarations publiques, qui n'auraient jamais pu l'être sans l'accord de Hitler. Comme le dit un jour Martin Bormann, l'un des durs nazis les plus proches du Führer, à une réunion du Parti :

« Pour nous, le national-socialisme et le christianisme sont inconciliables. »

Nous savons maintenant ce que Hitler prévoyait pour les chrétiens allemands : la suppression totale de leur religion. Au début de la guerre, un programme en trente points pour l'« Église nationale du Reich » fut mis au point par Alfred Rosenberg, païen déclaré. Bien qu'il fût le plus stupide de tous les chefs nazis que j'aie rencontrés (à l'exception peut-être de Joachim von Ribbentrop, ce ministre des Affaires étrangères à l'esprit si confus), Rosenberg avait, entre autres fonctions, celle de « Führer adjoint pour l'ensemble de l'Éducation et de l'Instruction intellectuelles et philosophiques du Parti national-socialiste ».

Parmi les trente « articles » destinés à l'« Église nationale du Reich » se trouvaient les suivants :

1. L'Église nationale du Reich d'Allemagne proclame catégoriquement son droit et son pouvoir exclusifs de contrôler toutes les Églises à l'intérieur des frontières du Reich ; elle déclare qu'elles sont les Églises nationales du Reich allemand.

5. L'Église nationale est résolue à exterminer irrévocablement [...] les églises chrétiennes, étranges et étrangères importées en Allemagne en l'an 800, de mauvais présage.

7. L'Église nationale n'a ni scribes, ni pasteurs, ni chapelains ; ce sont les orateurs du Reich national qui y prendront la parole.

13. L'Église nationale exige l'arrêt immédiat de la diffusion et de l'édition de la Bible en Allemagne [...].

14. L'Église nationale déclare, pour elle-même et par conséquent pour la nation allemande, qu'il a été décidé que le *Mein Kampf* du Führer est le plus grand de tous les textes. [....] Il contient non seulement la plus grande de toutes les morales mais il incarne la plus pure et la plus vraie d'entre elles pour la vie actuelle et future de notre nation.

18. L'Église nationale écartera de ses autels tous les crucifix, Bibles et images de saints.

19. Sur les autels ne doivent subsister que *Mein Kampf* (le plus sacré des textes pour la nation allemande et par conséquent pour Dieu) et à gauche de l'autel une épée.

30. Le jour de sa fondation, la croix chrétienne doit être enlevée de toutes les églises, cathédrales et chapelles [...] et elle sera remplacée par le seul symbole invincible, la svastika.

La guerre perdue, si désastreuse pour les vies et la nation allemandes, leur épargnerait du moins cette maladie païenne.

Il y eut aussi, le premier automne de mon arrivée en Allemagne, un défi à l'autorité nazie dans le domaine imprévu de la musique. Les autres correspondants étrangers et moi nous en sommes aussitôt emparés, comme de la résistance des Églises. Vers la fin de novembre, Wilhelm Furtwängler, l'un des plus grands chefs d'orchestre du monde, eut des ennuis pour avoir publié une défense courageuse de Paul Hindemith dans un grand quotidien berlinois du matin. Hindemith était attaqué dans les milieux du Parti en tant que Juif et adversaire de la « culture » national-socialiste, et il était interdit de jouer ses œuvres. Furtwängler, tout en protestant auprès de Goebbels en personne, s'était plié à son corps défendant à l'interdiction de jouer des œuvres de compositeurs juifs, en particulier Mendelssohn. Mais Hindemith, soulignait-il, n'était pas juif. De plus, il était l'un des compositeurs vivants les plus féconds et la culture allemande gagnerait à écouter ses œuvres. Enfin, disait Furtwängler, lui-même ne se préoccupait pas seulement de défendre Hindemith, mais de poser publiquement tout le problème de l'intervention du fanatisme politique dans la vie artistique de l'Allemagne.

« Où irions-nous, demandait-il, si les dénonciations politiques s'en prenaient à l'art? »

C'était une bonne question, et j'envoyai une dépêche citant les courageuses déclarations du célèbre chef d'orchestre. J'appris d'ailleurs que ce n'était pas la première fois que Furtwängler s'opposait à une tentative de nazification de la musique. Il refusait de distinguer Juifs et non-Juifs, proclamant qu'il ne connaissait que les bons et les mauvais artistes. Il réclamait que d'autres chefs d'orchestres, qui avaient été l'orgueil de l'Allemagne, comme Bruno Walter et Otto Klemperer, soient autorisés à poursuivre leur activité.

Courageuses paroles, comme on en avait rarement entendu depuis la prise de pouvoir par Hitler. Les conséquences en étaient faciles à prévoir. Au début de décembre, Furtwängler fut contraint de démissionner de ses fonctions de directeur et de principal chef de l'Orchestre philarmonique de Berlin et de l'Opéra d'État de Berlin, les deux plus prestigieuses institutions musicales allemandes. Un an plus tard environ, il allait faire la paix avec les autorités et reprendre la direction du Philarmonique, ce qui lui valut certaines critiques, notamment à l'étranger. Mais il insista pour garder quatre ou cinq Juifs dans son orchestre malgré les hurlements de Goebbels, de Rosenberg et du reste de la meute nazie. Et lorsque cela devint finalement impossible, après le début de la guerre et lorsqu'on commença de préparer la « solution finale », le vieux chef d'orchestre, me dit-on, réussit à faire passer ses musiciens juifs en Suisse.

Malgré mes doutes lorsque Furtwängler reprit ses fonctions, je trouvai bien de la consolation, surtout dans le « black-out » berlinois des premières années de la guerre, à aller entendre le grand chef d'orchestre jouer les plus grands maîtres allemands, Bach, Mozart, Beethoven surtout.

Les persécutions contre les Juifs étaient, bien entendu, beaucoup plus graves que celles contre les prêtres récalcitrants, les socialistes, les communistes, les musiciens et autres. Elles devenaient de plus en plus insensées, inhumaines et, pour un correspondant américain, c'était de beaucoup l'aspect le plus grave de ce pouvoir hitlérien primitif, et j'en étais profondément écœuré.

Dès son arrivée au pouvoir, Hitler n'avait pas perdu de temps pour s'attaquer aux Juifs. La première année, il leur avait interdit la fonction publique, le journalisme, la radio, l'agriculture, l'enseignement, le théâtre, le cinéma. L'année suivante, en 1934, quand j'arrivai à Berlin, il poussa plus loin. Il exclut les Juifs de la Bourse, des banques, de la direction des affaires, notamment des grands magasins, des journaux et des périodiques, et commença à les éliminer de la pratique du droit et de la médecine. Et les violences, les brutalités et les meurtres de Juifs ne cessaient pas, dans les casernes des SA, dans les prisons et les camps de concentration, où ils étaient détenus uniquement parce qu'ils étaient juifs.

Ce serait pire l'année suivante, en 1935, avec l'entrée en vigueur des « lois de Nuremberg ». Elles privaient les Juifs de leur citoyenneté allemande, faisait d'eux des « sujets » inférieurs. Elles interdisaient aussi le mariage entre Juifs et Aryens, ainsi que les relations extra-conjugales entre eux. Elles interdisaient même d'employer des bonnes à tout faire aryennes de moins de trente-cinq ans, Hitler étant obsédé par le mythe, clairement exprimé dans *Mein Kampf*, que les Juifs ne cessaient de violer, donc de souiller de leur sang empoisonné les jeunes Allemandes qu'ils employaient.

Au cours des quelques années qui suivirent, j'allais avoir le triste devoir de rédiger des articles sur treize autres décrets s'ajoutant aux lois de Nuremberg, qui allaient mettre les Juifs totalement hors la loi, les condamnant au ghetto et leur enlevant toute possibilité de gagner leur vie. La persécution des Juifs, qui avait d'abord été le fait, dans une large mesure, des brutes SA et SS en marge de la loi, était maintenant légalisée par la pseudo-loi allemande. Hitler, comme ne cessait de le proclamer son Parti, était devenu la loi. Il n'y en avait pas d'autre dans le IIIe Reich.

Nous, les correspondants étrangers, essayions d'aider les Juifs de notre mieux. Tess et moi en avons caché quelques-uns que nous connaissions, jusqu'à ce qu'ils puissent fuir à l'étranger. Nous nous servions de nos relations dans les ambassades et les consulats des États-Unis, de Grande-Bretagne, de France et de Suisse pour leur faire obtenir leurs visas. Nous leur trouvions un petit peu de monnaies étrangères, ce qui était interdit par la loi, pour les maintenir quelque temps à flot après leur passage à l'étranger.

Parfois, Tess et moi logions un ami juif, ou un ami d'amis, qui sortait de prison après avoir été battu, et nous le soignions jusqu'à ce qu'il soit assez rétabli pour retourner parmi les siens sans trop les bouleverser. Il y eut ainsi un avocat célèbre de Berlin, ancien combattant couvert de décorations, qui avait donné un bras et une jambe à la patrie. Président de l'Association des anciens combattants juifs, il avait été emprisonné sans inculpation précise et maltraité comme les autres. Quand il arriva chez nous un matin, il était si abîmé physiquement et moralement qu'il n'osait pas rentrer dans sa famille. Nous l'avons caché dans une chambre de notre grand appartement-atelier, jusqu'à ce qu'il soit assez remis pour rentrer chez lui. Quelques semaines plus tard, nous arrivions à le faire passer à Londres. Mais ces efforts, il fallait bien le reconnaître, n'étaient qu'une goutte d'eau dans la mer. Dans la plupart des cas, il n'y avait rien à faire.

Il y eut des Juifs, pendant les premières années de la dictature nazie, qui ne semblaient pas se rendre compte de la situation où ils se trouvaient, et qu'elle allait fatalement s'aggraver. Un nombre étonnant d'entre eux, à nos yeux, en particulier parmi les plus aisés, pensaient que les choses allaient s'arranger pour eux, d'une façon ou d'une autre. Ils avaient en Allemagne leurs racines et leurs raisons d'être, ils se sentaient de bons Allemands et répugnaient à s'en aller. L'antisémitisme virulent, pensaient-ils, passerait. Ils n'acceptaient pas volontiers notre conseil de partir quand il en était encore temps. Nous en avons rencontré plusieurs, à Bad Saarow, un lieu de week-end non loin de Berlin. J'ai noté dans mon carnet :

> Bad Saarow, 21 avril 1935 (Pâques). L'hôtel est surtout occupé par des Juifs et nous sommes un peu étonnés d'en voir beaucoup de prospères et apparemment sans inquiétude. Je trouve leur optimisme injustifié.

Être correspondant américain à Berlin posait d'autres problèmes, depuis le début. J'appris bientôt combien il était important de protéger mes informateurs, les hommes et les femmes qui, à leurs risques et périls, me fournissaient les informations que le gouvernement essayait d'étouffer. La moindre imprudence suffisait pour que l'informateur soit arrêté et accusé de trahison, ce qui lui valait automatiquement la peine de mort. Cette menace ne quittait pas mon esprit et pesait sur mon moral, et lorsqu'il arrivait qu'un de mes informateurs se fasse prendre et, comme ce fut le cas par deux fois, soit condamné à mort, je partais dans les rues de la capitale, écrasé, désespéré, cherchant dans ma conscience et ma mémoire si j'avais commis une erreur qui pouvait l'avoir perdu.

Ils avaient fourni aussi des informations, je le savais, à d'autres correspondants, et je retrouvais ceux-ci après le travail pour chercher désespérément si l'un de nous, sans le vouloir, pouvait être responsable d'une fuite.

Nous avions tous reçu la visite de la Gestapo, au bureau et chez nous, qui nous avait interrogés sur tel ou tel de nos informateurs. Mes rapports avec la police secrète, engagés dès le premier moment de mon arrivée à Berlin quand ils m'avaient interrogé à la gare, devenaient permanents. Je n'ai jamais donné aux agents de Himmler, au cours de ces interrogatoires, la moindre information, et je suis certain de mes confrères, à quelques très rares exceptions près. Après tout, je n'avais rien à perdre si j'étais découvert : tout ce qu'ils pouvaient me faire, c'était m'expulser. Mes informateurs allemands, eux, risquaient leur vie.

L'un des deux condamné à mort avait été un jeune pasteur protestant sans peur. Négligeant la plupart des précautions qui nous étaient habituelles, comme les rendez-vous clandestins à la nuit tombée dans les bois du côté du Tiergarten ou dans une rue passante, dans un taudis ou dans une gare pleine de monde. Il venait tout droit à mon bureau ou chez moi pour m'ouvrir son cœur.

Un autre condamné à mort était l'un des rédacteurs en chef de la *Börsen Zeitung*, un quotidien du matin conservateur de Berlin. De lui, j'ai noté dans mon carnet, le 4 janvier 1936 :

> X..., de la *Börsen Zeitung*, ne sera pas exécuté. Sa peine de mort a été commuée en prison perpétuelle. Son crime : il faisait de temps en temps parvenir à certains d'entre nous des copies des instructions quotidiennes de Goebbels à la presse. C'était une lecture fort intéressante, qui ordonnait chaque jour la suppression de telle vérité pour la remplacer par tel mensonge. Il a été dénoncé, me dit-on, par un diplomate polonais, un homme qui ne m'a jamais inspiré confiance.

La condamnation à mort de mon ami pasteur fut également commuée en prison perpétuelle et je fus terriblement soulagé dans les deux cas, mais pas complètement. J'étais heureux qu'ils survivent mais horrifié à l'idée qu'ils allaient passer le reste de leur vie derrière les barreaux, pour des actes qui, dans toutes les sociétés civilisées, n'étaient même pas illégaux.

Parfois, mon carnet de Berlin me le rappelle, j'étais tellement déprimé par l'arrestation des pasteurs qui me servaient d'informateurs que je renonçais purement et simplement, au moins pour un temps, à essayer de couvrir les affaires religieuses pour ne pas en compromettre d'autres. Ainsi :

> Berlin, 15 juin (1937). Encore cinq protestants arrêtés hier, dont Jacobi, de la grande église Gedächtniskirche. Je ne couvre presque plus la guerre des Églises depuis qu'ils ont arrêté mon informateur, un jeune pasteur. Ne veux pas mettre en danger la vie d'un autre.

J'avais du mal à vivre face à la sauvagerie du régime nazi envers ceux qu'il considérait comme des ennemis. Je n'étais pas assez dur, du moins pendant mes premières années à Berlin, pour accepter ces peines de mort, surtout si je connaissais, si peu que ce soit, les victimes.

Un matin de ce premier hiver en Allemagne, je fus stupéfait de lire à la « une » des quotidiens que deux jeunes Allemandes avaient été décapitées la veille à l'aube. Elles appartenaient toutes deux à de vieilles familles aristocratiques et je les rencontrais, à l'occasion, à des réceptions, des cocktails d'ambassades. Jolies, cultivées, intelligentes, elles n'avaient pas été les dernières à exprimer leur mépris pour les nazis. C'était probablement ce qui les avait mises en difficultés tout d'abord, bien qu'elles eussent été trouvées coupables, disaient les journaux, d'espionnage au profit de la Pologne. Je prenais mon petit déjeuner lorsque l'information m'était tombée sous les yeux. Je ne devais jamais terminer mon repas. J'étais glacé à l'idée de leurs têtes si jolies, si raffinées, coupées toutes les deux en même temps que leur cheveux bruns si soyeux.

Il y eut une autre exécution à Berlin, deux ans plus tard, qui me plongea dans le désespoir. Le 4 juin 1937, je notai dans mon carnet :

> Helmut Hirsch, un jeune Juif de vingt ans, qui était officiellement citoyen américain bien qu'il n'eût jamais été en Amérique, a été décapité à la hache ce matin. L'ambassadeur des États-Unis, William E. Dodd, a tout fait pendant un mois pour lui sauver la vie, mais en vain.

Hirsch était poète. Il avait milité dans le mouvement de jeunesse allemand avant que celui-ci ne soit pris en main par les nazis.

Le matin de l'exécution, j'allai à l'ambassade voir l'ambassadeur. Il était effondré. Il me lut, les larmes aux yeux, le texte de la dernière lettre qu'il avait adressée à Hitler, demandant que la peine de mort soit commuée. Dodd me dit qu'il avait essayé, la nuit précédente, quand il avait appris que Hirsch allait être exécuté, d'obtenir que Hitler le reçoive personnellement pour un ultime appel, mais en vain. A mesure qu'il parlait, Dodd devenait de plus en plus amer. Il n'y avait pas de justice en Allemagne nazie. Les quatre années qu'il y avait passées comme ambassadeur avaient été les plus cruelles et les plus dépримantes de sa vie. Il avait dit au président Roosevelt qu'il en avait assez et qu'il lui offrait sa démission. Il serait soulagé, disait-il, d'échapper à l'enfer de Berlin et de retrouver l'Université de Chicago.

Les derniers jours avant l'exécution, j'avais été en contact avec l'avocat et la sœur de Hirsch. Le jour fatal, je reçus d'eux une copie de sa dernière lettre, adressée à sa sœur. Il venait d'être informé, disait-il, que son dernier appel était rejeté et qu'il ne restait aucun espoir :

« Je vais mourir, écrivait-il. Surtout n'ayez pas peur. Je n'ai pas peur. Je suis soulagé, après l'angoisse de ne rien savoir de précis. »

Il revoyait sa vie et lui trouvait un sens malgré toutes ses erreurs dans sa brièveté. C'était un adieu lyrique et courageux.

Le diplomate polonais mentionné dans mon carnet à la date du 4 janvier, que je soupçonnais également d'avoir dénoncé les deux Allemandes décapitées, n'était pas la seule personne en qui je n'avais jamais eu confiance à Berlin. Parfois, le gouvernement vous envoyait un de ses agents qui jouait les dissidents. Il arrivait qu'on se laisse prendre.

Quelques Allemands avaient gagné ma confiance pendant l'ère nazie. Parmi eux, une jeune femme qui occupait un poste clé à la radio allemande. Elle aimait en secret un sculpteur juif, qui avait été obligé de fuir à l'étranger, et elle couvrait ses activités antinazies en arborant sur la poitrine un insigne nazi et en répétant en public le bla-bla-bla nazi. Nous étions devenus bons amis et j'avais fini par lui faire une confiance totale. Elle me fournissait de nombreuses informations de première main sur ce qui se passait dans le gouvernement et les milieux du Parti et, en bon nombre d'occasions, elle me prévint que j'étais suspect à cause de ce que j'avais écrit ou diffusé, ou des gens avec qui la Gestapo m'avait surpris. C'est elle, essentiellement, qui m'avertit, pendant le deuxième hiver de la guerre, que la Gestapo avait ouvert une enquête sur moi pour espionnage et qu'il me fallait quitter le pays avant qu'il ne soit trop tard.

Pendant la guerre, deux officiers du Haut Commandement, au péril de leur vie, devinrent pour moi des informateurs sûrs et précieux. L'un descendait d'une vieille famille de l'aristocratie qui, depuis des générations, avait donné des officiers à l'armée. L'autre était un ancien officier de marine autrichien, rappelé au moment de la guerre. Tous deux détestaient les nazis. De plus, ils étaient contre la guerre, qu'ils estimaient inutile et dont ils prévoyaient qu'elle serait perdue. Surtout, ils étaient indignés et révoltés du traitement barbare que Hitler infligeait aux territoires conquis. Ils m'informaient de ce qui se passait à l'état-major. Je ne pouvais pas me servir d'une grande partie de leurs renseignements : cela m'eût coûté la vie. Mais ils m'aidaient à être mieux informé de l'évolution de la guerre.

Je n'ai jamais pu payer de retour ces deux officiers pour les services qu'ils m'ont rendus et les risques qu'ils ont pris. Mais un jour de juin 1940, alors que l'armée allemande, à laquelle j'étais attaché comme correspondant de guerre, était entrée à Paris, j'ai pu rendre un petit service à mon ami autrichien. Il venait de me signaler que Hitler avait l'intention d'humilier les Français en leur faisant signer l'armistice à Compiègne, dans le même wagon où le maréchal Foch avait dicté aux Allemands les termes de l'armistice de 1918. Mais ce n'était pas ce qui le préoccupait surtout ce jour-là. Il voulait beaucoup revoir une Française qu'il avait connue avant la guerre. Mais elle était très patriote et lui avait interdit d'apparaître sous l'uniforme ennemi. Il me demandait de lui prêter des vêtements civils, un pantalon, une veste et une cravate. (J'avais refusé de porter l'uniforme allemand qu'on nous offrait, à nous qui, comme correspondants, avions suivi l'armée allemande en Belgique et en France ce printemps-là.) Mes vêtements étaient plutôt poussiéreux et froissés après plusieurs jours de campagne, et ils lui allaient mal. En outre, lui dis-je pendant qu'il les enfilait non sans peine, il allait probablement passer en conseil de guerre pour avoir quitté son uniforme. Il devait être très amoureux car il prit tout de même le risque.

Son tuyau à propos de Hitler et de l'armistice franco-allemand, soit dit en passant, allait me conduire, avec l'aide de l'armée allemande et malgré le Führer lui-même, à l'un des plus grands « scoops » mondiaux de ma carrière.

Chapitre 3

L'ENTOURAGE DE HITLER

C'est surtout grâce à l'un des personnages les plus stupides de tous les chefs nazis que je commençai, au cours de ce premier automne et de l'hiver qui suivit, à faire la connaissance de l'entourage de Hitler.

C'étaient les hommes, pour la plupart des marginaux qui, dans le chaos d'après la défaite de 1918 et la révolution qui avait renversé les Hohenzollern, avaient suivi Hitler au début des années 20, à Munich, lorsque le parti nazi tout neuf et son chef n'étaient pas pris au sérieux, même par les Allemands.

Ils avaient pour la plupart participé au putsch ridicule de la brasserie à Munich, en 1923, été emprisonnés avec lui, et ils avaient partagé ses hauts et ses bas jusqu'à ce que le Parti, tel le Phénix, renaisse de ses cendres et parvienne miraculeusement au pouvoir. Maintenant, on leur avait donné les postes clés du régime nazi. Un correspondant étranger se devait de les connaître.

Tous les mois ou tous les deux mois, le chef du bureau des Affaires étrangères du parti nazi, Alfred Rosenberg, un imbécile un peu détraqué au visage bouffi, dont Hitler avait également fait, entre autres choses, le « philosophe » officiel du Parti, recevait les correspondants étrangers et quelques diplomates à une *Bierabend* (une « soirée à la bière »). On y entendait un chef nazi, invité tout exprès, exposer ce qu'il préparait dans son service, et ensuite bavarder sans façon devant un buffet en buvant de la bière et en mangeant de la saucisse. Parfois, Rosenberg invitait un général ou un amiral. Le menu fretin nazi, les adjoints des gros bonnets, qui devenaient souvent de nouveaux informateurs, se pressaient autour d'autres tables, et ils passaient de l'une à l'autre toutes les demi-heures à peu près, pour que nous, qui restions à nos places, puissions parler avec cinq ou six d'entre eux au cours de la soirée.

J'avais pu les observer tous à Nuremberg les premiers jours de mon arrivée en Allemagne nazie. Mais c'est à ces « soirées à la bière » de Berlin que je les rencontrai pour la première fois. Entre autres, Hermann Goering, le numéro deux après Hitler, gros, bon vivant, fanfaron; Rudolf Hess, l' « adjoint » un peu bêta du Führer; Joachim von Ribbentrop, vaniteux, pontifiant, incroyablement stupide, qui allait devenir ministre des Affaires étrangères; et Heinrich Himmler, qui, avec son pince-nez, avait l'air d'un maître d'école de province inoffensif mais qui, en réalité, était le chef brutal et redouté des SS et de la Gestapo et, en fin de compte, celui qui allait exterminer les Juifs. Il y avait aussi les hommes clés qui édifiaient en secret l'armée de terre, la Marine et l'armée de l'air, les deux premières très limitées et la troisième interdite par le traité de Versailles. Les principaux d'entre eux, dans ces premiers jours du IIIe Reich, étaient le général Werner von Blomberg, ministre de la Défense; le général Freiherr (Baron) von Fritsch, commandant en chef de l'armée de terre; l'amiral Erich Raeder, commandant en chef de la Marine; et bien entendu Goering, chef de la nouvelle et encore clandestine armée de l'air.

Goering, je commençais à m'en douter, était le plus ouvert d'entre eux et l'un des rares chefs nazis à avoir le sens de l'humour, même si c'était un humour grossier. Goering pouvait être affable et même charmant, mais c'était aussi un homme sans pitié, comme il l'avait prouvé par son rôle dans les massacres du 30 juin. Et c'était lui qui serait le principal responsable de la fin tragique des carrières illustres du général von Blomberg et du général von Fritsch, qui seraient accusés – incroyable mais vrai! – de délits d'ordre sexuel.

Fritsch était présent le premier soir, et j'échangeai quelques mots avec lui. Blomberg assisterait à la prochaine *Bierabend* de Rosenberg, cette fois consacrée à Goering, un mois plus tard.

Le numéro trois, Joseph Goebbels, le ministre de la Propagande au pied bot, rusé, beau parleur, n'assistait pas aux réunions de Rosenberg. Il le haïssait et le méprisait. Mais nous avions assez d'occasion de voir Goebbels au ministère de la Propagande, où il tenait souvent des conférences de presse, ou à ses réceptions luxueuses, auxquelles il lui arrivait de nous attirer en faisant savoir qu'un certain nombre de belles actrices de la scène et de l'écran y seraient (il était le « tsar » du spectacle). Goebbels allait me devenir presque aussi insupportable que Ribbentrop: ils avaient la même formidable arrogance, bien que Goebbels ne fût pas sans intelligence. Mais un correspondant étranger était obligé de le fréquenter (et les autres, aussi répugnants sinon plus) pour savoir ce qui se passait dans le pays. Nous apprenions à en avaler bien davantage que je ne l'aurais cru possible.

Alfred Rosenberg, notre hôte des *Bierabend,* par exemple. A vrai dire, il n'était pas personnellement répugnant, comme Ribbentrop, Goebbels et Himmler. Mais le « philosophe » nazi était, pour compenser, l'esprit le plus brumeux qui soit : ennuyeux, terne, verbeux, en un mot, tout simplement stupide.

Ses théories sur la race, fondées sur la supériorité des Allemands « aryens » et l'infériorité pathologique des Juifs – et des Slaves, des Asiatiques, des Américains – étaient idiotes, et son ignorance de l'Histoire presque totale. Pourtant, dans les hautes sphères nazies, y compris Hitler, Rosenberg était considéré comme le grand intellectuel du Parti. Dans aucun autre milieu, il n'aurait été pris au sérieux. Paradoxalement, cet ennemi irréconciliable des Juifs, des communistes et de l'Union soviétique, avait eu un diplôme d'architecture de l'Université de Moscou en 1917, en pleine révolution, et ses ennemis au sein du Parti, qui étaient nombreux, juraient que, si Rosenberg n'avait pas réussi à devenir un Russe bolchevique, c'était uniquement parce que Lénine avait refusé de lui donner un poste. Il l'appelaient aussi « le Russe ».

En fait, il était né russe en 1893 à Reval (aujourd'hui Tallinn), en Estonie, qui appartenait à l'Empire des tsars depuis 1721. Il était d'origine allemande, en tout cas il le prétendait – et cela même était mis en doute au sein du parti nazi – mais il avait fait ses études dans des écoles de langue russe, à l'Institut technique de Reval, où il avait commencé à étudier l'architecture, et lorsque cette école avait été évacuée à Moscou à l'approche de l'armée allemande, en 1915, il l'avait suivie, et obtenu son diplôme là-bas.

Il semble qu'il soit resté à Moscou plusieurs mois après la révolution d'Octobre, incapable de se décider à prendre parti pour elle.

Après la guerre, il avait émigré à Paris, puis à Munich, où il avait trouvé un climat fertile pour son anticommunisme, son antisémitisme et son antibolchevisme croissants. Rosenberg y avait également trouvé Adolf Hitler, un jeune agitateur d'extrême droite inconnu, qui avait admiré la vigueur de sa haine des bolcheviques et des Juifs.

En 1930, Rosenberg avait publié un livre de quelque sept cents pages intitulé *le Mythe du vingtième siècle*, une compilation ridicule de ses idées primaires sur la suprématie nordique. Hitler avait essayé de le lire, pour avouer à ses copains qu'il n'en avait pas eu la force. Cependant, c'était devenu un best-seller, après la bible nazie, le *Mein Kampf* de Hitler. Ce phénomène avait poussé Baldur von Schirach, le chef de la Jeunesse hitlérienne, qui se croyait écrivain, à observer que « Rosenberg était l'homme qui vendait plus de livres que personne n'avait lus qu'aucun autre auteur de l'histoire allemande ».

La plupart des marginaux de l'entourage de Hitler étaient si barbares qu'on avait peine à croire qu'ils jouaient des rôles essentiels dans le gouvernement de ce grand et puissant pays. Dans une conversation décontractée avec eux, on découvrait brusquement l'effroyable réalité de l'univers dément de Hitler.

Mes carnets rappellent que j'ai assisté à la première de ces *Bierabend* de Rosenberg, à l'hôtel Adlon, le 15 novembre 1934. L'ambassadeur américain, William E. Dodd y était, et « paraissait très mal à l'aise ».

Il ne supportait pas les nazis et n'en faisait pas mystère, ce qui ne le rendait pas cher aux cœurs de Hitler et de ses hommes de main, ni, me confia-t-il, aux bureaucrates de haut niveau en pantalon rayé du département d'État à Washington, qui ne le trouvaient pas assez diplomate. C'était précisément cette franchise qui m'avait attiré chez lui. Nous devînmes rapidement bons amis, et j'eus en lui une source d'information précieuse.

L'hôte d'honneur de cette soirée et le premier membre du gouvernement que j'allais connaître était le Dr Bernhard Rust, le ministre de l'Éducation. Ses références pour diriger l'éducation allemande, qui avait fait jadis l'envie de l'Occident, étaient stupéfiantes. En 1930, il avait été révoqué par les autorités républicaines de son poste de professeur dans une école de province du Hanovre, pour « instabilité mentale », sans doute due à son nazisme fanatique.

Hitler, je me souvenais de l'avoir lu dans *Mein Kampf*, avait toujours manifesté le plus total mépris pour les pédagogues. Ils n'avaient pas apprécié son génie au lycée, qu'il avait quitté avant son baccalauréat, et ils l'avaient refusé, le trouvant dépourvu de talent, lorsqu'il avait essayé d'entrer à l'Académie des beaux-arts de Vienne. Jusqu'à son dernier jour, Hitler ne devait jamais pardonner à ses maîtres et ne les oublierait jamais. Rien d'étonnant si le Dr Rust, au nom du Führer, révoquait les enseignants à tour de bras. Dans les cinq premières années du régime nazi, il avait renvoyé quelque 2 800 professeurs et instituteurs, environ un quart du total. Le recrutement avait alors décliné rapidement. Après six ans de nazisme, l'effectif allait tomber de 127 920 à 58 325. Dans les instituts de technologie, qui avaient fait jadis l'envie du monde entier et qui fournissaient à l'Allemagne les savants et les ingénieurs dont elle avait un besoin constant, la chute était plus grave encore : de 20 474 à 9 554.

Le niveau des études baissait vertigineusement. Je constatais que les publications destinées aux diverses industries allemandes commençaient à se plaindre du mauvais niveau des jeunes cadres, ingénieurs et scientifiques venant des universités. Ils étaient peut-être bons nazis, laissait-on entendre, mais ils faisaient du mauvais travail.

Dans le cas des scientifiques, ce n'était pas étonnant. « La science et la race » était une matière déjà au programme dans tous les lycées et les universités de tout le pays devenu nazi. On serinait aux élèves qu'il y avait une « science allemande », qui était la première, et une « science juive », qui était fausse et néfaste. A l'Université de Berlin, où tant de grands esprits avaient enseigné jadis, le nouveau recteur, vétérinaire et membre des SA, avait déjà institué vingt-cinq cours de *Rassenkunde* (science de la race) et, pour achever de détruire cette Université jadis éminente, il avait créé aussi quatre-vingt-six cours dans son propre domaine : ainsi la prestigieuse Université de Berlin, sous les nazis, était devenue une école vétérinaire!

Plus je creusais le sujet, moins j'arrivais à y croire. Les grandes universités allemandes commençaient à enseigner ce qu'elles appelaient la physique *allemande*, la chimie *allemande*, les mathématiques *allemandes*. Même le professeur Philipp Lenard, de l'Université de Heidelberg, prix Nobel de physique, était contaminé par les aberrations racistes entretenues par Hitler. Il y avait effectivement une physique allemande, affirmait-il, car « la science, comme tout autre produit humain, est raciale et conditionnée par le sang ».

La mégalomanie des scientifiques allemands dépassait toutes les bornes et devenait à mes yeux passionnante à force d'être ridicule. Pour le professeur Wilhelm Müller, du collège technique d'Aix-la-Chapelle, la publication de la théorie de la relativité d'Einstein, sur laquelle repose une bonne partie de la physique moderne, n'était en réalité qu'une tentative d' « hégémonie mondiale juive ». Pour le professeur Ludwig Bieberback, de l'Université de Berlin, Einstein était « un charlatan étranger ». Et même pour le professeur Lenard, « le Juif manque manifestement de sens de la vérité [...], contrairement au scientifique aryen qui cherche soigneusement et sérieusement la vérité [...]. La physique juive est donc un fantasme et un phénomène de dégénérescence de la physique allemande fondamentale ».

Lenard se ralliait lui aussi à la meute nazie en attaquant Einstein et la théorie de la relativité.

Lire les déclarations de ces éminents scientifiques nazis me donnait l'impression de vivre dans un asile de fous. En écoutant le Dr Rust ce premier soir, j'avais eu la même impression, au point que lorsqu'il s'assit à notre table pour une demi-heure de conversation à bâtons rompus, je me trouvai incapable de l'interroger. Ses réflexions stupides n'avaient pas laissé de place, du moins dans mon esprit, pour la moindre question. En quittant le *Bierabend* de l'Adlon, ce soir-là, je demandai à l'ambassadeur Dodd ce qu'il pensait des idées du Dr Rust sur l'éducation :

« Pur baratin », me dit-il.

En fait, j'allais bientôt apprendre que Hitler ne comptait pas tant sur les écoles que sur la Jeunesse hitlérienne pour l'éducation des jeunes hommes et des jeunes femmes du IIIe Reich. Pour organiser le mouvement de jeunesse, il avait choisi un beau jeune homme à l'esprit banal, descendant en partie d'ancêtres américains illustres, qui se présenta bientôt à l'une des soirées de Rosenberg, où j'eus l'occasion de prendre sa mesure pour la première fois.

Baldur von Schirach avait assez l'air d'un étudiant américain un peu trop bichonné et superficiel, du genre à présider un club de supporters de football. Au-dessus de son col en pointe, il dressait un cerveau horriblement vide. L'allure et les manières américaines de Schirach lui venaient sans doute de ses ancêtres américains qui, du côté de sa mère, comprenaient deux des signataires de la Déclaration d'Indépendance et un arrière-grand-père qui avait perdu une jambe dans les rangs nordistes à la bataille de Bull Run [1] pendant la guerre de Sécession.

Même l'antisémitisme insipide de Schirach était d'origine américaine, du moins à l'en croire. Il affirmait que c'était en lisant le livre de Henry Ford, *le Juif international,* à dix-sept ans, qu'il était devenu antisémite « pour la vie ». C'était peut-être vrai mais j'en doutais. Il était devenu et il était resté antisémite enragé parce que c'était le moyen d'avancer dans le parti nazi. Le paganisme assez naïf qu'il prêchait à la jeunesse allemande lui venait, je l'ai toujours pensé, de Rosenberg. Il était l'un des très rares chefs nazis qui prenaient le « philosophe » officiel du parti au sérieux.

Malgré son allure banale et son air aimable, Schirach possédait une grande énergie, un sens de l'organisation et cette brutalité commune à tous ceux qui faisaient leur chemin dans la jungle des Chemises brunes. Il en fit rapidement la preuve lorsqu'il prit en main les Jeunesses hitlériennes. Avant l'arrivée au pouvoir de Hitler, son mouvement de jeunesse ne comptait que cent mille membres en 1932, la dernière année de la République de Weimar, comparés aux dix millions de membres des différentes organisations unies sous l'égide de l'Association de la jeunesse allemande. Les proportions avaient commencé à changer rapidement après la nomination de Schirach par Hitler comme « chef de la jeunesse du Reich allemand », en juin 1933. A la tête d'une bande de cinquante chefs des Jeunesses hitlériennes en armes, Schirach envahit tout simplement le siège national de l'Association de la jeunesse allemande, l'occupa et en expulsa le président, un vieil officier prussien à la retraite. Un autre président fut cependant nommé pour diriger l'association, le prestigieux amiral von Trotha, l'un des plus célèbres héros de la Marine allemande, qui avait été chef d'état-major de la flotte de haute mer pendant la Grande Guerre et l'un des « vainqueurs » de la bataille du Jutland. Le jeune Schirach s'occupa aussi de l'amiral, l'évinça et confisqua les millions de dollars appartenant à l'Association de la jeunesse, ainsi que les centaines d'auberges de jeunesse intallées dans tout le pays.

L'Association de la jeunesse catholique, forte d'un million de membres, fut également dissoute, malgré les dispositions du concordat avec le Vatican qui stipulaient qu'elle ne serait pas touchée. En 1936, Hitler

1. Victoire sudiste *(N.d.T.).*

décréta que *toute* la jeunesse allemande, sans exception, serait organisée au sein de la Jeunesse hitlérienne.

« La jeunesse allemande, disait le décret, sera [...] éduquée physiquement, intellectuellement et moralement dans l'esprit du national-socialisme [...] par la Jeunesse hitlérienne.

De six à dix-huit ans, les garçons et les filles furent incorporés dans les diverses structures de la Jeunesse hitlérienne. Les quatre premières années – de six à dix ans – les garçons faisaient une sorte d'apprentissage, comme *Pimpf.* On donnait à chacun un carnet de notes sur lequel seraient inscrits ses progrès dans tout le programme de la jeunesse nazie, y compris son évolution idéologique. A dix ans, après avoir passé des tests d'athlétisme, de camping et d'Histoire revue dans l'esprit nazi, il entrait dans la *Jungvolk,* où il prêtait serment :

> En présence de ce drapeau du sang, qui représente notre Führer, je jure de vouer toutes mes énergies et toute ma force au sauveur de notre pays, Adolf Hitler. Je suis prêt à donner ma vie pour lui, avec l'aide de Dieu.

Le mouvement de jeunesse de Hitler ne négligeait pas les jeunes Allemandes. De dix à quatorze ans, elles étaient *Jungemädel* (jeunes filles) et suivaient un entraînement assez semblable à celui des garçons, y compris de longues marches avec un gros sac pendant les week-ends, et elles étaient également soumises à l'endoctrinement nazi.

A la fin de 1937, la Jeunesse hitlérienne comptait 7 728 259 membres, un effectif impressionnant. Mais il était évident qu'environ 4 millions de jeunes s'étaient arrangés pour y échapper. Hitler soupçonnait que des parents contestataires gardaient leurs enfants chez eux. En mars 1939, la dernière année de cette paix si précaire, il signa une loi mobilisant tous les jeunes dans la Jeunesse hitlérienne. Les parents récalcitrants étaient avertis qu'on leur enlèverait leurs enfants non inscrits pour les mettre dans des orphelinats d'État.

C'était bien décourageant de voir Hitler annexer la jeunesse allemande, lui empoisonner l'esprit et la préparer pour les sinistres entreprises qu'il avait en tête. Je ne l'aurais pas cru possible avant de l'avoir vu de mes yeux.

Rien d'étonnant si, pendant les derniers mois de la guerre, en 1945, lorsque tout serait perdu et alors que le Grand Führer du Grand Reich allemand s'apprêterait à se suicider, ce serait un « dernier carré » de garçons de quatorze à seize ans de la Jeunesse hitlérienne qui tenterait de défendre Berlin jusqu'au dernier.

Aucun d'entre nous, à l'hôtel Adlon, en cette soirée d'automne 1934, n'aurait pu, même vaguement, imaginer une telle fin pour ce pays, même si certains d'entre nous la souhaitaient de tout cœur. Encore moins, je crois, l'homme qui, après Hitler, était responsable de l'essor rapide de l'armée allemande, le général-baron von Fritsch, son commandant en chef, qui était dans l'assistance. C'était la première fois que j'avais l'occasion de lui parler et j'avais été un peu surpris de le voir à peine cacher son mépris pour Rosenberg et les autres nazis.

Il devait en dire encore davantage à ce sujet dans une circonstance intéressante, quelques mois plus tard. Il avait beau être l'officier prussien type de la vieille école, avec la nuque raide et le monocle, il était extrêmement intelligent et j'éprouvais de la sympathie pour lui. Je ne pense pas qu'il se soit souvenu de mon nom bien longtemps. Il avait seulement l'air de reconnaître ma figure comme celle d'un des correspondants américains en qui il pouvait avoir confiance, ceux dont Karl von Wiegand se portait garant, lui qui était le plus ancien correspondant de la chaîne Hearst, et l'un de ses amis intimes. Ce fut par l'intermédiaire de Karl, essentiellement, que je gardai le contact avec lui, irrégulièrement, au fil de sa carrière, jusqu'à sa triste fin, brutale et imprévue.

Hermann Goering était l'hôte d'honneur de Rosenberg à sa prochaine soirée à l'Adlon en décembre de la même année, et j'eus ainsi l'occasion d'approfondir le contact que j'avais esquissé avec le numéro deux de l'Allemagne nazie. Ce fut davantage encore : une rencontre avec l'homme le plus sinistre de l'entourage de Hitler, Heinrich Himmler, chef des SS et de la Gestapo, et avec deux des plus illustres figures militaires allemandes : le feldmarschall August von Mackensen, le plus brillant des chefs du front de l'Est pendant la Grande Guerre et maintenant, à quatre-vingt-cinq ans, bien entendu à la retraite; et le général Werner von Blomberg, alors ministre de la Défense, qui avait amené l'armée à Hitler et qui travaillait maintenant avec ardeur – ce n'était plus un secret à Berlin – à la réarmer en violation du traité de Versailles. Cela paraissait plaire tout particulièrement à Mackensen. Il était entré bras dessus bras dessous avec Goering, dans son dernier uniforme de fantaisie de l'armée de l'air, qu'il avait dessiné lui-même. Celui-là était écarlate et bleu, assorti à l'uniforme des hussards de la mort du vieux Feldmarschall.

Après Hitler, Goering était le chef nazi le plus populaire et le plus puissant. En tant que Premier ministre et ministre de l'Intérieur de Prusse, il avait un grand pouvoir sur la plus vaste et la plus importante région d'Allemagne. Il avait en main la police prussienne et presque tout l'appareil gouvernemental. Il avait créé la Gestapo, la police secrète, pour écraser par la terreur la moindre opposition, ainsi que les camps de concentration pour y enfermer ceux qui défiaient l'autorité nazie, les communistes, les socialistes, les libéraux, les pacifistes et (ou) les Juifs.

Il était président du Reichstag. Il était le chef de l'aviation, civile et désormais militaire. Hitler allait bientôt lui donner d'autres titres qui feraient en somme de lui le tsar de l'économie.

Il était efficace. Il aimait aussi le luxe et l'opulence et il avait déjà commencé à acquérir plusieurs châteaux et à bâtir, non loin de Berlin, une extraordinaire attraction touristique qu'il appelait Karin Hall, du nom de son épouse suédoise disparue. On disait aussi qu'il était morphinomane mais qu'il renonçait à la drogue pendant d'assez longues périodes, pour y revenir quand il était fatigué par une vie bien remplie. Goering était un authentique héros de la guerre, le dernier commandant de la fameuse escadrille de chasse Richthofen, l'un des rares anciens combattants à porter la plus haute décoration allemande, *Pour le mérite,* alors qu'il n'était que capitaine à sa démobilisation.

Incapable de supporter le chaos où l'Allemagne était plongée tout de suite après la guerre, Goering était d'abord allé au Danemark, puis en Suède, où il avait gagné sa vie comme pilote de transport et conseiller d'une compagnie aérienne. En Suède, il était tombé amoureux de Karin von Kantzow, née baronne Fock, une très belle Suédoise, mariée et mère d'un fils de huit ans. Le mari, un jeune officier, avait obligeamment accepté de divorcer et la baronne et Goering s'étaient mariés en 1923, à Munich où Goering était retourné et où, grâce aux moyens de sa femme, ils vivaient agréablement dans une maison qui leur appartenait sans avoir besoin de gagner leur vie. Avant de partir pour la Suède, il s'était inscrit dans une université, et à cette époque, en 1922, il était allé entendre Adolf Hitler. Comme d'autres avant lui, il avait été captivé par l'éloquence de l'Autrichien et il avait adhéré au tout récent parti nazi. Un an après, il était commandant des SA.

Sérieusement blessé par les balles de la police au côté de Hitler lors du putsch de la brasserie en 1923, il passa en Autriche d'où, par la suite, avec sa femme, il gagna la Suède. Grâce à une amnistie politique générale que les communistes, ironie de l'Histoire, avaient aidé la droite à faire passer au Reichstag, Goering put rentrer en Allemagne en 1927. Il avait été tout à fait guéri de ses blessures et désintoxiqué de la morphine au Langbro Asylum, en Suède. A trente-quatre ans, l'as de guerre beau garçon et plein de panache était devenu corpulent, mais il n'avait rien perdu de son énergie, de ses ambitions et de son goût de la vie. Il se remit au travail pour le parti nazi, bien que la situation parût sans espoir depuis le fiasco du putsch de la brasserie. Il gagna sa vie comme conseiller de la compagnie aérienne *Lufthansa,* en plein essor, et commença à cultiver ses relations. Elles n'étaient pas négligeables, depuis l'ancien prince héritier de la couronne de Hohenzollern et le prince Philip de Hesse, qui avait épousé la princesse Mafalda, fille du roi d'Italie, jusqu'à Fritz Thyssen et d'autres barons du monde des affaires et, enfin, des officiers éminents de l'armée.

C'étaient précisément les contacts qui manquaient à Hitler, et Goering se consacra bientôt à présenter le chef nazi à ses amis et à contrebalancer dans la haute société la mauvaise odeur de certains ruffians à chemise brune.

En 1928, Hitler choisit Goering comme l'un des douze députés nazis chargés de représenter le parti au Reichstag, dont Goering fut président lorsque les nazis y devinrent majoritaires en 1932. L'année suivante, Hitler parvenu au pouvoir, Goering s'assura rapidement la place de numéro deux.

Il n'est pas nécessaire, dans une dictature totalitaire, d'être aimé par le peuple. Il suffit d'être craint, comme Staline l'était en Russie soviétique. Mais il ne faisait aucun doute que Hitler était aimé par le peuple allemand, si scandaleux que cela pût me paraître, comme au reste du monde. Goering était le second dans ses affections. Il aimait son côté « les pieds par terre », sa jovialité, son sens de l'humour un peu gros, son côté « comme tout le monde ». Pour eux, c'était le copain tout simple. Les Allemands ne semblaient jamais être gênés par sa brutalité impitoyable de tueur sans scrupules. Mon aimable confrère Wally Deuel, correspondant du *Chicago Daily News* à Berlin, l'appelait le « buveur de sang ». Goering avait bien parlé ce soir-là – il avait mis au point une attitude faite de simplicité face au public – mais son discours me déçut. J'avais espéré qu'il dirait quelque chose de cette armée de l'air qu'il bâtissait en secret, mais il évita le sujet. Au moment des questions, nous demandâmes surtout trois choses à Goering. Il ne parut pas être gêné de notre curiosité, bien qu'il fût rarement permis aux journalistes allemands de poser des questions sérieuses.

– Allait-il maintenir la police secrète?

– Ja.

– Allait-il maintenir les camps de concentration? (C'était lui qui avait organisé les deux.)

– Ja.

Finalement, un audacieux demanda, puisqu'on disait à l'étranger qu'il avait organisé l'incendie du Reichstag, s'il avait une déclaration à faire à ce propos (un journaliste allemand, me disais-je, serait expédié en camp de concentration pour avoir posé cette question).

Il répondit qu'il allait démentir une fois de plus avoir eu quoi que ce soit à faire avec l'incendie, lui ou quiconque au sein du parti nazi. C'étaient les communistes, et eux seuls, répétait-il, qui avaient mis le feu au Reichstag.

Je l'avais peut-être imaginé (je l'ai noté dans mon carnet), mais il me parut qu'il avait légèrement rougi en parlant de l'incendie du Reichstag. Nous n'essayâmes plus de le coincer, à mon grand regret. Nous n'aurions sûrement pas tiré autre chose de lui. Mais cela montre à quel point nous étions prudents, dans cette dictature : nous n'avons même pas essayé.

Certains d'entre nous n'ont pas été plus courageux quand ce fut le tour de Goering de passer une vingtaine de minutes à notre table. Je lui ai demandé s'il avait quelque chose à dire sur les informations selon lesquelles il était en train de construire l'armée de l'air allemande interdite par le traité de paix. Il a répondu qu'il n'en avait pas envie pour le moment. Mais avec un petit rire plein de sous-entendus. Il était assez cordial. En le regardant et en l'écoutant, on avait peine à croire qu'il était le « buveur de sang » de Wally, l'homme qui, chargé des exécutions à Berlin pendant que Hitler s'en occupait à Munich, lors de la récente « purge » sanglante, avait tué si souvent lui-même.

Comme il se levait pour quitter la table, il me demanda de venir avec lui parler d'un sujet que j'avais abordé quelques jours plus tôt. Je ne lui avais pas demandé de faveur : je n'ai jamais demandé de faveurs, interview exclusive ou tuyau d'avance sur un sujet brûlant, ni à lui, ni à Hitler, ni à aucun chef nazi, pendant tout le temps que j'ai été à Berlin. Je ne voulais pas compromettre ma liberté d'écrire tout ce que je pouvais découvrir de vérité. Cependant, je voulais établir, si je le pouvais, une sorte de contact avec l'entourage de Hitler pour essayer de suivre leurs activités.

Trouver des sources d'informations de ce genre en Allemagne était décidément plus difficile que dans tous les autres pays où j'avais travaillé. La plupart des sbires de Hitler avaient grandi, comme lui, sans aucun contact extérieur et même sans aucune idée des autres pays et de la curiosité des journalistes étrangers. Ils se méfiaient de nous. Ils avaient peur aussi que le dictateur ne se méfie d'eux s'ils fréquentaient souvent les correspondants étrangers. L'une des raisons que Hitler avait données publiquement pour se débarrasser de son seul ami intime, Ernst Röhm, le chef des SA, était que Röhm avait été en contact avec l'ambassadeur de France.

C'était un avertissement qu'aucun ministre nazi, aucun fonctionnaire du Parti ou de l'administration ne pouvait ignorer sans risquer sa vie. Pourtant, il y avait des moments où ils estimaient important – et le Führer lui-même – d'influencer l'opinion publique étrangère selon la politique et les objectifs de l'Allemagne nazie. Ils convoquaient alors un correspondant étranger qu'ils considéraient comme un ami et lui accordaient une interview, ou lui donnaient un tuyau sur un événement futur ou un changement de politique, qui faisait souvent la « une » de son journal.

Je ne fus jamais moi-même convoqué en ce genre d'occasion. J'avais été connu, dans les milieux gouvernementaux, plus vite que je ne l'aurais attendu, comme « antinazi » ou, comme disaient certains,

« inamical ». Mon accès à de nouvelles sources d'information devint de plus en plus limité.

La raison pour laquelle Goering m'avait fait signe était très simple. L'agence Universal Service voulait qu'il lui donne un article régulièrement, tous les mois ou tous les deux mois. Il avait accepté, s'il pouvait en obtenir l'autorisation de Hitler, et si c'était convenablement payé. (Je connaissais les grands besoins d'argent de Goering.)

Tous les dimanches, les journaux de la chaîne Hearst et les autres journaux abonnés à Universal Service publiaient un article signé d'une personnalité politique étrangère. Lloyd George et Winston Churchill en Angleterre, Clemenceau et Poincaré en France en avaient été, et Mussolini allait bientôt en être. Notre bureau de New York, puisqu'on ne pouvait pas avoir Hitler – qui nous l'avait refusé – avait suggéré le numéro deux. Ce qui m'avait amené à contacter Goering.

Il se révéla dur en affaires, comme je m'y attendais. Nous lui avions donné un prix maximum pour commencer et il demandait sans arrêt des augmentations pour les articles suivants. Je dois dire qu'il était plutôt aimable dans ces discussions, mais obstiné.

« Allons, disait-il. Votre M. Hearst est milliardaire, *nicht war* (n'est-ce pas)? Quelle importance pour lui, mille ou deux mille marks de plus par article? »

Cette petite relation d'affaires me maintenait ainsi en contact, d'une certaine façon, avec le plus important homme d'État d'Allemagne nazie après Hitler. Il m'envoya une invitation à une réception de gala à l'Opéra au printemps suivant, à l'occasion de son mariage avec une actrice de province, Emmy Sonnemann, mais je n'avais pas d'habit, je ne m'intéressais guère à ce genre de festivités et je m'abstins. Beaucoup plus tard, il me proposa de me vendre, en dollars, à des prix avantageux, des tableaux d'expressionnistes allemands qu'il avait confisqués dans des musées ou à des Juifs. Je n'ai jamais tiré beaucoup d'informations de lui et j'ai laissé ces contacts s'espacer. Avec le recul, je pense que Goering, en écrivant ces articles pour nous, voulait donner l'impression aux démocraties occidentales qu'il avait une influence modératrice en Allemagne nazie. Ce n'était guère le cas en politique intérieure, comme en ce qui concerne la persécution des Juifs, par exemple, à laquelle il prenait une part active [1].

C'était vrai, dans une certaine mesure, en politique étrangère, et cela le deviendrait davantage à mesure que Hitler, enivré par ses succès faciles, descendrait la pente qui conduisait à la guerre.

1. Goering devait dire un jour en riant, quatre ans plus tard, alors qu'il venait de frapper la communauté juive d'une amende d'un milliard de marks : « Je dois dire que je n'aimerais pas être juif en Allemagne. »

Mon carnet me rappelle qu'il y avait eu un autre nazi important à la *Bierabend* de Rosenberg pour Goering, en ce jour de décembre 1934. Lorsque Goering nous répéta qu'il voulait maintenir la Gestapo et les camps de concentration, je notai dans mon journal :

> Ce qui a fait sourire Heinrich Himmler, chef de la Police secrète et des SS qui est présent. Himmler qui fut, dit-on, l'exécuteur en chef le 30 juin, est un mystère pour moi. Il n'a pas le physique de l'emploi. Assez petit, avec des lunettes à verres épais sur des yeux petits, mais vifs, il a plutôt l'air d'un *Beamte* (un fonctionnaire) moyen. Il n'a pas l'air que devrait avoir le chef d'une Tcheka [1].

Himmler n'avait pas grand-chose à dire lorsque son tour vint de s'asseoir à notre table. Il paraissait mal à l'aise en présence d'étrangers. Il me frappa par son insignifiance, sa médiocrité qui cadraient mal avec sa présence prolongée à un poste essentiel dans ce régime répressif, où il était déjà chef de la Gestapo, chef des SS et fournisseur des victimes pour les terribles camps de concentration. Je n'aurais pas pu me tromper davantage, la suite allait le montrer.

Mais le monde étrange du nazisme comptait bon nombre d'hommes sans compétence, sans grande intelligence et sans grand caractère – de véritables gangsters – qui, à l'étonnement général, se voyaient confier des postes de grande importance, avec droit de vie et de mort sur des millions d'êtres humains.

Ainsi Fritz Sauckel, une sorte de petit cochon brutal et stupide, à qui Hitler, pendant la guerre, allait donner la charge de millions de travailleurs esclaves. Ainsi Adolf Eichmann, un véritable zéro qui allait devenir, à la Gestapo, le responsable de la « solution finale » pour l'extermination des Juifs.

Le passé de Himmler était aussi insignifiant que son aspect et sa personnalité. Diplômé en agronomie de la Technische Hochschule (École supérieure technique) de Munich, il était devenu éleveur de volaille en Bavière et il aurait pu le rester si, comme nombre d'autres Bavarois, il n'avait pas été amené à participer aux activités d'extrême droite du parti nazi de Hitler. Il avait eu sa chance lorsque Gregor Strasser, alors numéro deux du Parti, l'avait pris comme secrétaire (Himmler avait remercié Strasser en l'assassinant pendant la récente purge). Nommé chef des SS, alors qu'il ne s'agissait que d'un peu plus de deux cents gardes du corps de Hitler, Himmler avait montré ses talents d'organisateur en faisant des SS l'organisation rivale des SA et,

1. La Police secrète soviétique au début de la révolution, ancêtre du KGB (*N.d.T.*).

maintenant, la plus importante, depuis la liquidation des principaux chefs SA.

J'avoue qu'à l'époque, ayant vu Himmler à cette occasion et à d'autres, je n'imaginais pas, même vaguement, qu'avant peu il deviendrait le tueur numéro un du Parti et du pays, plus responsable que tout autre Allemand – sauf Hitler – de la tentative d'extermination des Juifs et des Slaves dans les territoires occupés. Strasser, au début, l'appelait « notre gentil Heinrich ».

Joseph Goebbels, teint basané, presque nain, d'allure aussi peu nordique que possible, était d'origine rhénane. Avec son pied bot, son esprit vif et se personnalité complexe et névrosée, il avait succédé à Himmler comme secrétaire de Strasser en 1925, à l'âge de vingt-huit ans, et il s'était, lui aussi, retourné contre son patron pour chercher à gagner la faveur de Hitler. Au début de 1935, grâce à la confiance que celui-ci mettait en lui, à ses propres talents d'orateur, d'agitateur et de brillant organisateur, et à son caractère impitoyable, tant envers ses collègues que ses ennemis, il était devenu le numéro trois du parti nazi et du gouvernement.

Goebbels, qui méprisait Rosenberg, refusait d'assister aux *Bierabend* de l'Adlon. Mais nous le rencontrions souvent au ministère de la Propagande, où il présidait d'importantes conférences de presse. Personnellement, j'avais du mal à le supporter. Mais c'était également le cas de la plupart des hommes de l'entourage de Hitler : il était trop tortueux, même pour eux. Dans le privé, ils l'appelaient « le rat ». Il paraissait n'avoir aucun ami dans le Parti, ni ailleurs. Mais Hitler, auquel il était d'une fidélité sans faille, appréciait son dévouement, ses talents et son efficacité à concrétiser les choses. Nommé *Gauleiter* du Parti à Berlin en 1926, quand Hitler n'avait encore que peu de partisans en Allemagne du Nord, il avait contribué à conquérir la capitale pour les nazis.

Goebbels avait maintenant un grand pouvoir en Allemagne. Ministre de la Propagande, il tenait la presse et la radio d'État, ainsi que la « Chambre de la culture », ce qui lui permettait de diriger toutes les activités culturelles du pays. Il avait le dernier mot en ce qui concernait la musique qui pouvait être jouée (Mendelssohn, déjà cité précédemment, et les autres compositeurs juifs étaient *verboten*) et par qui, quels livres seraient publiés, quelles peintures et quelles sculptures exposées, quelles pièces jouées et quels films produits.

Il était déjà fâcheux que la culture d'un grand pays soit définie par l'idéologie stupide du nazisme. Mais qu'elle soit dictée par ce névrosé borné aggravait encore les choses. Contrairement aux hommes de l'entourage de Hitler, Goebbels avait, il est vrai, une solide éducation universitaire, qui lui avait donné des notions de philosophie allemande, d'histoire, de littérature, d'art, ainsi que de grec et de latin. Mais on ne s'en serait jamais douté à entendre ses discours et à lire ses écrits. Je trouvais le tout invariablement banal, produit d'un esprit agile, mais fondamentalement médiocre.

Pour un homme chargé de la propagande allemande, à l'étranger aussi bien qu'à l'intérieur, et qui était en rapport avec les correspondants du monde entier, mais surtout des démocraties occidentales, Goebbels était d'une ignorance incroyable en ce qui concernait le monde extérieur. Il ne savait absolument rien de l'histoire, de la littérature et des peuples d'aucun pays étranger. Il ne comprenait aucune autre langue vivante que l'allemand. Ses idées sur l'Amérique, entre autres, étaient enfantines [1]. C'était là une faiblesse commune à tous les gros bonnets du nazisme, à commencer par Hitler, et je commençais à penser que cela pourrait avoir des conséquences fatales pour le IIIe Reich, et, malheureusement, pour une grande partie du reste du monde. Rien n'est plus dangereux pour la conception d'une politique étrangère que l'ignorance des pays et des peuples étrangers. Hitler allait bientôt se choisir comme nouveau ministre des Affaires étrangères un serin ignorant qui allait le démontrer amplement. C'était l'insupportable Joachim von Ribentrop.

Ribbentrop était ignare. Quand j'avais commencé à l'observer, je l'avais jugé incompétent et paresseux, vaniteux comme un paon, arrogant et dépourvu d'humour. Il parlait bien le français et l'anglais, il est vrai, mais sa connaissance des deux langues, apprises « sur le tas » dans sa jeunesse, quand il visitait à pied la Suisse, la France, l'Angleterre et le Canada, ne comportait pas la moindre compréhension de la France et des Français, des Britanniques, des Américains et de leurs pays. Bref, Ribbentrop était le pire choix possible comme ministre des Affaires étrangères.

Pourquoi, alors, nous demandions-nous, Hitler l'avait-il choisi? Uniquement, pensions-nous, parce que Ribbentrop était le chien fidèle du Führer, qu'il ne le contredisait jamais, qu'il ne lui posait même jamais une question. Goering et Goebbels, d'après ce que nous pouvions savoir, le faisaient, ne serait-ce qu'en de rares occasions, tout en gardant sans aucun doute en mémoire ce qui était arrivé à Gregor Strasser et à Röhm pour avoir osé le désapprouver. Quelques généraux, dont certainement Fritsch, le commandant en chef de l'armée et Beck, le chef d'état-major général, ne croyaient pas un instant que le dictateur était infaillible et ils n'hésitaient pas à exprimer leurs désaccords avec lui. Ribbentrop

1. Goebbels croyait, par exemple, que les États-Unis étaient gouvernés par les Juifs et qu'ils étaient empoisonnés « socialement », non seulement par le mélange des Juifs et des Gentils, mais des Noirs et des Blancs. Il croyait que le niveau de notre culture était fixé par les gangsters.

considérait comme une trahison d'interroger le Führer et même simplement de douter qu'il eût toujours raison.

Contrairement à la plupart des membres de l'entourage de Hitler, il était venu trop tard au nazisme. Comme bon nombre d'entre eux, il n'avait guère fait d'études classiques, bien que né dans une solide famille bourgeoise : son père était officier de carrière dans l'armée impériale. Mais il avait quitté le lycée à seize ans, passé un an à Londres en faisant des travaux divers, puis deux ans au Canada. Il était rentré en Allemagne pour la guerre de 1914, qu'il avait faite au front comme lieutenant, et il avait été blessé et décoré de la croix de fer de première classe.

Contrairement à Hitler, Goering et la plupart des autres gros bras du Parti, qui étaient rentrés, après la défaite, pleins d'amertume et désorientés dans le monde révolutionnaire de l'après-guerre, Ribbentrop semble s'être alors bien adapté. Il trouva une place dans une affaire d'importation de coton. En 1920, il épousa Annelies Henkell, la fille du patron de la société de champagne du même nom, dont il devint représentant. Ayant contribué à étendre les affaires de la société en annexant le marché allemand du cognac français et du whisky écossais importés, Ribbentrop devint bientôt associé dans l'entreprise, et riche. Pour vendre son champagne et acheter sur place les alcools en France et en Angleterre, Ribbentrop travailla beaucoup, perfectionna son français et son anglais et se fit des relations dans les milieux d'affaires d'Europe occidentale. A Berlin, grâce à la fortune de sa femme, il fréquenta les riches et les bien-nés.

A toutes fins utiles, en 1925, à l'âge de trente-deux ans, il s'était arrangé pour ajouter un « von » à son nom en se faisant adopter par une tante dont le mari, décédé, général d'armée, avait reçu le « von » du kaiser. Tout ce qui concerne ce petit cerveau paraissait « bidon ».

Pourtant, il avait plu à Hitler, comme tant d'autres médiocres. Sentant que le chef nazi pourrait bien être l'homme de l'avenir, Ribbentrop s'arrangea pour le rencontrer en août 1932, quelques jours après les élections du 31 juillet qui avaient été une victoire retentissante pour les nazis, devenus le premier Parti dans le pays et au Parlement. Toujours opportuniste, Ribbentrop comprit qu'il était temps de voler au secours de la victoire. Il adhéra au parti et proposa ses services au Führer.

Dans les négociations capitales que Hitler engagea pendant les premiers jours du mois de janvier suivant, notamment avec le président de la République, Ribbentrop joua un certain rôle. Avec sa femme, le 22 janvier au soir, il reçut Hitler dans leur somptueuse résidence de Berlin-Dahlem, pour une rencontre ultra-secrète qu'ils avaient aidé à organiser entre lui et Oscar von Hindenburg. Ce fils sans envergure du vieux Feldmarschall-Président entreprit une semaine plus tard de persuader son père de nommer le chef nazi chancelier.

Hitler n'oublia pas le service rendu. Il avait été impressionné par la connaissance du français et de l'anglais de Ribbentrop et par ses relations dans les affaires et l'aristocratie allemandes. Devenu chancelier, il fit de Ribbentrop une sorte de conseiller privé pour les affaires étrangères. Par la suite, il l'envoya comme ambassadeur à Londres, ce qui se révéla désastreux. Alors qu'il assistait pour la première fois à une réception royale du corps diplomatique, Ribbentrop se présenta au roi d'Angleterre avec le salut nazi, le bras tendu, et en criant : « Heil Hitler! » Il y eut des voix indignées en Angleterre pour demander son renvoi.

Mais Hitler tenait à lui, malgré Goebbels et Goering qui demandaient son rappel parce qu'il faisait inutilement de l'Angleterre une ennemie. Goering expliquerait plus tard :

> Lorsque j'ai mis en doute les compétences de Ribbentrop pour traiter les questions britanniques, le Führer me fit observer que Ribbentrop connaisait « lord Un tel » et « le ministre Un tel ». A quoi je répondis : « Oui, mais l'ennui, c'est qu'ils connaissent Ribbentrop. »

Nous, les correspondants étrangers à Berlin, nous commencions aussi à le connaître. Même quand il était encore ambassadeur à Londres, il rentrait en hâte à Berlin pour participer à n'importe quelle réunion en matière de politique étrangère. Je me souviens de la scène ridicule qu'il joua, par exemple, le 25 novembre 1936, devant les journalistes convoqués d'urgence au ministère de la Propagande pour une information « importante », qui se trouva être la signature d'un pacte anti-Komintern entre l'Allemagne et le Japon.

Ribbentrop fit une entrée solennelle, suivi de l'ambassadeur du Japon.

« Messieurs, dit-il de son ton le plus suave, ce pacte signifie que l'Allemagne et le Japon sont unis pour la défense de la civilisation occidentale. »

L'un des correspondants se leva pour demander s'il avait bien entendu. J'ai noté dans mon carnet :

« Ribbentrop, qui n'a aucun sens de l'humour, répéta alors sa déclaration sans sourciller. »

Tels étaient les hommes que Hitler avait réunis autour de lui. On s'y habituait, mais non sans peine. Je ne parvins jamais, par exemple, à m'endurcir assez pour supporter Julius Streicher, le tortionnaire de Juifs sadique et pornographe de Nuremberg, qu'on pouvait voir se pavaner dans les rues de cette antique cité en faisant claquer son fouet. Presque jusqu'à la fin, Hitler garda son amitié à ce psychopathe pervers, patron nazi de la Franconie et rédacteur en chef de cet hebdomadaire antisémite à gros tirage, d'une vulgarité insoutenable, *Der Stürmer*.

Il y avait deux autres chefs nazis que les correspondants rencontraient parfois aux soirées de Rosenberg ou à d'autres réunions du Parti, et qui valaient la peine d'être suivis : Rudolph Hess et Robert Ley.

Depuis l'assassinat de Röhm, Hitler, à l'époque, considérait déjà, je crois, Hess comme ce qu'il avait de plus proche d'un ami. Il lui faisait davantage confiance qu'à tous ses autres lieutenants. Hess était le plus fidèle, le plus désintéressé, le moins ambitieux. Mais il n'était pas le plus brillant. Il m'avait frappé, dès le premier instant où je l'avais rencontré à Nuremberg, comme un esprit fort confus. Maintenant, il m'apparaissait comme un cerveau fêlé, porté sur les astrologues, guérisseurs et autres charlatans, comme, du reste, dans une certaine mesure, Hitler, Himmler et même Goebbels. Il avait un visage sombre en forme de betterave, avec d'épais sourcils et une mine soucieuse qui lui donnaient, au premier abord, l'air d'un penseur. C'était un introverti, alors que la plupart des autres nazis importants étaient extravertis, et il était évident qu'il avait des problèmes psychiques pathologiques, comme, il est vrai, tous les autres. Dans l'ensemble, il m'avait paru l'un des plus convenables dans l'entourage de Hitler. Il était, en tout cas, le moins venimeux et le moins répugnant.

Fils d'un Allemand commerçant en gros en Égypte où il avait passé ses quatorze premières années, Hess avait été envoyé en Allemagne pour y faire ses études. Pendant la guerre, il avait servi au même 16e régiment bavarois que Hitler, mais il ne semble pas qu'ils se soient connus. Il fut blessé deux fois au combat et passa dans l'aviation comme pilote juste à la fin de la guerre. Il se retrouva à Munich, où il s'inscrivit à l'Université et devint un protégé de Karl Haushofer, le célèbre spécialiste allemand de la « géopolitique » dont les idées, particulièrement sur le besoin d'expansion territoriale de l'Allemagne, furent inoculées à Hitler par Hess et devinrent parties intégrantes du national-socialisme.

Hess adhéra au parti nazi peu après Hitler, en 1920, alors qu'il ne comptait qu'une poignée de membres, et devint peu après le secrétaire du jeune Autrichien, marchant à son côté pendant le putsch de la brasserie en 1923 et partageant sa captivité à la prison de Landsberg, où il prit patiemment sous la dictée du Führer son *Mein Kampf*, en en corrigeant la forme au fur et à mesure de la rédaction.

Nommé Führer adjoint du Parti et ministre sans portefeuille lorsque Hitler arriva au pouvoir en 1933, Hess disposa dès lors d'un pouvoir important dans le IIIe Reich. Il était le patron, sous l'autorité de Hitler, de la machine du Parti. Il remplissait plusieurs fonctions administratives importantes. J'avais l'impression à cette époque – la fin de 1934 – que malgré ses doutes sur les capacités de Hess, Hitler l'avait probablement nommé en secret son successeur en cas de décès. Plus tard, avec la guerre, Hitler annonça publiquement que son numéro deux serait Goering, plus débrouillard, mais Hess resterait numéro trois. Au bout du compte, ce choix n'avait pas d'importance. Mais sur le moment, à la fin de 1934, alors que Hitler se préparait à célébrer ses deux années de pouvoir, ils avaient tous les deux beaucoup de poids, comme deux des principaux collaborateurs du Führer. Je n'ai jamais tiré grand-chose de Hess. Alors que Goering et Goebbels prenaient parfois le risque de s'exprimer, Hess gardait le silence. Il n'était pas mauvais orateur, mais il n'avait rien à dire, sinon se faire l'écho du Führer. Je suppose qu'il ne parlait pas trop mal l'anglais, ayant grandi dans l'Égypte sous protectorat britannique, mais chaque fois que je lui parlais anglais, il répondait en allemand sans sourciller.

Comme ses camarades, il paraissait se méfier des étrangers et il me semblait être étonnamment ignorant des autres pays, bien qu'ayant grandi dans l'un d'eux et ayant organisé les partis nazis hors d'Allemagne. Comme Ribbentrop, il croyait comprendre la Grande-Bretagne et les Britanniques, et il les admirait certainement. Mais son ignorance à ce sujet allait éclater lorsqu'il prit sa bizarre décision de partir en avion pour l'Écosse, pendant la guerre, croyant à tort qu'il pourrait persuader les Britanniques de faire la paix avec l'Allemagne nazie et – ce qui était plus ridicule encore – de s'allier au IIIe Reich pour attaquer la Russie bolchevique.

En croisant Hess de temps en temps, j'eus peu à peu l'impression qu'il était resté très jeune affectivement, que son esprit n'avait jamais dépassé l'adolescence. J'étais stupéfait qu'il ait pu arriver aussi loin dans la jungle du parti nazi.

Par la suite, pour des raisons différentes, j'eus des réactions analogues vis-à-vis de Robert Ley, qui à cette époque commençait à peine à apparaître. Fritz Thyssen, le magnat de l'acier, l'appelait « cet ivrogne qui bégaie » et, de fait, lors d'une *Bierabend*, il bégayait et il avait bien bu, et ce n'était pas la première fois que je le remarquais. Son secrétaire, pour qui Ley était un grand homme, se plaignait qu'il fût « toujours soûl ». Malgré cela, il n'était pas sans moyens, dans le monde fou du nazisme. Comme certains de ses camarades, les durs, il était efficace.

Fils de paysan, élevé dans une pauvreté étouffante, Ley avait fait obstinément son chemin jusqu'au lycée et à l'université – un exploit bien plus remarquable dans l'Allemagne impériale qu'en Amérique – et terminé avec un doctorat en chimie. Blessé pendant la guerre, il avait ensuite brièvement enseigné à l'Université de Westphalie, puis été chimiste dans le trust géant de l'I.G. Farben. Il avait adhéré au parti nazi en 1924 et, peu après, quitté sa place de chimiste pour travailler à plein temps au Parti. Hitler l'avait nommé *Gauleiter* de Cologne et, peu après son arrivée au pouvoir, lui avait confié la mission écrasante de détruire les puissants syndicats libres, qui avaient été le rempart de la république de Weimar.

Pour endormir les syndicats avant de les frapper, Hitler décida que le 1er mai 1933, trois mois après sa prise de pouvoir, serait fête nationale sous le nom officiel de « Journée nationale du travail ». Depuis un demi-siècle, le 1er mai était traditionnellement un jour de fête pour les ouvriers allemands et les autres. Dans toutes les capitales d'Europe, socialistes, communistes et syndicalistes organisaient de gigantesques défilés du 1er mai.

Hitler, qui venait tout juste de détruire les partis communiste et socialiste et se préparait en secret à détruire les syndicats, promit cependant à ces derniers que le 1er mai du national-socialisme serait célébré comme jamais. Ce fut en effet le cas; mais non pas de la façon attendue par les responsables syndicalistes littéralement anesthésiés. On les amena en avion à Berlin de toutes les régions d'Allemagne avec d'importantes délégations de travailleurs. Et à l'aérodrome de Tempelhof, des milliers de drapeaux déployés proclamèrent la solidarité du régime avec les travailleurs.

Avant la manifestation de masse, Hitler reçut les délégués des ouvriers dans la grande salle décorée de la Chancellerie, dans la Wilhelmstrasse.

« Vous allez voir, dit-il, combien il est faux et injuste de prétendre que la révolution (nazie) est dirigée contre les travailleurs allemands. Au contraire! »

Plus tard, s'adressant à cent mille travailleurs à l'aérodrome, il lança le mot d'ordre du jour :

« Honneur au travail et respect au travailleur! »

Il promit que le 1er mai serait célébré en l'honneur du travail allemand « pendant tout le siècle ».

Le lendemain, le 2 mai, les locaux des syndicats dans tout le pays étaient occupés par la police, les SS et les SA, qui saisissaient tous les fonds des syndicats aussitôt dissous, et leurs responsables arrêtés, battus et expédiés en camp de concentration.

Ley, qui avait conduit toute l'opération, essaya de rassurer les travailleurs avec les belles paroles habituelles :

> Travailleurs! vos institutions sont sacrées pour nous, nationaux-socialistes. Je suis moi-même le fils d'un pauvre paysan et j'ai connu la pauvreté [...]. Je connais l'exploitation par le capitalisme pourri. Travailleurs! Je vous promets que non seulement nous garderons ce qui existe, mais nous améliorerons encore la défense et les droits des travailleurs.

En trois semaines, la vanité de ces promesses éclatait. Hitler signa un décret mettant fin aux conventions collectives et interdisant les grèves. Ley expliqua le décret au pays. Il promettait, dit-il, « de restaurer l'autorité absolue au chef naturel de l'usine, c'est-à-dire l'employeur ».

Dorénavant, ajouta-t-il, l'employeur serait « le maître de la maison ».

A cet automne de mon arrivée à Berlin, en 1934, le Dr Ley organisa ce qu'on appelait le « Front du travail » pour remplacer les syndicats dissous. Comme tant de choses en régime nazi, le « Front du travail » était une escroquerie. Il ne représentait pas les travailleurs. Il ne rassemblait pas seulement les salariés, mais aussi les employeurs et les membres des professions libérales. Tous devaient adhérer. Après l'avoir vu fonctionner pendant plusieurs années, je conclus qu'il s'agissait en réalité d'une vaste organisation de propagande et, comme les travailleurs s'en aperçurent vite, d'une gigantesque farce. Le Dr Ley veillait à ce qu'il maintienne le travailleur à sa place. Il n'y avait plus de revendications pour des augmentations de salaires avec menace de grève pour les obtenir. Les travailleurs, comme tout le monde en régime nazi, faisaient ce qu'on leur disait. Comme aux premiers temps de l'industrialisation, ils prenaient ce que les employeurs leur offraient.

Qui plus est, ils étaient liés par l'État à leur lieu de travail, comme les serfs du Moyen Age. Quelques mois après, je vis Ley à une soirée Rosenberg, en février 1935. Il présenta le « livret de travail » dans lequel étaient enregistrés les aptitudes et les emplois successifs du travailleur. Nul ne pouvait être embauché sans ce document. Le livret de travail ne fournissait pas seulement à l'État et aux employeurs tous les renseignements à jour sur chaque salarié du pays, mais servait à attacher le travailleur à son banc. S'il voulait changer de travail, son employeur pouvait garder son livret, lui interdisant ainsi tout autre emploi. En 1938, les nazis instituèrent le travail obligatoire. Chaque Allemand était obligé de travailler où l'État l'affectait.

Aux travailleurs allemands, comme au prolétariat romain, le Dr Ley fournit des jeux pour leur faire oublier leur manque de liberté et la rareté du pain. Il créa, dans le cadre du Front du travail, une gigantesque organisation appelée *Kraft durch Freude* (la Force par la joie), qui fournissait à tous les travailleurs allemands des distractions à bon marché pour les heures de loisir, par exemple, des circuits de vacances à prix réduits sur terre et sur mer. Le Dr Ley lança deux navires de croisière de 25 000 tonnes (à l'un desquels il donna son nom) et en loua dix autres pour des croisières sur l'Océan pour *Kraft durch Freude*. Elles étaient vraiment pour rien. Une croisière de dix jours à Madère coûtait 25 dollars [1]. Sur terre, les vacances à la plage en été et

1. Aucune équivalence n'est évidemment possible entre le franc actuel d'une part, le mark nazi et le dollar de 1938 d'autre part. L'essentiel est l'ordre de grandeur (*N.d.T.*).

les excursions de ski dans les Alpes en hiver coûtaient 10 dollars par semaine. Des centaines de plages au bord de la mer et des lacs furent réquisitionnnés à l'usage exclusif de ces vacances pour les travailleurs.

Pendant les quelques années qui suivirent, j'ai eu l'occasion d'en visiter et je fus même une fois invité par le Dr Ley à une croisière de la *Force par la joie* sur l'Océan. Il voulait que je voie, me dit-il, combien les travailleurs allemands étaient heureux dans le IIIe Reich. Je trouvai la vie sur les plages, et surtout sur les navires de croisière, horriblement organisée. Mais les travailleurs allemands et leurs familles avaient l'air bien contents : les Allemands ont toujours eu un grand sens de l'organisation, même dans leurs loisirs. Ceux à qui j'ai parlé se montraient très fiers que, pour la première fois, un travailleur et sa famille puissent s'offrir une croisière sur l'Océan, ou se reposer sur les plages pendant une semaine, ou faire du ski à la montagne. Peut-être, en Amérique, les travailleurs gagnaient-ils assez pour se payer ces vacances-là, mais jamais en Europe, jamais en Allemagne.

Avec ces « jeux » offerts aux travailleurs et, surtout, le plein-emploi après les terribles, les interminables années de chômage d'après la guerre, Hitler s'était acquis la collaboration des travailleurs allemands, malgré la suppression des syndicats, la baisse des salaires et les pleins pouvoirs donnés à l'employeur dans son entreprise. Le travailleur, me semblait-il, s'était moins laissé prendre à la propagande nazie que toute autre catégorie d'Allemands. Il était moins séduit par le régime, mais il s'en accommodait. Il lui était reconnaissant d'avoir maintenant un travail stable. Il profitait des loisirs offerts par la *Force par la joie*. Sans sa participation permanente d'ouvrier compétent et consciencieux, la grande machine de guerre que Hitler avait commencé de construire, à peu près à l'époque de mon arrivée à Berlin, n'aurait jamais pris les terribles proportions qu'elle allait prendre.

Je trouvais Robert Ley personnellement répugnant, même s'il l'était moins que Himmler, Ribbentrop, Goebbels et Rosenberg. Il était rude, nerveux, vulgaire : un voyou bagarreur. Il me semblait souffrir de cette instabilité, de cette insécurité communes à la plupart des membres de l'entourage de Hitler. Malgré ses études supérieures, il était visiblement incapable de faire une déclaration cohérente – et je l'ai entendu des douzaines de fois – ou même d'entretenir une conversation suivie.

Sans doute, au cours des années où je le croisais à partir de 1934, alors qu'il édifiait son colossal empire du « Travail », Ley souffrait-il d'une dégénérescence cérébrale progressive. Mais je l'ignorais encore. L'aurais-je su, j'aurais mieux compris son comportement bizarre. C'est à Nuremberg, après la guerre, que le Dr Douglas M. Kelley, le psychiatre américain chargé de suivre les principaux nazis accusés de crimes de guerre, découvrit chez le Dr Ley une maladie organique du cerveau qui s'était peu à peu aggravée au cours des dernières années.

Mais le vieil ivrogne, qui avait détenu tant de pouvoir sous le IIIe Reich, s'arrangea pour garder l'initiative jusqu'à la fin : comme Goering, il échappa au bourreau allié de Nuremberg en se pendant lui-même dans sa cellule.

Il reste encore deux autres membres de l'entourage de Hitler à citer ici : Wilhelm Frick et Martin Bormann. Frick était le parfait bureaucrate allemand, un fonctionnaire terne mais compétent, jusqu'au jour où Hitler, en récompense des services rendus au parti nazi, en fit le ministre de l'Intérieur de son gouvernement, poste que Frick devait conserver presque jusqu'à la fin. Parmi ses services passés, il avait été l'un des espions de Hitler quand il était fonctionnaire au quartier général de la Police de Munich, avant le putsch de la brasserie en 1923. Hitler lui était particulièrement reconnaissant de son appui du début. En tant que ministre de l'Intérieur, Frick, qui avait une formation juridique, rédigea la plupart des prétendues lois du IIIe Reich, y compris les lois de Nuremberg contre les Juifs.

J'ai eu quelques occasions de croiser Frick. Le monde extérieur d'où je venais lui paraissait si lointain, si différent de l'Allemagne, qu'il ne lui avait jamais accordé, je crois bien, une seule pensée. Il avait l'air de nous prendre, mes confrères et moi-même, pour des monstres venus de Mars. Il ne connaissait que l'Allemagne, et son monde restreint de fonctionnaire allemand et de responsable nazi. Il fut le seul gros bonnet nazi au procès des crimes de guerre de Nuremberg, à l'exception de Hess, qui refusa de prendre la parole pour se défendre. Ce n'est qu'après avoir été condamné à mort qu'il ouvrit la bouche. Il avait la conscience tranquille, dit-il aux juges. Il n'avait fait que son devoir.

A l'époque où j'ai quitté l'Allemagne, en 1940, pendant la deuxième année de la guerre, après plus de six ans comme correspondant américain à Berlin, Martin Bormann ne s'était pas encore beaucoup fait remarquer, même en tant que nazi et bien qu'il le fût, et fanatiquement. Je note que je ne l'ai pas cité dans *Berlin Diary* [1] ni mon confrère Wallace Deuel dans son *People Under Hitler* [1], deux livres publiés après notre départ d'Allemagne à la fin de 1940. Mais Bormann apparaît dans mon *IIIe Reich* [2], comme dans l'Allemagne nazie d'après mon départ. Son arrivée au pouvoir commença après l'étrange voyage en avion vers l'Angleterre, en 1941, de Rudolf Hess, adjoint du Führer et patron direct de Bormann. Celui-ci remplaça Hess et se fit bientôt le secrétaire et le

1. Non traduits en français (*N.d.T.*).
2. Éd. Stock (*N.d.T.*).

confident du dictateur. Cette taupe, qui préférait s'enterrer dans les recoins obscurs de la vie politique pour y mener ses intrigues, avait jadis passé un an en prison pour complicité de meurtre politique. C'était le genre qui séduisait naturellement Hitler. Au tout dernier moment, quand tout espoir fut perdu, Bormann était devenu le plus puissant parmi les proches de Hitler, plus encore que Goering, Goebbels et Himmler.

Tel était l'entourage de Hitler pendant les premières années du IIIe Reich. Dans une société normale, civilisée, ils n'auraient été de toute évidence qu'un assortiment grotesque de marginaux. Mais, comme je devais me le rappeler sans cesse, ce n'était pas ainsi que la plupart des Allemands les voyaient. Dans leur immense majorité, pour autant que je puisse en juger, ils manifestaient à ces rustres assassins non seulement le respect que l'Allemand accorde toujours aux grands responsables du gouvernement, mais une haute estime.

Au sommet, c'était Adolf Hitler. Tyrannique, brutal et psychologiquement instable, il n'en était pas moins adulé par le peuple, plus qu'aucun autre personnage de l'Histoire de l'Allemagne, je crois. Il était adoré de la population et révéré comme un sauveur par beaucoup. La plupart étaient convaincus qu'il allait les tirer du marécage où les avaient plongés la défaite de 1918, l'effondrement de la monnaie et l'économie des années 20 où ils avaient perdu l'épargne de toute leur vie, et la crise du début des années 30, qui avait fait tant de millions de chômeurs et d'affamés. Il les sauvait du chaos politique et de l'impuissance de la république de Weimar. Il commençait à faire des pieds de nez aux vainqueurs alliés, qui avaient imposé à l'Allemagne le honteux traité de Versailles. Il promettait de libérer la patrie des entraves du détestable traité de paix. Il commençait déjà à refaire les forces de l'Allemagne. En moins de deux ans, il l'avait unifiée, pour la première fois.

Les Allemands lui étaient reconnaissants de tous ces résultats et de toutes ces promesses. Ils se jetaient avec un ensemble étonnant derrière le nouveau chef. Et avec un grand dévouement, un grand enthousiasme et une grande confiance.

On ne le comprenait pas encore à l'étranger. Mais c'était une évidence qui se faisait jour en moi lentement, difficilement, sur place, à Berlin, alors que l'année 1934, marquée par tant de succès pour le dictateur, tirait à sa fin.

Ce premier automne de mon arrivée à Berlin, j'eus un coup de chance. Je trouvais très difficile, pour ne pas dire presque impossible, d'établir dans les milieux nazis les contacts indispensables qui me permettraient de savoir ce qui se passait dans la coulisse. Je suppose qu'il en était de même dans la Russie de Staline. Dans une dictature totalitaire, le chef, son équipe, ses favoris savaient garder les secrets du Parti et de l'État. Les favoris risquaient leur vie s'ils révélaient quoi que ce soit qui pût déplaire au dictateur. Ce qui se passait en réalité derrière la façade totalitaire demeurait un mystère pour l'essentiel. Le temps passant, mes sentiments antinazis me rendaient encore plus suspect pour Hitler et son entourage que la plupart de mes confrères. Pourtant, Dieu sait qu'ils ne savaient pas grand-chose non plus de ce que le régime préparait vraiment.

Il y avait une exception. C'était Norman Ebbutt, du *Times* de Londres. Bien que toujours hostile aux nazis – il allait finir par être expulsé – il avait certains contacts au sein du parti et du gouvernement qui lui permettaient de savoir exactement, en détail et immédiatement, ce qui se passait de plus secret aux niveaux les plus élevés. L'ennui pour Ebbutt était que son journal, le plus respecté de la presse britannique, ne publiait guère ses informations. Le *Times*, à l'époque, faisait beaucoup de concessions à Hitler et s'efforçait de convaincre le gouvernement britannique de l'imiter. Les vérités déplaisantes qu'Ebbutt téléphonait tous les soirs à Londres de Berlin restaient souvent impubliées par le grand quotidien [1]. Découragé et déçu, Ebbutt se mit à me passer ses informations, pour qu'elles voient au moins la lumière du jour. Comme mes dépêches n'étaient pas publiées en Angleterre, il ne se considérait pas comme malhonnête envers son propre journal. Il ne cessa jamais de soumettre ses papiers d'abord au *Times*, qui ne cessa jamais de les bloquer ou du moins de les couper. Dans ce cas, Ebbutt me les donnait, me faisant ainsi beaucoup mieux connaître ce que préparaient Hitler et son gouvernement que si j'avais été réduit à mes propres moyens.

Cette heureuse circonstance et l'expérience que j'avais acquise au fil des mois, mon travail au contact des barbares qui avaient saisi le pays et le transformaient à leur image, enfin une sorte de sixième sens que je commençais à acquérir, tout cela faisait que je me sentais assez bien équipé pour couvrir la cascade d'événements qui commençait à s'abattre sur nous au début de 1935, et à précipiter le IIIe Reich – et le reste de l'Europe avec lui – sur la pente fatale de la guerre. Aucun doute n'était permis et je pense que la plupart des correspondants américains à Berlin avaient comme moi senti d'instinct, avant la fin de 1935, quelle route Hitler avait choisie et où elle conduisait.

1. « Je m'efforce, tous les soirs, de ne pas publier dans le journal ce qui pourrait blesser leur (des nazis allemands) susceptibilité, disait à l'époque Goeffrey Dawson, le rédacteur en chef du *Times*. Je ne peux vraiment rien retrouver, dans ce que nous avons publié ces derniers mois, qu'ils pourraient considérer comme injuste (John Evelyn Wrench : *Geoffrey Dawson and Our Times*). Ebbutt fut expulsé d'Allemagne le 16 août 1937, au moment où je quittais provisoirement le pays, de mon propre chef, pour passer à un autre genre de journalisme.

Pourtant, je ne peux pas dire que j'en étais certain au moment où Tess et moi, à la fin de nos quatre premiers mois dans ce nouveau pays, nous nous sommes réunis avec quelques confrères, un soir d'hiver, pour saluer au champagne la nouvelle année. Nous avons passé presque toute la nuit à imaginer ce que 1935 pourrait apporter. Nous étions tous d'accord pour penser que Hitler ayant, pendant l'année capitale qui s'achevait, assuré par la violence sa dictature en Allemagne, allait maintenant s'en prendre aux Affaires étrangères. Il était résolu, il l'avait dit maintes fois, à rendre à l'Allemagne sa juste place au soleil.

Mais comment?

Nous étions assez sûrs que la réponse viendrait dans les douze mois suivants. Et cette perspective me passionnait.

LIVRE II

LA ROUTE DE L'APOCALYPSE

1935-1938

Chapitre 4

LA PREMIÈRE ÉTAPE
1935-1936

Le 13 janvier 1935, les habitants de la Sarre, ce territoire minier occupé par la France depuis la fin de la guerre, vota à dix contre un (477 000 voix contre 48 000) son retour à l'Allemagne. Hitler salua les Sarrois retrouvés par un discours radiodiffusé de Berlin. Il saisit l'occasion pour assurer le monde qu'après le retour de la Sarre il n'avait plus aucune revendication territoriale envers la France. Déclaration rassurante pour les Français, car elle signifiait que l'Allemagne avait renoncé à revendiquer l'Alsace et la Lorraine.

J'arrivai à Sarrebruck le 1er mars, le jour où l'Allemagne prenait officiellement possession de ce petit territoire. Je fus un peu surpris de l'enthousiasme frénétique avec lequel ces ouvriers catholiques saluèrent l'arrivée de Hitler, des SS et de l'armée. La pluie, qui tomba toute la journée, ne refroidit pas leur foi nazie. Hitler paraissait content.

Avant son arrivée, j'étais sur l'estrade officielle à côté du monocle du général Werner von Fritsch, commandant en chef de cette armée qui grandissait en secret. Il me connaissait à peine – nous nous étions rapidement croisés à une *Bierabend* de Rosenberg – mais il ne chercha pas un instant à dissimuler son mépris pour les nazis, depuis Hitler jusqu'au bas de l'échelle, et pour ces Sarrois innocents qui venaient de voter leur rattachement. Je fus un peu étonné de ses réflexions sur les SS et le Parti, et sur chacun des chefs du Parti à mesure qu'ils arrivaient sur l'estrade. Je me demandais comment le Führer pouvait compter sur une armée dont les généraux le méprisaient. Lorsque Hitler arriva avec son cortège, le général grogna et alla prendre sa place juste derrière le Führer. Je gardai un œil sur lui... pour le cas où il tirerait son revolver. Il était certainement bien placé pour liquider le dictateur.

Le rattachement pacifique de la Sarre et la renonciation de Hitler à toute autre revendication contre la France créa une atmosphère d'optimisme et de bonne volonté en Occident au début de la nouvelle année. En février, les gouvernements français et britannique proposèrent à Hitler de libérer l'Allemagne des clauses militaires restrictives du traité de paix, et de lui accorder l'égalité en matière d'armements s'il acceptait un règlement général comportant, à l'est, un traité analogue à celui de Locarno [1]. Ainsi serait assurée, aux pays à l'est de l'Allemagne, en particulier la Tchécoslovaquie, la Pologne et l'Union soviétique, la même sécurité qu'assurait aux pays de l'ouest le traité de Locarno, et bien entendu, les mêmes garanties de sécurité à l'Allemagne.

C'était, de la part des Alliés occidentaux, une concession majeure, à laquelle la France, poussée par la Grande-Bretagne, n'avait consenti qu'avec une grande réticence.

Dans notre naïveté, nous, les correspondants occidentaux, nous étions sûrs que Hitler allait accepter l'offre anglo-française. J'estimais que c'était une bonne affaire pour lui. Ce que la Grande-Bretagne et la France démocratiques avaient refusé à la république de Weimar, elles l'accordaient à l'Allemagne nazie sur un plateau d'argent, en lui demandant seulement en échange les mêmes promesses de paix à l'est qu'elle avait faites à l'ouest. Je fus donc étonné de la réponse vague et évasive de Hitler, le 14 février. Il acceptait volontiers le projet dans la mesure où il laisserait l'Allemagne libre de réarmer, mais il ne parlait pas du nouveau traité de Locarno. Cette omission aurait dû m'alerter, mais je ne réagis pas.

Ce qui n'était pas encore entré dans mon crâne épais, c'était que Hitler n'accepterait jamais de reconnaître le *statu quo* dans les vastes territoires à l'est de l'Europe. Mon ignorance – partagée, je crois, par mes confrères journalistes et les diplomates, pour ne rien dire des gouvernements de Londres, de Paris et de Moscou – était inexcusable. Hitler avait exposé sans équivoque, dans *Mein Kampf*, ce qui était son but à l'est : le *Lebensraum* (l'espace vital) pour l'Allemagne. Et où, cet espace? « *Seulement en Russie,* avait-il écrit, *et dans les États-frontières, ses vassaux.* Et comment faudrait-il le prendre? « A coups de poing », précisait-il. Par la force donc, au besoin.

Rien n'aurait pu être plus clair. Mais presque tous ceux qui, comme moi, s'étaient donné la peine de lire la bible nazie, n'avaient pas pris au sérieux les buts énoncés dans ce fatras en forme de livre. Ce qui permit à Hitler, une fois arrivé au pouvoir, de déguiser ses objectifs jusqu'au moment où il serait prêt à frapper.

Il frappa comme la foudre, à Berlin, le 16 mars 1935 : la première de ses « surprises du samedi ». Pour moi, ce devait être le début d'une série d'événements qui jalonneraient le chemin de la guerre et qui, dès lors,

1. Traité signé à Locarno (Suisse) en 1925 par la France, l'Allemagne, la Grande-Bretagne, l'Italie et la Belgique *(N.d.T.)*.

pendant quatre ans et demi, allaient me prendre tout mon temps, mon attention, mon énergie et mes possibilités, dominer ma vie et mon travail et me marquer à jamais. Ce jour mémorable, l'ancien vagabond autrichien, devenu seul maître de l'Allemagne, balaya d'un décret les clauses militaires restrictives du traité de Versailles. Il rétablissait le service militaire obligatoire interdit par le traité, et annonçait la création d'une armée d'un demi-million d'hommes, au mépris de l'effectif maximum de 100 000 hommes fixé à Versailles. Le traité de paix avait également privé l'armée allemande, si réduite fût-elle, de chars, d'artillerie et d'aviation. Maintenant, Hitler déchirait également ces clauses-là.

Le lendemain, dimanche 17 mars, fut marqué par des cérémonies et des réjouissances dans tout le IIIe Reich. Hitler, par un coup d'audace, avait accompli en un jour ce qu'aucun gouvernement républicain n'avait osé tenter pendant les longues années de soumission au traité de paix. Pour la plupart des Allemands, même ceux qui rongeaient leur frein sous sa férule, il avait rendu son honneur au pays. Le traité de Versailles si détesté était en morceaux.

J'étais fatigué d'avoir travaillé presque toute la nuit du samedi pour préparer mes dépêches et les câbler à notre bureau de Paris, qui les retransmettait à New York, mais j'allai tout de même à l'Opéra, le dimanche à midi, pour couvrir la principale cérémonie. Et j'y assistai à une scène qu'on n'avait plus vue en Allemagne depuis 1914.

Il se trouvait que ce dimanche était le *Heldengedenktag* (jour du souvenir des héros) et Hitler et Goebbels avaient adroitement mêlé le cérémonial traditionnel à celui que justifiait la décision retentissante de la veille. Tout le rez-de-chaussée de l'Opéra était un océan d'uniformes, les capotes grises fanées et les casques à pointe de l'ancienne armée impériale se mêlant aux tenues plus pimpantes de l'armée nouvelle, parmi lesquelles l'uniforme bleu ciel de l'aviation, qu'on n'avait pas souvent vu puisque la Luftwaffe n'était pas censée exister.

A côté de Hitler dans la loge royale se trouvait le Feldmarschall von Mackensen, dernier survivant des maréchaux de l'armée du Kaiser, dans son uniforme des hussards de la mort et plus dynamique encore que je ne l'avais vu à la *Bierabend* de Rosenberg. Dans la loge voisine, le prince héritier Wilhelm, avec son visage mou et presque sans menton. Si Hitler avait exaucé le vœu du président Hindenburg à ses derniers moments, quelques mois plus tôt, de restaurer les Hohenzollern, il aurait pu être au centre de la cérémonie avec le titre de roi-empereur.

De forts projecteurs éclairaient la scène, où de jeunes officiers, raides comme des statues, brandissaient les drapeaux historiques. Au-dessus d'eux, une immense croix de fer noire et argent était accrochée à un rideau. La cérémonie s'ouvrit par la marche funèbre de cette *Troisième symphonie* de Beethoven, jouée par l'orchestre philarmonique de Berlin qui, je l'ai constaté, semble toucher les Allemands jusqu'au fond de l'âme.

Hitler ne prit pas la parole lui-même. Il fit lire son texte par le général von Blomberg, ministre de la Défense. En l'écoutant, je commençai à sentir que les nazis lançaient une nouvelle et cynique campagne pour atténuer le coup de surprise de ce week-end qui avait menacé l'équilibre de l'Europe. Le Führer prenait l'air avantageux tandis que Blomberg disait :

> L'Europe est devenue trop petite pour une autre guerre mondiale. Une nouvelle guerre ne serait qu'une auto-mutilation pour tous. Nous voulons la paix, avec l'égalité des droits et la sécurité pour tous. Nous ne cherchons rien de plus.

Hitler avait déjà abordé le même thème la veille dans sa proclamation au peuple allemand. Ayant rappelé à la France qu'après le retour de la Sarre il n'aurait plus de revendications territoriales à formuler, il avait ajouté :

> En cette heure, le gouvernement allemand renouvelle devant le peuple allemand et devant le monde entier l'assurance [...] qu'il n'a pas l'intention, en réarmant l'Allemagne, de créer un instrument d'agression militaire, mais, au contraire, exclusivement défensif, donc destiné au maintien de la paix. Ainsi, le gouvernement du Reich exprime avec confiance l'espoir que le peuple allemand, ayant retrouvé son honneur, pourra avoir le droit, dans l'indépendance et l'égalité, de contribuer à la pacification du monde en collaboration libre et ouverte avec les autres nations.

Paroles hypocrites!

Ce n'était pas la dernière fois que Hitler essaierait de tromper son propre peuple et le reste du monde pour leur faire accroire qu'il était décidé à maintenir la paix. Il doit avoir été étonné, me dis-je, de voir que sa ruse a si bien réussi. Tous les Allemands antinazis à qui je parlai pendant ce week-end croyaient qu'il était sincère en affirmant qu'il voulait la paix. A Londres, les journaux conservateurs du dimanche accueillaient favorablement les déclarations pacifiques de Hitler.

Dans mon carnet, ce samedi-là, je notai : « Que vont faire Londres et Paris? »

Question stupide! Ils ne firent rien. L'armée française aurait pu entrer toute seule en Allemagne et c'eût été la fin immédiate d'Adolf Hitler et du IIIe Reich. Les Français en avaient le droit, le traité de paix ayant été ouvertement et cyniquement violé. Hitler, me dit-on alors, a pris bonne note de l'apathie de la Grande-Bretagne et de la France. J'avais du mal à croire moi-même que les Alliés occidentaux ne feraient rien alors qu'ils disposaient d'une supériorité militaire totale sur l'Allemagne. Il me faudrait un certain temps, et plusieurs visites à Londres et à Paris, pour mesurer l'étendue de la décadence qui paralysait la Grande-Bretagne et la France. Je commençais à soupçonner que Hitler en avait conscience.

Le dictateur entama dès lors fiévreusement son réarmement. Il allait falloir beaucoup de canons et de chars pour équiper du jour au lendemain une armée d'un demi-million d'hommes, et ainsi que beaucoup d'argent pour les payer la nouvelle armée de l'air et une plus grande Marine. Le sorcier des finances, le Dr Schacht, ministre de l'Économie, fut chargé de trouver l'argent. On aurait recours, dit-il à son Führer bien-aimé, « à la planche à billets ». Mais il s'était aussi procuré beaucoup d'argent, confia-t-il, avec les fonds confisqués aux Juifs et les comptes étrangers bloqués.

« Ainsi, dit-il tout fier, nos armements sont en partie financés par les crédits de nos ennemis politiques. »

Pour atténuer l'aggravation du grand malaise à l'étranger, en particulier à Londres, à Paris et à Rome, au sujet du réarmement de sa nouvelle armée permanente, Hitler décida de répéter sa volonté de paix et même de désarmement et, à cette occasion, de voir s'il n'était pas possible de diviser les Alliés. Sans réagir militairement à son fait accompli de mars, ils menaçaient, en effet, en mai, de s'unir contre lui. La Grande-Bretagne, la France et l'Italie s'étaient réunies à Stresa le 11 avril et l'avaient condamné pour avoir violé le traité de paix. Elles avaient également obtenu du Conseil de la Société des Nations, à Genève, des sanctions contre lui et la création d'une commission chargée de proposer des moyens de les imposer. La France signait en hâte un pacte d'assistance mutuelle avec la Russie, et Moscou concluait un traité analogue avec la Tchécoslovaquie.

Des gestes vides de sens, à mon point de vue. Cependant, je notais une nervosité croissante dans les milieux politiques, diplomatiques et militaires de Berlin. Les généraux, me semblait-il, bien qu'enchantés de la perspective de mettre rapidement sur pied une armée importante, craignaient que les Alliés, se sentant provoqués, ne prennent des mesures militaires préventives contre l'Allemagne. Ils savaient que la France, l'Italie, la Pologne, la Tchécoslovaquie et l'Union soviétique possédaient, ensemble, les moyens militaires d'écraser totalement l'Allemagne, même si la Grande-Bretagne, avec sa puissante Marine, ne bougeait pas. Les généraux, me disait-on, faisaient part de leur inquiétude au dictateur. Discrètement, bien entendu. Et le ministre des Affaires étrangères les imitait, plus discrètement encore. Peut-être aussi Goering, à en juger par une brève conversation que j'avais eue alors avec lui.

Il faisait parfois des déclarations extravagantes en public, mais en privé et sur les affaires étrangères, il était prudent. Il ne voulait pas risquer – pas encore – de se trouver face à une coalition d'armées qui ne ferait qu'une bouchée de la Reichswehr encore relativement désarmée, et détruirait la Luftwaffe qu'il commençait tout juste à faire décoller.

C'est dans ce climat que, le soir du 21 mai, Hitler prononça encore un discours « pacifique » devant le Reichstag. Ce devait être l'un des plus éloquents et certainement l'un des plus adroits, l'un des plus trompeurs de tous ceux que j'entendrais devant cette Chambre de pur enregistrement, moi qui étais condamné à les subir presque tous. Je ne l'avais encore jamais entendu parler de la paix avec tant de passion, de façon aussi émouvante, aussi persuasive. Il était envoûtant et, à plusieurs reprises pendant les deux heures de son discours, je me sentis moi-même emporté par son élan avant d'avoir pu me reprendre et me dire : *Il n'en pense pas un mot, tout cela est faux, mais le peuple allemand va être emballé et l'opinion mondiale impressionnée, surtout en Grande-Bretagne.* Car c'était à elle qu'une partie de son appel, très adroitement, était destinée en particulier.

Que pouvait-il y avoir de plus raisonnable – et de plus convaincant – que ces paroles prononcées, je le notais, de cette belle voix bien modulée, sonore mais sans éclats, avec ce visage, ces yeux, ces sourcils, ces gestes débordants de sincérité, tandis qu'il évoquait l'histoire des folies d'une humanité en guerre :

> Le sang versé sur le continent européen au cours des trois derniers siècles est sans rapport avec les résultats obtenus du point de vue national. Au bout du compte, la France est restée la France, l'Allemagne l'Allemagne, la Pologne la Pologne et l'Italie l'Italie [...]. Les fleuves de sang versé n'ont pas modifié notablement leurs caractères fondamentaux. Si ces pays avaient consacré, ne serait-ce qu'une partie de leurs sacrifices à des entreprises plus sages, le succès aurait certainement été plus grand et plus durable.

L'Allemagne, poursuivait Hitler, n'avait pas la moindre intention de soumettre d'autres peuples :

> Notre théorie raciale considère toute guerre pour la domination d'un peuple étranger comme devant tôt ou tard transformer le vainqueur lui-même et amener en fin de compte sa défaite.

C'était exactement le contraire, me disais-je, de ce qu'il avait écrit dans *Mein Kampf* : que le devoir, en fait l'obligation, de la race des seigneurs allemands était la conquête du *Lebensraum* à l'est.

Alors, la voix du Führer commença à s'élever, ses gestes à s'animer :

> Non ! s'écria-t-il. L'Allemagne national-socialiste veut la paix à cause de ses convictions profondes. Et elle veut la paix aussi parce qu'elle comprend ce simple fait fondamental qu'aucune guerre ne changerait

rien à la détresse de l'Europe [...]. Le principal effet de toutes les guerres est de détruire la fleur de la nation.

Hitler fit une pause, et ses pauses pouvaient être d'une éloquence terrible :

L'Allemagne a besoin de la paix et elle désire la paix!

Il en vint alors à ses propositions de paix durable en Europe, en treize points. (Combien de fois l'avais-je entendu rappeler les « treize points » de Wilson!) A mesure qu'il les énumérait, ils paraissaient tellement admirables et raisonnables qu'ils me semblaient devoir créer une impression profonde et favorable, non seulement en Allemagne mais, ce qui importait même davantage à Hitler, dans le monde extérieur. Il les annonça par quelques rappels et des promesses solennelles, énoncés d'une voix emphatique.

L'Allemagne a [...] reconnu et garanti à la France ses frontières telles que les fixe le plébiscite de la Sarre [...]. Nous avons par là définitivement renoncé à toute revendication sur l'Alsace-Lorraine, une terre pour laquelle nous avons fait deux grandes guerres [...]. Sans tenir compte du passé, l'Allemagne a conclu un pacte de non-agression avec la Pologne [...]. Nous le respecterons inconditionnellement [...]. Nous reconnaissons la Pologne comme le pays d'un grand peuple avec sa conscience nationale.

Quant à son Autriche natale :

L'Allemagne n'a pas non plus l'intention ni le désir d'intervenir dans les affaires intérieures de l'Autriche, d'annexer l'Autriche ou de conclure un Anschluss.

Paroles bien rassurantes pour une Europe qui redoutait les vues de Hitler sur l'Autriche. Mais néanmoins pleines d'impudence! Moins d'un an auparavant, le 25 juin 1934, un grand nombre de SS nazis autrichiens hors la loi, qui prenaient leurs ordres à Berlin, avaient occupé la Chancellerie de Vienne et froidement assassiné le chancelier autrichien, Engelbert Dollfuss. Hitler était sur le point de proclamer l'Anschluss lorsque le coup avait échoué. Nous savions tous à Berlin qu'il était plongé jusqu'au cou dans l'organisation des terroristes nazis chargés de renverser le gouvernement autrichien. Je me rappelais le tout premier paragraphe de *Mein Kampf*, dans lequel il avait écrit que la réunion de l'Autriche et de l'Allemagne (c'est-à-dire l'Anschluss) était « un but à poursuivre par tous les moyens tant que nous vivrons ». Les treize points de la proposition de paix de Hitler me frappaient, malheureusement, comme un chef-d'œuvre, tant ils paraissaient raisonnables. C'était exactement ce qu'une Europe inquiète espérait qu'il proposerait. Comme il paraissait tolérant, conciliant!

Hitler avait eu beau déchirer les clauses militaires du traité de Versailles, l'Allemagne, disait-il, en « respecterait inconditionnellement » les clauses *non* militaires, « y compris les stipulations territoriales ». En particulier, elle « remplirait toutes les obligations du traité de Locarno » et respecterait la zone démilitarisée de Rhénanie, sur laquelle ce traité était fondé. Je me demandais si nous serions nombreux à remarquer que Hitler avait évité de répondre à la demande des Alliés qu'en échange de la reconnaissance de l'égalité des armements l'Allemagne accepte un Locarno à l'est, qui assurerait les mêmes garanties contre toute agression à l'est de l'Europe que le traité de Locarno à l'ouest. Au lieu de quoi, tout en proclamant que l'Allemagne était disposée « immédiatement » à participer à la « sécurité collective », il proposait des accords bilatéraux. Il était prêt, expliquait-il, à conclure des pactes de non-agression avec chacun des États voisins de l'Allemagne. Je me demandais combien, à l'extérieur de l'Allemagne, savaient que la Russie n'était pas un « État voisin », qu'elle n'avait pas de frontière commune avec l'Allemagne.

Alors Hitler en arriva au clou de son discours, le désarmement. S'il était sincère, c'était sensationnel.

> Le gouvernement allemand est prêt à accepter toute limitation conduisant à l'abolition des armes lourdes, particulièrement favorables à l'agression, telles que l'artillerie lourde et les chars lourds [...]. L'Allemagne se déclare disposée à donner son accord à toute limitation, quelle qu'elle soit, du calibre de l'artillerie, de la taille des navires de guerre et du tonnage des sous-marins, ou même à l'interdiction complète des sous-marins [...].

Et ce n'était pas tout. L'Allemagne souhaitait, dit Hitler, la mise hors la loi des armes et des méthodes de guerre contraires à la convention de la Croix-Rouge de Genève. Il proposait l'interdiction de l'emploi de bombes, de quelque sorte que ce soit, en dehors du champ de bataille. Il était même disposé, dit-il, à aller plus loin, jusqu'à l'interdiction et la mise hors la loi de *toutes* les bombes.

Très habilement, me disais-je, Hitler tendait un appât particulier à la Grande-Bretagne. Il était disposé, dit-il, à limiter la nouvelle marine de guerre allemande à 35 p. 100 de la Royal Navy, ce qui maintiendrait le Reich à 15 p. 100 au-dessous du tonnage de la flotte française. Très astucieusement aussi, Hitler prenait bonne note des objections soulevées « à l'étranger », selon lesquelles ce n'était là que le commencement des revendications allemandes dans le domaine naval. « Pour l'Allemagne, cette demande est définitive et éternelle », dit-il.

Le Führer parlait maintenant depuis deux heures et il avait été, je devais le reconnaître, très convaincant. Peu après dix heures du soir, il en arriva à sa conclusion :

> Quiconque allumera le flambeau de la guerre en Europe ne pourra espérer que le chaos. Mais nous avons la ferme conviction que notre temps verra non le déclin, mais la renaissance de l'Occident. Que l'Allemagne puisse apporter une contribution impérissable à cette grande œuvre est notre fière espérance et notre foi inébranlable.

J'allais me souvenir longtemps des paroles mesurées de Hitler en cette soirée de mai 1935. Elles devaient avoir été comme gravées au fer rouge dans ma mémoire car elles allaient me revenir lorsque le dictateur nazi les tournerait cyniquement en dérision. Mais ce soir-là ce discours m'avait impressionné. A la taverne, où nous nous étions retrouvés après avoir expédié nos dépêches, quelques-uns de mes confrères britanniques et français pensaient que le discours de Hitler pouvait ouvrir la voie à plusieurs années de paix. A Londres, le respectable *Times,* le journal le plus influent des îles Britanniques, l'accueillit avec une joie presque démentielle :

> Ce discours, écrit le *Times,* se révèle raisonnable, honnête et complet. Si on le dit avec un esprit impartial, on ne peut pas douter que les propositions politiques de Herr Hitler constituent la base d'un accord complet avec l'Allemagne, une Allemagne libre, égale et forte, au lieu de l'Allemagne prostrée à laquelle la paix fut imposée voilà seize ans [...].
>
> Il faut espérer que ce discours sera accueilli partout comme une déclaration sincère et pesée qui signifie précisément ce qu'elle dit.

Ma propre naïveté devant les desseins de Hitler, même après neuf mois dans le IIIe Reich, était plus grande que je ne le pensais. J'ai eu l'occasion de m'en rendre compte récemment (quarante-cinq ans après!) en retrouvant une longue note dans mon carnet, datée de Berlin, le lendemain soir du discours de « paix » du Führer. Elle prouve que je m'étais terriblement laissé prendre, autant que le *Times* de Londres.

> Il commence à m'impressionner, écrivais-je de Hitler, après avoir observé que c'était de loin le meilleur discours de lui que j'eusse entendu. Ses détracteurs l'avaient certainement sous-estimé, lui, son esprit, son adresse, sa compétence [...]. Sa voix *paraît* extrêmement sincère et convaincante.
>
> Une fois pour toutes, ce qui n'avait encore jamais été fait si complètement, Hitler a résumé le dossier allemand [...]. Et, quoi qu'il n'ait certainement pas tout à fait « raison », *il y avait effectivement* un dossier à présenter, et personne ne l'avait encore présenté aussi bien.

Ce qui me paraît si stupéfiant dans les années 80, c'est d'avoir pu quitter le Reichstag, ce soir-là, convaincu que Hitler, malgré toutes les réserves qu'il m'inspirait, voulait vraiment la paix et avait fait aux Occidentaux, à tout le moins, une proposition sérieuse.

Si seulement j'avais su ce que Hitler *faisait* réellement, contrairement à ce qu'il *disait*, ce jour-là et quelques jours plus tôt!

Et d'une, le matin de son grand discours de « paix », Hitler avait promulgué dans le plus grand secret la loi de Défense du Reich, qui réorganisait complètement les forces armées et instaurait une économie de guerre spartiate. Tout en *parlant* de paix pour endormir le monde, il allait préparer la guerre le plus vite possible.

Et de deux, près de trois semaines *avant* de promettre, dans son discours de « paix », que l'Allemagne « respecterait inconditionnellement » les stipulations territoriales du traité de Versailles ainsi que les obligations qu'elle avait librement assumées à Locarno, y compris la démilitarisation de la Rhénanie, *Hitler avait ordonné au Haut Commandement allemand de préparer des plans pour l'occupation militaire de la Rhénanie.* Le nom de code de cette opération était *Schulung* [1]. Elle devait prendre la forme d'« un coup (contre les Français) assené par surprise à la vitesse de l'éclair » et le plan devait être tenu tellement secret que « seul le plus petit nombre possible d'officiers devaient être au courant ».

Ces décisions secrètes ne furent connues qu'après la guerre, avec la saisie des archives confidentielles allemandes. Je vois maintenant à quel point nous avons été aveugles, à Berlin, à l'époque, à ce qui se passait réellement derrière la façade ornementale du IIIe Reich.

Il y avait un aspect important de ses plans que Hitler n'avait pas besoin de cacher : tout en écartant les soupçons des Alliés occidentaux suffisamment pour qu'ils ne s'unissent pas contre lui dans une guerre préventive, il s'efforcerait de les diviser en permanence en tendant à l'un ou à l'autre un appât tentateur. Cela se révéla plus facile qu'il ne s'y attendait lui-même, j'en suis certain, d'une facilité terrible à mes yeux. Et d'abord avec les Britanniques, dont il mesurait très bien les points faibles.

Dans son discours de paix du 21 mai, il leur avait publiquement proposé un accord naval. Hitler envoya Ribbentrop à Londres pour en mettre au point les détails. On fut bientôt d'accord et le traité naval fut signé à Londres le 18 juin. Derrière le dos de ses principaux alliés, la France et l'Italie, qui étaient aussi des puissances navales et directement concernées par le réarmement allemand, le gouvernement britannique, dans ce qu'il pensait être son propre intérêt, accepta d'annuler les restrictions navales du traité de paix et de donner à Hitler toute liberté

1. « Apprentissage », ou « dressage » *(N.d.T.)*.

pour se construire une marine aussi vite qu'il le pourrait, une marine qui rivaliserait bientôt avec celles de la France et de l'Italie.

Nous, les correspondants à Berlin, nous fûmes confondus par la décision britannique : « Cela me dépasse », notai-je dans mon carnet.

Ce qui paraissait particulièrement surprenant était que la Grande-Bretagne accepte que l'Allemagne puisse porter le tonnage de ses sous-marins jusqu'à 60 p. 100 de celui de la Grande-Bretagne, et même à 100 p. 100 « dans des circonstances exceptionnelles ».

« Les sous-marins allemands ont presque vaincu les Britanniques à la dernière guerre, notai-je, et ils peuvent le faire à la prochaine. »

Je trouvais ahurissante la fourberie des Britanniques envers leurs alliés. Mais elle allait plus loin que je ne le savais à l'époque. Londres refusa d'informer les Français des détails de l'accord naval – excepté le tonnage des sous-marins. En fait, et je n'allais l'apprendre que beaucoup plus tard, les Britanniques avaient accepté que l'Allemagne construise une grande armada, comprenant cinq cuirassés qui auraient été de plus fort tonnage, avec des canons plus lourds, que tous ceux que les Britanniques (et tous les autres pays) avaient alors à la mer.

Cynique comme Hitler, Mussolini prit bonne note du cynisme anglais. Le 3 octobre 1935, il allait envoyer ses armées contre l'antique royaume montagnard d'Abyssinie.

Le lendemain, 4 octobre, je passai plusieurs heures à la Wilhelmstrasse, à commenter avec des membres du gouvernement et du parti la décision de Mussolini.

> La Wilhelmstrasse est ravie. Ou bien Mussolini va trébucher et se trouver si engagé en Afrique qu'il sera considérablement affaibli en Europe, sur quoi Hitler prendra l'Autriche jusqu'alors protégée par le Duce. Ou bien il réussira, défiant la France et la Grande-Bretagne (qui demandent des sanctions contre lui à la Société des Nations), et il sera mûr pour devenir le complice de Hitler contre les démocraties occidentales. Dans les deux cas, c'est Hitler qui gagne.

Les événements allaient bientôt commencer à me donner raison.

Cet été de 1935 à Berlin, nous avons déménagé, et en septembre, je suis allé faire un bref séjour en Amérique, pour la première fois depuis 1929. Le temps passait si vite que j'avais du mal à me rendre compte qu'il y avait dix ans que j'étais arrivé en Europe, de l'Iowa, à vingt et un ans.

L'objet immédiat de mon bref retour était de voir ma mère. Elle avait soixante-quatre ans. Je lui devais beaucoup. Et je l'adorais. Je ne pouvais me faire à l'idée qu'elle disparaisse peut-être avant que nous ne nous soyons revus. Je ne l'avais vue qu'une seule fois depuis mon départ, dix ans auparavant. J'avais espéré emmener Tess avec moi – elle ne connaissait pas l'Amérique – mais nous n'avions pas assez d'argent, même pour un voyage en troisième classe. Tess décida de retourner en Autriche, son pays natal *à elle*, pendant ces trois semaines, pour y faire un peu d'alpinisme.

Dès l'instant où je débarquai à New York, je ressentis l'énorme vitalité de cette ville trépidante. Il y avait de l'électricité dans l'air de ce beau début d'automne. Les choses et les gens paraissaient merveilleusement vivants. Je le sentais à leur façon de marcher, de parler, de bouger, de rire et de se comporter. Les femmes étaient presque toutes séduisantes. Comparées aux Berlinoises, elles étaient en général étonnamment minces, avec leurs robes soignées qui mettaient leur silhouette en valeur. Elles marchaient avec grâce, elles avaient de jolies jambes qu'on remarquait après toutes celles, mal dessinées, des Berlinoises, et des cheveux brillants. Elles parlaient avec animation, comme si la vie était intéressante et même passionnante.

Les hommes aussi. La curiosité intellectuelle de beaucoup de ceux que je rencontrais m'enchantait, quand je revoyais la grisaille satisfaite de l'ère Coolidge que j'avais fuie en 1925. Partout où j'allais en ville, les gens semblaient parler beaucoup de livres, en particulier des derniers romans, et de théâtre, de sculpture et de musique, et des tableaux qu'ils voyaient dans les galeries d'art et les musées.

En ce qui concernait les affaires internationales, cependant, je les trouvai plutôt naïfs, mal informés et très indifférents. Je m'attendais, j'imagine, à trouver mes amis ou mes nouvelles connaissances très curieux de mes impressions de témoin en Allemagne nazie. Ceux-là étaient rares.

Au milieu de mon séjour, à la mi-septembre, le Reichstag, réuni en session extraordinaire à Nuremberg, avait, à la demande de Hitler, « voté » un certain nombre de textes qui mettaient pratiquement les Juifs hors la loi, et les humiliaient, en outre, en leur interdisant d'épouser des Aryens et d'avoir aucune relation sexuelle ou simplement banale avec les Allemands « de sang pur ». Personne, du moins à New York, n'y prêta grande attention. L'information venue de Nuremberg me déprima. Pourtant, je savais ce qui allait se passer et, depuis un an, je voyais, avec une horreur croissante, s'aggraver l'impitoyable persécution des Juifs. Mais la plupart des Américains à qui je parlai cet automne-là, même les Juifs, ne mesuraient pas l'énormité des crimes de Hitler, non seulement contre les Juifs, mais contre l'humanité. Je ne pouvais me défaire de l'impression qu'on me trouvait à ce sujet un peu trop « sentimental » et porté au « sensationnel ».

Je fus un peu troublé, cet automne-là à New York, de me sentir étranger dans mon pays natal. J'en étais gêné. Mais j'étais bien forcé de reconnaître que je me trouvais beaucoup plus chez moi en Europe qu'en

Amérique. Je pense que cela datait de longtemps mais je ne m'en rendais compte qu'à l'occasion de mes rares retours en Amérique – deux fois seulement depuis dix ans. Maintenant que j'y pensais à New York, pendant cet automne de 1935, je m'étais senti bizarre la première fois que j'y étais revenu, en 1929, à mon retour à Chicago, ma ville natale, et à Cedar Rapids, dans l'Iowa, où j'avais grandi à partir de neuf ans. J'avais été heureux, en 1929, de quitter de nouveau le pays pour retourner à Paris. Maintenant, en 1935, après une quinzaine passée à New York, j'avais hâte de repartir et de rentrer « chez moi », même si ce « chez moi » était maintenant Berlin. Ce sentiment m'étonnait encore. Pourquoi, me demandais-je, sommes-nous sans racines, nous, les Américains, au point qu'après quelques années passées ailleurs nous nous sentons des étrangers chez nous? Cela ne devait pas être le cas pour les Anglais, les Français, les Grecs et les autres. Le moment venu, j'en arriverais à sentir que, nous autres Américains qui travaillions au loin, étions pourtant aussi des étrangers dans les pays mêmes où nous vivions. Nous n'arrivions jamais à en posséder tout à fait la langue. Nous ne nous accoutumions jamais parfaitement au mode de vie local. Nous demeurions des *observateurs* étrangers. Lorsque je m'en rendis compte, je compris ce que je ferais plus tard: rentrer vraiment chez moi. J'espérais qu'il ne serait pas trop tard.

Malgré l'impression d'insolite que j'éprouvais alors à me retrouver en Amérique, je ne m'ennuyai pas à New York. Je renouais avec ma famille, en particulier avec ma mère, je voyais de vieux amis qui étaient rentrés d'Europe définitivement, j'allais à des soirées, à des réceptions, je me promenais dans cette ville passionnante. Sans doute, si j'étais resté plus longtemps, me disais-je, aurais-je dépassé cette impression d'être étranger. Mais mes patrons insistaient pour que je retourne à Berlin comme prévu. Ils avaient peur (comme moi) que Mussolini n'envahisse l'Abyssinie d'un jour à l'autre. Ils allaient donc muter Dosch-Fleurot à Rome pour qu'il couvre de là-bas une partie des événements. Pour moi, j'aurais le bureau d'Universal à Berlin.

C'était une promotion, qui me remonta le moral. J'avais aimé travailler avec Dosch. Il allait beaucoup me manquer. Mais ce serait agréable d'être de nouveau indépendant.

Au début de juin de cette année-là, nous nous étions installés, Tess et moi, à Tempelhof. Notre nouvel appartement nous plaisait. Il était entouré d'un petit parc et d'innombrables jardins. Nous avions besoin de cet air frais. Et de ce calme. Nous étions assez loin du grand aéroport de Tempelhof pour ne pas entendre les avions approcher ou décoller. Notre installation ne nous posa pas de problème.

Mais au bureau je commençais à me sentir nerveux, à force de

« couvrir » la dictature nazie. Vers la fin de l'année, Goebbels, manifestement de mauvaise humeur, menaçait les correspondants britanniques et américains de nouvelles expulsions. Plus tôt que je ne m'y attendais, je me trouvai soudain moi-même en difficulté.

De bonne heure, au matin du 23 janvier 1936, je fus réveillé par un coup de téléphone du ministère de la Propagande : un certain Wilfred Bade, un véritable fanatique. Il hurlait dans le téléphone, à cause de quelque chose que j'avais écrit sur les Jeux olympiques d'hiver, qui devaient s'ouvrir le 6 février à Garmisch-Partenkirchen, dans les Alpes bavaroises. Il m'accusait d'avoir inventé une histoire à propos de Garmisch et des Juifs, et d'essayer de torpiller les Jeux d'hiver. Six semaines auparavant à peu près, j'avais écrit quelques articles sur les Olympiades d'hiver et le zèle avec lequel les Allemands, depuis Hitler jusqu'aux plus humbles, les préparaient comme un prélude aux Jeux d'été de Berlin. Le Führer voulait faire des Olympiades un gigantesque triomphe publicitaire. J'avais donc signalé, dans le premier paragraphe du premier de mes papiers, que Hitler s'assurait que « les écriteaux qui, l'été dernier, braillaient " Les Juifs, dehors! " et " Interdit aux Juifs ", soient bien discrètement enlevés de Garmisch ».

Et j'avais ajouté :

« La persécution des Juifs est officiellement suspendue en Allemagne pendant les Jeux olympiques. »

Depuis des mois, les milieux gouvernementaux de Berlin étaient paniqués par la menace des États-Unis de boycotter les Jeux olympiques à cause de la persécution des Juifs par les Allemands. En fait, la première de mes dépêches avait été publiée dans des journaux de tous les États-Unis le 10 décembre, deux jours après que l'U.S. Amateur Athletic Union, lors d'une réunion orageuse à New York, eut décidé de ne pas boycotter les Jeux olympiques en Allemagne.

Il avait fallu près de six semaines au Dr Goebbels et à son ministère de la Propagande pour réagir à mon article, mais ils me tombaient dessus maintenant avec tous leurs formidables outils de propagande. Bade, après avoir explosé, finit par raccrocher quand je commençai à riposter. J'avais appris très vite que le meilleur moyen de réagir quand un Allemand vous attaque consiste à contre-attaquer immédiatement. S'ils vous crient dessus, criez-leur dessus. S'ils vous menacent, mettez-les au défi d'exécuter leurs menaces. Mais Bade n'avait tiré que la première salve. Goebbels amenait ses gros calibres.

A midi, Tess, en mettant la radio pour les informations, fut saluée par une attaque en règle contre moi. On m'accusait d'essayer de torpiller les Jeux de Garmisch en écrivant des mensonges sur le traitement des Juifs en Allemagne. Lorsque j'arrivai au bureau après le déjeuner, je découvris que les premières pages des premières éditions des journaux du soir étaient consacrées à des diatribes démentes contre moi, me traitant de menteur, de tricheur et de « germanophobe ». On oubliait, tant que ce genre d'incident ne se produisait pas, à quel point les Allemands pouvaient devenir enragés à l'occasion. Pourtant, Dieu sait que je l'avais constaté assez souvent, même en public. Après tout, Hitler, Goebbels et Goering faisaient rarement un discours sans, à un moment ou à un autre, se payer une belle crise d'hystérie paranoïaque.

Chaque fois que le garçon de bureau apportait une nouvelle brassée de journaux avec de nouvelles attaques contre moi, je sentais la fièvre monter en moi. La plupart de mes confrères me téléphonaient pour me conseiller de faire comme si rien n'était. Ils pensaient que, si j'essayais de contre-attaquer, je me ferais expulser. Mais j'étais résolu à aller jusqu'au bout avec Bade. Je ne cessais de l'appeler au téléphone. Finalement, une secrétaire me répondit qu'il était sorti et qu'il ne rentrerait pas. En pleine crise à mon tour à ce moment-là, vers 21 heures à peu près, je sortis de mon bureau, je descendis la Wilhelmstrasse en courant, passai devant le garde du ministère de la Propagande et forçai la porte de Bade. Il était là. Je donnai un grand coup de poing sur son bureau en hurlant de toutes mes forces, exigeant des excuses et un rectificatif dans la presse. Comme je l'avais prévu, il hurla à son tour. Notre scène devait s'entendre dans tous les couloirs, car deux ou trois fois des larbins affolés ouvrirent la porte pour jeter un coup d'œil, apparemment pour voir si leur patron n'était pas blessé.

Finalement – de fatigue, je pense – nous nous sommes calmés. J'avais été stupide, je le voyais bien, de penser que quiconque, dans ce régime, s'excuserait d'un mensonge ou s'efforcerait de le rectifier. Bade marmonnait vaguement qu'on avait décidé, malgré mes « mensonges », de ne pas m'expulser. Je le mis au défi de le faire. Mais cela aussi était stupide. C'était Goebbels, le chef de la propagande, qui prenait ce genre de décisions. Ou Hitler. On me dit aussi que les autorités nazies croyaient m'avoir sérieusement fait peur et que, dorénavant, je ferais plus attention à ce que j'écrirais. Dans ce cas, ils avaient tort.

Les Jeux olympiques furent un succès éclatant pour Adolf Hitler. Aussi bien à Garmisch-Partenkirchen, dans les Alpes bavaroises, où se tenaient les Jeux d'hiver, qu'à Berlin, où avaient lieux les Jeux d'été, plus importants. Les hôtes nazis les organisèrent à une échelle sans précédent. Les athlètes du monde entier étaient enchantés et les spectateurs, en particulier les Américains, impressionnés. Jamais auparavant, à ma connaissance, les gros bonnets nazis n'avaient organisé des soirées aussi somptueuses, Goering, Ribbentrop et Goebbels essayant chacun de faire mieux que les autres. La « Nuit italienne » du ministre de la Propagande, dans une île, la Pfaueninsel (l'île du Paon), sur le lac de Wannsee, réunit plus de mille invités (même moi) pour un dîner dans un décor digne des *Mille et Une Nuits*. On servit les mets les plus fins, et les meilleurs vins que j'eusse jamais goûtés en Allemagne nazie, à la multitude réunie sur une large terrasse dominant le lac, sous cinq mille lanternes vénitiennes. Et nous avons écouté l'orchestre philharmonique de Berlin et les vedettes de l'Opéra en regardant les danseuses des ballets de l'Opéra.

Les Jeux eux-mêmes n'étaient pas seulement magnifiquement organisés et mis en scène. Hitler avait veillé à ce que le pays soit irréprochable ; pas question de persécuter les Juifs (ils étaient déjà hors la loi depuis les lois de Nuremberg de l'automne précédent). Aucune manifestation contre les catholiques ou les protestants insoumis. Pas d'attaques violentes contre les démocraties occidentales « décadentes » et l'Amérique « dominée par les Juifs ». Tout n'était, pour un temps, que douceur et lumière, à l'exception d'une occasionnelle diatribe dans la presse contre les terribles bolcheviques. Les Russes n'avaient pas encore été invités aux Jeux olympiques. Ils étaient encore considérés comme à l'index par les comités olympiques de l'Italie fasciste, de l'Allemagne nazie et des États-Unis, de la Grande-Bretagne et de la France démocratiques.

A Berlin, un groupe de businessmen américains – dont Norman Chandler, le propriétaire et éditeur conservateur du *Los Angeles Times* – m'invita, ainsi que Ralph Barnes, du *New York Herald Tribune*, à déjeuner au bar de l'hôtel Adlon. Ils étaient étonnés, nous dirent-ils, que l'Allemagne qu'ils voyaient fût aussi différente de ce qu'ils avaient imaginé d'après nos correspondances. Ils n'avaient jamais vu un peuple aussi heureux, aussi satisfait et aussi enthousiaste envers ses dirigeants. Ils avaient parlé avec Goering, disaient-ils, qui leur avait dit que nous, les correspondants américains à Berlin, ne racontions que des mensonges sur l'Allemagne national-socialiste.

Pendant une heure, Barnes et moi avons essayé de notre mieux de leur dire la vérité.

« Je ne pense pas, notai-je dans mon carnet ce soir-là, que nous les ayons convaincus. » En 1933, l'année de la prise de pouvoir de Hitler, *l'American Athletic Union* et le Comité olympique américain avaient décidé, à une écrasante majorité, de boycotter les Jeux si les athlètes juifs n'étaient pas admis dans les équipes allemandes. Notre Comité olympique avait, l'année suivante, envoyé en Allemagne Avery Brundage, son président, pour s'assurer que les Juifs pouvaient être admis dans les équipes allemandes. Il découvrit que oui et, rentré à New York, annonça qu'il recommandait que l'Amérique ne boycotte pas les Jeux.

Cependant, la campagne pour le boycottage continuait et, en septembre 1935, le général Charles E. Sherrill, membre à la fois des Comités olympiques américain et international, fut renvoyé en Allemagne pour une nouvelle vérification. Tandis que le général visitait le IIIe Reich, Hitler promulga les lois de Nuremberg mettant les Juifs hors la loi. Le général Sherrill ne s'en aperçut pas. Il rentra à New York en octobre et déclara :

« Je suis allé en Allemagne dans le but de faire entrer au moins un Juif dans l'équipe olympique allemande et j'estime que ma mission est accomplie. »

En fait, Sherrill avait fait entrer deux Juifs dans l'équipe allemande, tous deux étant rentrés provisoirement d'exil pour servir d'alibi aux nazis. Aucun athlète juif habitant le pays ne fut autorisé à tenter sa chance. Mais la concession mineure de deux Juifs symboliques suffit au Comité olympique américain. A Berlin, nous avons eu peine à le croire lorsque le *New York Times* cita Frederick W. Rubien, le secrétaire du Comité olympique américain :

> Les Allemands ne font pas de discrimination contre les Juifs pour leur sélection olympique. Les Juifs sont éliminés parce qu'ils ne sont pas assez bons en tant qu'athlètes. D'ailleurs, il n'y a même pas une douzaine de Juifs dans le monde entier qui aient la classe olympique [1].

C'est à partir de ce mensonge éhonté que les Américains arrivèrent en Allemagne cette année-là pour les Jeux olympiques.

Notre vedette, cet été-là, l'un des plus grands athlètes de l'histoire des Jeux olympiques, fut le sprinter Jess Owens, qui gagna quatre médailles d'or. Adolf Hitler, qui était dans la tribune tous les jours, refusa de recevoir le coureur américain après ses victoires. Chaque fois qu'Owens remontait la piste au petit trot après un de ses triomphes, les spectateurs allemands se levaient dans un tonnerre d'applaudissements. Mais Hitler, je le voyais à quelques mètres de ma place dans la tribune de presse, se détournait pour parler à ses copains. Parmi eux se trouvait Baldur von Schirach, le chef des Jeunesses hitlériennes, qui rapporta, beaucoup plus tard, ce que le Führer avait dit en tournant le dos à Owens :

« Les Américains devraient avoir honte de laisser gagner leurs médailles par des nègres. Moi, je ne leur serrerai jamais la main. »

1. En réalité, il y avait cinq juifs rien que dans l'équipe américaine, et beaucoup plus dans les équipes d'autres pays. Deux Juifs, Sam Stoller et Marty Glickman, constituaient à eux seuls la moitié de l'équipe américaine de relais 4 fois 100 mètres, dont on attendait qu'elle batte le record olympique et peut-être même le record du monde de la spécialité, ce qui fut en effet le cas. Mais à la dernière minute, le matin de la course, Stoller et Glickman furent exclus de l'équipe et remplacés par Owens et Foy Draper, pour, selon l'entraîneur américain, donner plus de vitesse à l'équipe. C'était certainement le cas pour Owens, mais Draper n'avait jamais couru plus vite que Stoller sur 100 mètres. Je n'arrivai pas à croire qu'on avait éliminé les deux sprinters juifs à la dernière minute, comme certains l'affirmaient, pour faire plaisir à Hitler. Mais l'affaire laissa un goût amer à bien des Américains.

Lorsque Schirach suggéra que ce serait de bonne propagande pour le Führer d'être photographié avec Owens, Hitler protesta à grands cris [1].

Parmi les spectateurs américains célèbres des Jeux de Berlin, cet été-là, se trouvaient Charles et Ann Lindbergh. Je ne l'avais pas revu depuis huit ans, lorsque j'avais couvert son atterrissage au Bourget et l'accueil tumultueux qui avait marqué sa première traversée aérienne de l'Atlantique. Il avait eu droit à une réception encore plus énorme à son retour en Amérique. Sa gloire était sans précédent pour un Américain de notre temps et il était devenu l'idole du pays, son citoyen le plus célèbre et son unique héros authentique.

Alors, selon ce que j'avais compris de loin, sa gloire était devenue une malédiction. Après avoir été l'objet de tant d'honneurs et d'un véritable culte, il avait connu la déception, l'amertume, le drame, la douleur. La presse l'avait traqué, ne lui laissant ni paix ni répit. Ensuite, son premier enfant avait été kidnappé et assassiné. Finalement, il avait fui sa patrie, d'abord pour l'Angleterre, puis pour la France, où il avait vécu avec sa femme sur une île perdue au large de la Bretagne avec le savant franco-américain, le prix Nobel Alexis Carrel. Je ne savais pas que les sympathies de Carrel pour le totalitarisme influençaient déjà Lindbergh, mais je commençai à m'en douter peu après lorsque l'aviateur et sa femme vinrent à Berlin cet été-là.

Ils arrivèrent une quinzaine de jours avant l'ouverture des Jeux, et Hermann Goering, le gros chef de l'armée de l'air allemande en plein essor, les prit en main, donnant des réceptions somptueuses en leur honneur, et leur montrant assez de la *Lufthansa* naissante pour les impressionner. Lindbergh avait refusé de voir les correspondants américains à Berlin mais la *Lufthansa,* la compagnie nationale de transports aériens, avait invité certains d'entre nous à un thé, le 23 juillet à Tempelhof, en l'honneur de l'aviateur et de sa femme. Je fus surpris de le trouver aussi peu changé en apparence : il avait toujours l'air d'un adolescent, bien qu'ayant, je le remarquai, pris de l'assurance.

Après le thé, les officiels de la Lufthansa nous emmenèrent faire un tour dans ce qui était alors le plus grand avion du monde, le *Feldmarschall von Hindenburg,* un appareil énorme et encombrant à huit moteurs, que les Allemands espéraient mettre en service pour la première ligne régulière sur l'Atlantique. Quelque part au-dessus du lac de Wannsee, Goering passa les commandes à Lindbergh, qui nous offrit quelques virages acrobatiques, montées en chandelle et autres

1. Owens, qui eut un comportement plein de dignité et de discrétion pendant ses triomphes sans précédent, estima qu'il avait été traité équitablement et courtoisement par les hôtes nazis, y compris Hitler. Par la suite, il critiqua les journalistes américains pour avoir été de l'avis contraire : « J'estime que les rédacteurs ont fait preuve de mauvais goût, aurait-il dit, en critiquant l'homme de l'heure en Allemagne. »

acrobaties pour lesquelles ce Goliath n'était pas fait. Je crus un moment que l'avion allait se briser en morceaux et que ce serait la fin, non seulement de Goering et de Lindbergh, mais la mienne aussi. Les tasses de thé ou de café, les verres de liqueur glissèrent de nos tables sur les genoux des invités de marque. C'était un rappel désagréable de quelque chose que j'avais entendu dire, à propos de Lindbergh, peu après son arrivée à Paris : qu'il était un redoutable farceur. Pour finir, Goering reprit les commandes et nous ramena doucement à Tempelhof.

Je fus un peu étonné par Lindbergh cette semaine-là. D'un côté, il prononça un discours que je trouvai courageux, à un déjeuner offert en son honneur par le ministère de l'Air, déclarant que les nouveaux bombardiers étaient devenus un instrument de destruction mortel, au point que si l'humanité ne faisait pas quelque chose pour les interdire, ou du moins en réduire le nombre et les dimensions, ils risquaient de faire de l'Europe un désert. D'autre part, je fus troublé d'entendre dire, dans les milieux nazis, qu'ils arrivaient de mieux en mieux à faire « comprendre » l'Allemagne nazie aux Lindbergh.

« Le bruit court, notai-je dans mon carnet le soir de la promenade sur le *Hindenburg,* que les Lindbergh ont été favorablement impressionnés par ce que les nazis leur ont montré. »

Par le Major Truman Smith, notre attaché militaire, qui était un ami de l'aviateur, nous avons cherché encore, nous, les correspondants américains, à parler avec Lindbergh dans l'espoir de contrer la propagande nazie qu'il aurait pu croire. Mais il refusa de nouveau de nous voir. Il changea d'avis, quinze jours plus tard environ, lors de la brillante soirée du Dr Goebbels sur l'île de Pfaueninsel, pendant les Jeux olympiques. Apparemment, le ministre de la Propagande nazi l'avait persuadé d'échanger quelques mots avec nous. Tard dans la soirée, il fit un petit saut à notre table et nous salua assez aimablement. Je pensai que c'était l'occasion rêvée pour éclairer le célèbre aviateur sur ce que cachait l'apparence de la dictature de Hitler. Mais comme les businessmen américains, Lindbergh entreprit de nous expliquer la situation de l'Allemagne et d'exprimer son admiration pour ses réussites. Il avait trouvé lui aussi, nous dit-il, un peuple heureux et uni. En tant qu'aviateur, il était particulièrement impressionné par l'armée de l'air allemande et par les progrès de l'aviation allemande en général. Là encore, il nous fut impossible de placer un mot.

A ce moment, je commençais à être un peu fatigué des gros bonnets américains en visite pour les Jeux olympiques, qui m'expliquaient ce qui se passait en Allemagne nazie. Je pensais que je la connaissais mieux qu'eux. Mais ce qui était beaucoup plus important, c'étaient les conséquences lointaines et tragiques que cela aurait pour Lindbergh. Cet été à Berlin, les chefs nazis allemands avaient été en mesure de planter, dans son esprit et celui de sa charmante et intelligente épouse, des graines qui, lorsqu'elles fleuriraient, empoisonneraient leur jugement sur le cours de l'Histoire et de la civilisation occidentale.

Moi qui avais éprouvé tant d'admiration pour le courage et la modestie de Lindbergh, disons le mot, pour sa grandeur pendant les jours épiques de son arrivée à Paris en 1927, je fus plus attristé qu'étonné lorsque, deux ans après sa visite de 1936, le 18 octobre 1938, Lindbergh accepta de Hitler la croix militaire de l'Aigle allemand avec une étoile, la plus haute décoration pouvant être conférée à un étranger, avec une citation disant que le titulaire « avait bien mérité du Reich ».

Le moment n'aurait guère pu être plus mal choisi, et montrait, je crois, non seulement le manque de chaleur humaine de Lindbergh, mais son ignorance de ce qui se passait dans le monde. Le soir où Goering, au nom du Führer, passa cérémonieusement la croix militaire au cou de Lindbergh à Berlin, tombait juste trois semaines après Munich, où Hitler avait menacé la Grande-Bretagne et la France pour les amener à lui abandonner la Tchécoslovaquie, et où l'Europe tremblait devant les prochaines menaces d'agression et de guerre du dictateur dément. C'était juste trois semaines avant la *Kristall Nacht*, la « Nuit de Cristal », le plus terrible pogrom de l'histoire allemande jusqu'au massacre des Juifs dans les camps de concentration nazis, trois ans plus tard.

Tandis que Adolf Hitler regardait aimablement de sa tribune la pacifique compétition des Jeux olympiques d'hiver, à Garmisch, au début de février 1936, son esprit fébrile se concentrait sur une décision qui pouvait avoir des conséquences rien moins que pacifiques et qui, il le reconnaissait, était un dangereux coup de poker. S'il réussissait, ce serait un tournant sur la route de la renaissance triomphale de l'Allemagne après la défaite de 1918. S'il échouait, ce serait peut-être la fin, pour lui-même et sa dictature nazie.

Nous, les correspondants étrangers, nous nous occupions de nos reportages, naturellement dans la bienheureuse ignorance des projets du Führer. Nous ignorions bien des choses qui transpiraient en secret à l'époque derrière la façade nazie. Par exemple, nous ne savions pas que, dès le 2 mai de l'année précédente, dix-neuf jours donc avant son grand discours de « paix » du 21 mai – où il avait juré de respecter non seulement les clauses territoriales du traité de Versailles imposées à l'Allemagne vaincue, mais aussi le pacte de Locarno qu'elle avait librement signé – Hitler avait donné l'ordre au général von Blomberg, son ministre de la Guerre, d'envoyer aux forces armées sa première directive pour préparer l'occupation de la zone démilitarisée de Rhénanie, en violation à la fois de Versailles et de Locarno.

A l'occasion, pendant cette période, j'avais entendu des bruits sur des activités militaires clandestines allemandes en Rhénanie. Ils provenaient surtout de l'ambassade de France et concernaient des rapports sur la construction de casernes, de dépôts d'armes et de munitions, d'aérodromes et de voies ferrées en cours dans la zone démilitarisée [1]. A mes yeux, André François-Poncet, l'ambassadeur de France, était le diplomate étranger à Berlin le mieux renseigné. Pourtant, pour quelque raison, je ne pris pas ces rumeurs au sérieux. Sur cette question, je faisais confiance à l'attaché militaire américain et à ses collaborateurs, qui ne discernaient rien d'insolite dans les activités de l'armée allemande en Rhénanie.

J'aurais dû penser que l'hostilité croissante de Hitler au pacte d'assistance mutuelle franco-soviétique, signé en hâte après le rétablissement par l'Allemagne du service militaire obligatoire en violation du traité de paix, en mars de l'année précédente, pouvait n'être qu'une excuse pour entrer en Rhénanie. Dans son grand discours de « paix » du 21 mai, il avait déclaré qu' « un élément d'insécurité » avait été introduit dans le traité de Locarno par la signature de ce pacte entre la France et la Russie. Et j'avais noté que le ministère des Affaires étrangères avait envoyé à Paris une note officielle de protestation contre cet accord. Mais jusqu'à la fin de l'année, et jusqu'en 1936, le Parlement français n'avait pas encore ratifié le pacte avec les bolcheviques. Il semblait que le Führer allait devoir chercher un autre prétexte.

Pourtant, le dictateur nazi savait attendre son heure. Il avait beau être toujours tendu, ultra-sensible et hyper-nerveux, il trouvait la volonté d'être patient quand il le fallait. Et le temps et les événements, dans cet hiver 1935-1936, travaillaient pour lui. Son organisation des Jeux olympiques d'hiver et l'image de l'Allemagne nazie qu'il donnait aux visiteurs étrangers avaient fait une forte impression à l'étranger. Qui plus est, Hitler prenait bonne note de ce que la France et la Grande-Bretagne s'occupaient surtout, cet hiver-là, d'essayer – ou de faire semblant – d'arrêter, par l'intermédiaire de la Société des Nations, l'agression de l'Abyssinie par l'Italie. Leur attention était détournée de Berlin et des avertissements sur ce que préparait le chef nazi en Rhénanie.

Alors, le 27 février 1936, la Chambre des députés française, après quinze jours de débats, approuva le pacte franco-soviétique, à la majorité inattendue de 353 voix contre 164. Hitler tenait son prétexte. Je retrouve dans mon carnet que je commençais alors à prendre conscience de ce qui se tramait. Le 28 février, j'écrivais :

1. En fait, j'allais l'apprendre par la suite, il y avait plus d'un an – depuis octobre 1934 – que non seulement l'ambassade, mais les consulats de France dans la région alertaient Paris sur les préparatifs allemands de plus en plus poussés pour réoccuper la Rhénanie. Malheureusement, le gouvernement français, et plus malheureusement encore l'Armée française, s'obstinaient à ignorer ces avertissements. (Voir de l'auteur, *la Chute de la IIIe République*, éd. Stock.)

La Chambre française a approuvé le pacte soviétique à une forte majorité. Grande indignation à la Wilhelmstrasse [1]. Fred Oechsner (chef du bureau d'United Press) dit que lorsque lui-même et Roy Howard (chef du bureau de la chaîne de journaux Scripps-Howard) ont vu Hitler avant-hier, il avait l'air très préoccupé de quelque chose [2].

Je continuais à ne pas voir que deux et deux font quatre, comme le montrent mes notes dans mon carnet. A peine cinq jours plus tard, malgré quelques progrès, je notai :

Berlin, 5 mars. Dans les milieux du Parti, on dit que Hitler convoque le Reichstag pour le 13 mai, date où l'on attend la ratification par le Sénat français du pacte soviétique. Très mauvaise atmosphère à la Wilhelmstrasse aujourd'hui, mais difficile d'aller au fond des choses.

L'atmosphère n'était pas seulement très mauvaise, mais confuse. Il était évident qu'il se préparait un événement de première grandeur, une nouvelle surprise de Hitler. Mais mes informateurs dans le Parti et le gouvernement ne savaient pas laquelle. Peut-être, pensais-je, Hitler hésitait-il, comme il le faisait parfois.

Sur ce point, je me trompais. On sait maintenant, par les archives secrètes allemandes saisies après la guerre, que le 1er mars, deux jours après le vote de la Chambre française, Hitler avait pris sa décision, à la consternation de ses principaux généraux, convaincus pour la plupart que l'armée française anéantirait les petites forces allemandes rassemblées pour l'entrée dans la zone démilitarisée de Rhénanie. Sans les entendre, Hitler fit envoyer par Blomberg, le lendemain, l'ordre formel de l'occupation. Ce devait être, dit Blomberg à ses officiers supérieurs, « une opération-surprise » qu'on pensait devoir s'exécuter « pacifiquement ». S'il s'avérait que les Français, contrairement à l'opinion de Hitler, se battaient, le commandant en chef se réservait « le droit de décider de toutes contre-mesures militaires ». J'appris six jours plus tard

1. Traditionnellement, les journalistes, quand ils attribuaient une information à la « Wilhelmstrasse », parlaient du ministère allemand des Affaires étrangères, qui se situait alors dans cette rue courte, mais célèbre, de Berlin. Mais la Chancellerie de Hitler, le ministère de la Propagande de Goebbels et les bureaux du parti de Hess se trouvaient aussi dans la Wilhelmstrasse. De sorte que j'attribuais parfois ce que je tenais de l'une de ces sources à la « Wilhelmstrasse ».

2. François-Poncet vit Hitler quatre jours plus tard, le 2 mars, et le trouva, écrit-il à Paris, « nerveux, excité et troublé ». L'ambassadeur de France était venu encore une fois plaider auprès de Hitler pour un « rapprochement pacifique » entre la France et l'Allemagne. Le Führer, nota le diplomate, paraissait « très impatient, très contrarié » de tout cela. Il demanda à son visiteur de tenir secrète la rencontre, ce que François-Poncet trouva un peu bizarre.

ce qu'étaient ces mesures : une retraite rapide sur la rive droite du Rhin !

A minuit, le vendredi 6 mars, après une journée agitée passée à chercher ici ou là dans Berlin exactement ce qui allait se passer, j'écrivais dans mon carnet :

« La journée a été celle des rumeurs les plus échevelées. »

Tout de même, j'étais arrivé à trouver quelques faits précis.

Hitler réunissait le Reichstag à midi le lendemain et avait convoqué les ambassadeurs de Grande-Bretagne, de France, d'Italie et de Belgique aux Affaires étrangères à 10 heures. Comme c'étaient les représentants des quatre signataires de Locarno, il était évident, et ce que j'avais pu entendre dans les milieux du Parti allait dans le même sens, que Hitler avait l'intention de dénoncer le traité de Locarno [1], qu'il avait, l'année d'avant, juré de respecter scrupuleusement. Je pensais que Hitler allait proclamer la fin de la zone démilitarisée de Rhénanie. Le ministère des Affaires étrangères le démentait formellement, cependant. Le point que je ne pouvais pas préciser était de savoir s'il y enverrait des troupes. Selon certains informateurs, oui. Non, selon d'autres. Je notai dans mon carnet que cela comportait un trop grand risque, « compte tenu du fait que l'armée française pourrait facilement les repousser ». Je notais aussi qu'il y avait eu une forte opposition à Hitler de la part des généraux, du ministère des Affaires étrangères et du Dr Schacht. J'écrivis dans mon carnet en fin de soirée :

> Berlin aujourd'hui plein de chefs nazis convoqués d'urgence pour la session du Reichstag. En ai vu beaucoup au Kaiserhof et ils avaient l'air très sûrs d'eux. Téléphoné au Dr Aschmann, chef du service de presse du ministère des Affaires étrangères, qui continuait à démentir le plus formellement que les troupes allemandes entreraient en Rhénanie demain. Ce serait la guerre, dit-il. Écrit une dépêche peut-être un petit peu trop prudente. Mais on saura d'ici demain.

Un petit peu trop prudente ! A l'aube, le lendemain 7 mars 1936, les troupes allemandes commençaient à pénétrer dans la zone démilitarisée de Rhénanie. Une heure plus tard environ, une petite force symbolique traversait le Rhin et se dirigeait vers les trois villes principales de la rive

1. Le pacte de Locarno, signé en octobre 1925 par les quatre grandes puissances occidentales (la Grande-Bretagne, la France, l'Italie et l'Allemagne) et par la Belgique, garantissait les frontières de la Belgique et de la France avec l'Allemagne fixées par le traité de Versailles, y compris la zone démilitarisée de Rhénanie. Les articles 42 et 43 du traité de Versailles avaient stipulé que, sur le territoire allemand situé sur la rive gauche du Rhin et sur une bande de 50 km de large sur la rive droite, l'Allemagne ne pourrait ni entretenir des forces armées ni construire des fortifications. C'était là une compensation consentie à la France, qui avait accepté en 1919 de renoncer à la demande du maréchal Foch d'annexion pure et simple de la rive gauche du Rhin. La zone démilitarisée donnait à la France et à la Belgique une protection relative contre une nouvelle invasion brutale par l'Allemagne comme en 1914.

gauche démilitarisée, Aix-la-Chapelle, Trêves et Sarrebruck [1]. Selon mon correspondant local à Cologne, qui commença à téléphoner son témoignage oculaire de bonne heure ce matin-là, c'était un véritable défilé. Les hommes de la Reichswehr en *feldgrau* marchaient simplement derrière des fanfares claironnantes, sans la moindre disposition de combat. A Cologne et dans les autres villes, les foules allemandes enthousiastes acclamaient les soldats en leur lançant des fleurs. Il n'y avait aucun signe, me dit mon correspondant, de la moindre réaction française de l'autre côté de la frontière.

J'étais perplexe. Dieu sait que j'avais vu la décadence en France quand j'avais recommencé à y travailler en 1934. Les Français s'occupaient davantage de se battre entre eux que contre les Allemands. Tout de même, avec leur armée, tellement plus forte que celle de Hitler, il me paraissait incompréhensible qu'ils ne réagissent pas, compte tenu de tout ce qui était en jeu : non seulement la sécurité de leur frontière nord-est, par où étaient passées tant d'invasions dans l'Histoire, mais peut-être le renversement du régime nazi. La plupart d'entre nous à Berlin, étrangers et Allemands, en ce jour fatal du 7 mars 1936, comprenions que si l'armée française bougeait, ce serait, comme je le notais ce soir-là dans mon carnet, « la fin de Hitler »

> Il a tout joué sur la réussite de ce coup de force et ne peut pas survivre si les Français l'humilient en occupant la rive gauche du Rhin.

A 10 heures du matin, le docile ministre des Affaires étrangères de Hitler, Constantin von Neurath, reçut les ambassadeurs de France, de Grande-Bretagne, de Belgique et d'Italie et leur remit un long mémorandum (rédigé par Hitler) les informant qu'après le pacte franco-soviétique, l'Allemagne ne s'estimait plus liée par le traité de Locarno et occupait, « à compter de ce jour », la zone démilitarisée de Rhénanie.

Suivit alors un coup bien dans le style de Hitler. Alors qu'il venait tout juste de rompre le traité sur lequel avait été établie la paix en Europe occidentale, il proposait un nouveau plan de paix, un programme en sept points, pas moins. Comme dirait par la suite avec humour François-Poncet :

« Hitler frappait son adversaire en pleine figure, puis il déclarait : Je vous apporte des propositions de paix [2]. »

1. Selon le témoignage du général Alfred Jodl à Nuremberg, trois bataillons allemands seulement traversèrent le Rhin et une seule division assura l'occupation de toute la zone démilitarisée sur les deux rives du fleuve. Les estimations des services de renseignement alliés, sur lesquelles je fondais mes propres dépêches, faisaient état d'effectifs beaucoup plus importants : environ 35 000 hommes, soit approximativement 3 divisions. Hitler lui-même devait dire à son entourage plus tard : « Le fait est que je n'avais que quatre brigades. » Quels que soient les chiffres, les forces allemandes n'étaient pas de taille face aux Français, ni en effectifs, ni en armement, ni en expérience.

2. André François-Poncet, *les Années décisives. Mémoires d'un ambassadeur de France à Berlin 1931-1938*.

Les propositions de « paix » de Hitler se présentaient bien, comme toujours car c'était un maître de la propagande. En fait, comme je le confiai à mon carnet ce soir-là après une journée épuisante, c'était « de la pure escroquerie », et si j'avais – ou le journalisme américain – un peu de courage, je l'aurais écrit dans une dépêche ce soir-même. Mais je n'étais pas censé faire des « éditoriaux ».

Hitler proposait de signer un pacte de non-agression de vingt-cinq ans avec la France et la Belgique, qui serait garanti par la Grande-Bretagne et l'Italie. Mais à quoi bon un nouveau pacte alors que l'ancien, qui comportait exactement les mêmes clauses, venait tout juste d'être violé? L'hypocrisie de Hitler apparaissait plus cyniquement encore dans une autre proposition portant sur la démilitarisation *des deux côtés* de la frontière occidentale. Ce qui aurait obligé la France à raser sa ligne Maginot qui restait, après l'occupation du Rhin, sa seule protection contre une autre invasion allemande. Elle avait coûté près de dix ans de travaux et des sommes énormes. A midi ce jour-là, j'allai à l'Opéra Kroll [1] écouter Hitler parler au Reichstag. Il en fit un spectacle que je ne devais jamais oublier : fascinant, étrange, révoltant et très allemand, ou du moins allemand nazi.

L'atmosphère était très tendue dans la salle car la plupart des députés en chemise brune (tous choisis un à un par Hitler) n'avaient pas encore appris la nouvelle, tout en sachant qu'il y avait quelque chose dans l'air. Les ambassadeurs de France, de Grande-Bretagne, de Belgique et de Pologne n'étaient pas dans la loge diplomatique, mais celui d'Italie et celui des États-Unis, Dodd, étaient présents. Le général von Blomberg, ministre de la Guerre, assis avec le cabinet du côté gauche de la tribune, attira tout de suite mon attention. Il était blanc comme un linge et ne cessait de pétrir le dessus de son siège. Je ne l'avais jamais vu dans un tel état de nervosité.

Hitler commença, comme il le faisait presque toujours, par la longue litanie sur les injustices de Versailles et l'esprit pacifique des Allemands. Puis sa voix, qui avait été basse et rauque, s'éleva soudain dans un cri aigu, convulsif. Il en arrivait à un autre de ses vieux sujets favoris, l'horreur du bolchevisme, avec lequel les Français venaient tout juste de signer un pacte odieux.

> Je ne laisserai pas l'infâme dictature communiste internationale s'abattre sur le peuple allemand! Cette *Weltanschauung* (cette concep-

1. Après l'incendie du Reichstag, en 1933, Hitler avait décidé de ne pas réparer le grand bâtiment, bien qu'il n'y eût de dégâts qu'à l'intérieur. Les sessions du Reichstag se tinrent donc dès lors à l'Opéra Kroll, le décor qui convenait tout à fait, selon moi, à ce genre de théâtre.

tion du monde) est destructrice et s'attaque à toutes nos valeurs! Je tremble pour l'Europe à l'idée de ce qui pourrait arriver si cette conception de la vie asiatique et destructrice, ce chaos qu'est la révolution bolchevique devaient réussir!

Les députés au cou en saucisse, au gros ventre dans leur uniforme brun sautèrent alors sur leurs pieds pour applaudir. Hitler baissa le ton pour expliquer que le pacte de la France avec l'Union soviétique avait annulé le traité de Locarno – argument discutable car il n'y avait aucun rapport entre eux. Puis il fit une pause (il était un maître de la pause), promena son regard hypnotique sur l'immense salle et reprit, d'une voix solennelle, profonde, sonore :

L'Allemagne ne peut donc plus se sentir tenue par le traité de Locarno. En vertu des droits fondamentaux de son peuple à la sécurité de ses frontières et au maintien de ses défenses, le gouvernement allemand a rétabli, à compter de ce jour, la souveraineté absolue et sans restriction du Reich sur la zone démilitarisée!

C'était la nouvelle que les députés attendaient. J'ai noté la scène qui suivit aussi exactement que possible, le soir même, dans mon carnet :

Alors les six cents députés, tous nommés personnellement par Hitler, les petits hommes au grand corps et au gros cou, aux cheveux ras, aux ventres gonflés, aux uniformes bruns et aux lourdes bottes, les petits hommes d'argile entre ses belles mains, sautent sur leurs pieds comme des automates, le bras droit tendu pour le salut hitlérien, et hurlent des « Heil », les deux ou trois premiers dans le désordre, les vingt-cinq suivants à l'unisson.

Hitler lève la main pour rétablir le silence, qui revient lentement. Lentement, les automates se rassoient. Hitler les tient maintenant entre ses griffes. On voit qu'il le sent. Il dit, d'une voix grave, sonore :

« Hommes du Reichstag allemand! »

Le silence est total.

« En cette heure historique, alors que dans les provinces occidentales du Reich les troupes allemandes marchent, à cette minute même, vers leurs futures garnisons du temps de paix, nous nous unissons tous pour formuler deux serments sacrés. »

Il ne peut pas poursuivre. Cette populace « parlementaire » déchaînée, vient seulement d'apprendre que les soldats allemands avancent déjà en Rhénanie. Tout le militarisme de leur sang allemand leur monte à la tête. Criant, hurlant, ils sautent sur leurs pieds [...]. Leurs mains se lèvent pour leur salut d'esclave, leurs yeux brûlant de fanatisme collés sur le nouveau Dieu, le Messie. Le Messie joue son rôle magnifiquement. La tête penchée comme par humilité, il attend patiemment le silence. Puis, d'une voix toujours basse, mais étranglée d'émotion, il prononce ses deux serments :

« Premièrement, nous jurons de ne céder à aucune force, quelle qu'elle soit, dans le rétablissement de l'honneur de notre peuple, préférant succomber dans l'honneur aux plus dures épreuves plutôt que de capituler » (Il prépare le peuple à ce qui peut se passer si les Français se mettent en marche, me disais-je. Mais rien ne le sauvera si cela se produit.)

Deuxièmement, nous jurons que maintenant, plus que jamais, nous allons tout faire pour arriver à un accord entre les peuples d'Europe, en particulier avec nos voisins de l'ouest [...]. Nous n'avons pas de revendications en Europe! [...]. L'Allemagne ne violera jamais la paix! »

Les acclamations mirent longtemps à s'apaiser. Finalement, Goering, président du Reichstag (parmi ses nombreuses fonctions), frappa de son marteau et déclara la séance levée. Les députés quittèrent la salle pour le foyer de l'Opéra, encore sous le charme magique de leur chef, se comportant comme si la terre entière leur appartenait, à eux ou à l'Allemagne nazie. Quelques généraux se glissèrent vers la sortie. Derrière leurs sourires, je crus discerner une nervosité certaine. Il était 2 heures de l'après-midi et ils avaient quitté leurs bureaux depuis plus de deux heures. Peut-être, pensais-je, les Français avaient-ils réagi pendant leur absence.

J'attendis devant l'Opéra jusqu'à ce que Hitler et les autres gros bonnets soient partis et que les grands SS de garde nous laissent passer. Je traversai le Tiergarten avec John Elliott, du *New York Herald Tribune*, jusqu'à l'Adlon, pour déjeuner. Nous étions trop décontenancés pour dire grand-chose.

Avant de rentrer au bureau pour commencer à rédiger ma dépêche, j'allai à pied jusqu'à la porte de Brandebourg et au Tiergarten, pour respirer un peu et mettre de l'ordre dans mes idées. Près de la place du Skagerak, je croisai le général von Blomberg qui promenait deux chiens en laisse. Il était toujours aussi pâle et ses joues étaient secouées de tics.

« Quelque chose n'a pas marché? » me dis-je. Les Français avaient-ils fini par bouger? Je fus tenté de m'arrêter et de le lui demander. Mais le général ne parlait jamais aux correspondants, sauf aux conférences de presse ou aux soirées de Rosenberg. Il me salua avec assez de chaleur et je répondis d'un signe de tête sans le retenir.

Je passai le reste de l'après-midi et le début de la soirée à mettre au point ma dépêche. Comme c'était un samedi – les surprises de Hitler semblaient toujours se produire un samedi [1] – et que le dimanche les

1. Il semblait bien que, pour ses coups de force en politique étrangère, pendant ces premières années, Hitler choisissait les samedis parce qu'on lui avait dit que les membres du cabinet britannique et les autres grands responsables étaient absents de Londres, dispersés dans leurs campagnes pour le week-end britannique pendant lequel ils refusaient obstinément, ne serait-ce que de penser aux affaires de l'État. Un an aupa-

journaux américains du matin bouclaient de bonne heure, je téléphonai mon compte rendu par petits morceaux à notre bureau de Paris, qui le transmit à New York. Chaque fois, dès le début de l'après-midi, je demandais ce que les Français allaient faire.

« Rien pour l'instant », répondait notre correspondant de Paris.

Mais plus tard dans la soirée, comme je lui téléphonais ma dernière dépêche, il me dit que le gouvernement français, ayant siégé toute la journée avec l'état-major général, était enfin arrivé à une décision.

« Alors, ils vont intervenir? dis-je. – Non, répondit-il. Ils vont faire appel à Genève, à la Société des Nations. »

Je n'arrivais pas à y croire.

En débarrassant mon bureau avant de rentrer chez moi, je regardai la Wilhelmstrasse par la fenêtre. D'interminables colonnes de troupes d'assaut défilaient devant la Chancellerie de Hitler, torches au poing, dessinant un ruban de lumières dans la nuit. Mon assistant allemand, que j'avais envoyé voir en bas, m'appela pour me dire que Hitler, apparemment infatigable et presque d'humeur joviale, leur rendait leur salut de son balcon.

« Hitler s'en tire! » écrivais-je dans mon carnet le lendemain. Les informations qui commençaient à arriver par fil de Paris et de Londres le démontraient à l'évidence, comme aussi les sourires satisfaits de Hitler et Gœring, et des généraux von Blomberg et Fritsch, lorsqu'ils prirent place à l'Opéra pour célébrer, pour la deuxième fois en deux ans, le Jour du souvenir des héros; c'était pour célébrer bien moins la

ravant exactement, le 16 mars 1935, également un samedi, il avait pris le risque de violer le traité de paix en décrétant le service militaire obligatoire. Hitler, disait-on, comptait que si le gouvernement britannique ne fonctionnait pas pendant les week-ends, cela découragerait les Français de demander aux Britanniques leur soutien face à l'Allemagne, sans lequel la France ne pouvait rien faire. En fait, lors de la crise de la Rhénanie, ce week-end-là, comme je devais l'apprendre par la suite, c'est ce qui se produisit. L'ambassadeur de France à Londres, un diplomate chevronné, Charles Corbin, alla voir Anthony Eden, le ministre britannique des Affaires étrangères, le samedi matin de bonne heure, peu après le début de l'entrée des Allemands dans la zone démilitarisée. Eden le renvoya au lundi suivant, rien ne pouvant se décider à Londres auparavant, tant que le Premier ministre et ses collègues ne seraient pas rentrés de leur week-end à la campagne. Il refusa d'entendre le Français qui lui expliquait que ce délai donnerait aux Allemands quarante-huit heures pour consolider leurs positions en Rhénanie sans être dérangés. Aucun membre du cabinet anglais, et en particulier le Premier ministre somnolent qu'était Stanley Baldwin, ne voulait sacrifier le traditionnel week-end anglais.

Beaucoup plus tard, ayant parlé à Eden lui-même et lu attentivement ses Mémoires, j'ai été convaincu que le ministre des Affaires étrangères britanniques avait pris le week-end comme excuse pour étouffer une intervention française éventuelle. Après quoi il serait trop tard. C'était l'époque où la politique étrangère britannique me paraissait insensée, étonnamment suicidaire. Et la politique étrangère française aussi. Ayant étudié les archives françaises par la suite, je suis convaincu que, même si les Britanniques avaient été plus encourageants, la France ne serait pas intervenue ce week-end-là. L'état-major général français était totalement paralysé, et le personnel presque autant. C'était un gouvernement d'expédition des affaires courantes, présidé par Albert Sarraut, un radical-socialiste consciencieux, jusqu'aux élections de la fin avril.

mémoire des morts de la guerre que l'audace du Führer, qui avait encore une fois bravé les traités solennels.

Encore une fois, l'Opéra paraissait l'endroit tout désigné pour la cérémonie de ce dimanche. Encore une fois, le décor était wagnérien, la scène illuminée pleine de soldats en casques d'acier portant des drapeaux guerriers. Dans la loge royale, Adolf Hitler, tout sourire, était entouré des généraux de l'Allemagne d'hier et d'aujourd'hui. Son uniforme brun du Parti, tout simple, avec la croix de fer au-dessus de la poche gauche, contrastait avec les uniformes chamarrés des généraux autour de lui. Mais je savais que c'était voulu, pour bien montrer au public qu'il était de cœur un chef modeste, un homme du peuple, un ancien simple soldat de la Grande Guerre. Pas de grande tenue d'uniforme pour lui, comme, par exemple, pour l'avantageux Mussolini.

Encore une fois, comme l'année précédente, ce fut le général von Blomberg qui prononça le discours du Souvenir. Pour un homme qui paraissait mort de peur vingt-quatre heures plus tôt au Reichstag, et même toujours ce samedi après-midi au Tiergarten, le général m'étonna par son air provoquant et même suffisant. Mais je me rappelai alors qu'il ne faisait que prononcer les paroles préparées pour lui par son maître.

« Nous ne voulons pas d'une guerre offensive, disait-il, mais une guerre défensive ne nous fait pas peur. »

Mais si, me dis-je. En venant à l'Opéra, j'avais appris d'un informateur à l'état-major général que les troupes allemandes qui étaient entrées en Rhénanie la veille avaient l'ordre formel de battre aussitôt en retraite si l'armée française intervenait. Ils n'étaient pas prêts, ni équipés, pensait l'état-major général, pour affronter l'armée française régulière, qui se préparait depuis dix-huit ans alors que l'Allemagne était désarmée. Hitler avait bluffé, tout simplement.

Après la cérémonie de l'Opéra, j'appelai notre bureau de Londres pour savoir ce que les Britanniques allaient faire. Ma question souleva une tempête de rires. Le Premier ministre et le cabinet, me dit-on, n'étaient pas encore rentrés de week-end. La plupart des journaux du dimanche, en particulier l'*Observer* de Garvin et le *Dispatch* de Lord Rothermere, approuvaient en fait la décision de Hitler, me dirent mes confrères de Londres. Ils venaient de recevoir une copie de l'éditorial du *Times* du lendemain matin. Tout en déplorant le geste précipité de Hitler, le plus influent de tous les journaux britanniques intitulait son éditorial : « Une chance de reconstruire ».

Les Français, sans même compter sur les Britanniques, avaient eu une chance d'arrêter Hitler et probablement de provoquer sa chute. Mais à la fin de l'après-midi de ce dimanche, il m'apparut clairement qu'ils l'avaient laissée passer. L'armée française n'interviendrait pas. Le gouvernement français allait en appeler à la Société des Nations, qui venait de montrer sa mollesse et son impuissance en n'étant pas capable d'arrêter l'agression de Mussolini contre l'Abyssinie. J'étais certain que si l'armée française avait bougé, elle aurait facilement repoussé les Allemands en Rhénanie et c'eût été la fin de Hitler et de l'Allemagne nazie. A 8 heures du matin, un dimanche, je notai dans mon carnet :

> Pourquoi l'armée française ne marche pas, je ne comprends pas. Elle est certainement bien plus forte que la Reichswehr. Et si elle marche, c'est la fin de Hitler. Il a joué le tout pour le tout sur la réussite de son coup de force et ne survivra pas à l'humiliation de l'occupation de la rive gauche du Rhin par les Français.

Le dimanche, à midi, comme je l'ai dit, j'appris que le général von Blomberg avait donné à ses unités en Rhénanie l'ordre formel de se retirer si l'armée française s'opposait à elle. Nul ne savait mieux que le ministre de la Défense que l'armée allemande nouveau-née, créée par Hitler à peine un an plus tôt, ne pouvait offrir qu'une résistance symbolique à une armée française beaucoup plus nombreuse, mieux équipée et mieux entraînée.

Pendant des années, certains de mes confrères à Berlin, et de bons amis à Londres et à Paris, m'ont contredit quand je disais que l'armée française aurait pu disposer facilement des détachements de la Reichswehr en Rhénanie si elle avait marché. Mais par la suite mes conclusions se trouvèrent confirmées par les meilleures sources possibles : Hitler et ses généraux eux-mêmes. Au procès de Nuremberg, en 1946, le général Jodl témoigna que le Haut Commandement allemand, apprenant que les Français concentraient treize divisions à la frontière, voulut reculer.

« Considérant la situation où nous nous trouvions, dit Jodl au tribunal, l'armée française de couverture aurait pu nous mettre en pièces [1]. »

Hitler, nous le savons maintenant, était d'accord :

« Si les Français étaient entrés en Rhénanie, dit-il, nous aurions été forcés de nous retirer la queue entre les jambes, car les ressources militaires dont nous disposions n'auraient absolument pas suffi pour une résistance même limitée [2]. »

Et que serait-il advenu de lui et de sa dictature dans ce cas? Là encore, Hitler répond :

« La retraite, pour nous, reconnut-il, aurait été la fin [3]. »

Le dictateur n'était pas si sûr de lui qu'il l'avait paru ce samedi matin au Reichstag, ou le dimanche matin à la Cérémonie du souvenir des héros.

1. Archives de Nuremberg
2. Paul Schmidt : interprète de Hitler.
3. *Conversations secrètes de Hitler.*

« Les 48 heures après l'entrée en Rhénanie, devait-il avouer plus tard, ont été les plus éprouvantes de ma vie [1]. »

Pourtant, il restait aussi inflexible dans sa résolution de poursuivre l'opération en pariant que les Français ne réagiraient pas. Il rejeta sans ménagements les démarches de ses généraux lui demandant de rappeler les troupes. Et même, devait-il dire par la suite au général Gerd von Rundstedt, il considéra la demande de Blomberg de se retirer comme de la lâcheté pure et simple [2].

C'était la première fois, mais non pas la dernière, que Hitler, au plus fort d'une crise qu'il avait voulue, restait ferme tandis que ses généraux flanchaient.

Le peuple allemand fut enchanté de l'audace de Hitler et les Rhénans surtout. Dosch-Fleurot était venu en avion de Rome en Rhénanie pour aider à couvrir l'événement et, ce soir-là, il envoya un papier que je transmis par téléphone à Paris pour New York. Il disait que les prêtres catholiques avaient accueilli les troupes allemandes sur les ponts du Rhin avec leur bénédiction. A la cathédrale de Cologne, disait-il, le cardinal Schulte avait félicité Hitler d'y avoir « renvoyé notre armée ». Les catholiques rhénans avaient oublié bien vite leur Église persécutée par les nazis.

Très habilement, Hitler, comme en plusieurs occasions déjà, organisa un référendum sur son opération en Rhénanie. Le résultat était prévu. Quel Allemand se fût opposé à un acte aussi enthousiasmant? Nous autres correspondants étrangers, nous avions décelé quelques irrégularités dans certains bureaux où il nous avait été possible de contrôler les votes, le 29 mars. Mais il ne fait aucun doute que l'initiative de Hitler était approuvée à une majorité écrasante. Selon les chiffres officiels, quelque 99 p. 100 des 45 453 691 électeurs inscrits allèrent voter et 98,8 p. 100 approuvèrent le dictateur [3].

Dans mes dépêches et mon carnet, pendant ce week-end, je consacrais beaucoup de place à la signification de l'entrée de Hitler en Rhénanie démilitarisée et à l'absence de réaction française, mais ce n'est qu'au bout de plusieurs années que je pus en mesurer toute l'importance.

« Ainsi disparaît le principal soutien de la paix en Europe, Locarno », écrivais-je dans mon carnet le jour où les troupes allemandes franchissaient le Rhin.

1. Schmidt.
2. Archives de Nuremberg.
3. Ici et là, le Dr Goebbels en fit un peu trop. Le Dr Hugo Eckener me dit que sur son nouveau Zeppelin, le *Hindenburg*, auquel le ministre de la Propagande avait ordonné de survoler Berlin et d'autres villes à titre d'attraction électorale, il y eut 42 *oui*, officiellement, pour 40 personnes à bord.

C'était un coup terrible porté au reste de l'Europe, certes, mais il avait d'autres conséquences. Par son audace, Adolf Hitler avait considérablement renforcé sa dictature sur l'Allemagne et mis en évidence la confusion et l'indolence des démocraties occidentales. On voit bien aujourd'hui que le coup de force en Rhénanie était un jalon sur la route de la guerre. Il avait provoqué un bouleversement décisif dans l'équilibre militaire en Europe.

Avec le recul, je constate que le coup de poker réussi du dictateur nazi lui assurait une victoire plus stupéfiante et plus définitive par ses immenses conséquences que je n'aurais pu le mesurer à l'époque. En Allemagne, comme le montraient les résultats du référendum, il avait élevé sa popularité et son pouvoir à un niveau jamais atteint dans le passé par aucun gouvernement allemand. Il assurait, enfin, son ascendant sur ses généraux, qui avaient hésité et faibli en période de crise, alors que lui-même tenait bon. Il leur apprenait qu'en politique étrangère, et même dans les affaires militaires, son jugement valait mieux que le leur. Ils avaient eu peur que l'armée française ne se batte. Mais lui avait vu clair.

Et le plus important, ce que Hitler avait vu plus clairement encore que tout autre homme d'État en Europe (à l'exception, peut-être de Churchill en Angleterre, qui, en tout cas, n'était pas au pouvoir), c'était que la réoccupation de la Rhénanie, opération mineure militairement, avait d'immenses conséquences stratégiques en Europe au détriment des démocraties occidentales, en particulier la France et ses alliés de l'est, Tchécoslovaquie, Pologne et Union soviétique.

Il m'apparaît beaucoup plus clairement maintenant que l'abstention de la France, en ne repoussant pas les bataillons de la Reichswehr, et celle de la Grande-Bretagne, en ne la soutenant pas dans ce qui n'eût guère été qu'une opération de police, furent des désastres pour l'Occident, d'où découlèrent tous les désastres qui suivirent, plus énormes encore. En mars 1936, les deux démocraties occidentales s'étaient vu offrir leur dernière chance d'éviter sans risque une guerre sérieuse et l'essor de l'Allemagne et, en fait – comme nous avons vu Hitler le reconnaître – d'abattre le tyran nazi et son régime. Elles avaient laissé passé leur chance, la dernière.

Il fallut des années pour que les Français eux-mêmes comprennent que, pour leur pays, c'était le commencement de la fin. Pendant ce week-end de printemps en Rhénanie, tout l'édifice de la paix et de la sécurité de l'Europe, créé à Versailles et renforcé par le traité de Locarno, s'effondra. Les alliances de la France avec les pays à l'est de l'Allemagne devenaient inutiles. Puisqu'elle ne voulait pas se battre pour arrêter l'agression allemande en Rhénanie, là où il n'y avait ni fortification ni armée allemande puissante pour leur faire face, elle ne bougerait certainement pas lorsque ces fortifications seraient construites et les armées nazies sérieusement renforcées. Ses alliées de l'est, l'Union soviétique, la Pologne, la Tchécoslovaquie, la Yougoslavie, la Roumanie étaient soudain obligées d'en prendre conscience. La base de leur sécurité, l'assurance de l'aide française à l'ouest si l'Allemagne attaquait à l'est, avait été détruite pendant ce week-end. Tout cela fut succinctement exposé par le ministre des Affaires étrangères Constantin von Neurath à l'ambassadeur des États-Unis en France, William C. Bullitt, qui, à l'occasion de vacances en Allemagne, lui rendait une visite de courtoisie le 28 mai, cinq semaines après le coup de force de Rhénanie. Bullitt en rendit compte à Washington en ces termes :

> Neurath déclare que c'est la politique du gouvernement allemand de ne rien faire, dans les affaires étrangères, jusqu'à ce que « la Rhénanie ait été digérée ». Il entend par là, explique-t-il, que tant que les fortifications allemandes ne seront pas construites sur les frontières françaises et belges, le gouvernement allemand fera tout ce qui est possible pour prévenir plutôt qu'encourager une révolte nazie en Autriche, et poursuivra une politique pacifique avec la Tchécoslovaquie.
>
> « Dès que nos fortifications seront construites et que les pays d'Europe centrale auront compris que la France ne peut pas entrer à son gré sur le territoire allemand, tous ces pays commenceront à sentir autrement leur politique étrangère, et une nouvelle constellation apparaîtra [1] », dit-il.

Cette évolution commençait.

1. Documents de Nuremberg.

Chapitre 5

LE TEMPS DE VIVRE
1935-1937

Tout en essayant de couvrir tous les jours tant d'événements de l'histoire contemporaine, de les interpréter et de leur donner un sens, on essayait aussi de conserver quelques vestiges de vie privée. Nous étions des êtres humains, après tout. Ou du moins nous le prétendions.

Parfois, des lecteurs américains, à en juger par leurs lettres, s'étonnaient. Ils écrivaient pour demander si la personne qui signait des articles à la première page avec des histoires de crises et de désastres avait parfois le temps de vivre une vie normale. Nous essayions. Nous arrivions parfois à chasser un instant de notre esprit ce qui l'occupait en général pendant nos douze heures de travail quotidien. Nous avions, pour la plupart, des femmes et des enfants, et nous les aimions, nous jouions avec eux et, bien sûr, nous les envoyions au diable à l'occasion – et vice versa – tout à fait comme ailleurs les gens normaux, qui n'étaient pas obligés de vivre et de travailler dans l'asile de fous nazi. De loin en loin, nous arrivions à nous échapper pour une soirée à l'Opéra, au concert, au théâtre. A Berlin, malgré la stupide et désolante interdiction par les nazis des compositeurs, musiciens, auteurs dramatiques et comédiens juifs, la qualité de ces soirées artistiques était souvent excellente. Comme la plupart d'entre nous à Berlin, étant correspondants de quotidiens américains du matin, travaillaient le soir, nous n'allions pas souvent au spectacle, ou à des cocktails, des dîners. De 5 à 9 heures du soir environ, c'était le moment où nous étions le plus occupés. C'était l'heure de la dernière vérification de nos informations de la journée, l'heure de les rédiger et de les téléphoner à Paris ou à Londres, qui les retransmettaient à New York.

Après le travail, qui se terminait pour moi, d'habitude, à peu près entre minuit et deux heures du matin, nous nous réunissions, plusieurs d'entre nous, à la Taverne, où nous avions, dans un coin de la grande salle, une grande table réservée aux correspondants britanniques, français et américains. Là, nous pouvions manger un morceau, boire du vin, de la bière ou un schnapps – si l'envie nous en prenait – et comparer nos notes sur les événements du jour, voir comment nous les avions rapportés, et quels officiels avaient essayé de nous faire de l'obstruction ou de nous tromper. Parfois, quelques journalistes allemands de premier plan, ou des rédacteurs en chef, se joignaient à nous – invités ou non. Ils pouvaient nous être utiles à l'occasion en nous passant un tuyau, ou en nous expliquant les luttes intestines de l'entourage de Hitler. Mais nous restions toujours sur nos gardes vis-à-vis d'eux et de leurs informations. Il y en avait trois ou quatre dont nous savions qu'ils venaient nous espionner pour le compte de Goebbels et de Himmler, de Goering ou du grand patron lui-même. En Allemagne nazie, on apprenait vite à s'en servir, et, chose plus difficile, à les supporter.

Le propriétaire de l'établissement, Willy Lehman, appelait sa taverne le *Ristorante italiano* et les spaghetti et le veau étaient bons, mais Willy était un gros Allemand bien carré sans rien d'italien, et son épouse était une Belge mince, timide et assez jolie. Soit parce qu'il ne se prosternait pas devant ses clients nazis, ou parce qu'il paraissait trop ami avec nous, les correspondants étrangers, ou parce que sa femme était belge, Willy avait souvent des problèmes avec les autorités nazies, qui le menaçaient de fermer sa taverne. Ils le faisaient parfois, et ce fut pour de bon, je crois, un ou deux ans après le début de la guerre.

Il y avait d'autres distractions dans notre vie assez sinistre à Berlin. J'avais acheté un bateau à voile pour cent dollars à un boxeur allemand à la retraite que nous avions rencontré, Tess et moi, dans un bar. Dès le début, ce fut, pour ma femme et moi, un moyen rapide et bon marché d'échapper, du moins pendant l'été, à la vie tendue de Berlin, un merveilleux tonique pour nos nerfs fatigués. C'était un sloop de bois de 6 mètres, bien gréé, avec une cabine à deux couchettes.

Les après-midi d'été, si je croyais pouvoir m'éloigner pour la nuit, nous prenions le tramway jusqu'à notre marina sur le Havel, l'un des plus grands lacs des environs de Berlin. Au bout d'une quinzaine de kilomètres de navigation, nous jetions l'ancre dans une crique pour nager une heure, boire un verre, nous préparer un dîner arrosé d'une bouteille de vin, avant de nous coucher pour une bonne nuit sur les couchettes. Après avoir écouté tout de même, par prudence, les informations à la radio, au cas où quelque chose de sensationnel serait arrivé (et dans ce cas, nous aurions pu retourner à la voile ou à la rame à l'un des nombreux cafés du bord de l'eau, téléphoner pour avoir un taxi et repartir au travail).

Le dimanche matin, une vedette apportait les journaux, le café et les petits pains. On prenait le petit déjeuner sur le port en feuilletant les nouvelles. Ces journaux nazis ou nazifiés étaient en général ternes et insipides, mais un professionnel y trouvait souvent une idée de papier pour le lundi, et en tout cas des éléments pouvant servir à éclairer ce qui se passait dans le IIIe Reich. Je prenais quelques notes, puis je fourrais tous les journaux dans un sac et nous recommencions à nous baigner, Tess et moi. Puis, après le bain de soleil sur le pont, on hissait la voile pour rentrer, en mangeant un sandwich arrosé d'une bière. Au large, sur un voilier, même si le lac est petit, on oublie les soucis qu'on a laissés à terre. Le merveilleux silence, rompu seulement par le clapotis de l'eau sur la coque, donne une impression de paix et de quiétude que je ne trouve nulle part ailleurs.

Et il y avait les vacances, qui permettaient de s'éloigner de tout pendant deux ou trois semaines, assez, d'habitude, pour me remettre d'aplomb.

La première année, en 1935, je l'ai déjà dit, j'étais retourné pour un bref séjour à New York pendant que Tess allait faire de la montagne dans son Autriche natale. L'année suivante, en juin, nous sommes allés à Dubrovnik, un charmant vieux port de l'Adriatique qui avait jadis appartenu à Venise, puis à l'Autriche qui l'appelait Raguse, et maintenant à la Yougoslavie.

L'une des choses qui rendirent ces vacances loin de Berlin si mémorables fut que, ma femme et moi, nous étions très amoureux. Tess avait vingt-six ans, cet été-là, et moi trente-deux, un âge merveilleux pour être marié quand on s'aime, et encore beaucoup trop tôt pour que les années et les circonstances ne fassent sentir leur poids. Nous étions tout heureux d'avoir si bien réussi notre mariage.

Je retrouve d'autre part dans mon carnet un mot daté de nos débuts à Berlin, qui rappelle ce qui a peut-être été une autre façon d'essayer d'échapper à la triste réalité de l'univers hitlérien :

> Commencé un roman, Dieu me vienne en aide. La scène : en Inde. J'y ai été deux fois, en 1930 et 1931, pendant la campagne de Désobéissance civile de Gandhi et je n'arrive pas à me délivrer de l'Inde.

Mon carnet rappelle que j'ai fini le « roman indien » un an après et que ce fut « un grand poids en moins dans mon esprit ». Je n'en doute pas. J'avais fait de mon mieux, j'avais travaillé dur et j'y avais mis tout le paquet. Mais en vain. Je dois dire que le roman n'était pas très bon. Heureusement, il ne devait jamais être édité, bien qu'il s'en soit fallu de peu.

Tout compte fait, j'estimais que j'avais eu de la chance qu'il ne le soit pas. Je crois que le portrait de Gandhi était bon mais c'était un élément pour un livre-document où j'allais l'introduire par la suite. Mes personnages imaginaires étaient en carton-pâte. Les femmes, me dit Tess, étaient lamentables.

Mais cet échec ne signifiait pas que je renonçais à l'ambition d'écrire un jour des livres, ni que je n'avais plus envie d'écrire des romans. En fait, il y avait une idée qui commençait à se faire jour dans mon esprit. Que peut-être les esprits comme le mien faisaient mieux d'écrire sous forme de roman l'histoire de notre temps, dans la mesure où nous l'avions vécue, ressentie, comprise. Mais pas encore. Je manquais de maturité. J'étais loin d'être sûr d'en avoir un jour le talent et le métier. Comme journaliste, j'étais certain de les avoir déjà.

Je décidai de m'y tenir définitivement.

Il y avait des événements ailleurs qui avaient des répercussions à Berlin et qu'il nous fallait suivre aussi de près. Le 2 mai 1936, les légions de Mussolini entraient à Addis Abeba, achevant la conquête de l'Abyssinie. C'était un triomphe pour le « Duce », non seulement sur ce royaume de montagne primitif, mais sur la Société des Nations et les deux grandes démocraties occidentales, la France et la Grande-Bretagne, qui s'étaient opposées à son agression.

Berlin était enchanté. La victoire de Mussolini condamnait la Société des Nations qui, estimaient les Allemands, avait été fondée sur leur défaite de 1918 et dont, depuis Hitler, ils s'étaient retirés. La victoire italienne, Hitler en était certain, assurait que Mussolini ne se réconcilierait jamais avec la Grande-Bretagne et la France, qui avaient orchestré les timides sanctions de la Société des Nations contre lui. Il était sûr qu'au contraire l'Italie pourrait assez facilement être amenée dans son camp, ce qui contribuerait à mettre fin à l'isolement de l'Allemagne.

L'engouement de Hitler pour Mussolini, sa folle admiration pour lui en tant qu'homme d'État, la façon absurde dont il surestimait l'Italie en tant que puissance mondiale restaient un mystère pour moi. Au départ, j'avais peine à croire que le Führer prenait le Duce tellement au sérieux. On pouvait comprendre l'admiration de l'Allemand pour l'Italien qui avait réussi à créer une dictature fasciste dix ans avant lui. Manifestement, l'expérience de Mussolini avait servi à Hitler. Mais que le chef nazi, si plein de finesse quant à l'estimation des caractères, ne vît pas que l'air important du Duce cachait un mannequin de paille, me stupéfiait [1].

Le plus étonnant était encore que Hitler, réaliste dans son estimation de l'équilibre des puissances en Europe, pût surestimer à ce point celle de l'Italie et, dès lors, la rechercher comme allié, comme son seul allié.

Un autre événement, qui suivit de près la conquête de l'Éthiopie par l'Italie, allait précipiter cette véritable cour que faisait Hitler à Mussolini

1. Il n'était pas le seul. En Angleterre, George Bernard Shaw et Winston Churchill, qui auraient dû être plus lucides, saluaient publiquement Mussolini comme un grand homme d'État.

pour aboutir à leur alliance, avec des conséquences qui deviendraient fatales aux deux dictateurs fascistes. Un événement qui se révélerait aussi fatal à la Grande-Bretagne et à la France, et ne laisserait pas l'Amérique intacte.

Le soir du 18 juillet 1936, à Berlin, je notais dans mon carnet :

> Troubles en Espagne. Révolte d'extrême droite. Combats à Madrid, à Barcelone et ailleurs.

La veille, le général Francisco Franco, l'ancien chef d'état-major à la retraite, en résidence surveillée aux Canaries, avait lancé dans les îles et au Maroc une rébellion militaire, qui s'étendit à l'Espagne continentale dès le lendemain. Les informations que nous avions à Berlin étaient d'abord sommaires. Les généraux rebelles et le gouvernement républicain à la fois se proclamaient victorieux. Mais le 27 juillet, j'écrivais dans mon carnet :

> Le gouvernement espagnol paraît avoir le dessus. A écrasé la révolte à Barcelone et à Madrid. Mais c'est une affaire beaucoup plus grave qu'il ne semblait la semaine dernière. Les nazis sont contre le gouvernement espagnol et, dans les milieux du Parti, on parle d'aider les rebelles.

Quelques jours plus tard, il devint évident que cette aide serait considérable. Après tout, un troisième État fasciste ferait bien l'affaire de Hitler. Surtout à la frontière de la France républicaine. Cela provoquerait de nouveaux troubles et de nouvelles inquiétudes en France, contre laquelle Hitler avait toujours soif de revanche depuis 1918 [1].

En fait, la décision de Hitler de soutenir la rébellion en Espagne avait été prise le 22 juillet, cinq jours après qu'elle eut éclaté. Le Führer prenait quelques jours de repos, comme d'habitude à cette époque de l'année, pour assister au festival Wagner à Bayreuth. Le soir du 22, une lettre urgente de Franco, demandant l'aide de l'Allemagne, lui fut remise à la fin du spectacle. Hitler appela Goering et le général von Blomberg, qui se trouvaient à Bayreuth, et le soir même la décision était prise de fournir une aide militaire aux rebelles espagnols.

Bien qu'elle n'ait jamais été aussi importante que celle de l'Italie, qui envoya plus de 50 000 hommes et de grandes quantités d'armes, de chars et d'avions, elle fut considérable. Les Allemands eux-mêmes estimèrent qu'ils avaient dépensé plus d'un demi-milliard de marks (125 millions de dollars) dans l'aventure. Une bonne partie servit à

1. La France, avait écrit Hitler dans *Mein Kampf*, était « l'ennemi mortel inexorable du peuple allemand [...]. Il faudra une épreuve de force définitive avec la France [...], un ultime combat décisif ».

envoyer trente compagnies antichars en Espagne, et la légion Condor (6 000 hommes), l'unité aérienne qui, appuyée par des troupes au sol, s'illustra en rasant la ville basque de Guernica et sa population civile. Comparé au réarmement massif de l'Allemagne, ce n'était guère, mais ce fut largement rentable pour Hitler.

Le dictateur nazi avait marqué d'autres points, outre le triomphe de Franco et la destruction d'une autre démocratie européenne, ce qui lui assurait un autre allié fasciste hostile à la France voisine et, probablement, à la Grande-Bretagne (alors que Londres penchait pourtant plutôt pour Franco). La guerre civile espagnole avait commencé à déchirer la France, la droite travaillant pour Franco contre son propre gouvernement, la gauche s'efforçant de sauver la République espagnole, et chaque camp accusant l'autre de trahison. Ce fut la cause de nouvelles dissensions entre la France et la Grande-Bretagne, la première, avec son gouvernement de gauche, le Front populaire, estimant que sa propre survie serait menacée par une victoire de Franco, la seconde, avec son gouvernement conservateur, étant plus proche des généraux rebelles, conservateurs et anticommunistes zélés.

Une victoire des franquistes. Hitler le voyait bien, serait également un coup porté à l'Union soviétique qui, seule de tous les pays étrangers, était venue en aide à la République de Madrid, espérant sans aucun doute que, si la rébellion était écrasée, l'Espagne pourrait alors devenir communiste. Contrairement aux propagandes des nazis et des diverses droites, le gouvernement républicain espagnol n'était pas communiste et ne l'avait jamais été.

Un autre avantage de l'aide à Franco était qu'elle constituait pour l'Allemagne, comme Goering s'en vanterait plus tard, un banc d'essai en vraie grandeur pour ses canons, ses chars, ses avions militaires, ses soldats tout neufs [1].

J'avais beau être indigné de l'intervention de Hitler contre la République espagnole, j'étais forcé d'admirer l'adresse de sa politique, astucieuse, calculée et clairvoyante. Le plus grand avantage de la guerre d'Espagne pour Hitler fut sans doute d'amener l'Italie dans le camp allemand.

En octobre de cette première année de la guerre (1936), avant que les deux puissances fascistes ne reconnaissent les rebelles de Franco

1. Lors de son procès pour crimes de guerre devant le tribunal international de Nuremberg, le 14 mars 1946, Goering expliqua fièrement comment la guerre d'Espagne lui avait permis d'essayer sa jeune aviation :

« Avec la permission du Führer, j'ai envoyé une grande partie de mon aviation de transport et un certain nombre d'unités de chasse à l'essai, de bombardiers et de canons de DCA. J'eus ainsi l'occasion de m'assurer, dans les conditions du combat réel, que le matériel était à la hauteur de sa tâche. Pour que les hommes puissent aussi acquérir une certaine expérience, je pris soin d'organiser des relèves permanentes, afin que les nouveaux puissent relever les anciens. »

comme le gouvernement espagnol légitime, Galeazzo Ciano, le gendre du Duce et son ministre des Affaires étrangères, vint à Berlin pour signer avec le ministre des Affaires étrangères allemand, von Neurath, un protocole secret créant pratiquement une alliance entre l'Allemagne et l'Italie. Quelques jours plus tard, Mussolini, dans un discours grandiloquent, le salua sous le nom d'« Axe ». Ainsi naquit le célèbre « Axe Rome-Berlin », sur lequel nous, les correspondants à l'étranger de l'époque, allions tellement écrire. Trop, je m'en aperçois maintenant. Le Duce, dans sa vanité, ne manquait jamais de s'en glorifier et Hitler essayait de convaincre les gens crédules qu'il s'agissait là des fondations de l'ordre nouveau en Europe. Au bout du compte, l'Axe serait fatal à Mussolini et à son régime fasciste. Et il coûterait très cher à Hitler, en particulier vers la fin, où l'Italie se retrouverait pendue au cou du IIIe Reich comme un albatros.

Malgré tout ce qu'on en dit à Berlin et à Rome et les craintes qu'il inspira à Londres et à Paris, je n'ai jamais pu prendre l'« Axe » au sérieux. C'était une association inégale, boiteuse. Les Italiens avaient une civilisation admirable, avec un merveilleux passé culturel, mais l'Italie n'avait pas les ressources naturelles et l'industrie nécessaires à une véritable grande puissance, même avec l'adjonction de l'Abyssinie et ses autres possessions d'Afrique.

L'Axe Rome-Berlin n'était que façade.

« Voici avril et pas encore la surprise du printemps de Hitler cette année », écrivais-je dans mon carnet à Berlin, le 8 de ce mois en 1937. J'avais peine à y croire. C'était mon premier printemps en Allemagne nazie, depuis près de trois ans, où Hitler ne secouait pas l'Europe par un de ses « coups » imprévus.

Dans son discours au Reichstag, le 30 janvier, quatrième anniversaire de sa prise de pouvoir, Hitler avait proclamé :

« Le temps des prétendues surprises est passé. » Pour une fois il tenait sa promesse. Pour l'instant, du moins. Nous étions déjà en avril. Le printemps était là. On pouvait presque se détendre; quelques jours plus tôt, j'avais été tenté de profiter de ce calme inhabituel pour accepter l'invitation des armateurs Zeppelin : rentrer en Amérique à bord de leur dirigeable géant *Hindenburg*, qui devait faire sa première traversée de l'année dans la première semaine de mai 1937, pour se poser à Lakehurst, dans le New Jersey. J'avais fait plusieurs articles sur le dirigeable, qui pouvait faire Francfort-New York en deux jours et demi, deux fois plus vite que les navires les plus rapides, et le retour en deux jours. C'était une expérience, et je pourrais aller passer quelques vacances chez moi en un temps record.

Mais le bureau de New York d'Universal hésitait à laisser Berlin sans responsable. L'adjoint qu'on m'avait promis n'était pas arrivé, en raison d'une nouvelle vague d'économies en Amérique. Je déclinai donc l'invitation. Le lendemain, le chargé de presse de la société Zeppelin m'appela pour offrir la place à Tess. Il se rappelait qu'elle avait fait une bonne partie de l'enquête pour ma série d'articles de l'année précédente sur le lancement du dirigeable à Friedrichshafen.

Pour une raison qui me reste obscure – je dois avoir eu un pressentiment – je ne parlai pas de cette proposition à Tess, que je déclinai poliment, cette fois en son nom. Sur quoi j'oubliai toute l'affaire. La liaison transatlantique d'été du *Hindenburg* devenait presque banale. Le dirigeable avait fait dix traversées l'année d'avant, sa première saison commerciale régulière, sans incident. Ce n'était plus de l'actualité.

La dernière fois qu'on avait passé un papier de moi à propos de dirigeable dans les journaux américains avait été lors de la discussion concernant l'hélium : les États-Unis allaient-ils vendre ce gaz ininflammable au Dr Hugo Eckener pour son nouveau zeppelin? Au printemps précédent, il m'avait dit qu'il allait à Washington pour demander à son « bon ami » le président Roosevelt de lui donner assez d'hélium pour remplir son ballon. Apparemment, les États-Unis étaient le seul pays du monde ayant de l'hélium. Eckener me fit comprendre par la suite que Roosevelt y était assez disposé mais que Harold Ickes, le secrétaire à l'Intérieur, antinazi convaincu, s'était opposé à ce qu'on en donne aux Allemands. En fin de compte, Ickes avait prévalu. Si bien que, pour ce premier été de vols commerciaux réguliers, en 1936, entre Francfort et Lakehurst, le dirigeable avait dû utiliser de l'hydrogène très inflammable. Peut-être le souvenir de cet épisode n'était-il pas sans rapport avec le fait que je n'avais pas parlé à Tess de l'invitation pour le premier voyage du Zeppelin en 1937.

Vers quatre heures du matin, le 7 mai, à Berlin, je fus réveillé par un coup de téléphone de Bill Hillman, le chef de notre bureau de Londres : le *Hindenburg* s'était écrasé, il avait pris feu et avait explosé à l'atterrissage à Lakehurst. Il y avait de nombreuses victimes [1].

New York voulait connaître la « réaction » allemande, d'ici une heure. J'appelai aussitôt le Dr Ludwig Duerr, l'ingénieur en chef constructeur du dirigeable. C'était de moi qu'il apprenait la nouvelle et il refusa de me croire. Je ne réussis à réveiller personne à quatre heures du matin, mais je rappelai Londres pour donner ce que j'avais comme « réaction » allemande : le scepticisme du Dr Duerr. Impossible de me rendormir. Non seulement j'étais bouleversé par ce que je venais d'apprendre à propos du zeppelin, de ses passagers et de l'équipage, mais je n'arrivais pas à écarter de mon esprit la chance miraculeuse de Tess, et la mienne.

1. Trente-six morts, apprit-on plus tard.

Sans ce coup de veine, l'un de nous deux aurait été à bord du dirigeable accidenté. J'étais tout de même bien aise de ne pas avoir parlé de l'invitation à ma femme.

De bonne heure dans la matinée, Claire Trask, la représentante locale de Columbia Broadcasting, m'appela pour me demander une émission sur les réactions allemandes à la catastrophe du *Hindenburg.* Je refusai. La seule idée de parler dans un micro m'affolait. De plus, la journée serait dure au bureau. Les télégrammes avaient commencé d'arriver de New York pour me demander d'autres « réactions » allemandes, en particulier celles du Dr Eckener et de ses collaborateurs, sur la cause possible de l'incendie et de l'explosion du *Hindenburg,* alors qu'il était amarré à son mât à Lakehurst. New York en redemandait sur les sentiments des Allemands qui n'avaient pas pu avoir d'hélium pour leur dirigeable.

Mme Trask n'accepta pas ma fin de non-recevoir. Je finis par consentir à parler un quart d'heure à CBS, bien que n'ayant jamais fait d'émission de ma vie, comme je ne cessais de le répéter à la dame. Du fait de ce qui s'est produit par la suite, je me rappelle très bien certains détails de cette première émission. D'abord, il fallut en montrer le texte à la censure du ministère de l'Air, que je leur soumette toutes les dépêches successivement avant de pouvoir les transmettre à Universal. Toutes les deux pages à peu près, Mme Trask se précipitait avec le texte au ministère.

J'étais déjà nerveux comme une vieille poule à mesure que l'heure de l'émission approchait. J'avais l'estomac tordu. J'arrivai au studio un quart d'heure trop tôt, pour découvrir que Mme Trask, qui devait me présenter et me chronométrer, n'était pas encore arrivée avec le texte censuré. Elle arriva enfin, tout essoufflée, cinq minutes avant l'émission. Au moins, j'avais un texte à lire. Mais je n'étais pas d'accord avec le ministère de l'Air, qui avait coupé un paragraphe disant que le gouvernement nazi soupçonnait un sabotage du *Hindenburg* par les antinazis. Je l'avais déjà télégraphié. Une discussion au téléphone s'ensuivit avec le ministère de l'Air, où je n'eus pas gain de cause. Quand je raccrochai, un technicien de la radio avait déjà commencé le compte à rebours des soixante dernières secondes. J'avais brusquement la gorge serrée. Quelle énorme tension nerveuse avant de commencer une simple émission!

Je ravalai ma salive. J'essayai de m'éclaircir la gorge. Je commençai, d'une voix qui montait et descendait sans cesse, les lèvres et la gorge sèches. Au bout du premier feuillet de mon texte, je surmontai un peu mon trac. Mais ce fut une véritable épreuve, qui m'épuisa littéralement. Manifestement, ce n'était pas un travail pour moi.

Ce soir-là, je confiai à mon carnet :

« J'ai bien peur de ne jamais pouvoir faire de la radio. »

Chapitre 6

UN NOUVEAU JOB DANS UN AUTRE DOMAINE

1937

Pendant tout le printemps et l'été de 1937, le bruit avait couru, de New York, qu'Universal Service allait faire faillite. On disait qu'ils avaient perdu de l'argent et que Hearst réduisait ses dépenses. Le tuyau m'avait poussé, une fois de plus, à recommencer à chercher un autre job.

Lorsque Frank Knox, propriétaire du *Chicago Daily News*, passa par Berlin en mai, il me demanda si j'aimerais travailler pour son journal. Le chef de son service étranger, Caroll Binder, avait été pendant des années correspondant étranger du *News* et il me connaissait. Il allait venir en juillet, me dit Knox, et il lui demanderait de me voir pour mettre quelque chose au point avec moi.

Dans le même temps, je recommençai à sonder le *New York Times*, que j'avais déjà attaqué sans succès à la fin des années 20, à Paris. Je n'ai jamais pu comprendre pourquoi ce journal respectable s'obstinait à refuser de m'engager. J'avais commencé par contacter Edwin L. James (on l'appelait Jimmy) dix ans plus tôt à Paris, quand il était chef du bureau du *Times* là-bas, et j'avais encore repris contact en 1935, alors que je passais quelques jours de vacances en Amérique. James était alors rédacteur en chef du *Times*. A New York, il avait été aussi aimable, mais aussi évasif.

Maintenant, deux ans après, les rumeurs sur la disparition d'Universal devenant persistantes, je repris contact une fois de plus avec le *Times*. Cette fois, je m'adressai à Frederick T. Birchall, qui avait fait fonction de rédacteur en chef du *Times* et, théoriquement à la retraite depuis peu, était venu en Europe comme correspondant en chef à l'étranger du journal. Amoureux d'une Allemande, il passait le plus clair de son temps à Berlin. Birchall, un Anglais débordant d'énergie malgré son âge, avait conservé sa nationalité britannique malgré toute sa vie de journaliste passée à New York. Il avait de la sympathie pour moi et, pendant cet été-là, après nombre de conversations (arrosées), nous étions finalement arrivés à un accord, pensais-je. Le *Times* me prendrait à l'automne, probablement à son bureau de Berlin, bien qu'il ne fût pas exclu qu'on m'envoie à Moscou, ce qui me tentait beaucoup après trois ans à Berlin. Birchall et moi nous étions même mis d'accord sur un salaire, qui n'était pas énorme.

Avec l'agréable perspective d'entrer finalement dans un journal où j'avais toujours eu envie de travailler, qu'Universal cesse de fonctionner ou non, Tess et moi partîmes en vacances au début de juillet. Nous avons pris l'avion de Berlin à Londres, pour voir quelques vieux amis, et aussi Caroll Binder qui, pensais-je, allait m'offrir un job au *Chicago Daily News*. Avec des jobs pratiquement assurés dans deux des meilleurs journaux américains, je n'avais plus à craindre de me retrouver au chômage.

Après quelques jours à Londres, nous irions dans le Devonshire avec mon vieux confrère Knickerbocker et sa femme chez Paul Gallico, l'un des meilleurs journalistes sportifs d'Amérique que j'avais connu aux Jeux d'hiver de Garmisch et qui, depuis lors, avait réussi à devenir écrivain indépendant. Paul menait maintenant la vie d'un gentilhomme campagnard dans le Devon, au point d'avoir un maître d'hôtel qui, disait-il, le terrorisait, intéressante évolution pour un ancien journaliste sportif du *New York Daily News*.

Du Devonshire, nous irions à Paris voir l'Exposition et parler avec Seymour Berkson, le chef d'Universal Service à New York, qui passait lui aussi des vacances en France et voulait, m'avait-il écrit, m'assurer que notre agence était prospère et n'allait pas du tout fermer. De Paris, nous avions l'intention de descendre sur la Côte, au Lavandou, pour prendre des bains de mer et de soleil.

Je devais être de retour à Paris après dix jours là-bas. Mais Tess resterait avec Agnès Knickerbocker jusqu'à l'automne parce que... nous allions avoir un bébé. Notre premier.

A Londres, les choses ne tournèrent pas exactement comme je l'espérais. Je fus heureux de retrouver deux de mes amis les plus anciens et les plus intimes, Knickerbocker et Jay Allen, deux excellents correspondants que je n'avais pas vus depuis un certain temps. Nous nous sommes retrouvés un soir chez Knick, où Caroll Binder devait nous rejoindre. Binder, nous dit Jay, allait, le soir même, m'offrir un job au *Chicago Daily News*, comme le colonel Knox l'avait promis. Binder fut tout à fait cordial. Nous avons bavardé jusqu'à deux heures du matin. Pour moi, j'attendais d'un moment à l'autre que Binder me prenne à part pour me dire que j'étais embauché, et où j'irais. Il n'en fit rien. Il ne fit même pas la moindre allusion à un job.

Mon carnet, ce jour-là, ajoute une note à propos d'un homme dont je n'avais jamais entendu parler :

Jay m'a aussi donné une carte pour Ed Murrow qui, dit-il, est en relations avec CBS, mais je n'aurai pas le temps de le voir, car nous partons demain, Nick et moi, pour Salcombe où Tess et Agnès sont installées chez Gallico.

Jay Allen, en nous accompagnant à la gare, m'avait conseillé d'aller voir Murrow à mon retour à Londres. Mais ce ne fut pas possible, car nous passions, Tess et moi, de Plymouth en France sans repasser par Londres. Et le nom de l'homme de radio me sortit de l'esprit.

A Paris, nous allâmes admirer les Van Gogh à l'Exposition et j'allai prendre un verre avec Berkson, qui m'assura qu'il n'était pas question qu'Universal ferme ses portes, contrairement aux bruits qui couraient : en fait, il gagnait de l'argent pour la première fois depuis sa création.

L'indifférence apparente de Binder nous avait un peu découragés mais l'assurance de Berkson nous remonta le moral. C'est donc réconfortés par la certitude de ne pas me retrouver bientôt au chômage que nous prîmes le train. Au Lavandou, nous passâmes dix jours à prendre des bains de mer et de soleil, et à essayer les divers restaurants de la Côte. Et à parler beaucoup de notre avenir quand la famille s'agrandirait. Un avenir qui paraissait assez prometteur. Hitler et l'Allemagne nazie étaient toujours en vedette dans l'actualité. Il y avait donc beaucoup de papiers à faire. J'étais décidé à continuer à couvrir les événements si c'était possible.

Berlin n'était pas exactement l'endroit idéal pour élever un enfant quand on était américain, qu'il dût y avoir la guerre ou non. D'abord, les jeunes, en Allemagne, étaient intoxiqués par la doctrine nazie, leurs esprits encore vierges bourrés des stupidités les plus énormes, abrutis à force d'être enrégimentés. Il serait difficile d'en isoler ses propres enfants. En outre, il y avait la tension continuelle, les haines mijotées dans des chaudrons de sorcières, l'extermination des Juifs et des contestataires, le martèlement incessant des bottes sur le pavé, les hurlements de Hitler, Goering et Goebbels à la radio : tout cela ne constituait pas, au total, l'atmosphère d'équilibre idéale pour y élever ses enfants. Et Tess, étant autrichienne, continuait à détester Berlin – et les Allemands – autant et même plus que moi.

Mais il n'y a pas de job ou de mode de vie parfaits. Tout n'allait pas si mal pour nous, finalement. Sur ce, après un peu moins de quinze jours au soleil, je rentrai à Berlin au début d'août. Tess me rejoindrait au début de septembre.

Le coup ne tarda pas à tomber. Mon carnet porte, en date du 14 août, à Berlin :

Universal Service ferme, finalement. Hearst réduit ses dépenses. Je reste ici à INS, la principale agence de presse de Hearst, mais en second, ce qui ne me plaît pas.

Ce n'était pas tellement d'être le second au bureau qui me gênait. Avec Dosch-Fleurot, qui m'avait amené à Berlin, tout avait bien marché. C'était un grand, un merveilleux bonhomme. Pierre Huss, le correspondant d'INS, n'était ni l'un ni l'autre. De plus, il était pronazi et bien vu des nazis. Il me conseillait toujours de « faire attention » avec eux.

Le premier heurt entre Huss et moi eut lieu le deuxième jour de mon passage à INS. Norman Ebbutt, du *Times* de Londres, partait ce soir-là, expulsé par Hitler. C'était un de mes bons amis et il m'avait rendu nombre de services. J'avais l'intention d'aller lui dire au revoir, avec mes confrères britanniques et américains, à la gare de Charlottenburg, bien que Joseph Goebbels, le ministre de la Propagande, nous eût avertis que notre présence y serait mal vue. Huss entra dans mon bureau et me demanda de ne pas me mêler à l'expulsion d'Ebbutt. Ce serait gênant pour INS, dit-il, qui avait comme clients un groupe de journaux allemands. Ce serait de nature à le mettre en « mauvais termes » avec les autorités.

« Je ne peux pas me dégonfler, Pierre », lui dis-je.

Et j'allai à la gare.

Vers les dix heures du soir, le 24 août, une semaine plus tard, j'étais dans mon bureau en train de couper une dépêche. Le garçon de bureau allemand entra avec un câble. Il avait un drôle d'air. Je regardai le câble. Il venait de New York. INS regrettait de ne pouvoir garder tous les anciens correspondants d'Universal Service. On me donnait les deux semaines de préavis habituels. J'étais un peu étonné.

La fermeture d'Universal aurait dû être un avertissement suffisant. Je suppose que, lorsque INS m'avait repris, j'avais été rassuré : j'avais un job, en tout cas. Mais les choses ne tournaient pas comme je m'y attendais. La froideur de Binder aurait dû m'alerter. Et la lenteur de Birchall. Je l'avais vu le jour de la fermeture d'Universal et je lui avais dit naïvement que je pourrais commencer à travailler au *Times* tout de suite.

« Pas possible avant le 1er septembre, m'avait-il dit. New York nous freine un peu, malheureusement. »

C'était Birchall qui freinait, j'en avais bien peur.

J'en finis avec ma dépêche, l'expédiai, et j'allai prendre l'air, le long de la Spree, derrière le Reichstag. Il faisait beau et chaud, et le soleil brillait encore en cette soirée d'août. Et le long d'une boucle de la rivière, un bateau arrivait avec des vacanciers bruyants qui paraissaient n'avoir pas l'ombre d'un souci au monde. Je les enviais.

J'essayais de penser à ce que j'allais faire. Si le job du *Times* ne marchait pas, à quelle porte frapper? Le mieux à faire, sans doute, serait d'aller à New York le plus vite possible, à condition de trouver à emprunter le prix d'un billet de troisième. C'était là qu'un Américain devait chercher un job dans la presse, avec les séquelles de la crise.

Mais j'avais peu de contacts là-bas. J'avais quitté l'Amérique depuis douze ans. Je n'avais jamais travaillé à New York. Jimmy James, devenu la grande vedette du *Times*, m'avait piloté deux ans plus tôt. Un autre ancien correspondant à Paris que j'avais connu, Wilbur Forrest, était maintenant rédacteur en chef adjoint du *New York Herald Tribune*. Mais il m'avait fait dire qu'il n'y avait rien dans son journal.

Qui d'autre? Je ne voyais absolument personne. Peut-être n'y avait-il rien à faire pour moi, avec la crise en Amérique.

Toujours l'esprit flou et l'estomac comme chargé d'une grosse pierre, je retournai au bureau. Sur ma table, il y avait un télégramme, arrivé quelques minutes avant le câble fatal d'INS. Je l'avais écarté le temps de finir ma dépêche. Je l'ouvris. Il venait de Salzbourg :

« *Pouvez-vous dîner à l'Adlon le 27/8* [...] *Murrow Columbia Broadcasting.* »

Il me demandait de lui répondre par télégramme à Vienne. Jay Allen, je m'en souvenais, m'avait conseillé, quand j'étais à Londres, de voir Murrow. Mais je n'en avais pas eu le temps. Il m'avait parlé vaguement de ce Murrow, qui venait d'arriver à Londres, et qui avait besoin d'un correspondant pour CBS. Il n'avait lui-même, apparemment, aucune expérience du journalisme, m'avait dit Jay. Il avait été directeur des émissions culturelles, ou éducatives, ou quelque chose de ce genre, à CBS à New York.

Je n'avais jamais beaucoup pensé à la radio. A Berlin, je tournais le bouton à l'occasion pour les informations ou la météo. Et, à l'occasion, je prenais une heure pour écouter un concert symphonique ou un opéra. Je n'avais aucune idée de ce qu'était la radio en Amérique. Quand je l'avais quittée elle était dans l'enfance, avant la naissance des grandes chaînes. Pendant l'émission que j'avais faite en mai, j'avais été tellement nerveux que je pouvais à peine parler et que j'avais juré qu'on ne m'y reprendrait plus. Et on ne m'avait rien demandé.

En rentrant chez moi ce soit du 24 août, encore paniqué à l'idée de me retrouver tout à coup sans job, je me demandais comment j'allais annoncer la nouvelle à ma femme, enceinte, sur la Côte d'Azur. Et je me demandais pourquoi Murrow m'avait télégraphié. Sans doute, comme la plupart des gens importants de passage, voulait-il me tirer des tuyaux. Pour une quelconque émission qu'il devait avoir à faire de Berlin. A moins que...?

Je retrouvai Murrow dans le salon de l'Adlon de Berlin le vendredi 27 août 1937, à sept heures. Je n'étais pas en pleine euphorie. Birchall continuait à amuser le tapis. Plusieurs confrères m'avaient félicité de mon « nouveau job ». Birchall leur avait dit qu'il me prenait au *Times*. Mais il ne m'avait rien dit de semblable. Il fallait que j'aie encore une semaine de patience, c'est ce qu'il m'avait dit quand je l'avais vu le lendemain du câble d'INS. Jimmy James arrivait de New York pendant le week-end et Birchall avait besoin de son accord. C'était un problème, plus qu'il n'y paraissait. Les deux anciens du *Times* se méfiaient l'un de l'autre et se détestaient cordialement. Je me disais : qu'ils aillent se faire voir avec leur saloperie de journal.

En traversant le salon de l'Adlon pour aller trouver l'homme que je prenais pour Murrow, je fus un peu étonné de lui trouver un visage agréable. Cheveux bruns. Traits réguliers. Menton bien dessiné. Et des yeux bruns perçants. Exactement comme on imagine les gens de radio ou, plus encore, de Hollywood. Son complet foncé de bonne coupe et repassé de frais, venant sans doute de Savile Row, la rue des grands tailleurs de Londres, contrastait avec ma veste de flanelle grise fripée et mon pantalon froissé. Il m'avait invité à dîner, j'en étais maintenant certain, pour me tirer les vers du nez pour une émission de radio. Allons, j'allais essayer d'être poli : il n'était pas le premier.

Mais comme il se dirigeait vers le bar, il y avait quelque chose en lui qui commença de me désarmer. Quelque chose dans ses yeux et, surtout, dans sa façon de parler, qui ne sentait pas Hollywood.

Nous nous étions assis, en attendant des Martini. Quand les cocktails arrivèrent, je continuais à me demander pourquoi il m'avait invité. Nous commençâmes par parler de nos amis communs. J'étais étonné qu'il y en eût tellement. Manifestement, nous aimions le même genre de gens : les plus libéraux, les plus intelligents des correspondants américains, les travaillistes en Angleterre, les gens du New Deal en Amérique. Il y eut une deuxième tournée de Martini. Il me dit qu'il cherchait à faire partir d'Allemagne nazie des Juifs et d'autres intellectuels. Il avait présidé une commission universitaire qui avait déjà trouvé des jobs à un certain nombre d'entre eux en Amérique. Il me demanda si je pensais que le Bureau international du Travail à Genève avait une utilité quelconque : les États-Unis en faisaient partie, tout en ne voulant rien avoir à faire avec la Société des Nations. Il était bon ami, me dit-il, avec son président, John Winant, l'ancien gouverneur du New Hampshire. Il parla ensuite de la radio en Amérique. Ce qui comptait, me dit-il, c'était ses possibilités. Elle ne les exploitait pas encore, mais elle le ferait peut-être un jour.

« Vous êtes pris, ce week-end? me demanda-t-il.

– Pas trop, dis-je. Je vais probablement harceler les gens du *Times* à propos du job qu'ils m'ont promis, paraît-il. Et je ferai un peu de voile. Ça vous plairait?

– Beaucoup, dit-il avec un sourire chaleureux. C'est un bon endroit pour parler, un bateau. »

Murrow se tourna face à moi avec un air ironique. Il avait un froncement de sourcils très séduisant.

« Vous êtes très engagé avec le *Times*?

– Pas du tout, dis-je. Birchall m'a promis un job il y a déjà quelque temps. Mais ça n'a jamais été suivi d'effets. Il pense que ça va venir la semaine prochaine. Voilà où en sont les choses pour l'instant.

– Je cherche un correspondant expérimenté, commença Murrow, pour avoir un bureau de CBS sur le continent en Europe. Je ne peux pas couvrir toute l'Europe de Londres. »

C'était la première bonne nouvelle que j'entendais depuis des mois.

« Ça vous intéresse? demanda Murrow.

– Bien sûr, dis-je en essayant de rester calme.

– Vous gagniez combien? »

Je le lui dis.

« Parfait. On peut vous donner la même chose, pour commencer. »

J'avais espéré qu'il m'offrirait un peu plus : on m'avait dit que CBS et NBC (National Broadcasting Corporation) [1] avaient gagné beaucoup d'argent et payaient bien leurs collaborateurs. Mais je ne dis rien. Tess et moi, nous continuerions à vivre convenablement sur ce que je gagnais : 125 dollars par semaine. Même avec le nouveau membre de la famille. Birchall avait un peu tiqué au *Times* pour me payer même cela. De toute façon, je me disais que ce n'était pas le moment de discuter de salaire. C'était bien agréable, après les incertitudes des derniers jours, de se voir proposer un job solide.

Je voyais que Murrow essayait de deviner ce que je pensais. Je prenais mon temps, au cas où il voudrait faire monter les enchères. Finalement, il plissa les yeux :

« D'accord? demanda-t-il.

– Euh... je crois que oui, dis-je. C'est un peu inattendu...

– Pas plus pour vous que pour moi, dit-il, avec un petit sourire qui détendit l'atmosphère. Enfin, soyez le bienvenu à CBS! »

Le dîner avait été excellent. Café... Cognac... Il se faisait tard.

« Ah, il y a un détail dont j'ai oublié de parler, dit Murrow. La... euh... la voix.

– De qui?

– Votre voix.

– Elle est probablement lamentable. Pour la radio.

– Je ne crois pas. Mais vous comprenez, à la radio, ça compte. Et Bill

1. Les deux grandes chaînes de radio – et aujourd'hui de télévision – américaines *(N.d.T.)*.

Paley et ses nombreux vice-présidents vont vouloir entendre votre voix d'abord. On va mettre sur pied une émission la semaine prochaine. Un quart d'heure, mettons, sur le prochain Congrès du Parti nazi à Nuremberg. »

J'ai dû avoir l'air découragé. Ce type m'offrait, sans préavis, ce qui avait l'air d'un bon job dans une nouvelle voie. Et voilà qu'il le faisait dépendre du son de ma voix sur les ondes. Jugé par un certain Bill Paley.

« Qui est-ce, Bill Paley? dis-je.

– Bill, c'est le président de CBS. C'est lui le propriétaire de la chaîne », dit Murrow.

Ainsi, tout dépendait non pas de mes qualités de correspondant à l'étranger, de mon intelligence, de mon expérience, mais de la voix que Dieu m'avait donné. Quel métier de dingues! Qu'ils aillent se faire voir, eux aussi!

Manifestement, Murrow avait senti mon découragement.

« Ne vous en faites pas, dit-il. Je suis sûr que tout ira bien. »

Je fis mon émission d'essai pour CBS, de Berlin, au début de la soirée du dimanche 5 septembre. Tout de suite, tout commença assez mal. J'étais terriblement nerveux, d'abord. Même avant le début du cirque. Plus encore, je crois, que la première fois (et la seule) où j'avais pris le micro, le jour où le *Hindenburg* était tombé en flammes et où j'avais parlé des réactions à Berlin.

Cette fois, je jouais beaucoup plus gros jeu. Et tout dépendait de ce qu'un microphone et un amplificateur et l'éther entre Berlin et New York allaient faire de ma voix. Je ne cessais de penser à ce Paley et à tous ces vice-présidents de CBS, hochant la tête et grommelant que la voix de ce type est lamentable, qu'il ne fera jamais l'affaire, même si c'est un bon correspondant.

C'est miracle que j'aie réussi à passer sur l'antenne. Pour commencer, Claire Trask, qui là encore devait organiser l'émission, découvrit un quart d'heure avant le passage à l'antenne qu'elle avait oublié le texte de sa présentation dans un café. Elle repartit en courant, me laissant seul avec le technicien. Les minutes passant, il allait peut-être falloir que je me présente moi-même.

Le technicien allemand s'excusa pour la chaleur dans le studio. C'était une salle de bric et de broc, poussiéreuse, dans le bâtiment des PTT, encombrée de grandes caisses qui avaient visiblement contenu des pianos droits. Claire m'avait expliqué que les studios de la radio allemande à Berlin étaient interdits à CBS à cause d'un accord qui en donnait l'exclusivité à NBC. NCB avait un accord analogue avec le Vatican qui refusait aussi tous les moyens d'émission à CBS.

« L'une des premières choses que Bill Paley attend de vous, m'avait dit Murrow, c'est de casser ces deux monopoles de NBC. »

Parce que le ministère des Postes et Télégraphes allemand était propriétaire des émetteurs sur ondes courtes qui transmettaient les émissions à New York, il nous offrait ce studio, qui disposait seulement d'un microphone sur pied à un bout de la salle pleine de détritus. CBS était apparemment le seul réseau à l'utiliser.

Claire finit par revenir, tout essoufflée, avec son texte. Il ne nous restait plus qu'une minute. C'est alors que nous avons découvert le microphone, qui avait apparemment été réglé pour un géant de 2,50 m et qui ne voulait pas descendre. Il était coincé à 2,20 m au-dessus du sol, à peu près.

« Excusez », me dit le technicien allemand, en me faisant signe de lever la tête vers le plafond.

J'essayai. Mais mes cordes vocales étaient du même coup si tendues, et me coupaient tellement le souffle, qu'il ne sortit de ma gorge qu'un glapissement lorsque j'essayai de dire quelques mots. Soudain, une solution me vint à l'esprit. Je me rapprochai d'une caisse de piano juste derrière le micro : elle avait l'air d'avoir entre 1,65 m et 1,70 m de haut.

« *Bitte* (s'il vous plaît), dis-je au technicien qui venait d'envoyer le signal des trente secondes. Posez-moi là-dessus, je vous en prie. »

Il parut horrifié à cette idée. Ça ne s'était jamais fait, dit-il. Mais en m'appuyant sur son épaule, je me hissai sur le haut de la caisse. Avec l'aide réticente du technicien, on hissa aussi Claire à côté de moi. Nous avions alors nos bouches à la hauteur du microphone. Et nous avons éclaté de rire.

« Silence, *bitte*, s'écria le technicien. Plus que dix secondes! »

Ce n'était plus assez pour redevenir nerveux. Mon seul souci était de ne pas commencer l'émission historique sur un fou rire.

C'était parti, et avec mes jambes maigres qui se balançaient sur le côté de la caisse à piano, je me mis à parler dans le microphone aussi clairement que je le pouvais, en essayant de me rappeler les choses que Murrow m'avait expliquées pendant notre week-end : parler lentement, faire des pauses fréquentes, accentuer certains mots et certains passages, parler toujours sur le ton décontracté de la conversation. Et, surtout, ne jamais avoir l'air de lire un texte.

Mais c'était plus facile à dire qu'à faire. Ma voix ne cessait de monter et de descendre sur une octave. Ma gorge, mes lèvres étaient desséchées. Et j'avais beau faire, je n'arrivais pas à faire semblant de ne pas lire.

« Vous avez été formidable, à mon avis », me dit Claire, au café voisin où nous étions allés prendre un double schnapps.

Moi, je m'étais trouvé lamentable. J'étais heureux d'avoir accepté une commande urgente de dernière minute de United Press [1] pour couvrir le délirant Congrès annuel du Parti nazi à Nuremberg. Cela me distrairait de ma tension nerveuse de l'attente du verdict de la direction de CBS à New York. J'y gagnerais encore une semaine de salaire, dont j'avais grand besoin. Et il y avait même une chance pour que je trouve finalement un job à UP, au cas où l'affaire CBS ne marcherait pas.

Murrow m'avait promis de me faire connaître la décision de CBS avant le mardi, dans deux jours. Il m'avait demandé de ne prendre aucun autre job avant d'avoir eu de ses nouvelles à ce moment-là. Ce ne serait pas difficile, bien que Birchall m'eût dit qu'il me verrait à Nuremberg et qu'il espérait pouvoir me dire définitivement oui ou non pour la place au *Times.* A ce moment-là, je ne le prenais plus très au sérieux. Mais... ça ne ferait pas de mal de garder le contact avec lui, cette semaine qui allait décider de mon sort, d'une façon ou d'une autre.

Il se trouva que je n'eus pas grand-chose à faire au Congrès du Parti cette année-là. Il n'y eut pas de grande distraction, contrairement à ce que j'avais espéré, ni de grands événements.

Les Juifs étaient déjà écrasés, éliminés de la vie allemande. Ce qu'on appelait les lois de Nuremberg, proclamées au Congrès du Parti deux ans plus tôt, en 1935, avaient légalisé leur anéantissement. Le service militaire obligatoire, décrété par Hitler la même année, était rapidement appliqué aux nouvelles armées de terre, de mer et de l'air, préparées pour la guerre. Hitler, manifestement, s'intéressait surtout à elles. Il fallait évidemment qu'il occupe les hommes du Parti et les durs des SA et des SS, qui l'avaient aidé à prendre le pouvoir, pour qui le Congrès du Parti était le point culminant de l'année. Il fallait maintenir leur moral et leur disponibilité. Mais c'était chose facile pour le Führer, avec son bagout habituel.

1937 allait donc être une année de consolidation pour Hitler et sa dictature. Sa main de fer tenait presque totalement le pays. Les généraux, naguère sceptiques, suivaient maintenant le mouvement, encouragés par des promotions rapides, des augmentations de soldes et la perspective d'un vaste domaine à organiser. Le réarmement tournait rond. Les Églises, protestante et catholique, fatiguées de se battre, avaient pratiquement capitulé. Les travailleurs, malgré la diminution de leurs salaires et la suppression des syndicats, paraissaient se contenter d'avoir simplement retrouvé du travail.

Nous, les correspondants étrangers, devions reconnaître que la

1. L'une des grandes agences de presse américaines *(N.d.T.)*.

grande majorité des Allemands paraissait unie derrière son chef. La façon dont il avait occupé la Rhénanie l'année d'avant les avait enthousiasmés, l'humiliation des Britanniques et, surtout des Français qui n'avaient pas eu le courage de s'y opposer. Maintenant, Hitler fortifiait fébrilement la Rhénanie pour que les Français ne puissent plus y entrer en venant de l'ouest lorsqu'il reprendrait sa marche historique vers l'est.

Les jours commençaient à passer à Nuremberg et je n'avais toujours aucune nouvelle de Murrow. Je continuais à croiser Birchall, qui continuait à me dire que tout se présentait très bien pour moi au *Times*. A New York, me disait-il, on pensait même à moi pour le poste de Moscou, ce dont je doutais, bien que ce fût une perspective bien agréable.

Cette absence de Murrow, qui était retourné à son poste à Londres, m'inquiétait. Lorsque la date du mardi arriva, tout ce que je reçus de lui fut un télégramme : « *Attends réponse New York demain. Pouvez-vous attendre pour autres décisions sans risque.* »

Je ne répondis pas. Je me disais que les grands patrons de CBS avaient eu assez de temps – deux jours pleins – pour réfléchir, et qu'ils avaient pris leur décision, mais qu'ils traînaient pour m'en aviser. Lorsque deux jours encore eurent passé sans que Murrow me donne signe de vie, je renonçai. Que CBS aille se faire voir, et le *Times* aussi. Dès que j'en aurais fini avec Nuremberg, je prendrais le premier bateau pour New York et je chercherais du boulot là-bas.

Le vendredi 10 septembre allait être une dure journée pour un correspondant étranger à Nuremberg. J'étais rentré à mon hôtel mort de fatigue à 6 heures, après un long après-midi qui avait commencé par écouter Hitler faire une conférence à 10 000 femmes du Parti, pendant deux interminables heures, sur leur devoir de bonnes épouses et de bonnes mères allemandes. Il avait rendu particulièrement hommage à celle qui les dirigeait, une nommée Gertrude Scholz-Klink que j'avais trouvée tout à fait odieuse et sans intérêt. Puis, il avait fallu que je suive le Führer à son hôtel, le Deutscher Hof, où il recevait le corps diplomatique. C'était une réception purement protocolaire, mais Hitler avait été incapable de se retenir de faire aussi un discours aux représentants étrangers. De retour à mon hôtel, j'avais eu juste le temps d'expédier une dépêche sur les deux réunions, d'enfiler une chemise propre et sèche – il avait fait une chaleur étouffante – d'avaler un sandwich et un demi de bière dans ma chambre avant de sauter dans un car pour aller au stade Zeppelin, où Hitler allait terminer la journée avec un dernier long discours devant 250 000 prétendus chefs politiques du Parti.

J'en avais plus qu'assez de cette journée. Mais l'idée me passa soudain par l'esprit que nous étions vendredi soir et que je n'avais plus de nouvelles d'Ed Murrow depuis mardi. Il avait peut-être peur de m'appeler si elles étaient mauvaises? Les gros bonnets de CBS avaient sûrement pris leur décision à mon sujet. Je décidai d'appeler Murrow. Mais le temps manquait. Le car partait dans cinq minutes. Je commençai à rédiger un télégramme, que je laisserais à la réception de l'hôtel en partant.

A cet instant précis, mon téléphone sonna. C'était un appel nominatif de Londres : Murrow au bout du fil, tout à coup. Rien qu'à son ton quand il dit : « Bill, je suis vraiment désolé de vous avoir fait attendre si longtemps », je savais ce qu'il allait me dire, malgré les mots qui paraissaient plutôt de mauvais augure.

« Ces salauds-là, à New York, viennent de se décider.

– Alors?

– Ils vous trouvent formidable.

– C'est vrai?

– Vous pouvez commencer quand?

– Quand vous voulez.

– Disons le 1er octobre?

– D'accord. »

J'expédiai un télégramme à ma femme, qui venait d'arriver à Paris, déjà couchée, avec les premières contractions de la naissance, peut-être. J'étais en retard pour le car de presse, mais quelqu'un l'avait fait attendre pour moi. Il avait plu par intermittence toute la semaine, contrairement au « beau temps de Hitler » des autres années, mais, pour cette soirée si merveilleuse pour moi, le temps s'éclaircit. Les projecteurs qui entouraient le stade Zeppelin envoyaient leurs rayons à des kilomètres de hauteur dans le ciel. Malgré la voix grinçante de Hitler qui m'arrivait dans la nuit, je me sentais bien.

La chance voulut que je me trouve assis à côté de Birchall au stade, et je ne pus pas m'empêcher de lui annoncer ma nouvelle. Il commença par me dire que le *Times* avait vraiment voulu me donner le job de Moscou. Il avait du mal à croire qu'un journaliste aussi intelligent que moi allait passer à la radio, qui traitait les nouvelles superficiellement, et dont le public, disait-il, voulait la distraction et non l'information. A la radio, je perdrais mon temps et mon talent.

« Dans deux ou trois ans, Bill, j'espère que tu auras envie de revenir travailler dans les journaux. »

Peut-être, me disais-je. Mais peut-être aussi que je n'y retournerais jamais.

Murrow m'avait passionné en me laissant entendre que nous pourrions faire notre chemin dans ce métier tout neuf qu'était la radio. Nous donnerions peut-être une nouvelle dimension au traitement de l'information : la transmission instantanée de l'événement lui-même, du reporter à l'auditeur qui pourrait, de son living, le suivre exactement tel qu'il se produit (un grand discours de Hitler, par exemple). C'était totalement nouveau. Il n'y avait aucun délai, pas de préparation, de réécriture de la copie comme dans un journal. L'auditeur recevrait directement du reporter, et instantanément, ce qui se passait : le bruit d'une émeute à Paris, le pape bénissant la foule de Pâques à Rome, un Hitler ou un Mussolini haranguant leurs troupes de choc, pouvait vous en dire davantage que toutes les descriptions écrites qu'un reporter de journal pouvait rédiger. Parler à la radio, je me disais que ce serait difficile et passionnant.

Comme nous quittions Berlin à la fin de septembre, après trois ans parmi les nazis, je notai dans mon carnet :

> Je quitte l'Allemagne... avec les paroles d'un chant de marche nazi qui résonnent encore dans mes oreilles :
> *Aujourd'hui l'Allemagne est à nous.*
> *Demain, le monde entier!*

Je reviendrais voir cela. J'allais ailleurs et j'étais soulagé de quitter Berlin, mais je savais que j'y retournerais souvent. C'était là que le sort de l'Europe, et peut-être du monde, allait se décider. Je voulais continuer d'être sur place, et d'écrire – désormais de diffuser – de mon mieux l'événement. Je me disais qu'il est rare, n'importe où, n'importe quand, d'avoir ainsi la chance d'observer de près une énorme vague de l'Histoire menaçant de déferler sur le monde.

Je n'avais pas sa classe, mais je me rendais compte de ma chance d'être à peu près dans la situation de Thucydide, le grand historien grec, dont je retrouvais les premiers mots de *l'Histoire de la guerre du Péloponnèse* :

J'ai traversé toute la guerre, étant en âge de comprendre les événements et de leur donner mon attention pour connaître exactement la vérité à leur sujet.

Chapitre 7

RETOUR A VIENNE. L'ANSCHLUSS. LA FIN DE L'AUTRICHE. UNE DÉCOUVERTE DANS L'INFORMATION-RADIO 1937-1938

La passionnante perspective qu'Ed Murrow avait évoquée, de faire passer la radio à la diffusion d'informations sérieuses, au moins celles d'Europe, s'effaça bientôt.

Au bout d'une semaine de conversation avec lui à Londres au début d'octobre, je confiai à mon carnet :

> Il y a tout de même un côté décevant dans ce job : Murrow et moi, nous ne sommes pas censés parler nous-mêmes à la radio. New York veut que nous utilisions des correspondants de journaux pour ça. Nous organisons seulement les émissions. Comme je connais aussi bien l'Europe que la plupart des correspondants, et un peu mieux que les plus jeunes auxquels il manque les langues étrangères et l'expérience, je ne comprends pas.

Ce que pensait CBS, me disait Murrow, c'était que si nous faisions les reportages sur l'antenne nous-mêmes, nous engagerions la responsabilité de CBS. L'engager en quoi? Cela me paraissait dénué de sens.

Fin du journalisme radio! L'absurdité de la chose me bouleversait. Je me sentais abandonné par Murrow et par les gros bonnets de CBS, à commencer par William S. Paley. Et dire que j'avais pensé – et Murrow me l'avait dit – qu'on m'avait engagé pour ma connaissance et mon expérience de l'Europe comme correspondant chevronné! Mais j'avais été sans travail et fauché et, avec l'enfant à naître, je ravalai ma déception. Je garderais ce job décevant à la radio jusqu'à ce que je puisse retourner à la presse écrite. Murrow lui-même, je m'en apercevais, était un type très bien : fin, sérieux, intelligent, chaleureux derrière sa réserve et doué d'un curieux sens de l'humour.

Nous nous sommes bien amusés à me chercher un titre qui impressionnerait les radios d'État européennes, dont l'appui nous serait nécessaire, et nous avons fini par choisir « représentant du CBS sur le continent » : mon domaine comprendrait tout le continent européen, à l'exception de la Scandinavie. Murrow, à Londres, serait « directeur de CBS pour l'Europe ». Nous nous étions demandé si je devais m'installer à Genève où à Vienne : il fallait que ce soit dans un pays neutre et central, d'où je pourrais organiser des émissions sur tous les pays sans être censuré.

Je connaissais Genève pour y avoir couvert la Société des Nations et je ne tenais pas particulièrement à y vivre et à y travailler en permanence. La Suisse était trop tranquille. Je préférais Vienne, plus cosmopolite, plus centrale et avec des communications plus faciles. Elle avait une culture et un charme particuliers, et c'était la ville natale de Tess. Nous nous y étions connus, et mariés, et nous y avions commencé notre vie commune. Ed fut d'accord et c'est pour Vienne que nous sommes partis.

En quelques voyages rapides à Berlin et à Rome, je réussis à briser les monopoles acquis par NCB, qui avaient privé CBS des infrastuctures radio en Allemagne et au Vatican. Le Dr Goebbels, qui dirigeait la radio d'État du Reich, n'était pas très content de mon retour, même pour quelques jours – il croyait être définitivement débarrassé de moi – mais il approuva la nouvelle organisation : face à l'hostilité et aux boycottages étrangers, ce serait une autre chaîne-radio importante qui émettrait de Berlin. L'Allemagne nazie allait être l'une de mes principales occupations. Il était donc extrêmement important de disposer des studios et des autres équipements allemands pour nos émissions.

Briser le monopole de NBC sur les émissions du Vatican s'était révélé un peu plus difficile. Il ne fallut qu'un jour ou deux pour arriver à un accord avec les prélats qui dirigeaient la radio du Vatican. Tout ce qu'ils demandaient, c'était un versement au départ de quelques milliers de lires (quelques dollars au cours du change), plus une modeste contribution à leur train de vie. Comme tous les autres correspondants, j'avais eu un informateur au Vatican quand j'étais journaliste à Rome. C'était ainsi que se faisaient les choses dans la Ville éternelle. Mais Bill Paley, à New York, n'était pas d'accord. C'était une sorte de pot-de-vin, dit-il, et CBS ne versait jamais de pots-de-vin. Il fallut quelques jours pour lui faire accepter les choses comme elles sont à Rome.

J'avais une raison particulière de vouloir régler les relations avec la radio du Vatican, qui avait non seulement refusé à CBS l'usage de ses studios et de ses installations pour émettre de la place Saint-Pierre, mais qui nous avait rendu difficile de capter les émissions du Vatican. La radio n'avait jamais couvert la mort d'un pape et l'élection d'un successeur. Pie XI était sur le trône de Saint-Pierre depuis 1922, alors que la radio naissait à peine. Or, il prenait de l'âge, il n'était pas en bonne santé, disait-on. Je me disais que la radiodiffusion de sa mort, quelle qu'en soit la date, les funérailles solennelles, l'élection de son successeur et les cérémonies éclatantes de son couronnement seraient pour CBS une grande première en matière d'information internationale. Je lis dans mon carnet d'alors que j'avais mis au point, avant de quitter Rome, « une organisation complexe pour la couverture radio » des événements.

Paley et Murrow avaient hâte maintenant de me voir aller à Munich pour couvrir un sujet qui tenait à cœur à Paley. Mais ce premier vrai sujet d'information depuis mon entrée à la radio ne me remplissait pas d'enthousiasme. Le duc et la duchesse de Windsor étaient venus à Munich chargés d'une mission qui me paraissait tout à fait insensée. Le duc qui, étant roi sous le nom d'Édouard VIII, avait abdiqué en décembre de l'année précédente pour épouser une Américaine deux fois divorcée, Wallis Simpson, venait en Allemagne nazie, disait-il, pour étudier la « condition ouvrière »... Quel pire endroit un Anglais pouvait-il trouver pour étudier les ouvriers! En Allemagne, Hitler avait supprimé les syndicats et volé leurs caisses. Pis encore, le duc et la duchesse avaient pour guide un voyou notoire, le Dr Robert Ley, le chef du Front du travail allemand, l'organisme bidon mis sur pied pour remplacer les syndicats dissous. Le duc s'était lancé dans cette aventure en prélude à un voyage en Amérique à la fin de l'automne, annoncé à cor et à cri. Ce qui ne faisait que renforcer la première opinion que je m'étais faite à mon premier voyage en Angleterre quand il était prince de Galles : il était complètement stupide. Paley m'ordonnait d'entrer en rapport avec lui, de l'accompagner à New York et d'organiser son passage à l'antenne de CBS quand il y arriverait.

Heureusement, cela ne fut pas nécessaire, en fin de compte. Le voyage fut annulé devant l'indignation soulevée chez nous à l'idée que le duc et la duchesse allaient venir étudier la condition ouvrière en Amérique après en avoir fait autant en Allemagne nazie. A Munich, je notai dans mon carnet : « Mme Simpson était plutôt jolie et agréable. » Mais elle n'était certainement pas belle ni, à mon avis, très séduisante. Je me demandais comment elle avait pu prendre une telle emprise sur Édouard. Elle le dominait manifestement et c'est peut-être cela qu'il aimait car il avait l'air d'un faible. A Berlin, on m'avait dit l'année d'avant qu'elle avait des sympathies pronazies et qu'elle était très amie avec l'ambassadeur d'Allemagne nazie d'alors, cet imbécile de Ribbentrop. Mais à Munich, et beaucoup plus tard en Amérique, où je devais revoir le couple par hasard, elle me frappa par son ignorance et son manque d'intérêt pour la politique. Mais c'était également, au fond, le cas de l'ex-roi.

Il était évident, ces premiers mois de notre retour à Vienne, que sous la grisaille apparente de la vie là-bas fermentait une crise qui menaçait de bouleverser non seulement l'Autriche, mais l'Europe. Un bon correspondant se devait de la raconter. Mais la politique de CBS me l'interdisait. Paley et les patrons de New York refusaient d'écouter Ed Murrow qui, avec moi, demandait le droit de diffuser les informations nous-mêmes. J'étais exaspéré d'être obligé de le faire faire par des correspondants de journaux.

En Autriche, le régime fasciste chrétien du Dr Kurt Schuschnigg s'effondrait, miné par une vague de nazisme lancée en Allemagne, de l'autre côté de la frontière, et par la renaissance des socialistes, que le prédécesseur de Schuschnigg, Dollfuss, avait écrasés si sauvagement dans un bain de sang, en 1934, avant d'être assassiné par les nazis. Hitler s'y intéressait maintenant et le bruit courait qu'un nouveau violent coup de balai se préparait à Berlin : sa prochaine opération, en direction de son pays natal. Hitler n'avait jamais fait mystère de son objectif final. Il l'avait écrit dans les premières lignes de *Mein Kampf* : il voulait que son Autriche natale entre dans le Reich allemand [1].

Belle, majestueuse, civilisée, *gemütlich* (agréable), Vienne était devenue triste pendant les années où nous en étions absents. Les grands édifices baroques et néo-classiques se délabraient peu à peu, la peinture s'écaillait sur les murs. La ville et ses habitants, je le notais dans mon carnet le jour de Noël 1937, paraissaient « terriblement pauvres [...]. Les travailleurs sont maussades, même ceux qui ont du travail, et il y a des mendiants à tous les coins de rues ». Comme toujours, il y avait quelques privilégiés qui paraissaient avoir beaucoup d'argent. On les voyait dans les boîtes de nuit chères, les restaurants à la mode et les hôtels de luxe. La grande erreur de cette dictature cléricale, modérée comparée à celle des nazis de Berlin, était, comme l'Amérique d'avant Roosevelt, de n'avoir pas de sécurité sociale pour soulager les chômeurs, les jeunes, les malades et les vieux. Mussolini et Hitler n'avaient pas fait cette erreur, et Bismarck non plus dans l'Allemagne de jadis.

Nous étions stupéfaits, Tess et moi, de la montée de l'antisémitisme à Vienne. Il y avait toujours existé. Le premier mentor de Hitler, Karl Lüger, le chef du parti chrétien social, qui avait un temps été maire, l'avait favorisé bien avant la guerre. Les nazis l'encourageaient maintenant clandestinement, promettant qu'une fois au pouvoir ils régleraient leur compte aux Juifs, comme Hitler l'avait fait en Allemagne.

Mon carnet, le jour de Noël, notait aussi des choses d'ordre plus personnel. Nous avions trouvé un appartement confortable dans la Plösslgasse, à côté du palais Rothschild. Les propriétaires, étant juifs, s'étaient mis en sécurité. L'appartement avait plu à Tess, mais il avait un inconvénient. Il était au deuxième étage et elle avait de plus en plus de

1. « Le destin m'a donné la chance de naître à Braunau sur l'Inn, cette petite ville à la frontière des deux États allemands dont la réunion apparaît, du moins à nous les jeunes, comme le devoir de toute une vie, à réaliser par tous les moyens! » (*Mein Kampf*.)

mal à monter l'escalier. Notre bébé devait arriver dans sept semaines. Jusqu'alors, Tess allait bien. Son pédiatre ne prévoyait aucune complication.

J'avais quitté l'Allemagne, mais j'étais toujours censé la couvrir pour CBS. Mais la couvrir comment? Ed Murrow et moi, nous étions occupés à faire passer sur l'antenne des chorales d'enfants pour un programme appelé l' « École américaine par air de Columbia. » Pourtant, j'essayais de suivre l'actualité, particulièrement à Berlin et à Vienne qui, au début de février 1938, avaient l'air de devoir entrer en conflit. A Berlin même, une sorte de crise internationale rappelait celle de 1934, qui avait abouti à la purge sanglante du 30 juin. Je continuais à appeler mes informations dans la capitale allemande, sans oublier qu'il fallait être prudent au téléphone. Ils savaient que quelque chose se préparait, me disaient-ils, mais sans savoir au juste quoi. La session du Reichstag, fixée au 30 janvier, cinquième anniversaire de la prise de pouvoir par les nazis, avait été remise au 20 février, retard tout à fait inhabituel.

Le samedi 5 février – encore un samedi! – la nouvelle nous arriva, venant de Berlin. La veille au soir, Hitler avait mis à la retraite les deux hommes qui avaient refait l'armée allemande à partir de zéro, le Feldmarschall Werner von Blomberg, ministre de la Guerre et commandant en chef des forces armées, et le général-baron Werner von Fritsch, commandant en chef de l'armée de terre. Le Führer, qui avait été caporal pendant la Grande Guerre, se nommait lui-même commandant suprême des armées. Le ministère de la Guerre était supprimé. A sa place, Hitler créait un « Haut Commandement des forces armées », dont il était « commandant suprême ».

Pour s'assurer que l'armée accepterait ce bouleversement, Hitler relevait de leurs commandements seize généraux au plus haut niveau et en mutait quarante-quatre autres. Pour consoler Goering, qui avait espéré remplacer Blomberg, Hitler le nommait Feldmarschall.

Mais ce n'était pas tout. Neurath, le ministre des Affaires étrangères de la vieille école, mais docile, était renvoyé et remplacé par Ribbentrop. Deux diplomates de carrière chevronnés, Ulrich von Hassel, l'ambassadeur à Rome, et Herbert von Dirksen, l'ambassadeur à Tokyo, étaient mis à la retraite, et Franz von Papen, le ministre du Führer à Vienne, était relevé de son poste, ce qui le rendit, devait-il dire par la suite, « muet d'étonnement ». Papen avait été plein de zèle dans le service des intérêts de Hitler à Vienne. Mais il avait été un peu déconcerté, au début de février, en apprenant l'existence d'un plan mis au point par Rudolf Hess, consistant à organiser une émeute devant la légation allemande à Vienne, pour l'assassiner, lui, von Papen, en même temps que l'attaché militaire, donnant ainsi un prétexte à Hitler pour faire entrer ses troupes en Autriche « pour y rétablir l'ordre ». Je le notai dans mon carnet le 7 février. Je pensais que Papen, qui avait déjà failli être tué lors de la purge sanglante à Berlin, aurait dû se sentir soulagé, au lieu d'être étonné, d'être renvoyé de son poste de Vienne. Cela signifiait sans doute qu'encore une fois, comme le chat avec ses neuf vies, il était épargné.

Finalement, le vieux sorcier de la finance, le Dr Hjalmar Horace Greeley Schacht, qui avait joué un rôle essentiel dans l'arrivée de Hitler au pouvoir et en évitant la banqueroute à l'Allemagne nazie, fut remplacé comme ministre de l'Économie par un zéro en chiffre mielleux nommé Walter Funk. C'était un événement extrêmement important et je voulais aller tout de suite à Berlin pour le passer à la radio de CBS. Mais Paley et le reste de la direction de New York n'en virent pas l'intérêt. Il fallait que je continue de diffuser des chœurs pour un vague programme d'enfants. J'étais profondément déçu.

Le nettoyage effectué par Hitler marqua un tournant dans l'évolution du IIIe Reich. Les derniers des principaux conservateurs, dans l'armée, les ministères des Affaires étrangères et de l'Économie, qui s'opposaient encore aux aventures risquées de Hitler à l'étranger, avaient été balayés en un week-end d'hiver. Blomberg, Fritsch et Neurath avaient été mis en place par Hindenburg et les conservateurs de la vieille école pour servir de frein aux excès nazis, et Schacht les avait suivis. Maintenant ils étaient remplacés par des hommes plus jeunes, plus dociles. Hitler avait désormais les mains libres pour se lancer dans de nouvelles conquêtes sans opposition sérieuse dans l'armée, dans les ministères des Affaires étrangères et de l'Économie.

Ce qui avait provoqué la chute du Feldmarschall von Blomberg et du général von Fritsch à ce moment précis, nous ne devions l'apprendre que beaucoup plus tard. Chose inattendue, c'étaient des affaires de mœurs qui, en outre, faillirent renverser aussi le général Walter von Brauchitsch, le successeur de von Fritsch comme chef des forces armées. En bref, voici ce qui s'était passé.

Le Feldmarschall von Blomberg était veuf et il était tombé amoureux de sa secrétaire, une Fraülein Erna Gruhn. Vers la fin de 1937, il l'avait demandée en mariage. Le corps des officiers, plein de morgue, s'y était opposé parce que cette demoiselle était roturière. Mais Hitler et Goering avaient approuvé – Goering avait même envoyé en Amérique du Sud un autre prétendant – et le 12 janvier, le mariage avait eu lieu, les deux premiers témoins étant le Führer et Goering.

Quelques jours plus tard, alors que les nouveaux mariés commençaient leur voyage de noces en Italie, on découvrait un dossier de la police de Berlin montrant que la jeune mariée était fichée comme prostituée et avait naguère été condamnée pour avoir posé pour des photos pornographiques. La nouvelle madame la maréchale avait même passé son enfance dans un bordel tenu par sa mère.

Le corps des officiers fut scandalisé, Hitler lui-même feignit l'horreur et le 25 janvier, deux semaines après le mariage, il congédiait son Feldmarschall. Pour citer le général Ludwig Beck, chef d'état-major général de l'armée :

« On ne saurait tolérer que l'officier le plus élevé en grade dans les forces armées épouse une putain. »

Si déplaisantes que fussent ces révélations sur le passé de la femme de Blomberg, ce n'était rien à côté des accusations qui pesaient maintenant sur le général Werner von Fritsch, le commandant en chef de l'armée, un officier de la vieille école, plein de talent et intransigeant. Fritsch n'avait jamais caché son mépris pour Hitler et sa bande, et Heinrich Himmler, chef des SS et de la Gestapo, était depuis longtemps résolu à l'« avoir ». Au début de 1938, Himmler, avec l'aide de son principal adjoint, Reinhard Heydrich (« Heydrich le bourreau », comme on l'appellerait plus tard), et les ressources de la Gestapo, avait monté une machination contre le général. Ils avaient envoyé à Hitler des « preuves » que von Fritsch était coupable d'homosexualité, délit tombant sous le coup de l'article 175 du code pénal allemand, et qu'il était depuis 1935 l'objet d'un chantage par un ancien condamné de droit commun. Convoqué par Hitler pour répondre de cette accusation, le général fut trop indigné pour parler et le dictateur le cassa. Par la suite, Fritsch allait être totalement innocenté par un jury d'honneur militaire, qui démontra que les accusations contre lui étaient montées de toutes pièces dans une intention malveillante. Mais Fritsch ne retrouva jamais son poste, et Himmler et Heydrich ne perdirent pas non plus les leurs.

Le général von Brauchitsch lui-même faillit bien perdre le sien au moment même où il venait d'être nommé à la succession de Fritsch. Alors qu'il atteignait le sommet de la hiérarchie, son épouse lui refusa le divorce pour qu'il puisse épouser la femme dont il était tombé amoureux. L'aristocratie militaire prussienne était opposée au divorce et il semble qu'elle mettait en doute l'autorité du général sur l'armée s'il persistait à vouloir divorcer. Même le nouveau Haut Commandement passa des heures à étudier la question. Heureusement pour le général amoureux, le nouvel objet de sa flamme, contrairement à celui du général von Blomberg, n'était pas seulement respectable, mais elle était connue dans les milieux nazis pour être, observait l'ambassadeur von Hassel d'un ton désabusé, « nazie à 200 p. 100 ». Hitler et Goering, qui le savaient, intervinrent eux-mêmes en faveur du nouveau chef de l'armée en difficulté et persuadèrent son épouse d'accepter de divorcer.

A la même époque, où Tess et moi attendions avec une certaine inquiétude, à Vienne, l'arrivée du bébé, les événements en Autriche tournaient à la crise. Hitler, qui avait passé la majeure partie de sa jeunesse dans la capitale autrichienne, poussait maintenant les nazis autrichiens à prendre le pouvoir. Ce devait être l'étape préliminaire vers le premier objectif sérieux de sa vie : l'Anschluss, c'est-à-dire l'union de son Autriche natale avec l'Allemagne. Ayant nettoyé l'armée et le ministère des Affaires étrangères de ceux qui pouvaient s'opposer à cette aventure considérée comme trop risquée, il allait maintenant s'occuper de l'Autriche sans hésitation et à la vitesse de l'éclair [1].

Dans sa retraite alpestre de Berchtesgaden, le 13 février, Hitler au cours d'une scène probablement unique dans l'histoire de l'Europe moderne, avait durement secoué Schuschnigg pour l'obliger à choisir entre abandonner l'Autriche aux nazis ou la voir envahie par l'armée allemande. Le chef d'État autrichien, âgé de quarante et un ans, pris par surprise et submergé par les menaces et la colère du Führer, avait capitulé. Il avait accepté de lever l'interdiction du parti nazi autrichien, d'amnistier tous les nazis en prison, y compris les assassins de Dollfuss, le prédécesseur de Schuschnigg, et de nommer des nazis autrichiens aux postes clés du gouvernement, leur donnant la charge de la police, de l'armée et de l'économie, cette dernière devant être « assimilée » par le système économique allemand. Comme Schuschnigg devait le reconnaître plus tard, il signait là l'arrêt de mort de l'Autriche.

Je pourrais peut-être, me dis-je, intéresser CBS à cette fin de l'indépendance autrichienne. Cette conquête allait être le plus grand triomphe de Hitler jusqu'alors. Je demandai un quart d'heure d'antenne : « sans intérêt ». J'avais obtenu une quantité d'informations sur l'horrible face à face des deux chanceliers à Berchtesgaden qui, à ma connaissance, n'avaient pas été publiées ou diffusées. Rien à faire. On me dit de continuer à présenter mes chorales d'enfants, la prochaine édition de la série étant programmée, de Sofia, pour le 24 février. CBS, qui ne s'intéressait pas à l'information, serait particulièrement enchanté si j'arrivais aussi à amener sur l'antenne le roi de Bulgarie, pas moins. Mes supérieurs suggéraient que je quitte Vienne pour la capitale bulgare au plus tard le 22 février, pour avoir tout le temps de préparer le programme. Je n'y tenais pas. L'événement de Vienne était vraiment trop important pour rester sans couverture – et j'espérais encore convaincre les gros bonnets de me laisser faire. En outre, notre bébé était attendu d'un moment à l'autre.

Mais le 23 février, le jour de mon anniversaire, je prenais l'Orient Express pour traverser les Balkans couverts de neige. Aucun correspondant ne laisse sa vie privée déborder sur ses missions professionnelles,

1. Publiquement, Hitler n'avait cessé de promettre qu'il ne toucherait pas à l'Autriche. Le 21 mai 1935, par exemple, il avait déclaré au Reichstag, dans son fameux « Discours de la Paix » que « l'Allemagne n'a ni l'intention ni le désir d'intervenir dans les affaires intérieures de l'Autriche, d'annexer l'Autriche et de conclure un Anschluss ». Dans un accord austro-allemand signé le 11 juillet 1936, l'Allemagne réaffirmait sa promesse de ne pas intervenir dans les affaires intérieures de l'Autriche.

même stupides. J'avais une épouse, nous étions jeunes tous les deux mais je n'avais guère connu de vie privée depuis quelques années.

A mon retour de Sofia l'après-midi du 26, je fus accueilli à la gare de l'Est de Vienne par un vieux confrère qui venait m'apprendre que j'étais, depuis le matin, père d'une petite fille. Ma bonne épouse, après une césarienne à la dernière minute pour sauver sa vie et celle de l'enfant, survivrait, selon les médecins. Je me précipitai à la clinique.

Tess, de toute évidence, l'avait échappé belle mais elle n'en parlait guère. Elle tint à me montrer elle-même le bel enfant que nous avions et je dois dire que je le trouvai le plus beau de tous les bébés, fraîche et rose, bien tournée, déjà pleine de vivacité, avec des yeux bleus très vifs et un ravissant visage. Mais je fus stupéfait de la mine de Tess. Elle avait l'air tellement épuisée par son épreuve qu'elle me parlait, et ne respirait même, qu'au prix d'un effort surhumain.

Les jours suivants, je passai le plus clair de mon temps à son chevet. Elle avait une phlébite dans une jambe qui menaçait de la rendre infirme et même de la tuer. Je commençais à avoir l'impression désespérante que le service, à la clinique, se désorganisait. Personne ne semblait savoir soigner une phlébite. Ce qu'on faisait de mieux consistait à lui appliquer des sangsues. Le gouvernement autrichien du chancelier Schuschnigg s'écroulait. Les nazis, que Hitler avait forcé Schuschnigg à prendre dans son gouvernement, le sabotaient rapidement. Encouragés par la libération de leurs chefs encore détenus et la légalisation de leur parti, les nazis se déchaînaient, dans les rues et partout. J'avais appris que, le 24 février, alors que je faisais mon émission enfantine de Sofia, Schuschnigg avait essayé, devant le Bundestag autrichien, de répondre au discours provocateur prononcé par Hitler devant le Reischstag allemand quatre jours plus tôt. Ce sombre dimanche 20 février, à Vienne, Tess et moi avions écouté tristement à la radio le dernier éclat du Führer. Il avait affirmé que l'Allemagne saurait « protéger » les dix millions d'Allemands vivant à ses frontières, sept millions en Autriche et trois en Tchécoslovaquie. Tout le monde savait ce que Hitler entendait par « protéger ».

Le discours de Schuschnigg avait été conciliant envers les Allemands mais il avait déclaré que l'Autriche avait atteint la limite des concessions : « Il nous faut dire : jusqu'ici et pas plus loin. »

L'Autriche, avait-il conclu, n'abandonnerait jamais de son plein gré son indépendance, et il terminait par un bouleversant appel :

« Rouge-Blanc-Rouge (les couleurs nationales autrichiennes) jusqu'à la mort! » (« Rouge » et « mort » riment en allemand).

Le discours du chancelier d'Autriche provoqua une réaction furieuse dans la ville de province de Graz, où 20 000 nazis autrichiens déchaînés envahirent la grande place, détruisant les haut-parleurs qui transmettaient le discours de Schuschnigg, et arrachant le drapeau autrichien pour hisser l'étendard allemand à croix gammée. La police étant aux ordres du nazi autrichien Seyss-Inquart, que Hitler avait forcé Schuschnigg à prendre comme ministre de l'Intérieur, on ne pouvait rien faire pour écraser cette émeute nazie, ni les autres qui menaçaient d'éclater dans toute l'Autriche.

En désespoir de cause, Schuschnigg se tourna vers les travailleurs autrichiens, dont il avait continué d'interdire les syndicats libres et le parti social-démocrate après que son prédécesseur Dollfus les eût écrasés en 1934. Ils représentaient 42 p. 100 de l'électorat autrichien. Schuschnigg leur promit de rétablir leur parti et de libérer leurs chefs encore en prison. Mais il était trop tard.

Schuschnigg fit tout de même encore un dernier effort pour sauver l'Autriche de Hitler et des nazis. Prenant la parole au soir du 9 mars, à Innsbruck, il annonça qu'un plébiscite aurait lieu en Autriche à quatre jours de là, le dimanche 13 mars. Le peuple autrichien dirait s'il était pour « une Autriche libre, indépendante, sociale, chrétienne et unie. *Ja,* ou *nein ?* »

Je n'ai pas entendu cette annonce soudaine et fatidique. Ce soir-là, j'étais dans le train de nuit pour Ljubljana, la charmante petite capitale de la Slovénie, en Yougoslavie, pour aller faire encore une émission enfantine pour ce qu'on appelait l' « École américaine par air de Columbia ». Je n'avais toujours réussi à intéresser personne chez CBS à me laisser décrire de première main le sort de l'Autriche. Ed Murrow était allé à Londres, à Varsovie, pour y organiser une émission avec un chœur d'enfants pour cette invraisemblable « École par air ». Le soleil se levait et le printemps était dans l'air lorsque mon train, venant de Ljubljana, arriva à la gare du Sud de Vienne à 8 heures du matin, le vendredi 11 mars. Je me sentais bien. Dans quelques instants, j'allais voir Tess et le bébé. Elle était toujours à la clinique mais elle paraissait aller mieux depuis quelques jours. Mon bref séjour dans la petite capitale slovène m'avait fait du bien, finalement. Un chœur d'enfants de mineurs avait chanté merveilleusement pour notre émission. Ensuite, un groupe de mineurs et leurs prêtres m'avaient invité à un dîner bien arrosé et plein d'entrain. Un instant, j'avais oublié Hitler, Schuschnigg et la crise autrichienne.

Je montai l'escalier de notre appartement. J'appelai la bonne. Elle me tendit le paquet de journaux des trois derniers jours, pendant mon absence. Les manchettes me ramenèrent à l'actualité. Schuschnigg organisait donc ce plébiscite pour le dimanche. Il n'était pas question de la réaction de Hitler dans les journaux de Vienne.

Après le petit déjeuner, je pris le métro pour aller à la clinique. Tess faisait de la fièvre et le médecin n'avait pas pu arrêter la phlébite de sa jambe gauche. Il paraissait craindre la possibilité d'un caillot de sang. Je réconfortai ma femme du mieux que je pus et restai avec elle jusqu'à ce qu'elle s'assoupisse. Il était maintenant onze heures et je pris un taxi pour aller au café Schwarzenberg chercher les nouvelles.

Fodor était là : correspondant à Vienne du *Manchester Guardian* et du *New York Post,* c'était une encyclopédie vivante de l'actualité autrichienne. Il y avait avec lui Ed Taylor, qui m'avait remplacé au *Chicago Tribune.* Ces vieux amis étaient un peu tendus, mais encore pleins d'espoir, même Fodor qui, étant juif, risquait sa vie si les nazis prenaient le pouvoir. Le plébiscite se passerait calmement, pensait-il, et Schuschnigg gagnerait facilement, maintenant qu'il s'était apparemment assuré l'appui des socialistes. Ce serait un coup dur pour Hitler, Fodor insistait sur ce point.

Je me sentis mieux. En rentrant en ville, j'avais essayé de ne pas prendre mes désirs pour des réalités. Bien que Schuschnigg fût pour moi un moindre mal que Hitler, son plébiscite était à peine plus libre et plus démocratique que ceux que j'avais vu monter par Hitler en Allemagne. Il n'y avait pas eu d'élections libres en Autriche depuis 1933, de sorte qu'il n'y avait pas de listes électorales à jour. Et c'était une plaisanterie que de croire qu'avec quatre jours de préavis pour le plébiscite, les adversaires de Schuschnigg auraient le temps de faire campagne. D'ailleurs, seul le parti de la Patrie, celui du chancelier, avait accès à la radio.

Tout cela, je le soulignerais dans une émission... si CBS me permettait de prendre l'antenne. Ed Murrow étant en Pologne, je préparai un télégramme à Paul White, le directeur de l'information à New York, le pressant de me permettre de diffuser les résultats du plébiscite le dimanche soir. Mais avant que j'aie pu le téléphoner, les événements de ce vendredi commencèrent à se précipiter.

Vers 4 heures de l'après-midi, je courais à la clinique pour voir si Tess se sentait un peu mieux. Comme je traversais la Karlplatz pour aller prendre le métro, je fus arrêté par une foule d'environ un millier de personnes. La plupart portaient le brassard à croix gammée sur la manche droite de leurs manteaux. Mais ils étaient étonnamment sages. Un unique policier criait et gesticulait contre eux, et ils cédaient du terrain! Si c'était là tout le courage des nazis autrichiens, me dis-je, Schuschnigg n'aurait pas de problème avec son plébiscite. Je me hâtai d'aller à la clinique, où Tess me dit qu'elle se sentait un peu mieux. Le bébé allait très bien. Rassuré, je repartis.

Lorsque je ressortis du métro à la Karlplatz, vers 6 heures du soir, je fus stupéfait de voir à quel point la situation avait radicalement changé. Une foule de plusieurs milliers de nazis hurlaient avec rage, entassés sur toute la vaste place dans la nuit tombante. L'unique policier de deux heures plus tôt avait dû être noyé dans la foule ou rentrer chez lui pour dîner.

Je me trouvai emporté par cette foule hurlante, qui me poussa de la place sur le Ring, puis au-delà de l'Opéra dans la Kärntnerstrasse, cette petite rue étroite où se trouvaient la plupart des magasins à la mode, jusqu'aux bureaux de l'Office du « tourisme » allemand qui, avec son immense portrait fleuri d'Adolf Hitler à la fenêtre, avait été un point de ralliement, un véritable haut lieu des nazis autrichiens. La foule s'arrêta là pour manifester et, sous les réverbères, je remarquai les figures de quelques-uns des individus qui composaient ce troupeau déchaîné : un spectacle fantastique pour un vieux routier de l'Allemagne nazie. J'avais vu ces figures-là aux Congrès du Parti à Nuremberg : les yeux exorbités par le fanatisme, les bouches grand ouvertes, les visages tordus par le délire paranoïaque. Et ils criaient maintenant : *Sieg Heil! Sieg Heil! Heil Hitler! Heil Hitler! Hang Schuschnigg!* (pendons Schuschnigg) *Hang Schuschnigg! Ein Volk, Ein Reich, Ein Führer!* (Un seul peuple! Un seul Reich! Un seul Führer!)

Les Chemises brunes de Nuremberg n'avaient jamais hurlé avec une telle furie.

J'avais souvent vu la police de Vienne briser des manifestations nazies à cet endroit. Maintenant, elle regardait, les bras croisés. Quelques jeunes femmes, dans la foule, commencèrent à enlever leur brassard à croix gammée et à le nouer sur la manche des policiers. Avec le sourire. Manifestement, la police de Vienne passait aux nazis. Je me demandais ce qui diable s'était passé brusquement. Je me tournai vers mes voisins les plus proches mais ils étaient trop excités pour répondre. Finalement, une dame d'un certain âge me cria dans l'oreille :

« Le plébiscite! Il est annulé! Il paraît que Hitler arrive demain! Ça n'est pas formidable? »

L'annulation du plébiscite, je ne l'attendais pas. Si c'était vrai, je me dis que Schuschnigg ne passerait même pas la nuit. Il était déjà en train de perdre la police et la rue, passées aux nazis. Je m'arrachai à la foule pour me frayer un chemin jusqu'à l'hôtel Bristol. Ed Taylor était dans le salon et il me confirma la nouvelle : Schuschnigg avait annulé le plébiscite, promettant de s'en expliquer bientôt à la radio.

Ed et moi, nous avons alors pris un taxi pour aller à la légation américaine. John Wiley était debout devant son bureau, serrant son long fume-cigarettes en essayant de sourire, comme après une terrible défaite :

« Tout est fini, mes amis, dit-il avec calme. Berlin a envoyé un ultimatum. Pas de plébiscite dimanche, sinon l'armée allemande arrive. Schuschnigg a capitulé. »

Wiley nous conseilla de garder la radio branchée. Le chancelier pouvait prendre la parole d'un instant à l'autre pour expliquer la situation. Wiley nous invita à rester pour dîner et l'écouter sur place, mais il fallait que je joigne Murrow en Pologne pour obtenir son aide, si je voulais que New York accepte de me laisser parler à la radio. Je rentrai dans notre appartement de la Plösslgasse, où j'avais également mon bureau, j'appelai Ed sur l'inter et j'allumai la radio. Elle jouait une valse de Strauss bien gaie. Je n'arrivai pas à joindre Ed à Varsovie, à un numéro qu'il m'avait donné. Je raccrochai. Soudain, la valse s'arrêta. « Attention! Attention! dit une voix excitée. Dans quelques minutes une annonce importante. »

Puis ce fut le bruit familier d'un métronome, l'indicatif de la radio autrichienne. Obsédant :

« Tic-tac... Tic-tac... »

Je réduisis la puissance. Puis on entendit une voix que je connaissais bien : celle du chancelier Schuschnigg. Je le pris en notes :

> Nous nous trouvons aujourd'hui dans une situation tragique et capitale. Je dois à mes compatriotes les détails des événements de la journée.
>
> Le gouvernement allemand a adressé aujourd'hui au président Miklas un ultimatum, avec une heure limite, lui ordonnant de nommer chancelier une personne désignée par le gouvernement allemand, et de nommer des membres du cabinet désignés par le gouvernement allemand. Sinon, les troupes allemandes envahiront l'Autriche.
>
> Je déclare devant le monde que les informations lancées en Allemagne à propos de désordres parmi les travailleurs, d'effusions de sang et d'une situation qui déborderait l'autorité du gouvernement autrichien sont des mensonges de A à Z. Le président Miklas m'a demandé de dire au peuple d'Autriche que nous nous sommes inclinés devant la force, n'étant pas prêts à verser le sang même dans cette terrible situation. Nous avons décidé d'ordonner à nos troupes de n'offrir aucune résistance.
>
> Je prends donc congé du peuple autrichien avec un mot d'adieu allemand, du plus profond de mon cœur : Dieu protège l'Autriche!

Vers la fin, j'aurais cru que sa voix allait se briser, qu'il allait éclater en sanglots. Mais il réussit à se contrôler jusqu'au bout. Il y eut un moment de silence après qu'il se soit tu. Puis ce fut l'hymne national autrichien, qui paraissait joué par un vieux disque. C'était l'air familier du *Deutschland über alles*, mais dans la version originale et un peu différente, telle que Haydn l'avait écrite. Et ce fut tout.

Peu après, la voix rauque de Judas s'éleva sur l'antenne. C'était le Dr Arthur Seyss-Inquart, un ancien ami de Schuschnigg – ils avaient fait la guerre dans le même régiment – qui annonçait qu'il prenait le pouvoir et assumait la responsabilité du respect de la loi et du maintien de l'ordre. Il paraissait embarrassé mais il précisa un point important. L'armée autrichienne, dit-il, n'offrirait aucune résistance.

C'était la première fois que j'entendais parler d'une invasion allemande. L'ultimatum de Hitler, avait dit Schuschnigg, était la capitulation ou l'invasion. Hitler avait tout de suite violé les termes de son propre ultimatum. Il avait maintenant son Anschluss – l'union de son Autriche natale avec l'Allemagne. Il aurait aussi pu avoir la guerre, me dis-je alors. C'était la dernière fois que les anciennes Alliées, la Grande-Bretagne, la France, l'Italie, aidées de la Tchécoslovaquie qui avait une armée bien équipée, pouvaient arrêter Hitler.

En tout cas, sur place, à Vienne, je tenais la plus grosse information de ma vie. Et j'avais en exclusivité mon témoignage oculaire de reporter radio américain. Mon seul concurrent, Max Jordan, de la NCB, n'était pas là.

Mon gros problème allait être de diffuser mon reportage.

D'abord, il fallait convaincre CBS de me donner l'antenne. Puis il allait falloir obtenir l'usage des installations de la RAVAG, la radio autrichienne, quel qu'en soit le responsable. J'aurai besoin d'un studio, d'un micro et d'une ligne de téléphone reliée à un émetteur sur ondes courtes, de préférence à Genève ou à Londres, où il n'y avait pas de censure allemande. Mais je prendrais un émetteur allemand si j'y étais obligé, en acceptant le risque de faire passer l'essentiel de mon article par la censure.

Je n'avais pas encore eu de réponse de New York me disant si CBS voulait bien que je parle sur l'antenne. Je n'avais pas pu joindre Murrow, qui avait encore des discussions avec la direction de New York. Ni lui ni moi, en fait, n'avions jamais eu la permission de parler nous-mêmes sur l'antenne. CBS ferait-il une exception cette fois? Je m'efforçais de le croire. J'appelai la radio autrichienne pour mettre quelque chose en route. Pas de réponse. Les nazis l'avaient sans doute déjà prise en main. Bon : j'avais eu affaire à eux à Berlin. J'étais sûr que je pourrais m'en tirer aussi à Vienne. Je me hâtai d'aller en ville pour voir.

Dans le Johannesgasse, devant l'immeuble de la RAVAG, des soldats en *feldgrau* et casques d'acier montaient la garde, baïonnette au canon. Ils avaient dû arriver d'Allemagne par avion. Ils avaient l'air très sérieux. Après avoir parlementé, ils me laissèrent entrer. Le hall, au contraire, était en pleine confusion. Des jeunes hommes, dans toutes sortes d'uniformes nazis, allaient et venaient, brandissant des revolvers, jouant avec des baïonnettes, et criant continuellement. J'essayai de gagner les bureaux d'Emil Czeja, le directeur général, et d'Erich Kunsti, le directeur des programmes, avec qui j'avais travaillé pour diverses émissions. D'abord on refusa de me laisser passer. Mais je criai si fort qu'ils finirent par céder. Devant leurs bureaux, je trouvai mes deux amis autrichiens, entourés d'hommes des troupes d'assaut très excités, manifestement prisonniers. Je réussis à dire un mot à Kunsti, pour demander :

« Quand est-ce que je peux émettre? »

Il haussa les épaules :

« J'ai cessé d'exister ici », dit-il en essayant de rire.

Il me montra un soldat au visage balafré :

« Demandez-lui, dit Kunsti. C'est lui qui a l'air de commander. »

Je m'approchai du bonhomme pour lui expliquer que je voulais envoyer une émission à New York. Il avait un air absent qui devait lui être habituel. Manifestement, il ne connaissait rien à la radio. Je n'avais aucune chance de me faire entendre de lui. Finalement, élevant la voix, je lui dis :

– « Laissez-moi parler à vos chefs à Berlin. Je les connais. j'ai travaillé avec eux. Ils vont vouloir que j'émette. »

J'avais décidé que la seule solution qui me restait était de trouver une ligne avec un émetteur à ondes courtes à Berlin, qui me relaierait sur New York. Il allait falloir tricher un peu pour passer la censure là-bas.

« On ne peut pas joindre Berlin, me dit le soldat à la tête de bois. Les lignes sont coupées. Peut-être tout à l'heure. »

« Aucune chance », me chuchota Kunsti.

Deux ou trois gardes, revolver en main, me poussèrent dans le couloir. Là, je décidai de rester aux alentours et d'attendre l'occasion de parler avec les gens de la radio de Berlin, dès que les lignes seraient rétablies. Mais le temps passait. Je regardai ma montre. Minuit. Un bulletin d'informations locales sortit d'un haut-parleur. Un nouveau gouvernement était en formation à la Ballhausplatz. Je m'y précipitai juste pour voir Seyss-Inquart, debout au balcon, se nommer chef d'un nouveau gouvernement national-socialiste.

En retournant à la RAVAG, je m'arrêtai au café du Louvre, où les correspondants américains se retrouvaient. Bob Best, d'United Press, qui y vivait pratiquement en permanence, racontait les derniers tuyaux. Martha Fodor, la belle Slovaque, retenait difficilement ses larmes. C'était la fin de son univers. Fodor n'était pas là. Il était rentré chez lui pour essayer de téléphoner son article à Londres. John Wiley, dit-elle, avait déjà appelé pour dire qu'il allait les emmener, au matin, à Bratislava, de l'autre côté de la frontière slovaque. Ainsi Fodor et sa ravissante femme allaient être sauvés!

Mon ancien assistant quand j'étais correspondant du *Chicago Tribune* à Vienne, un certain Emil Maass, arriva, l'air important. Il avait été assez effacé quand il travaillait pour moi, un peu demeuré pour ses trente ans. Il était mi-américain, mi-autrichien et avait les deux passeports. Il vint à la table de Best, où j'étais assis avec Martha et le major Goldschmidt, le leader monarchiste, et deux ou trois autres :

« Eh bien, *Meine Damen und Herren* (mesdames et messieurs), il était temps », dit-il d'un air avantageux.

Il retourna le revers de son manteau, détacha sa croix gammée cachée du Parti et l'épingla ostensiblement sur le côté visible, au-dessus de la boutonnière. Martha s'écria :

« Quelle honte! »

Bob Best se leva comme pour le frapper (plus tard, lorsque Best, pendant la guerre, parlerait à la radio nazie, je m'en souviendrais) et le butor fit demi-tour et sortit.

Martha, je le savais, s'inquiétait de ce qui pouvait arriver à son mari. Fodor était juif. Je lui affirmai que Wiley les mettrait à l'abri. Il avait été en poste à Berlin, où je l'avais connu. Il connaissait les Allemands. Et c'était un dur Irlandais.

Le major Goldschmidt, que j'avais pris en amitié bien qu'il fût le chef d'un groupe de monarchistes œuvrant pour la restauration des Habsbourg – une cause perdue – se leva tranquillement de la table. Il avait eu un père juif mais il était catholique pratiquant. Je me disais que Hitler ne lui pardonnerait jamais ni son mélange de races ni son activité politique : juste après les Juifs, à Vienne, il haïssait les Habsbourg, il l'avait écrit clairement dans *Mein Kampf*.

Le major resta debout un moment devant la table :

« Merci à tous pour votre amitié, dit-il calmement, même si ce que j'essayais de faire ne vous plaisait pas. »

Il serra la main de chacun de nous autour de la table. Puis :

« Vous voudrez bien m'excuser, dit-il. Je vais rentrer chez moi maintenant et prendre mon revolver. »

Je me dépêchai de retourner du Louvre à la radio autrichienne. Il y eut encore un incident pour passer malgré les gardes. Mon balafré me reçut sans chaleur :

« Encore vous? dit-il. Rien à faire. Pas de lignes. Pas d'émission. Allez-vous-en! »

Et il fit signe à deux hommes des troupes d'assaut, dont l'un me prit le bras sans amabilité et me repoussa dans la rue.

Pendant plusieurs minutes je restai là dans la nuit froide, refusant de m'avouer vaincu. Mais cette fois, les gardes devaient avoir reçu des ordres :

« Défense d'entrer! Allez-vous-en! »

En traversant la Karlplatz pour rentrer chez moi, je regardai ma montre. Il était 3 heures du matin. J'avais échoué. J'avais tenu une histoire formidable toute la nuit. Et maintenant je ne pourrais plus jamais la sortir. J'étais désespéré. En rentrant chez moi à pied, l'air froid de la nuit commença à m'éclaircir les idées. Comment pouvais-je être égoïste, borné au point de me lamenter sur moi-même? Mon petit échec n'était rien, cette histoire que je ne pourrais pas sortir, comparé à l'Histoire : ce qui arrivait en une seule nuit à ce malheureux pays, en fait à ce continent tout entier. C'était une date dans l'Histoire, que nous vivions en Europe, et une tragédie pour l'Autriche, et un triomphe pour Adolf Hitler. J'avais eu la chance d'en être témoin. Malgré cette déception personnelle, ma vie et mon travail continuaient. Mais pour beaucoup d'Autrichiens, ce qui s'était passé cette nuit, c'était la fin : le camp de concentration, la prison, ou bien la ruine de leur carrière, de leurs affaires. Pour les 200 000 Juifs du pays, c'était pire encore.

D'un pas lourd, je montai l'escalier jusqu'à notre appartement. J'avais l'impression d'habiter au quinzième étage et non pas au second. Une fois chez moi, j'avalai une bière. Malgré l'heure tardive, je n'avais pas sommeil. Je bus une autre bière. Je décidai d'écrire mon article de toute façon, ne serait-ce que pour mon carnet.

Le téléphone sonna. C'était Ed Murrow, qui avait fini par me joindre de Varsovie. Je lui dis tout ce qui se passait, et ce qui ne passait pas pour moi.

« Pourquoi ne pas prendre l'avion pour Londres demain matin? suggéra Ed. Vous pouvez y être d'ici demain soir et nous donner le premier témoignage vécu non censuré. Moi, je viendrai à Vienne. »

Ni Ed ni moi n'avons posé la question de savoir si, moi de Londres et lui de Vienne, nous serions autorisés par CBS à passer sur l'antenne. Nous pensions sans doute que cela allait de soi. Je téléphonai à Aspern, l'aérodome proche de Vienne. Tous les avions étaient pleins le lendemain et, aux lignes commerciales, on n'était pas certain que les décollages seraient autorisés. L'armée allemande occupait l'aéroport autrichien. Seuls les avions militaires avaient le droit de se poser ou de décoller. Je décidai d'essayer quand même.

Je téléphonai à la clinique pour laisser un message à Tess, expliquant pourquoi je ne viendrais probablement pas la voir avant quelques jours et que je prierais pour elle. Mais la standardiste refusa de prendre le message. Il y avait apparemment une grande confusion à la clinique, comme partout ailleurs. Alors j'écrivis le message, avec une note à notre femme de ménage qui allait venir au matin, lui demandant de le porter en taxi immédiatement.

Finalement, vers 5 heures du matin, je m'allongeai pour dormir une heure.

Toute la journée du lendemain, le samedi 12 mars 1938, je fis des pieds et des mains pour gagner Londres. A mon arrivée à l'aéroport, à 7 heures, je découvris que la Gestapo allemande occupait le bâtiment principal. Un officier SS en manteau noir me cria qu'aucun avion n'était autorisé à décoller. J'appris bientôt que c'était la Luftwaffe de Goering qui contrôlait le terrain. Des avions militaires atterrissaient à chaque minute. Un capitaine d'aviation me dit que l'interdiction pour les lignes commerciales pouvait être levée d'un instant à l'autre et me conseilla de tenter ma chance avec un avion des British Airlines qui allait à Londres. Pas moyen; il était déjà tout entier réservé – en grande partie, à ce qu'il m'apparut, par des Juifs affolés. Je n'eus pas le cœur d'essayer de prendre la place de l'un d'eux. Je me tournai alors vers la Lufthansa, la compagnie allemande. Il y avait un avion qui partait pour Berlin à 9 heures. Les Juifs n'essayaient pas d'y aller et j'obtins une place. L'avion faisait escale à Prague et Dresde mais il devait arriver à Berlin vers midi. De là, j'avais au moins une chance de trouver un avion pour Londres. A moins – la pensée m'en effleura – que Hitler n'ait interdit tous les vols commerciaux de Berlin jusqu'à la fin de la crise de l'Anschluss.

En attendant le décollage, je rencontrai un officier de police autrichien que je connaissais vaguement. Visiblement, il n'était pas ravi d'être aux ordres des voyous arrogants de la Gestapo de Berlin. Il me donna un renseignement précieux. Schuschnigg ne s'était pas enfui après sa démission, comme les Allemands l'avaient prétendu. Un avion l'avait attendu toute la soirée à Aspern mais le chancelier déchu avait refusé de l'utiliser. Dommage, me dit mon informateur de la police, car Schuschnigg avait été arrêté par la Gestapo allemande et emmené vers une destination inconnue. Je n'étais pas étonné. Mais je ne m'attendais pas, je l'avoue, à ce qui allait suivre.

A l'aéroport de Tempelhof, à Berlin, je me rendis immédiatement aux bureaux de la ligne hollandaise. La chance, encore : il y avait un avion qui partait dans une heure pour Amsterdam, puis pour Londres. Et il leur restait une place, que je pris aussitôt. J'avais encore le temps de déjeuner et de jeter un œil sur les journaux du matin. Je fus stupéfait par les titres. En particulier le journal appartenant personnellement à Hitler, le *Völkische Beobachter*. Sur toute la première page, une manchette de dix centimètres de haut : « L'Autriche allemande sauvée du chaos! »

Suivait un article incroyable, un tissu de mensonges sans aucun doute concocté par le ministre de la Propagande, Goebbels, décrivant les violents désordres « rouges » dans les grandes rues de Vienne :

« On se bat, on tire, on pille. » En outre, une dépêche DNB (l'agence d'information allemande : Deutsches Nachrichten Büro), datée de Vienne, annonçait que pendant la nuit Seyss-Inquart avait télégraphié à Hitler d'envoyer des troupes allemandes pour protéger l'Autriche d'une effusion de sang provoquée par des « socialistes et des communistes en armes ». J'avais beau m'être habitué, depuis des années à Berlin, aux mensonges de Hitler, j'avais peine à en croire mes yeux. Il n'y avait eu aucun désordre à Vienne et il me paraissait douteux que même un traître comme Seyss-Inquart ait télégraphié à Hitler le contraire en demandant des troupes. C'étaient Hitler et ses hommes de main, j'en étais absolument sûr, qui avaient fabriqué le télégramme pour justifier l'invasion [1].

1. Ce qui devait être confirmé par les documents secrets allemands saisis par les Alliés à la fin de la Seconde Guerre mondiale.

Je fourrai les journaux dans ma serviette – j'avais l'intention de les citer pendant mon émission, si j'arrivais à Londres. Pendant un moment, après le déjeuner, il me parut que non. Il régnait une grande confusion sur l'aéroport, où les avions qui partaient pour Vienne avaient la priorité. Notre vol pour Amsterdam ne cessait d'être retardé. Finalement, alors que j'avais à peu près renoncé, on nous appela. Je ne me sentis soulagé que lorsque notre avion eut fait son virage au-dessus de Berlin et mis le cap à l'ouest. J'étais enfin libéré de la censure allemande. Je commençai à griffonner un brouillon de texte pour l'émission de Londres. Le temps d'arriver au terrain de Croydon, j'avais terminé. De l'aéroport j'appelai le bureau de CBS. A mon heureuse surprise, la secrétaire anglaise m'apprit que New York m'avait réservé un quart d'heure d'antenne à 23 h 30 le soir-même, soit 18 h 30, heure de New York.

C'était une grande « première » : CBS n'avait jamais permis à quelqu'un de son équipe de prendre le micro pour raconter les événements à chaud [1].

J'avais peine à y croire et, plusieurs heures après, j'étais encore nerveux, en regardant l'aiguille des minutes de la pendule dans le petit studio de la BBC arriver à 11 h 30. Alors la voix de l'annonceur de CBS à New York me présenta :

> Voilà un peu plus de vingt-quatre heures que les troupes nazies ont franchi la frontière d'Autriche [...] . Au moment de l'invasion, hier, William L. Shirer, directeur de Columbia pour l'Europe centrale, était à Vienne. L'après-midi, il a pris un avion pour aller, de Londres, vous apporter sur l'événement un témoignage oculaire non censuré. *A vous, Londres...*

Sur quoi, devant un micro, studios de la BBC, je commençai mon premier reportage d'actualité depuis mon entrée à CBS.

Le lendemain, un dimanche, il y eut une « première » encore plus importante. Ed Murrow et moi, je crois pouvoir le dire, avons contribué à réaliser la première émission d'information à l'échelle mondiale, d'où est née l'information moderne sur les ondes – d'abord à la radio, puis à la télé – telle que nous la connaissons depuis.

1. Les personnes à qui j'ai montré ce passage ont été si nombreuses à douter que CBS ait jusqu'alors interdit à un correspondant expérimenté de prendre l'antenne lui-même, que j'estime nécessaire de citer l'homme qui a fondé et dirigé CBS et qui y était majoritaire. William S. Paley, dans ses Mémoires, *As it happened* (Ça s'est passé comme ça) écrit, à propos de cette époque (p. 131) : « La mission normale de Shirer à Vienne, comme celle de Murrow à Londres, était d'organiser les émissions et de faire des interviews [...]. Ni l'un ni l'autre à l'époque n'était un véritable reporter radio. » Il eût été plus exact de dire qu'on n'avait jamais *permis* a aucun de nous deux d'être un « reporter radio ».

Aujourd'hui, à l'ère de la télévision et des relais par satellites, les émissions d'informations du soir venant de partout à la fois ont pris un aspect de routine et de facilité. La « première » remonte à cette soirée du dimanche 13 mars 1938, et n'a pu être réalisée qu'une fois vaincues des difficultés considérables. Les principaux problèmes, évidemment, étaient ceux qui se posaient à nous en Europe. Tout ce que nos techniciens de New York avaient à faire étaient de recevoir les différentes émissions venant d'Europe sur ondes courtes [1] que nous utilisions, et de les brancher sur notre réseau, ce qu'ils faisaient depuis des années. Murrow à Vienne et moi à Londres, nous avions dû, presque sans préavis et un dimanche soir, alors que les bureaux des radios européennes étaient fermés, trouver les émetteurs à ondes courtes, les studios, les lignes téléphoniques puis les relais. Trouver aussi des reporters dans quatre ou cinq pays où les fonctionnaires ne parlaient que leur langue et ne s'étaient jamais vu poser ce genre de problème, surtout presque sans préavis et un jour de repos. Cela devait se révéler plus long à mettre au point que je ne l'avais pensé.

Ce n'est qu'à 5 heures de l'après-midi, le lendemain de mon reportage de témoin oculaire diffusé de Londres, que CBS avait téléphoné de New York pour demander si nous pouvions, Murrow et moi, organiser une émission simultanée des principales capitales d'Europe plus tard dans la soirée. Il n'était que midi à New York mais la journée tirait à sa fin en Europe, ce qui ne nous laissait guère de temps.

Paul W. White, l'aimable directeur des informations de Columbia, m'appela ce dimanche après-midi :

« Nous voulons un rendez-vous d'information sur l'Europe ce soir, dit-il, comme si c'était une vieille habitude. Une heure du matin à votre heure. Il y aura vous, à Londres, et un Membre du Parlement quelconque; Ed Murrow à Vienne, et il faut que vous trouviez des correspondants américains à Berlin, à Paris et à Rome. L'émission durera une demi-heure. Vous pouvez faire ça, avec Murrow? »

J'avais dit oui. A la vérité, je n'avais pas la moindre idée de ce que j'allais faire. J'avais fait un avis d'appel pour Murrow à Vienne, en me demandant ce que j'allais faire en attendant qu'il rappelle. Je connaissais presque tous les correspondants américains dans les diverses capitales. Ce ne serait pas difficile d'en avoir un bon dans chaque ville, à condition de les trouver un dimanche après-midi et que j'aie le temps d'obtenir pour eux l'autorisation de leurs patrons en Amérique.

Ed et moi, nous connaissions aussi les directions et les responsables de la technique dans diverses radio européennes, dont il faudrait pouvoir utiliser le matériel, et les hommes importants des ministères des PTT

1. Les ondes longues et moyennes n'avaient pas une portée suffisante pour traverser l'Atlantique.

dont les lignes et les émetteurs nous seraient également nécessaires. En attendant Murrow, je demandai sur l'inter les correspondants américains à Paris, Rome et Berlin. J'appelai aussi les directeurs et les responsables de la technique de la Radio nationale française et du ministère des PTT à Paris; le ministère des Postes et la Reichs Rundfunk Gesellschaft (RRG) à Berlin; et l'Ente Italiano Audicioni Radiofoniche (EIAR) à Rome. J'avais de la chance d'avoir appris à me débrouiller en français, en allemand et en italien. Sinon, je ne sais pas ce que j'aurais pu faire ce dimanche après-midi.

Murrow rappelait à Vienne. Il espérait pouvoir persuader les Allemands de lui fournir une ligne de Vienne à Berlin, où son émission pourrait être retransmise à New York par les émetteurs sur ondes courtes. Il me donna aussi quelques tuyaux sur d'autres problèmes techniques. Rome avait un bon émetteur sur ondes courtes mais, s'il n'était pas disponible, il fallait demander des lignes téléphoniques de Rome à Genève ou à Londres. Paris n'avait pas d'émetteurs. Il fallait que je retienne une ligne téléphonique de Paris à Londres par les PTT français. Très vite, tous mes téléphones s'étaient mis à sonner, et à parler en quatre langues. A Turin, je ne réussis à réveiller personne à l'EIAR, ni responsable ni technicien. Il allait falloir que je retienne une ligne de téléphone par le ministère italien des Communications à Rome. Berlin appelait. La RRG me donnerait un studio et un émetteur ondes courtes. Ils allaient aussi essayer de donner une ligne à Murrow à Vienne, mais me prévenaient que la seule bonne entre Vienne et Berlin était entre les mains de l'armée allemande, ce qui, par conséquent, rendait la chose douteuse.

Au fil de la soirée, l'émission commençait à prendre forme. White appelait de New York avec les heures exactes prévues pour chaque capitale : Londres, Vienne, Berlin, Paris, Rome, avec les mots de code qui marqueraient pour chacune le début et la fin de son temps de parole. J'espérais que les techniciens s'arrangeraient pour comprendre nos codes, qui étaient en anglais.

Mes confrères commençaient à répondre à mes appels. Edgar Mowrer, correspondant à Paris du *Chicago Daily News*, passait le week-end à la campagne, où je finis par le dénicher. Il fallut que j'insiste un peu pour le persuader de rentrer à Paris pour l'émission. Mais Mowrer était passionné par tout ce qui touchait à Hitler, qui l'avait expulsé de Berlin. Personne, je le savais, n'était aussi profondément touché que lui par ce que Hitler venait de faire à l'Autriche. Frank Gervasi à Rome et Pierre Huss à Berlin m'appelèrent à leur tour. Ils acceptaient de participer si le bureau de New York de leur agence, International News Service, était d'accord. J'appelai CBS à New York : obtenez la permission de parler pour Gervasi et Huss.

« O.K., me dit Paul White. Et pendant que je vous tiens sur la ligne, sur quels émetteurs, et sur quelle longueur d'onde parlent Berlin et Rome ce soir? »

J'avais oublié de m'en occuper. Je lui dis qu'on ne pourrait sans doute pas avoir l'émetteur de Rome. Quant à Berlin, il allait falloir que j'appelle, et je le rappelerais ensuite. Ce que je fis. Je prendrais Gervasi de Rome par une ligne de téléphone, si je pouvais l'obtenir. J'avais du mal à contacter les Suisses et les Italiens, un dimanche soir.

« Et votre reportage de Londres? » demandait encore White.

Avec tous les arrangements à faire sur le continent, j'avais complètement oublié.

« N'oubliez pas, me dit-il, que nous avons prévu deux personnes à Londres : vous, et un membre du Parlement. Il faut savoir ce que la Grande-Bretagne va faire après l'invasion de l'Autriche par Hitler.

– O.K., lui dis-je. Je vous rappelle là-dessus. »

Je n'avais pas encore réussi à trouver un seul membre du Parlement. Ils étaient tous en week-end à la campagne. Les fonctionnaires de Downing Street (l'entourage du Premier ministre) aussi, que j'avais essayé d'appeler pour savoir ce que la Grande-Bretagne allait faire pendant cette crise. J'étais à peu près sûr de la réponse. Les Britanniques ne feraient rien. Mais j'avais besoin d'une confirmation autorisée.

Tandis que je prenais quelques notes pour ma propre intervention, Ellen Wilkinson, député travailliste, m'appela. Elle était à la campagne, comme tout le monde. C'était apparemment une coutume anglaise que rien ne pouvait changer, si grave que soit la crise qui éclatait sur le continent européen.

« Il vous faudrait combien de temps pour rentrer à Londres?

– Environ une heure. »

Il était 11 heures du soir. Il nous restait deux heures.

« O.K. dis-je. Nous prenons l'antenne à une heure du matin. Je vous attends à la BBC un peu avant. Vous avez deux heures pour préparer quelques réflexions brillantes sur les réactions britanniques à l'annexion de l'Autriche par Hitler pendant le week-end. Ou bien – Ellen était une vieille amie – l'absence de réaction. »

Gervasi m'appelait de Rome sur une autre ligne :

« Les Italiens ne peuvent pas organiser tout ça en si peu de temps. Qu'est-ce que je fais?

– On vous prendra par Genève, dis-je. Dites à l'EIAR de vous réserver les lignes et un studio à Rome.

– Je vais essayer », dit Gervasi.

Mais il n'avait pas l'air d'avoir beaucoup d'illusions : il connaissait les Italiens.

« Je vais m'occuper des Suisses, dis-je. Et si rien ne marche, rappelez-moi dans une heure avec votre papier et je le lirai à l'antenne d'ici ».

Et j'ajoutai :

« New York voudrait savoir le plus tôt possible ce que Mussolini va faire.

– Vous savez très bien ce qu'il va faire, ou plus exactement ce qu'il ne va pas faire, Bill », me dit Gervasi.

Nous étions aussi de vieux amis :

« Bien sûr, dis-je. Comme Chamberlain à Londres. Rien.

– Exactement.

– Mais New York veut que ce soit vous qui le disiez, Frank, de Rome. C'est plus convaincant que si c'est moi qui le dit ici, de Londres. »

Les téléphones continuaient à sonner et je continuais à les prendre. Finalement, à une heure moins le quart, je remontai la rue à toute vitesse jusqu'à la BBC. Ellen Wilkinson, éblouissante avec ses cheveux auburn, arrivait, tout essoufflée. Nous descendions au studio en sous-sol quand, très vite, New York nous fut passé et je fis un dernier contrôle avec Paul White. Tout avait l'air d'aller très bien avec Paris, Berlin et Vienne. Ed Murrow était assez certain de pouvoir émettre par téléphone avec Berlin. Nous aurions Paris par téléphone, via Londres. Rien à faire pour Rome : je n'avais pas réussi à obtenir une ligne de Rome à Genève. Mais Gervasi était au bout du fil au même moment, dictant son papier à une sténo. White était d'accord pour repasser sur Londres vers la fin pour que je puisse le lire.

Les quinze dernières secondes s'écoulèrent. A une heure du matin, heure de Londres, soit 20 heures, heure de New York, j'entendis dans mes écouteurs la voix calme, unie de Bob Trout présentant l'émission :

> ... pour vous montrer l'Europe, Columbia vous présente ce soir une émission spéciale en direct de Londres, de Paris et des autres capitales européennes qu'il a été possible de contacter [...]. Columbia commence sa tournée radio des capitales européennes avec un contact de Londres. *A vous, Londres.*

J'étais sur l'antenne. Toute la fatigue des deux derniers jours avait disparu. Si nous arrivions sans gros pépin à la fin des trente prochaines minutes, ce serait peut-être un début en matière de radio. Je parlai peu, exprimant mon scepticisme à propos du gouvernement britannique, qui ne ferait sans doute rien contre l'agression de Hitler, sinon protester. Il n'y aurait certainement pas la guerre. Ellen Wilkinson, « qu'il n'est pas nécessaire de présenter aux auditeurs américains », dis-je en lui tendant le microphone, était tout à fait de cet avis :

« Les Britanniques, dit-elle, sont *agacés* par Hitler. Mais personne en Grande-Bretagne ne veut faire la guerre. »

Si décevante que fut pour moi la réaction britannique, j'imaginais que la déclaration de Miss Wilkinson apparaîtrait sans doute très rassurante à nos auditeurs américains, dont beaucoup avaient très peur de la guerre. Et ils durent être très émus par Edgar Mowrer, de Paris, et Ed Murrow, de Vienne. Mowrer, qui méprisait Hitler et qui avait essayé de mettre le monde en garde contre lui, n'était pas certain que l'opinion mondiale comprendrait enfin qu'il représentait « la force brutale, pure et simple » et qu'il menaçait l'Europe tout entière. Ed avait brossé un tableau pénible de la capitale autrichienne, jadis si gaie, tombée aux mains des nazis. Seul Huss, de Berlin, m'avait déçu. J'aurais dû trouver quelqu'un de moins bienveillant envers les nazis. Il avait dit que « tout le monde en Allemagne acceptait *le fait* que l'Autriche était rentrée au sein de l'Allemagne de son plein gré ».

Le fait? Huss savait bien que non. Tout de même, je trouvai que le rendez-vous radio s'était très bien passé, pour un premier essai. Berlin, Vienne, Paris avaient pris l'antenne à l'heure dite et très clairement. New York me la repassa pour que je puisse lire le texte de Rome de Gervasi. Il soulignait que Mussolini ne s'opposerait pas cette fois à Hitler en Autriche, comme il avait été prêt à le faire quatre ans auparavant. Le Duce, nous rappelait-il, était passé dans le camp du Führer. Paul White me reprit au bout du fil à la fin de l'émission. Tout le monde à New York, à commencer par Paley, me dit-il, était enchanté [1]. On estimait que ce premier rendez-vous radio avait été un immense succès.

« Tellement, dit White, que nous en voulons un autre demain soir, ce soir heure d'Europe. C'est possible? »

J'étais terriblement fatigué, mais débordant de joie. Et je répondis : « Aucun problème. »

J'avais hâte de retourner à Vienne pour retrouver Tess, qui était toujours à la clinique, et pour suivre, et transmettre, ce qu'Adolf Hitler allait faire de son pays natal. Mais New York me demanda de rester à Londres jusqu'à la fin de la semaine pour terminer l'affaire de là-bas. Cela donnerait à Ed Murrow une chance bien méritée de couvrir le retour triomphal de Hitler en Autriche. Ed était aussi ravi que moi d'avoir réussi, enfin, comme reporter, à parler sur le réseau CBS et à avoir ensuite organisé le premier rendez-vous international d'information au micro.

Il travaillait, comme moi, à peu près vingt-quatre heures sur vingt-quatre mais il avait trouvé le temps d'aller voir Tess à la clinique et de

1. « Pour l'époque, écrirait Paley de ce premier rendez-vous sur les ondes, ce fut un extraordinaire succès de technique et d'organisation. Chaque correspondant avait parlé en direct, à des milliers de kilomètres les uns des autres, chacun de leurs reportages étant prévu à la seconde [...]. En 1938, cette réussite technique fut aussitôt reconnue comme un précédent en matière d'information. En réunissant dans la même émission un présentateur dans le studio central et les correspondants sur place, nous avions créé quelque chose qui allait devenir une formule essentielle de l'information radio. » (Paley, *op. cit.*, p. 134.)

me parler de son état, qui n'était pas bon. Sa phlébite, disait le docteur, était toujours grave. Le bébé, à laquelle nous n'avions pas encore trouvé le temps de donner un nom, allait bien. Tess avait survécu au choc de l'annexion de son pays par Hitler, disait Ed. Le pire, d'après ce que je comprenais, avait été la confusion et la terreur dans la clinique pendant les deux premiers jours. Les malades juifs, quel que soit leur état de santé, avaient fui, en pleine panique. Et l'obstétricien de Tess, qui était juif, avait disparu. Tout cela m'inquiétait, mais Ed m'assurait que Tess l'avait pris avec sang-froid. Ce qui la gênait le plus, me disait-il, c'était le vacarme des bombardiers de Goering, qui avaient l'air de voler sans arrêt en rase-mottes au-dessus de la clinique, ce qui l'empêchait de dormir.

A Londres, il y avait largement de quoi s'occuper. Le lundi, je passai une bonne partie de la journée à organiser notre second rendez-vous, prévu pour 3 heures et demie l'après-midi, heure de Londres, et le mardi, avec des retransmissions de Londres, de Berlin, de Paris, de Vienne et de Rome. La deuxième fois, ce fut un peu plus facile.

J'étais ravi, tout comme Murrow, par le fait que CBS nous faisait passer constamment sur l'antenne après nous l'avoir interdit si longtemps. A 16 heures, le lundi, je parlai de la déclaration de Chamberlain, le Premier ministre, aux Communes, sur la conquête de Hitler. Le côté instantané de la radio me passionnait. J'avais dit :

« Le Premier ministre Neville Chamberlain s'est levé pour prendre la parole à la Chambre des communes il y a une demi-heure. »

L'information tombait encore sur les télex des agences au moment où j'avais pris la parole.

Ce que Chamberlain avait dit ne m'avait pas étonné, mais troublé, comme une déclaration qu'il avait faite aux Communes sur la situation en Autriche le 2 mars. Il avait alors fait semblant de croire que « ce qui s'est passé (à Berchtesgaden) se bornait à deux hommes d'État (Hitler et Schuschnigg) qui étaient convenus de certaines mesures pour améliorer les relations entre les deux pays ».

A Vienne, j'avais lu cette déclaration avec stupéfaction. Je savais que la légation britannique à Vienne avait donné à Chamberlain tous les détails sur l'ultimatum de Hitler à Schuschnigg à Berchtesgaden. L'hypocrisie du Premier ministre m'avait scandalisé. Et maintenant, en lisant sa déclaration à l'antenne, je devenais sceptique vis-à-vis d'une bonne partie de ce qu'il disait. Il disait aux Communes que son nouveau Foreign Secretary (ministre des Affaires étrangères) [1], Lord Halifax, avait dit au nouveau ministre des Affaires étrangères allemand, Ribben-

1. Anthony Eden avait démissionné de ce poste le 20 février, une semaine après la capitulation de Schuschnigg à Berchtesgaden, essentiellement à cause de son opposition à de nouvelles concessions de Chamberlain à Hitler et Mussolini. Cette démission avait été accueillie à Berlin et à Rome avec une vive satisfaction.

trop (qui se trouvait à Londres vingt-quatre heures avant l'arrivée de Hitler en Autriche), « que le gouvernement britannique attachait la plus grande importance à toutes les mesures prises pour assurer que le plébiscite en Autriche aurait lieu sans ingérence et sans pressions allemandes ».

Lui-même, ajoutait Chamberlain, avait fait les plus sérieuses démarches dans le même sens. Je n'étais pas convaincu [1].

Le Premier ministre en arrivait ensuite à l'essentiel de ce qu'il avait à dire :

« La vérité brutale est que rien n'aurait pu empêcher ce qui s'est en fait produit (en Autriche), à moins que notre pays et d'autres n'aient été prêts à recourir à la force. »

En effet. Mais je me demandais ce que pourrait être l'avenir de la Grande-Bretagne si elle refusait de recourir à la force pour résister à la force nazie.

Winston Churchill, toujours en dehors du gouvernement, n'était encore qu'une voix solitaire dans le désert de la politique britannique. Il aborda le sujet dans un discours à la Chambre des communes qui me frappa par son réalisme et sa clairvoyance exceptionnels :

> La gravité de l'événement du 12 mars ne saurait être exagérée. L'Europe se trouve face à l'agression [...] et il n'y a pas d'autre choix [...] que, soit se soumettre comme l'Autriche, soit prendre des mesures efficaces pendant qu'il en est encore temps [...].
>
> Si nous continuons d'attendre les événements, combien allons-nous gaspiller de ressources actuellement disponibles pour notre sécurité et le maintien de la paix? Combien d'amis allons-nous perdre, combien d'alliés en puissance allons-nous voir glisser dans le sinistre gouffre?

Mais rares étaient ceux, au Parlement, qui prêtaient quelque attention à Churchill. Son propre parti conservateur approuvait totalement la politique de Chamberlain de concessions aux dictateurs fascistes.

Churchill dit autre chose qui rappela à qui voulait entendre la stupéfiante victoire stratégique remportée par Hitler en Autriche :

> Vienne est le centre des communications entre tous les pays qui formaient l'ancien empire d'Autriche-Hongrie et les pays du sud-est de l'Europe. Une grande partie du Danube est maintenant entre les mains des Allemands. La possession de Vienne donne à l'Allemagne nazie le contrôle militaire et économique de toutes les communications en Europe du sud-est, routières, fluviales et ferroviaires. Quelles en sont les conséquences sur la structure de l'Europe?

1. Après la guerre, en étudiant les documents secrets de la Wilhelmstrasse saisis, je suis tombé sur un rapport de Ribbentrop adressé directement à Hitler le 10 mars, disant qu'après avoir parlé avec Chamberlain et Halifax, il était « convaincu que l'Angleterre ne fera rien en ce qui concerne l'Autriche ».

C'était une question cruciale, mais Chamberlain n'y répondit pas. Certains de mes confrères qui avaient entendu le discours de Churchill aux Communes me dirent qu'ils ne l'avaient jamais trouvé plus éloquent. Ce qui me donna une idée. Pourquoi ne pas demander à Churchill de parler sur notre antenne avec la même éloquence qu'aux Communes? Au téléphone, mon idée plut beaucoup à Paley. Apparemment, il connaissait Churchill.

« Appelez Winston tout de suite, me dit-il, et dites-lui que j'aimerais beaucoup qu'il fasse un quart d'heure d'antenne sur CBS, de préférence en répétant ce qu'il a si bien dit aux Communes. »

– Je l'appelle tout de suite. Combien lui propose-t-on?

– Cinquante dollars », dit Paley.

Cinquante dollars? Je n'arrivais pas à y croire. Il se trouvait que je connaissais un peu les finances de Churchill. Randolph, son fils, m'en avait parlé un jour, m'expliquant que son père avait pour principale ressource un article hebdomadaire qu'une agence vendait dans de nombreux journaux à travers le monde. C'était un revenu assez confortable, mais certes pas la fortune.

« Bill, dis-je à Paley, je ne crois pas que Churchill le fera pour cinquante dollars. Ça ne fait que dix livres. »

J'appelai Churchill aux Communes. Il serait ravi, me dit-il, de faire un quart d'heure d'antenne sur CBS :

« Et combien payez-vous, si je peux me permettre?

– Cinquante dollars, dis-je. Dix livres. »

Ma réponse lui avait apparemment coupé le souffle. Finalement, il dit :

« Dites à votre patron que je le ferai volontiers pour 500 dollars, c'est-à-dire 100 livres. »

C'était un prix très raisonnable, à mon sens. Paley, quand je le rappelai, refusa.

Je quittai Londres à la fin de cette semaine trépidante, déprimé que Hitler ait réussi son agression et que les Britanniques et les Français se soient montrés si pusillanimes face à lui.

Personne à Londres, sinon Churchill, ne semblait mesurer l'importance de ce qui venait de se passer : que l'Anschluss n'était, pour Hitler, qu'un pas de plus vers la domination de l'Europe. Chamberlain, à la fin de son discours aux Communes, avait annoncé que le gouvernement allait « revoir » son programme d'armement « à la lumière des événements ». Quelle réponse dérisoire au dictateur allemand!

Quand mon avion décolla de Croydon, je commençais à retrouver le moral. Ma vie privée et professionnelle avait totalement changé pendant cette semaine historique. Je refusais de le reconnaître, mais c'était en grande partie grâce à Hitler. Du jour au lendemain, l'Anschluss avait abattu toutes les barrières qui nous avaient empêchés, Murrow et moi, de passer sur l'antenne. Et nous avions tous les deux réussi quelque chose de plus important encore : le premier rendez-vous radio d'actualité. Dorénavant, des millions de gens recevraient leurs informations tous les soirs de cette façon, des informations qui ne seraient pas dans les journaux avant le lendemain matin.

Murrow était venu me chercher ce soir-là à l'aéroport d'Aspern. Il était trop tard pour qu'on me laisse entrer à la clinique et voir ma femme, mais Ed venait d'y passer et m'assurait que si Tess n'allait pas encore très bien, elle s'en tirerait certainement. Une jeune mère juive, dans la chambre d'en face, de l'autre côté du couloir, s'était suicidée en se jetant par la fenêtre avec son bébé. D'autres s'étaient enfuies. L'obstétricien de Tess n'était pas revenu, mais on avait trouvé un autre médecin.

Lorsque nous arrivâmes, Ed et moi, devant chez moi dans le Plösslgasse, des SS en casque d'acier, baïonnette au canon montaient la garde à la porte. Il y en avait à peu près une section tout entière devant le palais Rothschild à côté. Quand nous avons fait mine d'entrer chez moi, les SS nous repoussèrent :

« Mais j'habite ici! dis-je.

– Ça ne change rien. Défense d'entrer », répondit l'un des gardes.

J'essayai de contenir ma rage : j'avais assez vu ce genre de durs en Allemagne. Je demandai :

« Où se trouve votre chef?

– Au palais Rothschild. »

Un énorme SS nous escorta dans la maison du jardinier, attenante à notre bâtiment, où Louis Rothschild avait habité l'année d'avant. C'était vraiment une grande maison. En y entrant, nous nous sommes cognés dans des officiers SS qui sortaient de la cave l'argenterie et tout un véritable butin. L'un d'eux, qui paraissait leur chef, était écrasé sous le poids d'un lourd écrin de couteaux et de fourchettes d'argent. Il les posa, pas le moins du monde embarrassé, tandis que j'expliquais mon métier et notre nationalité. Cela eut l'air de l'amuser mais il dit à la garde de m'escorter jusqu'à ma porte.

« Mais il va falloir rester chez vous au moins un certain temps, dit-il, encore avec un petit rire. Jusqu'à ce que cette opération soit terminée. »

D'une fenêtre de mon appartement, après avoir pris un verre bien tassé, nous regardions, Ed et moi, les SS sortir leur butin de la demeure des Rothschild et l'empiler dans des camions. J'avais hâte de voir ce que devenait Vienne, maintenant que Hitler l'avait annexée. Nous nous sommes glissés dans l'escalier en silence, puis, attendant un moment où nos gardes s'écartaient de l'entrée, nous avons plongé dans la nuit sur la pointe des pieds. Les rues étaient assez tranquilles. Ed me dit que les Juifs avaient été presque tous arrêtés – plusieurs milliers – et plusieurs milliers de socialistes et de partisans de Schuschnigg aussi. L'ancien chancelier lui-même, ajouta Ed, était aux mains de la Gestapo, mais personne ne savait exactement où.

Nous avons parcouru le centre de la ville pendant à peu près une heure, avant d'entrer dans un bar de la Kärtnerstrasse. Ed était maintenant d'une humeur sinistre – une humeur que j'allais apprendre à bien connaître. Il était déprimé par ce qu'il avait vu à Vienne toute la semaine : les foules hystériques, les hurlements et les vantardises de Hitler, le sadisme des brutes nazies dans les rues. Un soir, quelques jours plus tôt, dans ce même bar, dit-il, il avait vu un homme qui avait l'air d'être juif se soûler avant de se couper la gorge, avec un vieux rasoir à main qu'il avait tiré de sa poche.

Mais le moral d'Ed remonta un peu lorsque la conversation en vint à notre travail.

« Je crois que nous avons réussi quelque chose », dit-il.

Je commençais à m'habituer à ses euphémismes et ils me plaisaient bien.

« Nous sommes devenus, en somme, les premiers reporters de radio, et nous avons trouvé une façon de présenter toute l'information. Maintenant, vieux, on va peut-être pouvoir faire notre chemin. »

Là-dessus, nous nous sommes offerts encore un verre et, le lendemain matin, Murrow partit pour Londres. Moi, je me dépêchais d'aller à la clinique voir Tess. Son état, me dit un des médecins, était encore critique. On ne pouvait toujours pas exclure l'éventualité d'un caillot de sang causé par la phlébite. L'avenir seul pourrait le dire. Je pensais que les médecins avaient déjà perdu trop de temps sur son cas. Tess était entrée à la clinique en pensant y rester une semaine, au plus. Et elle y était maintenant depuis près d'un mois.

J'essayais de noyer mes soucis dans le travail. Je fis une émission spéciale sur les changements survenus à Vienne pendant ma semaine d'absence. Mais je ne pouvais pas donner un reportage vraiment fidèle. Les nazis avaient imposé une censure provisoire sur nos émissions. Cela me rappela qu'il faudrait que j'installe ma base dans un pays neutre aussitôt que Tess serait sortie de la clinique.

Ce qu'on voyait maintenant à Vienne était presque incroyable. Les Viennois, d'ordinaire si aimables, si sentimentaux, se conduisaient plus mal que les Allemands, en particulier envers les Juifs. Dès qu'on mettait le pied dehors, on les voyait par groupes, gardés par des hommes des troupes d'assaut goguenards au milieu de foules hurlant des insultes, à quatre pattes, effaçant les slogans pro-Schuschnigg sur les trottoirs. Je n'avais jamais vu de scènes si humiliantes à Berlin ou à Nuremberg. Ni un tel sadisme de la part des nazis. Les SA et les SS attrapaient les Juifs par centaines dans les rues ou chez eux, pour nettoyer les latrines de leurs casernes et des autres bâtiments qu'ils avaient réquisitionnés. Les

Juifs étrangers, ou les étrangers à qui les brutes nazies trouvaient le type juif, étaient transformés en domestiques.

Il se trouvait que l'épouse de John Wiley, le ministre des États-Unis, était une Juive polonaise. Elle n'osait pas quitter la légation de peur d'être arrêtée et mise au « nettoyage ». Gillie, un de mes vieux amis, qui avait été correspondant au *Morning News* de Londres à Berlin et qui couvrait maintenant l'Anschluss, fut arrêté par une bande de SA alors que nous passions devant la cathédrale. Gillie était un pur Écossais et il en avait bien l'air, mais ils lui hurlèrent des obscénités antisémites et commencèrent à le malmener. Je cherchais des yeux la *Polizei* lorsque je me rendis compte que rien ne serait plus inutile que d'appeler un policier : même ceux qui n'étaient pas nazis avaient peur de se frotter aux SA. Gillie finit par sortir son passeport britannique et les brutes de Hitler le laissèrent aller.

Je passai une bonne partie de mon temps, pendant les quelques premiers jours de mon retour à Vienne, à reconstituer l'histoire des retrouvailles triomphales de Hitler avec son pays natal, à ruminer l'énorme victoire stratégique qu'il avait apportée à l'Allemagne et à me demander ce que serait sa prochaine conquête. A son premier passage à Linz, où il avait vécu enfant avant de partir pour Vienne, il fut transporté par l'accueil délirant d'une foule immense :

> Si la Providence m'a appelé de cette ville pour être le Führer du Reich, elle devait ainsi m'avoir chargé d'une mission, et cette mission ne pouvait être que de rendre ma chère patrie au Reich allemand. J'ai cru en cette mission, j'ai vécu et j'ai combattu pour elle, et je crois maintenant l'avoir remplie.

Le plus grand moment pour Hitler fut, le 15 mars, lorsqu'il apparut, à Vienne, au balcon du Palais de la Hofburg, d'où les rois et les empereurs Habsbourg avaient régné jadis, et cria à la foule immense assemblée :

En tant que Führer et Chancelier de la nation allemande et du Reich, je proclame devant l'Histoire l'incorporation de mon pays natal dans le Reich allemand.

Deux jours plus tôt, à Linz, le jour où le plébiscite de Schuschnigg aurait dû avoir lieu, Hitler avait promulgué ce qu'il appelait une loi d'Anschluss, proclamant la fin de l'Autriche, et qui commençait en ces termes :

« L'Autriche est une province du Reich Allemand. »

En ayant ainsi décidé, Hitler, avec sa duplicité habituelle, ordonnait « un plébiscite libre et secret » par lequel les « Autrichiens allemands » décideraient de l'union de leur pays avec l'Allemagne. Peu importait le fait qu'il l'avait déjà décidée et qu'il allait l'annoncer deux jours plus tard à Vienne. La comédie du plébiscite aurait lieu le 10 avril. A son retour de Berlin quelques jours plus tard, Hitler annonça que les Allemands du Reich auraient aussi leur plébiscite le 10 avril, pour approuver ou désapprouver l'Anschluss. Il y aurait aussi, le même jour, une nouvelle élection au Reichstag. C'était Hitler qui désignait les députés du Reichstag et il avait déjà fait des nazis le seul parti politique du pays : cette « élection » n'était donc qu'une duperie de plus.

Maintenant que j'étais libre de mes émissions et que je pouvais faire du reportage sérieux, je couvris le plébiscite-bidon. Comme si les peuples d'Allemagne et d'Autriche allaient vraiment décider de l'Anschluss, Hitler parcourut l'Allemagne et l'Autriche de long en large en faisant des discours politiques grandiloquents pour exhorter les électeurs à voter *Ja.* Comme si Schuschnigg était encore un adversaire politique, il couvrait de mépris et de ridicule le chancelier autrichien déchu et emprisonné. Schuschnigg, répétait-il sans relâche, l'avait « trahi » avec son « élection truquée ». Je notai cependant qu'il n'osait pas dire aux Allemands et aux Autrichiens, ni au monde extérieur, qu'il avait déjà arrêté Schuschnigg. C'était un scandale absolument sans précédent dans l'Europe moderne.

Pendant cette campagne insolite, Hitler parut préoccupé de quelques points que nous, les correspondants étrangers, nous avions soulignés à propos de sa duplicité – en particulier l'annexion de l'Autriche avant le plébiscite. Dans un discours radiodiffusé de Königsberg, il attaqua la presse étrangère en donnant une excuse sans valeur – mais caractéristique – à son comportement :

« Au cours de ma bataille politique, j'ai bien gagné l'amour de mon peuple. Mais quand j'ai franchi l'ancienne frontière pour entrer en Autriche, j'ai rencontré un courant d'amour que je n'avais jamais connu [...] C'est la force de cette impression qui m'a fait décider de ne pas attendre jusqu'au 10 avril pour effectuer l'unification [...]. »

Si on croyait cela, comme, j'en étais certain, des millions et des millions d'Allemands et d'Autrichiens, alors on pouvait croire n'importe quoi.

Hitler termina sa campagne à Vienne le 9 avril, à la veille du vote. Je dois dire qu'il fit alors l'un de ses discours les plus éloquents jusqu'alors. Mais ce qui m'impressionna surtout fut que cet homme, qui avait jadis été clochard, mal lavé et le ventre vide, sur le pavé de cette magnifique cité impériale, parlait comme l'empereur Guillaume II et l'empereur François-Joseph, les deux derniers monarques des deux empires germaniques [1]. Comme s'il était en communion permanente avec Dieu, dont il serait devenu le représentant sur la Terre.

1. Charles Ier avait eu un règne très court – jusqu'à la Révolution de 1918 – après la mort de François-Joseph en 1916, à l'âge de quatre-vingt-six ans, qui, lui, avait eu un règne d'une durée record : soixante-huit ans.

> Je crois que c'était la volonté de Dieu d'envoyer un jeune homme d'ici dans le Reich pour le laisser grandir là-bas, de l'élever pour en faire le chef de la nation et lui permettre de ramener son pays natal dans le sein du Reich.
>
> Il existe un ordre suprême, dont nous ne sommes que les agents. Lorsque, le 9 mars, Herr Schuschnigg a renié sa parole, à cette seconde même j'ai senti que l'appel de la Providence était descendu sur moi. Et ce qui s'est alors produit en trois jours n'était concevable que comme l'accomplissement du vœu et de la volonté de la Providence.
>
> Je vais à présent remercier Celui qui m'a laissé revenir dans mon pays natal pour le ramener maintenant dans mon Reich allemand! Puisse demain chaque Allemand comprendre cette heure, et en mesurer l'importance, et s'incliner humblement devant le Tout-Puissant qui, en quelques semaines, nous a accordé ce miracle!

La majorité des Autrichiens, qui aurait sans aucun doute dit *Ja* à Schuschnigg le 13 mars, allait le dire aussi à Hitler le 10 avril : le doute n'était pas permis. Nombre d'entre eux croyaient sincèrement que l'Autriche, coupée de son arrière-pays slave et hongrois depuis 1918, ne pouvait survivre qu'au sein du Reich allemand. Il y avait certes un grand nombre d'Autrichiens qui avaient attrapé le virus nazi. Nombre de catholiques, dans ce pays à majorité catholique écrasante, étaient indiscutablement influencés par une déclaration largement diffusée du cardinal Innitzer, préconisant le *Ja*. Enfin, le sentiment général était que ceux qui ne voteraient pas *oui* risqueraient d'être connus et d'en être punis.

L'après-midi du plébiscite, le dimanche 10 avril, j'ai visité un bureau de vote à la Hofburg, à Vienne. Dans l'isoloir, il y avait un échantillon de bulletin pour montrer comment voter *Ja*. J'ai remarqué que le rideau était assez largement déchiré dans un coin par où la commission nazie pouvait, de son bureau à quelques mètres de là, voir assez bien comment votait chaque électeur.

J'ai fait une émission d'un quart d'heure ce soir-là, à 19 h 30. Les bureaux de vote venaient tout juste de fermer mais un officiel nazi m'assura, juste avant que je ne passe sur l'antenne, que les Autrichiens votaient à 99 p. 100 pour l'Anschluss. En effet, le chiffre officiel allait être de 99,75 p. 100 de *Ja* et de 99,08 p. 100 en Allemagne.

C'est ainsi que l'Autriche disparut pour un temps de l'Histoire en tant qu'Autriche, son nom même étant supprimé par un Autrichien qui, apparemment, ne lui avait jamais pardonné de ne l'avoir pas apprécié à sa juste valeur. Vienne devenait une simple ville du Reich, tombant au rang d'un chef-lieu de province comme les autres. L'ancien vagabond autrichien, devenu le puissant dictateur allemand, avait rayé son pays natal de la carte et enlevé à sa capitale jadis resplendissante, qui l'avait, croyait-il, repoussé, les derniers vestiges de sa gloire.

Le gouvernement allemand ne fit jamais, à ma connaissance, aucune déclaration officielle sur ce qu'il était advenu de Schuschnigg. L'ancien chancelier autrichien avait simplement disparu dans les limbes. Il me fallut un certain temps pour connaître son sort.

Sur ordre de Hitler, Schuschnigg avait été arrêté au matin du 12 mars, quelques heures après sa démission forcée, et détenu d'abord à son domicile, jusqu'au 28 mai. Pendant cette période, j'eus quelques informations provenant de nazis tièdes, selon lesquelles la Gestapo, qui assurait sa garde, utilisait de nombreuses petites recettes pour le priver de sommeil, comme par exemple maintenir la radio et l'électricité allumées dans sa chambre vingt-quatre heures sur vingt-quatre. Il fut ensuite transféré à l'état-major de la Gestapo, à l'hôtel Métropole de Vienne, où il fut incarcéré dans une petite chambre au cinquième étage pendant dix-sept mois.

Là, on le forçait, avec une serviette par semaine en principe destinée à son propre usage, à nettoyer les chambrées, les lavabos, les boîtes à ordures et les latrines de ses gardes SS, entre autres corvées humiliantes. Pendant sa première année de captivité, il perdit plus de 25 kilos et tomba malade, bien qu'un médecin SS qui l'examina l'eût déclaré en excellente santé. Il connut ensuite des années d'isolement, pour être finalement envoyé « parmi les morts-vivants », selon sa propre expression, dans les camps de concentration, principalement Dachau et Sachsenhausen.

A Dachau, pendant sa septième année de détention et alors que la guerre touchait à sa fin, il fut rejoint par quelques autres célébrités, également victimes de la colère de Hitler : parmi eux, le Dr Schacht; Léon Blum, l'ancien président du Conseil français, qui était juif, et son épouse; le pasteur Niemöller, l'ancien commandant de sous-marins devenu pasteur luthérien qui, de sa chaire à Berlin, avait osé défier le dictateur et qui était détenu depuis huit ans; le prince Philip de Hesse, dont l'épouse, la princesse Mafalda, fille du roi Victor-Emmanuel d'Italie, avait été exécutée à Buchenwald en 1944, vengeance de Hitler après le passage du roi dans le camp allié; et de nombreux généraux allemands de haut rang.

Le 1er mai 1945, l'ensemble hétéroclite formé par ces prisonniers éminents, évacués de Dachau en hâte et transportés vers le sud pour qu'ils ne soient pas libérés par les Américains, arriva dans un village des hautes montagnes du Sud-Tyrol.

L'officier de la Gestapo responsable des prisonniers montra à Schuschnigg une liste de ceux qui, sur ordre de Himmler, devaient être liquidés avant de tomber aux mains des Alliés. Schuschnigg nota que son nom y était, « bien imprimé », devait-il souligner par la suite. Il en fut très frappé. Avoir survécu si longtemps aux brutalités hitlériennes pour être supprimé à la dernière minute! Son carnet en date du 4 mai 1945 notait pourtant une fin heureuse :

> A deux heures cet après-midi, alerte! Les Américains! Un détachement américain occupe l'hôtel. Nous sommes libres!

Tous les Juifs autrichiens ne moururent pas dans les camps et les prisons nazis. Nombre d'entre eux furent autorisés à payer leur sortie du pays, en général au prix de leur fortune. Le baron Louis Rothschild, par exemple, acheta sa liberté en cédant ses aciéries aux Usines Hermann Goering. Près de la moitié des 180 000 Juifs de Vienne achetèrent sans doute ainsi leur liberté avant le début de l'holocauste.

Ce trafic lucratif sur les libertés humaines avait lieu sous l'égide d'un organisme dirigé par Reinhard Heydrich, qui s'appelait officiellement « Service d'émigration des Juifs ». C'était le seul organisme autorisé à délivrer aux Juifs des permis de sortie du pays. Par la suite, il deviendrait un organisme, non plus d'émigration, mais d'extermination, chargé de l'organisation de l'assassinat de plus de quatre millions de Juifs. Il fut administré dès l'origine et jusqu'à la fin par un nazi autrichien, né dans la ville natale de Hitler, nommé Karl Eichmann.

Personne, et moi pas plus que quiconque, ne prêta alors particulièrement attention à ce nom.

Tess finit par rentrer de la clinique, avec le bébé, le 8 avril. La phlébite de sa jambe l'empêchait toujours de marcher. Je notai dans mon carnet :

« Le pire est passé. »

Nous étions immensément soulagés. Mais pas pour longtemps. Le moral de Tess remontait depuis son retour à la maison mais sa santé ne s'améliorait pas. Les médecins n'y comprenaient rien. Finalement, on découvrit ce qui n'allait pas. Une nouvelle radio révéla des objets métalliques, probablement des instruments chirurgicaux, oubliés dans le corps de Tess après la césarienne d'urgence. Il vaudrait mieux, nous conseillèrent les médecins, les faire enlever par l'obstétricien qui avait fait l'opération. Mais comme il était juif, il se cachait depuis l'Anschluss. Je réussis à le retrouver. Il ne voulait pas prendre le risque de venir à la clinique et je ne pouvais pas lui en vouloir. Mais il acceptait de le faire en lieu sûr.

Je trouvai un couvent dans le Wienerwald (la forêt viennoise) à trois kilomètres en aval de Vienne sur le Danube, où il y avait une clinique et dont les sœurs de la Charité acceptèrent de nous héberger pour l'opération. En pleine nuit, nous avons donc conduit le docteur au couvent, et il a effectivement retrouvé ce quelque chose qu'il avait laissé par mégarde. Dès lors, l'état de Tess s'améliora peu à peu, bien que lentement. Dans la confusion due à tous nos problèmes, elle de santé et moi, professionnels, nous n'avions pas eu le temps de donner un nom à notre ravissante petite fille. C'était le moment d'y penser. Nous l'avons appelée Eileen Inga.

Murrow et moi avions décidé qu'aussitôt Tess en état de voyager, je m'installerais à Genève, d'où je pourrais organiser des émissions sans que les responsables nazis s'en mêlent. Maintenant qu'Adolf Hitler prenait un nouveau départ, il était évident que nous allions avoir une quantité d'informations à diffuser. Ce qui était également évident, c'était *l'endroit* où Hitler frapperait la prochaine fois. Je le notai dans mon carnet à Vienne, le 14 avril, quatre jours après le plébiscite bidon de Hitler :

> La Tchécoslovaquie sera certainement la prochaine sur la liste de Hitler. Militairement, elle est condamnée maintenant que l'Allemagne (ayant pris l'Autriche) l'encercle de trois côtés.

Je notai également :

> Toutes nos émissions de Prague désormais (après l'Anschluss) doivent traverser l'Allemagne par téléphone, même si nous les recevons à Genève pour l'émission sur ondes courtes. Ce sera difficile en cas de troubles. Il faudra que je demande aux Tchèques où en est leur nouvel émetteur ondes courtes quand j'irai à Prague demain.

A Prague, deux jours plus tard, le 16 avril, je passai à l'antenne, dans une émission pour l'Amérique, Edvard Benes, le président de la République, et Alice Masaryk, la fille du révéré fondateur du pays. La veille au soir, j'avais dit à Benes, que j'avais connu quand je couvrais la Société des Nations dont il était un défenseur acharné, que j'espérais qu'il voudrait bien parler des conséquences de l'Anschluss pour son pays, maintenant entouré au nord, à l'ouest et au sud par un dictateur allemand hostile.

Il accepta de parler des « relations avec l'Allemagne », mais sur un ton excessivement modéré et raisonnable. Peu importait, je l'appris après la fin de l'émission. Les Allemands avaient brouillé tout ce qu'il avait dit d'eux. New York avait loué une ligne de téléphone reliant Prague aux émetteurs allemands de Zeesen, à côté de Berlin. Mais même si nous avions eu une ligne avec un émetteur à Genève, en pays neutre, elle serait passée par l'Allemagne et nous aurions pu être brouillés aussi.

Le lendemain, j'allai à la Radio tchèque pour accélérer si possible la construction de leur émetteur à ondes courtes, pour pouvoir inclure leur point de vue dans notre prochaine émission. Je fus un peu étonné que ni Benes, ni le directeur technique, au siège de la Radio de Prague, ne parussent très inquiets des prochains projets de Hitler. Benès était un homme d'État trop sagace et trop chevronné pour ignorer qu'ils seraient dirigés contre la Tchécoslovaquie.

La façon dont CBS nous mettait sur l'antenne de plus en plus souvent avait quelque chose de presque amusant. Le soir du 2 mai, je me trouvai ainsi avec un micro sur le toit des écuries royales, dominant l'entrée du palais du Quirinal à Rome, attendant que le roi d'Italie et Hitler arrivent dans un carrosse doré. Cette expérience sur un toit, en cette merveilleuse journée de printemps, allait m'en apprendre davantage sur la radio américaine.

A dire vrai, je me sentais un peu ridicule, ce jour-là. La visite officielle de Hitler à Rome était un événement important. Il venait voir si le vaniteux dictateur italien apprécierait son projet de conquête de l'Europe, et le prix qu'il demanderait. Il me semblait que j'aurais pu couvrir l'événement de façon plus sérieuse dans un studio tranquille. Mais, à New York, on avait aimé l'idée d'émettre sur les écuries du Palais : ce serait plus sensationnel, à l'écoute.

On me demanda donc de parler au moment précis où le souverain et son invité devaient arriver. Mais s'ils étaient en retard? C'était un problème, mais qui aurait pu être facilement résolu en enregistrant l'événement, à l'heure où il aurait réellement lieu, pour le diffuser en différé. Mais nous n'avions pas le droit d'enregistrer, comme tous les reporters radio européens. Nous ne devions émettre qu'en direct. Les auditeurs américains savaient qu'ils entendaient l'événement au moment où il avait lieu, à la seconde même. C'était la nouvelle dimension que donnait la radio, et c'était passionnant.

Cependant, l'interdiction de retransmettre nos reportages en différé pouvait avoir de graves conséquences, j'allais l'apprendre le soir même en attendant l'arrivée du roi d'Italie et du Führer allemand.

Ils arrivèrent six minutes *avant* l'horaire. Au moment où je pris l'antenne, ils étaient passés dans leur carrosse, ils étaient entrés dans le palais, ils étaient apparus sur le balcon, ils avaient salué la foule et disparu. Lorsque mon microphone fut sur écoute, il n'y avait plus rien à décrire. Si j'avais eu le droit d'enregistrer quelques minutes plus tôt, New York aurait reçu une description *de visu* de l'événement pendant qu'il avait lieu, et aurait pu l'inclure dans son programme d'informations.

Tandis que l'Europe glissait vers la guerre, Ed et moi essayions encore de joindre Paley pour avoir le droit d'enregistrer. Il y avait deux raisons principales pour lesquelles c'était absolument nécessaire pour essayer de faire du reportage radio à partir de l'Europe.

La première tenait aux parasites atmosphériques et à leurs effets sur les transmissions radio au-dessus de l'Océan entre l'Europe et l'Amérique. Ces parasites changeaient selon les saisons, les jours, et même les heures. Ils étaient affectés par bien des facteurs, y compris les taches du soleil et les courants magnétiques du pôle Nord. Et par le jour et la nuit. A cause du décalage horaire, la plupart des émissions américaines venant d'Europe étaient émises la nuit mais reçues à New York quand il faisait encore jour. Tandis que la crise en Europe s'aggravait et que nos émissions sur son évolution se multipliaient, il devenait de plus en plus fréquent qu'elles ne passent pas l'Atlantique parce que CBS à New York les exigeait en direct.

Il y avait d'autres inconvénients à cette interdiction d'enregistrer qui nous empêchait de tirer tout le profit de ce nouveau médium journalistique. En un jour donné, il pouvait se produire plusieurs événements, dont chacun aurait pu être enregistré au moment où il s'était produit, puis le tout présenté sous forme de synthèse dans l'émission du soir. A Berlin, par exemple, il pouvait y avoir une proclamation belliqueuse, des mouvements de troupes dans la capitale, des manchettes sensationnelles dans les journaux, une protestation d'un ambassadeur indigné, un discours violent de Hitler, de Goering ou de Goebbels menaçant la prochaine victime de l'Allemagne, le tout dans la même journée. Nous aurions pu les enregistrer au moment où ils se produisaient et en faire un reportage en profondeur en fin de journée. C'était impossible aux journaux. Seule la radio pouvait le faire. Mais Paley l'interdisait.

Avec Murrow, nous essayions de lui faire comprendre que l'interdiction de l'enregistrement, non seulement paralysait nos efforts pour couvrir la crise en Europe, mais rendrait impossible de couvrir vraiment la guerre si elle éclatait. Pour émettre en direct, il nous fallait une ligne de téléphone entre notre micro et un émetteur sur ondes courtes. On ne pouvait pas suivre l'avance ou la retraite d'une armée en traînant une ligne de téléphone derrière soi. On ne pouvait pas amener son micro assez près pour entendre le bruit des combats. Avec un petit enregistreur compact, on pouvait aller au cœur de la bataille pour saisir à chaud les bruits terribles de la guerre.

Le futur conflit, s'il éclatait, comporterait de terribles bombardements des villes. Mais il y aurait des répits dans les plus violentes offensives aériennes. Le moment d'émettre, pour la radio, pourrait facilement se situer pendant ces répits. Pour que les auditeurs entendent vraiment, il faudrait que nous commencions à enregistrer au moment des premières chutes de bombes, du début du tir de la DCA, de l'alerte des sirènes et des cris des premiers blessés.

Cela paraissait si simple, si logique. Mais Paley restait inébranlable.

Notre départ de Vienne pour Genève se révéla plus déchirant que nous ne l'avions prévu. Pendant les dix derniers jours de mai, l'Europe avait été paniquée. Le week-end qui commençait le vendredi 20 mai avait vu les gouvernements de Londres, de Paris, de Prague et de Moscou persuadés que la guerre était pour demain. Non sans raison. Des informations sérieuses signalaient que douze divisions allemandes faisaient mouvement sur la frontière tchèque. Les Tchèques avaient aussitôt rappelé une classe de réserve et mis en état d'alerte leur ligne fortifiée. Je partis en hâte pour Prague.

On aurait vraiment dit, là-bas, que la guerre était sur le point d'éclater. L'état-major général était réuni. Des renseignements contradictoires arrivaient des diverses capitales. Des rumeurs couraient partout. Des unités de réserves mobilisées en hâte embarquaient pour le « front ». J'essayai désespérément d'obtenir des Tchèques qu'ils mettent en marche leur nouvel émetteur sur ondes courtes pour que nous puissions transmettre directement à New York. Les Allemands nous refusaient les lignes de téléphone à travers l'Allemange, les seules qui pouvaient nous relier aux émetteurs de Genève ou de Londres.

Le lundi 23 mai, la crise passa. Chose étonnante, Hitler eut l'air de céder devant la pression diplomatique de la Russie, de la Grande-Bretagne et de la France, et la tranquille fermeté des Tchèques. Bien que furieux d'être contrarié, il ordonna au ministère des Affaires étrangères de Berlin de faire savoir aux Tchèques que les rapports sur des concentrations de troupes allemandes sur leur frontière étaient sans fondement et que l'Allemagne n'avait pas d'intentions agressives contre la Tchécoslovaquie. Cela, c'était ce qu'il disait alors au monde extérieur. Mais à ses généraux, comme nous devions l'apprendre par la suite, il tenait un autre langage. A Berlin, le 28 mai, il leur dit :

« C'est ma volonté inébranlable que la Tchécoslovaquie soit rayée de la carte. »

Il leur ordonna de terminer les plans à cette fin pour le 1er octobre. C'était une date à se rappeler : dans les quatre mois.

Soulagé, comme tout le monde, bien que ce week-end à Prague eût été passionnant, je rentrai à Vienne pour reprendre nos préparatifs de déménagement. Il fallait que nous soyons à Genève avant le 10 juin, car le visa suisse de Tess expirait à cette date. Tess tenait encore à se servir de son passeport autrichien, qui n'était plus valable [1]. Elle refusait de demander un passeport allemand, désormais obligatoire pour tous les Autrichiens voyageant à l'étranger.

Mon carnet, à Vienne, le 9 juin 1938, note :

> Départ demain. La Gestapo est ici depuis deux jours, pour contrôler mes livres et mes affaires personnelles [...]. Tess n'est pas en état de voyager, avec ses pansements partout, mais nous partons par avion.

1. Les femmes étrangères épousant un Américain n'acquéraient pas de ce fait la nationalité américaine.

Elle avait été opérée pour la deuxième fois à mon retour de Prague. Sa guérison avait été désespérément lente. Mais elle était réconfortée à l'idée d'échapper le lendemain à cette terre désormais nazie.

Pour ma part, cependant, j'étais sur mes gardes. Ce n'était pas si facile de quitter l'Autriche, maintenant que Hitler l'avait prise. La Gestapo était déchaînée, non seulement contre les Juifs et les opposants autrichiens, mais contre les étrangers qui pouvaient essayer de sortir leur argent au mépris du strict contrôle des changes. J'avais moi-même eu un incident en allant en Italie pour y couvrir la visite de Hitler. A la frontière, des agents de la Gestapo étaient entrés dans mon wagon-lit en pleine nuit, avaient saisi toutes mes devises étrangères dont j'avais besoin pour mes frais à Rome [1] et m'avaient menacé d'arrestation. Ils avaient sans aucun doute mis mon nom sur leur liste noire des suspects, après mon passage à la frontière avec des devises étrangères.

Je suppose donc que j'étais un peu nerveux lorsque, le matin de notre départ, j'allai au bureau de Vienne de l'American Express pour y reprendre 500 marks que j'avais prêtés au directeur en dollars. En principe, la transaction aurait dû se faire par la Reichsbank, mais la somme nous avait paru trop modeste pour en valoir la peine. Quand j'entrai dans le bureau, un Allemand, qui avait toujours joué les émigrés antinazis, mais dont j'étais sûr qu'il était un espion nazi, m'accueillit avec un sourire. Je crus un instant que c'était un piège. Je ne connaissais pas assez le directeur, un jeune Anglais, pour lui faire grande confiance. Nous avons bavardé un moment jusqu'à ce que l'espion s'en aille. Même ensuite, je ne me sentais pas en sûreté. La plupart des employés autrichiens de l'American Express s'étaient révélés des membres clandestins du parti nazi interdit. Finalement, nous repartîmes sur le Ring et il me glissa les 500 marks dans la poche. Ce n'est que plus tard que je mesurai à quel point nous avions dû sembler suspects. Je n'avais nullement l'intention, bien entendu, de sortir les 500 marks du pays. Je n'avais légalement le droit d'en sortir que 50, environ 12 dollars. J'avais soigneusement calculé que le reste me servirait à payer les factures de dernière minute.

Vers midi, nous partîmes pour l'aéroport d'Aspern, Tess, le bébé, une jeune Autrichienne qui nous accompagnait comme nurse, et moi. Dans le bâtiment, j'expliquai au chef de la Gestapo que ma femme étant trop faible, après ses récentes opérations, pour se tenir debout, j'allais m'occuper avec lui du permis de sortie de Tess et de ses bagages. En entrant dans la salle d'attente, j'avais laissé Tess dehors sur un banc en lui demandant de ne pas bouger avant qu'on n'appelle notre avion.

Le chef de la Gestapo n'était pas seulement sceptique, mais soupçon-

1. Le mark allemand, qui avait remplacé le schilling autrichien, n'était pas coté. Même les Italiens refusaient d'échanger des marks contre des lires.

neux. Si cette dame était mon épouse, pourquoi n'avait-elle pas un passeport américain? Patiemment – j'étais résolu à garder mon sang-froid jusqu'à ce que je sois sorti de ce pays – j'expliquai la loi américaine. Donc la dame était autrichienne? s'écria mon persécuteur. Alors, où était son passeport allemand? Tous les Autrichiens devaient avoir des passeports allemands. Je lui demandai de bien regarder le permis de sortie, avec le tampon du bureau central de la Gestapo de Vienne. Cette fois, il fut impressionné, Dieu merci. Mais son naturel revint au galop. Il fallait que Tess se lève, comme tous les autres passagers, pour assister au contrôle de ses bagages.

Je commençai à protester. Je regrettais maintenant de n'avoir pas amené un de ses médecins pour me soutenir, mais c'eût été sans doute inutile. Je me mis à élever la voix, sur quoi l'homme de la Gestapo fit signe à un inspecteur de m'emmener. Je fus conduit dans une petite pièce où deux gradés de la police examinèrent mon portefeuille et toutes mes poches, et me fouillèrent des pieds à la tête. Puis ils me conduisirent dans une petite pièce voisine :

« Attendez ici. »

Lorsque je commençai à dire qu'il fallait que je retourne auprès de mon épouse malade pour l'aider pendant l'inspection des bagages, ils me claquèrent la porte au nez. J'entendis la serrure se fermer. Cinq, dix minutes, un quart d'heure passèrent qui me parurent des heures. Le moment du décollage était certainement venu pour notre avion de Genève.

A ce moment précis, j'entendis Tess crier :

« Bill, ils m'emmènent! Ils veulent me déshabiller! Où es-tu, Bill? »

Je me mis à cogner sur la porte. Par la fenêtre, j'entendais et je voyais les Suisses mettre en route les moteurs de leur DC-3, agacés d'être retardés. Après ce qui me parut un siècle, un policier en civil ouvrit ma porte et me conduisit à un couloir qui reliait la salle d'attente au terrain. J'essayai d'entrer dans la salle d'attente pour retrouver Tess, mais la porte était verrouillée. Une fois encore, j'entendis l'avion suisse qui faisait son point fixe. Ils allaient sans doute partir sans nous : du couloir, je ne voyais pas l'avion.

Alors une porte s'ouvrit. Ma femme en sortit, la nurse la soutenant d'un bras et tenant le bébé dans l'autre.

« Vite! cria un fonctionnaire, vous avez retardé l'avion. »

Je réussis à tenir ma langue et à retenir Tess qui grinçait des dents. Elle laissa échapper :

« Elles m'ont déshabillée, les salopes! Elles m'ont déchiré mes pansements! »

Je n'avais jamais entendu Tess dire une grossièreté.

« Reste calme encore quelques minutes, chérie, dis-je à voix basse, et nous serons sortis de cette saloperie d'endroit... Les salauds... »

Je lui pris l'autre bras. Nous avions passé la porte ouvrant sur l'extérieur et nous courions aussi vite que possible sur l'herbe. L'avion était là, à cinquante mètres, avec ses deux moteurs en marche. Je me demandais ce qui allait bien pouvoir encore se passer d'ici quelques secondes, avant que nous puissions enfin grimper dans ce sacré avion. Puis nous nous sommes retrouvés dedans, et, en cahotant, il a traversé le terrain pour décoller [1].

Nous avons volé tout le temps sans visibilité, secoués dans d'épais nuages d'orage au-dessus des Alpes, entre Vienne et Zurich. Tess était horriblement malade. Je crus que la petite Eileen Inga, à quatre mois, ne survivrait pas. La nurse perdit connaissance. Puis ce fut Zurich. La Suisse, la santé, la civilisation, la liberté après le barbare cauchemar nazi. Le soleil reparut pendant notre trajet jusqu'à Genève.

Quand le médecin de l'hôtel eut fait des pansements neufs à Tess, et après un verre et le dîner, nous nous sentîmes revivre.

« Pourquoi t'ont-ils déshabillée, ces salauds de nazis?

– Ces salopes, rectifia Tess. Au moins, ils prennent des femmes pour ces choses-là. Des petites Gretchen allemandes, des hitlériennes bien dures.

– Mais pourquoi? Je leur avais dit que tu étais toute bandée. Après les opérations...

– Elles cherchaient de l'argent, dit Tess. Elles étaient sûres que nous passions une fortune sous les pansements. Elles ne nous croyaient pas. Jusqu'à ce qu'elles aient vu le résultat. »

Les jours suivants, comme nous commencions à nous installer, Genève me parut bientôt une sorte de paradis, cette Genève calviniste, béate, digne, un peu lourde, où je m'étais ennuyé à l'époque où il avait fallu que je m'arrache à Paris pour venir couvrir la Société des Nations.

Ed Murrow arriva par avion de Londres.

Je me rappelle un magnifique après-midi de juin cet été-là, où Tess, Ed et moi avons embarqué sur un bateau à roues pour Lausanne, sur l'eau calme du lac, bleue comme la Méditerranée, avec les berges d'un vert éclatant, et le Jura à l'ouest, d'un bleu de fumée profond, et les neiges du mont Blanc à l'est, roses dans le soleil couchant. Nous étions assis sur le pont après un déjeuner tardif, tout alanguis par le vin de la montagne et l'air tiède, bavardant et riant, tout étonnés. Après ce que nous avions vécu tous les trois à Vienne pendant l'Anschluss, la vie était belle. Nous prenions un bain de paix, de tranquillité, de liberté, dans la splendeur des Alpes.

Nous sommes restés quelques jours à Lausanne au bord du lac, Ed et

1. A cette époque, les aérodromes d'Europe n'avaient pas de pistes cimentées.

moi, à titre d'observateurs américains de l'Union des Radios européennes, dont CBS était membre associé. Mais il n'y avait pas grand travail à faire. Nous passions le plus clair de notre temps à paresser, à nager, à faire de la voile, à grimper sur les contreforts des montagnes, mangeant bien, buvant les vins du pays et passant de longues soirées dans la nuit tiède. Comme nous étions insouciants! Comme nous étions jeunes!

C'étaient les derniers jours de paix et de tranquillité que nous allions connaître pendant sept longues années. Nous allions, tous les trois, couler au fond du Moyen Age, connaître les épreuves des menaces de guerre incessante, et enfin, comme des centaines de millions d'autres, traverser la guerre elle-même, plus terrible, plus horrible que toutes les autres depuis que la vie existe sur cette planète.

Chapitre 8

MUNICH 1938

Tout au long de la fin de l'été et du début de l'automne 1938, on crut que la guerre allait éclater en Europe.

S'étant saisi de son Autriche natale, Hitler se tournait maintenant vers sa prochaine victime. Il commençait à pousser à la révolte les trois millions d'Allemands des Sudètes, leur promettant de venir à leur aide avec toute la puissance du IIIe Reich qui réarmait rapidement. Pendant tout l'été, on avait cru que le Führer paranoïaque allait attaquer la Tchécoslovaquie d'un moment à l'autre.

Harcelé, le gouvernement tchèque d'Edvard Benes, l'un des deux fondateurs du pays, s'efforçait de garder son calme malgré les provocations démentielles des nazis et le double jeu qu'il soupçonnait de la part des Britanniques, appuyant en secret les visées de Hitler. Il était prêt à accorder aux Sudètes l'autonomie qu'ils demandaient. Mais il était également résolu à se battre pour la survie de son pays.

L'Anschluss avait placé la Tchécoslovaquie dans une position stratégique redoutable. Elle était désormais entourée, sur trois côtés, par les armées de Hitler. Les divisions allemandes de Silésie, au nord, et celles d'Autriche, au sud, n'étaient plus séparées que par 200 kilomètres. Si elles se rejoignaient à mi-chemin, elles couperaient la Tchécoslovaquie en deux, achevant l'encerclement de la Bohême et de la Moravie, le cœur du pays.

En revanche, la Tchécoslovaquie avait une armée solide bien entraînée, trente-cinq divisions déployées derrière les plus impressionnantes fortifications d'Europe en dehors de la ligne Maginot française. Elle avait l'assurance, si elle était attaquée, que la France, liée par un traité, lui viendrait en aide. Et si la France bougeait, l'Union soviétique était tenue de la suivre pour la défense de leur allié tchèque.

Les effets de l'ordre secret du Führer – « balayer la Tchécoslovaquie de la carte » avant le 1er octobre – commencèrent à se faire sentir à mesure que l'été s'écoulait. Les Allemands des Sudètes, à la frontière de Bohême et de Moravie, avaient reçu des armes et une certaine instruction militaire des SS de Himmler, et s'engageaient, à l'instigation de Berlin, dans un début de guerre civile contre le gouvernement de Prague. Et le Führer insistait, avec une véhémence croissante, pour que les Sudètes et leur territoire soient livrés au Reich.

Céder ce territoire condamnerait la Tchécoslovaquie, la privant non seulement de ses mines, de son centre industriel et d'une partie essentielle de son réseau de transports et de communications, mais de sa ligne fortifiée, sans laquelle elle ne pouvait se défendre contre l'Allemagne. Pourtant, j'avais appris, dès juin, que le Premier ministre britannique, Neville Chamberlain, avait décidé de soutenir la revendication de Hitler sur les Sudètes. En mai, Chamberlain, parlant « en confidence » à un groupe de correspondants américains lors d'un dîner chez lady Astor, leur avait déclaré franchement que la Grande-Bretagne était d'avis, « dans l'intérêt de la paix », de céder les Sudètes à l'Allemagne. Il avait ajouté qu'à son avis ni la France ni probablement la Russie n'honoreraient les traités qui les obligeaient à venir en aide aux Tchèques en cas d'agression allemande, et que la Grande-Bretagne ne s'y laisserait certainement pas entraîner.

Je n'étais pas certain que le gouvernement tchèque le savait déjà, mais j'estimais que c'était probable car son habile ministre à Londres, Jan Masaryk, le propre fils de Thomas Masaryk, cofondateur et premier président de la Tchécoslovaquie, était très lié avec plusieurs des correspondants américains qui assistaient à ce déjeuner. Berlin, je le sais, l'avait bientôt appris de l'ambassade d'Allemagne à Londres.

Et le monde entier devait déjà s'en douter un peu depuis que le *Times* de Londres avait commencé à publier, pendant l'été, ses premiers éditoriaux où il pressait le gouvernement tchèque d'accorder l' « autodétermination » aux Sudètes et aux autres minorités, « même si cela devait amener leur sécession de la Tchécoslovaquie ».

Le bruit courait à Londres que les éditoriaux du *Times* étaient inspirés par le Premier ministre lui-même. Et je savais, de Berlin, que les Allemands le savaient.

Ce ne fut donc pas une surprise, au début d'août, lorsque Hitler provoqua une nouvelle crise à propos des Allemands des Sudètes. Le 3 août, je pris l'avion pour aller la couvrir à Prague. A une époque qui paraissait désormais lointaine, une telle menace d'agression de la part d'une puissance comme l'Allemagne aurait amené la Société des Nations à réunir une session spéciale à Genève pour tenter de l'empêcher. Mais la Société des Nations n'avait pas réussi à empêcher le Japon d'occuper la Mandchourie, ni Mussolini d'attaquer l'Abyssinie : elle était par conséquent condamnée. Maintenant, la France elle-même, naguère le pilier de la Société des Nations, ne prenait même plus la peine de lui demander d'intervenir pour arrêter Hitler. Ni la Tchécoslovaquie, dont le président, Benes, avait été, lui aussi, l'un des piliers de la Société des Nations. Désormais, c'était chacun pour soi.

Ma principale occupation pendant mes premiers jours à Prague, consistait à couvrir ce qu'on appelait la Mission Runciman, que Chamberlain, plus hypocrite que ne l'imaginaient ses partisans eux-mêmes, avait envoyé en Tchécoslovaquie comme « médiateur » entre le gouvernement et les Allemands des Sudètes. La supercherie du Premier ministre britannique, je l'avais bientôt appris, avait commencé avec sa déclaration à la Chambre des communes, le 26 juillet, sur la Mission Runciman. Chamberlain avait alors affirmé qu'il envoyait lord Runciman à Prague « en réponse à une demande du gouvernement tchécoslovaque ».

C'était un mensonge. La vérité était que Runciman avait été imposé aux Tchèques par Chamberlain. Il avait averti Benes lui-même, par l'intermédiaire du ministre britannique à Prague, sir Basil Newton, que si la Mission Runciman n'était pas immédiatement accueillie, cela entraînerait de terribles conséquences. Bien que bouleversé par la proposition britannique, le président avait fini par l'accepter, probablement parce que la France, censée être son alliée, l'y avait poussée. Benes, je commençais à m'en douter, perdait confiance en la France et en la valeur du traité qui obligeait celle-ci à participer à la défense de son pays contre toute agression allemande. Je soupçonnais aussi qu'il ne comptait déjà plus sur les Britanniques. Mais il était un diplomate assez expérimenté – ayant été ministre des Affaires étrangères avant de devenir président – pour entrer encore dans leur jeu, ne serait-ce que parce que Chamberlain se situait de plus en plus au centre des manœuvres diplomatiques qui décideraient du sort de son pays.

Le personnage du vicomte Runciman dut paraître à Benes assez incroyable dans le rôle de représentant du gouvernement britannique. Grand armateur et ancien président du *Board of Trade* (ministre du Commerce), il n'avait aucune expérience et aucune connaissance des Affaires étrangères. A en juger par ses réflexions et son comportement, il considérait l'Europe centrale comme un endroit écarté où de vaillants britanniques ne se rendaient que par devoir envers leur roi et leur pays. En vérité, les « négociations » de Runciman avec le gouvernement tchèque et les Sudètes étaient un canular, puisque les Sudètes, pour lesquels il se prit d'un vif intérêt, n'étaient pas libres de négocier. A ce moment, ils étaient devenus de bons nazis et ils prenaient leurs ordres de Hitler, à Berlin.

Mais August Runciman ne cessa jamais, du commencement à la fin, de pousser le gouvernement tchèque à consentir de plus en plus de concessions aux Sudètes. Au début de septembre, Benes leur avait offert tout ce qu'ils demandaient depuis toujours : une complète autonomie et un rôle plus important dans les affaires du pays. Les délégués des Sudètes étaient embarrassés. Comment refuser maintenant tout ce qu'ils avaient demandé? La question fut posée à Hitler.

A ce stade, j'étais fatigué de cette charade et j'étais retourné à Genève pour passer quelques jours avec ma femme et mon enfant avant leur départ pour l'Amérique, où Tess allait essayer de se faire naturaliser. Elle avait besoin d'un passeport américain pour voyager. Son vieux passeport autrichien n'était plus valable et elle refusait, Dieu merci, d'utiliser le passeport allemand. Je pensais aussi qu'il était sage de faire quitter l'Europe à Tess et à Eileen, tant qu'on ne saurait pas si on allait vers la paix ou la guerre.

A Berlin, où je m'arrêtai en rentrant à Genève, Hitler paraissait d'humeur belliqueuse. Le 26 août, je le vis de près pendant un grand défilé militaire en l'honneur de l'amiral Nicolas Horthy, le régent de Hongrie, mais en réalité pour impressionner la Grande-Bretagne, la France, la Russie et la Tchécoslovaquie par la puissance de l'armée allemande toute neuve. Au passage des tracteurs traînant un canon énorme, la plus grosse pièce d'artillerie motorisée que j'eusse jamais vue, Hitler se retourna pour voir les réactions des attachés militaires. La plupart du temps, sur l'estrade, il fut maussade, et des chefs du Parti me dirent qu'il était de mauvaise humeur, ruminant sur ces méprisables Tchèques. La plupart de mes confrères, à Berlin, pensaient qu'il était décidé à la guerre au besoin, pour obtenir ses Sudètes et leur territoire. Je le notai tristement, mais avec scepticisme, comme me le rappelle mon carnet :

« Et d'un, l'armée allemande n'est pas prête. Et de deux, le peuple allemand est totalement contre la guerre. »

Pourtant, je savais que le dictateur était imprévisible, surtout quand il était de son humeur mégalomane, comme cela semblait être le cas. Alors, il était capable de tout. Je me rendais compte également que l'état d'esprit des Allemands ne le retiendrait pas nécessairement : c'est lui qui prenait les décisions capitales. Le peuple allemand obéissait.

Mais non pas tous les généraux allemands.

Il se trouva – mais je n'en avais pas la moindre idée, et j'en suis sûr, Hitler non plus – qu'un complot était en cours pour le renverser, organisé rien moins que par le nouveau chef de l'état-major général, le poste clé jadis occupé en Allemagne par les grands, Moltke et Schlieffen. C'était le général Franz Halder, qui avait succédé au général Ludwig Beck en août. Beck, pourtant très remarquable, n'avait pas réussi à convaincre Hitler qu'entrer en guerre avant que l'armée ne soit prête conduirait au désastre. Et il avait démissionné. Le général Beck, pro-nazi avant même la prise de pouvoir de Hitler, avait vu clair peu à peu. En 1938, il s'était opposé à son chef non seulement pour des raisons militaires, mais parce qu'il avait fini par comprendre que le régime nazi était une tyrannie brutale et stupide qui conduirait l'Allemagne à sa perte. Son successeur choisi pour ses mérites, Halder, partageait ses idées.

Halder, à cinquante-quatre ans, était le premier Bavarois et le premier catholique à devenir chef de l'état-major général, grave entorse à la vieille tradition prussienne et protestante. Comme Beck, c'était un intellectuel à l'esprit largement ouvert. Comme Beck également, il n'avait pas le genre du vieil officier prussien à monocle, raide et arrogant.

En tant que chef d'état-major général, non seulement il était désormais responsable des plans d'offensive contre la Tchécoslovaquie, mais il était devenu la cheville ouvrière du premier complot sérieux pour renverser le dictateur du IIIe Reich. Je n'allais entendre parler de ce complot qu'au tribunal de Nuremberg, en novembre 1945, où Halder lui-même témoigna, avec quelques autres survivants parmi les conjurés.

En résumé, il s'agissait d'enlever le pouvoir à Hitler s'il donnait l'ordre d'attaquer la Tchécoslovaquie. Le complot comptait un petit nombre de généraux et de colonels, quelques civils, dont les plus importants étaient le Dr Schacht, qui n'acceptait pas sa disgrâce, et Karl Gördeler, ancien maire de Leipzig. Ils voulaient empêcher le dictateur fou de lancer l'Allemagne dans une guerre dont ils étaient sûrs qu'elle unirait contre elle la Grande-Bretagne, la France et la Russie, et qu'elle la perdrait.

Seule l'armée, ils en étaient certains, avait les moyens matériels de renverser le Führer, protégé par les forces considérables de la police, des SS et des SA. Le général Halder lui-même, comme chef d'état-major général, n'avait pas de troupes sous son commandement direct. C'était le général Walther von Brauchitsch, commandant en chef de l'armée, qui disposait de toutes les forces nécessaires, mais Halder n'avait pas confiance en lui. Le chef d'état-major s'était donc tourné vers quelques généraux disposant de troupes, en particulier aux points stratégiques essentiels. Les plus importants étaient le général Erwin von Witzleben, commandant la région militaire essentielle du IIIe corps, qui comprenait Berlin et les environs; le général comte Erich von Brockdorff-Ahlefeld, commandant la garnison de Potsdam, fournie par la 23e division d'infanterie; et le général Erich Hoepner, commandant la 1re division blindée légère de Thuringe, qui pouvait interdire toute tentative pour secourir Berlin de la part de SS venant de Munich.

La 23e division était la clé du succès. C'est elle qui devait arrêter Hitler et ses principaux adjoints, et surtout Goering, Goebbels et Himmler, et occuper les ministères et les nœuds de communications et de transports de la capitale.

Il y avait trois conditions nécessaires à la réussite de l'opération.

Premièrement, les conspirateurs devaient disposer d'un temps suffisant, après que Hitler eut donné l'ordre d'attaquer la Tchécoslovaquie, pour l'arrêter avec son entourage et retenir les troupes avant qu'elles ne passent la frontière. Deuxièmement, il fallait que Hitler soit présent à Berlin en personne. Les conspirateurs ne disposaient pas des troupes nécessaires pour l'arrêter dans sa retraite bien gardée de Berchtesgaden, où il passait presque tout son temps en cette fin d'été, malgré l'aggravation de la crise. Troisièmement, les conspirateurs devaient être certains que, comme ils le pensaient, la France et la Grande-Bretagne – et probablement la Russie – soutiendraient militairement les Tchèques s'ils étaient attaqués. Car c'est seulement ainsi, avec la certitude que l'Allemagne allait à la défaite, qu'ils pourraient justifier la déposition du dictateur.

Voulant s'assurer qu'ils voyaient juste sur ce troisième point, les conspirateurs avaient envoyé en secret à Londres, pour sonder les Britanniques, des émissaires qui devaient également avertir ceux-ci que Hitler se préparait à attaquer la Tchécoslovaquie à la fin de septembre. Cependant, si la Grande-Bretagne et la France restaient fermes, un groupe de militaires de haut rang, conduits par le chef d'état-major lui-même, renverserait Hitler avant qu'il ne puisse exécuter son plan.

Le premier de ces envoyés était Edward von Kleist, gentilhomme campagnard et descendant du grand poète, qui était arrivé à Londres le 18 août. L'ambassadeur de Grande-Bretagne à Berlin, sir Nevile Henderson, qui était pro-nazi, avait eu beau demander au Foreign Office de ne pas recevoir von Kleist, celui-ci avait vu sir Robert Vansittart, le principal conseiller diplomatique du secrétaire aux Affaires étrangères (c'est-à-dire du ministre), et Winston Churchill, toujours en défaveur auprès du gouvernement. L'émissaire allemand révéla aux deux hommes les plans de Hitler et le complot pour le déposer. Il souligna également que de nouvelles concessions britanniques à Hitler feraient échouer le complot. Et il demandait avec force que le gouvernement ou, mieux encore, le Premier ministre en personne, publie une déclaration officielle avertissant qu'en cas d'agression allemande contre les Tchèques, la Grande-Bretagne soutiendrait la France si celle-ci honorait son traité avec Prague.

Vansittart et Churchill transmirent le message de Kleist au Premier ministre et au secrétaire aux Affaires étrangères mais, comme Chamberlain le fit observer à lord Halifax, il était porté à « ne pas prendre en compte une bonne partie de ce qu'il (Kleist) dit ».

D'autres avertissements suivirent, de sources diverses, et le 2 septembre, le général Halder, sentant que les Britanniques ne les prenaient toujours pas au sérieux, envoya à Londres son propre émissaire, un officier en retraite, pour contacter le War Office (le ministère de la Guerre) et la Military Intelligence (le Renseignement militaire). Mais bien qu'il parlât au nom du chef d'état-major général allemand – et c'était à coup sûr la première fois que les Britanniques étaient ainsi contactés directement par le plus haut responsable militaire allemand – l'officier ne semble pas avoir fait grande impression sur ses collègues britanniques.

Finalement, en désespoir de cause, les conspirateurs en vinrent à passer par le ministère des Affaires étrangères allemand et l'ambassade à Londres, ultime tentative pour persuader les Britanniques de résister à Hitler. Ils eurent recours à Erich Kordt, chef du secrétariat (secrétaire d'État) des Affaires étrangères, et à son frère aîné, Theodor, conseiller à l'ambassade et chargé d'affaires à Londres, qui étaient tous deux du complot. Après s'être entretenu avec les généraux Beck et Halder, Erich Kordt transmit les instructions à son frère Theodor à Londres : il devait donner un ultime avertissement secret au Foreign Secretary britannique en personne. Ce fut fait au matin du 7 septembre, où il fut introduit en secret, par une porte dérobée du Foreign Office, jusqu'aux bureaux de lord Halifax. A cet aristocrate qu'était le numéro deux du gouvernement britannique, Kordt répéta que Hitler avait ordonné l'attaque contre la Tchécoslovaquie pour le 1er octobre au plus tard, mais que si la Grande-Bretagne et la France se montraient fermes contre lui, l'armée allemande était prête à renverser le dictateur au moment où il donnerait l'ordre définitif de l'attaque. Il pressait également le gouvernement britannique de diffuser un « dernier avertissement » à Hitler, qui préciserait clairement ce qu'il ferait en cas d'agression allemande.

Pendant quelques jours, Chamberlain envisagea de donner cet avertissement. Il mesurait parfaitement les conséquences qu'avait eues, pendant l'été de 1914, le fait que le gouvernement britannique n'ait pas ainsi averti Berlin. Mais il fut dissuadé de cette démarche par son ambassadeur à Berlin, Henderson, qui à ce moment réclamait à cor et à cri que son Premier ministre accorde à Hitler tout ce qu'il voulait en Tchécoslovaquie. Ainsi, au lieu de l'avertissement que demandaient les conspirateurs allemands, Chamberlain décida d'essayer une autre tactique.

Après la fièvre de Berlin et la peur de la guerre qui montait à Prague, Genève, pendant ces derniers jours d'été, était un paradis. Tess, Eileen et moi, nous allions jouer presque toute la matinée dans un parc voisin, et tout l'après-midi sur la plage au bord du lac. De temps en temps, nous faisions une excursion en bateau, avec un bon dîner et un excellent vin de la montagne. La cent deuxième session de la Société des Nations allait commencer, et la dix-neuvième de l'Assemblée de la Société des Nations. Mais personne n'y prêtait grande attention.

Un jour, au début de septembre, j'embrassai Tess et Eileen qui allaient pour la première fois dans mon pays natal, et je repris encore une fois l'avion pour Prague. Avant la fin de ce premier mois d'automne, nous saurions si ce serait la paix ou la guerre. J'avais essayé de faire comprendre la situation aux manitous du Columbia Broadcasting System. En quittant Genève, je notai dans mon carnet :

> Presque convaincu CBS de me laisser parler cinq minutes par jour (de Prague) : une révolution dans le monde de la radio.

Son rôle essentiel restait, bien sûr, de distraire le grand public. Mais avec l'Anschluss, CBS avait au moins pris conscience de la possibilité de diffuser aussi des informations. Nous avions maintenant une chance de suivre, comme aucun autre médium, la crise la plus grave en Europe depuis la fin de la Grande Guerre.

Je sens encore dans ma chair, près d'un demi-siècle plus tard, la tension presque insoutenable que vécut l'Europe pendant tout ce mois de septembre. Au début, tout semblait devoir dépendre de ce qui se passerait au Congrès annuel du parti nazi, qui s'était ouvert à Nuremberg le 6 septembre et devait se terminer le 12, lorsque Hitler annoncerait ce qu'il comptait faire des Allemands des Sudètes en Tchécoslovaquie.

A Prague, où j'étais rentré le 10, on était calmes, mais inquiets. Le 5, le président Benes, dans une ultime tentative pour sauver la paix, avait appelé les négociateurs sudètes pour leur demander de mettre par écrit toutes leurs revendications. Quelles qu'elles pussent être, il les accepterait toutes. Le lendemain, le chef adjoint des Sudètes, Karl Hermann Frank, s'exclamait devant quelques correspondants :

« Bon Dieu! Ils nous ont tout donné! »

Mais c'était bien la dernière chose que demandait Hitler. Les Allemands des Sudètes n'étaient, depuis le début, qu'un pion sur l'échiquier, destiné à cacher son véritable but qui était la destruction de la Tchécoslovaquie. Le 7 septembre, il ordonna à Konrad Henlein, le chef des Sudètes, de rompre toutes les négociations avec les Tchèques. On prétexta vaguement des violences policières tchèques à Moravska-Ostrava.

Le 10, le jour de mon arrivée, Benes lança au monde, à la radio, un appel au calme et à la paix. A Nuremberg, le belliqueux Goering lui répondit. Benes devait être certain, dit-il, que la crise pouvait être résolue avec de la raison, de la bonne volonté et de la confiance mutuelle.

Je croisai le président dans le hall de la Radio après son discours, et je fus tenté de courir vers lui pour lui dire :

« Mais, monsieur le président, vous avez affaire à des gangsters,

Hitler et Goering! Vous croyez qu'ils sont capables de raison, de bonne volonté et de confiance? »

Mais je n'en eus pas le toupet et me contentai de le saluer d'un signe. Il me répondit d'un sourire, et passa.

Quant à Goering, à Nuremberg, il répondit :

> Une minuscule partie de l'Europe persécute des êtres humains [...]. Cette misérable race de Pygmées (les Tchèques) sans culture – personne ne sait d'où elle sort – opprime un peuple cultivé (les Allemands des Sudètes), et, derrière, c'est Moscou et le masque éternel du diable juif [...].

Le lendemain, le 11, la tension à Prague était à couper au couteau. Des rumeurs couraient dans l'air. Notamment, on disait que les Allemands avaient massé 200 000 hommes sur l'ancienne frontière austro-tchèque. Londres signalait des conférences ininterrompues à Downing Street. A Paris, Daladier, le président du Conseil, très inquiet, conférait avec le général Gamelin, commandant en chef des forces armées françaises. Tout le monde en Europe, semblait-il, attendait avec angoisse le discours du lendemain de Hitler.

Ce jour-là, mon carnet intime se termine ainsi :

> CBS finalement OK pour cinq minutes de reportage en direct d'ici mais me demande de câbler d'avance pour prévenir lorsque je pense que l'information ne justifie pas le temps pris par mon intervention.

Grands dieux! Le vieux continent était au bord de la guerre. Hitler pouvait la commencer dans les vingt-quatre heures. Prague pouvait être rayée de la carte du jour au lendemain par les gros bombardiers. Et notre chaîne était plus que réticente à l'idée de donner cinq minutes par jour pour le couvrir!

A la surprise et au soulagement presque général en Europe, Hitler, le lendemain 12 septembre, se retint de déclencher la guerre. Dans son discours devant une assistance de Chemises brunes en délire, le dernier soir du Congrès du Parti à Nuremberg, il tonna contre les Tchèques, leur pays, leur président et leur « oppression brutale » des Allemands des Sudètes. Mais il s'arrêta avant de déclarer la guerre. J'avais écouté la retransmission du discours dans l'appartement de Bill Morrel, du *Daily Express* de Londres. J'avais beau avoir déjà couvert deux congrès annuels du Parti à Nuremberg, je n'avais jamais entendu la voix de Hitler aussi pleine de mépris, ni senti son public de fidèles du Parti aussi près d'exploser. Il avait littéralement l'air de cracher son venin lorsqu'il insulta les Tchèques, et en particulier le président Benes. Mais il ne réclama pas, comme beaucoup s'y attendaient, qu'on lui donne les

Sudètes immédiatement, ni même après un plébiscite. Il insista cependant pour qu'on leur accorde l'« autodétermination [1] ».

A Prague, dont les rues avaient été désertes pendant toute la soirée, chacun écoutant Hitler chez soi, le soulagement fut immense. J'avais passé une bonne partie de cette journée sombre et maussade, sous une pluie glaciale, à parcourir les petites rues en essayant de voir comment un peuple faisait face à l'imminence d'une invasion, de la guerre, des bombardements. A ma grande surprise, les gens allaient à leurs affaires sans tristesse et sans peur.

« Ou bien, me disais-je, les Tchèques n'ont pas de nerfs, ou bien ils ont des nerfs d'acier. »

Je n'oublierai jamais la journée et la soirée du lendemain, à Prague, les 13 et 14 septembre.

Découragé, j'écrivis dans mon carnet, le 14 à 3 heures du matin :

« La guerre est toute proche. Depuis minuit, on attend les bombardiers allemands. On tire beaucoup dans les Sudètes [...]. Les Tchèques ont proclamé l'état de siège. »

Les Sudètes avaient été portés à un tel degré d'hystérie par la machine de propagande de Goebbels que le discours de Hitler, que j'avais pourtant trouvé modéré, avait provoqué une violente explosion parmi eux. Ils avaient attaqué les commissariats de police tchèques, les casernes, les bâtiments publics, ils avaient pillé et incendié. Prague avait réagi dans la journée en envoyant des troupes dans la région et en proclamant l'état de siège.

Vers 7 heures du soir, on apprit que Henlein avait adressé un ultimatum au gouvernement tchèque. Il avait été remis à 6 heures et expirait à minuit. A cette heure, le gouvernement devrait avoir levé l'état de siège, retiré toutes les forces de la police nationale du territoire des Sudètes et consigné les troupes dans leurs casernes. Sinon, toutes les négociations seraient rompues et les Tchèques porteraient seuls la responsabilité de « toutes les conséquences ». Comme Henlein recevait ses consignes directement de Hitler, nous en conclûmes que l'ultimatum était appuyé par le Führer. Les « conséquences » dont Henlein menaçait étaient certainement la guerre.

A cette époque, qu'on s'en souvienne, les populations d'Europe n'avaient pas connu la guerre depuis vingt ans. Même pendant la Grande Guerre, si meurtrière qu'elle eût été, les villes et les maisons

1. A trois ou quatre reprises, pendant sa harangue longue et passionnée, je remarquai que Hitler faisait une pause pour se vanter de ce qui était, à Nuremberg, « le premier Congrès de *la Grande Allemagne* ». L'Allemagne était devenue pour lui, cette année-là, la Grande Allemagne, à cause de l'annexion de l'Autriche. Il me vient à l'esprit en écrivant ces lignes que ce n'était pas seulement « le premier Congrès du Parti de la Grande Allemagne » mais aussi le dernier. C'était même l'ultime congrès annuel du Parti. Hitler avait baptisé d'avance le suivant, qui devait se tenir en septembre 1939, le « Congrès de la Paix ». Il ne devait jamais avoir lieu.

situées en dehors des zones de combat avaient été épargnées. Maintenant, pour la première fois, on était menacé – et à Prague, nous pensions que c'était cette nuit même – d'une forme de guerre jusqu'alors inconnue : les bombardements aériens qui anéantiraient du jour au lendemain les villes, les maisons et les vies humaines. Certaines bombes, on pouvait le craindre, contiendraient même des gaz asphyxiants. Le gouvernement avait promis de distribuer des masques à gaz à la population de la capitale, mais il n'en avait pas eu le temps. Je soupçonnais qu'il n'en avait pas.

Je continuai à prendre des notes cette nuit-là sur ce qu'on éprouvait quand la guerre arrivait. Par la suite, je devais faire moi-même l'expérience de la guerre, et surtout des bombardements, des deux côtés, d'abord à Berlin, puis à Londres. Et le souvenir de cette nuit agitée où nous attendions les bombardiers de Hitler s'estompa quelque peu. Mais c'est un souvenir qui mérite peut-être quelques mots parmi ceux que j'ai notés alors sur le moment, car il représente ce qu'on ressentait la *première fois :*

> La tension et la confusion ce soir dans le hall de l'hôtel Ambassador, où se réunissent les diplomates et les correspondants, est devenue indescriptible. Fascinant d'observer les réactions de gens soudain saisis par la peur. Certains ne la supportent pas. Ils se laissent aller jusqu'à l'hystérie, puis, pris de panique, s'enfuient... Dieu sait où. La plupart la supportent, avec des courages divers.
>
> Dans le salon ce soir : les journalistes vont et viennent en essayant d'obtenir des communications par l'unique téléphoniste de l'hôtel. Les Juifs essaient en hâte de retenir des places dans le dernier avion ou le dernier train. Les rumeurs les plus folles apportées par chaque arrivant qui pousse la porte à tambour, et nous tous rassemblés pour l'entendre, croyant ou non ce qu'il dit selon nos sentiments. Les bombardiers de Goering arriveront à minuit, si les Tchèques repoussent l'ultimatum. Ils vont se lancer des gaz. Où trouve-t-on les masques à gaz? Il n'y en a pas. Alors, qu'est-ce qu'on fait? Benes va accepter l'ultimatum. Il le faut!

Vers minuit, alors que l'ultimatum va expirer, nous éprouvons un peu d'appréhension. Nous regardons sans arrêt nos montres. Finalement, un fonctionnaire des Affaires étrangères tchèques arrive, le visage grave :

« Abgelehnt », dit-il, en allemand.

L'ultimatum est rejeté par le gouvernement.

Les correspondants se ruent sur le téléphone. Plusieurs Juifs se précipitent dehors. L'attaché de presse du Parti allemand des Sudètes, un grand type jovial qui vient d'habitude nous apporter les nouvelles de son parti, entre comme d'habitude. Cette fois, il n'est pas jovial. Il demande :

« Ils l'ont rejeté? »

Il attend à peine la réponse. Saisissant un petit sac, il disparaît dans la rue.

Nous avons tous demandé le territoire des Sudètes au téléphone, et finalement l'un de nous obtient la communication. De durs combats sont en cours là-bas entre les Sudètes, la gendarmerie et l'armée tchèques. Les pertes sont lourdes de part et d'autre. C'est la guerre. Bill Morrell appelle au téléphone. Il est à Haberbirk. Est-ce que je peux retransmettre son reportage à Londres? Il parle du commissariat de police de là-bas. Il a devant lui les corps de quatre gendarmes tchèques et d'un Allemand. Les Sudètes avaient pris la ville et ils ont battu en retraite lorsque les renforts de l'armée tchèque sont arrivés. Bill me demande d'appeler sa femme, Mary, qui est enceinte, pour lui dire qu'il va bien.

Vers deux heures du matin, je courais à la Maison de la Radio pour écrire mon papier. Dans la rue, tout était calme. Ni troupes ni police en vue. Nous nous étions peut-être trop excités, nous autres correspondants. Pourtant, j'avais une bonne histoire, je crois. Mais elle n'est pas passée. Parasites atmosphériques ou taches solaires, selon les techniciens tchèques. Le lendemain, j'ai fait 300 kilomètres en voiture dans le territoire des Sudètes. L'armée tchèque avait écrasé le soulèvement. De nombreux bourgs étaient en ruine. Des deux côtés, on comptait les morts et les blessés, nombreux. Je suis rentré le soir à Prague en pensant que Hitler avait subi un sérieux échec. Les Sudètes étaient battus, et le dictateur nazi n'avait rien fait pour les sauver, malgré ses rodomontades. Mais un titre dans la première édition d'un quotidien attira mon attention :

« Chamberlain prend l'avion pour Berchtesgaden demain pour voir Hitler! »

Les Tchèques étaient stupéfaits. Ils soupçonnaient qu'ils étaient vendus, et ils avaient sûrement raison. Je diffusai mes informations peu après midi, mais là encore, l'émission ne passa pas en Amérique.

Murrow m'appela de Londres, me conseillant d'aller à Berchtesgaden tout de suite pour couvrir les conversations entre le Führer et le Premier ministre. Cette perspective me déprima encore davantage. Coup de fil à la gare : aucun train ne passait la frontière allemande pour l'instant. J'essayai de louer une voiture mais aucun chauffeur tchèque ne voulait risquer le voyage. Lorsque j'appelai Murrow pour lui parler de mes problèmes, il me dit de laisser tomber. Chamberlain rentrait à Londres dès le lendemain matin. Ed, lui aussi, soupçonnait la braderie.

Le lendemain, 16 septembre, les Tchèques en avaient l'air certains. Ils pensaient que Hitler avait demandé, et Chamberlain accepté, un plébiscite chez les Sudètes. Cela pouvait paraître une proposition raisonnable à l'étranger, et démocratique (de la part de Hitler qui avait écrasé la démocratie en Allemagne!) mais ce que le Premier ministre britannique ne paraissait pas comprendre – et c'était ce que craignaient les Tchèques – était que céder les Sudètes c'était céder la ligne fortifiée tchèque des montagnes et par conséquent la possibilité de se défendre contre une attaque allemande. Je préparai une émission dans laquelle je disais que les Tchèques se battraient plutôt que de céder sur ce point. Ils ne voyaient pas d'autres moyens de survivre. Je pensais qu'il était important, en cette période de confusion, de le faire savoir à l'opinion américaine, mais j'étais découragé à l'idée que mon émission ne parviendrait probablement pas en Amérique. Pour le troisième jour, CBS m'avait câblé le matin qu'ils n'avaient pas pu me capter.

C'était décidément un échec décourageant. Si la radio ne pouvait passer régulièrment d'Europe en Amérique à cause des « parasites atmosphériques », alors elle n'avait guère d'avenir dans la diffusion des informations de l'étranger. L'opinion américaine devrait continuer à se contenter des journaux. J'avais probablement fait une grosse erreur en me lançant dans la radio.

Mais plus tard dans la soirée, après mon émission, j'entendis parfaitement New York en retour, et ils me dirent qu'ils m'avaient entendu très bien eux aussi. Je me sentis immensément soulagé. Et les nouvelles aussi allaient mieux : les Tchèques résistaient à Hitler.

Le 18, nous passâmes une déclaration du Premier ministre Milan Hodza, de Prague. Il disait que la proposition de plébiscite, dont Chamberlain et Hitler disaient qu'ils l'avaient adoptée d'un commun accord, était « inacceptable ». Il laissait entendre que les Tchèques se battraient plutôt que de l'accepter. Mais lorsque je le vis à la Maison de la Radio, à la fin de son émission, il me parut excessivement nerveux. La tension des derniers jours apparaissait, et je me mis à avoir des doutes sur sa résolution.

Tard dans la soirée, à mon retour à mon hôtel, un appel de Murrow me donna un coup. Il voulait, me dit-il, que je parte immédiatement pour l'Allemagne. Les Britanniques et les Français, me dit Ed, avaient décidé de ne pas se battre pour la Tchécoslovaquie, et ils demandaient à Prague sa reddition inconditionnelle à Hitler et le transfert du Territoire des Sudètes à l'Allemagne. Je protestai, disant à Ed que les Tchèques ne pouvaient pas accepter cela, que le Premier ministre Hodza venait de le dire sur notre antenne :

« Ils se battront tout seuls... »

Ed m'interrompit :

« Peut-être, dit-il. J'espère que vous avez raison. Mais Chamberlain va voir Hitler à Godesberg mercredi (dans trois jours) et nous voulons que vous alliez couvrir leur rencontre. Si la guerre éclate, vous pourrez retourner à Prague. »

J'allais tirer Maurice Hindus de son lit pour lui demander s'il voulait bien prendre le micro à ma place pendant mon absence. Il était stupéfait, lui aussi, de la nouvelle d'Ed. Il se leva, s'habilla en vitesse et me proposa de marcher un peu : Hindus était un grand marcheur. Je retins par téléphone une place sur le premier avion pour Berlin, étonné qu'il fonctionne encore. Puis nous allâmes marcher dans les rues en parlant.

A Berlin, le lendemain, je vis les milieux nazis jubiler en parlant du rendez-vous de Berchtesgaden. Hitler, disaient-ils, avait convaincu Chamberlain que la Tchécoslovaquie serait forcée de transférer le Territoire des Sudètes à l'Allemagne [1].

Le Foreing Office avait envoyé un message confidentiel en ce sens à ses ambassades à l'étranger. Il y avait longtemps qu'à Berlin j'avais appris à dissimuler un peu ma pensée dans mes reportages, et c'est ce que je fis ce jour-là dans les derniers mots de mon émission :

« Une chose est certaine : M. Chamberlain va certainement être reçu avec chaleur à Godesberg. En réalité, j'ai l'impression à Berlin aujourd'hui que M. Chamberlain est un personnage assez populaire ici. »

En d'autres termes, et j'espérais que ce serait compris en Amérique, le Premier ministre britannique soutenait Hitler contre la Tchécoslovaquie.

C'était déjà assez grave, mais la propagande mensongère au sujet du traitement des Allemands des Sudètes par les Tchèques, que Goebbels adressait au peuple allemand pour le rendre d'humeur guerrière, me donnait encore davantage la nausée. La presse nazie – la seule en

1. Piégé, j'en étais sûr, plutôt que convaincu. Mais je ne devais apprendre que beaucoup plus tard à quel point Hitler avait réussi à posséder le Premier ministre déclinant. Chamberlain était allé à Berchtesgaden, on le sait maintenant, avec l'intention de proposer un compromis qui laisserait à la Tchécoslovaquie ses fortifications dans les montagnes virtuellement intactes. Mais envoûté par Hitler, il n'avait même pas osé en parler. Il avait « personnellement » accepté la demande de Hitler de « détachement » du Territoire des Sudètes. Hitler avait en outre fait peur au Premier ministre en lui faisant croire qu'il était sur le point d'attaquer la Tchécoslovaquie et qu'il avait fait une grande concession à son visiteur en disant qu'il s'abstiendrait d'ordonner l'invasion « pendant quelques jours ». En réalité, on le sait maintenant d'après les archives secrètes allemandes, l'armée allemande n'aurait pas été capable de commencer l'attaque avant le 1er octobre – deux semaines plus tard – qui avait été la date fixée dès le départ. C'est peut-être par l'impression personnelle que lui fit Hitler que Chamberlain fut le plus trompé lors de cette première rencontre : « Malgré la dureté, la rudesse que j'ai cru lire sur son visage, écrivit Chamberlain à sa sœur, j'ai eu l'impression que c'était un homme en qui on pouvait avoir confiance quand il avait donné sa parole. »

Allemagne – était pleine de titres hystériques qui étaient des mensonges purs et simples. Par exemple :

> *« Des femmes et des enfants fauchés par les blindés tchèques d'un régime de sang! Encore des Allemands assassinés par les Tchèques.*

La *Börsen Zeitung*, respectable organe des milieux financiers, remportait sans doute la palme :

> *Attaque aux gaz asphyxiants sur Aussig?*

La *Hamburger Zeitung* était assez réussie :

> *Extorsions, pillages, fusillades. La terreur tchèque sur la terre allemande des Sudètes empire de jour en jour.*

Quand on revenait du Territoire des Sudètes, ces inventions délirantes des esprits tordus de Goebbels et Hitler étaient révoltantes. Pourquoi Chamberlain n'avait-il pas au moins dénoncé ces mensonges à Hitler? Après tout, il avait eu un envoyé sur les lieux, Runciman.

CBS à New York s'intéressait enfin à nos radio-reportages et à leurs possibilités, malgré cet échec de plusieurs de nos émissions de Prague qui n'étaient pas arrivées. Le lendemain soir, le 20, à 18 heures, alors que je préparais précisément mes sacs pour le voyage de nuit de Godesberg où j'allais couvrir la prochaine rencontre de Chamberlain et Hitler, Paul White m'appela de New York. Il suggérait d'émettre du train, en interviewant les correspondants en route pour Godesberg sur les chances de guerre et de paix. J'appelai la *Rundfunk* du Reich. Impossible, me dit-on. Les trains n'étaient pas équipés.

« Pouvez-vous assurer une émission de la gare de la Friedrichstrasse (où nous devions prendre le train à 22 h 30)? » demandai-je. Harald Diettrich, l'homme aimable qui faisait fonction de chef de service des ondes courtes, pensait que oui. Je rappelai New York. White était enchanté. J'appelai plusieurs correspondants américains et britanniques pour leur demander de me rejoindre à la gare à 22 heures pour l'émission. Quand j'arrivai à la gare à 10 heures moins cinq, il n'y avait pas de correspondants, mais les techniciens radio allemands avaient installé un micro sur le quai. A 10 heures précises, j'étais sur l'antenne, tout seul. J'en eus vite terminé avec le peu d'informations que j'avais pu glaner. Heureusement, j'avais apporté une brassée de journaux et je commençai à en lire les titres. L'un d'eux disait :

> Les soldats tchèques attaquent le Reich allemand!

Les mensonges habituels, mais, si je le disais, les nazis me couperaient. Finalement, le premier des correspondants arriva et, avant que j'aie pu réagir, il avait pris l'antenne. C'était Pierre Huss, d'INS. Par la suite, d'autres apparurent : Webb Miller, d'UP, qui rentrait tout juste de Londres, Richard Barnes, du *New York Herald Tribune*, Sigrid Schultz, du *Chicago Tribune*. Philippo Boiano, du *Popolo d'Italia*, fit signe qu'il voulait parler. Je savais qu'il haïssait secrètement les nazis, mais je n'étais pas sûr qu'il parlait assez bien l'anglais. Je découvris qu'il parlait merveilleusement une sorte d'italo-américain de music-hall. Puis Jouve, de l'Agence Havas, voulut participer aussi à l'émission. Avant que j'aie pu lui demander comment il parlait l'anglais, il avait pris la parole dans le micro... en français. Je commençais à traduire du mieux que je pouvais quand je vis, du coin de l'œil, le train qui commençait à partir. Je coupai assez brutalement, et Jouve et moi, et me mis à courir après le train.

Je notai dans mon carnet :

« J'ai bien peur que ça ne soit raté. »

Comme je connaissais mal la radio américaine! Le lendemain, New York me câblait :

Émission gare Friedrichstrasse hier soir sensationnelle!

A Godesberg, l'une des plus ravissantes petites villes des bords du Rhin, la tragédie que jouaient Chamberlain et Hitler continuait, tandis que le reste de l'Europe attendait le dénouement. Le premier acte s'était joué à Berchtesgaden la semaine précédente. Lorsque j'y arrivai le mercredi 21 septembre au matin, le rideau se levait sur l'acte deux. Hitler était descendu à l'une de ses vieilles adresses, l'hôtel Dreesen. Je le trouvai de méchante humeur et horriblement nerveux. Je prenais mon petit déjeuner sur la terrasse du Dreesen, qui domine le Rhin, avec un ami, le rédacteur en chef d'un magazine allemand qui, je le savais, détestait secrètement Hitler. Soudain, le dictateur apparut, passa devant nous, pour aller au bord du fleuve regarder son yacht. Mon ami me poussa du coude :

« Regardez comment il marche! »

Je l'avais déjà remarqué. Tous les trois pas, Hitler haussait nerveusement son épaule droite et, en même temps, sa jambe gauche se levait. Je le regardai plus attentivement quand il repassa près de nous au retour : toujours le même tic. Il avait des cernes noirs sous les yeux. Je pensai :

« Il est au bord de la dépression nerveuse. »

Et je compris alors pourquoi, depuis mon retour en Allemagne, j'avais entendu des gens du parti proches de lui l'appeler *Teppichfresser :* « le bouffeur de tapis ». D'abord, je n'avais pas compris, et puis quelqu'un m'avait glissé à l'oreille que le Führer souffrait maintenant d'un de ses pires troubles nerveux, qui avait pris une forme bizarre. Chaque fois qu'il se déchaînait contre les Tchèques ou contre Benes – ce qui lui arrivait presque tous les jours depuis plus d'une semaine – il se jetait par terre et mordait le bord du tapis. J'avais été sceptique en entendant l'histoire mais, après cette matinée sur la terrasse au bord du Rhin, je la crus.

Neville Chamberlain me parut aussi un peu nerveux et bien solennel – moins, tout de même, que le Führer allemand – à l'aéroport de Cologne, vers midi, lorsqu'il émergea de son avion en plein soleil, renfrogné et cramponné à son parapluie. L'opposition à sa politique de concessions envers Hitler aux dépens de la Tchécoslovaquie commençait à croître au Parlement et dans la presse britannique. Cependant, il parut retrouver un peu de sa décontraction sur la route de Godesberg. Les rues étaient décorées du drapeau britannique en même temps que de la croix gammée. Il monta à son luxueux hôtel sur le Peterberg, sur la rive est du Rhin, face à Godesberg.

Malgré sa mine, Chamberlain était d'humeur optimiste en se préparant ensuite à traverser le fleuve pour rencontrer Hitler. Les membres de sa délégation le soulignaient en partant. Après tout, il apportait au Führer furieux tout ce qu'il avait demandé à Berchtesgaden : l'accord des Tchèques, imposé par la Grande-Bretagne et la France, pour céder le Territoire des Sudètes à l'Allemagne.

Le Premier ministre se vanta pendant une heure des pressions que lui et les Français avaient dû exercer sur les Tchèques pour les amener à céder.

« Dois-je comprendre, demanda alors Hitler, que les gouvernements britannique, français et tchèque sont d'accord pour transférer le Territoire des Sudètes de la Tchécoslovaquie à l'Allemagne?

– Oui, répondit Chamberlain, radieux.

– Je regrette beaucoup, dit Hitler, mais après les événements des derniers jours, ce plan n'a plus d'intérêt. »

Le Dr Paul Schmidt, l'interprète de Hitler, devait se rappeler par la suite que Chamberlain se dressa sur son siège avec un sursaut, son visage de hibou rougissant soudain de surprise et de colère. Mais le Premier ministre n'arrivait pas encore à admettre la réalité : Adolf Hitler, comme un banal maître chanteur, augmentait ses exigences à l'instant même où elles étaient satisfaites. Quelques jours plus tard, Chamberlain disait aux Communes :

« Je ne veux pas que la Chambre pense que Hitler me trompait délibérément – je ne le pense pas un instant – mais, quant à moi, je m'attendais, en revenant à Godesberg, à n'avoir qu'à discuter tranquillement avec lui les propositions que j'apportais, et j'ai été stupéfait quand il me dit [...] que ces propositions n'étaient pas acceptables. »

Voyant ses plans de paix aux dépens des Tchèques s'écrouler comme un château de cartes, Chamberlain retrouva assez de courage pour répondre à Hitler qu'il était « à la fois déçu et étonné », dit-il. Il pouvait affirmer à juste titre que le Führer avait obtenu de lui ce qu'il exigeait :

« Pour y arriver, lit-on encore dans les notes du Dr Paul Schmidt, il avait risqué toute sa carrière politique [...]. On l'accusait, dans certains milieux de Grande-Bretagne, d'avoir vendu et trahi la Tchécoslovaquie, d'avoir cédé au dictateur, et, en quittant l'Angleterre ce matin-là, il avait effectivement été conspué. »

Mais le dictateur nazi ne semble pas avoir été très touché par le sort de son hôte britannique. Il insista pour une occupation *militaire* du territoire des Sudètes, le 1er octobre « au plus tard ». On était le 22 septembre.

Les deux hommes, en sortant de leur réunion de trois heures, n'avaient pas l'air de s'être disputés, je dois le dire. Juste au moment où j'allais émettre du studio improvisé dans la loge du portier, près du salon de l'hôtel Dreesen, Hitler et Chamberlain passèrent en prenant congé l'un de l'autre assez cordialement. Le Premier ministre avait même l'air content, avec sa vanité habituelle, des applaudissements préfabriqués d'une compagnie de SS devant l'entrée de l'hôtel. C'était étonnant, après ce qui s'était passé, dont on allait bientôt commencer à connaître le détail. Quoi qu'il en soit, toute la journée du lendemain, le vendredi, jusque tard dans la soirée, Chamberlain bouda dans son hôtel. La rencontre prévue pour le matin fut annulée. Apparemment, les conversations étaient complètement rompues.

« La guerre paraît toute proche après cette étrange journée », notai-je dans mon carnet.

Tous les correspondants britanniques et français se préparaient à partir en hâte pour la frontière : ils ne tenaient pas à être internés si la guerre éclatait. Pourtant Chamberlain ne me donna pas l'impression, pour sa part, de sentir la guerre imminente. Hitler l'avait invité à une réunion à 10 h 30, ce vendredi soir, au Dreesen. Je n'appris pas grand-chose de ce qui s'était dit. Rien ne transpira jusqu'au lendemain. Mais il était clair, à voir l'air sombre des personnalités et des militaires allemands dans le hall – Ribbentrop, Goebbels, Himmler, le général Keitel et les autres, ne cessaient d'entrer et de sortir – que la réunion se passait mal. Pourtant, quand elle prit fin à une heure et demie du matin, et que Hitler et Chamberlain passèrent devant ma loge de portier où j'attendais de prendre l'antenne, je remarquai qu'ils ne paraissaient pas particulièrement tendus ni l'un ni l'autre. Ils me parurent même, au contraire, étonnamment cordiaux l'un envers l'autre. Le Dr Schmidt, l'interprète nazi officiel, nota les paroles que je ne pouvais pas entendre à travers la vitre de ma porte. Même si longtemps après, près d'un demi-siècle, il y a de quoi s'étonner :

> Chamberlain prit cordialement congé de Hitler. Il dit qu'il avait le sentiment qu'un climat de confiance était né entre lui et le Führer après la conversation des derniers jours [...]. Il ne cessait pas d'espérer que la difficile crise actuelle serait surmontée, et il serait alors heureux de discuter d'autres problèmes encore en suspens avec le Führer, dans le même esprit.
>
> Le Führer remercia Chamberlain de ses paroles et lui dit qu'il partageait cet espoir. Comme il l'avait déjà déclaré à plusieurs reprises, *le problème tchèque était sa dernière revendication territoriale en Europe.*

J'allais commencer à émettre, à 2 heures du matin, lorsque le Dr Goebbels entra en trombe dans mon studio improvisé, m'arracha mes notes et, tout agité, m'interdit de passer autre chose que le communiqué officiel. Il ne voulut même pas me laisser citer ce que Chamberlain avait dit en rentrant à son hôtel. L'un de mes amis venait de me le téléphoner. Un correspondant britannique lui avait demandé :

« La situation est désespérée, monsieur?

– Je ne dirais pas cela, avait répondu le Premier ministre. Cela dépend des Tchèques, maintenant. »

C'était exactement ce que voulait Hitler : reporter la responsabilité sur les Tchèques. Le coup en Chamberlain était déjà assez dur. Mais une autre concession qu'il avait faite à Hitler me parut plus grave encore. Il avait accepté, disait le communiqué, de transmettre au gouvernement tchèque les demandes de Hitler – que l'armée allemande commence à occuper le territoire des Sudètes le 1er octobre au plus tard. Pourquoi diable? Pourquoi ne laissait-il pas Hitler transmettre ses exigences lui-même? En jouant les messagers, le Premier ministre ne donnait-il pas, en fait, son appui aux exigences de Hitler?

Vers 2 h 30 du matin, juste au moment où je quittais le Dreesen, épuisé, j'entendis Goebbels dire que, selon la radio tchèque, le président Benes avait ordonné la mobilisation générale :

« C'est la guerre », murmura Goebbels.

La nouvelle me réconforta un peu. Elle montrait que les Tchèques se battraient. Malgré l'esprit belliqueux de Hitler, Goebbels, Ribbentrop, et de la presse et de la radio nazie, je n'étais pas sûr que les Allemands voulaient se battre. Je me traînai, mort de fatigue, jusqu'à mon hôtel où je trouvai les correspondants britanniques et français tournant en rond dans le hall en attendant leurs voitures pour gagner au plus tôt la frontière. Je leur dis au revoir. En rentrant dans ma chambre, je la trouvai occupée par un officier allemand. Je pris rapidement mes affaires, descendis dans le hall et payai ma note, trop fatigué pour me plaindre à l'employé. Il était 5 heures du matin. Je m'allongeai sur une table dans le hall et m'endormis pour une heure. A 6, je partais en taxi pour Cologne, pour prendre un avion à 7 heures pour Berlin.

De retour dans la capitale par ce chaud week-end ensoleillé des 24 et 25 septembre – sans doute les derniers de l'été, me disais-je – j'y trouvai un étonnant optimisme. Personne ne semblait croire qu'il y aurait la guerre.

Ce qui frappait le plus les Allemands, c'était que le Premier ministre britannique ait accepté de transmettre les exigences de Hitler à Prague. Cela montrait, ils en étaient certains, que Chamberlain soutenait Hitler. La presse nazie, ce week-end, entonna un nouvel air de propagande : « Avec Hitler et Chamberlain pour la paix! »

Le lendemain, lundi 26 septembre, l'optimisme disparut bruquement à Berlin. On apprenait que le gouvernement tchèque avait rejeté les exigences de Hitler à Godesberg, que la France aussi les avait trouvées inacceptables, qu'elle avait décrété pendant le week-end une mobilisation partielle, si bien que le Führer était dans la plus énorme rage de sa tumultueuse existence. Il l'exprima dans un discours au Sportspalast le soir même [1]. Criant et hurlant comme je ne l'avais jamais entendu, il déversa un torrent d'insultes sur « Herr Benes », le traitant de « père des mensonges ». S'efforçant de chauffer son auditoire de 15 000 « bonzes » du Parti pour les préparer à la guerre, il brossa du pays des Sudètes un tableau sinistre de « la terreur sous le régime tchèque », où « des territoires entiers étaient dépeuplés, des villages brûlés totalement, où l'on essayait d'enfumer les Allemands à coups de grenades et de gaz ».

Il répétait les mensonges de sa propagande, maintenant habituels. A mesure que le Führer continuait à délirer, je remarquai que la foule,

1. Il en donna une répétition cet après-midi-là, en recevant un envoyé spécial de Chamberlain. Sir Horace Wilson, avait été envoyé en hâte à Berlin par avion avec une lettre urgente au dictateur, qui insistait sur le fait qu'il pourrait obtenir le territoire des Sudètes sans guerre.

Lorsque le Dr Schmidt commença à traduire cette lettre, dont le début annonçait que les Tchèques avaient repoussé les demandes de Hitler à Godesberg, le Führer, on devait l'apprendre de Schmidt par la suite, se leva d'un bond et se dirigea vers la porte en criant :

« Il n'y a plus aucune raison de poursuivre les négociations! »

Schmidt se rappelait que la scène avait été pénible :

« Pour la première et dernière fois en ma présence, écrivit-il dans ses Mémoires après la guerre, Hitler perdit complètement la tête. Le dictateur finit par revenir à son siège en tapant du pied mais continua d'interrompre la lecture de Schmidt en criant : " On traite les Allemands comme des nègres!... " Le 1er octobre, je ferai de la Tchécoslovaquie ce que je veux en faire! Si la France et l'Angleterre décident de se battre, qu'elles le fassent! Je n'en donne pas un pfennig! »

Wilson avait reçu pour instructions de Chamberlain de prendre congé si Hitler menaçait de faire la guerre. Il devait dire au Führer que si la France, conformément aux obligations de son traité avec la Tchécoslovaquie, engageait les hostilités, le Royaume-Uni se sentirait obligé de la soutenir. Mais Wilson n'avait pas d'expérience et il était trop timide, après les explosions de Hitler, pour transmettre ce message.

bien que suspendue à la moindre de ses paroles, n'était pas saisie par la fièvre guerrière. Les hommes et les femmes de l'immense assistance étaient presque bon enfant, comme s'ils n'avaient pas conscience de la signification des paroles de leur chef.

Pourtant, Hitler mettait les points sur les *i*. J'étais assis au balcon du Sportspalast juste au-dessus de la tribune de l'orateur, traduisant de mon mieux en direct ses torrents de paroles allemandes dans un micro qui les transmettait sur ondes courtes à New York et, de là, par le réseau CBS, dans tous les États-Unis. Hitler affirma par deux fois que c'était sa dernière revendication territoriale en Europe.

« Nous ne voulons pas de Tchèques! » grommela-t-il avec mépris.

Mais il exigeait le Territoire des Sudètes avant le 1er octobre – il restait cinq jours. Si « Herr Benes » ne le lui cédait pas, il le prendrait. « Tout dépend maintenant de Herr Benes! Il doit choisir : la paix ou la guerre! »

Il termina son discours de sa voix de basse sonore, si émouvante pour les oreilles allemandes. Puis il se laissa tomber sur son siège, épuisé.

De mon balcon juste au-dessus de lui, j'avais remarqué qu'il avait encore le tic nerveux que j'avais observé quelques jours plus tôt à Godesberg. Il levait toujours une épaule, et la jambe opposée se dressait toujours en même temps. A plusieurs reprises, son visage s'était déformé horriblement et j'avais pensé qu'il allait avoir une attaque. Je notai dans mon carnct ce soir-là :

« Pour la première fois depuis des années que je l'observe, Hitler, ce soir, m'a paru perdre totalement le contrôle de lui-même. »

Et je faisais le récit de la fin de la réunion du Sportspalast.

> Lorsque Hitler se fut assis, Goebbels se leva et hurla : « Une chose est sûre, 1918 ne recommencera pas! » Hitler leva les yeux vers lui avec une expression ardente, farouche, comme si c'étaient là les mots qu'il avait cherchés toute la soirée lui-même sans les trouver tout à fait. Il se dressa d'un bond et, avec une regard fanatique que je n'oublierai jamais, fit un large mouvement du bras pour donner un énorme coup de poing sur la table en criant, de toute la force de ses poumons : « *Ja!* » Puis il s'effondra sur son siège, épuisé.

Mais il ne fallait pas oublier – ce qui m'arrivait quelquefois – qu'Adolf Hitler était un comédien consommé. A midi le lendemain, il ne paraissait plus du tout épuisé lorsque sir Horace Wilson revint le voir. L'envoyé spécial britannique avait téléphoné à Londres après le discours, en insistant pour ne pas remettre au chancelier l'avertissement de Chamberlain sur le soutien de la Grande-Bretagne à la France si elle était entraînée à la guerre à cause de la Tchécoslovaquie. Il n'avait pas voulu remettre le message à cet Hitler déchaîné. Selon lui, disait-il maintenant à Londres, « il ne serait ni nécessaire ni raisonnable de le remettre demain ».

Mais Chamberlain insista pour qu'il le remette, bien que « plus attristé qu'en colère ». Le Premier ministre, si stupide qu'il fût dans son comportement avec Hitler, avait apparemment le souci de l'Histoire et se rappelait que si sir Edward Grey avait averti Berlin en 1914 que la Grande-Bretagne soutiendrait la Francc, lc kaiser n'aurait peut-être pas déclenché la guerre.

Presque en s'excusant, Wilson donna donc lecture à Hitler de l'avertissement britannique. « Je ne peux que prendre note de cette communication », répondit Hitler.

Mais, accusant les Britanniques et les Français d'encourager les Tchèques à résister à ses conditions, il se mit soudain à crier :

« J'écraserai la Tchécoslovaquie! Si la France et l'Angleterre veulent attaquer, qu'elles le fassent! Cela m'est complètement indifférent! Aujourd'hui, nous sommes mardi. Lundi prochain, nous serons en guerre! »

Cela paraissait assez clair, mais apparemment pas pour l'esprit obtus de Wilson. Selon les notes de Schmidt sur cette rencontre, l'envoyé spécial voulait poursuivre la discussion. Mais Henderson, l'ambassadeur, pourtant tout aussi porté que lui aux concessions, insista pour qu'il renonce. Ce qui n'empêcha pas le diplomate amateur de glisser une promesse à Hitler en lui serrant la main pour prendre congé :

« Je vais essayer de rendre les Tchèques raisonnables », annonça-t-il à Hitler.

Et Hitler répondit :

« J'en serais bien aise. »

En fin d'après-midi, Hitler dicta une lettre adroitement formulée pour Chamberlain. Il avait une bonne raison de le faire. Il s'était passé bien des choses, en effet pendant ce mardi 27 septembre, qui lui donnaient à réfléchir. Vers le soir, à Berlin, je fus personnellement témoin d'un événement qui dut faire reculer le dictateur nazi devant la perspective de la guerre. Un peu plus tôt, peu après le départ de Wilson, Hilter avait envoyé l'ordre « ultra-secret » aux unités d'assaut – quelque sept divisions – d'aller prendre position sur la frontière tchèque. Elles devaient être prêtes à attaquer le 30 septembre, dans trois jours. En fin d'après-midi, il ordonna encore la mobilisation secrète de cinq divisions sur le front de l'ouest, contre les Français. Nous, les correspondants étrangers, ne savions rien de ces mouvements secrets, bien entendu. Mais nous savions que Hitler, apparemment sensible au manque d'enthousiasme pour la guerre de la population, avait ordonné de faire défiler dans Berlin une division motorisée partant pour la frontière tchèque. Ce qui, pensait-il, secouerait la population. Pour produire le meilleur effet, le Führer avait fixé l'arrivée du défilé au centre de la ville à 5 heures, quand des centaines de milliers de Berlinois, quittant leurs bureaux, se trouveraient dans la rue.

Peu avant 5 heures, j'allai jusqu'au coin d'Unter den Linden, où les troupes devaient tourner dans la Friedrichstrasse et défiler devant la Chancellerie où, d'un balcon, Hitler les passerait sans doute en revue. Je dois reconnaître que je m'attendais à la répétition des scènes dont j'avais lu le récit, lorsque, sur le même Unter den Linden, en 1914, les soldats en casque à pointe avaient défilé devant l'empereur Guillaume II, debout sur le balcon du palais royal. La foule en délire avait alors couvert de fleurs les soldats en marche, les filles rompant les barrages de police pour les embrasser.

A ma grande surprise, il ne se passa rien de ce genre. Le long de l'avenue, la foule était maigre. Je continuai à descendre vers la Friedrichstrasse. Là, autre surprise : les Berlinois, en sortant de leurs bureaux, se pressaient dans les autobus ou le métro, ou bien s'en allaient simplement à pied pour rentrer chez eux. Les rares qui restaient sur les trottoirs gardaient le silence devant les chars, les canons, les camions qui passaient.

Je repartis par où j'étais venu, vers la Wilhelmstrasse. Le défilé passait dans la rue devant les ministères et un flic venant de la Chancellerie se précipita vers nous, les rares qui étions au bord du trottoir, pour nous dire que le Führer était maintenant sur son balcon et passait les troupes en revue. Rares furent les piétons qui bougèrent. J'y allai voir, pour ma part. Et je notai, le soir, dans mon carnet :

> Hitler était là (sur le balcon) et il n'y avait pas deux cents personnes dans la rue et sur la grande Wilhelmplatz. Hitler avait l'air sombre, puis furieux, et il rentra bientôt, laissant ses troupes défiler sans les saluer. Ce que j'ai vu ce soir me redonne presque un peu de confiance dans le peuple allemand. Il est résolument contre la guerre.

Il se passa, dans le courant de cette journée, d'autres choses qui étaient loin d'être encourageantes pour Hitler.

Un télégramme de Budapest annonça que la Yougoslavie et la Roumanie avaient averti la Hongrie qu'elles interviendraient militairement contre elle si elle attaquait la Tchécoslovaquie. Ce qui étendrait la guerre dans les Balkans, et Hitler tenait absolument à l'éviter. Il n'avait déjà pas assez de troupes pour défendre sérieusement sa frontière occidentale contre les Français.

Un télégramme marqué « très urgent » de l'attaché militaire allemand à Paris annonçait que la mobilisation française « partielle » était en réalité « générale ». Il informait Hitler que les Français auraient terminé la « mise en place des 65 premières divisions à la frontière allemande au sixième jour de la mobilisation ».

Contre une force aussi importante, Hitler n'avait que douze divisions, dont la moitié de réserve et d'une valeur douteuse. L'attaché militaire allemand précisait également que l'armée française attaquerait « immédiatement en direction de Mayence ».

Finalement, cet officier allemand pessimiste informait son Führer que les Italiens ne faisaient « absolument rien » pour retenir les troupes françaises sur la frontière franco-italienne.

Mussolini, allié douteux à ce moment, voulait savoir si son camarade, l'autre dictateur, allait vraiment entrer en guerre dans trois jours. Jusqu'alors, Hitler avait gardé son ami italien dans l'ignorance. Un télégramme du Duce arriva dans l'après-midi, suggérant une rencontre immédiate entre les ministres des Affaires étrangères pour étudier leur « coopération militaire ». Hitler, un peu déconcerté par cette demande, mais tenant à garder Mussolini derrière lui, accepta la proposition. Un avertissement arriva même de l'ambassadeur d'Allemagne à Washington, Hans Dieckhoff – alors que Hitler avait totalement ignoré les États-Unis jusqu'alors. Un câble « très urgent », pour avertir que si Hitler employait la force contre la Tchécoslovaquie et que la Grande-Bretagne venait en aide à la France, « tout le poids des États-Unis serait jeté dans la balance au côté de la Grande-Bretagne ».

Enfin, toujours ce mardi fatidique, un câble arriva de l'attaché militaire allemand à Prague. Il était concret et laconique : « Calme à Prague. Dernières mesures de mobilisation appliquées [...] total des rappelés estimé à 1 000 000; armée de première ligne 800 000. »

C'était l'effectif total dont l'Allemagne disposait sur deux fronts et la plupart des Tchèques étaient mieux entraînés. Ensemble, les Tchèques et les Français étaient à deux contre un face aux Allemands.

Au reçu de ces informations, Hitler, dont l'ultimatum aux Tchèques sur ses exigences de Godesberg expirait à 14 heures le lendemain, envoya une dernière lettre à Chamberlain. Elle était astucieusement calculée pour toucher le Premier ministre et montrer aux Britanniques que lui, Hitler, ne se résignait pas à la guerre. Modérée dans le ton, elle soutenait que les propositions allemandes sur le « retour » des Sudètes ne « priverait pas la Tchécoslovaquie de toutes les garanties de son existence ». Hitler était disposé à négocier les détails du transfert avec les Tchèques et à « donner une garantie formelle au reste de la Tchécoslovaquie ». Les Tchèques, disait Hitler, résistaient uniquement parce qu'ils espéraient provoquer une guerre européenne avec l'appui de la France et de l'Angleterre.

> Je vous laisse juge, concluait Hitler, de savoir si, compte tenu de ces faits, vous considérez devoir poursuivre votre effort [...] pour mettre fin à ces manœuvres et amener le gouvernement de Prague à devenir raisonnable à la toute dernière heure.

Ce soir-là, à Londres, dans un discours radiodiffusé au pays, Chamberlain avait exprimé clairement sa résolution « de poursuivre son effort ». C'était avant d'avoir reçu le message de Hitler. « Je n'hésiterais pas, disait-il, à aller une troisième fois en Allemagne si je pensais que ce soit utile. »

Cela devait avoir plu au dictateur nazi. Et plus encore la déclaration suivante de Chamberlain, disant que « si nous (les Britanniques) devons nous battre, il faut que ce soit pour des questions plus importantes que celle-là », c'est-à-dire, pour citer ses propres termes, « une querelle dans un pays éloigné entre des gens dont nous ne savons rien! »

La lettre de Hitler arriva au Premier ministre à Downing Street à 22 h 30. C'était une dernière chance, à laquelle Chamberlain s'accrocha désespérément. Il répondit :

> Après avoir lu votre lettre, je suis persuadé que vous pouvez obtenir tout l'essentiel sans guerre et sans délai. Je suis prêt à venir moi-même à Berlin immédiatement pour discuter les conditions du transfert avec vous et les représentants du gouvernement tchèque, en même temps que les représentants de la France et de l'Italie, si vous le désirez [...]. Je ne veux pas croire que vous preniez la responsabilité de déclencher une guerre mondiale qui amènerait peut-être la fin de la civilisation à cause de quelques jours de délai pour régler ce vieux problème.

Ainsi, l'idée d'une conférence des Quatre Grands et de la Tchécoslovaquie pour régler le conflit venait d'abord de Chamberlain. On ignore pourquoi la réponse de celui-ci ne parvint à Hitler que vers midi le lendemain, le mercredi 28 septembre. Un appel du Premier ministre à Mussolini arriva à Rome un peu plus tôt, lui demandant de presser Hitler d'accepter la proposition et de prendre part lui-même à la conférence. Ce qui poussa le Duce, déjà impatient, à intervenir.

La journée avait mal commencé partout. On était sombre à Berlin ce matin-là, je m'en souviens, et les dépêches de Londres, Paris, Rome et Prague reflétaient le même abattement. La guerre semblait inévitable. « Une grande guerre peut difficilement être encore évitée », dit Goering ce matin-là, d'après Jodl.

De Londres, Ed Murrow m'annonça qu'on creusait des tranchées à Hyde Park, qu'on évacuait les enfants des écoles, qu'on vidait les hôpitaux pour pouvoir accueillir les blessés de guerre. La veille au soir, à 8 heures, me dit Ed, la mobilisation de la flotte avait été décrétée – l'essentiel des forces armées britanniques – et annoncée à la BBC à 23 h 38.

« La population allemande a-t-elle été informée de cette décision? » demandait Ed.

Il pensait que c'était la décision la plus importante que la Grande-Bretagne pouvait prendre, à part déclarer la guerre.

« Non », répondis-je.

Il n'y avait pas eu un mot à ce sujet à la radio ou dans les journaux allemands. De Paris, Raymond Gram Swing m'appela pour me dire que les trains et les routes étaient submergés par les habitants qui fuyaient la capitale de peur des bombardements. Raymond signalait qu'il avait réussi à se frayer un chemin parmi la foule affolée, à la gare Saint-Lazare, et à mettre Tess et Eileen dans un train pour Cherbourg, mais il n'était pas certain qu'il arriverait au port, ni que le transatlantique partirait pour New York. Je passai la journée dans l'inquiétude. On disait ce matin-là que les Allemands paniquaient aussi à leur frontière occidentale. Des milliers d'entre eux fuyaient, de peur de l'offensive française attendue.

14 heures était, nous le savions, le dernier délai de l'ultimatum de Hitler. Vers midi, je vis arriver des diplomates assez nerveux à la Chancellerie. Il était évident qu'on faisait un effort de la onzième heure pour éviter la guerre de Hitler. On le sentait aux visages sombres des ambassadeurs d'Italie, de France et de Grande-Bretagne, Bernardo Attolico, André François-Poncet et sir Nevile Henderson. Les visages des Allemands n'étaient pas moins sombres : Goering qui, je le savais, était pour la paix; Ribbentrop, qui était à fond pour la guerre; Goebbels, qui hésitait, et les généraux, conduits par Wilhelm Keitel, ce flagorneur à la tête du Haut Commandement. Le général Franz Halder, le chef d'état-major général, brillait par son absence à la Chancellerie. Je pensai qu'il était occupé par les derniers préparatifs de l'attaque contre la Tchécoslovaquie mais, je devais l'apprendre plus tard, il y avait une autre raison. J'avais l'impression, renforcée par la suite par d'autres informations, que cette journée marquerait un tournant crucial dans l'histoire de notre temps.

Deux événements se produisirent. Premièrement, au milieu de l'après-midi, comme son ultimatum expirait, et à l'instigation de Mussolini poussé par un Chamberlain déchaîné, Hitler suspendit son attaque de la Tchécoslovaquie et accepta de rencontrer Mussolini, Chamberlain et Daladier le lendemain à Munich, pour régler les détails de l'occupation du Territoire des Sudètes par l'Allemagne. Les Tchèques n'étaient pas invités.

Deuxièmement, les conspirateurs, conduits par le général Halder, suspendirent leur complot pour déposer Hitler en apprenant qu'il y aurait une conférence le lendemain à Munich, donc pas de guerre, et par conséquent pas de raison d'arrêter le dictateur.

A la Wilhelmstrasse, et à la vérité dans toute l'Allemagne, la nouvelle, diffusée par la radio vers 17 heures, amena un immense soulagement. Le soulagement était peut-être plus grand encore à Paris et à Londres.

La séance à la Chambre des communes, l'après-midi, donna libre cours aux émotions refoulées en Grande-Bretagne, une scène d'hystérie collective à peu près sans précédent dans cette île en général pleine de sang-froid. La plupart des membres de l'Assemblée – certains devaient me le dire par la suite – étaient venus persuadés que la guerre était inévitable. A 16 h 15, Chamberlain parlait depuis une heure vingt, défendant ses concessions à Hitler et louant Mussolini d'avoir, quelques heures auparavant, persuadé Hitler de repousser sa « mobilisation » de vingt-quatre heures [1]. Il s'arrêta le temps de jeter un coup d'œil sur une note qu'on lui avait passée pendant qu'il parlait. Il releva la tête et sourit :

> Ce n'est pas tout. J'ai encore quelque chose à dire à la Chambre. Je viens d'apprendre par Herr Hitler qu'il m'invite à le rencontrer demain à Munich. Il a aussi invité Signor Mussolini et M. Daladier. Signor Mussolini a accepté et je ne doute pas que M. Daladier acceptera aussi.
>
> Je n'ai pas besoin de dire ce que sera ma réponse.

Il n'en avait pas besoin, en effet. La vénérable assemblée explosa littéralement. Dans une clameur sans précédent, les honorables membres du Parlement criaient leur joie à tue-tête, lançant en l'air les ordres du jour. Il y eut quelques sanglots et même des larmes. Dominant le tumulte, on entendait un cri qui semblait exprimer les sentiments profonds de tous :

« Dieu bénisse le Premier ministre ! »

Personne ne demanda au Premier ministre pourquoi la Tchécoslovaquie était exclue de la conférence qui allait décider de son sort. Le matin même, dans sa lettre à Hitler, Chamberlain avait proposé qu'elle soit représentée. Personne ne demanda pourquoi la Russie, cosignataire de la garantie de sécurité de la Tchécoslovaquie en cas d'attaque allemande, était oubliée. Si la guerre éclatait en fin de compte, la Grande-Bretagne aurait terriblement besoin de toute l'aide qu'elle pourrait obtenir de l'Union soviétique [2].

1. Je n'ai jamais compris, que ce soit sur le moment ou par la suite, tout ce qui s'était dit sur le délai apporté à la « mobilisation » allemande. A cette date, les forces armées allemandes étaient déjà totalement mobilisées. Cela n'avait pas été rendu public, mais le Premier ministre ne pouvait l'ignorer.

2. Lord Halifax, le secrétaire aux Affaires étrangères, essaya de consoler les Russes le lendemain, alors que Chamberlain avait déjà pris l'avion pour Munich. Il invita l'ambassadeur soviétique, Ivan Maïsky, et lui expliqua que ce n'étaient pas les Britanniques qui voulaient exclure la Russie de la conférence.

« Nous devons tous voir les réalités en face, dit-il, et l'une de ces réalités est, vous le savez bien, que les chefs des gouvernements allemand et italien n'acceptaient pas, dans les circonstances actuelles, de s'asseoir à une conférence avec les représentants soviétiques. »

Maïsky demanda à Halifax si les Tchèques seraient représentés à Munich :

Maintenant, bien entendu, la guerre n'aurait pas lieu.

Et le complot Halder pour déposer Hitler?

Le chef de l'état-major général et ses conjurés reprochaient à Chamberlain de les avoir obligés à renoncer! Tout était prêt pour se saisir de Hitler à Berlin en ce mercredi fatidique, devait affirmer le général Halder à Nuremberg huit ans plus tard. Le général von Witzleben était venu dans son bureau à midi pour mettre au point les derniers détails :

> Pendant cette conversation, on apprit que le Premier ministre britannique et le président du Conseil français avaient accepté de venir voir Hitler pour poursuivre les conversations. J'annulai donc l'ordre d'exécution de nos plans [...]. La base même de notre action venait de nous être enlevée.
>
> Nous étions tout à fait certains de réussir. Mais voilà que M. Chamberlain, d'un seul coup, écartait le danger de guerre.

Gisevius, ce policier de haut niveau qui participait au complot, confirmerait les déclarations du général lors de son témoignage à Nuremberg :

> L'impossible s'était produit. Chamberlain et Daladier prenaient l'avion pour Munich. Notre révolte était fichue [...]. Chamberlain avait sauvé Hitler.

Il se peut. Mais on reste sceptique. C'était un véritable complot, cela ne fait aucun doute. Mais mal organisé et avec des moyens insuffisants. Et les deux chefs, les deux généraux du grade le plus élevé, Halder et Witzleben, manquaient de clarté d'esprit et de résolution. Pourquoi, par exemple, attendirent-ils *quatre jours* après le retour définitif de Hitler de Godesberg à Berlin, le 24 septembre? A cette date, toutes leurs conditions avaient été remplies : Hitler était à Berlin, il était résolu à faire la guerre, il avait fixé la date de l'attaque contre la Tchécoslovaquie. Pourtant, les conspirateurs hésitèrent.

Peut-être, s'ils avaient été plus profondément motivés, auraient-ils pu agir en temps voulu. Mais ils n'avaient pas l'intention de déposer Hitler pour mettre fin à une tyrannie néfaste, mais seulement pour éviter une guerre perdue. Lorsque Hitler réunit une conférence à Munich pour

« Il s'agit là, répondit le ministre des Affaires étrangères, d'une question dont le Premier ministre a pleinement conscience et au sujet de laquelle il fera de son mieux. »

Tant de duplicité!

obtenir ce qu'il voulait pacifiquement, les conspirateurs ne virent plus de raison de le déposer.

La conférence du lendemain, convoquée dans la précipitation, fut une déception. Le triste spectacle de la France et de la Grande-Bretagne sacrifiant la seule démocratie d'Europe centrale, la fidèle alliée de la France, et offrant à Hitler le plus grand triomphe diplomatique de sa vie, me déprima plus que je ne saurais le dire.

Lorsque j'eus compris ce que Hitler, Chamberlain, Mussolini et Daladier mijotaient, je me sentis trop malheureux pour essayer de raconter comme il convient leurs singeries, un passage à vide qui me valut d'être sérieusement coiffé par ma concurrente de toujours, la NBC [1].

L'idée ne me quitta pas, pendant toute cette horrible journée, que c'était ici, à Munich où Hitler avait pris son modeste départ après la guerre, qu'il jouait maintenant les grands conquérants, devant qui les chefs des autres pays de l'ouest s'inclinaient, effrayés par ses menaces de guerre. Quel incroyable chemin il avait fait en si peu de temps!

De bonne heure ce matin-là, il était allé accueillir Mussolini à Kufstein, sur l'ancienne frontière austro-allemande, à quelques kilomètres au sud de Munich. Son entourage devait dire plus tard qu'il était d'humeur agressive, tout en sachant pourtant qu'il allait obtenir ce qu'il voulait sans avoir à faire la guerre.

Sur les cartes, il montra au Duce le dispositif de ses troupes et comment elles pouvaient facilement « liquider » l'ennemi. Ou bien les conversations de la journée lui donneraient le territoire des Sudètes immédiatement, ou bien il aurait recours à la force. Il dit en outre à Mussolini :

« Le jour viendra où nous allons avoir à nous battre côte à côte contre la France et l'Angleterre. »

Et le Duce, tout glorieux, acquiesça de tout cœur.

Pendant le trajet en train et au cours du déjeuner qui suivit à la résidence privée de Hitler à Munich, les deux dictateurs préparèrent leur stratégie pour les prochaines conversations. Mussolini ouvrirait le jeu en présentant un « plan de compromis », qui avait été d'ailleurs préparé à Berlin la veille au soir et téléphoné à Rome. A eux deux, ils obligeraient les Britanniques et les Français à l'accepter.

Cela se révéla plus facile qu'ils ne l'avaient sans doute imaginé eux-mêmes.

Contrairement aux deux dictateurs fascistes, Chamberlain et Daladier ne firent aucune tentative pour concentrer leur stratégie. J'eus personnellement l'impression que cette attitude était délibérée de la part du Premier ministre britannique. Il était venu chercher à Munich un

1. National Broadcasting Corporation *(N.d.T.)*.

accord rapide et il n'avait pas l'intention de laisser le président du Conseil l'en empêcher. Daladier, que j'allais connaître et apprécier à Paris par la suite, passa la journée dans l'angoisse.

Le premier choc eut lieu aussitôt que les quatre hommes eurent pris place dans le bureau particulier de Hitler, dans le Führerbau (la « Maison du Führer »). Mussolini apportait de Rome, dit-il, « une proposition précise ». Son origine allemande aurait dû être évidente à Chamberlain et Daladier car elle suivait de très près les exigences de Hitler à Godesberg, que les Tchèques, les Britanniques et les Français avaient rejetées. Mais Daladier, selon les minutes allemandes de la séance, « salua la proposition du Duce pour son esprit objectif et réaliste ». Chamberlain, lui aussi, « salua la proposition du Duce en déclarant qu'il avait lui-même envisagé une solution dans l'esprit de cette proposition ».

Hitler avait des excuses s'il en conclut que ce serait plus facile qu'il ne l'avait cru d'embobiner les hommes d'État britannique et français. « Les vermisseaux » comme il les appellerait plus tard. Et au déjeuner avec Mussolini, après la première et brève réunion des Quatre, il devait confier qu'il avait été frappé de l' « insignifiance » du Premier ministre britannique, fou de pêche à la ligne pendant les week-ends. Il avait fallu que lui, Hitler, lui dise : « Je ne prends pas de week-ends et je ne vais pas à la pêche. »

Comme il convient à un homme politique chevronné et peut-être pour apaiser sa conscience, Chamberlain suivit tout le rituel d'une tentative de négociation. Le Premier ministre souleva la question de savoir qui indemniserait le gouvernement tchèque pour les biens de l'État abandonnés dans le territoire des Sudètes. Il n'y aurait pas d'indemnisation, répondit Hitler furieux. Et on ne permettrait même pas aux Tchèques d'emmener leur bétail avec eux en quittant le territoire? demanda Chamberlain. Cette fois, Hitler explosa :

« Notre temps est trop précieux, cria-t-il à Chamberlain, pour qu'on le perde à ce genre de banalités! »

Le Premier ministre s'inclina. Mais il posa la question de la représentation des Tchèques à une conférence qui les concernait plus que tout le monde. Daladier l'appuya sans conviction mais ce qu'il dit étonne, quand on le relit aujourd'hui. Le gouvernement français, dit-il, « ne tolérera en aucune façon que les Tchèques cherchent à faire traîner les choses ». Mais il estimait que « la présence d'un représentant tchèque, que l'on pourrait consulter au besoin, serait un avantage ».

Mais le dictateur nazi ne voulut pas en entendre parler et Daladier renonça bien humblement. Pourtant, Chamberlain obtint une petite concession : un représentant tchèque pourrait être disponible, « dans la pièce voisine ».

Si bien qu'à 16 h 30, tandis que les chefs des quatre grandes puissances occidentales discutaient les détails de la fin de la Tchécoslovaquie, deux diplomates du pays condamné arrivèrent à Munich par avion spécial de Prague : le Dr Hubert Masarik, du ministère des Affaires étrangères tchèque, et le Dr Vojtech Mastny, le malheureux ministre de Tchécoslovaquie à Berlin.

Ils furent reçus par les Allemands avec hostilité, comme des prisonniers de guerre, ou, devait dire par la suite Masarik, comme des suspects par la police :

> On nous emmena dans une voiture de police, accompagnés par des membres de la Gestapo, au Regina, où la délégation britannique était logée. On nous défendit de quitter nos chambres, qui étaient gardées par des policiers.

A 19 heures, les Quatre Grands étaient d'accord pour que les Allemands commencent à occuper le Territoire des Sudètes le 1er octobre, la date précise que Hitler avait formellement fixée dans son discours du Sportspalast, et poursuivent l'occupation graduellement pour la terminer le 10 octobre. Il ne restait plus que les détails à régler. Un délégué britannique alla voir les Tchèques dans leur chambre pour les préparer à la mauvaise nouvelle. C'était Frank Ashton-Gwatkin, un membre du Foreign Office qui avait fait partie en août de la mission Runciman en Tchécoslovaquie. Aux diplomates tchèques prisonniers, il parut « nerveux et très réservé ».

On était arrivé à un accord général, leur dit-il, mais il ne pouvait pas encore leur en donner les détails. Ce qu'il pouvait dire, c'est que l'accord était « beaucoup plus dur que les propositions anglo-françaises ».

Comme les Tchèques protestaient contre les conséquences de cet accord – l'anéantissement de leur pays – l'Anglais répondit d'un ton glacial, devait dire Masarik par la suite, « que je n'avais pas l'air de comprendre à quel point la situation des grandes puisances était difficile et combien les négociations avec Hitler avaient été dures ».

A 22 heures, pendant que les Britanniques prenaient leur dîner, les deux Tchèques furent conduits dans la chambre de sir Horace Wilson pour y entendre d'autres mauvaises nouvelles. Soulignant qu'il parlait au nom du Premier ministre, Wilson leur tendit une carte montrant les zones qu'ils devaient évacuer immédiatement.

Comme les émissaires tchèques tentaient de s'opposer à ce qui revenait à un démantèlement de leur pays, l'insupportable Wilson leur coupa la parole. Il n'avait rien à ajouter, dit-il. Et il sortit.

Les Tchèques furent laissés seuls un moment avec Ashton-Gwatkin, qui ne leur fut pas d'un grand réconfort :

« Si vous n'acceptez pas, leur dit-il, il vous faudra régler vos affaires avec les Allemands absolument tout seuls. Les Français vous le diront peut-être plus gentiment, mais ils sont du même avis que nous, croyez-moi. Ils ne s'en occupent plus. »

A minuit et demi, les traductions de l'accord de Munich finalement terminées, les autre chefs de gouvernement prirent place dans le Führerbau pour les signer. Hitler avait obtenu tout ce qu'il avait demandé à Godesberg et dans son discours du Spotspalast, « excepté, notai-je ce soir-là, qu'il doit attendre quelques jours de plus pour *tout* avoir ».

L'occupation militaire par l'Allemagne des zones du Territoire des Sudètes à population en majorité allemande commencerait le 1er octobre – dans un jour – et serait terminée en trois autres étapes, pour le 7. Le reste du territoire, après avoir été délimité par la « Commission internationale », serait occupé avant le 10 octobre. Les Tchèques avaient droit à un délégué au sein de la Commission, qui organiserait également des plébiscites dans les zones où la répartition de la population était douteuse, pour déterminer définitivement la nouvelle frontière.

Chamberlain et Daladier avaient demandé que les quatre grandes puissances garantissent en commun le nouvel État-croupion de Tchécoslovaquie contre toute agression. Mais Hitler, soutenu par Mussolini, n'accepta cette garantie commune qu'une fois réglée « la question des minorités hongroises et polonaises » en Tchécoslovaquie. La France et la Grande-Bretagne déclarèrent alors qu'elles « maintenaient leur proposition » de garantie du nouvel État tchèque contre toute agression.

C'était une importante victoire pour Hitler, et il me parut loin de la sous-estimer quand je le regardai quitter le Führerbau entouré de ses fidèles, Goering, Goebbels, Ribbentrop, Hess et le général Keitel. Son regard étincelait. Il plastronnait littéralement en descendant les marches. Son tic avait disparu. Mussolini, lui aussi, avait un air de coq avantageux, lacé dans son nouvel uniforme de la Milice fasciste, la casquette penchée dans le genre désinvolte. Il descendit les marches en bondissant, faisant de son mieux, à ce qu'il me semble, pour avoir l'air de partager le triomphe de Hitler.

Quant à Daladier, je notai ce soir-là dans mon carnet :

> Il avait l'air totalement épuisé, brisé. Il est venu au Regina dire au revoir à Chamberlain. Nous étions quelques-uns à l'attendre quand il descendit les marches. Quelqu'un demanda, ou plutôt commença à demander : « Monsieur le président, êtes-vous satisfait de l'accord?... » Il se tourna comme pour dire quelque chose, mais il était trop fatigué, trop abattu, et les mots ne venaient pas. Il passa la porte d'un pas chancelant, dans un silence total.
>
> Les Français disent qu'il a peur de rentrer à Paris demain, il croit être accueilli par une foule hostile [...] car la France a sacrifié toute sa

situation sur le continent et perdu son principal soutien en Europe de l'est. Pour la France, cette journée a été désastreuse [1].

Chamberlain, contrairement à son collègue français, avait l'air exceptionnellement content de lui en traversant le hall du Regina après la fin de la conférence. Il paraissait avoir un peu sommeil. Il ne cessait de bâiller et, de toute évidence, au contraire de Daladier, il allait dormir parfaitement.

A cette heure tardive, il avait encore une chose à faire, très désagréable, me semblait-il, bien qu'il n'eût pas l'air de s'en soucier. Traînant les membres de la délégation française avec lui, il monta dans sa chambre pour un bref entretien avec les envoyés tchèques prisonniers. Lui et Daladier déclarèrent nettement aux Tchèques qu'il n'était plus question de discuter leur terrible situation mais d'accepter rapidement les conditions que Hitler avait imposées par la menace aux hommes d'État anglais et français. Il était maintenant 2 heures du matin.

> L'atmosphère, nota plus tard Masarik, était à la répression : la sentence allait tomber. Les Français, manifestement embarrassés, semblaient avoir conscience des conséquences pour le prestige français. M. Chamberlain, dans une brève entrée en matière, se référa à l'Accord et en donna le texte au Dr Mastny pour qu'il en donne lecture [...].

Les Tchèques commencèrent à poser plusieurs questions :

> Mais M. Chamberlain ne cessait de bâiller, sans en paraître gêné. Je demandai à MM. Daladier et Léger [2] s'ils attendaient une déclaration ou une réponse à l'accord de la part de notre gouvernement. M. Daladier, manifestement embarrassé, ne répondit pas. M. Léger répondit que les quatre hommes d'État n'avaient pas beaucoup de temps. Il ajouta vivement et avec un peu de désinvolture qu'une réponse n'était pas nécessaire, qu'ils considéraient le plan comme accepté, que notre gouvernement avait jusqu'à 3 heures de l'après-midi, dernier délai, pour envoyer son représentant à Berlin à la séance de la Commission, et enfin que le représentant tchécoslovaque devait être à Berlin le samedi pour fixer les détails de l'évacuation de la première zone. L'atmosphère, dit-il, commençait à devenir dangereuse pour le monde entier.
>
> Il nous parlait avec une rudesse certaine. C'était un Français qui nous

1. Il n'avait pas besoin d'avoir peur. Contrairement à ce qu'il attendait, il reçut un accueil délirant et très chaleureux quand son avion se posa au Bourget. Des centaines de milliers de Parisiens l'acclamèrent tout le long du chemin pendant son retour au ministère. On dit qu'il eut peine à y croire.

2. Alexis Léger, né à la Guadeloupe de parents français, était secrétaire général du Quai d'Orsay depuis 1932 et avait contribué à définir la politique étrangère française entre les deux guerres. Sous le pseudonyme de Saint-John Perse, c'était un poète distingué qui allait recevoir par la suite le prix Nobel de littérature.

disait qu'il s'agissait d'une sentence sans appel et sans possibilité de modification. Sur quoi, ils en eurent terminé avec nous et nous laissèrent aller. La République tchécoslovaque dans ses frontières fixées en 1918 avait cessé d'exister.

J'étais épuisé et déprimé après cette longue journée. Espérant qu'un peu d'air frais me réconforterait, je rentrai à pied à l'hôtel en respirant à pleins poumons dans la nuit. Ed Murrow, de Londres, et Paul White, de New York, m'avaient appelé. Quand je les rappelai, j'appris que j'avais été battu de loin ce soir-là par Max Jordan de NBC. J'avais pris l'antenne à 23 heures en annonçant qu'un accord était conclu, dont je donnai les détails essentiels. Mais Jordan à qui la situation privilégiée de NBC en Allemagne donnait accès au Führerbau, qui nous était interdit, à nous, les autres correspondants, s'était fait passer pour un officiel allemand. Il avait obtenu une copie de l'accord, s'était précipité au studio de radio spécial du Führer et, à 1 heure du matin, il avait lu le texte à l'antenne, une demi-heure avant que je puisse le diffuser. Murrow et White me consolèrent, en insistant sur le bon travail que j'avais fait. Mais cet échec aggrava mon abattement.

Je ne me sentis pas beaucoup mieux le lendemain matin en apprenant que Chamberlain, derrière le dos de Daladier, était allé voir Hitler dans ses appartements privés et l'avait amené à signer une déclaration commune, dont le Premier ministre avait dû penser avec raison qu'elle atténuerait le choc, dans l'opinion britannique, de sa trahison de la Tchécoslovaquie la veille. Elle séduirait également le profond pacifisme du peuple britannique.

J'aurais certainement supporté plus mal encore cette démarche sournoise si j'avais su ce que Chamberlain avait dit à Hitler pour l'amener à signer son bout de papier, mais cela ne devait être révélé que beaucoup plus tard par le Dr Schmidt, l'interprète des deux hommes. Relire les propos du Premier ministre un demi-siècle plus tard me donne encore la nausée, en particulier l'expression de son « espoir que les Tchèques ne seraient pas déraisonnables au point de faire des difficultés », et que, si c'était cependant le cas, Hitler ne bombarderait pas Prague « avec les terribles pertes que cela entraînerait parmi la population civile ». A quoi le dictateur avait répondu qu'il « s'efforcerait toujours d'épargner la population civile et s'en tiendrait aux objectifs militaires : il détestait l'idée de petits bébés tués par des bombes à gaz ».

Ainsi rassuré, Chamberlain, dans l'une de ses humeurs les plus enjouées, continua de papoter pendant une heure sur tous les sujets possibles. Le Führer, selon Schmidt, devenait de plus en plus morose. Finalement, Chamberlain tira de sa poche la déclaration qu'il avait préparée et demanda à Hitler de la signer avec lui.

> Nous considérons l'accord signé hier soir et le traité naval anglo-allemand comme le symbole du désir de nos deux peuples de ne jamais refaire la guerre l'un contre l'autre.
>
> Nous avons décidé que la méthode de consultations sera la méthode pour traiter les autres questions qui pourront concerner nos deux pays, et nous sommes résolus à poursuivre nos efforts pour supprimer toutes les causes de différends, contribuant ainsi à la paix de l'Europe.

Le Dr Schmidt eut l'impression que Hitler signait ce texte « avec une certaine réticence [...], uniquement pour plaire à Chamberlain », qui « remercia le Führer chaleureusement [...] et en soulignant le profond effet psychologique qu'il attendait de ce document ».

Le Premier ministre en tira effectivement le maximum. Il le brandit à son retour, le soir-même, en s'adressant à une foule heureuse, d'une fenêtre du 10 Dowing Street, et déclara :

> Mes bons amis! C'est la deuxième fois dans notre histoire qu'on revient d'Allemagne à Downing Street avec la paix dans l'honneur. Je crois que c'est la paix pour notre génération.

Disraeli, on le sait, était rentré du Congrès de Berlin, en 1878, avec un traité de paix.

La presse, le Parlement et le peuple britanniques étaient radieux et saluèrent le Premier ministre comme un héros. Le *Times* écrivait :

« Aucun conquérant revenant du champ de bataille n'a été couronné de plus nobles lauriers. »

Seul Duff Cooper, le premier lord de l'Amirauté, démissionna du gouvernement pour protester. Et lors du débat qui suivit, à la Chambre des communes, Churchill, lorsqu'il parla de Munich comme d' « une défaite totale, absolue », fut obligé de s'interrompre pour laisser passer une tempête de clameurs hostiles. Les Communes approuvèrent Chamberlain par 386 voix contre 144.

Les Allemands aussi étaient heureux. Le Führer s'était encore assuré une victoire sans effusion de sang, la troisième après la réoccupation de la Rhénanie et l'Anschluss de l'Autriche. Il avait accru son prestige auprès du peuple et son ascendant sur l'armée, qui s'était opposée au risque qu'il avait pris de perdre une guerre à propos du Territoire des Sudètes. Paradoxalement, il n'était, pour sa part, pas du tout satisfait de son triomphe sur les Occidentaux.

Le Dr Schacht raconte qu'il entendit Hitler dire, à son retour à Berlin : « Ce gars-là (Chamberlain) m'a volé mon entrée à Prague. »

Et il confia plus tard à ses généraux :

« Je savais dès le commencement que je ne pourrais pas me contenter du Territoire des Allemands des Sudètes. Ce n'était qu'une solution partielle. »

Les suites immédiates de Munich furent, à mes yeux, aussi lamentables et décevantes que la conférence elle-même. La « Commission internationale » de Berlin fut une véritable plaisanterie. Elle prit le parti des Allemands dans chaque désaccord territorial et pour le tracé final des frontières. Elle ne respecta jamais l'engagement de Munich d'organiser des plébiscites dans les régions où les pourcentages des différentes populations étaient discutés. L'Allemagne et l'Italie ne respectèrent jamais leur parole de garantir ce qui restait de la Tchécoslovaquie contre toute agression, une fois réglée la question des minorités polonaise et hongroise. La Grande-Bretagne et la France, pour leur part, refusèrent, lorsque l'agression eut lieu, d'honorer la garantie qu'elles avaient donnée solennellement à Munich.

Telle fut « la paix dans l'honneur » de M. Chamberlain [1].

Il n'avait pas besoin de capituler devant Hitler à Munich. Le dictateur nazi s'était mis dans une situation bien difficile et le Premier ministre britannique venait de l'en tirer. Qui plus est, il lui avait donné une victoire sans effusion de sang qui renforçait sa situation. En Allemagne, en particulier vis-à-vis de l'armée dont les chefs s'étaient opposés à lui et, en fin de compte, à tort. Mais aussi en Europe, dont les gouvernements allaient désormais essayer de s'arranger au mieux avec lui, maintenant que les démocraties occidentales avaient si honteusement capitulé.

Et si Hitler avait attaqué la Tchécoslovaquie au lieu de se voir accorder à Munich ce qu'il demandait? Moi qui ai couvert la crise tchèque aux premières loges et, depuis lors, mieux encore, par de nombreuses lectures et de longues réflexions, je suis arrivé à certaines conclusions dont je crois qu'elle demeureront celles de l'Histoire.

Sans Munich, selon l'opinion exprimée par la suite par la plupart de ses généraux, Hitler aurait donné l'ordre d'attaquer la Tchécoslovaquie le 1er octobre, et alors, de deux choses l'une. Ou bien le complot Halder aurait réussi et Hitler aurait été renversé, ou bien il aurait échoué et, l'agression contre la Tchécoslovaquie étant lancée, elle aurait entraîné la France, la Grande-Bretagne, et probablement la Russie dans une guerre que l'Allemagne aurait certainement perdue. Le chef d'état-major général et ses collègues, ne l'oublions pas, s'opposaient non pas à la guerre, mais à une guerre perdue.

Ceux qui ont alors soutenu Chamberlain et Daladier ont affirmé que Munich avait sauvé les démocraties occidentales, non seulement de la guerre mais de la défaite dans cette guerre, qu'il a épargné à Londres et à Parie d'être rasés par la Luftwaffe, et qu'il a donné le temps – une année entière – à la Grande-Bretagne et à la France de rattraper au

1. « Vous aviez le choix entre la guerre et le déshonneur, avait dit Churchill à Chamberlain. Vous avez choisi le déshonneur et vous aurez la guerre ».

moins en partie le réarmement du Reich. Cet argument a été parfaitement réfuté, essentiellement par ceux qui étaient le mieux placés pour savoir : les généraux allemands.

Les généraux n'étaient même pas sûrs que l'armée allemande pourrait percer les fortifications tchèques. Ils étaient *certains*, en revanche, que si l'opération était tentée l'armée française, dont les effectifs étaient à dix contre un face aux Allemands de l'ouest, aurait facilement percé et occupé la Ruhr, le centre des industries d'armement de Hitler.

Devant le tribunal de Nuremberg, le Feldmarschall Fritz Erich von Manstein, qui était devenu l'un des plus efficaces parmi les chefs militaires allemands, déclara :

> Si la guerre avait éclaté, ni notre frontière occidentale ni notre frontière polonaise n'auraient pu être vraiment défendues. Et il n'y a absolument pas l'ombre d'un doute que si la Tchécoslovaquie s'était défendue, nous aurions été arrêtés par ses fortifications, car nous n'avions pas les moyens de les percer.

Le seigneur de la Guerre lui-même fut impressionné lorsqu'il découvrit les défenses tchèques. Il devait dire plus tard au Dr Carl Burckhardt, le haut-commissaire de la Société des Nations à Dantzig : « Lorsque, après Munich, nous avons été en mesure d'étudier la puissance militaire tchèque de l'intérieur, ce que nous avons vu nous a beaucoup troublés : nous avions couru un réel danger [...]. Je comprends maintenant pourquoi mes généraux me conseillaient la prudence. »

L'une des principales raisons qui amenèrent Chamberlain et Daladier à capituler à Munich fut leur peur, entretenue par leurs cabinets, leurs chefs militaires et une bonne partie de la presse et de l'opinion publique, que si la guerre éclatait, Paris, Londres et la plupart des grandes villes de France et d'Angleterre seraient détruites par l'aviation allemande. Le Premier ministre et le président du Conseil, a-t-on dit, ont épargné à leurs pays ce terrible destin. Mais ces craintes étaient-elles justifiées?

Le principal inspirateur de cette appréhension était un Américain, Charles Lindbergh, pilote civil génial, mais sans grand entraînement et sans expérience de l'aviation militaire. Les nazis allemands convainquirent ce jeune Américain crédule, après quelques voyages à travers le Reich, que la Luftwaffe était devenue, au moment de Munich, supérieure au total des armées de l'Air de la Grande-Bretagne, de la France, de la Tchécoslovaquie et de la Russie, et capable de raser les grandes villes d'Europe. La réputation d'aviateur de Lindbergh était si formidable à l'ouest, malgré son manque de compétence militaire, que ses affreuses prédictions aux Français et aux Britanniques furent prises très au sérieux et contribuèrent sans aucun doute considérablement à pousser Chamberlain et Daladier à capituler si honteusement à Munich.

Lindbergh se trompait. Et il est difficile d'excuser les gouvernements français et britannique d'avoir cru à ses prophéties apocalyptiques.

Le 22 septembre, comme Chamberlain arrivait à Godesberg pour voir Hitler pour la deuxième fois, au moment le plus crucial de la crise des Sudètes, le général Helmuth Felmy, commandant de la 2e escadre aérienne à Brunswick, celle qui, en cas de guerre, aurait eu la responsabilité des opérations de la Luftwaffe sur la Belgique, la Hollande et de la Grande-Bretagne, adressa une note au Haut Commandement de l'armée de l'air sur les perspectives d'offensive aérienne contre les Britanniques à partir des aérodromes allemands.

Il était loin d'être optimiste. La distance entre les terrains allemands les plus proches et l'Angleterre était trop grande : près de 500 kilomètres (plus de 600 si la Luftwaffe ne violait pas l'espace aérien belge et hollandais). Elle représenterait des aller et retour de près de 1 000 kilomètres, ou plus de 1 200, dans un cas ou dans l'autre. L'autonomie des bombardiers allemands avec 500 kilos de bombes était de moins de 700 kilomètres. Celle des chasseurs était encore inférieure. En outre, les équipages allemands n'était pas entraînés au bombardement stratégique à grande distance. Leur rôle était l'appui aux forces terrestres. La Luftwaffe était une arme tactique (une différence que Lindbergh, apparemment, ne comprenait pas). « Avec les moyens dont nous disposons, avait conclu le général, une guerre d'anéantissement contre l'Angleterre est hors de question [1]. »

La Luftwaffe aurait pu être plus efficace contre Paris et les villes du nord de la France, qui étaient dans le rayon d'action des bombardiers allemands et même, dans certains cas, des chasseurs. Mais il ne faut pas oublier qu'au moins pendant les premières semaines d'une invasion de la Tchécoslovaquie, l'armée de l'air allemande aurait été entièrement concentrée à l'est. L'armée de l'air tchèque aurait pu être soutenue par des avions soviétiques opérant de bases en Tchécoslovaquie orientale, faciles à atteindre en partant du territoire soviétique voisin. Les généraux allemands disent qu'il y avait peu d'avions disponibles pour attaquer à l'ouest. L'armée de l'air française, malgré sa faiblesse – bien qu'elle fût plus forte en chasseurs – aurait assez facilement protégé Paris et les villes du Nord.

Finalement, les onze mois de paix que Munich a valus à la France et à la Grande-Bretagne ont-ils accéléré leur armement, réduit leur retard sur l'Allemagne et amélioré leurs moyens de se battre quand

1. Des amis qui ont lu ce qui précède m'ont demandé comment les Allemands, deux ans plus tard, furent capables de bombarder la Grande-Bretagne si violemment. La réponse est qu'à partir de juillet 1940 l'armée allemande avait occupé les ports français, belges et hollandais de la Manche et de la mer du Nord, dont les aérodromes étaient à courte distance de l'Angleterre au-dessus d'une mer non défendue.

la guerre éclata, comme Chamberlain l'a prétendu jusqu'à son dernier soupir?

C'est une question très controversée. Pour ma part, je considère qu'à une exception près – le renforcement par la Grande-Bretagne de sa défense antiaérienne – les alliés occidentaux n'ont pas rattrapé la puissance militaire de l'Allemagne. Je crois qu'elles ont plutôt perdu du terrain. Winston Churchill l'a résumé ainsi :

« L'année de répit qu'on dit avoir été « gagnée » par Munich a laissé la Grande-Bretagne et la France en bien plus mauvaise posture face à l'Allemagne de Hitler qu'au moment de la crise de Munich. »

La situation stratégique des Alliés occidentaux s'était considérablement aggravée. La Tchécoslovaquie, avec ses 35 divisions bien entraînées et bien armées déployées derrière ses formidables fortifications dans les montagnes, aurait, ont reconnu les généraux allemands, résisté efficacement et longtemps face aux forces de Hitler. En retenant presque toute l'armée de terre et de l'air allemande, les Tchèques auraient donné à la France le temps et l'occasion d'envahir l'Allemagne sur ses frontières mal défendues de l'ouest, et d'occuper sa principale région industrielle, la Ruhr, sans laquelle le Reich ne pouvait continuer longtemps à se battre.

La Pologne, malgré la politique insensée de concessions à Hitler qu'elle suivait elle aussi, aurait presque certainement été entraînée contre l'Allemagne. Car, outre le fait qu'elle avait une alliance militaire avec la France, ses dirigeants, si myopes et si entêtés qu'ils fussent, savaient que la situation stratégique de la Pologne vis-à-vis de l'Allemagne deviendrait désespérée – encerclée de trois côtés – si l'Allemagne occupait la Tchécoslovaquie.

Il est difficile de dire ce qu'aurait fait l'Union soviétique. Mais je crois que, malgré la méfiance de Staline envers l'Ouest, et son ressentiment après avoir été ignorée par Chamberlain et Halifax pendant la crise, la Russie serait venue immédiatement au secours de la Tchécoslovaquie sous forme de livraisons militaires. Et une fois que Staline aurait vu que la France et la Grande-Bretagne se battaient, je crois qu'il aurait envoyé d'importantes forces aériennes en Tchécoslovaquie, et serait finalement entré en guerre contre l'Allemagne qui, tant que Hitler, le grand antibolchevique, était en vie, restait la principale menace contre la Russie.

Ainsi, stratégiquement, la France et la Grande-Bretagne étaient moins bien placées en septembre 1939 qu'en septembre 1938.

Mais ce n'était pas tout. Alors que les derniers jours de paix s'écoulaient lentement pendant l'été de 1939, l'Allemagne commença à recevoir de grandes quantités de matières premières et de pétrole de l'Union soviétique. Les Français et les Anglais avaient tenu l'Union soviétique à l'écart de Munich, malgré les obligations de son traité avec la Tchécoslovaquie, et malgré sa valeur pour les Alliés en tant que puissance militaire et industrielle majeure si la guerre éclatait. Staline était donc arrivé à la conclusion que d'autres pouvaient jouer aussi bien que Chamberlain le jeu des concessions à Hitler. En fait, quatre jours seulement après Munich, un conseiller vigilant de l'ambassade d'Allemagne à Moscou signalait à Berlin un changement soudain d'atmosphère à la suite de l'accord de Munich. Il pensait que Staline allait en « tirer des conclusions » et deviendrait « plus positif » envers l'Allemagne. C'était le premier pas d'un retournement qui aurait des conséquences désastreuses pour la France et la Grande-Bretagne.

Mais les conséquences catastrophiques de leur capitulation devant Hitler échappaient presque totalement à Chamberlain et Daladier quand ils rentrèrent dans leurs capitales respectives. En fait, le vaniteux Premier ministre britannique (mais non Daladier) allait continuer de se vanter de son succès jusqu'à ce que tout l'édifice de paix qu'il croyait avoir construit lui tombe sur la tête. Il faut reconnaître à son crédit qu'il finit par se réveiller, poussé, il est vrai, par quelques membres de son cabinet, plus réalistes que lui.

Mais il était trop tard.

Pour la première fois de ma vie de journaliste, j'avais trop la mort dans l'âme après Munich pour faire mon métier sérieusement. Je suivis l'armée allemande dans les Sudètes mais la censure militaire était si stupide et si stricte que je ne fis aucune émission. Finalement, Ed Murrow et moi décidâmes de nous retrouver à Paris et, pour citer mon carnet, de « noyer nos chagrins dans le champagne ».

Mais la grande ville civilisée que j'avais aimée avec passion était devenue, me rappelle mon carnet, « un endroit épouvantable, complètement livré au défaitisme et sans la moindre idée de ce qui venait d'arriver à la France ». Les Français n'étaient pas seulement terriblement soulagés d'avoir échappé à la guerre, ce qui était bien compréhensible, mais ils s'étaient convaincus eux-mêmes que c'eût été un crime que d'y être entraînés. Ni les patrons des journaux, ni les hommes politiques, ni le Français moyen à qui j'ai pu parler n'avaient la moindre idée du désastre que Munich était pour eux. Ils ne comprenaient pas que la supériorité militaire de la France en Europe, assurée après le terrible bain de sang de 1914-1918, avait disparu. Parce que sa population et sa production industrielle dépassaient à peine la moitié de celles de l'Allemagne, la France avait laborieusement mis au point des alliances avec les petits pays de l'Est, sur l'autre flanc de l'Allemagne : Tchécoslovaquie, Pologne, Yougoslavie, et Roumanie, qui avaient, ensemble, le potentiel militaire d'une grande puissance. Maintenant, la Tchécoslovaquie était perdue. Et maintenant que la France l'avait livrée à Hitler, comment les alliés qui lui restaient en Europe de l'Est pouvaient-ils avoir confiance en ses engagements écrits de venir à leur secours s'ils étaient attaqués?

Je concluais dans mon carnet, à regret :

« Je ne comprends plus la France. »

Le champagne ne nous fit pas grand effet, à Murrow et moi, malgré la quantité. Ed était naturellement sombre, mais je ne l'avais jamais vu aussi lugubre. Il commençait à aimer les Britanniques, et ils l'avaient déçu. Il ne voyait qu'une chose encourageante pour nous, personnellement et professionnellement. Là-bas, chez nous, CBS semblait avoir compris les possibilités de la radio pour présenter les informations.

Ed avait des statistiques, câblées par un Paley enthousiaste. En trois petites semaines, CBS avait fait près de cinq cents émissions sur la crise tchèque, plus de cent à partir de l'Europe, dont quatorze rendez-vous sur l'antenne montés par Murrow et moi. Aucune autre chaîne radio, Paley en était sûr, n'approchait CBS dans la couverture de cette affaire. A Paris, Ed et moi recevions des câbles de Paley :

« La couverture de la crise européenne par Columbia a été meilleure que celle de ses concurrents et c'est probablement la plus belle réussite de toute l'histoire de la radio. »

Je pris l'avion pour Varsovie et, le 11 novembre, j'y fis une émission pour le vingtième anniversaire de la République polonaise. Je tenais surtout à savoir si les Polonais qui, de mèche avec l'Allemagne nazie, venaient de s'offrir une petite tranche de Tchécoslovaquie, avaient assez de bon sens pour savoir qu'ils étaient les prochains sur la liste de Hitler. Il était évident que les colonels, en tout cas, qui tenaient le pays sous une sorte de semi-dictature militaire, n'avaient pas assez de bon sens.

Je concluais dans mon carnet : « Les Polonais sont un peuple délicieux, profondément romantique et je garde d'eux beaucoup de souvenirs de bien manger, de bien boire et de bonne musique. Mais ils manquent terriblement de réalisme. Quand ils font confiance à Hitler, par exemple. »

Walter Duranty, le grand confrère qui était correspondant à Moscou du *New York Times*, se trouvait à Varsovie. Par une belle soirée de blizzard, nous avons oublié le terrible aveuglement des Polonais et la stupidité de l'esprit humain en noyant nos soucis dans la vodka.

Une autre distraction me fut offerte, paradoxalement, par le pape. J'étais allé à Belgrade faire une émission pour le vingtième anniversaire de la naissance de la Yougoslavie, lorsque CBS m'appela pour me dire que le pape allait mourir. Le patron voulait absolument que je parte pour Rome immédiatement. Je mis la main, à l'occasion d'un cocktail, sur le jeune Cy Sulzberger, qui faisait tout juste ses débuts au *New York Times*, et je le persuadai de faire mon émission, après quoi je me précipitai à la gare pour prendre le train de minuit pour Rome. Comme je l'ai déjà souligné, aucun pape n'était mort depuis que la radio avait commencé de diffuser les informations, et le décès de celui-ci nous serait un stimulant dont, personnellement, j'avais besoin. Je passai une semaine à régler les problèmes techniques avec le Vatican et la Radio italienne mais Pie XI, malgré son âge (quatre-vingt un ans) et une nouvelle attaque cardiaque, refusait de mourir.

Revenu à Paris encore une fois au début de décembre, pour retrouver Tess et Eileen de retour d'Amérique, il me fallut couvrir un événement déplaisant mijoté par l'insupportable Georges Bonnet, le ministre français des Affaires étrangères, qui s'était vanté d'avoir poussé Daladier à signer le pacte de Munich. Il était glissant comme un serpent. Pour être charitable, Bonnet ne fit rien d'autre, en décembre, que ce que Chamberlain avait fait le lendemain matin de l'accord de Munich : signer une déclaration de « bon voisinage » avec l'Allemagne, par l'intermédiaire d'un autre insupportable ministre des Affaires étrangères, déclarant que les deux pays n'avaient plus de conflits territoriaux à résoudre et que tout désaccord ultérieur, entre les deux pays qui s'étaient si souvent fait la guerre, serait réglé par la négociation.

Je notai dans mon carnet :

« Que rigolade! »

Qui donc, sinon cet imbécile de Bonnet, pouvait attendre maintenant de Hitler qu'il tienne pareille promesse?

Je notai aussi que Paris semblait s'être un peu remis de son défaitisme d'après Munich. Lorsque Ribbentrop se rendit à diverses cérémonies, les rues étaient totalement désertes. Les présidents des deux Chambres du Parlement, plusieurs ministres et plusieurs personnages importants de la politique, des affaires, de la littérature et de la vie mondaine refusèrent ostensiblement d'assister aux nombreuses cérémonies en l'honneur du ministre des Affaires étrangères nazi. J'étais soulagé de voir les Français revenir à la réalité.

Je fus soulagé aussi, et bien heureux, de voir rentrer Tess et Eileen des États-Unis, le 15. Et nous repartîmes pour Genève. Nous avons eu un Noël heureux cette année-là.

A la fin de l'année, comme de coutume, nous avons fait le point de ces douze mois chargés d'événements. L'année avait été bien remplie, en effet : notre premier enfant, l'Anschluss de l'Autriche, notre fuite de la Vienne natale de Tess pour Genève et, finalement, la crise des Sudètes et la honte de Munich. J'écrivis dans mon carnet :

« Comme d'habitude, nous nous demandons, Tess et moi, ce que va apporter la nouvelle année. »

Nous n'avions pas grand espoir. Comment cela eût-il été possible après l'Anschluss et Munich? Mais nous n'avions aucune idée, pas plus, je pense, que quiconque sur la planète, de toutes les épreuves qu'elle réservait à l'humanité.

LIVRE III

L'ARRIVÉE
DE LA SECONDE GUERRE MONDIALE

1939-1940

Chapitre 9

LES DERNIERS MOIS DE LA PAIX
1939

Au début de cette année-là, Hitler frappa de nouveau. A l'aube du 15 mars 1939, il envoya ses troupes occuper ce qui restait de la Tchécoslovaquie et, passant à l'exécution de ses menaces, l'effacer de la carte. Cette merveilleuse petite démocratie, la seule qui restait en Europe centrale et orientale, cessa d'exister. J'aurais dû me précipiter à Prague pour décrire l'événement en témoin oculaire. Mais j'étais trop déprimé. De Genève, je notai dans mon carnet :

« Je n'en ai pas le courage. »

Et puis, j'étais surmené après avoir couvert la mort d'un pape et l'élection d'un autre à Rome, et épuisé d'avoir essayé de le faire, pendant près d'un mois, avec la plus mauvaise grippe de ma vie. De plus, comme je l'avais dit à Murrow quand nous envisagions mon départ par avion pour Prague, la censure allemande ne m'aurait pas permis de dire quoi que ce soit de l'occupation de la Tchécoslovaquie. Même à Paris, qui fut ma plus proche étape, l'insupportable ministre des Affaires étrangères, Georges Bonnet, avait ordonné la censure de mes émissions, de peur d'offenser les nazis. Occupé au Vatican à couvrir la succession au Saint-Siège, je n'avais pas suivi les événements de Prague et de Berlin d'aussi près que je l'aurais dû. J'avais pourtant noté dans mon carnet, à Rome, le 9 mars :

> La tempête couve dans ce qui reste de la Tchécoslovaquie. Le Dr Hacha, le pauvre petit président, successeur du grand Masaryk et de l'habile Benes [1], a décrété l'état de siège en Slovaquie et déchu Mgr Tiso

1. Benes avait démissionné de la présidence le 5 octobre, moins d'une semaine après Munich, sous la pression de Berlin. Sur l'insistance de ses amis, qui estimaient sa vie même en danger, il avait pris l'avion pour Londres et pour l'exil. Le 30 novembre, le Dr Hacha, le président de la Cour suprême, plein de bonnes intentions, mais faible et sénile à soixante-six ans, était élu par l'Assemblée nationale pour le remplacer.

> (le Premier ministre) et le cabinet slovaque. Mais Tiso, je le sais, est l'homme de Berlin [...].

Hitler, qui venait de pousser Tiso au sommet, n'accepterait pas, j'en étais certain, que Prague évince son gros petit prélat. Je me disais :

« Bizarre (mais est-ce vraiment bizarre?) que l'Allemagne et l'Italie n'aient jamais donné à ce qui reste de la Tchécoslovaquie la garantie qu'elles avaient promise à Munich. »

Je m'informai au ministère des Affaires étrangères italien, où l'on me dit que Hitler suspendait cette garantie.

« Hitler considère que Prague est trop juive, bolchevique, et démocratique », m'avait lâché un des jeunes je-sais-tout de l'entourage de Ciano.

La vérité était, comme je l'avais déjà senti instinctivement à Munich, que Hitler ne donnerait jamais cette garantie. A Rome, Mussolini grommelait contre le cynisme de son partenaire de l'Axe.

Quelques semaines auparavant, je l'avais vu moi-même faire des réflexions, cette fois, derrière le dos de Neville Chamberlain. C'était le 11 janvier, lors de l'arrivée à Rome de Chamberlain et Halifax pour leur visite à Mussolini. J'étais à la gare lorsque le Duce et Ciano, son gendre et ministre des Affaires étrangères, étaient venus les accueillir. J'avais noté la scène dans mon carnet :

> Chamberlain ressemble encore plus à un oiseau vaniteux que la dernière fois que je l'avais vu à Munich. Il faisait les cent pas sur le quai, le parapluie à la main, saluant de la tête une foule disparate de résidents britanniques que Mussolini avait discrètement invités à venir le saluer. Mussolini et Ciano, en uniforme fasciste noir, suivaient nonchalemment les deux [...] Anglais, Mussolini arborant en permanence un sourire suffisant. Quand il passa devant moi, il échangeait à mi-voix des plaisanteries avec son gendre.
>
> Mussolini avait l'air « beaucoup plus vieux, beaucoup plus vulgaire, qu'à son habitude, et son visage était devenu gras [...]. Mes espions locaux me disent qu'il est très occupé d'une jeune dame blonde qu'il a installée dans une villa de l'autre côté de la rue, face à sa résidence, et que sa vieille énergie et son ardeur au travail commencent à diminuer. »

C'était la première fois que j'entendais parler de la dernière maîtresse du Duce, Clara Petacci, vingt-six ans, la fille jolie et enjouée d'un médecin du Vatican, dont Mussolini était tombé amoureux six ans plus tôt et qui lui resterait fidèle jusqu'à leur fin tragique. Je ne crois pas qu'à ce moment j'avais déjà identifié la maîtresse de Hitler. C'était un secret bien gardé, du moins pour moi et mes semblables. Je rentrai de Rome à Genève le 14 mars et je notai dans mon carnet ce que j'avais entendu à la radio : la Slovaquie avait proclamé son « indépendance ». J'ajoutais :

« C'est la fin de ce qui restait de la Tchécoslovaquie. »

Manifestement, Hitler en préparait l'annexion. Ce soir-là, je concluais dans mon carnet :

> La radio dit que Hacha (le président tchèque) et Chvalkovsky (le ministre des Affaires étrangères) sont arrivés à Berlin ce soir. Pour sauver les meubles?

Leur terrible épreuve de ce soir-là, entre les mains brutales d'Adolf Hitler, se termina, pour un temps du moins, par la fin de la nation tchécoslovaque. De 1 h 15 à 4 heures du matin, Hitler, assisté par Goering, Ribbentrop et le général Keitel, s'acharnèrent sur Hacha et Chvalkovsky en les menaçant de réduire Prague en cendres sous les bombes, de balayer la Tchécoslovaquie et d'« exterminer » le peuple tchèque s'ils ne lui livraient pas leur pays immédiatement. Il avait donné l'ordre à ses troupes, leur disait-il, d'entrer en Bohême et en Moravie à 6 heures du matin. La Tchécoslovaquie, leur dit-il, allait être « incorporée dans le Reich ». A ces mots, nota le Dr Paul Schmidt, l'interprète, Hacha et Chvalkovsky parurent changés en statues de pierre. Seuls leurs yeux « montraient qu'ils étaient vivants ». De nouvelles menaces hurlées par Hitler, Goering et Ribbentrop, les ranimèrent. Selon Robert Coulondre, le nouvel ambassadeur de France à Berlin, qui le tenait d'un témoin, les Allemands « étaient impitoyables. Ils pourchassaient littéralement le Dr Hacha et M. Chvalkovsky tout autour de la table où étaient posés les documents, les poussant sans arrêt devant eux, leur mettant des stylos dans les mains, répétant sans cesse que s'ils persistaient dans leur refus, la moitié de Prague serait réduite en ruine sous les bombes dans les deux heures [...] ».

A ce moment, Schmidt rapporte qu'il entendit Goering s'écrier :

« Hacha s'est évanoui! »

Pendant un moment, il semble que les brutes nazies aient eu peur que le président tchèque effondré n'expire entre leurs mains et que, comme l'idée en vint à Schmidt, « le monde allait dire demain qu'il avait été assassiné à la Chancellerie ».

Goering appela le médecin. C'était le charlatan de Hitler, le Dr Theodor Morell, dont la spécialité était les piqûres (il devait presque finir par tuer Hitler, par la suite). En un instant, il planta son aiguille dans le bras de Hacha et le ramena à lui. Quelques minutes plus tard, le vieil homme tchèque s'évanouit encore et fut ranimé par le Dr Morell et son aiguille. Assez ranimé, disent les témoins, pour se traîner jusqu'en l'auguste présence de Hitler et signer l'arrêt de mort de son pays, dont le texte avait été dicté par le dictateur nazi avant l'arrivée de Hacha et traduit rapidement en tchèque pendant les évanouissements du président.

C'était l'un des documents les plus éhontés que l'horrible dictateur eût jamais concocté. Le président tchécoslovaque, disait ce texte, déclarait qu'afin de rétablir « le calme, l'ordre et la paix en Europe centrale, il plaçait avec confiance le sort du peuple et de la nation tchèques entre les mains du Führer du Reich allemand. Le Führer acceptait cette déclaration et exprimait son intention de prendre le peuple tchèque sous la protection du Reich allemand ».

Malgré toute mon expérience de la duplicité nazie, je fus indigné d'entendre lire ces mots à la radio de Berlin le lendemain, au moment où les troupes allemandes déferlaient sans résistance sur le territoire tchèque et où les bombardiers de Goering occupaient les aérodromes du pays conquis. Dans le domaine de la pure magouille, Hitler avait atteint un nouveau sommet.

L'une de ses secrétaires devait dire par la suite comment Hitler se précipita, après les signatures, dans son bureau et embrassa toutes les femmes présentes (il était pourtant 4 heures du matin) en s'exclamant :

« Les enfants, c'est le plus beau jour de ma vie! Je vais entrer dans l'Histoire comme le plus grand des Allemands! »

C'était la première fois que Hitler envahissait et occupait un pays non-allemand, son premier pays slave.

Au soir du 15 mars, les troupes et l'aviation allemandes achevaient l'occupation de la Bohême et de la Moravie sans rencontrer de résistance. Cette nuit-là, Adolf Hitler qui, enfant perdu à Vienne, avait méprisé les Tchèques comme beaucoup de Viennois, dormit au château du Hradchin, l'ancien palais des rois de Bohême qui domine le fleuve Moldau (en tchèque Vltava). Avant de quitter Berlin, il avait publié une grandiose proclamation au peuple allemand, pleine de ses sempiternels mensonges sur les « excès sauvages » et la « terreur » tchèques contre les Allemands, auxquels il avait été forcé de mettre un terme.

« La Tchécoslovaquie, proclamait-il, a cessé d'exister. »

Le lendemain, du château du Hradchin, Hitler proclamait le « protectorat de Bohême et de Moravie ». Et il déclarait, battant tous les records de déformation de l'Histoire :

> Pendant mille ans les provinces de Bohême et de Moravie ont fait partie du *Lebensraum* (l'espace vital) du peuple allemand [...]. La Tchécoslovaquie a démontré son incapacité fondamentale à survivre et vient par conséquent d'être victime de ce qui est une véritable dissolution. Le Reich allemand ne peut pas tolérer des troubles continuels dans cette région [...]. C'est pourquoi le Reich allemand, conformément à son légitime instinct de conservation, a maintenant décidé d'intervenir de façon décisive pour restaurer les fondements d'un ordre raisonnable en Europe centrale. Car au cours des mille ans de son histoire, il a déjà prouvé que, grâce à la grandeur et aux qualités du peuple allemand, il est seul destiné à entreprendre cette tâche.

On vit alors éclater la mégalomanie non seulement du dictateur, mais de son peuple, qui apparut tout gonflé de ces vantardises stupides à propos de sa grandeur. Aucun Allemand ne protesta contre cette agression cynique, ni contre le maquignonnage qui l'accompagnait. Pour les Tchèques, la longue nuit de la sauvagerie allemande s'abattait sur leur pays.

Le même jour, le 16 mars, Hitler prit sous sa « protection » la Slovaquie, dont il avait inventé la pseudo-indépendance, là encore en réponse à une « demande » dont les termes avaient été dictés de Berlin. Il avait maintenant toute la Tchécoslovaquie dans sa poche, d'où il allait préparer sa prochaine agression militaire.

Ni la Grande-Bretagne ni la France ne firent le moindre effort pour la sauver, malgré la garantie qu'ils lui avaient donnée à Munich contre toute agression. Chamberlain prit cyniquement la porte de sortie que Hitler lui avait offerte. Il déclara à la Chambre des communes que « la proclamation de l'indépendance de la Slovaquie met un terme, par la confusion interne, à l'État dont nous avions proposé de garantir les frontières. Par conséquent, le gouvernement de Sa Majesté ne peut plus s'estimer lié par cette obligation ».

Pas un mot pour dire, ce qu'il savait fort bien, que la « confusion interne » de la Tchécoslovaquie avait été provoquée par Hitler. Et le Premier ministre déclara aux Communes qu'il n'irait même pas jusqu'à dire que Hitler avait manqué à sa parole!

Il est encore difficile de croire qu'un Premier ministre britannique, après ce qui venait de se passer, pouvait s'abaisser jusque-là. Mais il alla plus loin :

« Je l'ai si souvent entendu être accusé de manquer à sa parole, dit-il de Hitler, que je ne veux pas m'associer aujourd'hui à des accusations de cette nature. »

Le Premier ministre n'adressa même pas une protestation à Berlin, comme les Français. Il fit présenter une note que, de Genève où j'essayais de diffuser quelques réflexions raisonnables sur les événements, je trouvai difficile à avaler :

> Le gouvernement de Sa Majesté n'a aucune intention d'intervenir inutilement dans une affaire à laquelle d'autres gouvernements peuvent être plus directement intéressés. Mais, le gouvernement allemand le reconnaîtra certainement, il tient sérieusement à la réussite de tous les efforts pour rétablir la confiance et diminuer la tension en Europe. Il regretterait toute initiative en Europe centrale qui serait contraire à l'amélioration de la confiance générale.

Pas un mot sur ce qui s'était passé le jour même! Pour le Premier ministre, l'occupation militaire de la Tchécoslovaquie par Hitler était simplement « une affaire ».

Et soudain, à la surprise de ses amis et des ses ennemis, Neville Chamberlain se réveilla. Il avait fallu qu'on le pousse un peu. Il avait été surpris que presque toute la presse britannique (même le *Times)* et de nombreux membres des Communes aient réagi avec violence à la dernière agression de Hitler. La moitié de son gouvernement, menée par Halifax, avait pris parti contre lui.

Le Premier ministre devait faire un discours dans sa ville de Birmingham le 17 mars, la veille de son soixante-dixième anniversaire. Quelques jours auparavant, il avait préparé un premier texte, parlant surtout de politique intérieure. Tout d'abord, même la prise de la Tchécoslovaquie par Hitler ne l'avait pas persuadé de choisir un nouveau thème. Le 16, sir John Simon, au nom du gouvernement, avait fait un discours tellement indifférent à ce qui s'était passé à Prague que, selon les dépêches de presse que je lus, les Communes avaient manifesté « une colère d'un niveau rarement atteint ».

Mais le 17, sans doute dans le train qui le conduisait à Birmingham, Chamberlain connut son grand réveil. Il déchira son discours tout prêt et prit rapidement des notes pour en faire un autre [1].

Devant son pays et les autres (son discours fut radiodiffusé et je l'entendis de Genève), il s'excusa de la déclaration « très réservée et prudente [...], un peu froide et objective » qu'il avait faite aux Communes deux jours auparavant :

« J'espère rectifier cette déclaration ce soir », annonça-t-il.

Sur quoi il se mit à raconter comment ses yeux s'étaient dessillés. Il commençait à s'apercevoir enfin que Hitler l'avait trompé. Il revint sur l'époque où le dictateur nazi l'avait assuré que les Sudètes étaient sa dernière revendication territoriale en Europe et qu'il « ne voulait pas des Tchèques ». Maintenant Hitler était revenu sur sa parole : « Il a fait la loi lui-même. »

En écoutant la transmission de son discours, je me frottais les yeux. Il n'y avait que deux jours, aux Communes, Chamberlain avait refusé de s'« associer » à tous ceux qui « colportaient » ce genre d'accusations.

Maintenant, il lançait des questions violentes à l'homme auquel il avait fait si longtemps confiance. S'il y avait des désordres en Tchécoslovaquie, dont Hitler prenait prétexte pour occuper le pays, n'étaient-ils pas fomentés du dehors?

1. Winston Churchill reconnut lui-même avoir été surpris. « J'étais certain, écrira-t-il, qu'il (Chamberlain) accepterait ce qui s'était passé de la meilleure grâce du monde. C'eût été en harmonie avec sa déclaration aux Communes [...]. J'attendais donc sa déclaration de Birmingham avec un mépris anticipé. La réaction du Premier ministre me surprit. » (Winston Churchill. *La Seconde Guerre mondiale. L'orage approche*, tome 1, p. 351-352, éd. Plon).

> Est-ce la fin d'une vieille aventure, ou est-ce le commencement d'une nouvelle? Est-ce la dernière attaque contre un petit État ou sera-t-elle suivie d'autres? Est-ce, en réalité, un pas dans la direction d'une tentative pour dominer le monde par la force?

Dans ce cas, dit Chamberlain, « on ne pouvait commettre plus grosse erreur que de supposer que notre pays, parce qu'il considère la guerre comme une chose sensée et cruelle, a si totalement perdu sa force morale qu'il ne participerait pas de toutes ses forces à la résistance à un tel défi, s'il devait jamais être lancé ».

C'était un tournant décisif pour Chamberlain, et aussi pour Hitler, et pour l'Histoire de notre temps. Herbert von Dirksen, l'ambassadeur d'Allemagne à Londres, essaya d'en avertir le Führer. Il câbla à Londres le lendemain :

« On aurait tort de conserver l'illusion qu'aucun changement fondamental ne s'est produit dans l'attitude de la Grande-Bretagne envers l'Allemagne. »

Chamberlain fut encore plus clair deux semaines plus tard. Le 31 mars, seize jours après l'entrée de Hitler à Prague, le chef du gouvernement britannique se leva à la Chambre des communes pour faire une déclaration capitale.

> Dans le cas d'un acte qui menacerait clairement l'indépendance de la Pologne et auquel le gouvernement polonais considérerait par conséquent comme vital de résister avec toutes les forces de son pays, le gouvernement de Sa Majesté s'estimerait tenu d'apporter au gouvernement polonais toute l'aide en son pouvoir. Il a donné au gouvernement polonais une assurance à cet effet. Je puis ajouter que le gouvernement français m'a autorisé à affirmer que sa position est identique à ce sujet.

Neville Chamberlain si aveugle si longtemps, venait enfin de recouvrer la vue. Il savait très bien quel « petit État », après l'Autriche et la Tchécoslovaquie, était le suivant sur la liste de Hitler.

Hitler fut d'abord étonné, puis furieux, de cette soudaine garantie donnée à la Pologne par Chamberlain. Lorsqu'il apprit la nouvelle, ce vendredi, il était avec l'amiral Wilhelm Canaris, chef du contre-espionnage allemand. Celui-ci devait dire plus tard que le Führer se mit alors à tourner autour de la salle en cognant du poing sur la table de marbre, le visage convulsé de fureur, et criant contre les Britanniques :

« Je vais leur préparer un plat qui leur restera dans la gorge! »

J'avais pris l'avion pour Berlin pour suivre la réaction du fou. Il la rendit publique le lendemain, le samedi 1er avril, dans un discours à Wilhelmshaven, pour le lancement du cuirassé *Tirpitz*. J'en avais préparé avec CBS la diffusion en direct et j'étais dans une salle d'écoute de la Radio de Berlin pour présenter le discours et contrôler la retransmission sur New York. A Berlin, on enregistrait le discours pour le diffuser ensuite au pays, ce qui m'étonna, puisque les discours du Führer étaient toujours transmis en direct.

Le dictateur avait à peine commencé à parler qu'il fut coupé. Cela aussi était sans précédent. Mais j'entendis une voix surexcitée à la Wilhelmstrasse (elle ressemblait à celle de Goebbels) qui criait des ordres pour que la diffusion de CBS soit immédiatement arrêtée, par ordre du Führer. Elle pourrait reprendre ensuite, disait-il, avec les enregistrement que les Allemands étaient en train de faire pour leur propre émission.

Je protestai véhémentement contre le fait d'être coupé, soulignant que cela donnerait à penser en Amérique que le Führer avait été assassiné, abattu au beau milieu d'une phrase. Je savais que je perdais mon souffle. Personne en Allemagne n'allait risquer sa peau en désobéissant à un ordre du dictateur. Je suggérai que le responsable fasse une annonce, ou m'autorise à la faire, pour expliquer à nos auditeurs américains que le discours avait été coupé à cause de difficultés techniques mais que Hitler poursuivait son discours : nous l'entendions qui continuait à crier par la ligne téléphonique reliée à l'enregistreur. Cela couperait court aux rumeurs. Mais le responsable refusa ma suggestion. Tout le monde dans la salle de contrôle avait complètement perdu la tête.

Bien entendu, au bout d'un quart d'heure, Paul White, le directeur des informations de CBS, m'appela en urgence de New York pour savoir pourquoi Hitler avait été coupé et me dire que le bruit courait de plus en plus dans toute l'Amérique qu'il avait été assassiné. Je dis :

« Pas question, Paul.

– Comment le savez-vous?

– Parce que je l'entends parler en ce moment sur le circuit téléphonique de Wilhelmshaven.

– Pouvez-vous me passer sur ce circuit un instant, que je puisse l'entendre moi-même? »

Je demandai aux fonctionnaires débordés, qui firent signe que non.

« Non, je ne peux pas, Paul. Mais vous pouvez me croire sur parole. Hitler est vivant. Je vous l'ai dit, j'entends sa voix, haute et claire. Il continue à parler là-bas, à Wilhelmshaven.

– Vous êtes libre de parler d'où vous êtes? me demanda White soupçonneux.

– Absolument, Paul.

– Alors voulez-vous me dire pourquoi il a été coupé.

– Je ne sais pas. Je sais seulement que l'ordre venait de lui. »

Je commençais à me douter que Hitler, pour la première fois si j'avais bonne mémoire, ne se faisait peut-être pas confiance pour répondre à

Chamberlain à chaud. On pouvait toujours rectifier des enregistrements. Il ne voulait probablement pas encore couper les ponts avec le Premier ministre. Mais je ne pouvais pas le dire à White au téléphone. J'étais tenté de lui dire autre chose, mais je décidai que ce ne serait pas prudent : il aurait été difficile d'abattre Hitler ce jour-là à Wilhelmshaven. J'avais appris que, pour la première fois, le Führer parlait dans un abri de verre armé.

En fait, ayant entendu l'enregistrement de l'essentiel du discours de Hitler, je constatai qu'il était dans son humeur agressive habituelle, mais assez prudent dans ses propos. On m'avait donné à entendre le matin qu'il dénoncerait le traité naval anglo-allemand. Mais il se borna, à ce sujet, à dire que si les Britanniques ne voulaient pas le maintenir, l'Allemagne « l'accepterait avec sérénité ».

Il revint sur ses sempiternelles attaques contre la perfidie de la Grande-Bretagne, mit en garde les Occidentaux contre toute tentative, avec les « bolcheviques », d'encercler l'Allemagne comme en 1914, et répéta les slogans éculés sur la puissance allemande. Il conclut sur son hypocrite appel à la paix, également habituel :

« L'Allemagne n'a pas l'intention d'attaquer les autres peuples (ses troupes finissaient à peine de s'installer en Tchécoslovaquie). C'est pourquoi j'ai décidé, voilà trois semaines, d'appeler le prochain rassemblement du Parti le Congrès de la Paix. »

Un slogan qui allait l'obséder et le gêner de plus en plus au cours de l'été de 1939.

Toutes ces balivernes étaient évidemment destinées à l'opinion publique, en Allemagne et à l'étranger. Deux jours plus tard, et dans le plus grand secret, nous devions l'apprendre par la suite, le dictateur nazi donnait sa véritable réponse à Chamberlain et aux Polonais. Dans une directive ultra-secrète aux forces armées en date du 3 avril, il donnait le nom de code *Plan Blanc* au projet d'attaque contre sa prochaine victime. C'était l'occupation de Dantzig, qui serait proclamée partie intégrante de l'Allemagne. Le rôle de la Wehrmacht était de « détruire les forces armées polonaises. A cette fin, de préparer une attaque surprise [...] ».

Date de cette attaque : « Indéterminée à partir du 1er septembre 1939. »

Une semaine en Pologne, à partir du 2 avril, me persuada que les Polonais n'étaient pas en mesure de résister longtemps à l'assaut allemand, mais qu'avec leur courage et leur impétuosité ils essaieraient, plutôt que de se rendre, comme les Tchèques avaient été amenés à le faire par trahison. Le jour de mon arrivée, j'assistai à une manœuvre aérienne et je notai dans mon carnet :

« Pitoyable. »

En soulignant que les bombardiers lourds et les chasseurs biplans étaient terriblement périmés. L'armée, pour autant que j'avais pu le savoir, était un peu meilleure. Mais elle manquait beaucoup de chars lourds et d'artillerie lourde, et de moyens de transmission modernes, perfectionnés. Elle était sans aucun doute supérieure à l'armée allemande en ce qui concernait la cavalerie. Mais le Haut Commandement avait-il l'intention d'envoyer des chevaux contre les chars? Les troupes polonaises que j'avais vues paraissaient confiantes. Trop confiantes....

Bien entendu, tout dépendrait en grande partie, si la guerre éclatait, de l'ampleur de l'intervention de la France et de la Grande-Bretagne à l'ouest pour soulager la Pologne dans une certaine mesure... et de ce que ferait l'Union soviétique. Le 6 avril, la veille de mon départ de Varsovie, Jozef Beck, le ministre polonais des Affaires étrangères, qui avait pris en hâte un avion pour Londres, signait là-bas avec la Grande-Bretagne un accord transformant la garantie britannique unilatérale en un pacte d'assistance mutuelle provisoire. Il serait remplacé par un pacte définitif aussitôt que les détails en auraient été mis au point. Les Polonais, semblait-il, voulaient savoir combien de divisions et d'avions la Grande-Bretagne pouvait envoyer immédiatement sur le front de l'ouest pour aider les Français.

Une autre question me préoccupait beaucoup, que le gouvernement britannique n'avait pas soulevée et que les Polonais que j'avais vus à Varsovie refusaient de poser : la Pologne accepterait-elle l'aide de la Russie, qu'elle détestait, si celle-ci lui était offerte? Ce serait une question cruciale jusqu'à la fin. Mais les Polonais l'éluderaient, comme les Britanniques, jusqu'à ce qu'il soit trop tard.

J'avais été stupéfait, dès le début, même à Varsovie, pendant cette première semaine. Je comprenais bien les craintes des milieux gouvernementaux, non seulement à Varsovie mais à Bucarest et en Lituanie, en Lettonie et en Estonie : l'Armée rouge, une fois entrée chez eux, serait peut-être lente à en partir, et la propagande bolchevique parmi les paysans et les ouvriers pourrait rendre leur pays encore plus difficile à gouverner. Mais il n'en demeurait pas moins que, sans la Russie, il n'était pas possible de tenir un front à l'est face à l'Allemagne, et la Pologne était condamnée. Je le répétai toute la semaine que je passai à Varsovie : aux membres du gouvernement, du Parlement et des forces armées, et aux vieux légionnaires de Pilsudski, aux journalistes et aux universitaires. En vain. La Pologne ne voulait pas et n'avait pas besoin de l'aide des bolcheviques, me répétait-on.

La tragédie, du moins dans mon esprit, était que le Premier ministre britannique, qui avait si légèrement donné à la Pologne la garantie de son pays, était également sceptique en ce qui concernait les terribles bolcheviques. Aux propositions de Moscou, le 18 mars, d'un front uni contre Hitler, Chamberlain avait réagi avec froideur, avant de les laisser tomber.

« Je dois avouer, écrivait-il dans une lettre privée le 26 mars, que la Russie m'inspire une profonde méfiance. Je ne crois absolument pas qu'elle ait les moyens de soutenir une offensive, même si elle le voulait. »

Cela, de la part du chef d'un pays qui pouvait à peine mettre en campagne trois divisions, et à propos d'un pays qui pouvait en mobiliser *trois cents*!

Son ambassadeur à Varsovie, sir Howard Kennard, faisait de son mieux pour l'éclairer. Cette même semaine, alors que Beck était encore à Londres, Kennard, dans une dépêche résumant ses propres impressions et celle des attachés militaire et de l'air, soulignait que les Polonais, à cause de leur position stratégique (entourés de trois côtés) et de leur manque de matériel moderne, ne pourraient pas défendre le couloir de Dantzig ni leurs provinces de l'ouest, mais devraient se replier sur la Vistule, au cœur du pays.

« Une Russie amie, soulignait-il, est donc d'une importance capitale pour la Pologne. »

A la Chambre des communes, Llyod George, le grand chef du temps de la Grande Guerre, et Winston Churchill, toujours « sur la touche » vis-à-vis des dirigeants conservateurs, mais non dépourvu de prestige politique, essayaient d'enfoncer cette évidence dans la tête de Chamberlain. Le 3 avril, quatre jours après la garantie unilatérale du Premier ministre à la Pologne, Llyod George avait, aux Communes, pressé Chamberlain de faire de l'acceptation de l'aide russe par Varsovie une condition de la garantie britannique.

Un mois plus tard, c'était Churchill qui avertissait le Premier ministre :

« Il n'existe aucun moyen de tenir un front à l'est contre une agression nazie sans l'aide active de la Russie. »

Le jeudi 6 avril, le bruit commença à courir de mouvements de troupes allemandes sur la frontière polonaise. Londres semblait craindre que Hitler, furieux que Beck ait signé ce jour-là un accord d'assistance mutuelle dans la capitale britannique, n'envahisse la Pologne pendant le week-end. Le bruit courait aussi que Mussolini, pour ne pas être en reste avec son partenaire de l'Axe, allait envahir l'Albanie pendant ce week-end de Pâques. Mais après des conversations avec divers contacts dans les milieux militaires et diplomatiques polonais, je fus convaincu que Hitler ne préparait rien pour le moment. Cela étant, je décidai de réaliser mon projet : prendre le Nord-Express à Varsovie le Vendredi saint, à destination de Paris (via Berlin) où je devais faire une émission le dimanche de Pâques. J'avais l'intention de continuer le lendemain sur Genève pour voir un peu ma famille.

Lorsque mon train entra en gare de Schlesischebanhof à Berlin ce Vendredi saint, je regardai par la fenêtre du wagon et je vis Pierre Huss qui me souriait. Je savais ce que cela voulait dire. De mauvaises nouvelles. Mon bureau de Londres, me dit-il, l'avait appelé pour lui demander de me faire descendre du train. Les Britanniques, à ce qu'il semblait, craignaient toujours que Hitler n'attaque la Pologne pendant le week-end.

« Et puis, ajouta Pierre, ils ont la trouille, à Londres, à cause de l'histoire italienne. Mussolini a envahi l'Albanie ce matin. Pour célébrer le vendredi saint » (les Albanais étaient musulmans).

C'était une pauvre petite agression, mais non sans importance dans une Europe déjà angoissée par ce que les dictateurs fascistes allaient faire ensuite. L'occupation de la petite Albanie allait donner au Duce un tremplin contre la Grèce et la Yougoslavie. Et une victoire facile.

Je descendis du train, m'installai à l'hôtel Adlon et commençai à téléphoner ici et là pour voir si les Allemands allaient vraiment envahir encore un pays pendant le week-end. J'avais bien regardé, quand mon train avait passé la frontière. Aucun signe d'activité militaire du côté allemand. Ni trains de troupes ni trains amenant des chars et des canons. Tous mes informateurs à Berlin affirmaient qu'il ne se passerait rien pendant le week-end. Dans les rues, les trottoirs étaient pleins de soldats en permission pour Pâques, qui montaient et descendaient Unter den Linden ou remplissaient les cafés du Kurfürstendam. Je décidai de prendre le lendemain matin le train pour Paris, qui arrivait juste une heure après celui que j'avais quitté à Berlin.

Je trouvai la France un peu rétablie après son angoisse et son défaitisme de l'époque de Munich. Elle s'apprêtait à fêter, pendant l'été, le 150e anniversaire de la glorieuse Révolution de 1789.

J'étais passé par Paris trois semaines auparavant, juste après que Hitler eût occupé la Tchécoslovaquie. La France, comme la Grande-Bretagne, n'avait pas levé le petit doigt pour aider sa vieille alliée, dont elle avait garanti les frontières, comme la Grande-Bretagne. Ma vieille idylle avec Paris avait alors tourné à l'aigre. J'avais noté sur mon carnet :

« Paris a beaucoup perdu depuis dix ans! »

Et certains de mes amis français étaient du même avis. Je notai :

« La corruption est générale, l'égoïsme de classe est partout et la confusion politique complète. »

La plupart des Français avaient presque renoncé. Ils disaient : « Je m'en fous! »

Mais pendant ce week-end de Pâques, deux merveilleuses journées de printemps avec le parfum des châtaigniers en fleur le long des grandes artères, mon moral remonta.

New York voulait que j'envoie la réaction de la France à l'agression de Mussolini contre l'Albanie, et ce que la France allait faire.

Ed Murrow, à Londres, répondrait à la même question à propos de la Grande-Bretagne. Nos émissions furent analogues. La France, comme la Grande-Bretagne, ne faisait rien. Pourtant, je sentais que la France devenait beaucoup plus ferme. Elle avait mobilisé plus d'un million d'hommes sans problème. On avait l'impression – bien que Bonnet fît de son mieux pour aggraver les choses (c'était un petit bonhomme venimeux) – que cette fois, c'est-à-dire lorsque Hitler attaquerait la Pologne, la France se battrait. Je notai dans mon carnet : « La France réclame à cor et à cri que les Britanniques adoptent la conscription pour s'aligner sur la Russie. »

Je me sentais mieux, pendant ce week-end de Pâques, dans cette ville encore si belle. Je me sentais encore mieux à l'idée de reprendre l'avion pour Genève le lundi de Pâques et de retrouver Tess et Eileen. A Genève, j'avais enterré la République espagnole et, en fait, la Société des Nations aussi, moi qui avais mis en elles deux tant de foi juvénile.

J'avais noté dans mon carnet, le 19 janvier, à Genève :

« L'agonie de la Société des Nations a été un triste spectacle ces quatre derniers jours. »

Alvarez Vayo, le ministre des Affaires étrangères de la République espagnole, avait fait, le 18, un discours très digne devant le Conseil, demandant que la Société des Nations continue de s'opposer à Franco et réagisse d'une façon ou d'une autre contre l'Allemagne et l'Italie, dont les forces permettaient à Franco d'occuper la plus grande partie du pays. Il avait parlé avec modération, du fond du cœur. Mais Lord Halifax, le Foreign Secretary britannique, pour montrer son mépris de la République espagnole, s'était levé au milieu du discours de Vayo pour sortir ostensiblement. En fin de soirée, prenant un verre avec Vayo, un de mes vieux amis, je le trouvai au fond du désespoir. Il me dit que Barcelone était sur le point de tomber. Le 28 mars, Madrid, qui avait résisté héroïquement pendant trois ans, se rendait à Franco. C'était un triomphe pour Hitler et Mussolini et une défaite pour la France et la Grande-Bretagne, trop aveugles cependant pour s'en rendre compte. La France était maintenant encerclée de trois côtés par des adversaires fascistes, l'Allemagne, l'Italie et l'Espagne. Pour les malheureux Espagnols, une longue nuit, une nuit profonde commençait.

Au début de février, cette année-là (le 10) le pape Pie XI était mort à Rome et j'y suis allé tout de suite, de Genève, pour couvrir les funérailles, le conclave et l'entrée en fonctions de son successeur.

N'étant pas catholique et ne sachant pas du Vatican tout ce que j'aurais voulu en connaître, je m'assurai le concours de plusieurs prêtres pour nous aider dans nos émissions, le plus remarquable étant un jésuite américain de mes amis, le père John Delaney, né à Brooklyn, qui possédait une voix d'or et le génie irlandais du conteur d'histoires. Il était chargé des émissions de Radio-Vatican en langue anglaise, mais je l'avais persuadé de faire quelques émissions spéciales pour CBS, à quoi ses supérieurs, non sans quelque réticence, avaient consenti.

En fin d'après-midi, le jour des funérailles de Pie XI à Saint-Pierre, après plusieurs heures d'émission dans la basilique froide et humide, un incident se produisit qui mit à contribution l'ingéniosité du père Delaney. Installé sur une haute plate-forme autour d'une colonne face à l'autel, il était déjà tout enroué d'avoir décrit la longue cérémonie. Je l'avais suivi dans mes écouteurs, de ma place au pied de la colonne. Soudain, il m'appela sur notre autre ligne :

« Il va y avoir un terrible retard.

– Pourquoi?

– Les ouvriers ont commencé à sceller le cercueil du Saint-Père avant qu'on ne le descende dans le caveau, et ils n'ont plus de soudure. On est allé en chercher à Rome mais les ateliers sont fermés pour la journée et ça pose des problèmes. Il faut du temps pour préparer la soudure. On va peut-être avoir deux ou trois heures d'antenne à remplir avant que la cérémonie ne reprenne. Qu'est-ce que je fais? »

Une seconde, je me le demandai moi-même. Le père Delanay parlait déjà depuis plusieurs heures. Il était visiblement fatigué.

« Vous avez été formidable, John, lui dis-je. Il va falloir tenir d'une façon ou d'une autre.

– Mais comment?

– Vous pouvez dire encore des prières. Et aussi quelques-unes de vos merveilleuses histoires catholiques irlandaises. Et puis parlez encore de l'Histoire du Vatican, de Saint-Pierre, des papes. Et aussi encore de vos souvenirs ici. Vous savez, le petit gars naïf de Brooklyn à Rome. »

Ce que fit le père Delaney, avec éloquence, pendant plusieurs heures. Il allait le refaire encore quelques semaines plus tard, lorsque nous eûmes une sorte de scoop avec l'élection du nouveau pape.

Cette fois, nous avions installé Delaney en haut de la colonne du Bernin, près de la basilique, avec vue sur la chapelle Sixtine. A la vérité, nous avions été prévenus, par des amis au sein de la hiérarchie religieuse, que contrairement aux précédents, les cardinaux éliraient probablement le nouveau pape au premier tour. Nous avions donc prévu une émission de la place Saint-Pierre à 5 heures du soir. Juste au moment où Delaney finissait de parler, il fut averti d'avoir à se tenir prêt, par une ligne de téléphone spéciale reliée à l'intérieur du Vatican. Nous savions tous ce que cela voulait dire et je passai le mot à New York. White nous garda l'antenne et bientôt le bon père Delaney s'exclama qu'il voyait la fumée blanche s'élever de la cheminée de la chapelle Sixtine, ce qui signifiait qu'un nouveau pontife était élu. Puis nous apprîmes par téléphone que c'était le cardinal Eugenio Pacelli.

Delaney continuait à parler, à dire ce qu'il savait du nouveau pape. Puis le nom fut annoncé officiellement du balcon de Saint-Pierre, aux acclamations des cinquante mille Romains massés sur la place. Au bout de quelques minutes, le nouveau pape apparut au balcon pour donner sa bénédiction *Urbi et Orbi.*

Enfin, ce fut la cérémonie d'intronisation, le dimanche 12 mars, pendant laquelle Delaney poursuivit son commentaire pendant près de cinq heures, de 8 heures et demie du matin jusqu'à 1 h 10 de l'après-midi.

A New York, à cause du décalage horaire, elle avait commencé à 2 h 30 du matin et CBS avait continué d'émettre toute la nuit pour la donner tout entière. Je fus tenté – mais je résistai à la tentation – de parler de la politique au Vatican pendant mes émissions. J'avais été fasciné par la passion que mettaient les Romains à discuter la succession papale. Pour ma part, je me demandais quelle attitude Pie XII allait prendre vis-à-vis de l'Allemagne nazie. Son prédécesseur avait rapidement signé un concordat avec Hitler, puis il l'avait regretté, d'où, quatre ans plus tard, sa célèbre encyclique *Mit Brennender Sorge* (Avec un souci brûlant) qui fustigeait le régime nazi pour ses attaques contre l'Église et la chrétienté.

Avant de devenir Pie XII, le cardinal Pacelli avait été secrétaire d'État du pape et il avait poussé au concordat avec l'Allemagne nazie, qu'il avait lui-même signé au nom du Saint-Siège. A l'époque, je m'étais demandé s'il était pro-nazi. Nonce apostolique à Munich, puis à Berlin pendant treize ans, il était certainement devenu pro-Allemand. Mais pro-nazi ? Beaucoup plus tard, quand il serait attaqué pour ne pas avoir protesté contre le massacre des Juifs par Hitler, Pie XII ferait l'objet de vives controverses. Pour l'instant, tout le monde à Rome pensait qu'il serait un pape remarquable. Il avait l'un des visages romains les plus finement ciselés que j'aie jamais vus, et la réputation d'une intelligence remarquable. Pourtant, le léger nuage dans mon esprit ne fut pas dissipé lorsque j'appris que l'ambassadeur allemand auprès du Saint-Siège, depuis longtemps à ce poste, avait exprimé son plaisir d'avoir « enfin » un pape « germanophile ».

Mon travail pour la radio me faisait voyager la plupart du temps. J'aimais ce genre de vie et ce travail, mais j'aurais voulu pouvoir être davantage avec ma famille, surtout maintenant que nous avions une petite fille. J'avais trente-cinq ans. Mais il fallait bien voir les choses en face : être envoyé spécial pendant ces dernières années de crise en Europe ne permettait guère de vie privée. Genève, depuis l'Anschluss, était devenu mon point d'attache permanent et mon domicile. Mais excepté une émission de temps en temps sur la Société des Nations agonisante, ou le Bureau international du Travail, ce n'était guère qu'une base de départ pour mes missions à travers l'Europe.

Le 20 avril, je me retrouvai à Berlin pour le cinquantième anniversaire de Hitler, au cas où il profiterait de l'occasion pour lancer quelque chose. De là, je pris l'avion pour aller à Londres parler avec Murrow de nos emplois du temps de plus en plus chargés, faire une émission avec lui et, ce qui était très important pour moi, essayer de savoir, par mes amis au Parlement, si les Britanniques résisteraient à Hitler pendant cette crise polonaise et, au besoin, s'ils se battraient. Et avec quels moyens. Le Parlement allait discuter en séance de nuit l'adoption de la conscription et mes meilleurs amis, qui étaient travaillistes, s'y opposaient avec acharnement.

Et puis je rentrai à Berlin pour couvrir ce qui fut pour Hitler, à mon avis, le plus grand exploit oratoire de sa vie : sa réponse, devant le Reichstag, le 28 avril, à la demande que Roosevelt lui avait adressée de ne pas faire la guerre. Le 30 avril, je me retrouvais encore à Varsovie, diffusant un reportage sur la façon remarquable dont les Polonais résistaient à la pression croissante de Hitler. Au début de mai, ayant prévu quelques émissions de Genève, je réussis à passer plusieurs jours chez moi avec Tess et Eileen avant qu'elles ne repartent pour l'Amérique, où, cette fois, Tess espérait qu'un tribunal fédéral de Virginie lui accorderait la nationalité américaine.

Seuls de tous les pays, les États-Unis refusaient d'accorder leur nationalité aux épouses de leurs citoyens. A son précédent voyage, elle avait engagé une procédure devant le tribunal fédéral pour que les cinq années de résidence exigées soient réduites, compte tenu des années qu'elle avait passées en Europe avec un mari américain. Le Département d'État, toujours méfiant envers les étrangers, plaidait contre nous devant le tribunal mais Tess pensait qu'elle avait une bonne chance de gagner. Elle avait eu du mal à voyager sans passeport.

A la mi-juin, j'étais de nouveau à Londres, essentiellement pour faire la première traversée vers New York du nouveau *Mauretania,* sur lequel CBS voulait faire quelques expériences d'émissions en haute mer. Ce serait pour moi l'occasion de parler, avec les patrons de CBS, de l'avenir et de la façon dont nous couvririons la guerre, si elle éclatait. Et surtout, de retrouver ma famille à Washington.

Adolf Hitler saisit l'occasion de son cinquantième anniversaire, le 20 avril, pour organiser à Berlin ce que j'appelai dans mon carnet « la plus grande démonstration de force militaire allemande que nous ayons jamais vue ». Manifestement, elle était destinée à impressionner la Pologne, la Grande-Bretagne et la France, et, pour des raisons différentes, l'Union soviétique. Je dois avouer que, pour ma part, je fus impressionné. Je n'avais jamais vu une aussi terrible concentration d'armements : au-dessus de nos têtes, des essaims de bombardiers, de chasseurs et des nouveaux bombardiers en piqué, les Stukas; un défilé, grondant sur le pavé, de chards lourds, de gros camions antichars et antiaériens et une pièce d'artillerie motorisée qu'il fallait cinq camions pour traîner. Devant ce spectacle, les Allemands, d'abord muets, éclatèrent bientôt en applaudissements, ce qui ne laissait jamais de m'étonner : pourquoi applaudissaient-ils des objets inanimés comme des canons ou des chars?

Je me demandais, en regardant un Hitler heureux, mais impérieux, debout pendant des heures sur l'estrade, et saluant chaque unité au passage, si, à cinquante ans, il n'avait pas pris vivement conscience d'être arrivé au point culminant de sa puissance, personnelle et politique, et s'il avait décidé, pour 1939, cette année décisive, d'agir avec audace, même au prix d'un risque considérable. Chamberlain avait révélé qu'à Godesberg, pendant la crise tchèque, Hitler lui avait fait remarquer qu'il avait quarante-neuf ans et que, si l'Allemagne devait être engagée dans une guerre mondiale, il souhaitait diriger son pays tant qu'il était en pleine force de l'âge.

Ce n'était pas seulement lui, le jour de ce défilé d'anniversaire, qui était « en pleine force de l'âge », mais aussi sa grande création, la Wehrmacht. Et j'avais de plus en plus l'impression que Hitler était de cette catégorie d'Allemands qui ne resteraient pas inactifs quand ses forces armées et les siennes propres commenceraient à décliner après avoir atteint leur point culminant [1].

Il frapperait donc pendant qu'il se sentait au mieux de sa forme, cet été ou en tout cas bientôt. A moins que la Pologne et les Occidentaux ne capitulent honteusement devant lui en un second « Munich ».

Dans une émission de Londres le 23 avril, j'essayai de résumer les buts de l'Allemagne nazie, et ce que le peuple allemand pensait d'eux, et de Hitler. Tout ce que je disais à l'étranger sur le IIIe Reich et son chef si fougueux revenait rapidement à Berlin, je ne devais pas l'oublier, et si Hitler et Goebbels le désapprouvaient par trop, ils pouvaient m'interdire de revenir. Dans ce cas, ma carrière déjà longue en Allemagne nazie serait terminée, et je tenais à l'éviter, si je le pouvais honorablement. Car

1. Un an et demi auparavant, le 5 novembre 1937, au cours d'une réunion ultra-secrète avec les chefs des forces armées et le ministre des Affaires étrangères, Hitler les avait avertis du « danger » que les armes de la Wehrmacht ne commencent à se périmer si elles n'étaient pas utilisées au bon moment. Cela pouvait être au début de 1938 « pour régler les questions autrichienne et tchèque », et, au plus tard, entre 1943 et 1945 pour une guerre plus générale contre la Pologne, la France, la Grande-Bretagne et la Russie. Hitler avait précisé ce point de façon absolument claire à ses chefs militaires. « Le problème de l'Allemagne – trouver davantage d'espace vital – ne peut être résolu, leur avait-il dit, que par la force. » Nous n'avons connu cette réunion qu'après la saisie des documents secrets allemands. A mon avis, ce fut le tournant décisif de l'histoire du IIIe Reich. Ce jour-là, Hitler avait annoncé sa décision irrévocable de faire la guerre.

c'était la question la plus importante qui se posait en permanence dans le monde. De son issue dépendait la guerre ou la paix.

Cette émission de Londres, à laquelle j'avais beaucoup pensé pendant tout le printemps, exprimait exactement mon sentiment à ce sujet. Je n'aurais pas pu la diffuser de Berlin. Je le pouvais de Londres, et j'espérais m'en tirer sans incident.

Le peuple allemand, disais-je, croyait à un certain nombre de choses, dont la plupart pouvaient surprendre les Américains.

1. Que la Grande-Bretagne, soutenue par la France, et l'Union soviétique et les États-Unis, préparait l'encerclement de l'Allemagne pour pouvoir l'écraser.

2. Que, compte tenu de l'expérience de l'Allemagne avec la Grande Guerre, Hitler avait raison de s'efforcer de rompre cet encerclement avant qu'il ne soit trop tard.

3. Que l'Europe de l'Est et du Sud-Est faisaient naturellement partie du *Lebensraum* allemand, dont la possession était nécessaire à son existence, et que ni la Grande-Bretagne, ni aucun autre pays, y compris l'Amérique, n'avaient le droit d'y intervenir contre l'action de l'Allemagne.

4. Que Hitler obtiendrait ce qu'il voulait en Europe de l'Est, et sans guerre, comme pour l'Autriche et la Tchécoslovaquie.

5. Qu'il n'y aurait donc pas la guerre, et que le peuple allemand, en tout cas, ne la voulait pas. La guerre n'éclaterait donc que si les « puissances qui encerclaient » l'Allemagne, jalouses de sa réussite, attaquaient le Reich, auquel cas il se battrait volontiers, et cette fois victorieusement.

6. Que Hitler avait été plus malin que les « tyrans étrangers » qui essayaient de garder l'Allemagne écrasée, et qu'il lui avait rendu la place qui lui revenait dans le monde. Et cela sans tirer un seul coup de feu, ni sacrifier la vie d'un seul soldat allemand.

> Bien entendu, ces idées sur la situation qui sont celles du peuple allemand lui ont été, pour une grande part, enfoncées dans la tête par une presse et une radio dirigées : il n'a pas souvent l'occasion de connaître les informations telles qu'elles sont présentées ailleurs. Mais cela ne change rien au fait que ces idées existent, et qu'elles sont obstinément défendues.

Je me risquais à commenter le *but* de l'Allemagne nazie :

> Ni les Allemands ni les étrangers à Berlin ne croient une seconde que Hitler va s'en tenir là [...]. Son but est la domination de l'Europe de l'Est jusqu'à la mer Noire. Si elle l'atteint, l'Allemagne ne sera pas seulement le pays le plus puissant d'Europe, mais elle sera invulnérable au blocus

> qui lui a fait perdre la dernière guerre. Les matières premières et le ravitaillement si nécessaires à son existence seront disponibles à domicile.

Mais le facteur temps était important à mon sens :

> Parce que l'Allemagne doit se hâter de réaliser ses projets pendant qu'elle peut en supporter l'énorme fardeau économique, financier et psychologique. La machine économique nazie est, pour l'instant, à son apogée. La machine militaire aussi.

La paix? Je concluais :

> Oui, le peuple allemand voulait la paix. (Mais) une *paix allemande* assurée par l'armée allemande. Le propre journal de Hitler, le *Völkische Beobachter*, le lendemain du grand défilé pour son anniversaire, expliquait : « Cette armée est pour nous le bouclier et la sécurité pour assurer la paix, qui est évidemment une paix allemande, assurant ses droits nécessaires à un peuple puissant. »

Dans la dictature nazie, j'avais compris que rien n'était plus sérieux que de citer le propre journal de Hitler pour appuyer vos propres opinions en exposant les siennes.

Mais à Londres, au printemps et au début de l'été de cette année-là, et à Washington et à New York en juillet, mes idées feraient rire. Pourtant, je ne pouvais pas en changer. Le discours de Hitler au Reichstag le 28 avril, en réponse à Roosevelt, laissait peu de place, à mon sens, à l'optimisme sur les chances de paix. Il fallait peut-être être là-bas, comme je l'avais été, pour le comprendre vraiment.

Ce fut il me semble le plus long discours qu'il eût jamais fait : deux heures et demie. Et je crois que ce fut le plus remarquable que j'eusse jamais entendu de lui. J'écrivis :

« Pour l'éloquence pure, l'astuce, l'ironie, le sarcasme et l'hypocrisie, il avait atteint un nouveau sommet qu'il ne devait plus jamais approcher. »

Il avait touché aussi un auditoire sans précédent. Le discours avait été diffusé non seulement par toutes les radios allemandes, mais par des centaines en Europe. En Amérique, les principales chaînes l'avaient retransmis. Jamais auparavant, ni par la suite, je m'en suis assuré, Adolf Hitler n'a eu un auditoire aussi immense. Je pensai alors qu'il en avait tiré le meilleur parti.

Le 15 avril, une semaine après que Mussolini eut envoyé ses troupes en Albanie, alors qu'on craignait que Hitler n'envoie les siennes en Pologne, Roosevelt avait adressé son télégramme aux deux dictateurs fascistes, plaidant pour la paix et posant une question cruciale :

> Acceptez-vous de donner l'assurance que vos forces armées n'attaqueront ou n'envahiront pas le territoire des pays indépendants suivants?

Il y avait trente et un pays sur la liste du président, dont la Pologne, les pays Baltes et ceux des Balkans, l'Union soviétique, le Danemark, les Pays-Bas, la Belgique, la France et la Grande-Bretagne.

Le télégramme de Roosevelt arriva à Berlin et à Rome à la fin de la journée du 15 avril. Le Duce, selon Ciano, refusa même d'abord de le lire. Goering, qui se trouvait justement en visite auprès de Mussolini à Rome, suggéra qu'il ne méritait pas une réponse, que le président américain « souffrait d'un début de maladie mentale ». Le Duce répondit qu'il était porté à croire que l'étrange comportement de Roosevelt était « le produit de sa paralysie infantile ».

Quels que soient ses propres penchants, Adolf Hitler, lui, décida de répondre, et de façon éclatante. Il convoqua une session spéciale du Reichstag pour l'entendre, le 28 avril. Pour pouvoir ridiculiser Roosevelt et sa question, Hitler avait astucieusement fait demander, par les Affaires étrangères allemandes, à chacun des pays sur la liste du président s'ils se sentaient menacés par l'Allemagne et s'ils avaient demandé à Roosevelt de les porter sur sa liste. Si un pays hésitait à donner la réponse que voulait Hitler, on userait d'un peu de menace. La Wilhelmstrasse fut particulièrement ravie des réponses de la Belgique, des Pays-Bas, du Luxembourg, de la Norvège et dc la Yougoslavie qui ne se considéraient pas comme menacés par l'Allemagne nazie, ce qui, à mon sens, témoignait d'une terrible naïveté ou d'une peur terrible. Ces pays et la plupart des autres, certains après avoir été considérablement poussés, donnèrent des réponses qui fournissaient à Hitler de solides munitions pour tirer sur le président américain.

Lorsqu'il monta à la tribune du Reichstag dans le vieil Opera Kroll, à midi, le 28 avril 1939, ses premiers mots comportaient une note nouvelle en matière d'hypocrisie. Il avait convoqué le Reichstag en session extraordinaire, dit-il, pour que ses membres puissent entendre sa réponse à Roosevelt et « l'accepter ou la rejeter ». Je ne l'avais jamais encore entendu dire cela au Reichstag. Après tout, il avait choisi les députés lui-même. Pas un d'entre eux n'aurait osé le « rejeter », lui : c'eût été la certitude de se retrouver rapidement dans un camp de concentration, et probablement d'y trouver une fin rapide.

Ensuite, comme dans tous les discours de Hitler, ce fut la longue litanie des injustices du traité de Versailles, des souffrances ainsi infligées au peuple allemand, et de la façon dont, avec l'aide de Dieu, il l'avait délivré de ce terrible joug. Plus brièvement, mais avec un aplomb stupéfiant, il justifia son agression contre l'Autriche et la Tchécoslovaquie, en affirmant que l'Allemagne avait seulement ramené dans son giron dix millions d'Allemands qui attendaient ce jour, et douze millions de Tchèques qui, jusqu'à Versailles, avaient toujours vécu heureux sous la souveraineté allemande. Puis il passa à un autre sujet. Avant de répondre à Roosevelt, il avait des réponses à donner à la Grande-Bretagne et à la Pologne sur la façon dont elles avaient traité l'Allemagne.

Sa technique était fascinante, sinon nouvelle. Après avoir proclamé encore une fois son admiration et son amitié pour l'Angleterre, il l'attaqua pour sa « nouvelle politique d'encerclement de l'Allemagne » qui l'obligeait, dit-il, à dénoncer le traité naval anglo-allemand de 1935. « Ses fondements, déclara-t-il solennellement, ont été sapés. »

Il usa du même argument avec la Pologne. Il avait fait l'offre « la plus généreuse » au gouvernement polonais, proclamait-il : le retour de Dantzig à l'Allemagne et une route extra-territoriale vers la Prusse-Orientale à travers le couloir polonais, en échange de son accord pour un pacte de non agression qui serait valable vingt-cinq ans (le pacte de non-agression de 1934 était encore valable pendant cinq ans). Il regrettait que la Pologne ait rejeté son « offre unique » qui, insistait-il, était « la plus grande concession imaginable dans l'intérêt de la paix en Europe », bien qu'il n'y eût là, bien entendu, aucune concession de sa part.

D'autres mensonges suivirent :

> J'ai regretté cette incompréhensible attitude du gouvernement polonais [...]. Le pire est que la Pologne, comme la Tchécoslovaquie voilà un an, croit que, sous la pression d'une campagne internationale, elle peut mobiliser des troupes, bien que l'Allemagne n'ait pas mobilisé un seul homme et n'ait songé à quelque mesure que ce soit contre la Pologne.

C'était tellement effronté que j'en sursautai presque. Tout le monde savait que, depuis des semaines, les Allemands avaient rappelé des troupes en secret et préparaient la mobilisation générale d'ici la fin de l'été. Hitler massait déjà une force énorme sur les frontières entourant la Pologne de trois côtés. Mais il n'y avait pas de limite à l'impudence du dictateur. Car, ensuite, il insista sur le fait que les informations concernant l'intention de l'Allemagne d'attaquer la Pologne « étaient de pures inventions de la presse internationale » : et cela de la part d'un homme qui, trois semaines auparavant, le 3 avril, avait donné l'ordre à ses généraux de préparer l'anéantissement de la Pologne pour le 1er septembre, *« au plus tard »*.

En concluant un pacte d'assistance mutuelle avec la Grande-Bretagne, la Pologne, dit Hitler, avait violé le pacte de non-agression germano-polonais de 1934 :

« Je considère par conséquent cet accord comme était unilatéralement violé par la Pologne et, de ce fait, comme n'existant plus. »

J'avais beau croire connaître Hitler, je fus surpris qu'il veuille déchirer ces deux traités. Il me vint alors à l'esprit qu'il préparait le peuple allemand à l'idée de la guerre.

Finalement, au bout de plus d'une heure, Hitler en arriva à ce qui était censé être son principal propos : sa réponse à Roosevelt. Alors, son discours prit vraiment son essor. Son auditoire n'avait jamais entendu autant ridiculiser un chef d'État étranger, et il en paraissait enchanté, du moins les auditeurs du Reichstag. A ces sarcasmes ininterrompus contre le président américain, ils étaient secoués d'un rire rauque. Je dois dire que je ne l'avais encore jamais vu jouer son rôle aussi merveilleusement, même si ce qu'il disait était assez stupide ou mensonger, en particulier pour un Américain. Il allait répondre, dit-il, aux vingt et un points soulevés par Roosevelt. Un par un, il les paraphrasa, faisant une pause, un demi-sourire, puis, comme un maître d'école, prononçant un mot à voix basse : *« Antwort »* (Réponse). Puis, après un autre silence parfaitement calculé, il la donnait. Je le revois encore, hésitant, regardant son auditoire de ses yeux de sorcier, pour dire ensuite ce seul mot : *« Antwort. »*

Au-dessus de la tribune, dans le fauteuil du président du Reichstag, je remarquai que Goering essayait d'étouffer un hennissement et l'on sentait les députés dans la salle retenant leur souffle, pour éclater d'un rire énorme au moment où ils entendaient *Antwort*. Voici un échantillon de ce qui se prolongea pendant une heure :

> Herr Roosevelt déclare qu'il est clair pour lui que tous les problèmes internationaux peuvent être résolus à la table de conférence.
>
> *Réponse :* [...] Je serais très heureux si ces problèmes pouvaient vraiment trouver leur solution à la table de conférence. Mais mon scepticisme s'appuie sur le fait que c'est l'Amérique elle-même qui a exprimé le plus nettement sa méfiance en ce qui concerne l'efficacité des conférences. Car la plus grande conférence de tous les temps a été la Société des Nations [...], créée conformément à la volonté d'un président américain. Le premier État, cependant, qui se déroba devant l'entreprise fut les États-Unis [...]. Ce n'est qu'après des années de participation inutile que je résolus de suivre l'exemple de l'Amérique.
>
> La liberté de l'Amérique du Nord ne fut pas le produit d'une table de conférence, ni le conflit entre le Nord et le Sud. Je ne dirai rien des innombrables combats qui ont finalement conduit à la sujétion du continent nord-américain.
>
> Je n'évoque tout cela que pour montrer que votre opinion, Herr Roosevelt [...] ne trouve aucune confirmation dans l'histoire de votre propre pays, ni dans celle du reste du monde.

Après d'autres leçons au président, Hitler en vint à l'essentiel du télégramme de Roosevelt, qui lui demandait l'assurance qu'il n'attaquerait aucun des trente et un pays. Comme il psalmodiait lentement, solennellement, les noms de ceux-ci, des rires fusèrent dans le Reichstag. Il avait pris la peine, expliqua-t-il, de demander à chacun de ces pays s'ils se sentaient menacés par l'Allemagne :

> La réponse, dans tous les cas, a été négative [...]. Il est vrai que je ne pouvais pas ouvrir d'enquêtes sur certains des États parce qu'eux-mêmes – par exemple la Syrie – ne jouissent pas actuellement de leur liberté mais sont occupés et, par conséquent, privés de leurs droits par les représentants militaires des États démocratiques. Ce fait mis à part, cependant, tous les États voisins de l'Allemagne ont reçu des assurances beaucoup plus sérieuses [...] que celles que me demandait Herr Roosevelt dans son curieux télégramme.

Sa voix, son regard, ses paroles atteignirent alors le point culminant du sarcasme :

> Je dois attirer l'attention de Herr Roosevelt sur une ou deux erreurs historiques. Il a mentionné l'Irlande, par exemple, et me demande de déclarer que l'Allemagne n'attaquera pas l'Irlande. Or je viens de lire un discours de De Valera, le *Taiiseach* (Quelle astuce, pensai-je, que de donner son titre gaélique au Premier ministre!) dans lequel, bizarrement, et contrairement à l'opinion de Herr Roosevelt, il n'accuse pas l'Allemagne d'opprimer l'Irlande, mais reproche à l'Angleterre de soumettre l'Irlande à une agression permanente [...].

Rires et applaudissements. Cependant, dit Hitler, il était prêt « à donner à chacun des États cités une assurance du genre désiré par le président ».

Le dictateur fit une pause, les yeux soudain brillants, un léger sourire s'allumant sur son visage :

> Je ne voudrais pas laisser passer cette occasion sans donner au président des États-Unis une assurance concernant les territoires qui devraient, après tout, lui donner des inquiétudes, à savoir les États-Unis eux-mêmes et les autres États du continent américain.
>
> Je déclare ici solennellement que toutes les assertions qui ont pu circuler sur l'intention ou le projet d'attaquer ou d'envahir un territoire américain sont des impostures pures et simples et de grossières contre-vérités.

Le Reichstag était secoué par les rires. Hitler, admirable comédien, n'esquissait pas même un sourire. Il en vint alors à sa péroraison, peut-être la plus éloquente, du moins pour des oreilles allemandes, que je lui aie jamais entendu prononcer :

Herr Roosevelt! Je comprends parfaitement que l'immensité de votre pays et son énorme richesse vous permettent de vous croire responsable de l'Histoire du monde entier et de l'histoire de toutes les nations. Je suis, Monsieur, placé dans une situation beaucoup plus modeste [...].

J'ai pris un pays menacé de ruine complète, à cause de sa confiance dans les promesses du reste du monde et du mauvais régime des gouvernements démocratiques [...]. J'ai vaincu le chaos en Allemagne, rétabli l'ordre et considérablement augmenté la production.

J'ai réussi à redonner du travail utile à nos sept millions de chômeurs [1]. Non seulement j'ai réalisé l'unité politique du peuple allemand mais je l'ai aussi réarmé. J'ai aussi entrepris de détruire, page par page, ce traité, dont les quatre cent quarante-huit articles constituent la plus infâme oppression que des peuples et des êtres humains aient jamais été forcés d'endurer.

J'ai rendu au Reich les provinces qui nous ont été volées en 1919. J'ai ramené à leur terre natale des millions d'Allemands qui nous avaient été arrachés et vivaient dans la misère [...] et, Herr Roosevelt, sans verser de sang et sans amener à mon peuple, ou aux autres, les horreurs de la guerre [...].

Vous, Herr Roosevelt, avez une tâche beaucoup plus facile en comparaison. Vous êtes devenu président des États-Unis en 1933, lorsque je suis devenu chancelier du Reich. Dès le départ, vous preniez la tête d'un des plus grands et des plus riches pays du monde [...]. La situation dans votre pays est à une si grande échelle que vous pouvez trouver le temps et le loisir d'accorder votre attention à des problèmes universels [...]. Vos soucis et vos suggestions couvrent un domaine beaucoup plus vaste que les miens parce que mon univers, Herr Roosevelt [...], est malheureusement beaucoup plus petit, bien qu'il soit pour moi beaucoup plus précieux que tout, car il est limité à mon peuple!

Je crois cependant que c'est ainsi que je peux être plus utile à ce qui nous concerne tous, à savoir la justice, le bien-être, le progrès et la paix de l'humanité tout entière.

Je devais écrire plus tard, à propos de la séance du Reichstag de ce jour-là et de mes réactions :

« Dans son entreprise de tromperie du peuple allemand, ce discours fut vraiment le chef-d'œuvre de Hitler. »

Mais je notais aussi qu'en parcourant l'Europe, dans les jours qui suivirent, on constatait facilement que, contrairement aux précédents discours de Hitler, celui-là n'avait plus trompé les peuples et les gouvernements étrangers. Et je concluais :

« Il se trouva que ce fut le dernier grand discours public de la vie de Hitler. »

Mais je ne pouvais pas le savoir en cette fin d'avril à Berlin. Comme

1. La presse nazie rappelait constamment à ses lecteurs qu'il y avait 12 millions de chômeurs en Amérique « malgré le New Deal » de Roosevelt.

presque tout le monde, je m'accrochais encore aux espoirs de paix, malgré ce qu'avait dit Hitler, malgré toute sa duplicité, malgré les deux traités qu'il avait encore déchirés.

Si j'avais su ce que Hitler dirait à ses généraux dans le plus grand secret moins d'un mois plus tard, et si j'avais connu la direction d'un vent nouveau qui commençait à souffler à Moscou, je n'aurais pas entretenu de telles illusions.

Car le 23 mai de cette année-là, Adolf Hitler, selon ses propres termes, « brûla ses vaisseaux ». Convoquant dans son bureau de la Chancellerie, à Berlin, les chefs des trois armes et leurs principaux collaborateurs, le Führer leur dit carrément que la guerre était maintenant inévitable. Les notes sur cette réunion, prises cette fois par l'adjudant-major du Führer, le lieutenant-colonel Rudolf Schmundt, constituent l'un des documents les plus révélateurs sur la route du IIIe Reich vers la guerre. Hitler lui-même les considérait comme tellement confidentielles qu'il interdisit d'en faire ne fût-ce qu'une copie. L'exemplaire que nous possédons, trouvé parmi les papiers allemands saisis, est l'original, de la propre écriture de Schmundt. Ce qui est particulièrement remarquable dans cette harangue est que Hitler y néglige toute l'hypocrisie de sa propre propagande, de sa propre diplomatie, et dit à ce petit cercle la vérité sur la nécessité où il se trouve d'attaquer la Pologne « à la première occasion favorable », de s'en prendre à la Grande-Bretagne et à la France à l'ouest, et d'occuper la Belgique et la Hollande neutres pour s'assurer les bases navales et aériennes nécessaires à une attaque totale de l'Angleterre.

« Les déclarations de neutralité peuvent être ignorées », dit Hitler.

Rien dans les documents n'indique qu'aucun officier allemand ait soulevé une question de morale, ou d'honneur. Leur pays, comme avant 1914, avait pris l'engagement solennel de respecter la neutralité de la Belgique et de la Hollande.

Au moment où la presse allemande contrôlée par les nazis réclamait à grands cris le retour de Dantzig, et où l'on croyait Hitler prêt à la guerre contre la Pologne pour le reprendre, le dictateur mettait ses chefs militaires au courant :

« Dantzig n'est pas du tout l'objet du conflit, expliqua-t-il. Il s'agit d'étendre notre espace vital à l'est. »

Il fallait à l'Allemagne plus d'espace à l'est pour pouvoir régler la question à l'ouest. Pendant cette guerre, l'Allemagne aurait besoin du ravitaillement et de la main-d'œuvre de l'est. Hitler mettait en garde ses généraux contre l'espoir d'un nouveau Munich :

« Nous ne pouvons pas espérer une répétition de l'affaire tchèque. Il y aura la guerre. La Pologne sera attaquée à la première occasion [...]. Les prochains succès ne pourront être acquis sans effusion de sang.

« La guerre avec l'Angleterre et la France sera une question de vie ou de mort. L'idée que nous pourrions nous en tirer à bon compte est dangereuse. Cette possibilité n'existe pas. »

Il prévoyait d'occuper les bases aériennes et les ports belges et hollandais sur la Manche avant d'attaquer l'Angleterre :

« Si nous réussissons à occuper la Hollande et la Belgique, et à vaincre la France, nous aurons la base d'une guerre victorieuse contre l'Angleterre. »

Ainsi, ce serait la guerre. La Pologne serait attaquée à l'est, et l'Angleterre, la France, la Belgique et la Hollande à l'ouest. Aucun général ne pouvait plus avoir le moindre doute sur les intentions du Führer à la fin de son exposé.

« Il faut brûler nos vaisseaux, déclara le dictateur. La question n'est plus de ce qui est juste ou injuste, mais d'être ou ne pas être, pour quatre-vingts millions d'Allemands! »

Quand je revois l'été de 1939, je constate que je restais malheureusement ignorant du rapprochement secret de l'Allemagne nazie et de la Russie communiste, qui rendait une seconde guerre mondiale inévitable [1].

Il y avait eu des allusions publiques, venant de Moscou, qui auraient dû nous faire sentir que l'Union soviétique n'allait pas se mettre dans le camp de la France et de la Grande-Bretagne contre l'Allemagne nazie, bien que l'idée ne m'eût jamais effleuré que deux ennemis mortels du point de vue idéologique comme Hitler et Staline pourraient jamais se réconcilier.

Pourtant le dictateur bolchevique avait publiquement averti les Occidentaux – et fait un signe en direction de Berlin – dès le 10 mars de ce printemps-là, cinq jours avant l'entrée de Hitler à Prague.

Dans un interminable discours au XVIIIe congrès du Parti à Moscou, dont le texte avait été publié dans la presse soviétique, Staline avait reproché sévèrement à la Grande-Bretagne et à la France de ne pas résister à Hitler. Il les accusait d'encourager l'Allemagne nazie à s'étendre vers l'est pour la pousser à la guerre contre l'Union soviétique. (Depuis Munich, j'étais certain que c'était le but de Chamberlain.) La Russie, concluait Staline, serait guidée par deux principes :

> 1. Poursuivre une politique de paix et de consolidation des relations économiques avec *tous* les pays.

1. Je n'étais même pas assez vigilant pour remarquer que, dans son discours du 28 avril, Hitler n'avait pas lancé son attaque habituelle contre l'Union soviétique. Ce n'est que beaucoup plus tard, lorsque j'essayai de reconstituer l'évolution des relations entre les nazis et les soviets cet été-là, que j'ai réalisé que, pour la première fois à ma connaissance dans un discours important, Hitler n'avait pas prononcé un seul mot contre la Russie.

> 2. [...] Ne pas laisser notre pays être entraîné dans un conflit par les fauteurs de guerre, qui ont coutume de laisser les autres tirer les marrons du feu.

L'ambassadeur d'Allemagne nazie à Moscou, l'astucieux comte Friedrich Werner von der Schulenburg, avait pris note du discours de Staline et en avait envoyé des extraits à Berlin [1].

Malgré son avertissement aux Occidentaux, Staline, choqué par l'entrée de Hitler à Prague le 15 mars, ordonna rapidement (le 18 mars) à son ministre des Affaires étrangères, Maxime Litvinov, de proposer à Londres et à Paris une conférence immédiate à Bucarest, réunissant la Grande-Bretagne, la France, la Pologne, la Roumanie, la Turquie et la Russie, pour former un front commun contre Hitler.

Chamberlain trouva la proposition « prématurée » et la rejeta. Et avec quelle désinvolture! Lord Halifax déclara à Ivan Maïsky, l'ambassadeur soviétique à Londres, qu'il n'y avait actuellement aucun ministre de la Couronne disponible pour aller à Bucarest! Cette piètre excuse ne fut pas bien accueillie à Moscou.

Maxime Litvinov, depuis longtemps commissaire aux Affaires étrangères, avait joué sa réputation et sa carrière sur l'organisation de la sécurité collective contre l'Allemagne nazie. Il pensait qu'un front commun des deux puissances occidentales et de l'Union soviétique, rallié, si possible, par les petits pays de l'est menacés (Pologne, Roumanie et Turquie) était le seul moyen de dissuader Hitler et, sinon, de lui faire face efficacement en cas de guerre. Sans se laisser décourager par le rejet par Chamberlain de sa proposition du 18 mars, Litvinov convoqua l'ambassadeur britannique à Moscou, le 16 avril, et lui proposa officiellement un pacte tripartite d'assistance mutuelle entre la Grande-Bretagne, la France et l'Union soviétique. Il aurait comporté un accord militaire pour l'application du pacte, et une garantie par les trois signataires, plus la Pologne si elle le désirait, de tous les pays d'Europe centrale et orientale qui se sentaient menacés par l'Allemagne.

C'était le dernier appel de Litvinov aux Occidentaux pour qu'ils s'entendent avec la Russie afin d'arrêter Hitler. Churchill poussa la Grande-Bretagne à accepter, dans un émouvant discours aux Communes. Par la suite, dans ses Mémoires, il écrirait :

« Si M. Chamberlain, au reçu de la proposition de la Russie, avait répondu : “ Oui, unissons-nous tous les trois pour tordre le cou à

1. Goering aussi aborda le discours de Staline avec Mussolini pendant leurs conversations. Il dit qu'il « demanderait au Führer s'il ne serait pas possible de tâter prudemment le terrain avec la Russie [...] en vue d'un rapprochement ». Le Duce, selon Goering, avait accueilli cette idée chaleureusement. Il pensait qu'on pourrait « arriver à un rapprochement avec une relative facilité ». C'était là un virage décisif dans la politique de l'Axe.

Hitler ", le Parlement aurait approuvé. Staline aurait compris et l'Histoire aurait pu prendre un autre cours. Du moins n'aurait-elle pas pu en prendre un pire. »

Mais Chamberlain cherchait à gagner du temps, ce qui fut fatal à Litvinov. Le 3 mai, presque dissimulé dans les dernières pages des journaux soviétiques, un bref article parut :

« M. Litvinov a été déchargé des fonctions de commissaire aux Affaires étrangères à sa propre demande. »

On ajoutait qu'il avait été remplacé par Vyacheslav Molotov, président du Conseil des commissaires du peuple.

Le sens de la brusque destitution de Litvinov apparut évident aux yeux de tous. Elle me réveilla de mon sommeil apparent. Cette destitution comportait un message très ferme pour Berlin, qui amena une réaction avec une énergie qui manquait à Londres et à Paris.

Londres me déconcertait. J'y étais passé trois ou quatre fois en mai et en juin mais je ne comprenais pas pourquoi le gouvernement britannique refusait obstinément de voir la réalité en face. Certes, Chamberlain avait donné à la Pologne une garantie unilatérale contre une agression nazie. Si opportun que fût ce changement capital, il n'avait aucun sens tant que le Premier ministre ne se mettait pas dans la tête que la Russie, comme Moscou l'avait proposé, devait participer à toute garantie de la Pologne si l'on voulait sauver celle-ci.

A Londres, aux Communes, le 19 mai, Lloyd George et Winston Churchill avaient sévèrement critiqué Chamberlain pour n'avoir pas réagi à la proposition de Staline d'une triple alliance contre l'Allemagne. Churchill, à mon sens, avait été particulièrement énergique :

> Que peut-on reprocher à cette simple proposition? [...]. Je prie les membres du gouvernement de Sa Majesté de s'enfoncer quelques vérités brutales dans la tête. Sans un front oriental efficace, il n'y aura pas de défense efficace des intérêts de l'Occident, et sans la Russie il ne peut pas y avoir de front oriental efficace.

Churchill n'était toujours pas en odeur de sainteté dans le monde politique, mais son discours, à ce qu'il me sembla, fit une forte impression aux Communes. On reprochait de plus en plus à Chamberlain, même sur les bancs conservateurs, de rien faire pour rapprocher la Russie de l'Ouest. Cédant à ces critiques, le Premier ministre, le 27 mai, accepta enfin de faire engager par l'ambassadeur britannique à Moscou, en commun avec l'ambassadeur de France, des négociations en vue d'un pacte d'assistance mutuelle, d'un accord militaire et de garanties aux pays menacés par Hitler. Mais il prit cette décision, souligna l'astucieux ambassadeur d'Allemagne à Londres, Herbert von Dirksen, dans un rapport à Berlin, « avec la plus grande réticence ».

A Moscou, le dur à cuir de Molotov ne fut pas dupe. Le 31 mai, dans son premier discours public sur les Affaires étrangères au Conseil suprême de l'U.R.S.S., il éreinta les deux démocraties occidentales pour leurs hésitations. Si elles voulaient vraiment s'entendre avec la Russie pour arrêter toute agression, elles devaient accepter trois choses : un pacte d'assistance mutuelle, un accord militaire précisant exactement ce que chaque puissance ferait en cas de guerre, et des garanties par les trois puissances pour les petits États de l'Europe de l'est.

Mais les Français, et surtout les Britanniques, traînaient les pieds. L'impasse était totale sur les garanties à la Pologne, à la Roumanie et aux États baltes, dont aucun ne voulait de la garantie russe. Pour sortir de l'impasse, Molotov suggéra, au début de juin, que Chamberlain envoie son secrétaire aux Affaires étrangères à Moscou pour conclure les négociations. Apparemment, le Kremlin pensait que ce serait la preuve que les Britanniques souhaitaient vraiment arriver à un accord avec Moscou. Mais lord Halifax déclara à l'ambassadeur soviétique à Londres, Maïsky, qu'il lui était « réellement impossible de s'absenter ». Anthony Eden, qui avait été Foreign Secretary et qui avait établi des contacts utiles, proposa d'y aller à sa place mais Chamberlain ne voulut pas en entendre parler et il envoya, le 12 juin, William Strang, un diplomate de carrière compétent qui avait été à l'ambassade de Moscou et parlait le russe. Mais il était peu connu, même dans son propre pays, et sa nomination fut interprétée par les hommes méfiants du Kremlin comme indiquant que les Britanniques ne prenaient pas très au sérieux la création d'une alliance efficace contre Hitler.

Les bolcheviques, on le sait maintenant, commençaient à penser que les Allemands prenaient peut-être plus au sérieux un éventuel accord avec eux.

Les premiers pas entre Moscou et Berlin avaient été très prudents et totalement secrets. Nous pouvons en situer le début quatre jours après Munich. Le 3 octobre 1938, le conseiller de l'ambassade allemande à Moscou informa Berlin qu'un des résultats de l'exclusion de Staline de Munich était la probabilité qu'il se montre « plus positif » envers l'Allemagne. L'ambassadeur, le comte Friedrich Werner von der Schulenburg, informa Berlin un mois plus tard qu'il se proposait de contacter Molotov « pour tenter d'arriver à un règlement des questions qui troublent les relations germano-soviétiques ».

L'ambassadeur ne se serait pas engagé dans cette voie nouvelle pour la politique étrangère nazie sans une indication de Hitler lui-même.

Schulenburg, je le savais, n'était pas tout à fait dans les bonnes grâces du Führer. Il était l'un des derniers survivants d'un petit groupe de généraux et de diplomates allemands qui avaient insisté en faveur de relations étroites avec la Russie soviétique après 1919, et avaient abouti au traité de Rapallo en 1923. C'était resté une pierre angulaire de la politique étrangère allemande pendant toute la durée de la république de Weimar, mais Hitler l'avait abandonnée en prenant le pouvoir en 1933. Pour lui, le « régime judéo-bolchevique » de Moscou restait l'ennemi mortel. Mais après Munich, cette opinion commença à évoluer.

Sur la suggestion de Berlin, les contacts commerciaux reprirent. Puis les ambassadeurs des deux pays esquissèrent quelques travaux d'approche. Au début de 1939, Alexis Merekalov, le représentant soviétique à Berlin, alla informer le ministère des Affaires étrangères « du désir de l'Union soviétique d'ouvrir une ère nouvelle dans les relations économiques germano-soviétique ». Trois mois plus tard, le 17 avril, il rendit visite pour la première fois à Ernst von Weizsäcker, le secrétaire d'État permanent aux Affaires étrangères, et fit un pas de plus, soulignant que « les différences idéologiques ne doivent pas troubler les relations entre les deux pays ».

Le 20 mai, à Moscou, Molotov appela l'ambassadeur d'Allemagne et lui parla « du ton le plus amical », comme ce dernier le rapporta, pour lui annoncer que les négociations économiques, qui avaient été provisoirement interrompues, pourraient être reprises *si les bases politiques nécessaires* étaient créées.

C'était une ligne nouvelle de la part du Kremlin. Il voulait non seulement établir de meilleures relations économiques avec l'Allemagne nazie, mais les établir sur une base *politique* solide. Berlin fut intéressé. Les conversations reprirent. Elles n'échappèrent pas à l'attention du nouvel ambassadeur de France à Berlin, Robert Coulondre, qui venait d'arriver de l'ambassade à Moscou. Par deux fois au début de mai, il avait prévenu son gouvernement que l'Allemagne avait engagé des conversations avec la Russie « au sujet d'un quatrième partage de la Pologne ».

Pendant tout le mois de mai, on le sait maintenant, Hitler souffla le chaud et le froid, craignant un jour que la Russie ne s'entende avec l'Ouest, ce qui eût rendu ridicules ses efforts pour arriver à un accord avec Moscou, et les autres jours, donnant le feu vert pour la poursuite des conversations. On prépara de nouvelles instructions pour l'ambassadeur Schulenburg à Moscou. Il devait souligner à Molotov qu'il n'y avait aucun conflit d'intérêts dans le domaine des affaires étrangères entre l'Allemagne et l'Union soviétique, que le moment était venu de « normaliser » leurs relations, et que, dans le cas d' « hostilités » contre la Pologne, l'Allemagne « tiendrait compte le plus possible des intérêts russes ». Ce dernier point était peut-être venu à la connaissance de Coulondre par des fuites, l'amenant à conclure que les deux pays envisageaient un nouveau partage de la Pologne. Ces instructions, sous une forme quelque peu édulcorée, furent envoyées de Berlin par câble le 30 mai.

J'ignorais tout, bien entendu, de ces tractations ultra-secrètes entre Berlin et Moscou lorsque, le 7 juin, je pris le *Mauretania* à Liverpool pour sa première traversée vers New York. J'avais trouvé l'Angleterre contente d'elle-même à un point décourageant. Des débats aux Communes, il ressortait à l'évidence que les négociations à Moscou pour établir un front solide contre Hitler n'étaient pas encourageantes.

Chamberlain avait fini par annoncer le 27 avril que le service militaire obligatoire serait adopté, et la Chambre avait approuvé. Les deux partis libéral et travailliste avaient voté contre.

Pendant des jours, j'avais essayé en vain de convaincre mes jeunes amis députés travaillistes aux Communes que le service militaire obligatoire était la seule façon de mettre une armée forte sur pied. En attendant, à l'été 1939, la Grande-Bretagne ne pouvait mettre en campagne que deux divisions en cas de guerre. La France envisageait de mobiliser cent divisions.

Mes bons amis anglais n'appréciaient pas non plus mon pessimisme à propos des chances de paix. Ils estimaient que Hitler bluffait. Ils inclinaient à penser, comme Chamberlain, qu'il n'était pas très important que la Russie soit dans leur camp. Ils pensaient que la Pologne pouvait se défendre seule.

Je ne devais apprendre à l'époque, qu'une seule bonne nouvelle, et d'ordre personnel : au moment même où j'embarquais sur le *Mauretania*, je reçus un télégramme de Tess m'apprenant que le tribunal fédéral de Virginie lui avait accordé la nationalité américaine.

Je trouvai mon pays natal, en cet été brûlant de 1939, encore plus content de soi que la Grande-Bretagne. Mais il est vrai que l'enjeu n'était pas si important pour les États-Unis. Ils ne seraient pas directement et immédiatement en cause si Hitler frappait.

J'avais beau être chez moi, je me sentais perdu. Il est déprimant et déconcertant de se sentir étranger dans son pays natal. Il y avait maintenant quatorze ans que je l'avais quitté, à vingt et un ans, et je n'y était revenu que deux fois, chacune brièvement, en 1929 et 1935. C'était en Europe que j'avais fini par me sentir chez moi. Berlin, Paris, Londres et Vienne m'étaient beaucoup plus familiers que Washington, New York et Chicago. Où allions-nous, les Américains? Nul ne le savait. Mais nous allions, à tombeau ouvert, quelque part. Et la plupart des gens paraissaient s'en contenter.

Le président Franklin Roosevelt avait peu à peu sauvé le pays des ravages de la crise mais il restait dix millions de chômeurs. Le chiffre me coupa le souffle. Je ne comprenais pas comment c'était possible dans le plus grand et le plus riche pays industrialisé du monde. Les pays d'Europe, relativement plus pauvres, s'en étaient mieux tirés. Les dictatures avaient brutalement résolu leur problème. En Allemagne nazie, et, je pense, en Russie soviétique, il n'y avait plus de chômage depuis trois ans.

Je ne passai pas tout mon temps à Washington à broyer du noir sur les problèmes de l'univers. Nous eûmes une merveilleuse réunion de famille chez mon frère John, à McLean, en Virginie, où Tess avait habité pendant la bataille de sa naturalisation devant le tribunal fédéral. On déboucha une bouteille de champagne pour fêter la nouvelle citoyenne américaine. Maintenant, elle pourrait retourner dans sa Vienne natale ou m'accompagner en Allemagne sans risquer d'être arrêtée par la Gestapo pour n'avoir pas les papiers allemands obligatoires.

Notre petite Eileen ne parlait encore que le français, qu'elle apprenait à Genève et que nous parlions à table à cause de notre nurse suisse. J'étais sûr qu'elle avait appris pas mal d'anglais, ne serait-ce qu'en nous écoutant, Tess et moi, à la maison. Mais elle ne voulait pas en dire un mot, ce qui étonnait ma mère, qui avait bravé la chaleur cet été-là pour venir nous voir de l'Iowa, par le train.

« Je n'arrive pas à me mettre dans ma pauvre tête, Will, me disait-elle, que ma petite-fille ne parle pas l'anglais. »

Ma mère avait complètement oublié le français qu'elle avait appris à l'école.

J'étais ravi de la revoir. Timide et modeste, elle dispensait toujours, comme pendant notre enfance, une merveilleuse sagesse. Elle parut un peu inquiète, à notre départ, à l'idée que j'allais peut-être vers une guerre. Mais je lui affirmai, comme, j'imagine, tous les fils à leur mère, que s'il y avait la guerre, Tess, Eileen et moi ne risquerions rien.

Elle avait soixante-huit ans cet été-là et elle était en pleine forme. Heureusement, j'aurais la chance de la revoir encore une fois. Lors d'une brève permission, six ans après, alors que CBS décidait si j'allais retourner en Allemagne pour couvrir l'écroulement imminent du IIIe Reich ou la fondation des Nations unies à San Francisco, je me trouvais par hasard à Cedar Rapids, dans l'Iowa, le 12 avril 1945, le jour de la mort de Franklin D. Roosevelt à Warm Springs, en Georgie. J'avais parlé à Omaha la veille au soir et je rentrais à New York pour ma nouvelle affectation. Ma mère m'accueillit à la porte. Elle était en larmes, parce que je venais lui faire mes adieux. C'est du moins ce que je pensai.

« Il est mort, dit-elle.

– Qui cela?

– Le président. »

Et elle éclata en sanglots.

« Qu'est-ce qu'on va devenir maintenant? » répétait-elle.

La mort de Roosevelt était un deuil personnel pour elle, comme pour des millions d'Américains sans aucun doute. Nous nous sommes embrassés en nous quittant et j'appelai un taxi par téléphone pour aller prendre le train de Chicago.

Quelques mois plus tard, le 26 novembre, à Cedar Rapids, à soixante-quatorze ans, elle perdit connaissance en parlant à une voisine, ne revint pas à elle et mourut vingt minutes plus tard.

« Rapidement et sans souffrir », me télégraphia Tess de New York. La guerre avait pris fin cet été-là, Hitler était mort et j'étais à Nuremberg pour couvrir le procès des criminels de guerre nazis survivants. Je n'avais aucun moyen de rentrer chez moi à temps pour les funérailles. Je n'avais aucun moyen d'exprimer mon chagrin. Mais je l'éprouvais et je le mesurais.

A New York, cet été de 1939, je rencontrai pour la première fois les grands patrons de CBS. Et j'appris quelques petites choses sur la radio en général, et sur Columbia Broadcasting System en particulier, dont la réussite sous la direction de William S. Paley était l'une des plus spectaculaires des années 30.

Le lendemain du 4 juillet 1939, le jour de la fête nationale, rejoint enfin par Tess et Eileen, je repris le *Queen Mary* pour retourner à mon travail en Europe. J'aimais bien ce job, maintenant que j'avais un peu vu CBS à New York et mesuré l'impact de l'information-radio sur les Américains. Mais j'avais l'impression désespérante de retourner dans une Europe qui serait bientôt en guerre. Ce serait une formidable histoire à couvrir, et par un nouveau médium. J'avais manqué la Grande Guerre de 1917 [1] et j'avais maudit ce que j'avais appelé ma malchance. Maintenant, à trente-cinq ans, j'étais plus mûr. Aucune personne de bon sens ne pouvait envisager d'être jeté dans une autre guerre mondiale. Ce serait une abomination. Mais j'étais peut-être tout de même trop pessimiste sur les chances de l'éviter. A New York, notre commentateur-vedette, Hans Kaltenborn, n'avait cessé d'assurer à nos auditeurs qu'il n'y aurait pas la guerre. Il m'avait dit :

« J'en suis si sûr, Bill, que j'envoie mon fils et sa jeune femme en Europe pour leur voyage de noces. »

Constantin Oumansky, l'ambassadeur soviétique à Washington, traversait aussi sur le *Queen Mary* et il était assez d'accord. J'avais appris à Washington qu'Oumansky était habile et fort intelligent, et nos conversations pendant le voyage me le confirmèrent. Il était aussi, comme la

1. La date de l'entrée en guerre des États-Unis *(N.d.T.)*.

plupart des diplomates soviétiques que j'avais connus en Europe, extrêmement cynique. Pourtant, du moins dans ses conversations avec moi, Oumansky paraissait optimiste sur les chances de paix. Si la Grande-Bretagne et la France pouvaient forger une alliance militaire avec la Russie, Hitler, pensait-il, aurait peur de déclencher une nouvelle guerre en Europe. Il pensait, notai-je dans mon carnet, que l'Union soviétique « s'alignerait avec la Grande-Bretagne et la France dans un front démocratique contre l'agression fasciste » (comment j'ai pu écrire « démocratique » sans point d'interrogation ou, au moins, d'exclamation, je ne m'en souviens plus). L'ambassadeur, il est vrai, y ajoutait toujours un « si ». « Si Paris et Londres, ajoutait-il, montrent qu'ils parlent sérieusement, et ne cherchent pas seulement à pousser la Russie à la guerre toute seule contre l'Allemagne. »

Pour ma part, je doutais, comme lui, j'en suis sûr, que Chamberlain et Daladier « parlaient sérieusement ».

A Londres, à la mi-juillet, lorsque l'« état-major européen » de Columbia (qui comportait en tout Ed Murrow, Tom Grandin à Paris et moi) se réunit avec Paul White pour préparer la couverture de la guerre, Murrow aussi était sûr que Chamberlain freinait les pourparlers de Moscou. Il en concluait que le Premier ministre recherchait un nouveau Munich.

Pour améliorer notre couverture de la « crise », nous avons engagé un correspondant de plus, soit quatre au total. Plus deux autres, engagés par CBS à Londres.

Malgré mon impression que la guerre était à peu près inévitable, mon moral connut des hauts et des bas pendant ce dernier été, comme Ed Murrow et presque tout le monde. Mon carnet rectifie un souvenir erroné, l'idée qui me fut chère pendant des années, que, contrairement à tant d'autres, je *savais* que la guerre éclaterait quand la moisson serait rentrée en Europe. C'était sans doute parce que, pour la plupart, nous nous cramponnions désespérément à des riens.

Le 16 juillet, dans une émission de Genève une semaine après mon retour, je dis que la tension sur le continent européen semblait avoir baissé depuis que j'étais parti, trois semaines plus tôt. Une semaine après, je commençais une nouvelle émission de Genève en ces termes :

> Les jours de cet été fatidique s'écoulent l'un après l'autre, et les cinq cents millions d'habitants de cette partie du monde continuent d'espérer – chaque jour – que l'inévitable épreuve de force en fera finalement un été de paix.

Je continuais de partager leur espérance. Entre autres raisons, je suppose, parce que j'avais retrouvé une famille et que je savourais égoïstement chaque minute de notre nouvelle vie commune dans la vieille cité suisse.

Et je concluais mon carnet à la date du 3 août :

« D'un point de vue personnel, ce serait agréable qu'il n'y ait pas la guerre. Mais je dois aller à Dantzig la semaine prochaine pour voir. »

Je m'arrêtai à Berlin en y allant. Je n'y avais pas été depuis le discours de Hitler au Reichstag trois mois plus tôt. Je fus frappé de trouver les Allemands tellement isolés du reste de l'univers. Alors que le monde entier avait peur que l'Allemagne n'attaque la Pologne à propos de Dantzig, dans le monde aliéné créé en Allemagne par la presse et la radio nazies, on croyait exactement le contraire. Après trois mois passés ailleurs dans des endroits plus normaux, je trouvais les titres des journaux presque incroyables. Dans le train qui m'amenait de Suisse, j'avais acheté un exemplaire de *Der Führer*, le quotidien nazi de Karlsruhe. Ses titres de « Une » étaient :

> *Varsovie menace de bombarder Dantzig!*
> *Incroyable déchaînement de la folie furieuse polonaise.*

A la gare de Berlin, j'achetai la *Berliner Börsen Zeitung*, organe des milieux financiers, d'ordinaire un peu moins hystérique que la presse du parti. Sa manchette clamait :

> *La Pologne contre la paix et le droit en Europe.*

En quittant Berlin ce soir-là pour Dantzig, je notai dans mon carnet, constatant que la presse et la radio en faisaient la pomme de discorde avec le Pologne :

« Les Allemands vont-ils encore garder secrètes leurs véritables intentions? Le moindre idiot sait qu'ils se moquent éperdument de Dantzig. Ce n'est qu'un prétexte. »

Ce que voulait Hitler, c'était humilier la Pologne et la détruire, comme la Tchécoslovaquie l'année d'avant, et ressusciter le vieux *Drang nach Osten* (la poussée, la ruée vers l'Est) des Hohenzollern.

Mes nerfs, quelques jours après mon retour en Allemagne nazie, étaient plus tendus que je ne m'en rendais compte. Ils me montraient les Allemands encore moins aimables qu'ils ne l'étaient. Je ne me rappelle plus ce qui me poussa ce soir-là à conclure mes notes dans mon carnet par cette pointe :

> Je suis frappé par la laideur des Allemandes dans les rues, les restaurants et les cafés. En tant que race, ce sont certainement les moins séduisantes d'Europe. Elles n'ont pas de chevilles. Elles ne savent pas marcher. Elles s'habillent plus mal que les Anglaises de naguère. Je pars pour Dantzig ce soir.

Des observations de ce genre me soulageaient-elles de la menace de la guerre? Remarquer les chevilles informes des Allemandes?

Quand j'arrivai à Dantzig pour le week-end du 11 août, je n'eus pas du tout l'impression qu'une nouvelle guerre européenne allait y éclater. Certes, la ville avait été rapidement militarisée et fortifiée par des unités de l'armée régulière allemande, dont les officiers et les soldats ne prenaient guère la peine de se dissimuler, eux ou leurs activités. Des voitures et des camions militaires allemands (avec des immatriculations de Dantzig) fonçaient dans les rues. Mon hôtel, le Dantziger Hof, étaient plein d'officiers de la Wehrmacht. Les routes venant de Pologne étaient coupées de fossés antichars et de barricades de bois. Et il suffisait d'un coup d'œil alentour pour constater que les Allemands avaient amené un important armement : mitrailleuses, canons antichars et antiaériens, artillerie légère.

Pourtant, les habitants ne croyaient pas qu'on en arriverait à la guerre. Totalement nazifiés, et avec la foi aveugle des nazis en Adolf Hitler, ils étaient sûrs qu'il leur amènerait leur retour dans le Reich sans guerre. Les Alliés avaient fait de Dantzig une ville libre sous le contrôle de la Société des Nations, mais économiquement sous l'égide de la Pologne, dont elle était le principal port. Les habitants, je m'en aperçus, voulaient garder leurs relations commerciales avec la Pologne. Ils voulaient que leur ville retourne à l'Allemagne. Mais ils n'étaient pas du tout aussi pressés que le prétendait Hitler.

L'été tirait à sa fin, le temps était chaud, étouffant, et les nombreux cafés de Dantzig, les brasseries, les terrasses dans la verdure étaient remplis d'Allemands tout contents, malgré ce qu'on racontait sur l'imminence de la guerre. Leurs visages ne montraient guère trace d'inquiétude. Zoppot, la plus grande plage de la Baltique, sur le territoire de Dantzig, était pleine de baigneurs et, le soir, les estivants se pressaient au casino. On avait peine à imaginer ces gens partant à la guerre ou servant de prétexte à une guerre. Je notai dans mon carnet au bout de deux jours :

« J'ai de plus en plus l'impression que Dantzig n'est pas le problème et que je perds mon temps ici. Le problème, c'est l'indépendance de la Pologne. Il faut que je pousse jusqu'à Varsovie. »

« L'un dans l'autre, concluai-je le 20 août après une semaine dans la capitale polonaise, les Polonais sont calmes et confiants. »

Mais les Tchèques aussi l'étaient l'année d'avant, jusqu'à ce que Chamberlain les vende. A Varsovie, les Polonais ne croyaient pas que le Premier ministre britannique voudrait – ou pourrait – leur en faire autant. Je dois dire que je les admirais pour leur sang-froid et leur confiance en eux.

Mais j'étais stupéfait de leur aveuglement face à la réalité. Je les interrogeais, dans l'armée, au ministère des Affaires étrangères, à l'Université, dans les affaires, aux sièges des syndicats, sur le refus de leur gouvernement d'accepter, malgré les pressions évidentes de la France et de la Grande-Bretagne, l'entrée de l'Union soviétique dans une grande alliance militaire pour sauver la Pologne d'une agression allemande. C'était le seul moyen, leur disais-je, citant Churchill et Llyod George, de forger un front de l'est qui pourrait contenir les Allemands pendant que la France et la Grande-Bretagne les attaqueraient à l'ouest. Mais les Polonais ne voulaient rien entendre. Ils ne voulaient rien avoir à faire avec Moscou, pour quoi que ce soit.

Les Russes menaçaient Chamberlain de rompre les négociations de Moscou avec les Alliés sur un traité d'assistance mutuelle, si des conversations ne s'engageaient pas immédiatement en vue d'un accord militaire pour l'appuyer. Les Français, eux, pensaient qu'un tel accord serait un désastre. Ainsi harcelé, Chamberlain, non sans réticence, avait accepté, le 23 juillet, la proposition soviétique de conversations d'états-majors entre les trois pays, mais tout en le gardant secret jusqu'au 31 juillet. Avant d'accepter de s'engager politiquement par un pacte pour arrêter Hitler, Molotov n'avait cessé de demander de quelle importance exacte serait l'aide militaire des Occidentaux sur laquelle les Russes pourraient compter. Cette demande paraissait raisonnable aux Français, comme à des hommes tels que Churchill et Llyod George, mais elle déplaisait à Chamberlain. Comme le montrent clairement les documents confidentiels du gouvernement britannique, sa stratégie consistait à faire traîner les conversations de Moscou jusqu'à ce qu'il soit trop tard, l'automne arrivant, pour que Hitler attaque la Pologne.

La mission militaire britannique désignée pour négocier à Moscou avait du moins plus de prestige que l'équipe d'hommes politiques désignée auparavant par Chamberlain. Elle comprenait l'amiral sir Reginald Plunkett-Ernle-Erle Drax, l'Air-Marshal sir Charles Burnett et le Major-General Heywood. Non pas la crème des « grands » des forces armées britanniques, mais des hommes de haut niveau, indiscutablement. Les Russes, comme gage de leur sérieux, avaient désigné leurs plus « grands » : le maréchal Klement E. Vorochilov, commissaire à la Défense, le général Boris M. Chapochnikov, chef d'état-major général de l'Armée rouge, et les commandants en chef de la Marine et de l'armée de l'air. On sait maintenant, d'après les instructions du Premier ministre, que ses négociateurs militaires avaient été exhortés à se hâter... lentement. Ils devaient faire durer les conversations, selon l'ambassadeur de Grande-Bretagne à Moscou, sir William Seeds, « assez pour passer les quelques mois dangereux ». Non seulement on leur avait dit d'être lents, mais Chamberlain les avait envoyés en Russie sur un bateau bien lent. En avion, ils auraient été là-bas en une journée. Mais ils partirent sur un cargo mixte qui mit cinq jours. Au moment où ils arrivèrent à Moscou, le 11 août, il était certainement trop tard.

Adolf Hitler les avait coiffés.

Le lendemain, 12 août, Hitler, recevant Ciano, le ministre des Affaires étrangères italien, lui apprit qu'il en finirait avec la Pologne, « d'une façon ou d'une autre, avant la fin d'août ». A cause des pluies d'automne, expliqua-t-il, qui rendraient ses divisions blindées et motorisées inutilisables dans un pays où les routes empierrées étaient rares, il ne pouvait pas attendre davantage.

Vers la fin de leur rencontre, on apporta un télégramme du Führer. Il se trouva qu'il s'agissait d'un message du ministère des Affaires étrangères, de Berlin, informant le Führer d'une visite du chargé d'affaires soviétique, la veille. Molotov, avait-il annoncé aux Allemands, étaient maintenant prêt à parler avec eux, « même de la Pologne », et il proposait Moscou pour siège de ces pourparlers. Il n'y avait qu'une condition : les conversations devraient se poursuivre « par étapes ».

Mais Hitler ne pouvait pas attendre. Il avait fixé la date pour attaquer la Pologne : le 1er septembre, « au plus tard ». Les négociations des Anglo-Français à Moscou avaient l'air maintenant d'être sérieusement engagées après l'arrivée des délégations militaires alliées. S'il voulait les saboter et arracher lui-même un accord à Staline, il fallait le faire tout de suite.

Le lundi 14, le jour où j'arrivais à Varsovie, venant de Dantzig, fut une journée cruciale pour toutes les parties en cause : les Alliés occidentaux, les Allemands et les Russes. A Moscou, le maréchal Vorochilov avait posé des questions aux Britanniques et aux Français. Quelle serait exactement la contribution de chacun des deux pays contre l'Allemagne si celle-ci attaquait la Pologne? Combien de divisions les Français déploiraient-ils sur le front de l'Ouest? Combien de divisions britanniques y aurait-il pour les renforcer? Que ferait la Belgique? Pour sa part, l'Union soviétique, dit-il, serait prête à déployer cent vingt divisions dès l'ouverture des hostilités. Vorochilov insistait pour obtenir une réponse à une autre question pressante : la Pologne permettrait-elle aux troupes soviétiques de pénétrer sur son territoire pour aller à la rencontre des Allemands?

C'était la question majeure. L'ambassadeur Seeds essaya de le souligner auprès de son gouvernement. Il télégraphia à Londres :

« Les Russes ont maintenant soulevé le problème fondamental. »

Mais les instructions de son gouvernement étaient de l'éluder et, si les Russes insistaient, de répondre qu'il leur fallait « en référer à Londres ». Ce que firent les Britanniques, bien qu'à la fin de la séance Vorochilov les eût avertis que « faute d'une réponse exacte et sans équivoque [...], la poursuite des conversations militaires deviendrait sans objet ».

Le temps passait vite pour les négociateurs alliés et ils ne paraissaient pas s'en apercevoir. Mais Vorochilov, si. Il était proche de Staline et le dictateur soviétique commençait à prêter l'oreille à des signaux étonnants et inattendus en provenance de Berlin. Le 14 août, ils devinrent urgents et séduisants, tout le contraire de l'exaspérante temporisation des Alliés. C'est ce jour-là que Hitler joua son va-tout.

Dans la soirée, il envoya l'ambassadeur Schulenburg, à Moscou, chez Molotov pour lui lire une interminable communication proposant que Ribbentrop en personne vienne faire une courte visite à Moscou « pour présenter le point de vue du Führer à Staline ». L'Allemagne, ajoutait-il, était prête à mettre au point avec l'Union soviétique un accord sur « toutes les questions territoriales en Europe de l'Est. Il n'y a pas de question entre la Baltique et la mer Noire qui ne puisse être réglée à l'entière satisfaction des deux pays ».

Pour s'assurer que Staline comprenait exactement ce que Hitler avait en tête, le télégramme soulignait qu'il pensait en particulier à la Pologne et aux États baltes. Le dictateur soviétique aurait eu du mal à ne pas comprendre. Ce que Hitler proposait sans préavis n'était rien moins que le partage de l'Europe de l'Est, y compris la Pologne, avec l'Union soviétique. C'était un sérieux appât, et les Alliés, Hitler le savait, n'avaient rien à offrir d'équivalent. Si grande qu'eût été l'hostilité entre les deux dictatures d'idéologies opposées, le dictateur nazi était apparemment certain que son homologue à Moscou ne le repousserait pas. Le même jour, le 14 août, il convoqua encore ses chefs militaires pour leur dire qu'il était certain que la Grande-Bretagne et la France n'entreraient pas en guerre. La Pologne serait donc probablement l'unique adversaire. Elle serait occupée en une quinzaine de jours. Les généraux n'avaient plus à s'inquiéter de la Russie. Il était en contact avec Moscou. Les bolcheviques ne tenaient pas du tout à sauver la Pologne.

Lorsque, le 15 août, l'ambassadeur Schulenburg lut à Molotov un télégramme urgent de Ribbentrop proposant que le ministre des Affaires étrangères du Reich vienne à Moscou pour mettre au point rapidement les relations germano-soviétiques, le Premier ministre soviétique fut vivement intéressé. L'ambassadeur fit même savoir à Berlin impatient que Molotov avait demandé si le gouvernement allemand serait intéressé par un pacte de non-agression entre les deux pays.

C'est donc l'Union soviétique, et non pas l'Allemagne, qui fut la première à suggérer un tel pacte, et au moment même où il négociait une alliance militaire contre le Reich. Hitler n'avait pas encore osé aller si loin. Mais il était enchanté. Un pacte de non-agression tiendrait la Russie en dehors du conflit, inquiéterait la Grande-Bretagne et la France et les maintiendrait ainsi à l'écart, lui permettant, à lui, de prendre la Pologne pour lui tout seul.

Mais il y avait un hic. Molotov avait souligné que les conversations avec Ribbentrop à Moscou exigeraient une « préparation adéquate ». Cela prendrait du temps. Août tirant à sa fin, il restait justement de moins en moins de temps à Hitler s'il voulait attaquer la Pologne avant la fin du mois. Le lendemain, le 16, un autre télégramme urgent partit pour Moscou. Hitler, disait le message, était d'accord pour un pacte de non-agression. Mais le temps pressait à cause des « provocations polonaises » qui s'aggravaient. C'est pourquoi les Allemands insistaient pour que Ribbentrop soit reçu à Moscou « à n'importe quel moment à partir du 18 août (dans trois jours) avec les pleins pouvoirs au nom du Führer, pour traiter de l'ensemble des relations germano-soviétiques et, si l'occasion s'en présentait, pour signer les traités qui conviennent ».

Dans sa retraite alpestre de l'Obersalzberg, Hitler attendait la réponse de Moscou avec une impatience fiévreuse. Elle arriva le 17. Elle était décevante, décourageante. Molotov, qui sentait l'impatience allemande, commençait à jouer au chat et à la souris avec Hitler. Cette fois, il faisait une réponse écrite aux propositions allemandes. Pour que l'Union soviétique et l'Allemagne arrivent à un accord, après des années d'hostilités, il fallait que ce soit « par étapes sérieuses et concrètes ». La première de ces étapes serait la conclusion d'un accord de commerce et de crédit. Après quoi, on discuterait d'un pacte de non-agression. Cette fois encore, Hitler ne pouvait pas attendre jusque-là. Un nouveau télégramme urgent partit pour Moscou le 18. Il fallait des « résultats rapides ». Un conflit avec la Pologne risquait d'éclater incessamment. Il n'y avait plus de temps à perdre. Ribbentrop proposait de « partir pour Moscou immédiatement ». Il arriverait, disait-il, « avec les pleins pouvoirs du Führer », autorisé à régler définitivement l'ensemble de tous les problèmes, y compris, ajoutait-il, la signature d'un protocole spécial, comme le demandaient les Russes, définissant leurs « sphéres d'intérêt ». L'ambassadeur d'Allemagne avait pour instruction de ne plus accepter, aucun autre « non » de la part des Russes.

Le 19 août fut le jour décisif. La tension à Berlin et à Berchtesgaden était grande. On attendait encore la réponse de Moscou pour envoyer aux vingt et un sous-marins et aux deux cuirassés de poche l'ordre de partir pour les eaux territoriales britanniques. Il faudrait que cette flotte de guerre appareille sur-le-champ pour arriver sur les positions qui lui étaient assignées par le travers des routes commerciales britanniques avant la date fixée par Hitler pour le commencement des hostilités, le 1er septembre, dans treize jours seulement. Les deux grands groupes d'armées désignés pour l'offensive contre la Pologne devraient commencer leur mise en place compliquée immédiatement.

Enfin, à 19 h 10, un télégramme urgent de Schulenburg arriva. Le gouvernement soviétique était d'accord pour que Ribbentrop vienne à Moscou le 26 ou le 27 août. Hitler fut soulagé que Moscou soit finalement d'accord pour recevoir son ministre des Affaires étrangères. Mais la date était trop lointaine. Elle ne lui donnait pas le temps de lancer son offensive contre la Pologne le 1er septembre. Ravalant son amour-propre, Hitler intervint cette fois personnellement pour prier le dictateur soviétique de recevoir son ministre des Affaires étrangères immédiatement. Son premier télégramme, expédié à Moscou le soir du 20 août, pressait Staline de recevoir Ribbentrop « le mardi 22 août ou, au plus tard, le mercredi 23 août ». Il avait donné à son ministre des Affaires étrangères, précisait-il, « les pleins pouvoirs pour mettre au point et signer le pacte de non-agression ainsi que le protocole [...]. « Je serais heureux, concluait-il, de recevoir votre réponse au plus tôt. »

Des membres de l'entourage devaient dire plus tard que, pendant les vingt-quatre heures qui suivirent, ils avaient craint que Hitler ne souffre d'une dépression nerveuse. Il paraissait près de craquer. Il ne dormait plus. Au milieu de la nuit, il téléphona à Goering, à Berlin, pour se plaindre du retard de Moscou. Il ne se sentit pas mieux lorsqu'on vint lui lire, au petit matin, un télégramme reçu le 21 à trois heures. L'ambassadeur Schulenburg, qui avait connu par téléphone le télégramme de Hitler à Staline, signalait qu'il n'avait pas encore été reçu. A 10 h 15 du matin, le lundi 21 août, le Führer fit envoyer, par un Ribbentrop angoissé, un nouveau télégramme à l'ambassadeur à Moscou :

« Prière de faire le maximum pour que le voyage se réalise. »

Mais la journée passa sans réponse. Enfin, le soir, à 22 h 30, la réponse de Staline arriva par télégramme à Hitler, à Berchtesgaden :

> Au chancelier du Reich allemand A. Hitler
>
> Je vous remercie pour votre lettre. J'espère que le pacte de non-agression germano-soviétique amènera un tournant décisif et une amélioration des relations politiques entre nos pays [...]. [Il] constitue le fondement [...] de l'organisation de la paix et de la collaboration entre nos pays.
>
> Le gouvernement soviétique m'a chargé de vous informer qu'il approuve l'arrivée de Herr von Ribbentrop à Moscou le 23 août.
>
> J. STALINE.

Hitler ne perdit pas de temps pour publier la nouvelle. Une demi-heure à peine après la réception du message de Staline, un programme musical sur la radio allemande fut brusquement interrompu et une voix émue intervint pour annoncer :

« Le gouvernement du Reich et le gouvernement soviétique sont d'accord pour conclure un pacte de non-agression entre eux. Le ministre des Affaires étrangère du Reich arrivera à Moscou le mercredi 23 août pour la conclusion des négociations. »

Je n'entendis pas cette émission : je rentrais à Berlin ce matin-là. Le soir, j'étais allé au bureau du *New York Herald Tribune* pour faire le point, avec Joe Barnes, sur ce qui s'était passé pendant mes dix jours d'absence en Pologne. J'avais quitté le bureau à onze heures moins cinq et j'étais retourné à l'hôtel Adlon pour y chercher quelques notes. J'étais sur le point de repartir pour la Maison de la Radio lorsque Ed Murrow m'appela de Londres pour m'annoncer l'événement. J'eus du mal à le croire. On n'avait pas eu le moindre indice laissant prévoir un accord aussi étonnant. Ed était aussi sidéré que moi. Selon lui, l'événement risquait de renverser Chamberlain.

Je me précipitai à la Maison de la Radio, en essayant d'imaginer ce qui devait s'être passé pour que les deux dictatures, jusqu'alors ennemies mortelles, se mettent ainsi d'accord après s'être combattues en Espagne et sur tous les fronts de la propagande. En chemin, je me demandais jusqu'où j'allais pouvoir aller au micro. Je n'avais pas besoin de me faire de souci. On avait reçu des ordres formels, « du sommet », me dit-on. Je n'aurais pas le droit d'émettre. Même les commentateurs nazis ne prendraient pas l'antenne cette nuit-là. Manifestement, Hitler et Goebbels n'avaient pas encore eu le temps de mettre au point leur présentation de ce démenti brutal à tout ce qu'ils disaient depuis une douzaine d'années. En attendant, ils n'allaient pas permettre à des journalistes de radio étrangers comme moi de patauger dans leur mare.

Le lendemain, la presse allemande valait le spectacle. *L'Angriff* de Goebbels, le plus farouchement anticommuniste de tous les journaux, écrivait à la « une » :

« Le monde est placé devant un fait capital : deux peuples retrouvent la base de leur politique étrangère commune qui, pendant une longue et traditionnelle amitié, avait constitué les fondements d'une compréhension mutuelle [...].

Ainsi, ce serait donc la version officielle. Ribbentrop l'avait formulée dans son télégramme du 14 août à Schulenburg, qu'il lui demandait de lire « textuellement » à Molotov :

« Il n'existe pas de véritables conflits d'intérêts entre l'Allemagne et la Russie. Tout s'est bien passé pour les deux pays quand ils étaient amis et mal quand ils étaient ennemis. »

Le lendemain de l'annonce, Hitler, certain maintenant d'avoir fait sortir l'Union soviétique du camp allié, convoqua de nouveau ses commandants en chef pour leur faire un ultime point avant qu'ils ne se lancent à l'assaut de la Pologne : Staline avait rendu l'agression possible.

Le monologue de Hitler est à peine croyable, même de sa part, mais ses propos ont été notés alors par un amiral et par le général Halder :

> Essentiellement, tout dépend de moi, de mon existence, à cause de mes talents politiques. Qui plus est, à cause du fait que, probablement,

> personne n'aura jamais la confiance de tout le peuple allemand comme moi. Il n'y aura probablement jamais à l'avenir un homme ayant plus d'autorité que moi. Mon existence est donc un facteur de grande importance [...]. Nul ne sait combien de temps je vivrai. Il vaut donc mieux que l'épreuve de force ait lieu maintenant.

L'attaque de la Pologne, dit-il à ses chefs militaires, commencerait probablement le 26 août, six jours plus tôt que prévu. A moins que Chamberlain ne lui sorte un nouveau Munich : « J'ai seulement peur, dit-il, qu'un *Schweinehund* (un salopard) quelconque ne fasse une proposition de médiation. »

En conclusion, Hitler expliqua à ses généraux comment il faudrait mener la campagne de Pologne. Aux yeux des officiers prussiens plus civilisés, plus vieux jeu, il dut passer pour un Attila. Les notes prises à la volée par certains participants restituent le climat de la réunion :

> La plus ferme des volontés d'acier de notre part. Rien ne doit nous faire hésiter [...]. Une question de vie ou de mort [...]. La destruction de la Pologne a la priorité [...]. Un résultat rapide, compte tenu de la saison.

Comment allait-il justifier son agression aux yeux de son propre peuple et du monde?

> Je donnerai un motif de propagande pour commencer la guerre. Peu importe qu'il soit plausible ou non. On ne demandera pas ensuite au vainqueur s'il a dit la vérité ou non. Quand on commence une guerre et qu'on la fait, ce qui compte, ce n'est pas le droit, c'est la victoire.

Enfin, une dernière exhortation :

> Fermez vos cœurs à la pitié! Soyez brutaux! Quatre-vingts millions d'êtres doivent obtenir ce qui est leur droit [...]. Soyez durs et sans remords! Soyez d'acier contre toute trace de compassion! [...]. Quiconque a réfléchi à l'ordre de ce monde sait que sa signification réside dans le succès des meilleurs par la force [...].

Adolf Hitler n'avait jamais exprimé plus clairement sa conception de la vie.

Le mercredi 23 août, il fit une chaleur étouffante à Berlin. Tout le monde semblait sur les nerfs. Des convois de troupes continuaient de traverser la capitale. Et il courait les rumeurs habituelles. Un ami allemand du ministère de la Guerre me donna un tuyau : Hitler allait peut-être envahir la Pologne le lendemain. Une autre de mes relations au ministère des Affaires étrangère était certain que non. Le pacte de non-agression soviéto-nazi, me dit-il, serait probablement signé le soir même à Moscou. La Grande-Bretagne et la France auraient peur d'honorer leurs engagements envers la Pologne. Les Polonais eux-mêmes, disait-il, verraient alors clair et restitueraient Dantzig à l'Allemagne. Toutes les chances étaient contre la guerre, il tenait à me le faire savoir. Je ne savais pas ce qui me déprimait le plus : la perspective de voir la France et la Grande-Bretagne trahir encore un pays que Hitler voulait dévaster, ou la perspective de la guerre, qui pourrait détruire ce qui restait de la civilisation occidentale, massacrant des millions d'humains et anéantissant leurs villes.

Il devait être près de 2 heures du matin lorsque nous arrivâmes à la Taverne, Joe Barnes et moi. Joe était le plus intellectuel de nous tous. Ancien étudiant de Harvard, où il avait appris le chinois et le russe, il avait vécu un temps en Chine et en Russie. Ensuite, il avait appris le français et un peu d'allemand. Il avait été correspondant du *New York Herald Tribune* à Moscou avant d'être muté à Berlin.

Nous avions attendu ensemble toute la soirée des tuyaux sur la signature du traité soviéto-nazi à Moscou. L'annonce de sa signature, le lundi soir, avait anéanti Joe. Certes, il m'avait souvent dit qu'au Kremlin on se méfiait de Chamberlain, qu'on pensait qu'il allait chercher à pousser l'Allemagne à attaquer la Pologne. Il n'imaginait pas Staline, l'ennemi juré du fascisme, traitant avec Hitler.

Peu après 2 heures, nous avons connu les termes de l'accord. Ils me portèrent encore un coup, comme à Barnes et aux autres correspondants anglo-américains rassemblés à la Taverne. Les clauses publiées contenaient l'engagement des deux pays de ne pas s'attaquer l'un l'autre; dans le cas où l'un des deux serait attaqué par une tierce puissance, l'autre partie n'apporterait en aucune circonstance son aide à cette tierce puissance. Et l'Allemagne et la Russie « ne participeraient à aucun ensemble de puissances dirigé, directement ou indirectement, contre l'autre partie ».

Ainsi, manifestement, Hitler obtenait de Staline ce dont il avait immédiatement besoin : l'engagement de l'Union soviétique de ne pas suivre la France et la Grande-Bretagne si elles honoraient leurs obligations envers la Pologne au cas où celle-ci serait attaquée.

Nous n'avons pas connu avant la fin de la guerre le prix que Hitler avait payé ce feu vert pour attaquer la Pologne. Aux termes d'un « protocole secret », les deux dictateurs s'étaient littéralement partagé l'Europe de l'Est. Sur la Baltique, la frontière nord de la Lituanie était la ligne de partage. Au nord, c'était la « sphère d'intérêt » de la Russie. Au sud, celle de l'Allemagne. Quant à la Pologne – et c'était la partie la plus importante de l'accord secret pour Hitler – la ligne de partage, « dans le cas d'une transformation territoriale et politique des territoires de l'État polonais », suivrait la Narew, la Vistule et la San. A l'ouest, c'était la « sphère d'influence » de l'Allemagne, à l'est de celle de la Russie. Le protocole secret se terminait par un paragraphe sinistre :

> La question de savoir si l'intérêt des deux parties fait apparaître souhaitable le maintien d'un État polonais indépendant, et comment les frontières de cet État seront définies, ne pourra être résolue qu'en fonction des événements politiques ultérieurs. Dans tous les cas, les deux gouvernements résoudront la question par une entente amicale.

« Ce protocole secret, concluait le document, sera traité par les deux parties comme strictement secret. »

Et il le fut.

En traversant le Tiergarten pour rentrer chez nous, Joe Barnes et moi, comme l'aube se levait sur la fin de cette nuit du 23 août, nous avions le sentiment que la guerre était devenue inévitable.

Mais pas CBS à New York. Depuis deux ou trois semaines, Paul White nous harcelait, Murrow et moi, pour que nous mettions sur pied un programme qu'il appelait « Danses de l'Europe ». Nous devrions diffuser, depuis des cabarets de Londres, de Paris et de Hambourg, des soirées de variétés et de musique de danse. J'avais été contre cette idée dès l'origine, comme Ed, mais White s'était obstiné et j'avais mis au point un programme dans un établissement de Saint-Pauli, le quartier des boîtes de nuit de Hambourg, d'où j'allais émettre pendant le dernier week-end d'août. Donner aux auditeurs américains l'impression que l'Europe dansait tout en glissant rapidement vers la guerre était une tromperie grave et, le 25 août, j'appelai Murrow pour lui demander encore une fois d'insister pour que New York renonce à ce programme. Mais Paul White exigea que nous le réalisions. Apparemment, il pensait que nous étions, Ed et moi, beaucoup trop pessimistes sur les chances de paix.

La veille, le 24 août, je notais sur mon carnet à 19 heures :

> Sans doute la guerre ce soir. De l'autre côté de la rue, devant ma fenêtre (de l'Adlon), ils installent un canon antiaérien sur le toit de l'I.G. Farben [...]. Les bombardiers allemands ont survolé la ville toute la journée.

L'ambassadeur de Grande-Bretagne, sir Nevile Henderson, avait pris l'avion pour Berchtesgaden ce jour-là pour souligner à Hitler que la Grande-Bretagne, malgré le pacte germano-soviétique, serait fidèle à la garantie qu'elle avait donnée à la Pologne et Hitler, furieux, avait répondu que cela n'avait pas d'importance pour lui. Il avait cinquante ans, dit-il à l'ambassadeur; il préférait la guerre maintenant que quand il en aurait cinquante-cinq ou soixante. On disait, à la Wilhelmstrasse, que Hitler allait peut-être faire entrer ses troupes en Pologne à l'aube. Les correspondants britanniques qui restaient avaient été assez impressionnés par ces nouvelles pour gagner la frontière dès cette nuit-là.

On sait maintenant que, le soir du 23 août, Hitler, malgré ce que l'ambassadeur lui avait dit sur la Grande-Bretagne honorant ses engagements envers la Pologne, avança la date de son attaque, du 1er septembre au 26 août à 4 heures du matin. Emporté par la réussite de son coup avec les Russes, Hitler n'arrivait pas à croire que les Britanniques pensaient ce qu'ils disaient. Mais le lendemain, il allait revenir sur terre.

Toute la journée du 25, on sentit la tension monter à Berlin. Depuis le début de l'après-midi, toutes les communications avec le monde extérieur par radio, télégraphe et téléphone, étaient coupées. Les correspondants des journaux américains ne pouvaient plus envoyer leurs dépêches. On me dit que je ne pourrais pas émettre. J'essayai de téléphoner à Murrow à Londres, à White à New York. En vain. Tous les contacts coupés avec l'étranger confirmaient nos tuyaux selon lesquels l'armée allemande attaquerait le lendemain à l'aube, ce qui était en effet conforme aux ordres qu'elle avait reçus.

Peu après 18 heures, la tension commença à diminuer. Nous n'allions en connaître la raison que plus tard. L'après-midi, à Londres, les Britanniques et les Polonais avaient signé un traité d'assistance mutuelle, pour remplacer la garantie unilatérale donnée par Chamberlain en mars. La nouvelle de cette signature parvint à Hitler à Berlin vers 18 heures. Le Dr Schmidt lui traduisit rapidement les termes de l'accord. Sur quoi, nota Schmidt, le Führer s'assit à son bureau, l'air sombre. Quelques minutes plus tard, à peine, l'ambassadeur d'Italie apporta à la chancellerie une longue lettre de Mussolini. Le Duce informait le Führer que, si l'Allemagne attaquait la Pologne, l'Italie serait obligée de rester à l'écart malgré le pacte d'acier.

« Le Führer extrêmement secoué », nota le général Halder dans son carnet, à 19 h 30.

Tellement secoué, même, qu'il ordonna à son chef d'état-major de retarder l'invasion de la Pologne. A 20 h 35, les restrictions sur le téléphone étaient levées.

Il se trouva que je fus le premier journaliste à bénéficier de cette reprise des communications avec le monde extérieur. On m'avait bien dit que je n'aurais pas le droit d'émettre, mais j'allai à la Maison de la Radio comme d'habitude pour mon émission d'une heure du matin. Aucun des responsables ne dit quoi que ce soit, dans un sens ou dans l'autre, à propos de ma prise d'antenne. J'entrai dans le studio. Un technicien avait l'air de préparer mon émission. A une heure, il me fit signe d'y aller. A la fin de l'émission, Paul White, à ma grande surprise, me félicita : mes paroles étaient les premières que l'Amérique entendait de Berlin ce jour-là. Les communications étant coupées, les rumeurs les plus folles s'étaient succédé. Il me dit qu'ils étaient surpris, mais rassurés de m'entendre dire que tout était calme à Berlin et que la guerre n'avait pas encore éclaté.

Je notai dans mon carnet : « La radio a un rôle à jouer. »

Si la dépêche d'un journaliste n'était pas parvenue de Berlin, le public n'aurait pas su, avant de lire le journal du lendemain matin, que Hitler ne ferait pas la guerre à l'aube. Mais, grâce à la radio, nous avions informé le public aussitôt, à 20 heures, heure de New York. Nos bonnes gens avaient pu aller se coucher, assurés d'encore au moins vingt-quatre heures de paix en Europe. A Washington, notre gouvernement saurait qu'il avait encore un jour pour s'efforcer de dissuader Hitler de faire la guerre.

Pendant le week-end du 26 et du 27 août, il fit à Berlin une chaleur étouffante, qui rendait l'atmosphère tendue d'autant plus difficile à supporter. Berlin était plein de sinistres présages. Une grande cérémonie nazie était prévue pour le dimanche, à Tannenberg, théâtre de la grande victoire de Hindenburg sur les Russes en Prusse orientale, en 1914. Hitler devrait y prendre la parole. La cérémonie fut annulée le samedi, « en raison de la gravité de la situation », dit le communiqué officiel. Plus tard dans la soirée, Hitler annula lui-même le Congrès annuel du Parti à Nuremberg, pendant la première semaine de septembre, ce congrès qu'il avait lui-même baptisé « Congrès de la Paix ».

Compte tenu de ces événements, notre ambassade publia un avertissement conseillant à tous les Américains dont la présence n'était pas absolument indispensable, de quitter le pays immédiatement. La plupart des correspondants et des hommes d'affaires avaient déjà évacué leurs femmes et leurs enfants. Pour moi, Tess et Eileen étaient en sûreté à Genève. Juste avant que je ne passe à l'antenne, à 1 h 30 dans la nuit de samedi, l'agence d'information allemande m'annonça que l'alimentation, le savon, les chaussures, les textiles et le charbon seraient rationnés à partir du lundi 28 août. Le fait que l'agence officielle d'information allemande me téléphone la nouvelle – ce qu'elle n'avait jamais fait auparavant – juste avant mon émission vers l'Amérique, me donna à penser que le gouvernement tenait à prouver à l'opinion internationale qu'il ne bluffait pas. Je fus un peu surpris que les responsables de la Maison de la Radio s'opposent aux premières lignes de mon émission.

> Je ne sais pas, disais-je, si nous allons avoir la guerre ou non. Mais je peux vous dire qu'à Berlin ce soir on a le sentiment qu'il va y avoir la guerre si les exigences allemandes à l'égard de la Pologne ne sont pas satisfaites.

Le dimanche 27, dans l'après-midi, Hitler, s'adressant aux membres du Reichstag lors d'une réunion officieuse à la Chancellerie, « souligna la gravité de la situation », précisa un communiqué officiel. Malgré tous mes efforts, je n'arrivai pas à obtenir un compte rendu cohérent de ce que le dictateur avait dit.

J'allais le savoir beaucoup plus tard par le carnet laconique du général Halder :

> Conférence à la Chancellerie du Reich à 17 h 30 au Reichstag [...]. Situation très grave. Résolu à résoudre la question à l'est d'une façon ou d'une autre [...]. Si demandes minimum pas satisfaites, alors la guerre. Brutal! Il ira lui-même au front [...].

Le général Halder notait que le Führer avait été applaudi « aux bons endroits ». Il trouvait les applaudissements un peu « légers » :

> Impression personnelle sur le Führer : épuisé, voix rauque, soucieux. Se fait maintenant toujours entourer par ses conseillers SS.

La presse de Hitler avait elle aussi la voix rauque pendant cette dernière semaine de paix. Elle s'efforçait de susciter dans le peuple l'enthousiasme guerrier. Tous les mensonges les plus éculés étaient bons. Ainsi, le samedi 28 août, la *Börsen Zeitung* clamait :

> *Chaos total en Pologne. Les familles allemandes s'enfuient. Les soldats polonais se pressent à la frontière allemande.*

Le lendemain, l'édition du dimanche du propre journal de Hitler, le *Völkische Beobachter*, placardait en manchette :

> *Fièvre guerrière dans toute la Pologne! 1 500 000 hommes mobilisés! Transports de troupes ininterrompus vers la frontière! Chaos en haute Silésie!*

Aucune mention, bien entendu, du fait que les Allemands mobilisaient depuis quinze jours. Maintenant, en pleine hystérie guerrière, il était à peu près impossible de se raccrocher au moindre lambeau de réalité. J'avais moi-même l'impression de patauger dans un océan qui allait bientôt m'engloutir.

Il y eut alors tous les appels de la onzième heure pour la paix. Le

24 août, le président Roosevelt avait envoyé des télégrammes urgents à Hitler et au président de la République de Pologne pour les adjurer de régler leurs différends sans recourir aux armes. De Berlin, cet appel paraissait assez absurde, car le président polonais ne menaçait pas de faire la guerre : c'était le dictateur nazi et lui seul. Pourtant, le Polonais répondit. Hitler, non. Alors le président américain envoya un autre message urgent au Führer. Pas de réponse non plus. Le 24, le pape, dans une émission adressée au monde entier, avait lui aussi fait un appel à la paix, suppliant « par le sang du Christ, les forts de l'entendre pour ne pas devenir faibles par l'injustice ». Plus courageux publiquement que le président américain, le pape au moins montrait Hitler du doigt. Il y avait eu d'autres appels pathétiques pour la paix. Le 23 août, celui, très émouvant, du roi des Belges, au nom de la Belgique, des Pays-Bas, du Luxembourg, de la Finlande et des trois pays scandinaves.

Si nobles et pleins de bonnes intentions que fussent ces appels, ils avaient quelque chose d'irréel et de pitoyable. C'était comme si le président Roosevelt et le pape et les dirigeants des merveilleuses petites démocraties du nord vivaient sur une autre planète. Il leur était impossible de voir Adolf Hitler tel qu'il était vraiment, ni le peuple allemand comme le Führer l'avait formé en six années de frénésie. Même le président du Conseil français, Édouard Daladier, qui avait combattu quatre ans dans les tranchées, comme Hitler, ne comprenait pas son homologue de Berlin. Lui aussi adressa au Führer un appel à la paix qui était peut-être le plus éloquent :

> A moins que vous ne prêtiez au peuple français une conception de l'honneur national moins haute que celle que je reconnais moi-même au peuple allemand, vous ne pouvez pas douter que la France sera fidèle à ses promesses solennelles à d'autres pays comme la Pologne [...].
>
> Si le sang de la France et de l'Allemagne coule encore, comme il y a vingt-cinq ans, dans une guerre plus longue et encore plus meurtrière, chacun des deux peuples se battra plein de confiance en sa propre victoire, mais la victoire la plus certaine sera celle des forces de la destruction et de la barbarie.

Ce devait être le dernier contact diplomatique à Berlin entre l'Allemagne et la France. Certes, si la guerre éclatait, ce serait la France qui dresserait une armée de plus d'un million d'hommes à la frontière occidentale de Hitler ; et la Grande-Bretagne seulement deux divisions dérisoires. Mais Hitler ne paraissait plus s'intéresser qu'à la Grande-Bretagne. Comme il l'avait dit à Goering au soir du 25 août en retardant l'assaut contre la Pologne, il avait besoin de voir s'il pourrait « éliminer l'intervention britannique ». Le rusé dictateur nazi, dont l'instinct politique avait été si sûr, se cramponnait maintenant à cette illusion. Une note dans le carnet du général Halder, le samedi 26 août, traduit la pensée de Hitler.

Ce samedi-là, le Führer retrouva soudain son assurance et fixa une nouvelle date pour l'offensive contre la Pologne. Le chef d'état-major général allemand en prit note à 15 h 22 :

> Le Führer très calme et très lucide. Tout préparer pour le matin du septième jour de la mobilisation. L'attaque commence le 1er septembre.

Hitler téléphona l'ordre au Haut Commandement de l'armée. Il lui restait maintenant cinq jours pour essayer, par son bluff, de convaincre les Britanniques de ne pas intervenir. Le carnet du général Halder nous renseigne sur la stratégie du seigneur de la guerre nazi :

> Le bruit court que l'Angleterre est disposée à envisager une proposition générale [1].
>
> *Plan* : Nous demandons Dantzig, un couloir à travers le couloir, et un plébiscite sur les mêmes bases que pour la Sarre. L'Angleterre acceptera peut-être. La Pologne probablement pas. *Brouille entre les deux.*

C'était Halder lui-même qui avait souligné les derniers mots. Ils donnent la clé de l'état d'esprit de Hitler pendant ce week-end. Le dictateur allait essayer de brouiller la Pologne et la Grande-Bretagne et de donner une excuse à Chamberlain pour lâcher la Pologne comme il avait lâché la Tchécoslovaquie.

Le lundi 28 août, j'eus une longue conversation au téléphone avec Ed Murrow à Londres. Son point de vue avait brusquement changé. Il pensait que l'ambassadeur Henderson, qui revenait à Berlin, de Londres, plus tard dans l'après-midi, apporterait à Hitler une réponse « qui allait le secouer ». Ce qui, pour moi, était une bonne nouvelle.

Henderson arriva à 20 h 30, et, après avoir dîné à l'ambassade, fit la centaine de mètres dans la Wilhelmstrasse qui la séparait de la Chancellerie. Il avait son air jovial habituel en descendant de sa voiture et passa devant la garde d'honneur de SS qui lui présenta les armes en battant du tambour. Les rites protocolaires, je le constatais, étaient respectés jusqu'à la fin. La réponse britannique était ferme. L'offre de Hitler de « garantie » de l'Empire britannique était courtoisement déclinée.

Le gouvernement britannique « ne pouvait pas, quels que soient les avantages offerts à la Grande-Bretagne, accepter un règlement qui mettrait en danger l'indépendance d'un État auquel il a donné sa

1. Il y a là une référence à une proposition ridicule que Hitler avait faite à l'Angleterre, le 25 août, de « garantir l'Empire britannique ».

garantie ». La garantie à la Pologne serait honorée. Mais la Grande-Bretagne espérait toujours un règlement pacifique. Elle suggérait à Hitler une façon de s'en sortir. Le gouvernement de Londres avait reçu « l'assurance précise » que le gouvernement de Varsovie était prêt à engager des négociations directes avec Berlin. La Grande-Bretagne demandait maintenant à l'Allemagne « d'accepter cette solution ».

« Un règlement équitable entre l'Allemagne et la Pologne, concluait la note britannique, peut ouvrir la voix à la paix mondiale. »

Ni les correspondants américains ni le gouvernement britannique ne se rendaient compte que ces conversations – et en fait toutes les négociations de la onzième heure pour sauver la paix – étaient maintenant dépassées. Nous ne savions pas que Hitler avait fixé la date de l'assaut de son armée contre la Pologne au 1er septembre, dans quatre jours. Le « règlement équitable » que Chamberlain recherchait encore n'était plus possible.

Malgré ce que les Britanniques avaient dit à Hitler sur leur décision d'honorer leurs engagements envers la Pologne, le Führer fit une dernière tentative pour tenir la Grande-Bretagne à l'écart du conflit. S'il ne pouvait pas convaincre Chamberlain de laisser tomber la Pologne, il allait essayer de l'y amener par la ruse.

C'est au début de la soirée du mardi 29 août que se situe un entretien orageux à la chancellerie entre Hitler et Henderson. L'ambassadeur, qui venait chercher la réponse écrite de l'Allemagne à la note britannique de la veille, trouva le dictateur nazi d'une humeur exécrable. L'Allemagne, lui dit Hitler, ne pouvait plus tolérer ces « actes barbares » des Polonais contre les Allemands, « qui sont une offense au ciel ». Pour mettre fin à ces horreurs, poursuivit-il, « ce ne sont plus des jours qui restent [...] mais peut-être seulement des heures ». Dans sa réponse écrite, Hitler augmentait encore ses exigences envers la Pologne. Celle-ci devait rendre non seulement Dantzig, mais le couloir, et accepter de « protéger » les Allemands de Pologne.

Et il tendait son piège.

« Uniquement » pour plaire au gouvernement britannique, Hitler acceptait d'ouvrir des négociations directes avec les Polonais. Mais il fallait qu'un envoyé polonais arrive à Berlin le lendemain, muni des pleins pouvoirs pour mener ces négociations jusqu'à leur conclusion.

« On dirait un ultimatum », observa Henderson.

Il se souvenait sans doute de la façon brutale dont Hitler avait traité le chancelier autrichien Schuschnigg et le président tchèque Hacha avant que leurs pays ne soient annexés. Il y eut alors un échange de cris, devait dire plus tard l'ambassadeur, au cours duquel Henderson affirma avoir, « en forçant sa voix », crié plus fort que Hitler.

Le diplomate britannique ouvrait enfin les yeux.

Pas tout à fait, cependant. Il ne semble pas qu'il ait compris l'étendue du piège de Hitler avant le lendemain quand un nouveau piège fut tendu.

Manifestement – bien que ce ne fût pas manifeste pour Henderson – le gouvernement polonais n'aurait pas pu faire arriver un envoyé à Berlin dans un délai aussi court. C'était déjà la fin de la soirée lorsque Henderson envoya le texte de la note à Londres et informa officieusement l'ambassadeur de Pologne à Berlin de son contenu. Henderson le pressa d'obtenir de son gouvernement qu'il nomme un plénipotentiaire « sans délai ». A Londres, on gardait la tête plus froide. Halifax télégraphia à Henderson, à 2 heures du matin, qu'il était « évidemment déraisonnable de s'attendre à ce qu'il puisse y avoir un représentant de la Pologne à Berlin aujourd'hui, et le gouvernement allemand ne doit pas s'y attendre ».

Je ne pense guère que le gouvernement allemand s'y soit « attendu » un seul instant. Toute cette proposition était un véritable canular. Mais si, par impossible, un envoyé polonais s'était présenté, Hitler, on le sait maintenant, était prêt à en exiger tant que les Polonais le désavoueraient. Alors, pensait Hitler, ce serait à la Pologne qu'on reprocherait de ne pas vouloir négocier un « règlement pacifique ». Les Britanniques tomberaient peut-être dans ce piège et reconsidéreraient leur garantie à la Pologne.

Cette fois encore, Halder résume le jeu dans son carnet au soir du 29 août :

> Führer espère diviser Britanniques, Français et Polonais. Élever un tir de barrage d'exigences démographiques et démocratiques [...]. Les Polonais viendront à Berlin le 30 août. Le 31 les négociations échoueront. Le 1er septembre, début du recours à la force.

A minuit le lendemain soir, dans la nuit du 30 au 31 août, Henderson eut encore une séance orageuse à la Wilhelmstrasse. Cette fois, c'était avec le ministre des Affaires étrangères allemand, pour lui remettre la dernière réponse de la Grande-Bretagne à Hitler. Tout en préconisant encore des conversations directes entre les deux gouvernements, Londres considérait qu'« il serait pratiquement impossible d'établir le contact dès aujourd'hui ». Mais Ribbentrop ne trouva pas digne d'intérêt le contenu de la réponse britannique. Il avait manifestement reçu l'ordre de faire une scène. Celle-ci fut, écrivit plus tard le seul témoin, le Dr Schmidt, « la plus violente que j'aie jamais connu pendant mes vingt-trois ans comme interprète ».

Henderson le confirmait volontiers dans un télégramme à Halifax : « Je dois vous dire que tout le comportement de Ribbentrop singeait Hitler à ses plus mauvais moments. »

Par la suite, dans son *Rapport final,* l'ambassadeur évoquera « l'intense hostilité du ministre, qui devenait plus violente à chaque communication que je lui faisais [...]. Il ne cessait de sauter de son siège, dans un état de grande excitation, et de me demander si j'avais encore quelque chose à dire. Et je continuais à répondre que oui ».

Selon les souvenirs de Schmidt, Henderson aussi en arriva à sauter de son siège. A un moment, selon l'interprète, les deux hommes s'étaient levés en même temps, se regardaient avec colère et en vinrent presque aux mains. Ils finirent par se calmer assez longtemps pour que l'ambassadeur demande à Ribbentrop les propositions allemandes de règlement avec la Pologne, que Hitler avait promis la veille au soir de lui donner. Il était maintenant trop tard, répondit le ministre des Affaires étrangères, puisque l'émissaire polonais n'était pas arrivé avant minuit. Cependant, Hitler avait préparé seize propositions et Ribbentrop commença à les lire.

« Mais en allemand et à toute vitesse, rapporta l'ambassadeur à Londres, ou plus exactement en bredouillant le plus vite qu'il pouvait et sur un ton d'ennui profond. Quand il eut terminé, je lui demandai donc de me laisser voir le texte. Ribbentrop refusa catégoriquement et jeta le document sur la table d'un geste méprisant en disant qu'il était maintenant périmé. »

Périmé? Mais ces propositions n'avaient jamais été censées être prises au sérieux. Elles n'avaient jamais été présentées aux Polonais, qui n'en avaient même pas encore entendu parler. C'était de la comédie, destinée à tromper l'opinion allemande et, si possible, mondiale, à leur faire croire que Hitler, au dernier moment, pour tenter d'aboutir à une solution raisonnable, avait fait une offre équitable à la Pologne, et que le gouvernement polonais n'avait même pas voulu envoyer un émissaire à Berlin pour en discuter.

Le dictateur en conviendrait par la suite. Le Dr Schmidt l'entendit dire :

« Il me fallait un alibi, surtout vis-à-vis du peuple allemand, pour lui montrer que j'avais fait tout ce qui était possible pour maintenir la paix. Ce qui explique mon offre généreuse sur Dantzig et le couloir. »

Ses seize propositions étaient en effet généreuses. Elles m'étonnèrent lorsque je les entendis pour la première fois. C'était vingt-quatre heures plus tard, à neuf heures du soir, la dernière nuit d'août. J'allais prendre l'antenne à destination de New York lorsque la radio allemande interrompit son programme et quelqu'un les lut alors au micro. Hitler ne demandait que le retour de Dantzig à l'Allemagne. Deux jours plus tôt, il réclamait le couloir. Maintenant, dans ses dernières propositions, il demandait que la question du couloir soit réglée par un plébiscite d'ici un an, quand les passions seraient calmées. Le port polonais de Gdynia resterait polonais si le plébiscite rendait le couloir à l'Allemagne.

Pressé de passer les propositions de Hitler sur l'antenne, je fis une grosse bêtise. Après les avoir énumérées, je me laissai aller à dire qu'elles étaient raisonnables. Je ne savais pas qu'elles n'avaient jamais été faites sérieusement, et même pas présentées aux Polonais. J'avais avalé la version nazie selon laquelle les Polonais avaient même refusé d'envoyer un émissaire à Berlin pour en discuter.

Malgré l'expérience de sa scène orageuse de minuit avec Ribbentrop, Henderson avait commencé, lui aussi, à avaler cette version pendant presque toute la journée du lendemain, le 31 août. Son éducation, contrairement à ce que je pensais, n'était décidément pas encore faite. Le dernier jour d'août, il essaya de convaincre son gouvernement que le gouvernement polonais devait envoyer un émissaire à Berlin immédiatement, comme Hitler l'avait exigé, et que, du fait de cette « offre allemande », la guerre deviendrait « complètement injustifiable ».

« Les termes m'en paraissent modérés, câbla l'ambassadeur à son ministre à Londres. Ce n'est pas Munich [...]. La Pologne n'obtiendra plus jamais d'aussi bonnes conditions. »

Au début de la journée, je sortis dans les rues de Berlin pour essayer de me faire une idée de la réaction des Allemands à l'imminence de la guerre. Je notai dans mon carnet :

> Tout le monde est contre la guerre. Les gens en parlent ouvertement. Comment un pays peut-il faire une grande guerre avec une population aussi totalement contre?

Dire que je me posais cette question, après des années dans le IIIe Reich! Peut-être mon éducation, comme celle de l'ambassadeur, laissait-elle encore à désirer. En remontant la Wilhelmstrasse pour rentrer à l'Adlon, je m'arrêtai à l'ambassade britannique. Le hall était plein de bagages. Henderson n'avait cru ni Hitler ni Ribbentrop et aucune rencontre n'était prévue. Il avait eu une conversation avec son collègue français, Coulondre, et il parlait, encore une fois, avec l'ambassadeur de Pologne, pour le presser d'obtenir de son gouvernement l'envoi immédiat d'un plénipotentiaire à Berlin. A l'ambassade de Pologne, les bagages étaient faits aussi. J'eus l'impression que les tentatives diplomatiques désespérées de la dernière heure étaient arrivées à leur terme. Un calme de mauvais augure pesait sur la capitale. Dans une émission en direction de l'Amérique à 19 h 30, je dis : « La situation ce soir est très critique. Hitler n'a pas encore répondu à la note britannique d'hier [...]. Il se peut qu'une réponse ne soit pas nécessaire. »

J'espérais que nos auditeurs comprendraient. J'observais qu'il n'y avait eu aucun contact entre les gouvernements allemand et britannique, de toute la journée. Mais qu'il y en avait eu au contraire « entre la

Russie et l'Allemagne. Berlin attend la ratification du pacte germano-soviétique pour ce soir ».

Bien entendu, ce n'était qu'une simple formalité. On sentait, en parlant avec les Allemands de la Wilhelmstrasse, qu'il se passait autre chose entre les deux dictatures, mais je ne parvenais pas à savoir au juste quoi.

Dans la soirée, on apprit que Josef Lipsky, l'ambassadeur de Pologne, était reçu par Ribbentrop au ministère des Affaires étrangères à 18 h 15. Je savais que les Allemands l'avaient fait attendre depuis 13 heures lorsqu'il avait demandé un entretien. Ce que je ne savais pas, c'était que le ministre allemand avait congédié l'ambassadeur d'un ton glacial dès qu'il avait appris que celui-ci ne venait pas avec les pleins pouvoirs pour accepter les propositions allemandes. Et que lorsque Lipsky était rentré à son ambassade il avait trouvé son téléphone coupé : il ne pouvait plus communiquer avec son gouvernement à Varsovie.

Cela n'avait plus d'importance désormais. Ni Lipsky, ni Henderson, ni nous, les journalistes, ne savions qu'à midi trente, Hitler avait envoyé, dans le plus grand secret, sa Directive nº 1 pour la conduite de la guerre. La Pologne devait être attaquée à 4 h 45 le lendemain matin, 1er septembre 1939. A l'ouest, les troupes allemandes resteraient sur la défensive. Ayant sauté le pas, Hitler fut en état d'euphorie pendant toute la journée. A 18 heures, le général Halder griffonnait en sténo dans son carnet :

« Führer calme. A bien dormi [...]. »

Je me rappelle combien nous nous sentions coupés du reste du monde pendant cette dernière nuit d'août à Berlin. Mes émissions et les dépêches des correspondants de presse passaient par radio. Mais lorsque j'essayai de téléphoner à Londres, Paris et Varsovie, on me dit que les communications avec ces capitales étaient coupées. Circulant en voiture entre mes émissions, ce soir-là, j'observai que Berlin paraissait presque normal. On n'avait pas évacué les femmes et les enfants comme, nous l'avions entendu dire, à Londres et à Paris. Même pas de sacs de sable devant les vitrines.

Peu après 4 heures du matin, aussitôt après ma dernière émission, dans la Ford de fabrication allemande que m'avait laissée Selkirk Patton, du *Daily News* de Londres, en partant en hâte quelques jours plus tôt, je repris la large avenue qui, de la place Adolf-Hitler, traverse le Tiergarten jusqu'au-delà de la porte de Brandebourg, puis jusqu'à l'hôtel Adlon. Selkirk pensait revenir bientôt.

La nuit avait rafraîchi un peu l'atmosphère. Il n'y avait aucune circulation sur la grande allée, pas même les camions militaires qui s'étaient succédé vers l'est, vers la Pologne, toute la semaine. J'avais l'avenue à moi tout seul. Les maisons et les bureaux à côté du Tiergarten étaient dans l'obscurité. Comme à leur habitude, les Berlinois s'étaient sans doute couchés d'assez bonne heure. Personne ne paraissait être resté debout, comme j'y avais été obligé par mon travail, pour savoir si ce serait la paix ou la guerre. Pour autant que je sache, les Berlinois ce jour-là avaient été inquiets, mais sans perdre l'espoir. Ils ne voulaient pas la guerre.

J'étais si épuisé par la tension de ces derniers jours, et par les émissions assurées vingt-quatre sur vingt-quatre, que je m'écroulai sur mon lit sans même essayer de me déshabiller, et je sombrai aussitôt dans un lourd sommeil.

Il me sembla que c'était aussitôt après que le téléphone sonna à mon chevet. En décrochant d'un geste mal assuré, je m'aperçus que le jour se levait derrière les volets. Mon réveil marquait 6 heures. C'était Sigrid Schultz, une vieille connaissance du *Chicago Tribune* :

« Ça y est », dit Sigrid.

J'avais le corps et l'esprit tellement fatigués par le surmenage et le manque de sommeil qu'il me fallut quelques secondes pour saisir ce qu'elle disait. Soudain, je compris.

« Merci, Sigrid », murmurai-je en m'arrachant de mon lit.

Ça y était, finalement. La guerre!

Chapitre 10

LA GUERRE! LA CONQUÊTE DE LA POLOGNE, LA DRÔLE DE GUERRE À L'OUEST. L'INVASION DU DANEMARK ET DE LA NORVÈGE. 1939-1940

« Une contre-attaque! »

C'est ainsi qu'Adolf Hitler et le Haut Commandement allemand appelèrent leur agression contre la Pologne, qui commença à l'aube du vendredi 1er septembre 1939, exactement le jour fixé par le dictateur nazi dès le mois d'avril.

Tandis que les troupes allemandes, précédées par les milliers de chars de leurs divisions blindées, franchissaient la frontière et pénétraient rapidement en Pologne, des centaines de bombardiers et de bombardiers en piqué (les Stukas) pilonnaient non seulement les objectifs militaires, mais des milliers de civils dans les villes petites et grandes. C'était la première fois que la mort et la destruction tombaient du ciel à une aussi grande échelle.

A Berlin, le jour se levait, presque étouffant avec un ciel couvert au-dessus de la ville. Bonne protection contre les bombardiers polonais, me dis-je. J'attendis de les entendre au-dessus de nous toute la journée, et jusqu'après la tombée de la nuit. Mais ils ne devaient jamais venir. Ni de jour ni de nuit. Jamais.

Après mon breakfast, je descendis dans la rue pour voir comment les Allemands prenaient la guerre. Ils me parurent sans réaction. Ils ne s'arrachaient pas les éditions spéciales que les vendeurs de journaux annonçaient à grands cris. Ils vaquaient à leurs occupations comme tous les matins, prenaient l'autobus ou le métro pour aller travailler. De l'hôtel Adlon, je voyais, de l'autre côté d'Unter den Linden, les ouvriers qui prenaient leur travail pour construire le nouvel immeuble de l'I.G. Farben, comme tous les jours depuis le début de l'été. Les petits crieurs de journaux essayaient de vendre leurs éditions spéciales mais personne ne les achetait. Ils avaient entendu la nouvelle à la radio avant de venir au travail. Ils étaient peut-être encore sous le choc. Comme la plupart des Allemands avec qui j'avais parlé ces derniers jours, ils avaient cru que Hitler pourrait humilier la Pologne, comme l'Autriche et la Tchécoslovaquie, sans avoir besoin de se battre. Ils n'arrivaient pas à croire que, cette fois, c'était la guerre.

Quel contraste, pensais-je, entre cette terne apathie et la façon dont la guerre avait commencé ici en 1914!

D'après tout ce que j'avais pu lire, la guerre avait alors provoqué un formidable enthousiasme. Les rues étaient pleines d'une foule délirante qui lançait des fleurs aux soldats en hurlant, et on avait salué le Kaiser Guillaume II par des acclamations frénétiques quand il était apparu au balcon du palais.

Je descendis à pied la Wilhelmstrasse jusqu'à la Chancellerie, pour voir si Hitler viendrait saluer les troupes qui défilaient. Mais le seigneur de la guerre nazi – je pensais que c'était ainsi qu'il allait falloir l'appeler désormais – ne parut pas. Il n'y avait pas de défilé des troupes (elles étaient sans doute en train de caracoler en Pologne) et la route était presque déserte.

Je me dépêchai d'aller à la Maison de la Radio, sur la place Adolf-Hitler, pour ma première émission de guerre. Je décidai de laisser tomber le Reichstag, où Hitler prenait la parole à 10 heures. J'aurais bien aimé assister à la scène. Mais nous transmettions le discours en direct sur CBS et les seules installations disponibles pour cette émission étaient au centre nerveux de la Radio allemande. De là, je l'entendrais assez clairement, et je traduirais à mesure en y ajoutant quelques commentaires. C'était un événement historique, après tout : une nouvelle grande guerre, si les Britanniques et les Français honoraient leurs engagements envers la Pologne, et la première guerre de ce genre que la radio couvrirait.

Je supposais que Hitler serait en grande forme, à la hauteur de l'événement. Ce ne fut pas le cas. A ma grande surprise, il fut hésitant et peu sûr de lui, et bizarrement sur la défensive, comme si – notai-je dans mon carnet – il était « stupéfait du pétrin où il s'était mis et s'y sentait perdu ».

Il y eut beaucoup moins d'ovations qu'au cours des précédentes sessions, moins importantes, du Reichstag. Les hommes de main du parti nommés par Hitler à l'Assemblée paraissaient manquer étrangement d'enthousiasme. Pour la première fois d'après mon expérience, il ne donnait pas l'impression de les toucher. C'était presque troublant. Au cours d'une brève pause, Max Jordan, de NBC, avec qui je faisais une émission commune sur le discours, se tourna vers moi et murmura :

« On dirait son chant du cygne. »

Hitler semblait avoir du mal à expliquer pourquoi l'Italie qui, par le « pacte d'acier », était tenue de fournir son aide militaire à l'Allemagne en cas de guerre, resterait neutre.

« Vous comprendrez, dit-il, que pour ce combat nous n'avons pas l'intention de faire appel à l'aide étrangère. Nous remplirons cette tâche nous-mêmes. »

Il prétendit avoir dépensé « quatre-vingt-dix milliards » pour créer la Wehrmacht, comme s'il voulait dire, maladroitement, que, pour le prix, elle devrait être bonne. Elle était effectivement « la meilleure armée du monde, bien meilleure qu'en 1914 », affirma-t-il d'ailleurs.

Le dictateur avait l'air embarrassé par la question de sa succession s'il lui arrivait quelque chose. Après avoir annoncé que Goering était le premier sur la liste, puis Rudolf Hess, il poursuivit : « S'il arrive quelque chose à Hess, alors, selon la loi, ce sera le Sénat qui sera appelé à choisir en son sein le plus digne successeur, c'est-à-dire le plus brave. »

Je me demandais : quelle loi? Quel Sénat? ils n'existaient ni l'un ni l'autre. J'avais souvent entendu, dans ce même Reichstag, Hitler débiter des mensonges ridicules les uns après les autres, et je m'étais quelquefois émerveillé de la crédulité des Allemands qui les avalaient. Mais ce matin-là, il paraissait se surpasser. Il ergotait inlassablement, cherchant désespérément à justifier son agression injustifiée. Je pris en note quelques exemples de ses arguties :

> Vous savez les efforts incessants que j'ai faits pour éclaircir et comprendre le problème autrichien, et ensuite le problème des Sudètes. Tout cela en vain [...].
>
> Dans mes conversations avec les hommes d'État polonais [...], j'ai formulé les ultimes propositions allemandes [...]. Rien de plus modéré car, en les faisant, je prenais parti contre des millions d'Allemands. Ces propositions ont été rejetées [...].
>
> Pendant deux jours entiers, avec mon gouvernement, j'ai attendu de voir si le gouvernement polonais consentirait à envoyer un plénipotentiaire [...]. Mais on ne me rendrait pas justice si l'on prenait mon amour de la paix et ma patience pour de la faiblesse ou même de la lâcheté [...]. C'est pourquoi j'ai résolu de parler à la Pologne le même langage que la Pologne emploie depuis des mois avec nous.
>
> La nuit dernière, pour la première fois, des soldats de l'armée régulière polonaise ont ouvert le feu sur notre territoire. Depuis 5 h 45 du matin, nous tirons de notre côté, et désormais les bombes répondront aux bombes.

Ni les troupes « régulières » polonaises, ni aucune autre, on va le voir, n'avaient tiré sur le territoire allemand, et les avions militaires polonais n'avaient pas non plus lâché une seule bombe sur l'Allemagne.

Un peu plus tôt dans son discours, et aussi dans sa grandiose proclamation à la Wehrmacht, Hitler avait affirmé que les Polonais avaient tiré les premiers et que, la nuit précédente, des forces polonaises avaient commis douze « violations de frontière, dont trois très graves ». Pendant la journée, le baron Ernst von Weiszächer, secrétaire permanent des Affaires étrangères, envoya par télégramme une circulaire à toutes les missions diplomatiques à l'étranger pour leur fixer la ligne à suivre à l'appui des mensonges de Hitler :

> Pour se défendre contre les attaques polonaises, les troupes allemandes sont entrées en action contre la Pologne ce matin à l'aube. Cette opération ne doit pas être présentée pour l'instant comme une guerre, mais comme de simples engagements provoqués par les attaques polonaises.

Même l'ambassadeur britannique, dont je croyais pourtant les yeux dessillés par les événements des derniers jours, s'y laissa prendre. A 10 h 30 ce matin-là, Henderson téléphona un message à lord Halifax, au Foreign Office, à Londres :

> Je crois savoir que les Polonais ont fait sauter le pont de Dirschau pendant la nuit [1] et que des combats ont eu lieu avec les Dantziquois. En apprenant cette nouvelle, Hitler a donné des ordres pour que les Polonais soient repoussés, et à Goering pour que l'aviation polonaise soit détruite le long de la frontière.

C'est seulement à la fin de sa dépêche que Henderson admettait que la source de ses informations était Goering « lui-même ». On reste tout de même stupéfait qu'il les ait avalées. L'ambassadeur ajoutait une dernière phrase à sa dépêche à Londres :

« Il se peut que Hitler demande à me voir après le Reichstag dans un dernier effort pour sauver la paix. »

Hitler ne fit pas venir l'ambassadeur, qui avait si obligeamment transmis à son gouvernement la propagande nazie accusant les Polonais d'avoir engagé le combat. Cependant, même compte tenu des limites intellectuelles de Henderson, on se demande quelle paix il pensait pouvoir sauver par un dernier effort. Depuis six heures déjà, l'Allemagne faisait la vraie guerre [2].

1. Les Allemands avaient depuis longtemps prévu de prendre le pont de Dirschau, sur la Vistule près de Dantzig avant que les Polonais ne le fassent sauter. A la faveur des brouillards matinaux, le génie polonais parvint, le 1er septembre, à le faire sauter avant que les parachutistes allemands n'aient pu le prendre.

2. Je me suis efforcé d'être aussi objectif que possible à propos de sir Nevile Henderson, mais non sans peine. Depuis le moment de son arrivée à Berlin, il m'avait frappé par sa sympathie non seulement pour le nazisme, mais pour les objectifs du nazisme. L'ambassadeur ne chercha pas à cacher son approbation lorsque Hitler saisit l'Autriche, et ensuite la Tchécoslovaquie : il avait l'air d'avoir pour les Tchèques autant de mépris que Hitler. Mais il y avait pire que les préjugés personnels de Henderson : ses propres limites. Sir L. B. Namier, l'historien britannique, les résume en ces termes : « Prétentieux, vaniteux, entêté, inébranlablement attaché à ses idées préconçues, il multipliait les télégrammes, les dépêches et les lettres, en quantités incroyables et d'une longueur interminable, répétant cent fois les mêmes idées et les mêmes opinions sans fondement. Assez obtus pour être dangereux et pas assez stupide pour être inoffensif, il se révéla un *homme néfaste* » (En *français dans le texte [N.d.T.].*).

Ni dans son discours au Reichstag ni dans sa proclamation aux forces armées, Hitler ne mentionnait une « attaque » précise par les troupes polonaises « régulières ». Il disait seulement que les « attaques » avaient eu lieu. Mais je me rappelais que, pendant la nuit, le DNB (*Deutsches Nachrichten Büro :* l'agence de presse officielle allemande) avait publié un bulletin racontant l'attaque par des troupes polonaises de la station radio de Gleiwitz, une petite ville allemande sur la frontière polonaise. Je m'étais méfié de la dépêche et je ne m'en étais pas servi dans mes émissions de la nuit. Pourtant, j'avais appris par la suite qu'AP et UP l'avaient automatiquement transmise à New York, où le *Times* l'avait publiée, ainsi que d'autres journaux américains.

Ce n'est que six ans plus tard, à Nuremberg, qu'on devait apprendre ce qui s'était réellement passé. C'étaient les Allemands eux-mêmes qui avaient monté une fausse attaque de la radio de Gleiwitz et pris la peine de l'organiser avec une extraordinaire minutie, pour la faire passer pour une opération menée par l'armée polonaise.

Au début d'août, Hitler avait ordonné à l'amiral Wilhelm Canaris, le chef du contre-espionnage du Haut Commandement, de fournir à Himmler et Heydrich, ce dernier était le chef du service de sécurité des SS, 150 uniformes et quelques armes individuelles polonaises. L'homme choisi par Himmler pour exécuter l'opération était un nommé Helmut Naujocks, le type même des gangsters intellectuels qui devaient faire de brillantes carrières dans la Gestapo. Après des études universitaires, Naujocks s'était distingué en provoquant des « incidents » armés en Slovaquie pendant la crise des Sudètes. A Gleiwitz, expliquera-t-il par la suite, il devait faire apparaître « que les agresseurs étaient des Polonais ».

« Il nous faut, lui aurait dit Heydrich, des preuves concrètes de ces attaques par les Polonais, pour la presse étrangère et la propagande allemande. »

Le jeune voyou SS passa donc la dernière quinzaine d'août à exécuter ces ordres. La Gestapo devait lui donner « douze ou treize criminels condamnés au camp de concentration, qui seraient habillés en uniforme polonais et laissés morts sur le terrain, pour prouver qu'ils avaient été tués lors de l'attaque ».

« Laissés morts », comment?

« Un médecin fourni par Heydrich leur ferait, dira Naujocks, des injections mortelles. Puis on leur ferait des blessures par balles. »

Les gangsters nazis avaient même un mot de code pour désigner les malheureuses victimes tirées des camps de concentration : les « conserves ». Tandis qu'ils étaient « laissés morts », des SS en uniforme polonais tireraient en l'air, iraient « saisir » la station-radio, et feraient diffuser sur l'antenne, par un nazi parlant le polonais, un discours enflammé annonçant que la Pologne avait attaqué l'Allemagne. Alors Naujocks, toujours selon ses propres déclarations ultérieures, convoquerait la presse pour montrer aux reporters les « preuves » de l'agression polonaise.

C'est à peu près ce qui se passa à Gleiwitz et en quelques autres lieux le soir du 31 août. Les SS qui avaient endossé l'uniforme polonais pour simuler l' « agression polonaise » ne devaient guère survivre aux « conserves ». Selon le témoignage à Nuremberg du général Erwin Lahousen, du contre-espionnage, « ils furent tous éliminés par la suite ». Hitler ne voulait pas de traces. Naujocks lui-même ne sauva sa peau qu'en désertant chez les Américains sur le front ouest, en 1944.

Tels furent le premier jour et la première nuit de la première guerre que j'allais vivre, et je pris des notes d'heure en heure, pour mes émissions, sur ce qui se passait. Le black-out de la capitale était sinistre. Tout d'abord, dans l'obscurité, on ne voyait rien. Puis, la vue s'accommodant peu à peu, on apercevait vaguement des choses : les grands immeubles se dessinant vaguement au bord des trottoirs, les bords des trottoirs blanchis à la chaux, de loin en loin un réverbère.

A 19 heures, alors qu'il faisait encore jour, ce fut notre première alerte aérienne. Je me dis : enfin les Polonais arrivent! Je m'étais demandé pourquoi leurs bombardiers ne venaient pas, alors que la Luftwaffe était intervenue toute la journée, selon les communiqués, mitraillant et bombardant très loin à l'intérieur de la Pologne. J'étais à la Maison de la Radio lorsque les sirènes retentirent pour la première fois. Un mugissement mélancolique. Les lumières, à l'intérieur de l'immeuble, s'éteignirent. Des gardes SS munis de lampes électriques firent prendre les masques à gaz et descendre rapidement à la cave. Mais je voulais sortir dans la rue pour voir le premier bombardement de Berlin. C'était un spectacle à ne pas manquer! Un SS renfrogné, braquant son fusil sur moi, me poussa dans l'escalier. Mais dans l'obscurité et la confusion, je m'échappai, je montai aux studios du rez-de-chaussée, et je trouvai une petite pièce où brûlait une bougie. Je griffonnai quelques notes pour la prochaine émission. Puis je sortis dans la vaste cour pour regarder le ciel. Un autre SS me rejoignit, convenable, celui-là, qui ne m'interdit pas d'être là. Nous regardions les projecteurs allemands qui se croisaient et s'entrecroisaient. On n'entendait même pas un moteur d'avion dans le ciel.

« Fausse alerte! » murmura mon garde, comme si nous avions manqué un beau spectacle. Je terminai ma dernière émission à une heure et demie du matin. En descendant à tâtons le kaiserdamm dans le black-out avec l'espoir de trouver un taxi pour me ramener à l'Adlon, j'eus soudain une sensation de vide au creux de l'estomac, qui n'avait pas grand-chose à voir avec la fatigue ou la fringale. Je me demandais ce que seraient les autres nuits, toutes les autres après celle-là, à piétiner partout dans la nuit totale, surtout quand le long hiver glacial viendrait, avec le hurlement des sirènes, la descente dans les abris comme les moutons, et surtout quand les bombes commenceraient à tomber. Combien de temps, avant que les nerfs ne se mettent à craquer? Vers le milieu du Kaiserdamm, je trouvai un taxi et je montais dedans quand un autre piéton y sauta de l'autre côté, furieux. Je réussis à le calmer et nous allâmes ensemble à l'Adlon, lui qui était ivre, le chauffeur plus soûl encore, et tous les deux maudissant le black-out et la guerre.

Je fus long à trouver le sommeil. Ce n'était pas seulement la tension de la première journée de guerre. J'éprouvais une profonde colère contre Hitler, qui avait si inconsidérément, si sournoisement plongé son pays et la Pologne, et demain, sans aucun doute, tout le reste de l'Europe, dans une guerre qui, avec les bombardiers lourds et les grosses bombes, serait beaucoup plus meurtrière que la dernière.

Et il y avait aussi le sentiment de solitude, d'être coupé des choses familières et aimables de la vie; d'un monde qui avait réussi à demeurer en paix depuis mon adolescence; du reste de l'Europe, où j'avais fini par me sentir chez moi pendant toute ma vie d'adulte, même pendant les années où j'étais à Berlin; de ma jeune famille à Genève, que j'avais si peu vue depuis que notre petite fille était née au beau milieu de l'Anschluss. Ce sentiment de solitude était aggravé par un décret qui venait d'être pris cette nuit même, interdisant d'écouter les radios étrangères sous peine de mort.

Maintenant, on risquait d'être décapité si on les écoutait quand même : la hache était encore le mode d'exécution capitale dans ce pays.

Dans mon carnet, à la date du 2 septembre, à Berlin, je note :

> L'attaque allemande contre la Pologne a commencé depuis deux jours et la Grande-Bretagne et la France n'ont pas encore honoré leurs promesses. Chamberlain et Bonnet vont-ils essayer d'y échapper? [...] Pas d'alerte aérienne cette nuit. Où sont les Polonais?

Et où étaient les Français et les Britanniques? Coupés comme nous l'étions de leurs capitales nous ne le savions pas. Tout ce que nous savions à Berlin, samedi en fin de journée, c'était que Hitler n'avait pas daigné répondre à l'ultimatum anglo-français de la veille au soir, disant que si les Allemands ne cessaient pas leurs attaques contre la Pologne et ne retiraient pas leurs troupes, les deux pays rempliraient leurs obligations envers le gouvernement polonais. A chaque instant, pendant ce week-end où les Alliés occidentaux continuaient de ne rien faire, la conviction se renforçait, à Berlin, qu'en fin de compte ils finiraient par céder et permettre à Hitler de s'en tirer avec sa conquête de la Pologne.

Au bout de deux jours de combats, l'armée allemande avait avancé beaucoup plus en Pologne que le Haut Commandement ne le reconnaissait officiellement dans ses communiqués. Le samedi soir, mes contacts chez les militaires me donnaient à entendre – mais non pas pour l'antenne – que les colonnes blindées allemandes fonçaient à travers la Pologne. Ils me disaient que l'armée de l'air polonaise était déjà détruite et que Berlin et les autres villes allemandes ne seraient pas bombardées. Je n'acceptai pas le tout sans quelque réticence.

Nous apprîmes vaguement dans la journée de samedi que les Britanniques et les Français cherchaient à gagner du temps parce que Mussolini était intervenu au dernier moment en proposant un nouveau Munich. Les Allemands pensaient que la France, ou du moins Georges Bonnet, était intéressée. La Grande-Bretagne, moins. La veille au soir, Hitler avait soulagé Mussolini en libérant l'Italie de ses obligations aux termes de leur alliance militaire. A Rome, on s'était hâté d'assurer Paris et Londres que l'Italie resterait neutre. Mais le Duce craignait que les Britanniques et les Français ne l'attaquent tout de même pendant que l'Allemagne était occupée en Pologne. C'est pourquoi il s'efforçait désespérément d'arriver à un règlement qui accorderait à Hitler ce qu'il voulait en Pologne, tout en laissant la France et la Grande-Bretagne en dehors du conflit. Il proposa une conférence des puissances de Munich et de la Pologne le 6 septembre. Bonnet, à Paris, voulait accepter mais le gouvernement de Londres ne voulut pas en entendre parler.

Hitler non plus. Pourtant, par la suite, il prétendrait faussement avoir accepté. Il était résolu à anéantir la Pologne. Les dix premiers jours de son attaque, tout s'était même mieux passé qu'il ne l'espérait. Je n'arrivais pas y croire, mais certains de mes amis militaires disaient, le samedi en fin de soirée, que tout serait terminé en Pologne d'ici deux ou trois semaines. Apparemment, Ribbentrop avait convaincu Hitler que les Britanniques et les Français cherchaient une excuse pour rester en dehors du conflit.

Le dimancher 3 septembre fut encore une belle journée d'automne, avec un ciel tout bleu.

Ce matin-là, la situation devint rapidement très claire. A 9 heures, l'ambassadeur Nevile Henderson, d'un pas décidé, descendit la Wilhelmstrasse de l'ambassade britannique au ministère des Affaires étrangères. On lui avait dit que Ribbentrop ne serait pas visible aussi tôt, alors que, presque tous les jours, on le savait, le ministre nazi était à son bureau dès cette heure-là. Le gouvernement britannique avait précisé à son ambassadeur hésitant que le message qu'il apportait devait être remis à 9 heures précises. Les Allemands lui avaient répondu que, dans ce cas, il pourrait le laisser au Dr Schmidt, l'interprète officiel.

Mais en ce jour historique, l'aimable interprète, fatigué, par les dernières journées, comme tout le monde à Berlin, se réveilla trop tard. Il sauta dans un taxi devant chez lui et arriva au ministère juste à l'instant où l'ambassadeur montait les marches. Schmidt passa discrètement par une autre porte et réussit à se glisser dans le bureau de Ribbentrop sur le coup de 9 heures, à l'instant même où l'on introduisait Henderson. L'ambassadeur déclina l'invitation de Schmidt à s'asseoir et lui lut la déclaration solennelle de son gouvernement. La note de Londres du 1er septembre, rappelait-elle au gouvernement allemand, avait clairement exprimé l'intention britannique de remplir ses obligations envers la Pologne si les troupes allemandes n'étaient pas rapidement retirées.

> Bien que cette communication ait été faite voilà plus de 24 heures, elle n'a reçu aucune réponse, mais les attaques allemandes contre la Pologne continuent et s'intensifient. J'ai par conséquent l'honneur de vous informer que si, avant 11 heures, heure d'été britannique, aujourd'hui 3 septembre, des assurances satisfaisantes à cet effet n'ont pas été données par le gouvernement allemand et reçues par le gouvernement de Sa Majesté à Londres, l'état de guerre existera entre les deux pays à partir de cette heure.

Henderson remit une copie à Schmidt, prit congé et sortit. L'interprète descendit en hâte la Wilhelmstrasse pour aller à la Chancellerie informer Hitler. Devant le bureau du Führer, il trouva plusieurs membres du cabinet et du Parti qui « attendaient anxieusement » les nouvelles qu'il apportait. Mais il devait d'abord les donner au dictateur. Schmidt raconta par la suite :

> Hitler était à son bureau et Ribbentrop debout à la fenêtre [...]. Je m'arrêtai à quelque distance du bureau de Hitler et traduisis lentement l'ultimatum. Lorsque j'eus terminé, il y eut un silence complet.
>
> Hitler restait assis, immobile, les yeux fixés droit devant lui [...]. Après un temps qui me parut un siècle, il se tourna vers Ribbentrop, qui était resté debout à côté de la fenêtre. « Et maintenant ? » demanda Hitler avec un regard féroce, comme s'il sous-entendait que son ministre des Affaires étrangères l'avait trompé sur la réaction probable de l'Angleterre.
>
> Ribbentrop répondit calmement : « Je suppose que la France va nous remettre un ultimatum analogue d'ici une heure. »

Le Dr Schmidt, après avoir quitté Hitler, s'arrêta dans l'antichambre pour informer les autres de l'ultimatum britannique. La nouvelle leur coupa le souffle. Puis Goering se tourna vers lui et dit : « Si nous perdons cette guerre, Dieu ait pitié de nous ! »

Le Dr Goebbels ministre de la Propagande – agitateur, gardait lui aussi un silence inhabituel. Schmidt dira plus tard :

« Il était debout dans un coin, tout seul, abattu, perdu dans ses pensées. Partout dans la salle, je voyais des regards graves et soucieux. »

C'est ainsi qu'à Berlin le dictateur nazi et ses hommes virent la « contre-attaque » allemande en Pologne devenir une guerre européenne. En hâte, Hitler et Ribbentrop préparèrent une réponse au gouvernement britannique et, peu avant midi, le ministres des Affaires étrangères nazi, qui avait refusé de recevoir l'ambassadeur britannique à 9 heures, l'envoya chercher pour lui remettre la réponse allemande.

C'était un document minable, destiné essentiellement à tromper les Allemands. Il rendait les Britanniques responsables de la rupture de la paix et accusait le gouvernement de Londres de « prêcher l'anéantissement et l'extermination du peuple allemand ». Il refusait « de recevoir ou d'accepter, encore moins d'exécuter » l'ultimatum britannique.

Henderson lut ce document. Par la suite, il le définirait comme « une présentation complètement fausse des événements ». Mais avec Ribbentrop, lors de cette dernière entrevue entre eux, il se borna à observer que « l'Histoire seule décidera à qui revient en réalité le blâme ».

Ribbentrop, vaniteux et ampoulé jusqu'à la fin, répondit : « l'Histoire a déjà établi les faits ».

J'étais debout sous le beau soleil dans la Wilhelmstrasse devant la chancellerie du Reich, vers midi, lorsque les haut-parleurs annoncèrent soudain que la Grande-Bretagne avait déclaré la guerre à l'Allemagne. Il y avait peut-être 250 personnes – pas davantage – autour de moi. Elles écoutèrent attentivement. Quand les haut-parleurs se turent, il n'y eut pas un murmure.

Les quelques passants restaient là, immobiles, en silence, sous le soleil de midi. On voyait qu'ils ne comprenaient pas pourquoi Hitler les avait conduits à une guerre européenne.

Ils attendirent encore quelques minutes dans l'espoir (j'entendais quelques voix l'exprimer) que le Führer allait apparaître au balcon, mais il ne se montra pas.

Comme je remontais la Wilhelmstrasse, les vendeurs de journaux arrivaient au coin d'Unter den Linden en criant les éditions spéciales. Ils ne les vendaient pas : ils les donnaient. Je pris la *Deutsche Allgemeine Zeitung*. Ses titres, dans les plus gros caractères que j'aie jamais vus, barraient toute la page :

L'ultimatum britannique repoussé.
L'Angleterre déclare l'état de guerre avec l'Allemagne.

La note britannique demande le retrait de nos troupes dans l'est.

Le Führer part aujourd'hui pour le front.

Une colonne était consacrée au texte d'un mémorandum allemand, que Hitler avait ajouté à la réponse allemande. C'était sans doute Ribbentrop qui avait suggéré la manchette, qui lui ressemblait bien :

Le mémorandum allemand prouve que l'Angleterre est coupable.

Même si le peuple allemand était convaincu par cette « preuve », il ne manifestait certainement pas d'hostilité contre les Anglais et les Français. Rien ne rappelait le cri de 1914 : *« Gott Straffe England! »* (Dieu punisse l'Angleterre.)

Les Français ne présentèrent leur ultimatum qu'à midi, heure de l'arrivée de l'ambassadeur Coulondre au ministère des Affaires étrangères. Ribbentrop n'était pas disponible pour le recevoir non plus, bien qu'il fût plus tard. En fait, le ministre nazi participait à une étrange petite cérémonie à la Chancellerie, où le nouvel ambassadeur soviétique était reçu cordialement par le Führer. Jusqu'à son pacte avec Staline, Hitler n'avait jamais reçu les ambassadeurs soviétiques, et ceux-ci n'avaient pratiquement jamais mis le pied à la Wilhelmstrasse. C'était donc un événement exceptionnel, et même une déclaration de guerre par la France, après celle de la Grande-Bretagne, ne pouvait pas empêcher Ribbentrop d'y assister.

A cette note insolite s'en ajouta une autre. En l'absence de Ribbentrop, l'ambassadeur de France fut reçu par Weizsäcker, qui, lorsque Coulondre lui demanda si lui, secrétaire d'État, était habilité à fournir une réponse « satisfaisante » à l'ultimatum français, répondit qu'il n'était en mesure de lui donner « aucune espèce de réponse ». Lorsque le Français tenta de lui remettre l'ultimatum officiel de la France, le secrétaire d'État refusa de l'accepter. Il demanda à l'ambassadeur « d'avoir la bonté de patienter encore un peu pour voir le ministre des Affaires étrangères en personne ». Coulondre dut donc ravaler sa salive encore une demi-heure, avant qu'on ne lui dise qu'il allait voir Ribbentrop.

Coulondre, que je considérais depuis toujours comme l'un des diplomates les plus intelligents accrédités à Berlin, eut d'abord droit à l'une des harangues habituelles de Ribbentrop, mais pas longtemps. Il l'interrompit pour demander si la réponse de l'Allemagne à la France était négative :

« Ja » répondit Ribbentrop.

Coulondre lui tendit alors l'ultimatum de son pays, rédigé dans des termes similaires à celui des Britanniques, ajoutant que pour la dernière fois, il lui fallait souligner la « lourde responsabilité » de l'Allemagne dans la guerre.

« Donc, c'est la France qui sera l'agresseur, jeta Ribbentrop.

– L'Histoire en jugera », répondit Coulondre en se levant pour prendre congé.

Tous les principaux acteurs du dernier acte du drame, ce dimanche-là, à Berlin, en appelaient au jugement de l'Histoire. Seul l'insupportable Ribbentrop s'efforçait de rendre le jugement lui-même.

Le gouvernement français avait enfin honoré sa parole envers la Pologne. Mais la Wilhelmstrasse, je le constatai l'après-midi de ce dimanche historique, avait pris bonne note du manque d'harmonie des alliés occidentaux dans la synchronisation de leur ultimatum. Je ne le savais pas, mais le Haut Commandement allemand en avait déjà conclu que l'armée française n'avait pas l'intention d'attaquer sérieusement sur le front ouest pour venir en aide aux Polonais, situés, eux, en première ligne. Mais je notai que, dans ses deux proclamations en fin de journée, l'une à l'armée allemande, l'autre au peuple allemand, Hitler n'avait accusé que la Grande-Bretagne d'avoir poussé l'Allemagne dans la guerre. Il n'y avait pas un mot sur la France.

A l'ouest, le premier engagement ne se produisit pas sur le front mais sur mer. Ce dimanche après-midi, dix heures après que la Grande-Bretagne se fut déclarée en état de guerre avec l'Allemagne, le sous-marin allemand U-30 torpillait et coulait sans avertissement, à 200 milles (environ 400 km) à l'ouest des Hébrides, le paquebot britannique *Athenia,* qui se rendait de Liverpool à Montréal avec 1 400 passagers, faisant 112 victimes, dont 28 Américains.

Je l'appris tard le lendemain soir par la radio de New York après notre émission. Le gouvernement allemand démenait que ce fût le fait d'un sous-marin allemand. Le ministère de la Propagande de Goebbels affirmait que les Britanniques avaient coulé le navire pour s'assurer des sympathies en Amérique – une version-bidon à laquelle il allait se tenir pendant des mois.

Je dois avouer que je me sentis plutôt gêné d'avoir à transmettre l'explication allemande. A ma prochaine émission ce soir-là, je fis une digression pour expliquer que j'étais chargé de donner les informations d'Allemagne, que le communiqué officiel affirmant que l'*Athenia* n'avait pas été torpillé par un sous-marin allemand faisait partie des informations, que je n'étais pas en mesure personnellement de confirmer ou de démentir la nouvelle, et que les instructions de CBS m'interdisaient d'exprimer une opinion personnelle. Je ne dis pas que je m'efforcerais de tourner ces consignes de mon mieux, quoi que puissent en penser CBS ou les Allemands. Je retrouvais une règle d'or que je m'étais fixée quand j'étais arrivé en Allemagne pour la première fois cinq ans plus tôt : je ne resterais à Berlin qu'aussi longtemps que je pourrais honnêtement rendre compte de ce qui s'y passait. Naturellement, il y avait les limites imposées par la censure, en particulier la censure militaire. Ed Murrow à Londres, Tom Grandin et Eric Sevareid à Paris étaient soumis, eux aussi, à la censure de leurs émissions radio. On ne pouvait rien dire qui puisse compromettre une opération militaire ou donner à l'autre camp une information militaire. Si, dans ces limites, je ne pouvais pas diffuser un tableau fidèle de la situation, je rentrerais chez moi. Je le dis aux Allemands. Et à CBS.

Chaque jour, nous étions sidérés, et déroutés, par les informations sur l'attaque allemande de la Pologne. En une semaine, nous commencions à comprendre que les Allemands inauguraient une nouvelle forme de guerre de laquelle le monde n'avait pas la moindre idée. Ils l'appelaient la *Blitzkrieg,* la guerre-éclair. Le 5 septembre – en cinq jours – ils avaient déjà coupé le corridor polonais avec la IVe armée du général von Kluge, venant de l'ouest, et la IIIe armée du général Küchler, de Prusse orientale. Nous commencions à entendre dire que le général Heinz Guderian, le grand apôtre de la guerre blindée, avait enfoncé sans peine les défenses polonaises avec les chars de son *Panzerkorps* (corps blindé). Sur un point, une division blindée de Guderian, qui fonçait vers l'est à travers le corridor, avait été attaquée par la fameuse brigade polonaise de cavalerie Pomorska. Quelques jours plus tard, j'allais voir ce qui en restait : de la viande hachée. Les corps d'un millier de chevaux pourrissaient au bord de la route et dans les champs voisins. Les restes des centaines de cavaliers désarçonnés avaient été enterrés en hâte à proximité.

Des chevaux contre des chars! Seuls les Polonais, avec leur bravoure, leur témérité incroyables, pouvaient avoir opposé la vieille cavalerie à cheval à la nouvelle cavalerie d'acier.

Le 6 septembre, après six jours de guerre, les Allemands prenaient Cracovie, la deuxième ville de Pologne.

Je notais dans mon carnet :

> Le Haut Commandement annonce aussi que Kielce est tombée [...] presque exactement au sud de Varsovie. Personne n'aurait imaginé que l'armée allemande était arrivée aussi loin. En une semaine, les Allemands ont poussé bien au-delà de leurs frontières de 1914. Pour les Polonais, cela commence à ressembler à une déroute.
>
> 7 septembre. Une semaine seulement depuis le début de la « contre-attaque », et j'apprends ce soir, d'un ami militaire, que les Allemands sont à une trentaine de kilomètres de Varsovie [...].
>
> 8 septembre. Le Haut Commandement allemand a annoncé aujourd'hui à 17 h 15 que les troupes allemandes ont atteint Varsovie [...]. Même nos attachés militaires ont été stupéfaits de la nouvelle.

Et j'ajoutais :

> Et pendant que la Pologne est envahie, pas un seul coup de feu encore – selon les Allemands – sur le front de l'ouest!

L'inaction à l'ouest était aussi stupéfiante que l'action à l'est. Mon carnet témoigne de ma perplexité :

> 9 septembre [...]. Apparemment, la guerre en Pologne est terminée [...]. La Grande-Bretagne et la France n'ont rien fait sur le front de l'ouest pour soulager la formidable pression contre la Pologne.

Il me paraissait, à moi, à Berlin, que les Français laissaient passer une occasion en or d'enfoncer les Allemands à l'ouest alors que ceux-ci étaient complètement pris en Pologne, et peut-être de gagner la guerre en occupant la Ruhr et la Rhénanie. Le pouvaient-ils? Les généraux allemands le pensaient.

« Ils ont manqué l'occasion! » s'exclama le général Halder, soulagé, à la fin de septembre.

A Nuremberg, après la guerre, il serait plus précis :

« Si les Français avaient réussi l'occasion que leur offrait l'engagement de la quasi-totalité de nos forces en Pologne, ils auraient pu traverser le Rhin sans que nous soyons en mesure de les en empêcher et ils auraient menacé la Ruhr, qui était capitale pour la poursuite de la guerre par l'Allemagne. »

Le général Siegfried Westphal, qui était sur le front ouest à l'automne de 1939, pensait que les Français auraient pu atteindre le Rhin en deux semaines s'ils avaient essayé :

> En septembre, écrirait-il plus tard, il n'y avait pas un seul char français sur le front ouest allemand [...]. Toutes les unités combattantes de la Luftwaffe étaient engagées en Pologne, ne laissant disponibles à l'ouest que quelques appareils de reconnaissance et des chasseurs presque périmés [...]. Il était incompréhensible que l'effroyable faiblesse des défenses allemandes aient été ignorées des responsables français [...]. Les forces allemandes étaient beaucoup trop faibles pour barrer la route à une offensive française [...]. Pourtant, il ne se passa rien.

L'absence d'initiative des Français, alors que l'initiative leur aurait fait gagner la guerre, fit, me semble-t-il, une impression durable sur Hitler. Il savait que, lorsqu'il aurait fini de liquider la Pologne, il pourrait se retourner contre la France sans grande crainte que les Français – les Français de la Marne et de Verdun lors de la précédente guerre! – se battent cette fois sérieusement.

En attendant, il les endormirait, et les Britanniques avec eux, par des propositions de paix.

Lorsque les combats sérieux furent terminés en Pologne, les Allemands invitèrent les correspondants américains à visiter le « front ». Nous ne vîmes pas grand-chose : des combats acharnés, mais à petite échelle, pour Gdynia et la péninsule de Hela, à l'ouest de Dantzig, que les Polonais continuaient de tenir. Il se trouva – ce qui est plus important – que nous fûmes à Dantzig pour entendre Hitler lancer sa première proposition de paix. « Il se trouva » n'est d'ailleurs probablement pas la bonne formule. Il est plus probable que le dictateur, en propagandiste émérite qu'il était, avait fait en sorte que nous soyons à Dantzig.

Hitler parla, l'après-midi du 19 septembre, dans l'admirable hôtel de ville gothique. Son discours fut ponctué par les départs des canons de 280 du vieux cuirassé *Schleswig-Holstein* qui pilonnait Gdynia depuis le port de Dantzig. Il était de méchante humeur. J'étais assis au bord de l'allée et, quand il passa à côté de moi en allant à la tribune, je ne pus m'empêcher de remarquer sa colère. J'en fus surpris au moment où il prenait l'allure d'un conquérant. Peu après, un nazi que je connaissais m'expliqua la raison de cette humeur noire. Il était fou de rage parce qu'il avait compté faire son discours dans Varsovie conquise. Mais la garnison polonaise encerclée refusait de se rendre, et le conquérant avait été forcé de transporter son estrade à Dantzig. Malgré sa déception, il saisit l'occasion de cette réunion à Dantzig même pour lancer une offensive politique de paix à l'ouest.

« Je n'ai pas de buts de guerre contre la Grande-Bretagne et la France », dit-il. Et il adjura le Tout-Puissant, « qui vient de bénir nos armes, de faire comprendre aux autres peuples combien cette guerre sera inutile [...] et de les faire réfléchir aux bienfaits de la paix. »

Une telle hypocrisie, alors qu'il venait de ravager la Pologne!

Pour s'assurer que nous allions bien transmettre le message à l'Amérique, Hitler nous prêta l'un de ses avions Junker à trente-deux places pour nous ramener rapidement à Berlin, où les installations de transmission étaient de beaucoup meilleures qu'à Dantzig en ruine. Le lendemain, dans la capitale, la presse nazie bien orchestrée reprenait la propagande du Führer « pour la paix ».

« Pourquoi l'Angleterre et la France, demandait la *Frankfurter Zeitung*, devraient-elles verser leur sang encore une fois sur notre mur de l'ouest? Puisque l'État polonais a cessé d'exister, les traités d'alliance avec lui n'ont plus aucun sens. »

C'était une propagande habile, destinée à séduire en particulier les forts courants contre la guerre existant en France. Elle fut reprise par les bolcheviques à Moscou, ce qui m'étonna moins que ce n'eût été le cas une semaine auparavant. Car Staline, dans l'intervalle, avait hardiment commencé à se servir de son pacte avec Hitler.

A 6 heures du matin, le 17 septembre, l'Armée rouge commença, à son tour, à envahir la Pologne de son côté. Les Polonais, déjà vaincus par les Allemands, ne pouvaient guère offrir de résistance. Le lendemain, les troupes soviétiques faisaient leur jonction avec les Allemands à Brest-Litovsk où, à peine vingt et un ans auparavant, le gouvernement bolchevique, abandonnant ses alliés occidentaux, avait signé une paix séparée avec l'Allemagne à des conditions si dures que, si elles avaient été appliquées, elles auraient pu anéantir la Russie.

A Berlin, ce matin-là, j'étais écœuré en recevant les nouvelles de Moscou. Combien de fois, à Genève, avais-je entendu les hommes d'État soviétiques parler de front commun contre l'agresseur? Les Allemands avaient encouragé les Russes à entrer en Pologne. Bien qu'ils ne puissent pas le dire ouvertement, ils pensaient que le geste de l'Allemagne en faveur de Staline enlevait à celle-ci une part de sa responsabilité dans l'agression contre la Pologne, pour la mettre au compte de l'Union soviétique.

Avec un cynisme de brigands, les deux dictatures se mirent alors à se partager le butin de leur conquête. Ribbentrop repartit pour Moscou pour y mettre au point les détails du nouvel accord. Les archives allemandes saisies par la suite montrent que c'est Staline, plutôt que Hitler, qui insista pour que la Pologne disparaisse de la carte. Pour apaiser l'opinion mondiale, Hitler avait caressé l'idée de conserver un petit État polonais, du genre du Grand-Duché de Varsovie de Napoléon. Mais il ne fut pas mécontent de céder à l'insistance de Staline, qui voulait que les deux pays se partagent la Pologne pour en avaler chacun la moitié. Ce qui fut fait le 28 septembre, après une journée de conversations entre Staline et Ribbentrop à Moscou.

Comme dans le pacte germano-soviétique d'origine, il y avait des « protocoles secrets ». Le plus infâme était formulé comme suit :

> Les deux parties ne toléreront [...] aucune agitation polonaise affectant les territoires de l'autre partie. Elles réprimeront dans leurs territoires toute velléité d'agitation de ce genre [...].

Et ce fut le début des régimes de terreur destinés à anéantir brutalement la liberté, la culture et l'existence nationales de la Pologne.

Enfin, dans le cadre de ce marché, Staline se ralliait à l'offensive de paix de Hitler. Une déclaration concoctée par Ribbentrop et Molotov fut publiée le 28 septembre, en même temps que l'annonce de l'accord russo-allemand sur la destruction de la Pologne.

> Les gouvernements d'Allemagne et de l'U.R.S.S., après avoir définitivement réglé les problèmes soulevés par la désintégration de l'État polonais, et posé les bases solides d'une paix durable en Europe de l'Est *(sic!)*, expriment mutuellement leur conviction qu'il serait conforme aux véritables intérêts de tous les peuples de mettre fin à l'état de guerre entre l'Allemagne, l'Angleterre et la France. Les deux gouvernements feront en commun tous leurs efforts [...] pour atteindre ce but aussitôt que possible. Si, cependant, ces efforts restaient sans résultats, cela démontrerait que l'Angleterre et la France sont responsables de la poursuite de la guerre.

Dans cette révoltante manifestation d'hypocrisie, Staline s'était jeté de tout son poids derrière Hitler contre les Occidentaux que, quelques semaines plus tôt, il suppliait de se joindre à lui pour constituer un front commun contre Hitler.

Tels sont les étranges détours de l'Histoire!

Huit jours plus tard, le 6 octobre, au Reichstag, Hitler lançait son appel pour la paix tant attendu. Assis dans la salle décorée de l'Opéra Kroll, j'eus l'impression d'écouter un vieux disque de gramophone rayé qu'on jouait pour la cinquième ou sixième fois. Je l'avais déjà si souvent entendu, de la même tribune, proposer après sa dernière conquête ce qui paraissait une paix juste et honnête à condition d'oublier sa dernière victime!

> L'Allemagne, dit-il, n'a plus de revendications contre la France [...]. Je crois qu'il ne peut y avoir de véritable paix en Europe et dans le monde entier que si l'Allemagne et l'Angleterre arrivent à s'entendre.
>
> Pourquoi faut-il faire cette guerre à l'ouest? Pour restaurer la Pologne? La Pologne du traité de Versailles ne renaîtra jamais [...]. Il paraît insensé d'anéantir des millions d'hommes [...] pour reconstituer un État qui, dès sa naissance, fut considéré comme un avorton [...]. Non, cette guerre à l'ouest ne peut résoudre aucun problème [...].

Il y avait pourtant des problèmes. Mais Hitler proposait, pour les résoudre, une conférence des « principales nations européennes ».

C'était un discours habile et, je n'en doutais pas en rentrant à l'hôtel Adlon par cet bel après-midi d'automne ensoleillé, il impressionnerait le peuple allemand, qui voulait la paix, et probablement les Français, qui n'avaient pas le cœur à faire cette guerre. Mais, je n'en doutais pas non plus, les Britanniques ne s'y laisseraient pas prendre.

En allant à la Maison de la Radio ce soir-là, je pris une première édition du journal de Hitler, le *Völkischer Beobachter*. Les titres, en gros caractères, s'étalaient sur presque toute la page :

La volonté de paix de l'Allemagne
Aucun but de guerre contre la France et l'Angleterre
Plus de révisions demandées sauf les colonies
Réduction des armements
Coopération avec toutes les nations d'Europe
Propositions de conférence

Cela paraissait tout à fait raisonnable. A la Maison de la Radio, tandis que je préparais mon émission, les Allemands étaient très excités. Ils étaient persuadés que c'était la paix.

La réponse de Chamberlain arriva à Berlin six jours plus tard, sous la forme d'un discours aux Communes.

« On ne peut avoir, dit le Premier ministre, aucune confiance dans les promesses de l'actuel gouvernement allemand. »

Il faudrait d'abord réparer les torts faits à la Pologne et à la Tchécoslovaquie. L'homme de Munich, j'étais soulagé de le constater, ne se laissait plus berner par les promesses de Hitler.

Le 9 octobre, je quittai Berlin pour aller voir ma famille à Genève, y prendre des vêtements d'hiver et, dit mon carnet, « retrouver mes sens ». Seuls sans doute ceux qui ont vécu de longues périodes en Allemagne nazie, surtout en temps de guerre, peuvent comprendre l'impression de soulagement qu'on éprouvait en quittant Berlin. J'avais quitté Genève juste deux mois plus tôt. En ce rien de temps, un monde familier avait disparu, le monde de paix dans lequel j'avais grandi et qui, malgré ses défauts, était resté un monde convenable. Il avait disparu. Un autre monde, né de la guerre, était en gestation. Je n'étais pas pressé de le connaître.

Mon train arriva à Genève après la nuit tombée. Je ne m'habituais pas aux lumières. Elles m'aveuglaient, après six semaines de black-out à Berlin. Et mes trois jours et demi à Genève passèrent trop vite.

Le long du Rhin, de Karlsruhe à Bâle, à l'aller et au retour, j'avais longé la frontière franco-allemande sur 150 kilomètres et il était évident qu'il n'y avait « rien de nouveau à l'ouest », malgré les proclamations françaises sur les grandes batailles qui s'y livraient. Les cheminots allemands, qui faisaient le voyage tous les jours, disaient qu'on n'avait pas tiré un coup de fusil dans ce secteur depuis le début de la guerre. Lorsque le train longeait la rive droite du Rhin, sur des kilomètres par endroits, on voyait, de l'autre côté du fleuve, les soldats français oisifs entre les blockhaus. A un endroit, certains jouaient même au football, et sur notre rive des soldats allemands criaient d'enthousiasme à chaque but marqué. Et les « poilus » français remerciaient d'un geste. Parfois même, ils saluaient notre train. Ils avaient l'air de s'ennuyer. C'était cela, la guerre?

Pendant tout l'automne et le reste de 1939, la *Sitzkrieg* (la « guerre assise »), la *Phony War* (la « guerre-bidon »), la « drôle de guerre » continua. On ne se battait pas beaucoup sur mer, mais pas du tout sur terre et dans les airs. Lorsque des avions britanniques se risquaient au-dessus de Berlin, c'était pour y jeter non pas des bombes, mais des tracts – et en mauvais allemand!

On s'habituait aux choses : au black-out, qui, avec les journées courtes en hiver dans le Nord, commençait vers cinq heures de l'après-midi; aux restrictions alimentaires et vestimentaires, aux repas monotones, en grande partie végétariens, aux exhortations véhémentes de Goebbels, de la radio et de la presse contrôlées.

Mais il y avait des choses auxquelles on ne s'habituait pas : les annonces incessantes d'exécutions dans les territoires occupés, et en Allemagne aussi. Elles se glissaient dans mon carnet :

« 9 novembre. Les Allemands annoncent qu'ils ont fusillé [...] le maire polonais de Bromberg [1] [...], impliqué dans le meurtre d'Allemands et le vol des fonds municipaux [...]. 18 novembre. Hier neuf jeunes étudiants tchèques de l'Université de Prague ont été alignés devant un peloton d'exécution allemand et exécutés [...]. Ici, en Allemagne, trois jeunes gens ont été exécutés hier pour « trahison ». Tous les jours ou tous les deux jours, les journaux annoncent quelques décapitations : pour avoir écouté la BBC, pour avoir « mis en danger la puissance défensive du peuple allemand », et ainsi de suite.

A l'occasion, nous échangions quelques mots avec une « huile ». Le 7 novembre, quatre ou cinq correspondants américains eurent ainsi une conversation avec Goering à l'endroit le plus inattendu : l'ambassade soviétique, où nous nous trouvions pour la réception annuelle de l'anniversaire de la Révolution bolchevique. Et aussi, soyons franc, à cause de l'occasion de bien manger et bien boire : caviar, esturgeon, vodka. Debout devant un portrait de Lénine qui nous souriait d'en haut, Goering pérorait en avalant force bière et en tirant sur un gros cigare de mauvaise qualité. Il était, comme toujours, d'humeur expansive. Ses chasseurs et ses bombardiers, en particulier les bombardiers en piqué « Stuka », avaient fait du bon travail en Pologne. Je voulais savoir ce que pensait le maréchal du vote du Congrès abrogeant la loi de neutralité américaine, et des vantardises de certains à Washington, selon lesquels l'Amérique vendrait bientôt des milliers d'avions aux Alliés pour les aider à vaincre l'Allemagne. Il connaissait très bien notre retard en ce qui concernait la production d'avions de guerre :

« Vos avions sont bons, dit-il. Mais vous n'en fabriquez pas assez et pas assez vite. »

Il n'était pas inquiet, dit-il, de la possibilité pour les États-Unis de fournir des avions, des chars et des canons aux alliés occidentaux. Je demandai :

« Malgré ce qui s'est passé la dernière fois?

– Oui. Malgré cela », répondit-il, avec un petit rire.

J'avais l'impression qu'il n'avait pas beaucoup réfléchi à la question. Contrairement à Hitler, Goebbels et Himmler, lui, Goering, n'avait pas d'antipathie pour nous, les correspondants américains, malgré ce que pouvait faire notre pays. Cela ne semblait pas le toucher. Il ne prenait pas l'Amérique au sérieux en tant que puissance militaire. Mais n'était-ce pas la même erreur, me disais-je, que les Allemands avaient

1. En polonais (avant 1939 et après 1945) : Bydgoszcz *(N.d.T.)*.

déjà faite à la première guerre? Avec leur arrogance, ils restaient dans l'ignorance du reste du monde.

L'arrogance allemande! En décembre de cette année-là elle allait en prendre un coup.

Le soir du 14 décembre, les journaux et la radio de Berlin célébraient ce qu'ils appelaient une grande victoire navale, celle du cuirassé de poche *Graf Spee* sur trois croiseurs britanniques au large de Montevideo. Les navires britanniques avaient été mis hors de combat, disaient les Allemands, alors que le *Graf Spee* n'avait subi que « des dégâts superficiels ». Pendant deux jours, la presse et la radio exultèrent. Puis, le 18 décembre, ils annoncèrent brièvement que le cuirassé victorieux s'était sabordé dans l'estuaire de la Plata, juste en vue de la capitale de l'Uruguay. Trois jours plus tard, la Marine annonçait que le commandant du navire, le capitaine de vaisseau Hans Langsdorff, avait « suivi son navire » comme un héros, selon ce qu'attendaient de lui son Führer, le peuple allemand et la Marine.

On ne dit pas au malheureux peuple allemand que le commandant Langsdorff n'avait pas « suivi son navire », mais qu'il s'était suicidé d'une balle de revolver dans la tête, seul dans une chambre d'hôtel de Buenos Aires. On ne lui dit pas non plus, comme à moi, que le Führer, furieux que le *Graf Spee* ait été sabordé au lieu de combattre jusqu'au bout, avait donné personnellement l'ordre de se suicider au pauvre Langsdorff.

Bon nombre de mes émissions, pendant l'automne et le début de l'hiver, avaient trait à la guerre sur mer car, depuis la chute de la Pologne, il n'y avait de combats sérieux nulle part. Les seules « offensives » allemandes étaient menées sur mer par les sous-marins.

A minuit, le 28 septembre, je fis passer à l'antenne un des commandants de ces sous-marins. Il y avait eu un violent échange radio entre Britanniques et Allemands à propos du torpillage d'un navire britannique, le *Royal Sceptre.* Londres affirmait qu'il avait été coulé sans avertissement et que l'équipage et les passagers, soixante en tout, avaient probablement péri. Berlin démentait.

Un jour ou deux plus tard, Winston Churchill, alors lord de l'Amirauté, reconnut devant la Chambre des communes que le commandant de l'U-boot l'avait avisé par radio de la position du navire qu'il venait de couler, pour que les Britanniques puissent en sauver les passagers et l'équipage. Ce commandant, ajoutait Churchill avec une jubilation évidente, avait été fait prisonnier. Là encore, Berlin démentait.

J'étais certain que les Britanniques disaient la vérité : les Allemands mentaient trop souvent.

Lorsque j'interrogeai la Marine allemande à ce sujet, un amiral grincheux voulut bien me présenter le commandant du sous-marin, en me précisant que je pouvais l'interviewer dans l'une de mes émissions.

C'était le commandant Herbert Schulze, qui me jura qu'il avait effectivement coulé le *Royal Sceptre,* mais qu'il avait alerté par radio un autre navire britannique, le *Browning,* en lui précisant l'endroit où il pouvait trouver les survivants, et qu'il avait appris par les signaux radio de ce dernier qu'il les avait sauvés. Ce que les Britanniques persistaient à nier.

Le commandant Schulze me dit aussi que, dans un moment de malice, il avait envoyé par radio un message impertinent à Winston Churchill, l'informant lui aussi de la position des survivants du navire torpillé. Je dois dire qu'en préparant notre texte, au ministère de la Marine, je commençais à penser que le jeune officier de marine disait la vérité.

S'il a bien envoyé un message-radio à Churchill, dis-je, essayant toujours de rester sceptique, il en avait sûrement le texte dans le livre de bord de son sous-marin.

« Certainement, dit-il. Mais c'est à Kiel. »

Accepterait-il de téléphoner à Kiel pour demander à un membre de son équipage de relire exactement les termes du message envoyé à Churchill?

« Je vais essayer », dit-il en décrochant un téléphone.

On trouva le livre de bord. On relut le message. Et lorsque nous avons pris l'antenne ce soir-là, je lui ai fait lire le texte.

Comme nous quittions le ministère de la Marine pour l'émission, j'appris autre chose encore. Un chargé de presse nous courait après avec une dépêche de Reuter, l'agence de presse britannique. Elle disait que le *Browning* venait de toucher terre à Bahia, au Brésil, avec l'équipage et les passagers du *Royal Sceptre,* tous sains et saufs.

Qui, à Londres, avait trompé Churchill pour lui faire annoncer aux Communes que le commandant Schulze avait été fait prisonnier, je n'ai jamais pu le savoir. Plus tard, après notre émission, l'Amirauté britannique confirma la version du commandant, reconnaissant qu'il n'avait pas été pris. Schultze, après mon interview, devint l'un de ceux dont les Allemands faisaient sur-le-champ des héros : les commandants d'U-boote.

Un autre héros, plus grand encore, fit surface le 15 octobre lorsque la presse et la radio allemandes annoncèrent en fanfare une sensationnelle victoire de sous-marin, si stupéfiante que je refusai d'y croire jusqu'à ce que la BBC la reconnaisse pour vraie. La veille, le sous-marin U-47 avait pénétré les défenses réputées infranchissables de Scapa Flow, la grande base navale britannique, et coulé le cuirassé *Royal Oak* à l'ancre, tuant 786 officiers et hommes d'équipage. Le commandant, l'enseigne de vaisseau Günther Prien, qui fut bientôt nommé lieutenant de vaisseau, nous fut présenté au ministère de la Propagande le 18 octobre, avec son équipage de jeunes marins, presque tous entre dix-huit et vingt ans, me sembla-t-il. Je notai dans mon carnet :

> Prien ne nous a pas dit grand-chose de la façon dont il avait procédé. Il dit qu'il n'avait pas eu de mal à passer le barrage qui protège la baie. J'ai eu l'impression qu'il avait dû suivre un bâtiment britannique, peut-être un dragueur de mines, pour entrer dans la base. La négligence britannique devait avoir été épouvantable.

Un ami allemand, ancien commandant de sous-marin de la Première Guerre mondiale, me dit que les sous-marins allemands avaient essayé par deux fois d'entrer à Scapa Flow pendant la Grande Guerre, et que les deux sous-marins avaient été perdus. Il y avait bien de quoi pavoiser. Cela contribuait à maintenir le moral d'un peuple qui faisait certes son devoir, mais sans l'enthousiasme d'un début de guerre, comme en 1914.

Était-ce aussi pour leur remonter le moral? Au soir du 8 novembre, Hitler avait terminé depuis douze minutes son discours annuel à la brasserie de Munich, pour l'anniversaire du putsch de 1923, et il avait quitté en hâte la salle avec tous les grands chefs du Parti. C'est alors qu'une bombe éclata derrière la tribune, faisant 7 morts et 63 blessés. Himmler accusa du crime le « Service secret britannique » et même Chamberlain.

L'affaire me parut douteuse. J'appris que Hitler avait fait un discours plus bref que d'habitude pour cet anniversaire. Lui et son entourage, les chefs les plus importants du Parti, Goering, Goebbels, Himmler, Hess, étaient sortis aussitôt après la fin du discours, alors que, les autres années, je le savais, ils restaient autour d'une bière et d'une saucisse, à évoquer les vieux camarades. Et le propre journal de Hitler, le *Völkischer Beobachter*, était le seul journal à Berlin à sortir l'histoire le lendemain. Pourquoi les autres n'en parlaient-ils pas? Un ami m'avait téléphoné l'histoire à la Maison de la Radio juste au moment où je terminais mon émission de minuit. Mais les responsables de la radio allemande et mes censeurs firent la moue, et ne voulurent pas me laisser reprendre l'antenne pour donner la nouvelle.

> Ce que Himmler et sa bande veulent faire, écrivais-je dans mon carnet, c'est visiblement convaincre les crédules Allemands que le gouvernement britannique a essayé de gagner la guerre en assassinant Hitler et ses principaux collaborateurs.

Cela sentait l'incendie du Reichstag.

Le 21 novembre, Himmler annonça qu'il avait trouvé et arrêté le coupable, un certain Georg Elser, un charpentier communiste qui avait habité Munich, mais se trouvait depuis peu dans un camp de concentration. Elser aurait été aidé et encouragé, selon Himmler, par deux agents secrets britanniques, le capitaine S. Payne Best et le major R.H. Stevens, qui, le lendemain de l'explosion de Munich, avaient été arrêtés à la frontière hollandaise. En vérité, nous allions l'apprendre plus tard, ils avaient été kidnappés dans la ville-frontière hollandaise de Venlo par un gang de truands du SD (le *Sicherheitsdienst*, le service de sécurité) conduits par Alfred Naujocks, celui qui avait monté l'attaque polonaise sur la station radio de Gleiwitz dont Hitler s'était servi comme excuse pour la « contre-attaque » qui avait anéanti la Pologne.

Le mystère de la bombe, comme celui de l'incendie du Reichstag, ne devait jamais être tout à fait éclairci. Elser plaida coupable mais ne fut jamais jugé, bien que la date de son procès fût sans cesse fixée et repoussée. Elser lui-même dit à des codétenus du camp de concentration de Dachau, où il avait été incarcéré avant et après l'explosion, que certains hommes, se présentant en ennemis de Hitler, l'avaient aidé à fabriquer la bombe et à la placer contre un pilier derrière l'estrade où le Führer faisait son discours annuel. On lui avait promis la liberté et une grosse somme d'argent. Par la suite, disait-il, on l'avait amené à impliquer Best et Stevens, dont il n'avait jamais entendu parler.

Après la guerre, j'appris qu'Elser avait été un prisonnier privilégié, aussi bien au camp de Dachau qu'à celui de Sachsenhausen, et fort bien traité. Mais Himmler le tenait toujours à l'œil. Il ne pourrait jamais laisser le charpentier survivre, si la guerre était perdue, et raconter son histoire. Quand la défaite allemande fut en effet irrémédiable, le chef de la Gestapo agit. Le 16 avril 1945, on apprit qu'Elser avait été tué dans un bombardement allié. En fait, c'était Himmler qui l'avait fait abattre par la Gestapo.

Décembre amena, dès le premier jour, encore des nouvelles déprimantes. Ayant occupé l'est de la Pologne avec la complicité de Hitler, et commencé de digérer les États baltes qui avaient appartenu à la Russie au temps des tsars, l'Union soviétique envahit la Finlande. Les bombardiers soviétiques attaquèrent Helsinki, faisant 75 morts et de nombreux blessés parmi la population civile. Et l'Armée rouge franchit la frontière en direction de la capitale.

Je passais quelques jours de congé à Genève quand la nouvelle arriva. Je fus aussi scandalisé que lorsque Hitler avait envahi la Tchécoslovaquie, puis la Pologne. Mon carnet exprime ma colère d'alors :

> Le grand champion de la classe ouvrière, qui prêchait si éloquemment contre l'« agression fasciste », le vertueux défenseur de « l'observation scrupuleuse et pointilleuse des traités » (pour citer le Molotov d'il y a un mois), est tombé sur la petite démocratie la plus digne et la mieux organisée d'Europe, en violation d'une douzaine de traités solennels [...].
>
> Je n'ai pas décoléré depuis trente heures. Pas dormi la nuit dernière, même si je n'en ai guère eu l'occasion.

J'avais travaillé toute la journée et toute la nuit, sans cesse au téléphone avec Helsinki, Stockholm, Berlin, Berne, Amsterdam et Londres, pour essayer de retransmettre des émissions de Finlande vers l'Amérique. Ce ne fut pas facile.

Les Allemands refusaient de me donner un émetteur ou des liaisons téléphoniques pour traverser l'Allemagne. Ils me dirent franchement qu'ils avaient ordre de ne pas offenser la Russie. J'appelai Amsterdam et suppliai les Hollandais de me prêter un de leurs émetteurs sur ondes courtes pour transmettre nos émissions à New York, mais ils avaient peur de compromettre leur neutralité et refusèrent. Finalement, Ed Murrow, avec qui j'avais été au téléphone sans arrêt depuis vingt-quatre heures, trouva la solution de notre problème. Il obtint de la BBC qu'elle reprenne sur ondes moyennes les émetteurs suédois, qui pouvaient retransmettre nos émissions envoyées par téléphone d'Helsinki à Stockholm.

Ayant ainsi trouvé un moyen de faire passer nos émissions, il fallut maintenant que je trouve quelqu'un pour émettre de Finlande et du front. Je finis par trouver Bill White, le fils de William Allen White, que j'avais connu à son arrivée à Berlin quelques semaines auparavant. Bill était insaisissable. A Berlin, il ne cessait de disparaître. Après nombre de coups de téléphone, et un véritable travail de détective, je le trouvai enfin à Stockholm, d'où je l'envoyai couvrir la guerre russo-finlandaise.

Il se révéla un bon choix. Ses émissions, en particulier celles du front, où les Finlandais, inférieurs en nombre et en armement, arrêtaient les Russes sur place, étaient très émouvantes, et l'une d'entre elles, la veille de Noël, diffusée des tranchées finnoises gelées et couvertes de neige, fut inoubliable.

La veille de Noël, j'émis de Berlin, et le soir du 25, de Kiel, la grande base navale allemande.

C'était le premier Noël de guerre, et, à Berlin, il était plutôt sinistre. Il commença par pleuvoir, puis la pluie se changea en neige pour revenir au crachin.

Il y avait peut-être de la joie et de la chaleur humaine derrière les rideaux du black-out, mais j'en doutais. Les gens m'avaient paru bien tristes, à l'approche de Noël, l'époque où presque tous les Allemands laissent parler leur cœur (et moi aussi, je l'avoue). Il n'y avait pas beaucoup de cadeaux dans les magasins, moins encore de nourriture qui, de toute façon, était rigoureusement rationnée. Hitler, disait-on, était le plus triste de tous. Il avait quitté Berlin le 21, de méchante humeur, et il était parti en train spécial pour le front de l'ouest, bien qu'on ne s'y fût pas battu, renonçant à son traditionnel réveillon à la Chancellerie où, pourtant, je savais qu'une grande cérémonie était prévue.

Je passai une partie du réveillon avec des amis américains. Il fallut que je m'en aille à minuit pour mon émission. A la Maison de la Radio, les Allemands avaient dressé un arbre de Noël dans l'un des plus grands bureaux et, quand j'arrivai, ils dansaient et buvaient du champagne pour essayer d'être gais. Mon émission, à en croire mon carnet, « fut inexcusablement sentimentale », mais je ne m'en souviens pas.

Je quittai la Maison de la Radio vers 3 heures du matin, m'offris un peu de sommeil à l'Adlon et je me relevai à 5 heures pour repartir en voiture pour Kiel, sous la pluie, en ce jour de Noël. C'était la première visite d'un correspondant étranger à la *Kriegsmarine* (la marine de guerre) depuis le début des hostilités. Quelques jours plus tôt, l'un de nos attachés navals américains, que je soupçonnais d'être le chef de notre renseignement militaire en Europe continentale – ce qu'il était en effet – m'avait appris à identifier les divers navires de guerre allemands à leurs silhouettes. Il voulait savoir, m'avait-il dit, où diable se trouvait la flotte allemande, en particulier les deux nouveaux croiseurs de bataille, le *Scharnhorst* et le *Gneisensau.* A ce qu'il croyait, ils venaient d'être mis en service, ainsi que le cuirassé *Bismarck* qui, disait-il, était à peu près certainement le plus puissant cuirassé existant, bien que probablement encore inachevé. Je suppose qu'il avait hâte de renseigner les Britanniques à leur sujet, si possible.

A Hambourg, notre première étape, en cette aube de Noël, il pleuvait aussi à torrents. Nous trouvâmes finalement les chantiers navals et, en pataugeant dans des mares jusqu'aux mollets, les navires de guerre. Le premier que nous visitâmes fut le nouveau croiseur *Admiral-Hipper,* encore amarré à un quai pour des travaux de finition de dernière minute. Les officiers m'assurèrent qu'il serait bientôt prêt à prendre la mer.

Je m'étais toujours bien entendu avec les gens de mer allemands. Quand j'interrogeai le commandant du *Hipper* à propos d'une information de Londres selon laquelle un sous-marin britannique avait torpillé et coulé un croiseur allemand – information catégoriquement démentie par Berlin – il cligna de l'œil et me conduisit, par une échelle étroite, à la tourelle du croiseur :

« Regardez là-bas », me dit-il discrètement.

A une centaine de mètres de nous, un croiseur un peu plus petit était dressé en cale sèche, avec une brèche d'une quinzaine de mètres de large exactement au milieu de son flanc :

« Les Britanniques l'ont touché, en effet, me dit-il. Mais contrairement à ce qu'ils racontent, ils ne l'ont pas coulé. »

Mon commandant me donna obligeamment le nom du navire : le croiseur *Leipzig.* Puisqu'il était si serviable, je lui demandai quel était l'énorme navire que je voyais plus bas sur le fleuve :

« Le *Bismarck* », dit-il avec un sourire de fierté.

Ainsi, c'était le redoutable *Bismarck*! Je pensai que les Britanniques voudraient bien le voir à ma place. Le *Bismarck* avait l'air presque terminé. Une quantité d'ouvriers donnaient du marteau avec ardeur sur ses ponts [1].

Comme nous roulions vers Kiel, en fin d'après-midi, la pluie se changea en neige et nous eûmes du mal à monter les côtes à cause du verglas. A la grande base navale, un fonctionnaire très empressé du ministère de la Propagande m'accueillit avec un petit discours :

« On me dit que vous avez fait halte à Hambourg et vu quelques-uns de nos navires de guerre. Avez-vous vu le croiseur *Leipzig*, Herr Shirer?

– Oui, monsieur, et je...

– Ces menteurs de Britanniques, ils disent qu'ils ont coulé le *Leipzig*, Herr Shirer.

– Il ne m'a pas paru coulé, mais... »

Il me coupa encore une fois :

« C'est parfait, Herr Shirer. Vous allez répondre à cet ignoble mensonge anglais, n'est-ce pas? Vous direz la vérité au grand peuple américain. Dites-lui bien que vous avez vu le *Leipzig* de vos propres yeux, n'est-ce pas, et que le bateau n'est même pas éraflé. »

Avant que j'aie pu l'interrompre à mon tour, il me poussait sur une passerelle pour descendre sur une vedette. Mon guide, un officier à monocle du Haut Commandement qui me parut un ancien de la Première Guerre mondiale, fronçait le sourcil en écoutant l'imbécile jacasser. Wolf Mittler, un homme de la radio allemande et un ami, qui était chargé de m'aider pour les aspects techniques de mon émission, souriait d'un air confus.

Dans le port de Kiel, quand notre vedette en commença le tour, je fus surpris de voir que presque toute la marine allemande y était rassemblée pour les fêtes. Le « briefing » de notre attaché naval commençait à payer. Je me débrouillai pour identifier la plupart des bateaux : le cuirassé de poche *Deutschland*, deux croiseurs de la classe *Köln*, les deux croiseurs de bataille *Scharnhorst* et *Gneisenau*, un certain nombre de destroyers et une quinzaine de sous-marins. Je ne pouvais m'empêcher de penser que si seulement les Britanniques le savaient, ils pourraient venir cette nuit, où la lune serait bientôt presque pleine, et liquider à peu près toute la flotte allemande avec quelques bombardiers. Ils pourraient, mais ils ne le feraient pas!

Notre vedette s'arrêta devant un immense bassin de radoub. Un

1. Le *Bismarck* allait être coulé, un an et demi plus tard, à l'issue de la plus grande bataille navale dans l'Atlantique de la Seconde Guerre mondiale, qui dura une semaine entière. Le *Bismarck* fut le plus souvent seul face au gros de la « Home Fleet » (la Flotte britannique d'Europe). Le croiseur de bataille *Hood*, jaugeant 42 000 tonnes, le plus gros et le plus puissant navire de la flotte britannique, avait été coulé au cours du premier engagement.

essaim d'ouvriers quittaient tout juste le grand navire qui s'y trouvait, et qui était, mon hôte me le confirma, le croiseur de bataille *Gneisenau*. Le commandant fit savoir qu'il serait heureux de me montrer son navire. Il expliqua rapidement que si le gros bateau était en cale sèche, ce n'était pas qu'il eût été atteint, mais parce qu'il avait besoin d'une révision. Il m'invita à constater que les flancs du navire n'étaient pas touchés. L'esprit de camaraderie entre les officiers et les hommes à bord du cuirassé me surprit, comme il surprit aussi le militaire allemand qui m'escortait : il n'avait jamais rien vu de comparable en Allemagne pendant la Première Guerre mondiale. Quatre ou cinq officiers supérieurs m'accompagnaient dans la visite du navire et quand nous entrions dans un des quartiers de l'équipage, pesonne ne se mettait au garde-à-vous, même pas pour le commandant. Celui-ci, un homme affable, s'aperçut de notre surprise.

« Il y a un esprit nouveau dans la marine allemande », dit-il.

Et, manifestement, il en était fier. Il expliqua que, dans cette guerre, tous les officiers et les hommes à bord de tous les navires mangeaient la même quantité de la même nourriture. Ce n'était pas le cas pendant la dernière guerre, dit-il, et il cita un proverbe marin selon lequel la même bonne nourriture pour les officiers et les hommes met un terme au mécontentement. Je me rappelais – comme lui aussi, j'en étais sûr – que la révolution allemande de 1918 avait commencé ici-même, à Kiel, chez les marins mécontents.

A notre retour à terre dans la vedette, la lune presque pleine se levait, splendide, derrière les hauteurs enneigées, jetant une lumière d'argent sur l'eau et faisant ressortir les silhouettes des navires à contre-jour.

Là encore, je ne pus m'empêcher de penser : « Quelle cible pour la RAF! »

Je rentrai à l'hôtel pour mettre au point les détails de mon émission de Noël. J'avais l'intention de commencer sur le pont d'un bâtiment de servitude pour les sous-marins, puis de descendre par une écoutille dans la cale d'un U-boot, où l'équipage, rentrant tout juste des eaux britanniques, prenait son dîner de Noël.

La vue, du pont où nous attendions de passer sur les ondes, était à couper le souffle. La lune était maintenant assez haut sur le port pour illuminer les bassins, les navires et les hauteurs couvertes de neige par-derrière.

Pendant quelques secondes, je faillis me laisser aller à dire que toute la flotte allemande était pratiquement rassemblée là, sous mes yeux, sachant que les Britanniques seraient, comme toujours, à l'écoute de mon émission sur les ondes courtes allemandes. C'était le même vertige qui vous prend au sommet d'un gratte-ciel et vous donne un instant l'envie de sauter. Mais je retrouvai bientôt mon bon sens; je ne tenais pas à être décapité à la hache. La Grande-Bretagne n'était pas mon pays, et j'avais beau souhaiter ardemment que nous puissions un jour, d'une façon ou d'une autre, vaincre l'Allemagne, je savais que les Britanniques ne feraient rien, même si je leur donnais le tuyau.

Je dis seulement quelques mots pour décrire le port de Kiel à Noël sous la lune, puis je descendis dans la cale avec mon micro à la main. Je glissai sur les marches, et, maladroitement, je me déchirai la manche et cassai mon chronomètre, qui m'était indispensable pour prendre l'antenne, à une fraction de seconde près, au moment fixé par la radio américaine.

Les marins du sous-marin, apparemment âgés de moins de vingt ans pour la plupart, m'accueillirent avec un chant de Noël.

Ils avaient l'air content de leur sort. Pourtant, je ne pus m'empêcher de penser qu'ils n'avaient plus très longtemps à vivre, le taux des pertes étant ce qu'il était. Avec mon chronomètre cassé, je n'avais aucune idée de l'écoulement des quinze minutes de mon émission. Quand je jugeai qu'elles étaient passées, je terminai l'émission sur le *Stille Nacht* [1] que les sous-mariniers chantaient en s'accompagnant à l'accordéon. Après quoi leur commandant servit du thé au rhum, puis de la bonne bière de Munich, dont il avait dû faire venir plusieurs caisses. Les officiers et les hommes avaient encore envie de parler. Ils posaient aussi des questions touchantes.

Surtout :

« Les Anglais, pourquoi est-ce qu'ils veulent nous faire la guerre? »

Je ne voyais pas l'utilité d'aborder le sujet. L'équipage, manifestement, avait avalé la propagande de Hitler. Je leur souhaitai un joyeux Noël et les remerciai de l'avoir partagé avec moi. Avec Mittler, mon officier d'escorte, nous avons fait des kilomètres à pied au clair de lune pour rentrer à l'hôtel. Nous avons bu une bouteille de champagne au bar. La radio était branchée et une voix lisait une série de proclamations de Noël des gros bonnets nazis. L'une d'elles était particulièrement stupide et je la pris en note. C'était celle du Dr Robert Ley, patron du Front du Travail-bidon.

« Le Führer a toujours raison, disait-il. Obéissez au Führer! »

Et j'allai me coucher, à trois heures, après mon premier Noël de guerre.

La radio allemande continua, le lendemain, à diffuser d'interminables proclamations et autres messages de Noël. Parmi ceux-ci, je notai un échange chaleureux entre Hitler et Staline. Le dictateur allemand télégraphiait au dictateur soviétique :

1. Le vieux chant de Noël allemand, dont les paroles traduites en français commencent par : « Belle nuit, sainte nuit... » *(N.d.T.)*.

« Meilleurs vœux pour vous personnellement et pour l'avenir prospère des peuples de notre amie l'Union soviétique. »

A quoi Staline répondit :

« L'amitié des peuples d'Allemagne et d'Union soviétique, cimentée dans le sang, a toutes les raisons de durer et d'être solide. »

Je me demandais combien de temps durerait ce bla-bla-bla.

Ensuite, ce fut le torrent des proclamations du nouvel an. J'attendais de savoir jusqu'où irait Hitler pour justifier la guerre. Le fou assurait le peuple allemand que la guerre avait été provoquée par « les fauteurs de guerre réactionnaires juifs des démocraties capitalistes ».

Je notai dans mon carnet :

> Il dit que « le peuple allemand ne voulait pas cette guerre » (c'est vrai). « J'ai essayé jusqu'à la dernière minute de maintenir la paix avec l'Angleterre » (c'est faux). « Mais les fauteurs de guerre réactionnaires juifs attendaient cette minute pour exécuter leurs plans de destruction de l'Allemagne » (c'est faux).

Je ne doutais pas que la majorité du peuple allemand avalerait ces mensonges stupides. Après tout le temps que j'avais passé dans la pétaudière nazie, je trouvais toujours profondément déprimant de voir un peuple se laisser si facilement tromper.

Le 23 février 1940, je notais dans mon carnet :

> Mon anniversaire. J'ai trente-six ans et je n'ai rien fait. Et comme les années du milieu de la vie passent vite!

Ma dépression s'était un peu arrangée avec un séjour d'une quinzaine de jours passés en famille à Villars-sur-Ollon, en Suisse, où nous avions fait un peu de ski, Tess et moi, et commencé d'apprendre à Eileen, qui avait maintenant deux ans passés. Mais je retrouvai ma dépression, comme toujours, à mon retour à Berlin, le 22.

De janvier presque jusqu'à la fin de mars, nous eûmes l'hiver le plus froid de l'histoire en Allemagne, rendu plus dur encore par le manque de charbon; les fleuves et les canaux qui en transportent la majeure partie restèrent gelés pendant trois mois. La vie redevint une bataille continuelle pour avoir chaud, et rester au sec.

On en oubliait presque la guerre. Aucune opération terrestre. Les bombardiers des deux camps continuaient de lâcher surtout des tracts. Il ne se passait un petit quelque chose que sur mer. Les sous-marins allemands continuaient à couler les transports alliés.

On ne se battait sur terre que dans une autre guerre, sur le front russo-finlandais. Cela se passait dans la neige et un froid terrible, derrière l'ancienne frontière, au nord-ouest de Leningrad. Le monde occidental tout entier applaudissait les héroïques Finlandais qui avaient arrêté le colosse russe. Deux jours après Noël, les Finlandais lancèrent une contre-offensive, isolant quatre divisions des VIIIe et IXe armées soviétiques. Mais il leur manquait les hommes, les chars, les canons lourds et les avions pour réussir leur percée. Les Russes avaient maintenant concentré 1 200 000 hommes sur le front. Les Finlandais, avec leur population réduite, ne pouvaient en mobiliser que 200 000. Les Britanniques et les Français avaient promis d'envoyer un corps expéditionnaire pour les aider si la Norvège et la Suède leur accordaient le passage, ce qu'elles continuaient de refuser.

L'offensive finlandaise s'essouffla le 6 janvier et, deux jours plus tard, le général en chef soviétique, S.K. Timochenko, ayant pris personnellement le commandement, les Russes passèrent à l'offensive, jetant dans la bataille des masses de troupes fraîches et des milliers de chars, de canons et d'avions. Au début de mars, les Finlandais comprirent qu'ils allaient être vaincus et ils engagèrent en secret des pourparlers de paix. Le 12 mars, ils signaient un accord avec les Russes. Il était assez dur, donnant à l'Union soviétique Vyborg (en finnois Viipuri), la seconde ville de Finlande, au nord-ouest de Leningrad, et de nombreuses îles fortifiées dans le golfe de Finlande [1].

A Berlin, l'entourage de Hitler ne cacha pas son soulagement. L'Allemagne n'était plus obligée de soutenir, situation impopulaire, la Russie contre les héroïques Finlandais. Elle comptait maintenant que l'Union soviétique allait reprendre l'envoi des matières essentielles qui lui faisaient gravement défaut, en particulier le pétrole et le ravitaillement. Cela rendait également moins probable que Hitler soit amené à occuper la Scandinavie, pour empêcher les Alliés de s'y installer sous couvert d'assurer, à travers la Norvège et la Suède, leurs lignes de communications avec un corps expéditionnaire en Finlande.

« La conclusion de la paix entre la Finlande et la Russie, note dans son carnet le colonel Jodl, de l'OKW [2], prive l'Angleterre, mais nous aussi, de toute raison politique d'occuper la Norvège. »

C'était vrai. Mais il y avait d'autres considérations. En réalité, pendant tout l'hiver, j'avais eu l'impression que la guerre allait s'étendre à la Scandinavie. J'en retrouve la trace dès le 3 janvier dans mon carnet :

> La presse commence à rabâcher le refrain des « intentions agressives de la Grande-Bretagne contre la Scandinavie ». Hitler, paraît-il, a dit à

1. Les Finlandais comptaient 25 000 tués et 45 000 blessés, sur un effectif de 200 000, lourdes pertes pour un si petit pays. Les pertes russes étaient plus lourdes, mais plus légères comparées à la population du pays et aux effectifs engagés : 48 000 tués et 150 000 blessés sur un effectif de 1 200 000.

2. *Oberkommando der Wehrmacht* (Haut Commandement des forces armées).

> l'armée, à la Marine et à l'armée de l'air de préparer d'urgence des plans pour précéder les Alliés en Scandinavie, s'ils essayaient d'y aller pour aider la Finlande contre la Russie. L'Armée et la Marine sont très pro-finnoises, mais elles comprennent bien qu'elles doivent protéger leurs voies commerciales vers les mines de fer suédoises. Si l'Allemagne les perd, elle est fichue.

L'existence même de l'Allemagne, depuis le blocus britannique, dépendait de l'importation du minerai de fer de Suède. Pendant les mois tempérés, le minerai était transporté par bateaux, du nord de la Suède par le golfe de Botnie et à travers la Baltique jusqu'en Allemagne. Mais en hiver, le golfe, peu profond, était pris par les glaces et devenait impraticable. Le minerai suédois devait alors être transporté par voie ferrée jusqu'au port norvégien de Narvik, et par voie de mer jusqu'en Allemagne le long des côtes norvégiennes. A l'approche du printemps, les Britanniques donnaient à penser qu'ils s'apprêtaient à intervenir dans les eaux norvégiennes pour couper cette ligne de communication vitale pour l'Allemagne. Churchill, le Premier lord de l'Amirauté, avait proposé au début de la guerre de miner les eaux territoriales norvégiennes pour arrêter le transport du minerai de fer par les Allemands. Mais Chamberlain avait refusé.

L'attaque de la Finlande par la Russie avait radicalement changé la situation en Scandinavie. Les Allemands avaient connu de bonne heure les plans alliés pour envoyer une armée en Finlande par la Norvège et la Suède. Ils avaient bien vu qu'une fois les troupes britanniques et françaises débarquées en Norvège, quel que soit le nombre qui poursuivrait sa route jusqu'en Finlande par la Suède, il en resterait assez pour leur couper la route maritime du fer au départ de Narvik. Ce serait un désastre, et Hitler était résolu à l'éviter à tout prix. Un incident survenu dans les eaux norvégiennes dans la nuit du 17 février semble avoir été, pour le dictateur nazi, la goutte d'eau qui fait déborder le vase.

Un ravitailleur du *Graf Spee* sabordé, l'*Altmark*, qui avait réussi à forcer le blocus britannique, fut découvert par un avion de reconnaissance britannique dans les eaux norvégiennes, alors qu'il descendait vers le sud en direction de l'Allemagne. Le gouvernement britannique savait qu'il avait à son bord trois cents prisonniers britanniques, des équipages de navires marchands coulés par le *Graf Spee* dans l'Atlantique Sud. La marine norvégienne affirmait avoir inspecté le navire allemand et n'y avoir pas trouvé de prisonniers britanniques. Mais Churchill n'était pas satisfait. Il ordonna personnellement à une flottille de destroyers britanniques d'entrer dans les eaux norvégiennes, et d'arraisonner le navire allemand pour libérer les prisonniers. Ce qui fut fait, par le destroyer *Cossak*, dans la nuit du 16 au 17 février. Après une escarmouche au cours de laquelle quatre Allemands furent tués et cinq blessés, le détachement britannique libéra 299 marins, qui avaient été enfermés avec les vivres de réserves et dans un réservoir de mazout vide, pour que les Norvégiens ne les découvrent pas.

Hitler, furieux, donna l'ordre à l'OKW, deux jours plus tard, de mettre la dernière main au plan *Weserübung* (« Exercice Weser », le nom de code de l'occupation allemande de la Norvège).

Il ordonna au colonel Jodl, à l'OKW, d'« équiper les navires » et de « mettre les unités en alerte ». Un élément comique se mêle alors à une affaire par ailleurs tout à fait sérieuse. Jodl rappela au Führer qu'il n'avait pas encore nommé le général qui commanderait la campagne en Scandinavie. A la suggestion du général Keitel, chef de l'OKW, Hitler désigna le général Nikolaus von Falkenhorst, qui commandait un corps d'armée sur le front de l'ouest. Falkenhorst n'avait jamais encore rencontré le Führer et n'avait jamais entendu parler du projet de campagne dans le nord. Hitler le convoqua à la Chancellerie le 21 février, lui dit que les Britanniques se préparaient à débarquer en Norvège, manifesta sa colère au sujet de l'incident de l'*Altmark* et lui ordonna de revenir dans cinq heures avec des plans d'invasion de la Norvège. Hitler ne lui parla pas du plan déjà préparé par l'OKW et le général fut donc obligé de partir de zéro. Il ne savait absolument rien de la Norvège, devait-il dire par la suite :

> Je suis allé acheter un guide de voyage Baedeker pour me faire une idée de ce que c'était que la Norvège, expliquerait Falkenhorst au procès de Nuremberg. Je n'en avais pas la moindre idée [...]. Puis je suis rentré à mon hôtel et j'ai travaillé sur le Baedeker [...]. A cinq heures de l'après-midi, je suis retourné chez le Führer.

Hitler approuva le plan Baedeker et, le 1er mars, envoya sa première directive officielle pour l'« Exercice Weser », « l'occupation du Danemark et de la Norvège », le Danemark ayant été ajouté en hâte sur la liste des nouvelles victimes de Hitler.

Les Britanniques et les Français, on le sait maintenant, se préparaient eux aussi à intervenir en Norvège. Pendant tout l'hiver et le début du printemps, Churchill avait pressé Chamberlain de permettre à la Navy de miner les eaux norvégiennes pour couper la route du fer à l'Allemagne. Finalement, il lui arracha la permission de miner les eaux territoriales norvégiennes le 8 avril. On prépara en hâte l'envoi de petits contingents anglo-français, avec un fort soutien naval, pour occuper et défendre les ports norvégiens de Narvik, Trondheim, Bergen et Stavanger au cas où les Allemands réagiraient. Cette dernière opération portait le nom de « Plan R-4 ».

Ainsi, cette première semaine d'avril, alors que le « Plan R-4 » et l'« Exercice Weser » commençaient à être mis en application, des troupes embarquaient secrètement dans les ports de la Baltique alors que, sur la Clyde et dans le Forth, dans le nord de la Grande-Bretagne, des troupes françaises et britanniques, bien que moins nombreuses, embarquaient secrètement sur des transports alliés.

Des deux côtés, on avait tout de même une idée assez exacte de ce que l'autre préparait. Et les Scandinaves aussi. Au début d'avril, ils recevaient quantités d'informations sur les intentions et les préparatifs allemands. Mais ils ne réagirent pas. Cela dépassait, en quelque sorte, la compréhension de ces Nordiques bien pacifiques, bien convenables, qu'on puisse leur faire ça...

Le 2 avril, la censure militaire de Berlin me laissa diffuser ce qui n'était déjà plus un secret dans la capitale.

> L'Allemagne attend maintenant de voir ce que les Alliés se proposent de faire pour arrêter le transport maritime du minerai de fer suédois, le long des côtes norvégiennes, à destination du Reich. On considère ici comme inévitable que les Britanniques pénètrent dans les eaux territoriales scandinaves pour y mettre fin. On considère également comme inévitable que les Allemands réagissent [...]. L'Allemagne ne peut pas se permettre de laisser interrompre ces livraisons sans combattre.

Jamais encore, depuis le début de la guerre, les nazis ne m'avaient permis d'être aussi franc dans mes émissions. Il est vrai qu'ils ne m'avaient pas laissé diffuser mon information sur la concentration de troupes allemandes dans les ports de la Baltique. Je me rappelle avoir été assez soulagé ce soir-là, à l'idée qu'enfin les Britanniques, qui en étaient encore à la « drôle de guerre » sur ce qu'on appelait le front ouest, allaient avoir l'occasion de porter un coup terrible en Norvège. Il n'était pas douteux pour moi que la marine britannique n'aurait pas de peine à réussir : la marine allemande n'était toujours pas de taille.

L'après-midi du 2 avril, après une longue conversation avec Goering, l'amiral Raeder et le général von Falkenhorst, Hitler donna l'ordre définitif de lancer l'« Exercice Weser » à 5 h 15 le 9 avril. Les premières forces navales, celles destinées à Narvik, allaient prendre la mer. Les autres appareilleraient les jours suivants, mais devaient être en mesure, dès le 9 avril, d'occuper Copenhague et les cinq principaux ports norvégiens, d'Oslo, au sud, à Narvik dans le Grand Nord.

Il y avait d'autres directives. Dans la première, Hitler ordonnait que « l'évasion de leur pays des rois du Danemark et de Norvège au moment de l'occupation soit évitée par tous les moyens ». Il ne voulait pas les voir mettre sur pied des gouvernements en exil gênants, comme deux de ses précédentes victimes, la Tchécoslovaquie et la Pologne, commençaient à le faire. Dans la deuxième directive, le Haut Commandement ordonnait au ministère des Affaires étrangères de préparer des mesures diplomatiques pour amener le Danemark et la Norvège à se rendre sans combat, et d'inventer une justification quelconque de la dernière agression de Hitler.

La troisième directive, celle-là provenant de la Marine, je ne la connus pas avant le procès de Nuremberg. La Marine allemande, pour faire entrer dans les ports norvégiens les navires de guerre et de transport amenant les troupes, les ferait passer pour britanniques lors des contrôles norvégiens!

Je notai dans mon carnet :

> 8 avril. Les Britanniques annoncent qu'ils ont miné les eaux territoriales norvégiennes pour arrêter les bateaux venant de Narvik avec le minerai de fer. La Wilhelmstrasse dit : « L'Allemagne saura réagir. »
>
> 9 avril. Hitler a occupé encore deux autres pays ce printemps. A l'aube, les forces nazies ont envahi deux États neutres, le Danemark et la Norvège, « pour protéger leur liberté et leur indépendance », comme dit pieusement une déclaration officielle.
>
> Après douze heures bien remplies, il semble que tout soit à peu près terminé. Le Danemark, avec lequel Hitler a signé un pacte de non-agression de dix ans voilà à peine un an, a été complètement occupé et tous les points d'importance militaire en Norvège, parmi lesquels la capitale, sont déjà aux mains des nazis.
>
> C'est une nouvelle stupéfiante. Copenhague occupé ce matin, Oslo cet après-midi, Kristiansand ce soir. Tous les grands ports norvégiens, Narvik, Trondheim, Bergen, Stavanger, sont pris.

Nous avions été convoqués d'urgence à une conférence de presse spéciale aux Affaires étrangères à 10 h 30. Nous avions attendu une demi-heure. Puis Ribbentrop avait fait une entrée majestueuse, vêtu d'un éblouissant uniforme gris « des Affaires étrangères ». Insupportable comme toujours, il avait l'air d'être le maître du monde. Sans sourciller, il souligna que les Allemands avaient occupé le Danemark et la Norvège « pour les protéger des Alliés » et « pour défendre leur vraie neutralité jusqu'à la fin de la guerre ».

Avant de lire son absurde déclaration, il avait présenté le chef de son service de presse, une grosse nullité du nom de Schmidt, qui avait lu le texte du mémorandum allemand lancé à l'aube aux deux gouvernements scandinaves étonnés, alors que les troupes allemandes commençaient déjà à occuper leurs capitales.

Cela me parut l'un des documents diplomatiques les plus impudents jamais inventés par Hitler et Ribbentrop. Après avoir déclaré que l'Allemagne était venue en aide au Danemark et à la Norvège pour les protéger contre une occupation anglo-française, il disait :

> Les troupes allemandes ne prennent donc pas pied sur le sol norvégien en ennemies. Le Haut Commandement allemand n'a pas l'intention de se servir de points occupés par les troupes allemandes comme bases d'opérations contre l'Angleterre tant qu'il n'y sera pas forcé [...]. Au contraire, les opérations militaires allemandes visaient exclusivement à protéger le Nord d'une occupation des bases norvégiennes préparée par les forces anglo-françaises.
>
> [...] Dans l'esprit des bonnes relations qui ont existé jusqu'ici entre l'Allemagne et la Norvège, le gouvernement du Reich déclare au gouvernement de Norvège que l'Allemagne n'a aucune intention de porter atteinte de son propre chef à l'intégrité territoriale et à l'indépendance politique du royaume de Norvège actuellement ou à l'avenir [...]. Le gouvernement du Reich attend donc du gouvernement et du peuple norvégiens qu'ils [...] n'opposent aucune résistance. Toute résistance devrait être, et serait, brisée par tous les moyens possibles [...] et conduirait par conséquent à une effusion de sang absolument inutile [...].

Après cette éclatante démonstration de fourberie, j'avais besoin d'un peu d'air frais. Je remontai la Wilhelmstrasse et traversai le Tiergarten. La marche me rafraîchit et me rendit mon sang-froid [1]. A midi, j'allai en voiture à la Maison de la Radio pour mon émission régulière. La voix déplaisante de Goebbels tonnait dans les haut-parleurs d'une quantité de bureaux. Il lisait les divers mémorandums, proclamations et bulletins d'information avec sa véhémence habituelle. Je commençai à étudier les communiqués de guerre consacrés à l'opération militaire. Je dois avouer que j'en fus stupéfait. Tout paraissait avoir marché conformément aux plans, ou même mieux. Copenhague et tout le Danemark occupé avant midi presque sans un coup de feu. Pas la moindre résistance danoise. Il y en avait eu un peu en Norvège, mais tous les objectifs principaux avaient été atteints : l'occupation d'Oslo et des cinq autres grands ports. C'était incroyable. Où était la marine britannique? Je passai les déclarations allemandes sur l'antenne tout en ayant du mal à y croire, et rentrai à l'Adlon pour déjeuner, découragé.

Quand je revins à la Maison de la Radio dans la soirée, j'y trouvai une atmosphère très différente. L'outrecuidance manifestée par les Allemands à midi avait décidément évolué. L'un des censeurs de la Marine, qui m'avait affirmé que les îlots de résistance norvégienne disparaîtraient avant la nuit, reconnaissait maintenant qu'il s'était peut-être un peu avancé.

1. Pas pour longtemps. J'allais avoir un peu plus tard les épreuves des premières éditions des journaux du matin. Je pris note de quelques titres de « une » et de quelques éditoriaux dans mon carnet.

La *Börsen Zeitung* : « L'Angleterre piétine cyniquement les cadavres des petits peuples. L'Allemagne protège les pays faibles des bandits de grand chemin anglais [...]. La Norvège doit comprendre la légitimité de l'opération allemande, qui a pour but d'assurer la liberté du peuple norvégien. » Le *Völkische Beobachter* : « L'Allemagne sauve la Scandinavie! »

Voici en quelques mots ce qui s'était passé, comme nous allions l'apprendre par la suite. Au Danemark, tout s'était déroulé sans histoire. Les Danois savaient que leur pays était indéfendable : trop petit, trop plat, et la plus grande partie, le Jutland, grand ouvert devant les chars de Hitler. Pas de montagne où le roi et le gouvernement auraient pu se réfugier, comme en Norvège. Et aucune aide non plus à attendre des Britanniques, comme en Norvège. Pourtant, le commandant en chef danois voulait se battre, mais il en fut empêché par le roi et le gouvernement. C'est à peine si quelques rares coups de feu furent tirés. La marine elle-même, dont les navires et les batteries côtières auraient pu repousser les maigres forces allemandes débarquées à Copenhague pour occuper la capitale, ne tirèrent pas une seule fois. Le cargo allemand *Hansestadt Danzig*, avec un bataillon de soldats caché dans la cale, arriva devant Copenhague peu avant l'aube, passa sans être intercepté devant les batteries du fort gardant le port (qui auraient pu le faire voler en éclats), puis devant plusieurs canonnières danoises, et s'amarra tranquillement au quai Langelinie (celui des paquebots) en plein centre de la ville et à peu de distance du palais royal d'Amalienborg. En quelques minutes, le palais était pris par cet unique bataillon allemand.

A Oslo, la capitale de la Norvège, les choses s'étaient passées autrement. Pendant toute la nuit plutôt froide du 8 au 9 avril, un aimable comité d'accueil de la légation allemande avait attendu sur le quai du port d'Oslo l'arrivée de la flotte allemande et des transports de troupes. C'était la flotte la plus importante envoyée en Norvège, conduite par le cuirassé de poche *Lützow* (Hitler avait changé son premier nom, *Deutschland*, pour ne pas risquer de perdre un navire portant ce nom), avec ses six canons de onze pouces, et le croiseur lourd tout neuf, le *Blücher*, vaisseau amiral de l'escadre, portant huit canons de huit pouces.

La joyeuse petite bande venue de la légation attendit en vain. Les gros navires n'arrivèrent jamais. Ils avaient été attaqués à l'entrée du fjord d'Oslo, où le poseur de mines *Olav Trygverson* avait coulé un torpilleur allemand et endommagé le croiseur léger *Emden*. Le reste de la flotte avait continué à remonter le fjord. A quinze milles au sud d'Oslo, où le fjord se réduit à quinze milles de large, se dressait le vieux port d'Oskarsborg. Une garnison vigilante ouvrit le feu avec les vieux canons Krupp de 280 et avec des torpilles. Le *Blücher*, atteint de coups directs, prit feu. Sa soute à munitions explosa et il coula rapidement. Les pertes atteignant 1 600 hommes, parmi lesquels des membres de la Gestapo et de l'administration qui venaient arrêter le roi et le gouvernement et occuper la capitale. Le *Lützow* fut également touché plusieurs fois et la flotte endommagée fit demi-tour.

Ailleurs, les Allemands avaient eu plus de chance. A Narvik, d'une importance capitale pour eux comme pour les Britanniques, le commandant des troupes norvégiennes se rendit sans un coup de feu. Le commandant des forces navales était plus énergique. D'un ancien cuirassé, il tira des coups de semonce sur une escadre de dix destroyers allemands qui s'étaient glissés dans le port malgré le blocus britannique, mais fut ensuite victime de la traîtrise allemande. On lui demanda d'interrompre le feu le temps qu'une vedette allemande vienne discuter de la situation. Son navire fut alors détruit par les torpilles des destroyers allemands, qui l'avaient encerclé dans l'intervalle. Un deuxième cuirassé norvégien, qui avait alors ouvert le feu à son tour, fut détruit lui aussi. A 8 heures du matin, les Allemands tenaient complètement le port et la tête de ligne de la voie ferrée qui amenait le minerai de fer suédois.

Plus au sud sur la côte norvégienne, les Allemands réussirent également, et aussi facilement. A midi ou peu après, en ce matin de printemps, ils avaient pris les cinq principaux ports norvégiens et l'unique grand aérodrome des côtes ouest et sud. Le tout avec une poignée d'hommes convoyés par une marine de beaucoup inférieure à celle des Britanniques. L'audace, la ruse et la surprise valaient à Hitler une stupéfiante victoire à relativement peu de frais.

Le revers d'Oslo, où la plus forte de ses esclandres navales avait été repoussée, était largement compensé par une victoire aérienne étonnamment facile. Là où la marine échouait, l'avion réussissait. Et cela, avec ce que je ne puis guère appeler qu'une force symbolique.

L'aéroport d'Oslo, à Fornebu, ne fut pas défendu, pour une raison inconnue, malgré l'avertissement plus que suffisant qu'avait constitué l'engagement naval de la nuit dans le fjord. Quelques voitures stationnées sur le terrain auraient suffi à rendre impossible l'atterrissage des Allemands. Mais même cette précaution n'avait pas été prise. A midi, cinq compagnies de parachutistes et d'infanterie aéroportée avaient été *posées* par les Allemands. Comme elles n'avaient que des armes légères, un petit nombre de soldats norvégiens, avec un char ou deux et une ou deux pièces d'artillerie, aurait pu les balayer. Mais il ne se passa rien. Si bien que, peu avant midi, derrière une fanfare improvisée, les Allemands *défilèrent* de l'aéroport à la capitale.

Ils arrivèrent trop tard, cependant, pour accomplir l'une des missions principales assignées par Hitler : capturer le roi et le gouvernement. Ceux-ci, avec les 200 membres du Parlement sauf cinq, avaient quitté la capitale par un train spécial à 9 h 30 pour Hamar, à 130 kilomètres au nord. Vingt-trois camions étaient également partis vers le nord, chargés de l'or de la banque de Norvège et des archives secrètes du ministère des Affaires étrangères. Le ministre d'Allemagne rejoignit le roi par la suite et chercha à le persuader de se rendre et de rentrer à Oslo. Le roi Haakon VII était le seul monarque du XXe siècle élu au suffrage universel, et le seul roi de Norvège depuis cinq siècles. Il refusa. Et son gouvernement aussi.

Hitler était furieux. Il ordonna à la Luftwaffe de raser le village de Nybergsund, quartier général provisoire du gouvernement et du roi de Norvège. Ce qui fut fait le 11 avril. Les Allemands crurent d'abord qu'ils avaient liquidé le souverain et son gouvernement. Le carnet de vol d'un aviateur allemand saisi contenait cette note pour le 11 avril : « Nybergsund. *Oslo Regierung. Alles vernichtet* » (Gouvernement d'Oslo. Tout anéanti). En fait, le roi Haakon et les membres de son gouvernement s'étaient réfugiés dans les bois alentours. De la neige jusqu'aux genoux, ils avaient regardé le village être réduit en cendres par les bombardiers allemands.

La résistance sérieuse aux Allemands en Norvège dépendait maintenant des Britanniques. La petite armée norvégienne avait été à peu près liquidée avec la reddition des garnisons isolées de ses ports. Le colonel Ruge, inspecteur général de l'infanterie, avait réussi à rassembler quatre ou cinq bataillons d'infanterie pour protéger la retraite du roi et du gouvernement. Ces troupes s'engagèrent alors dans la montée de la vallée du Gudbrandsdal vers Andalsnes, sur la côte ouest, à 160 kilomètres environ au sud de Trondheim. A Andalsnes, où l'on disait que les Britanniques débarquaient des troupes pour venir en aide à la Norvège.

Mais là, comme partout ailleurs sur la côte norvégienne, les Britanniques réagissaient timidement, lentement, trop tard. Les Alliés occidentaux avaient mis sur pied pendant l'hiver un corps expéditionnaire de 57 000 hommes destiné au front de Finlande. Cette force, qui devait débarquer à Narvik, Trondheim, Bergen et Stavanger, était rassemblée dans les ports du nord de la Grande-Bretagne le matin où les Allemands étaient arrivés en Norvège. Plusieurs unités importantes étaient déjà à bord des navires. Mais au lieu d'être envoyées d'urgence en Norvège, où elles auraient de loin débordé en nombre les envahisseurs allemands, elles furent *débarquées* en hâte. Le commandement anglo-français voulait apprécier la situation avant de risquer son corps expéditionnaire en Norvège.

Il semble que ce soit l'armée britannique qui ait freiné. A Narvik, par exemple, la Navy prit rapidement l'initiative. Le lendemain de la prise du port par les nazis, une flottille de destroyers britanniques y pénétra et liquida la plupart des navires de guerre allemands. Trois jours plus tard, le 13 avril, une autre escadre britannique, cette fois conduite par le cuirassé *Warspite*, détruisit les navires allemands qui restaient. Le vice-amiral W.J. Whitworth, qui commandait les forces navales britanniques, pressa l'armée d'occuper Narvik immédiatement. Mais le commandant des forces terrestres britanniques, le général P.J. Mackesy, les débarqua timidement à Harstad, à 50 kilomètres au nord, qui était encore tenu par les Norvégiens. Une erreur qui devait coûter cher.

D'autres allaient suivre.

Ce n'est que le 20 avril, onze jours après les premiers débarquements allemands, qu'une brigade d'infanterie britannique et trois bataillons de chasseurs alpins français débarquèrent à Namsos, un petit port aux mains des Allemands, à 120 kilomètres de Trondheim, tandis qu'un autre contingent d'une brigade d'infanterie britannique était débarquée dans le port tout aussi petit d'Andalsnes, à 160 kilomètres au sud-ouest de Trondheim, qui serait ainsi attaqué du nord et du sud. Mais leurs petites bases manquaient d'artillerie de campagne, de DCA et d'appui aérien. Pilonnées jour et nuit par les bombardiers allemands décollant des aérodromes pris aux Norvégiens, ni l'une ni l'autre des forces alliées ne purent jamais menacer sérieusement Trondheim. La brigade britannique d'Andalsnes abandonna l'attaque prévue contre Trondheim et descendit la vallée du Gudbrandsdal pour soutenir les Norvégiens, qui avaient ralenti l'offensive principale des Allemands remontant la vallée depuis Oslo.

Je me rappelle avoir entendu dire à Berlin que Hitler était furieux de la lenteur de cette opération terrestre, essentielle pour la campagne. Le 21 avril, le premier engagement de la guerre entre troupes britanniques et allemandes eut lieu à Lillehammer. Mais ce ne fut pas une vraie bataille. Le navire qui portait l'artillerie de la brigade britannique avait été coulé par des bombardiers allemands. Les hommes n'avaient que des mitrailleuses et des fusils à opposer à des Allemands bien équipés d'artillerie légère et de blindés légers, et appuyés par des bombardiers qui pilonnaient la brigade. L'engagement dura vingt-quatre heures, après quoi les Britanniques et les Norvégiens recommencèrent à battre en retraite sur 220 kilomètres en remontant la vallée jusqu'à Andalsnes, faisant halte de temps en temps pour un combat d'arrière-garde qui ralentissait les Allemands, mais sans pouvoir jamais les arrêter.

Aux soirs du 30 avril et du 1er mai, les forces anglo-norvégiennes furent évacuées d'Andalnes, et le 2 mai le contingent anglo-français de Namsos. Ce fut un miracle qu'il y eut des survivants : les deux ports étaient écrasés sous les bombes de la Luftwaffe. Mais le roi Haakon et son gouvernement furent évacués sains et saufs et le croiseur *Glasgow* les amena à Tromsoe, bien au-delà du Cercle polaire, où s'établit la capitale provisoire de la Norvège.

La moitié sud du pays, comprenant les villes et les ports principaux, était désormais aux mains des Allemands, mais le roi semblait en sécurité dans la moitié nord, avec l'aide des Britanniques. Le 28 mai – enfin! – une force alliée de 25 000 hommes, comprenant deux brigades norvégiennes, une brigade polonaise et deux bataillons de

Légion étrangère, reprenait Narvik à la garnison allemande, très inférieure en nombre. Hitler ne recevrait plus de minerai de fer suédois par ce port. De moins, c'est ce qu'on crut. Mais pas pour longtemps.

A ce moment, à la fin de mai, Hitler avait frappé sur un autre front, avec une violence stupéfiante, et il fallait soudain tous les combattants alliés pour l'arrêter. Narvik fut abandonnée en hâte et les troupes allemandes, qui s'étaient réfugiées dans les montagnes désertes de la frontière suédoise, réoccupèrent, le 8 juin, le port où elles allaient rester jusqu'à la fin de la guerre. Les Britanniques se retirant, le reste de la Norvège au nord de Narvik était ouvert aux Allemands. Le 7 juin, à Tromsoe, les Britanniques embarquèrent le roi Haakon et son gouvernement à bord du croiseur *Devonshire*, qui les conduisit vers Londres où ils allaient connaître cinq pénibles années d'exil.

De Berlin, j'avais suivi la campagne de Norvège le cœur lourd. Apparemment, rien ne pouvait arrêter Hitler. Les Britanniques et les Français étaient paralysés. Mes amis dans l'armée, la marine et l'aviation allemande tirèrent pour moi les leçons essentielles de la campagne de Norvège. La principale était que, pour la première fois dans l'histoire militaire, les forces *aériennes* basées à terre avaient triomphé des forces *navales*. La supériorité de la marine britannique n'avait pas suffi à chasser les Allemands des ports norvégiens et à protéger les bases d'où les Britanniques cherchaient à opérer. Ces bases avaient été pratiquement rasées par les bombardiers allemands, et le débarquement de l'artillerie terrestre, des chars et même de dépôts de matériel suffisants était maintenant impossible. De peur des bombardiers terrestres, les Britanniques avaient retiré leurs navires sur lesquels ils avaient compté pour reprendre les ports occupés par les Allemands. Ce n'est qu'à Narvik, inaccessible aux bombardiers terrestres allemands, qu'ils avaient osé engager leurs forces navales.

L'aviation avait révolutionné la guerre moderne.

La conquête de la Norvège par les nazis ajouta, soit dit en passant, un mot nouveau aux langues occidentales : *quisling*, pour désigner un traître. C'était le nom d'un ancien officier norvégien et ministre de la Guerre, qui avait essayé de vendre son pays aux nazis allemands.

Vers la fin d'avril, j'avais pris quelques jours pour aller représenter CBS à une réunion de l'International Broadcasting Union à Lausanne et pour aller voir en hâte ma famille, tout près, à Genève, au bord du lac. La réunion des radios européennes, y compris les Français, les Anglais et les Allemands, en Suisse, territoire neutre, et ce que je pus apercevoir cette semaine-là d'une partie du front ouest le long du Rhin en aval de

Bâle, me rappelèrent l'aspect insolite de cette guerre. A Lausanne, ceux qui étaient censés être ennemis, s'ils n'étaient plus aussi décontractés qu'à d'autres conférences où je les avais vus, avaient un comportement civilisé les uns envers les autres. Malgré la guerre entre leurs pays, ils savaient qu'ils devaient continuer à respecter leurs longueurs d'onde mutuelles sous peine de supprimer la totalité de la radio en Europe. Et ils s'y plièrent, sans récriminations.

Deux grandes armées étaient retranchées sur les deux rives du Rhin, en vue l'une de l'autre, sans qu'aucune des deux ne tire un coup de feu. De retour à Berlin, j'eus l'impression que cette situation insolite était sur le point de changer. La drôle de guerre le long de la frontière franco-allemande, qui durait depuis huit mois, tirait à sa fin. La Norvège une fois dans le sac, le seigneur de la guerre nazi avait décidé de frapper à l'ouest.

Pendant toute la première semaine de mai, la presse allemande, manifestement sur ordre supérieur, relança sa campagne pour convaincre les Allemands que les Alliés, ayant échoué en Norvège, se préparaient à une agression à l'ouest. Le 7 mai, un des journaux du matin sortit avec un titre remarquable .

CHAMBERLAIN L'AGRESSEUR
LES PLANS ALLIÉS POUR UNE
NOUVELLE AGRESSION

Le lendemain, mercredi 8 mai, je notais dans mon carnet :

> Impossible de ne pas remarquer une impression de tension à la Wilhelmstrasse aujourd'hui. Quelque chose se prépare [...].

Ralph Barnes, ancien confrère et ami du *New York Herald Tribune*, qui avait quitté Berlin pour devenir le principal correspondant de son journal à Londres, était revenu la veille par la Hollande. Il me dit que les contrôleurs de son train avaient tiré les rideaux pendant les quarante premiers kilomètres après la frontière allemande. Il en concluait que c'était pour empêcher les voyageurs comme lui de voir les mouvements de troupes vers la frontière. Je m'informai auprès des légations hollandaises et belges. On y semblait nerveux. A la Wilhelmstrasse, le ministère des Affaires étrangères était furieux contre une dépêche d'AP signalant que deux armées allemandes faisaient mouvement vers la frontière hollandaise.

Le lendemain, jeudi 9 mai, la tension paraissait s'être encore accrue à Berlin. Les journaux continuaient à jouer sur la peur. L'un d'eux disait :

> *La Grande-Bretagne se prépare à étendre la guerre.*

« Il est fort possible, dis-je dans mon émission du soir, que la guerre se joue et se décide avant la fin de l'été. »

De plus en plus, les tout derniers jours, mes censeurs m'avaient laissé entendre que la guerre à l'ouest, où se trouvait le gros des armées, était imminente. Je ne connaissais pas la date exacte. Je savais seulement qu'elle ne pouvait pas être très éloignée.

Je dormais profondément lorsque le téléphone sonna dans ma chambre de l'Adlon, à 7 heures le lendemain matin, 10 mai. C'était l'une des jeunes femmes de la *Rundfunk* (la Radio allemande) :

« Ça commence sur le front ouest, me dit-elle. Vous voulez prendre l'antenne bientôt?

– J'arrive tout de suite, dis-je en essayant de me réveiller. Retenez-moi, s'il vous plaît, un émetteur sur ondes courtes, mettons dans une demi-heure. »

J'allumai la radio. On passait des informations.

Hitler avait attaqué à l'ouest à l'aube. Son armée, probablement la plus puissante jamais concentrée sur un seul front, envahissait les trois petits pays auxquels il avait promis de ne pas toucher : la Hollande, la Belgique et le Luxembourg. A travers eux, c'est la France qu'il visait. L'épreuve de force avec les Alliés occidentaux avait commencé.

Chapitre 11

LA CONQUÊTE DE L'OUEST
1940

Une fois de plus, par un beau matin de printemps, le 10 mai 1940, les ambassadeurs à Berlin de trois autres petits pays furent convoqués au ministère des Affaires étrangères, peu après l'aube, pour s'entendre annoncer que les troupes allemandes déferlaient sur leurs pays afin de les protéger d'une attaque imminente des Britanniques et des Français. La même lamentable excuse qu'un mois plus tôt pour le Danemark et la Norvège. Et là encore, aux malheureux diplomates, représentant cette fois la Belgique, les Pays-Bas et le Luxembourg, on dit que toute résistance serait écrasée, et que la responsabilité du sang versé retomberait exclusivement sur eux [1].

Dans sa conférence de presse au ministère des Affaires étrangères à 8 heures du matin, Ribbentrop déclara qu'il avait présenté aux ambassadeurs « des preuves irréfutables », que la Grande-Bretagne et la France s'apprêtaient à envahir l'Allemagne par la Hollande et la Belgique, et que l'Allemagne considérait de ce fait nécessaire d'envoyer

1. A Bruxelles, comme à La Haye, l'ambassadeur d'Allemagne arriva peu après l'aube au ministère pour remettre le même message. Le ministre des Affaires étrangères, Paul-Henri Spaak, le coupa aussitôt :

« Je vous demande pardon, monsieur l'ambassadeur, c'est moi qui vais parler le premier. »

On entendait le rugissement des bombardiers allemands au-dessus de leurs têtes et l'explosion des bombes sur les terrains d'aviation voisins, qui secouaient les vitres du bureau.

« L'armée allemande vient d'attaquer notre pays. C'est la deuxième fois en vingt-cinq ans que l'Allemagne commet une agression criminelle contre une Belgique neutre et loyale. Ce qui vient de se produire est peut-être encore plus odieux que l'agression de 1914. Ni ultimatum, ni note, ni protestation d'aucune sorte n'ont jamais été adressés au gouvernement belge. C'est par l'attaque même que la Belgique a appris que l'Allemagne a violé les engagements qu'elle avait pris [...]. Le Reich allemand sera responsable devant l'Histoire. La Belgique est résolue à se défendre. »

Lorsque le diplomate allemand commença alors à lire son message, Spaak l'interrompit encore :

« Donnez-moi le document, dit-il. Je vais vous épargner une tâche bien pénible. »

ses propres troupes pour « garantir la neutralité de la Belgique et de la Hollande ». Il dit que le Haut Commandement allemand avait « la preuve » que les forces alliées s'apprêtaient à envahir ces pays pour tenter de prendre la Ruhr.

L'insolence allemande fit un pas de plus ce jour-là. Un communiqué nous apprit que lorsque, plus tard dans la matinée, les représentants de la Belgique et de la Hollande étaient revenus à la Wilhelmstrasse pour demander leurs passeports et déposer des protestations contre la violation de leur neutralité, un fonctionnaire de service, après les avoir lues, avait refusé de les recevoir et avait prié les deux diplomates de demander leurs passeports selon la procédure habituelle.

L'après-midi, les journaux de Berlin sortirent avec de gros titres présentant comme « honteuses » les protestations de la Belgique et la Hollande contre leur invasion.

Ce qui était vraiment honteux, bien entendu, c'était que l'Allemagne, comme en 1914, avait violé sa promesse solennelle de respecter la neutralité de la Belgique. Je ne cessais de me demander s'il n'y avait décidément plus d'honneur chez les Allemands, que ce soit sous Guillaume II ou Adolf Hitler. Ils ne tenaient donc jamais parole?

C'était en 1839 que l'Allemagne, d'accord avec les autres grandes puissances d'Europe, avait garanti « perpétuellement » la neutralité de la Belgique, qui venait d'acquérir son indépendance. Mais en 1914, alors que les troupes allemandes envahissaient la Belgique pour prendre l'armée française à revers, le chancelier Bethman-Hollweg avait déclaré que cette garantie, pour l'Allemagne, n'était qu'un « chiffon de papier », un aveu qui avait choqué le monde entier, ou presque. Après la guerre, la république de Weimar avait juré de ne jamais prendre les armes contre la Belgique, et Adolf Hitler avait donné à la Belgique (et à la Hollande) des assurances analogues. Mais les documents secrets allemands saisis par la suite révèlent, à partir de 1938, les contradictions habituelles entre les assurances publiques de Hitler et ses avertissements privés à ses généraux.

Le 24 août 1938, par exemple, après avoir publiquement juré que sa demande de retour du territoire tchèque des Sudètes était sa dernière revendication territoriale en Europe, il soulignait, pour ses généraux, l'« extraordinaire avantage » qu'il y aurait, pour l'Allemagne, à occuper la Belgique et la Hollande. Le 28 avril 1939, au Reichstag, Hitler exposait les « engagements formels » qu'il avait pris envers ces deux pays. Moins d'un mois plus tard, le 23 mai, nous le trouvons qui dit à ses généraux que « les bases aériennes hollandaises et belges doivent être occupées par les forces armées [...] à la vitesse de l'éclair. *Les déclarations de neutralité doivent être ignorées* ».

Le 22 août, une semaine avant d'attaquer la Pologne, Hitler étudiait avec ses généraux la « possibilité » de violer la neutralité hollandaise et belge, en soulignant l'avantage que comportait pour l'Allemagne le fait que l'Angleterre et la France ne la violeraient pas. Quatre jours après, le 25 août, Hitler ordonnait à ses représentants d'informer les gouvernements de Bruxelles et de La Haye qu'en cas de guerre « l'Allemagne ne portera en aucun cas atteinte à l'inviolabilité de la Belgique et de la Hollande », assurance qu'il répéterait en public le 6 octobre, après la fin de la campagne de Pologne. Dès le lendemain, le 7 octobre, il faisait demander par le commandant en chef de ses armées, le général von Brauchitsch, à ses commandants de groupes d'armées « de faire tous les préparatifs pour l'invasion immédiate des territoires belge et hollandais, si la situation politique le réclame ».

Deux jours plus tard, le 9 octobre, dans sa Directive numéro 6, Hitler ordonnait :

> Des préparatifs doivent être faits pour une opération offensive [...] à travers le Luxembourg, la Belgique et la Hollande. Cette attaque devra être exécutée aussitôt et aussi énergiquement que possible [...]. L'objet de cette attaque est de s'assurer un territoire aussi vaste que possible en Hollande, en Belgique, et dans le nord de la France.

Il précisait qu'il pensait au mois de novembre, « entre le 12 et le 20, au plus tard ».

Le 23 novembre, ayant ajourné l'attaque à l'ouest à cause du mauvais temps, Hitler réunit de nouveau ses généraux et leur dit :

> Ma décision est irrévocable. J'attaquerai la France et l'Angleterre au moment le plus favorable. La violation de la neutralité de la Belgique et de la Hollande est sans importance. Personne ne posera de question quand nous aurons vaincu. Nous ne justifierons pas la violation de la neutralité aussi stupidement qu'en 1914.

Pendant tout l'automne, nous le savons maintenant, les généraux de Hitler s'étaient opposés à l'offensive à l'ouest à travers la Hollande et la Belgique, non pour des raisons morales mais parce qu'ils estimaient que l'armée n'était pas encore prête. Il y eut une exception, à en croire les archives secrètes. Le 11 octobre, le lendemain du jour où Hitler avait ordonné à ses généraux, pour la première fois, de préparer l'attaque à l'ouest à travers la Hollande et la Belgique neutres, le général-chevalier Wilhelm von Leeb, commandant du groupe d'armées C sur le front ouest, envoya une note furieuse au général von Brauchitsch pour protester contre les ordres du Führer :

« Le monde entier, écrivait-il, se tournerait contre l'Allemagne qui, pour la seconde fois en vingt-cinq ans, attaque la Belgique neutre ! L'Allemagne, dont le gouvernement a solennellement garanti et promis le maintien et le respect de cette neutralité quelques semaines auparavant seulement. »

Aucun autre général allemand, pour autant que j'aie pu m'en assurer dans les archives secrètes, n'osa soutenir Leeb, malgré toutes les conversations à propos de l'honneur qui allaient bon train entre officiers allemands et dont j'ai déjà parlé.

A la Maison de la Radio, ce matin-là, les censeurs militaires n'annoncèrent que je ne pouvais pas dire, dans ma première émission, qu'il y avait eu « une invasion » de la Belgique et de la Hollande. Ils continuaient à nier. Je pensai d'abord annuler toutes mes émissions ce jour-là. Mais comme mes censeurs avaient laissé passer trois fois le mot « invasion » dans le corps de mon texte, j'en changeai le début pour parler de l'« entrée » des Allemands. Je regrettais d'être forcé à ce compromis mais j'avais finalement conclu que, lorsque les Allemands « entraient » dans un pays, pour tout le monde sauf pour eux, c'était une « invasion ».

Et ce qu'il fallait souligner, plus encore que la nouvelle violation de la neutralité de la Belgique, c'était qu'enfin Hitler attaquait à l'ouest. La drôle de guerre était finie. Une fois de plus, sur les champs de bataille de Belgique et du nord de la France, le sort du Reich allait se décider, et probablement aussi celui de la Belgique, de la Grande-Bretagne et de la France, avant la fin de l'été. Ce serait sans doute la plus grande succession de batailles terrestres de l'Histoire, opposant un nombre d'hommes, de canons et de chars sans précédent dans le passé. Dans son Ordre du jour publié le matin, Hitler parut reconnaître ce qui était en jeu :

« L'heure de la bataille décisive pour l'avenir de l'Allemagne est venue », dit-il.

Et il conclut :

« La bataille qui commence aujourd'hui décidera de l'avenir de la nation allemande pour les mille ans qui viennent. »

Les premiers rapports allemands du front ce soir-là semblaient si optimistes que je les considérai presque comme pure propagande. L'armée affirmait avoir franchi la Meuse et pris Maastricht, dans cette bande de territoire hollandais qui s'étend vers le sud le long de la Belgique. Elle disait que ses troupes avaient traversé le Luxembourg pour pénétrer en Belgique. Comme aux premiers jours d'août 1914, l'armée allemande était devant Liège, la région belge fortifiée qui, pendant la première guerre, avait tenu douze jours devant l'irrésistible assaut de Ludendorff.

Cette fois, je pensais que Liège tiendrait plus longtemps encore. J'avais été sur le terrain un an plus tôt et j'avais été impressionné par la façon dont les Belges semblaient avoir renforcé leurs défenses dans cette région, en particulier en achevant le fort d'Eben Emael, qui commandait le confluent de la Meuse et du canal Albert. Ses galeries d'acier et de béton, profondément enterrées, ses tourelles d'artillerie protégées par d'épais blindages et occupées par 1 200 hommes, la faisaient considérer, aussi bien par les Allemands que par les Alliés, comme la forteresse la plus imprenable d'Europe. Les Belges pensaient qu'elle pourrait tenir indéfiniment.

Certes, j'étais inquiet, ce premier soir, à cause des affirmations allemandes : ils avaient attaqué des quantités d'aérodromes en Hollande, en Belgique et en France, détruisant des centaines d'avions ennemis au sol. Mais je gardais une sorte de confiance intime : Hitler avait enfin trouvé son maître; les Belges tiendraient Liège et Namur assez longtemps pour que les Britanniques et les Français viennent à leur secours; les Hollandais pourraient arrêter les Boches sur leurs voies d'eau bien fortifiées; et la puissante armée française, appuyée par un corps expéditionnaire britannique de dix divisions, arrêterait les Allemands, comme sur la Marne un quart de siècle plus tôt.

Mes secrets espoirs s'effondrèrent le lendemain. Les informations qui arrivaient à Berlin du front ouest étaient ahurissantes. Et chaque jour elles devenaient pires et tout à fait incroyables. Mon carnet évoque les événements, jour par jour, tous plus stupéfiants que les précédents :

> Berlin, 11 mai. Le rouleau compresseur allemand balaie la Hollande et la Belgique. Ce soir, les Allemands annoncent la prise du fort d'Eben Emael.

Dans un communiqué spécial ce soir-là, annonçant la rapide conquête de ce fort réputé imprenable, l'OKW déclarait qu'il avait été pris « par une méthode d'attaque nouvelle ». Ce qui remplit aussitôt Berlin de rumeurs. Certains des militaires auxquels je parlai laissaient entendre que l'armée allemande avait une « arme secrète » nouvelle, peut-être un gaz attaquant le système nerveux et qui aurait momentanément paralysé les défenses d'Eben Emael, permettant aux attaquants de prendre le fort en trente heures [1].

1. La vérité était plus prosaïque. Le fort d'Eben Emael avait été rapidement pris par 80 soldats allemands, commandés par un sergent, qui s'étaient posés sur son toit avec neuf planeurs. Là, ils avaient placé dans les tourelles d'artillerie des « charges creuses » dont les flammes et les gaz les avaient mises hors de service. Ils avaient également employé des lance-flammes portatifs par les créneaux des canons et les trous d'observation. L'infanterie belge derrière Eben Emael essaya de déloger le petit groupe d'Allemands mais fut repoussée par les Stukas et les renforts de parachutistes. Dans les galeries enfumées, il y eut quelques corps à corps, mais brefs. A midi, le 11 mai, un peu plus de vingt-quatre heures après le début de l'attaque, les défenseurs hissaient le drapeau blanc, et 1 200 Belges hébétés sortaient pour se rendre. Les Allemands avaient perdu 6 morts et 19 blessés.

Le fort d'Eben Emael pris, comment Liège pourrait-il tenir? Je me posais la question.

Le soir du lendemain, le 12 mai, les Allemands affirmaient avoir occupé toute la Hollande à l'est du Zuyderzee et avoir percé les première et deuxième lignes de défense sur les canaux au cœur des Pays-Bas. Les émissions que je captai de la BBC disaient que les Allemands avaient lâché des milliers de parachutistes et de troupes par planeurs derrière les canaux hollandais et essayé de prendre les aérodromes autour de La Haye et les ponts importants sur la Meuse, au sud de Rotterdam. Presque partout, disait Londres, ils avaient été repoussés par les forces hollandaises. A Berlin, l'OKW ne soufflait mot des troupes débarquées derrière les lignes hollandaises et mon censeur militaire m'interdit d'aborder le sujet. Avec ce qui me restait d'optimisme, j'en conclus que les choses allaient mal en Hollande pour les troupes aéroportées allemandes, sinon on ne garderait pas un tel secret. C'est pourquoi j'eus du mal à avaler les communiqués des deux ou trois jours suivants :

Berlin, 13 mai, dit mon carnet. Nouvelles stupéfiantes. Les titres à 17 heures :

> *Liège pris! Percée des forces terrestres allemandes qui établissent le contact avec l'armée de l'air près de Rotterdam!*
>
> Berlin, 14 mai. Nous sommes un peu étourdis par les nouvelles, ce soir.
>
> L'armée hollandaise a capitulé, après cinq jours seulement de combats [...].
>
> Ayant persé à Liège, les Allemands affirmaient ce soir avoir percé la deuxième ligne de défense belge au nord-ouest de Namur. Ils doivent être tout près de Bruxelles [...].

La nouvelle de la reddition hollandaise était déjà assez triste, mais ce que disaient les Allemands de la bataille de Belgique était pire encore. L'idée se faisait soudain jour en moi, à travers ce que j'apprenais des sources militaires allemandes et en écoutant la BBC de Londres, que si les Allemands avaient bien percé les défenses belges au nord-ouest de Namur, comme ils l'affirmaient – et je devais reconnaître à regret que jusqu'ici la plupart des informations du Haut Commandement allemand s'étaient révélées vraies – cela signifiait que les forces les plus importantes et les plus puissantes réunies par les Alliés dans l'ouest étaient en difficultés. Ces forces comprenaient le meilleur de l'armée française, les Ire, VIIe et IXe armées, et neuf sur les dix divisions du Corps expéditionnaire britannique. Elles s'étaient précipitées en Belgique dès le début de l'offensive allemande pour établir, avec les Belges, une ligne de défense le long de la rivière Dyle, d'Anvers à Wavre par Louvain et, de là, à travers la trouée de Gembloux, jusqu'à Namur et vers le sud le long de la Meuse jusqu'à Sedan.

Apparemment, tel était le plan allié, fondé sur l'idée que les Allemands, comme en 1914, concentreraient leurs forces sur leur aile droite pour essayer, cette fois encore, de tourner le gros des forces françaises vers le sud. Et la violence de l'offensive de la VIe armée du général von Reichenau contre Liège, puis Namur, le long de la même route que le gros des armées du Kaiser sous Moltke avait prise en 1914, devait avoir convaincu les commandements français et britannique qu'ils avaient raison. Ce que je ne savais pas alors et, on allait le voir, les Alliés non plus, c'était que la montée du gros des forces alliées en Belgique était précisément ce que le Haut Commandement allemand espérait. Les Allemands étaient maintenant en mesure de faire ce qu'ils n'avaient pas réussi la dernière fois : frapper les Français au centre autour de Sedan, de désastreuse mémoire pour la France, avec la plus formidable armée que l'Europe eût sans doute jamais vue, percer, courir à la Manche et prendre au piège les armées alliées du nord.

Le lendemain, le 15 mai, nous recevions la première nouvelle du désastre pour les Alliés :

> Berlin, 15 mai. Très longues et tristes figures chez les correspondants et les diplomates étrangers aujourd'hui. Le Haut Commandement affirme que la Ligne Maginot est percée près de Sedan, et que les forces allemandes ont franchi la Meuse à Sedan et entre Namur et Givet, plus au nord.

J'étais abasourdi, comme tant d'autres. Les années que j'avais passées à Paris m'avaient appris quelle humiliation le seul nom de Sedan rappelait aux Français : ils n'avaient jamais oublié cette petite ville qui avait vu la reddition de Napoléon III à Moltke en 1870 et la fin du second Empire. Et c'était encore la catastrophe au même endroit.

Je notai dans mon carnet :

« Quand on a vu la profonde vallée de la Meuse et ses épaisses forêts, il semble presque incroyable que les Allemands aient pu la traverser aussi vite. »

Mais je devais bien reconnaître que tout ce qui s'était produit depuis le début de l'offensive allemande, depuis moins d'une semaine, avait paru absolument incroyable. Dans mon carnet, je gardais un bon moral, ce qui prouve à quel point j'étais stupide (le fait que je n'étais sans doute pas le seul ne me console pas). Mon carnet du 15 mai poursuit :

> Presque tous mes amis ont perdu tout espoir. Moi, pas encore. La situation devait paraître encore plus mauvaise à Paris en août 1914, lorsqu'il semblait ne rien y avoir à faire pour barrer aux Allemands la route de la capitale.

Je n'avais peut-être pas perdu tout espoir, mais mon carnet me rappelle que je commençais à m'inquiéter pour Tess et le bébé, en Suisse. Le 16 mai, j'appris que l'Italie pouvait entrer en guerre d'un jour à l'autre, fermant toute porte de sortie aux miens dans cette direction. Dans la soirée, ce jour-là, Tess m'appela de Genève et me dit que la légation des États-Unis avait conseillé aux Américains en Suisse de partir immédiatement pour Bordeaux, d'où ils seraient évacués par des bateaux américains. Je lui dis de s'en aller au plus tôt – dès le lendemain si possible – mais elle me répondit que les Français ne donnaient plus de visas de transit. Le lendemain, 17 mai, je l'appelai pour la presser de partir le jour même avec Eileen.

« Prends la voiture et traverse la France jusqu'en Espagne. Je suis sûr que les Français ne t'arrêteront pas, surtout avec un bébé. »

Les nouvelles de la journée m'avaient accablé. Mon carnet dit :

> Berlin, 17 mai. Quelle journée! A 15 heures, le Haut Commandement a publié son communiqué quotidien. Je ne l'aurais pas cru mais les Allemands nous ont rarement trompés [...]. Il dit aujourd'hui que ses armées ont percé la ligne de défense belge sur la Dyle au sud de Wavre et pris la forteresse de Namur. Plus important encore, il affirme avoir percé la ligne Maginot sur un front de cent kilomètres, de Maubeuge à Carignan, au sud-est de Sedan.

C'était presque trop renversant pour le croire. La ligne Maginot percée sur 100 kilomètres [1]! Les Allemands à Maubeuge, à mi-chemin de Paris. Et à Rethel, à mi-chemin de Reims depuis Sedan. A la Maison de la Radio, où j'étais allé en hâte diffuser les nouvelles, les militaires parlaient pour la première fois d'une « déroute française ».

> Je suis retourné à l'ambassade, où j'ai trouvé tout le monde stupéfait [...]. Enfin, bon sang, cette offensive ne date que d'une semaine. Et les Allemands ont occupé la Hollande, la moitié de la Belgique, et ils sont à mi-chemin de Paris depuis la frontière française!
>
> *Plus tard.* Le Haut Commandement a annoncé tard dans la soirée que les troupes allemandes sont entrées à Bruxelles au coucher du soleil. Pendant la journée, elles avaient percé les lignes alliées au nord et au sud de Louvain [...]. En 1914, il avait fallu seize jours aux Allemands pour atteindre Bruxelles. Cette fois, huit jours.
>
> Berlin, 18 mai. Anvers est tombé aujourd'hui. Et tandis que l'armée allemande repousse les forces alliées en Belgique vers la mer, l'armée du sud [...] fonce rapidement vers Paris.
>
> Je vais au front demain. Je vais enfin avoir la chance – peut-être – de voir comment ce colosse qu'est l'armée allemande a fait tout cela [...].

1. Le communiqué de l'OKW se trompait. Il n'y avait pas de ligne Maginot entre Maubeuge et Carignan. Elle s'arrêtait, à l'ouest, à Longwy, à 40 kilomètres au sud-est de Carignan.

Il allait falloir des années avant que je ne comprenne exactement ce qui s'était passé jusqu'alors, le neuvième jour seulement de l'offensive allemande. Beaucoup de recherches après la guerre et de conversations avec des témoins ont éclairé ce qui aboutit alors à une formidable victoire pour les Allemands et à un désastre total et totalement inattendu pour les Alliés, notamment les Français, dont l'armée, m'avait-il semblé, serait l'égale de l'allemande, comme en 1914 [1].

Les raisons de la catastrophe alliée remontent, on le sait maintenant, aux plans de guerre à l'ouest des adversaires [2]. A l'origine, le plan allemand, conçu en octobre 1939, était une variante du célèbre plan Schlieffen de 1914. Il prévoyait que le principal effort allemand porterait sur l'aile droite, en un mouvement tournant à travers la Belgique et le nord de la France jusqu'aux ports de la Manche, coupant ainsi la France de la Grande-Bretagne. Ce qui donnerait aussi aux Allemands des bases navales et aériennes sur la côte pour pouvoir assurer le harcèlement et le blocus des îles Britanniques. Après une telle défaite, les Alliés, Hitler en était certain, demanderaient la paix, le laissant libre de se retourner contre la Russie à l'est.

Le plan allemand avait été prévu par les Alliés occidentaux.

Le 17 novembre, à Paris, le Conseil supérieur de la Guerre allié adopta le « Plan D », qui prévoyait que les Ire et VIIe armées françaises et le Corps expéditionnaire britannique monteraient tout de suite à la rencontre des Allemands sur la principale ligne de défense belge, le long de la Dyle et de la Meuse, depuis Anvers jusqu'à Mézières, par Louvain, Namur et Givet. A la fin de novembre, inquiets des signes indiquant que Hitler attaquerait par la Hollande aussi bien que par la Belgique, le commandement allié décida d'envoyer la VIIe armée le long de la côte de la Manche pour soutenir les Hollandais. Ainsi une force puissante ferait face à ce que les Alliés croyaient devoir être la principale poussée allemande dans le nord, quelque 67 divisions en tout : 26 des trois armées françaises, 9 divisions du Corps expéditionnaire britannique, 22 divisions belges et 10 divisions hollandaises. Le tout devait avoir une supériorité numérique considérable sur les Allemands.

1. Mes conversations depuis deux ans avec les généraux allemands m'avaient donné l'impression qu'ils avaient un respect salutaire pour l'armée française. Par la suite, le général Heinz Guderian, le génie des Panzer, dirait que lui et ses camarades officiers pensaient que « la France possédait la plus forte armée de terre d'Europe occidentale et le plus grand nombre de chars », et que « les chars français étaient supérieurs aux allemands, tant par le blindage que par le calibre des armes ». (général Heinz Guderian, *Panzer Leader*).

2. Plus fondamentalement, elles remontent encore beaucoup plus loin : au fait que les Britanniques n'avaient pas réarmé pendant les années 30, en particulier dans les airs, et que les Français n'avaient pas renforcé leur armée de l'air en retard, modernisé leur conception de la guerre des blindés et débarrassé leur esprit du complexe défensif de la ligne Maginot.

Ce fut, je crois, pour éviter ce choc frontal dans le nord, qui aurait pu s'enliser dans une guerre de position, et, plus important encore, pour prendre au piège l'élite des armées anglo-française qui se jetteraient vers le nord-ouest à l'aide des Hollandais et des Belges, que les Allemands commencèrent à envisager de modifier leur plan. Ce fut peut-être aussi, en partie, parce que, le 10 janvier 1940, l'essentiel de leur plan était tombé aux mains de l'ennemi. Un avion de liaison allemand avait fait un atterrissage forcé, à cause du mauvais temps, du côté belge de la frontière, et un commandant de la Luftwaffe, qui avait dans sa serviette de nombreux détails du plan, avait été pris par l'armée belge.

Mais surtout, et j'en juge par les archives secrètes allemandes, ce fut parce qu'un officier d'état-major, pas de très haut rang mais très doué, le général Erich von Manstein, avait présenté au nouveau plan dont l'audace séduisit Hitler. Manstein proposait que le principal assaut allemand soit situé non sur le flanc nord, à travers la Belgique, mais plus au sud, au *centre*, à travers la forêt des Ardennes, avec le maximum de blindés, sept des dix *Panzerdivisions* de l'armée. Elles franchiraient la Meuse à Sedan et juste au nord de la ville, perceraient les défenses françaises et, en terrain découvert, fonceraient alors vers la Manche, sur Abbeville, ce qui non seulement couperait la France de la Grande-Bretagne, mais encerclerait toutes les forces anglo-franco-belges du nord. Manstein se heurta dès l'abord à l'opposition de Brauchitsch, le commandant en chef de l'armée, et de Hadler, le chef d'état-major général. Muté à un commandement d'importance mineure, il réussit à être reçu par Hitler pour défendre lui-même son plan qui, le 24 février, était officiellement adopté. Une vaste remise en place des troupes commençait.

Ces mouvements n'échappèrent pas à l'attention des Alliés. Mais du fait d'une mystérieuse paralysie de l'intelligence et de la volonté – qui continue de me déconcerter – ils ne réagirent pas. Par la suite, j'ai découvert dans les archives militaires françaises que, dès le 5 décembre 1939, alors que le nouveau plan allemand en était encore au stade de la discussion, le général Georges, commandant en chef des forces alliées sur le front ouest, avait attiré l'attention de son chef, le généralissime Gamelin, sur le risque qu'il y aurait à envoyer la majeure partie de leurs armées en Belgique et en Hollande. Il suggérait que l'offensive allemande dans le nord pourrait n'être qu' « une simple diversion ».

« La principale attaque ennemie pourrait tenir sur notre *centre* (il avait lui-même souligné le mot) [...], entre la Meuse et la Moselle. » Dans ce cas, soulignait-il, les Alliés, le gros de leurs forces étant engagé en Belgique et en Hollande, seraient « privés des moyens nécessaires pour la repousser ».

L'avertissement du général Georges passa inaperçu. Pour attaquer les IXe et IIe armées françaises, estimait Gamelin, il faudrait que les Allemands traversent d'abord la forêt des Ardennes. Et le grand maréchal Pétain, le héros de Verdun, n'avait-il pas assuré le Parlement français que les Ardennes étaient *impénétrables?*

Pourtant, pendant toute la fin de l'hiver et le début du printemps, les signes se multiplièrent, indiquant que les Allemands concentraient leurs forces pour l'assaut principal sur le centre, où les services de renseignement alliés notaient un accroissement des effectifs de l'infanterie ennemie, passée de 25 à 27 divisions. En mars, 7 des 10 *Panzerdivisions* avaient été signalées en cours de concentration pour attaquer au *sud* de Liège. Le 8 mars, le roi des Belges, qui refusait encore obstinément de collaborer avec les Alliés à la mise au point des plans d'assistance à son pays – il avait peur d'offenser Hitler – prévenait pourtant le général Gamelin que, selon ses informations, la principale attaque allemande « viendrait des Ardennes ». De plus, ajoutait-il, il avait « des preuves écrites que l'axe principal de manœuvre de l'ennemi serait orienté perpendiculairement au front Longwy-Givet ».

C'était exactement au nord-ouest de la ligne Maginot, qui se terminait à Longwy et qui était défendue, au-dessus de Sedan, par la IXe armée, considérée comme probablement la plus faible des armées françaises. Le roi Léopold répéta son avertissement le 14 avril, précisant qu'il était maintenant certain que les Allemands espéraient attirer le gros des armées franco-britanniques en Belgique, et les y réduire « avec des armées venant du sud à travers le Luxembourg ».

Les services de renseignement alliés continuaient à confirmer les avertissements du roi. Mais les messages avaient beau se succéder, le Haut Commandement allié ne réagissait toujours pas. Même pas le dernier jour d'avril, lorsqu'un très important mouvement de troupes, de chars, d'artillerie et de munitions ennemis en direction du front indiqua que, manifestement, une offensive générale était imminente. Ni lorsque l'attaché militaire français à Berne, l'une des meilleures sources de renseignement allié, informa le Haut Commandement français, non seulement de la nouvelle date fixée pour l'offensive allemande, mais du point exact où s'en situerait le centre. La date, disait-il, était fixée entre le 8 et le 10 mai, et Sedan en serait « le centre de gravité ». Cela donnait à Gamelin et Georges dix jours pour rectifier leur stratégie. Ils refusèrent d'en profiter.

Lorsque les Allemands frappèrent, à l'aube du 10 mai, les Français et les Britanniques, conformément au plan, entrèrent rapidement en Belgique. Je devais apprendre par la suite qu'au Haut Commandement allemand, et le général Halder en particulier, on eut peine à croire que les Alliés étaient tombés si complètement et si facilement dans le piège. Il ne restait plus aux Allemands qu'à l'actionner [1].

1. Au quartier général de l'armée, le colonel Heusinger ne put contenir sa joie. Il exultait : « Ils se sont jetés en Belgique et ils tombent dans le piège ! » (Voir *La Chute de la IIIe République* de W. Shirer, éd. Stock).

En fait, les Français et les Britanniques pensèrent pendant deux ou trois jours que l'attaque allemande s'était assez bien passée pour eux. Rentrant à Paris le 12 mai d'une réunion du Haut Commandement allié avec le roi des Belges, Daladier, le ministre français de la Défense, dit à ses collègues : « Tout va bien. » Il dit que la puissante Ire armée française était bien installée dans la trouée de Gembloux, entre Wavre et Namur, où les Alliés attendaient la principale tentative de percée allemande. A Londres, Winston Churchill (qui avait succédé à Chamberlain le 10 mai, deux jours plus tôt) estimait qu' « il n'y avait aucune raison de supposer, jusqu'au soir du 12, devait-il dire plus tard, que les opérations ne se passaient pas bien ». Le généralissime Gamelin était satisfait et content de lui et laissait toute la conduite des opérations à Georges.

Georges lui-même était content de la façon dont les choses s'étaient passées les deux premiers jours. Le Corps expéditionnaire britannique, commandé par lord Gort, et les Ire et IXe armées françaises, étaient montés en position sur la ligne Dyle-Meuse et contenaient les premières puissantes attaques de la VIe armée allemande du général von Reichenau. La VIIe armée française du général Giraud, en grande partie motorisée, avait rapidement remonté le long de la Manche et atteint le sud-ouest de la Hollande. Sur les cent kilomètres de front entre Anvers et Namur, deux villes solidement fortifiées, il y avait maintenant 36 divisions belges, britanniques et françaises contre les 20 de la VIe armée allemande. Jusqu'à l'après-midi du 15 mai, le sixième jour de la bataille, les positions alliées tenaient sur la Dyle et dans la trouée de Gembloux. A 17 heures, ce jour-là, le général von Reichenau suspendit son offensive, qui n'aboutissait à rien. Lord Gort et le général Blanchard, dont les troupes avaient porté le poids des attaques allemandes, avaient toutes les raisons d'être satisfaits.

C'est alors que sur leur sud, autour de Sedan, le barrage céda. Soudain, ils se retrouvèrent piégés. Ce même jour, le 15 mai, ils ne le savaient pas mais, à Paris, le président du Conseil, Paul Reynaud, avait appelé Churchill à Londres :

« Nous sommes battus! Nous avons perdu la bataille!

– Impossible », avait répondu Churchill.

Il n'arrivait pas à le croire. La grande armée française, vaincue au cinquième jour de la bataille? Impossible! Qu'avait-il bien pu se passer? se demandait Churchill.

Le cinquième jour de la bataille, le 14 mai, avait été fatal. Le désastre était arrivé plus vite que les Français n'avaient pu l'envisager.

En trois jours, une pointe de sept *Panzerdivisions* allemandes, la plus grosse concentration de blindés qu'on eût jamais vue dans l'Histoire, fonça à travers l' « impénétrable » forêt des Ardennes et, l'après-midi du

12 mai, atteignit la Meuse sur un front de 130 kilomètres, de Sedan à Dinant. Le commandement français avait estimé qu'il faudrait aux Allemands quinze jours pour amener les forces nécessaires à une telle offensive sur un tel front. On n'avait pas tenu compte des chars. Le général Halder, si, bien sûr, et il avait estimé qu'il faudrait neuf jours à l'énorme armée blindée pour traverser les Ardennes jusqu'à la Meuse. Un moment, elle s'était étendue depuis l'arrière, bien au-delà du Rhin, sur plus de 150 kilomètres sur des routes étroites et sinueuses, donc terriblement vulnérable à des bombardements et des attaques de harcèlement lancées des forêts sur les hauteurs. Mais les avions alliés ne les avaient pas gênés. Ils étaient engagés plus au nord, d'où Français et Britanniques croyaient que viendrait l'attaque principale. Les IXe et IIe armées françaises avaient envoyé leur cinq divisions blindés légères pour ralentir les Allemands et, si possible, les arrêter, et il y avait déjà sur place les deux divisions belges de chasseurs ardennais, entraînés uniquement à défendre la forêt. Mais les Belges n'avaient pas combattu, après avoir fait sauter les ponts. Au contraire, ils s'étaient rapidement repliés – sur ordre du roi Léopold, pensaient les Français – et les blindés légers français furent écrasés par les chars lourds allemands.

A 16 heures, le 13 mai, l'assaut allemand pour le franchissement de la Meuse commençait de part et d'autre de Sedan. Pour que les divisions blindées puissent passer, il avait fallu établir d'abord des têtes de pont sur l'autre rive, avec de l'infanterie et des unités du génie. Les premiers soldats traversèrent sur des canots pneumatiques. Normalement, ils auraient dû être des cibles faciles pour l'artillerie française. Mais les artilleurs étaient constamment pilonnés par les Stukas. L'artillerie et les chars allemands aussi tiraient presque à bout portant de l'autre côté de la rivière. Bientôt les Allemands l'eurent franchie et, à la tombée du jour, les trois *Panzerdivisions* du général Guderian avaient établi des têtes de pont sur l'autre rive de la Meuse, jusqu'à près d'une dizaine de kilomètres de profondeur et sur les hauteurs de la rive ouest.

Pour le général Grandsard, qui commandait le 10e corps de la IIe armée face aux trois divisions blindées ennemies, la situation était sérieuse, dirait-il plus tard, mais « pas davantage ». Les Allemands avaient pu franchir la Meuse avec de l'infanterie et établir une petite tête de pont. Mais ils n'avaient pas pu faire passer un seul char ou une seule pièce d'artillerie. Grandsard avait des chars et de l'artillerie pour contre-attaquer. Il était encore assez confiant. Alors, comme la nuit tombait, les troupes de l'une de ses deux divisions d'infanterie, la 55e, furent soudain saisies de panique. Les observateurs d'artillerie virent les fantassins reculer devant les Allemands : ils croyaient que les blindés menaient l'attaque. Bientôt ce fut un cri général : « Les chars boches arrivent ! » Deux colonels, qui commandaient l'artillerie lourde de la division, abandonnèrent leur poste, suivis par leurs hommes affolés. Les fantassins français, apprenant que leur artillerie les lâchait, battirent en retraite derrière les artilleurs, abandonnant leurs fusils et leurs mitrailleuses. En une demi-heure, en ce début de soirée, de 18 heures à 18 h 30, les routes furent soudain encombrées de hordes de soldats terrorisés qui fuyaient en pagaille. Bientôt toute la division, deux régiments d'infanterie et deux d'artillerie, fut en fuite vers Reims, à 100 kilomètres de là. La 55e division avait cessé d'exister.

Plus tard, les hommes et les officiers de la division disparue jureraient qu'ils avaient vu des nuées de chars se ruer sur eux. En fait, pas un seul char allemand n'avait traversé la rivière à la tombée de la nuit. Ni une seule pièce d'artillerie. Ni même un seul canon antichar. Le premier pont flottant, sur lequel travaillaient des Allemands du génie, était loin d'être terminé. Au Quartier général allemand, on craignait qu'une contre-attaque française résolue, avec des chars, ne repousse les assaillants jusqu'à la rivière et ne liquide leur tête de pont. Leur infanterie ne tiendrait pas face aux renforts que, les Allemands le savaient, les Français envoyaient en hâte : la puissante 3e division blindée avec ses chars lourds, et la 3e division motorisée.

Mais les contre-attaques françaises furent ajournées – jusqu'à ce qu'il soit trop tard. A l'aube, les pontonniers allemands avaient terminé leur premier pont flottant sur la Meuse et, à 6 heures du matin, une brigade de chars s'y engageait. Dans le même temps, ce matin-là, la 71e divison française, qui avait réussi à arrêter la 10e *Panzer* au confluent des rivières, trouva son flanc gauche exposé par l'effondrement de la 55e. Cette fois, ce fut le commandant de la division qui fut le premier pris de panique. Il recula en hâte son PC de 10 kilomètres. Ses troupes le suivirent et ce fut bientôt la répétition de la débâcle, les fantassins et les artilleurs français abandonnant leurs armes pour s'enfuir sur les routes, terrorisés. Et cela, avant même d'être attaqués!

Le soir de ce 14 mai, le général Huntziger, commandant la IIe armée française, ramena en hâte son quartier général des abords de Sedan à Verdun, 80 kilomètres plus au sud. Apparemment, Huntziger ne savait pas encore que l'après-midi, vers 3 heures, le général Guderian, ayant fait passer deux de ses trois divisions blindées de l'autre côté de la Meuse, décidait de pousser non vers le sud contre les restes de la IIe armée de Huntziger, mais vers l'ouest en traversant le Bar et le canal des Ardennes vers Rethel, à 50 kilomètres au sud-ouest de Sedan. Il prenait un risque : il laissait son flanc sud dangereusement exposé. Mais s'il réussissait, il serait à Rethel dans un jour ou deux et pourrait rompre le front entre les IIe et IXe armées. Une fois à Rethel, la route de Paris, à un peu plus de 150 kilomètres, serait ouverte. Ou la route de la mer, comme le prévoyait le plan Mannstein. Il n'avait, estimait-il, que de faibles forces françaises en face de lui. Les principales armées alliées étaient déjà au nord de sa position, en Belgique, et sa poussée les couperait de leurs arrières. Elle participerait ainsi à la destruction de l'une de ces armées, la IXe qui était déjà dans une situation très grave : l'échec de la IIe armée autour de Sedan avait décidé de son sort.

La IXe armée était le point le plus au sud des forces alliées qui étaient entrées en Belgique le 10 mai. Et c'était l'une des plus faibles des armées françaises. Le Haut Commandement, en la plaçant sur la Meuse entre la Ire armée, unité d'élite, au nord de Namur, et la IIe armée, à Sedan, n'avait pas prévu qu'elle serait engagée dans de violents combats. Pourtant, malgré sa faiblesse, on lui avait donné le front le plus large à défendre. Face à elle, au soir du 12 mai, elle avait une force allemande plus puissante que celle qui avait attaqué juste au sud, à Sedan, avec cette terrible efficacité. Elle était constituée par la IVe et la XIIe armées allemandes, comportant chacune un corps d'armée blindé et deux divisions blindées. L'une d'elles, la 7e *Panzer*, était commandée par un jeune général plein d'allant, Erwin Rommel.

Rommel fit passer la Meuse à quelques éléments d'infanterie près de Dinant pendant la nuit du 12 mai et, malgré une farouche résistance française, il réussit à établir une petite tête de pont le lendemain à midi. Le commandement français lança une contre-attaque pour repousser les fantassins allemands jusqu'à la rivière (aucun char allemand ne l'avait encore franchie là non plus). Les contre-attaques françaises étaient précédées de chars et paraissaient assez fortes pour réussir. Mais là encore, comme à Sedan, elles arrivèrent trop tard ou même, dans la plupart des cas, furent si souvent retardées qu'elles finirent par ne plus avoir lieu.

Le 14 mai, qui n'était que le cinquième jour de la campagne, amena le désastre de la IXe armée française comme, le même jour, celui de la IIe armée à Sedan. Derrière la petite tête de pont établie par leur infanterie le 13 mai, les Allemands avaient construit des ponts de bateau sur la Meuse pendant la nuit. A l'aube, leurs quatre *Panzerdivisions* attaquaient. L'après-midi, les Français furent pris de panique. Les généraux commencèrent à ordonner la retraite, en reculant de plus en plus leurs PC. La Luftwaffe ne cessait d'attaquer les troupes en retraite, aucun avion allié ne se montrant face à elle. Le soir, les Allemands avaient une tête de pont de l'autre côté de la Meuse à l'ouest de Dinant, large d'à peu près 50 kilomètres sur 15 kilomètres de profondeur. La IXe armée se désintégrait rapidement.

Au matin du 15 mai, les Français jetèrent dans la bataille leur 1re division blindée d'élite pour tenter d'endiguer la marée. Mais elle avait été malheureusement dispersée pendant les premiers jours de l'offensive allemande. Le temps qu'elle puisse se rassembler pour intervenir, ses chars n'avaient plus de carburant et la plupart de ses camions-citernes, dans la confusion, étaient restés loin en arrière. Si cette puissante unité avait pu être lancée dans la bataille le 12 mai, ou même le 13, elle aurait pu empêcher les blindés allemands de franchir la Meuse.

Quoi qu'il en soit, le 15 mai à 9 h 30 du matin, deux *Panzerdivisions*, la 7e de Rommel et la 5e du général Walsporn, avec un fort soutien d'aviation et un solide appui d'artillerie, tombèrent sur la 1re division blindée française qui faisait le plein de ses chars. Une bataille acharnée et inégale s'ensuivit. Les deux camps perdirent de nombreux chars mais les Allemands eurent le dessus. Trois des quatre bataillons de chars de la 1re division blindée étaient décimés. Ce qui restait de la IXe armée, très éprouvée, battit en retraite en désordre vers la frontière française. Le général Giraud, désigné ce soir-là pour remplacer le général Corap à la tête de la IXe, arriva en hâte à Vervins pour tenter de la reprendre en main. Il ne la trouva pas. Rien d'étonnant : elle avait cessé d'exister [1].

Au matin de la journée décisive du 15 mai, le président du Conseil Paul Reynaud, on l'a vu, avait appelé Winston Churchill à Londres pour lui dire : « Nous sommes vaincus! Nous avons perdu la bataille! » Et Churchill n'avait pas pu le croire. A sept heures, le même soir, Reynaud envoya un autre message à Churchill :

> Nous avons perdu la bataille hier soir. La route de Paris est ouverte. Je vous en prie, envoyez tous les avions et les soldats que vous pouvez.

Peu après minuit, le général Gamelin prévint le gouvernement qu'il devait se préparer à quitter Paris. Le lendemain, Winston Churchill prit l'avion pour Paris et trouva la situation – il devait le reconnaître par la suite – pire qu'il ne s'y attendait. Dans la cour, au-dessus de la salle du Quai d'Orsay où il rencontra le général Gamelin et Reynaud, des employés brûlaient en hâte les papiers du ministère des Affaires étrangères. Le Premier ministre eut l'impression que le gouvernement français se préparait à abandonner la capitale. Gamelin l'informa qu'il ne restait plus rien pour barrer la route de Paris aux Allemands après leur percée sur la Meuse.

« Mais où sont les réserves stratégiques? demanda Churchill.

– Il n'y en a pas », répondit le général.

« Je fus abasourdi », écrira Churchill par la suite.

L'idée ne lui était jamais venue, avoua-t-il, qu'une grande armée,

1. Quant au général Touchon, qui avait été chargé, le 14 mai, de combler la brèche sur la Meuse entre les IXe et IIe armées, en pleine débâcle, avec sa « VIe armée de réserve », il découvrit que cette unité n'avait jamais existé.

Les débris restant de la IXe armée furent finalement rassemblés et reçurent l'ordre de prendre position sur le « secteur fortifié de Maubeuge », le long de la frontière française. Mais ils trouvèrent les casemates bloquées. Lorsque les occupants étaient partis pour la Meuse avec la IXe armée, le 10 mai, ils avaient fermé leurs blockhaus et donné les clés aux maires des localités voisines. Mais les maires avaient fui à l'approche des Allemands. Pas de clés : il fallut faire sauter les portes à la dynamite.

attaquée sur un front de 800 kilomètres, n'ait pas gardé de réserves : « Je dois dire que ce fut l'une des plus grandes surprises de ma vie. »

Cela amena le Premier ministre à formuler quelques conseils d'ordre militaire qu'il devait regretter plus tard. Il s'opposa vaillamment au retrait des armées alliées du nord qui étaient maintenant dangereusement menacées sur leur flanc sud et risquaient d'être encerclées.

Les minutes françaises de la réunion révèlent une seconde erreur de calcul de la part de Churchill. Il refusa de croire, dit-il aux Français, que la poussée des blindés allemands vers la mer – ou vers Paris – constituait une « menace sérieuse ».

> S'ils ne sont pas soutenus par l'infanterie, ils ne constituent qu'une force limitée. Ils ne pourront pas se maintenir seuls. Il leur faudra refaire leur plein, recevoir du ravitaillement. [...].

Alors, *dans son trouble*, selon les minutes françaises, Churchill insista pour que le Corps expéditionnaire britannique et la Ire armée française « se retranchent où elles sont » en Belgique, *et* qu'ils attaquent énergiquement les Allemands qui avançaient sur leur flanc. De toute évidence, on ne pouvait pas contre-attaquer si on se retranchait en même temps. Ce n'est que le 17 mai, trois jours après la débâcle sur la Meuse, que fut donné par le Haut Commandement allié le premier ordre à ses troupes de commencer à se retirer de Belgique. Ce retard était désastreux. Au soir du 16 mai, les blindés allemands avaient forcé les positions faiblement défendues sur la frontière française au sud de Maubeuge et fonçaient vers l'ouest, vers la mer ou vers Paris, les Français ne le savaient pas au juste. Au matin du 19 mai, 7 *Panzerdivisions,* poussant sans relâche le long de la Somme et des champs de bataille de la Première Guerre mondiale, n'étaient plus qu'à 80 kilomètres de la Manche. Le lendemain, le 20 mai, la 2e *Panzerdivision* atteignait Abbeville, refermant le piège sur les Belges, le Corps expéditionnaire britannique et trois armées françaises.

Ce jour-là, j'arrivais enfin moi-même sur le front, rejoignant la VIe armée allemande qui poussait les forces alliées encerclées, britanniques, belges et françaises, à l'ouest et au sud-ouest de Bruxelles, vers les *Panzerdivisions* qui venaient d'atteindre la mer derrière elle.

La première vision que j'eus des ravages de la guerre moderne me consterna. Le soir, je notai dans mon carnet :

> Ce que les canons et les bombes font aux maisons et aux gens [...], aux villes petites et grandes, aux ponts, aux gares, aux voies ferrées et aux trains, aux universités et aux vieux édifices pleins de grandeur, aux soldats, aux camions, aux chars et aux chevaux ennemis rencontrés sur la

> route! Ce n'est pas joli [...]. Louvain, par exemple, cette merveilleuse vieille cité universitaire, brûlée en 1914 par les Allemands enragés, et reconstruite en partie avec l'aide américaine.

Louvain était en ruine. Il ne restait que les murs de la grande bibliothèque de la vénérable université belge, reconstruite grâce aux dons d'écoles et d'universités américaines après la Première Guerre mondiale. Un spectacle révoltant. Nous marchions dans les ruines encore fumantes et je notais des inscriptions sur certaines pierres : *University of Rochester. Phillips Academy, Andover, University of Illinois.*

C'était quelques-uns des donataires qui avaient aidé à reconstruire la bibliothèque de l'Université, de nouveau détruite.

Il ne restait plus grand-chose de la ville. Des quartiers entiers rasés fumaient encore. Louvain avait une quarantaine de milliers d'habitants jusqu'au matin où Hitler attaqua à l'ouest. Une semaine plus tard, me dit un officier allemand, lorsque les premiers envahisseurs pénétrèrent dans la ville, il n'y restait plus un seul civil belge. L'officier ne le disait pas, mais j'imaginais qu'ils n'avaient pas oublié ce qui s'était passé en 1914 quand les Allemands étaient arrivés à Louvain. Deux cents notables y avaient alors été fusillés en représailles contre de prétendues activités de francs-tireurs.

En quittant Louvain, en direction de Bruxelles, nous avons croisé les premiers habitants qui revenaient, sur la route poussiéreuse encombrée de troupes allemandes et de canons roulant vers l'ouest. Ils avaient l'air hébétés, amers, pleins de rancune. Pourtant, je leur trouvai de la dignité, une dignité qui cachait la souffrance et s'ajoutait à une noblesse certaine. Je les retrouverais souvent, avant la fin de leur épreuve, chez les malheureux réfugiés belges ou français. Un rappel permanent, pour moi, de l'immense force d'âme des êtres humains sur cette planète pitoyable.

Nous étions partis à l'aube, ce matin-là, d'Aix-la-Chapelle, et nous avions traversé l'étroite portion de territoire hollandais où se trouve Maastricht, sur la Meuse que les Hollandais appellent Maas. Il n'y avait guère de traces des combats qu'auraient pu livrer les Hollandais. Presque tous les bâtiments et tous les ponts étaient intacts. A cinq kilomètres environ au sud, nous arrivâmes au canal Albert et au fort d'Eben Emael en Belgique. Là, c'était une toute autre affaire. Les Belges, comme les Hollandais, avaient été pris par surprise, mais ils s'étaient manifestement vite ressaisis et ils avaient commencé à se défendre. Les maisons pulvérisées au bord des routes qui allaient à Bruxelles montraient que les Allemands avaient dû se battre. A Tongres, Saint-Trond et Tirlemont, les Britanniques et les Français avaient participé à la défense. Il ne restait presque rien de ces villes, que des amas de ruines et de gravats. Une chose m'apparaissait de plus en plus claire : cette guerre, contrairement à la précédente, se passerait sur les routes. La plupart des champs de part et d'autre paraissaient intacts. Les armées ne se déployaient pas sur de larges fronts comme à la dernière guerre. Les Allemands écrasaient simplement les routes avec leurs chars, précédés par les Stukas, les bombardiers en piqué qui pilonnaient les défenseurs et détruisaient les obstacles antichars, suivis par l'infanterie motorisée qui défendait les positions contre les attaques de flanc après le passage des *Panzers.* Ce qui expliquait comment les Allemands avaient avancé à une vitesse aussi incroyable.

Juste avant Bruxelles se dressait, au bord d'une route poussiéreuse, le château médiéval de Steenockerzeel. Je demandai à l'officier responsable de notre caravane si l'on pouvait s'arrêter et y jeter un coup d'œil. Des années auparavant, quand j'étais en fonctions à Vienne, j'avais écrit à ses distingués habitants pour obtenir leur interview. C'étaient Zita, l'ancienne impératrice d'Autriche-Hongrie, et son fils Otto, héritier du trône des Habsbourg. Le bruit ne cessait de courir à l'époque qu'Otto allait essayer de rentrer à Vienne pour remonter sur son trône. Si improbable que cela me parût, j'aurais souhaité alors parler au jeune Habsbourg de ses intentions.

Le château avait été bombardé, une partie du toit était soufflée et la plupart des vitres brisées. Mais le pont sur les douves était intact et nous entrâmes. La demeure avait été pillée, mais pas totalement. Dans ce qui me parut être la chambre de Zita, les vêtements étaient répandus pêle-mêle, sur le plancher, sur le lit, sur les sièges. De toute évidence, l'ex-impératrice avait été forcée de partir en hâte avant d'avoir le temps de faire ses bagages. Elle avait visiblement une garde-robe bien fournie. Les placards étaient pleins de robes et de peignoirs, soigneusement pendus à des cintres. Otto aussi avait été pressé, à en juger par l'état de sa chambre. Des vestes, des livres, des disques de phono et des clubs de golf avaient été jetés un peu partout. Dans ce qui me sembla avoir été son bureau, d'autres livres, en français, en allemand, en anglais, étaient dispersés en désordre. Je pris le temps de les examiner. Sur son bureau, un livre en français était intitulé : *la Guerre qui vient.*

C'était certes un château, mais bien loin des splendeurs de la Hofburg à Vienne, d'où la Maison des Habsbourg avait régné pendant des siècles. L'ameublement était assez pauvre, le tout un peu délabré. Sur le bureau du jeune homme, je remarquai un manuel de composition anglaise et je me rappelai qu'Otto avait récemment été en Amérique. Un officier allemand m'apporta le béret d'étudiant d'Otto, qu'il avait pris dans un tiroir. Timidement, je l'acceptai et, dès qu'il eut le dos tourné, je le reposai. Mais j'empochai quelques cartes de visite personnelles de Zita, me sentant un peu transformé en pillard. Elles portaient, en français : *l'Impératrice d'Autriche et Reine de Hongrie.*

A l'ouest de Bruxelles, le lendemain 21 mai, nous arrivâmes enfin au « front ». Ou, du moins, à la VIe armée allemande, qui poursuivait sans répit les Alliés en retraite vers la mer, où les *Panzers* les attendaient. Dans un château près d'Enghien, non loin de Waterloo, nous rencontrâmes le commandant de la VIe armée, le général Walter von Reichenau, que j'avais connu un peu à Berlin. Il était toujours aussi aimable, le visage bronzé, le pas alerte, le monocle toujours vissé à l'œil. L'exposé qu'il nous fit me donna l'impression d'être franc et complet mais j'eus la preuve par la suite que ce n'était pas tout à fait le cas. Il ne cessait de souligner, par exemple, que malgré les premiers succès, la bataille décisive à l'ouest n'avait pas encore eu lieu. Il ne nous dit pas que, la veille, une *Panzerdivision* avait atteint Abbeville, refermant le piège sur les armées alliées qu'il avait devant lui.

Reichenau exprima la surprise que lui inspirait l'absence d'activité aérienne alliée :

« Je fais près de 250 kilomètres par jour, sur les routes le long du front, dit-il, et je n'ai jamais vu un seul combat aérien. Nous avons été très surpris que l'ennemi n'essaie pas au moins de bombarder nos ponts sur la Meuse et le canal Albert. Les Britanniques ont essayé une fois, en plein jour, et nous leur avons abattu 18 appareils. »

De toute évidence, dit-il, les Britanniques gardaient leur aviation en réserve. Je lui demandai pourquoi et il répondit qu'il n'en savait rien. Vraiment, Reichenau était de bonne humeur et ne donnait aucun signe de tension, d'inquiétude ni de hâte.

Plus tard, pendant la suite de la guerre, je devais me souvenir de cette journée de printemps avec le général von Reichenau près de Waterloo, au Quartier général provisoire de la glorieuse VIe armée allemande qui traversait victorieusement la Belgique en combattant. Elle avait un moral formidable et le général en était démesurément fier. Je ne devais pas oublier que c'était cette même VIe armée qui allait, deux ans et demi plus tard, mourir dans les neiges glacées de Stalingrad. A l'époque, ce n'était plus le fringant Reichenau qui la commandait. Il était mort d'une attaque l'année d'avant, le 17 janvier 1942, alors que les armées allemandes avaient fini par trouver à qui parler en Russie, reculant devant Moscou et devant Rostov, battant en retraite pour la première fois depuis le début de la guerre. C'était le tournant fatal et les généraux allemands le savaient. Plusieurs d'entre eux eurent alors des dépressions nerveuses, et Hitler aussi. Pour Reichenau, ce fut plus grave.

Si l'on m'avait dit, en ce jour de printemps 1940, que tel serait le sort de cette armée d'élite et de son commandant, j'aurais haussé les épaules. Je ne savais pas encore qu'à la guerre le succès initial peut se changer en échec, et que rien n'est jamais tout à fait certain, ou même prévisible.

« Je vous ai donné l'autorisation d'aller au front, nous dit Reichenau à notre départ. Vous allez peut-être connaître le feu. Mais il faut bien que vous preniez le risque. »

Il n'aurait pas dû s'inquiéter, si tant est que ce fût le cas.

Je crois qu'on l'a appelée la bataille de l'Escaut, mais elle n'est certainement pas entrée dans l'Histoire comme l'un des engagements décisifs sur le front ouest au printemps de 1940 : ceux-ci avaient déjà eu lieu sur la Meuse.

Tandis que nous descendions vers l'Escaut entre Audenarde et Tournai, les Britanniques, avec les Belges plus au nord et la Ire armée française au sud, menaient des combats de retardement pour faire traverser le fleuve à leurs troupes, leur artillerie et leurs munitions, et continuer leur retraite jusqu'à la mer, qui n'était plus qu'à une cinquantaine de kilomètres, à Dunkerque. Je me demanderais plus tard, comme nombre d'historiens militaires, pourquoi les armées alliées n'avaient pas reculé plus vite pour tourner au sud et attaquer le flanc des lignes allemandes vers la mer, très vulnérable, les couper et se rétablir sur la rive sud de la Somme, où le général Weygand s'efforçait d'organiser des forces fraîches. Elles auraient pu ainsi briser l'étau et continuer le combat. Mais les responsables du Haut Commandement allié, d'abord Gamelin, puis Weygand [1] qui lui avait succédé le 19 mai, le jour où je partais pour le front, n'avaient pas saisi l'occasion. Ils avaient laissé les choses aller, sans prendre de décisions radicales. De sorte que les forces alliées sans commandement battaient en retraite trop tard et lentement, sous la pression de la VIe armée allemande, une pression d'ailleurs modérée. La stratégie allemande consistait à rendre cette retraite assez difficile pour que les armées alliées ne puissent pas facilement contre-attaquer vers le sud sur des lignes de communication étirées à l'extrême. Mais pas davantage, car ils préféraient accompagner l'ennemi jusqu'aux divisions blindées qui l'attendaient, et qui en disposeraient plus facilement.

Comme nous approchions de l'Escaut, les Britanniques se retiraient en traversant le fleuve, mais en conservant de fortes positions sur la rive est, d'où les Allemands essayaient de les déloger avant de franchir le fleuve. Le grondement de l'artillerie augmentait comme nous atteignions la petite ville d'Ath. Les traces de la bataille se multipliaient. Des ambulances allemandes portant la croix rouge nous dépassaient plus souvent. Les bords des routes étaient jonchés de cadavres de chevaux, à côté de canons britanniques et français abandonnés. Dans les champs

1. Le général Weygand, qui avait précédé Gamelin comme commandant en chef de l'armée française au début des années 30, avait été un brillant officier d'état-major, et un aide de camp précieux du maréchal Foch pendant la Première Guerre mondiale. Mais il n'avait jamais commandé d'unité importante au combat.

qui bordaient les routes, du bétail mort gisait, tué par les bombes ou les obus. Un trou de mine béant dans la chaussée nous fit faire un détour par un chemin de campagne. Soudain, une odeur âcre nous saisit. Nous arrivions à tout ce qui restait de ce qui avait dû être, un ou deux jours plus tôt, une colonne française en retraite. Le long du chemin, des douzaines de chevaux morts se décomposaient sous le soleil brûlant de midi. Tout près, un canon de 6 pouces abandonné et un vieux 75 français, deux chars légers français, leur mince blindage percé comme du papier de soie, et une douzaine de camions visiblement abandonnés en hâte, car ils étaient entourés d'instruments de cuisine, de vestes, de chemises, de manteaux, de casques, de boîtes de conserve et... de lettres aux épouses, aux mères, aux petites amies.

Tout au bord du chemin, deux tombes toutes fraîches, marquées par un piquet portant un seul casque français. Je ramassai quelques-unes des lettres éparpillées, pensant qu'à mon prochain passage en Suisse, je pourrais les envoyer à destination, avec un mot indiquant leur provenance. Mais il n'y avait ni enveloppes, ni adresses ni noms de famille. Juste ces lettres griffonnées, qu'on n'avait pas eu le temps d'envoyer : « Ma chère Jacqueline »... « Chère maman »... J'en parcourus deux ou trois. Elles devaient avoir été écrites avant l'offensive allemande, avant que les hommes ne soient envoyés en Belgique dans le désordre. Elles parlaient de l'ennui de la vie militaire pendant la *drôle de guerre* et de la prochaine permission attendue.

En avançant toujours, nous arrivâmes à un hameau – une demi-douzaine de fermes à un carrefour. Les toits étaient effondrés. Le bétail broutait dans les prés. Les cochons grognaient dans les cours. Ils avaient tous l'air d'avoir soif car les fermes étaient vides. Les vaches n'avaient pas été traites depuis deux ou trois jours, leurs pis étaient tout gonflés.

En nous rapprochant de l'Escaut à Leuze, nous entrâmes dans la zone de l'artillerie allemande. Leurs 88 et de plus gros canons tiraient sans répit, dans un vacarme assourdissant. Maintenant, la route était encombrée de convois de camions chargés de troupes, de munitions, de bidons de carburant, qui traînaient souvent encore des canons supplémentaires en remorque. La place du village, dont la plupart des maisons étaient pulvérisées, était pleine de fantassins et de pontonniers du génie, avec leur matériel, attendant de repartir. L'école, sur la place, presque intacte, servait de poste de Croix-Rouge. Sept ambulances étaient arrêtées devant, attendant qu'on décharge les blessés. A l'intérieur, des médecins militaires faisaient des pansements. Une salle d'opérations fonctionnait déjà, mais non pas dans l'atmosphère d'angoisse que j'imaginais : les blessés ne criaient pas, ne gémissaient pas. Tout était calme, efficace, aseptisé.

Finalement, nous arrivâmes près de l'Escaut, en bas de la ville de Renaix. Un obus égaré, apparemment britannique, éclata non loin.

Personne n'y prêta grande attention. Un officier nous dit de faire attention aux avions britanniques. Mais il n'y en avait pas. Les fantassins, les premiers que nous ayons vus sans leurs camions, s'engageaient maintenant dans les divers sentiers qui conduisaient à la rivière. Nous nous arrêtâmes pour regarder tirer une batterie de canons de 6 pouces, cachée derrière les arbres d'un verger au bord de la route. Nous avions à présent vue sur la vallée de l'Escaut et sur l'autre versant, où les Britanniques s'étaient retranchés. Un officier d'artillerie nous apprit à suivre, à la jumelle, les effets de son tir sur l'autre rive. La route me paraissait déserte mais l'officier jurait qu'elle était pleine de véhicules britanniques. Bientôt, une unité du génie nous dépassa. Les tracteurs traînaient de gros bateaux pneumatiques vers le fleuve. Des camions portaient des poutrelles d'acier. On nous expliqua que les derniers Britanniques repassaient le fleuve et qu'avant le soir, la rive étant nettoyée de notre côté, le génie allemand commencerait à lancer un pont flottant. Des observateurs d'artillerie disaient qu'ils voyaient les Britanniques battre déjà en retraite vers la frontière française toute proche :

« Ou bien vers la Manche, me dit l'un d'eux avec un sourire. Ce n'est pas tellement loin. »

Peut-être. Mais même avec des jumelles et les conseils des Allemands, je ne voyais pas grand-chose. Ce n'était pas le chaos, non. Tout paraissait se passer sans problème du côté allemand. La VIe armée était une énorme machine efficace, bien huilée. J'étais certain que tous les mouvements des chars, de l'infanterie, du génie, de l'artillerie avaient leur signification pour les chefs directement intéressés. Ils savaient où chaque unité allait et quel était son objectif. Mais un observateur isolé ne voyait pas le tableau d'ensemble, rien qu'une toute petite partie de la bataille. Et ce qu'il voyait n'avait guère de sens.

Pour me consoler, je me rappelais ce que Stendhal écrit de la bataille de Waterloo dans *la Chartreuse de Parme*. Hemingway m'avait dit que c'était une description classique de l'une des batailles décisives de l'histoire moderne. Mais j'en avais un souvenir différent, ce jour-là sur l'Escaut, à quelques kilomètres de Waterloo. Si j'avais bonne mémoire, Fabrice, le héros, avait erré sur le champ de bataille, complètement perdu, sans rien comprendre. Personne, ni les officiers ni les simples soldats auxquels il s'adressait, ne paraissait rien y comprendre non plus. Tolstoï, je m'en souvenais, avait placé dans la même situation Pierre Bezoukhov, le héros de *Guerre et Paix*. Pierre Bezoukhov, n'est-ce pas, dans le roman, erre aussi sur le champ de bataille de Borodino, en 1812, pendant la campagne de Russie de Napoléon, en se disant qu'il va voir la bataille de près, aussi nettement que les historiens ont vu celles du passé. Et ne découvre-t-il pas, finalement, la confusion et le chaos? Dans le chef-d'œuvre de Tolstoï, si j'avais bonne mémoire, les généraux eux-mêmes ne comprenaient pas ce qui se passait. Et Napoléon, lui-même, non plus.

Mais si je ne pouvais pas suivre vraiment la bataille, j'étais extrêmement impressionné par l'armée allemande en action. Elle frappait très fort. Elle était commandée par des officiers efficaces, sérieux, qui avaient inventé une nouvelle forme de guerre, la *Blitzkrieg*, la guerre-éclair, qui se livrait sur les routes d'Europe occidentale, et les *Panzer-divisions*, l'infanterie et l'artillerie motorisées. Les bataillons de pontonniers du Génie étaient en train de la gagner, et les essaims de Stukas, les bombardiers en piqué qui affaiblissaient l'adversaire avant que la ruée des blindés ne les atteigne. Ce jour-là encore, nous ne vîmes pas un seul avion allié sur le champ de bataille. La Luftwaffe avait la totale maîtrise de l'air.

Quelque part entre Bruxelles et la frontière allemande, pendant notre retour, nous avons fait une rencontre qui me serra le cœur mais qui m'aida à comprendre pourquoi la guerre à l'ouest évoluait de la sorte : un groupe de prisonniers britanniques. Ils étaient entassés dans la cour pavée de briques d'une usine abandonnée. Nous avons fait halte pour aller leur parler. Je n'avais pas encore assez d'expérience de la guerre pour savoir, comme je le saurais plus tard, que les prisonniers de guerre ont toujours le même air désespéré aussitôt après leur capture, avant que l'effet de choc ne s'efface. Chez certains, il persistait manifestement. Nombreux étaient ceux qui portaient des pansements à la tête, à la face, aux bras. Ils étaient tous morts de fatigue.

Mais ce qui me troubla le plus, ce fut leur physique. Ils étaient maigres, ils avaient la poitrine creuse et le dos rond. Un sur trois portait des lunettes. Leurs dents étaient jaunes, leur teint cireux. Ils représentaient bien, à mon sens, la jeunesse que l'Angleterre avait négligée dans les vingt-deux ans suivant la première guerre, tandis que l'Allemagne, malgré sa défaite, une inflation galopante et six millions de chômeurs, élevait, elle, sa jeunesse au soleil et au grand air.

Je demandai à ces jeunes gens d'où ils venaient et ce qu'ils faisaient dans le civil. Ils étaient employés de bureau à Londres et à Liverpool. Ils n'avaient jamais pris beaucoup d'exercice ni connu le grand air avant d'être mobilisés, au début de la guerre. D'après leur mine, ils n'avaient pas l'air non plus d'avoir été bien nourris. Quant à l'instruction militaire, ils n'en avaient eu que neuf mois, depuis le début de la guerre, en septembre de l'année d'avant. Le long de la route, devant la cour où ils étaient parqués, une longue colonne d'infanterie allemande marchait vers l'ouest, en chantant avec enthousiasme. Quel contraste avec les jeunes Anglais! Les soldats allemands étaient bronzés, robustes, bien bâtis, les dents blanches, ils avaient l'air de jeunes lions bien portants.

Quelques jeunes Tommies se tenaient à l'écart et nous allâmes leur parler, Fred Oechsner, de UP, et moi. Ils étaient les seuls survivants, nous dirent-ils, d'une compagnie qui avait été engagée dans la bataille à Louvain.

« On n'avait aucune chance, nous dit l'un d'eux. On a été submergés, c'est tout. C'était surtout les bombardiers en piqué et les chars.

– Et les vôtres?

– On n'en a pas vu un », répondit-il, et les autres acquiesçaient.

Un gars tout maigre sourit :

« Je suis de Liverpool, dit-il. C'est drôle, vous êtes les premiers Yankees que j'aie jamais vus. Drôle d'endroit pour faire connaissance, hein? »

Nous avons ri. Mais au fond de moi, je ne me sentais pas tellement plus à l'aise que ces pauvres prisonniers. Fred et moi, nous leur avons donné nos cigarettes et nous sommes partis.

De retour à Berlin, le 24 mai, j'essayai de résumer la situation dans mon carnet.

> Voilà deux semaines, Hitler déclenchait sa *Blitzkrieg* à l'ouest. Depuis [...], la Hollande occupée; les quatre-cinquièmes de la Belgique occupés; l'armée française repoussée sur Paris; et l'armée alliée, censée compter un million d'hommes, dont l'élite des forces franco-britanniques, piégée, encerclée sur la Manche.

J'essayais de comprendre, après mes quelques jours avec l'armée allemande, ce qui s'était passé et pourquoi. Une chose :

> Elle a une maîtrise de l'air absolue [...]. Je n'ai pas vu un seul avion allié au-dessus du front dans la journée.

Les Stukas disloquaient les communications alliées à l'arrière, bombardaient les chars, les canons, les camions, les troupes sur les routes, détruisaient les nœuds ferroviaires et les gares. Les avions de reconnaissance allemands donnaient aux chefs une vue à vol d'oiseau du champ de bataille. Ils faisaient de l'observation d'artillerie. Les Alliés, sans avions d'observation, étaient aveugles. Les Allemands pouvaient amener leurs approvisionnements à grande échelle sans aucune contre-attaque aérienne. Je m'exclamais :

« Quelles cibles magnifiques ces interminables colonnes allemandes feraient si les Alliés avaient des avions! »

L'armée allemande en campagne m'avait impressionné par « le même fonctionnement froidement efficace que notre industrie automobile à Detroit [...] Le moral de la troupe allemande est formidable ».

A mon retour à Berlin, j'avais capté une émission de la BBC de Londres, affirmant que les colonnes de *Panzers* qui avaient si vite atteint la mer étaient trop faibles pour tenir bien longtemps. C'était ce que j'avais pensé tout d'abord. Et Churchill aussi, on l'a vu. Mais ce n'était pas vrai. Les Allemands ne fonçaient pas seulement avec quelques chars et quelques unités d'infanterie motorisée, mais avec tout le paquet. A ce stade, me disais-je, leurs lignes de communication avec la Manche étaient longues, mais assez solides pour résister à toutes les contre-attaques que pourraient tenter les Belges, les Français et les Britanniques.

De retour à Berlin, mon carnet devenait plus pessimiste :

> 25 mai. Les milieux militaires allemands sont catégoriques. Selon eux, le sort de la grande armée alliée encerclée dans les Flandres est scellé.
>
> 16 mai. Calais est tombé. La Grande-Bretagne est coupée du continent.
>
> 28 mai. Le roi Léopold a lâché les Alliés. A l'aube, l'armée belge [...] a déposé les armes.

A Bruxelles, de vieux amis belges que j'avais réussi à rencontrer en secret m'avaient averti que c'était possible. Pour eux, le roi Léopold posait un problème depuis longtemps. On sait maintenant qu'il y avait eu un violent face-à-face entre le gouvernement belge et le roi au matin du 25 mai. A 5 heures, les trois principaux membres du cabinet, le Premier ministre Hubert Pierlot, le ministre des Affaires étrangères, Paul-Henri Spaak et le ministre de la Guerre, le général H. Denis, étaient venus voir Léopold à son quartier général, au château de Wynendaele, près de Bruges, pour le presser de ne pas se laisser prendre par les Allemands. Si l'armée était forcée de capituler, il devrait, pour sa part, suivre l'avis de son gouvernement, comme l'y obligeait la constitution, et partir en exil avec lui, comme les souverains de Norvège et des Pays Bas. S'il se rendait sans conditions, à la merci de Hitler, il serait humilié, lui dirent-ils, comme Hacha de Tchécoslovaquie et Schuschnigg d'Autriche. Sa conduite serait considérée, en Belgique et par les Alliés, comme une trahison.

Mais ils n'avaient pas réussi à convaincre le jeune souverain, qui les avait reçus fraîchement sans même les faire asseoir :

« J'ai décidé de rester, leur avait-il dit. La cause alliée est perdue. Nous n'avons plus de raison de poursuivre la guerre. »

Le 26 mai, le roi demanda les conditions de la reddition. La réponse arriva de Hitler lui-même : reddition sans conditions. Léopold accepta et le cessez-le-feu fut fixé, d'un commun accord, à 4 heures du matin le 28 mai. Les Allemands exigèrent pour leurs forces le libre passage à travers la Belgique jusqu'à la mer.

Ce que cela représentait pour le corps expéditionnaire britannique, Lord Gort, son commandant en chef, devait le révéler par la suite :

« Je me retrouvai soudain, dit-il, avec une brèche de 30 kilomètres entre Ypres et la mer, par laquelle les blindés allemands pouvaient atteindre les plages. »

A Berlin, on exultait. Pour la première fois depuis le début de la guerre, les communiqués commencèrent à nous arriver, nombreux, non seulement de l'OKW, mais du « quartier général du Führer ». Ils me donnaient l'impression que le dictateur démoniaque les dictait lui-même. Dans l'un d'eux, il essayait de paraître magnanime, et même chevaleresque.

> Quartier général du Führer, 28 mai. Le Führer a ordonné que le roi des Belges et son armée soient traités comme il convient aux braves combattants qu'ils se sont montrés. Le roi des Belges n'ayant exprimé aucun désir le concernant personnellement, il lui sera affecté un château en Belgique jusqu'à ce que sa résidence définitive soit fixée.

Et encore :

> Le roi des Belges, pour mettre fin à la poursuite de l'effusion de sang et à la destruction inutile de son pays, a décidé de déposer les armes, contre les vœux de la majorité de son cabinet. Ce cabinet qui est le principal responsable de la catastrophe qui s'est abattue sur la Belgique [...].

Ainsi, c'était le gouvernement belge qui était responsable des terribles ravages infligés à la Belgique par les Allemands et non pas Hitler, qui avait ordonné à ses armées d'attaquer ce pays dont il avait juré une douzaine de fois de respecter la neutralité. J'aurais sûrement dû, à l'époque, être déjà habitué à ces déclarations scandaleuses émises à Berlin. Pourtant, j'enragai en lisant ces lignes. Il n'y avait donc pas d'honneur, pas de pudeur, pas de respect de la vérité chez les Allemands [1]?

La presse aux ordres ajoutait à mon indignation. Je notai dans mon carnet un titre particulièrement odieux :

Churchill et Reynaud insultent le roi Léopold!
Les lâches de Londres et de Paris
ordonnent la poursuite
du suicide dans les Flandres [2]

Mon carnet à Berlin dans les jours qui suivirent faisait écho au destin sans appel des armées alliés encerclées.

1. Malgré ma répugnance, j'allai ce soir-là au ministère de la Propagande pour voir une longue bande d'actualités sonores filmée par les Allemands sur les destructions qu'ils avaient infligées à la Belgique. Une à une, on voyait les villes, petites et grandes, incendiées par les bombes et les obus allemands. L'enthousiasme du commentateur allemand qui accompagnait ces destructions paraissait augmenter avec la succession de ces horreurs. Il avait une voix cruelle, grinçante. Il s'écriait : « Voyez cette maison détruite par les flammes! Voilà ce qui arrive à ceux qui s'opposent à la puissance allemande! »

2. Paul Reynaud, dans une émission de radio ce matin-là, avait accusé le roi de « trahison ».

> 29 mai. Lille, Bruges, Ostende occupés! Ypres prise d'assaut! Dunkerque bombardée [...]. Les titres incroyables se succèdent aujourd'hui sans répit [...]. Le Haut Commandement allemand raconte toute l'histoire au début de son communiqué d'aujourd'hui :
> " Le sort de l'armée française en Artois est scellé. L'armée britannique, qui est maintenant réduite au territoire autour de Dixmude, Armentières, Balleul, Bergues et à l'ouest de Dunkerque, sera bientôt détruite sous nos assauts concentriques ".
> 30 mai. La grande bataille de Flandre et d'Artois tire à sa fin aujourd'hui et c'est une formidable victoire allemande. Hier, selon le Haut Commandement allemand, les Britanniques ont commencé à tenter le sauvetage par mer de ce qui reste du Corps expéditionnaire.

C'était la première fois que l'OKW faisait allusion aux efforts britanniques pour s'échapper par voie de mer. Il ajoutait que les Britanniques avaient envoyé 50 navires de transport pour embarquer leurs troupes sur la côte près de Dunkerque, mais que « deux corps aériens de la Luftwaffe avaient coulé 16 de ces transports et 3 « navires de guerre », touché et endommagé ou incendié 21 transports et 10 « navires de guerre » et abattu 68 avions britanniques.

Ces pertes navales britanniques me parurent fortement exagérées, de même que la prétention allemande d'avoir abattu 68 avions britanniques. Pourtant, elles indiquaient que les Britanniques devaient avoir affecté à Dunkerque un grand nombre de navires et d'avions. Cela pouvait signifier que les Britanniques faisaient un sérieux effort pour évacuer une grande partie de leurs troupes par le port français. J'interrogeai quelques-uns de mes contacts militaires à ce sujet. Ils affirmèrent que les Britanniques n'avaient pas une chance de sauver plus de quelques hommes à travers la Manche : la Luftwaffe y veillerait.

Le lendemain, le 31 mai, on ne parlait plus de Dunkerque dans les communiqués de l'OKW, ce qui semblait bizarre. Le surlendemain, un de mes amis du Haut Commandement m'expliqua que « Dieu » avait accordé un « répit » aux Britanniques. Deux jours de brouillard sur la Manche, dit-il, avaient empêché la Luftwaffe d'attaquer les navires de transport au large des plages de Dunkerque, et un nombre considérable de soldats britanniques s'échappaient.

> 2 juin. Les Tommies britanniques de Dunkerque se battent encore comme des dogues. Le Haut Commandement allemand le reconnaît :
> " De durs combats ont réduit encore la bande de côte de part et d'autre de Dunkerque qui est encore, comme hier, défendue avec acharnement par les Britanniques. "

Le communiqué comportait les revendications habituelles de la Luftwaffe :

" Quatre navires de guerre (le communiqué ne précisait pas de quel genre) et onze transports au total ont été coulés par nos bombardiers. 14 navires de guerre, dont 2 croiseurs, 2 croiseurs légers, un croiseur anti-aérien, 6 destroyers, 2 vedettes lance-torpilles ainsi que 38 navires de transport, ont été endommagés par les bombes. D'innombrables petits bâtiments, remorqueurs, radeaux ont été chavirés. "

Je me demandais pourquoi, au bout de quatre jours, de « durs combats » se poursuivaient à Dunkerque. Pourquoi les *Panzerdivisions*, avec la puissance écrasante qui les avait amenés de la Manche à la mer en une semaine, n'avaient-elles pas encore détruit l'armée britannique, encerclée à Dunkerque, beaucoup plus faible et presque sans blindés? Il y avait bien là quelque chose d'étrange. Ce qui est indiscutable – et qui dépasse la compréhension de nombre de généraux et d'historiens – est que le 24 mai, les *Panzerdivisions*, arrivées en vue de Dunkerque et prêtes à l'estocade finale, reçurent de Hitler un ordre étrange et, pour la plupart de ses généraux, inexplicable : l'ordre d'arrêter leur avance. C'était, la suite allait le prouver, la première faute grave du Haut Commandement allemand pendant la Seconde Guerre mondiale, « l'un des grands tournants », comme le comprit trop tard l'un de ses responsables, le général von Runstedt, qui le reconnaîtrait par la suite.

Sur le moment, cela paraissait largement justifié aux yeux de Hitler et Rundstedt. Malgré ce qu'ils devaient affirmer par la suite, certains des chefs des *Panzers* sur le terrain avaient proposé une brève halte. Les divisions blindées avaient perdu la moitié de leurs chars pendant leur percée à travers la France. Il fallait les remettre en état pour lancer l'offensive vers le sud, en franchissant la Somme, vers Paris et le reste de la France. Les armées britanniques et françaises encerclées étaient perdues, ils n'en doutaient pas. On pouvait les liquider avec de l'infanterie. Le général Guderian, commandant le XIXe corps d'armée de trois divisions de chars – celles qui avaient réalisé la percée de Sedan – bien qu'il ait par la suite ironisé sur l'ordre de faire halte, avait effectivement avisé l'OKW qu' « une attaque de chars est inutile dans la région marécageuse (autour de Dunkerque) [...] et que l'infanterie est mieux adaptée que les chars au combat sur ce genre de terrain ». Cette région, soulignait-il, était coupée de canaux, qui sont des fossés antichars naturels.

Il y avait d'autres raisons pour expliquer l'ordre d'arrêter l'avance. Ni Hitler ni ses généraux, ignorant tout de la marine, ne se doutaient le moins du monde que les Britanniques, avec leur sens de la mer, pourraient improviser une flotte suffisante pour évacuer des troupes en nombre important. Ils pensaient avoir largement le temps de balayer les Britanniques et les Français qui se repliaient sur Dunkerque.

En fait, ils ne perdirent que deux jours, jusqu'au 26 mai. Mais c'était suffisant pour que les Britanniques et les Français renforcent le périmètre de Dunkerque avec trois divisions et commencent l'évacuation à grande échelle.

Le général Halder, dans son carnet, fulmine contre l'ordre de faire halte donné par Hitler :

> 24 mai. Notre aile gauche, composée de forces blindées et motorisées, qui n'a pas d'ennemis devant elle, va donc être bloquée sur place par ordre direct du Führer! La liquidation de l'ennemi encerclé va être laissée à l'aviation [1]!
>
> 26 mai. Ces ordres d'en haut n'ont absolument aucun sens [...]. Les chars sont arrêtés comme s'ils étaient paralysés.
>
> 30 mai. (Halder ne cessait de fulminer!). Brauchitsch est furieux [...]. La poche serait fermée sur la côte si seulement nos blindés n'avaient pas été retenus. Le mauvais temps a cloué la Luftwaffe au sol et nous devons maintenant rester sur place et regarder des milliers et des milliers d'ennemis s'en aller en Angleterre juste sous notre nez.

C'était exactement ce qui se passait. Sous leur nez, 338 226 hommes s'étaient échappés, dont environ 120 000 Français.

Dunkerque fut un grand réconfort pour les Britanniques. Mais comme Churchill le rappela à une Chambre des communes soulagée, le 4 juin, le jour où Dunkerque finit par tomber, « les guerres ne se gagnent pas par des évacuations » [2].

1. Le général Halder croyait que Goering lui-même était intervenu auprès de Hitler pour laisser l'aviation achever le travail. Dans une lettre à l'auteur du 19 juillet 1957, en réponse à une demande d'éclaircissements sur toute l'affaire, Halder écrivait :

« [...] La décision de Hitler (d'arrêter l'avance) fut essentiellement influencée par Goering. Pour le dictateur, l'avance rapide de l'armée, dont il ne mesurait pas les risques et les chances de succès faute d'éducation militaire, devenait presque inquiétante. Il ne cessait pratiquement pas d'être angoissé à l'idée d'un retour des choses [...].

« Goering, qui connaissait bien le Führer, profita de cette anxiété. Il proposa de terminer la grande bataille d'encerclement seul avec sa Luftwaffe. »

Halder était sûr que Goering avait un objectif ultérieur :

« Il a fait sa proposition [...] pour une raison qui était caractéristique de l'ambition sans scrupules de Goering. Il voulait réserver à son aviation, après l'étonnante facilité des opérations de l'armée jusque-là, l'acte final décisif de la grande bataille et s'en assurer ainsi toute la gloire aux yeux du monde. »

2. C'est dans ce discours que Churchill prononça les paroles les plus bouleversantes de la guerre :

« Bien que de vastes étendues de l'Europe et plusieurs nations glorieuses et vénérées soient tombées ou risquent de tomber dans les griffes de la Gestapo et sous l'odieuse férule de la domination nazie, on ne nous verra ni faiblir ni faillir. Nous irons jusqu'au bout. Nous nous battrons en France, nous nous battrons sur les mers et les océans, nous nous battrons avec toujours plus d'assurance et toujours plus de force dans les airs, nous défendrons notre île quoiqu'il puisse nous en coûter, nous nous battrons sur les grèves, nous nous battrons sur les terrains de débarquement, nous nous battrons dans les champs et dans les rues, nous nous battrons sur les collines; nous ne nous rendrons jamais. »

Dunkerque, en fait, vu de Berlin, me parut marquer le point culminant d'une désastreuse défaite pour les Alliés et d'une éclatante victoire pour les Allemands. Elle entrera dans l'Histoire, disait le communiqué de l'OKW ce jour-là, dans des termes qui ne pouvaient qu'être dus à Hitler, « comme la plus grande bataille de destruction de tous les temps ». La Grande-Bretagne d'une façon ou d'une autre, derrière les défenses naturelles de la mer, survivrait peut-être. Dans mon esprit, je me refusais à croire le contraire. Mais sa situation était grave, la pire depuis la dernière invasion des îles par les Normands, près d'un millénaire plus tôt. Son armée avait été détruite dans les Flandres, son aviation gravement diminuée. La Royal Navy restait seule pour défendre son sol, et la campagne de Norvège avait montré combien ses navires étaient vulnérables aux avions allemands basés au sol. Maintenant, Hitler avait des bases aériennes d'où bombarder la Grande-Bretagne, sur les côtes du nord de la France, de Belgique, de Hollande. Pourtant, j'estimais qu'il restait de l'espoir. Mais pour les Français, c'était sûrement la fin. Toutes leurs meilleures armées avaient été détruites. Paris était désormais ouvert aux Allemands. Le 6 juin, deux jours après que les troupes allemandes furent enfin entrées dans Dunkerque, Hitler annonçait le début d'une nouvelle offensive en France.

Pendant les trois jours qui suivirent, on n'en dit pas un mot à Berlin, mais nous entendîmes par la BBC qu'elle était lancée sur un front de 200 kilomètres entre Abbeville et Soissons, avec l'effort maximum le long du canal de la Somme à l'Aisne. Ce n'est que le 9 juin que le Haut Commandement allemand rompit le silence. Il disait que les Français au sud de la Somme et dans la région de l'Oise avaient été battus sur tout le front. Il affirmait que les unités allemandes poussaient à présent vers la basse Seine. Plus tard dans la journée, l'OKW annonça que l'offensive avait été poussée plus loin vers l'est sur un nouveau front, de Reims à l'Argonne.

Je notai dans mon carnet le 9 juin :

> Les Allemands foncent maintenant sur un front de plus de 300 kilomètres de la mer à l'Argonne. Aucune avance à cette échelle pendant la Première Guerre mondiale!

Et le lendemain, 10 juin :

> L'Italie est en guerre.
>
> Elle a frappé la France dans le dos au moment où les Allemands sont aux portes de Paris et où la France paraît battue [1].

1. Le président Roosevelt le dit alors avec plus d'éloquence. Parlant le soir même à l'Université de Virginie, à Charlottesville, dont je captai la rediffusion à Berlin le lendemain matin, il dit : « Aujourd'hui, 10 juin 1940, la main qui tenait le poignard l'a plongé dans le dos de son voisin. ».

Je ne fus pas vraiment surpris de cette nouvelle. Le 31 mai, j'avais noté dans mon journal : « L'Italie paraît se rapprocher du jour de la décision, celle de se ranger dans le camp allemand. Aujourd'hui, Alfieri, l'ambassadeur d'Italie, a vu Hitler à son quartier général. » Je n'avais aucun doute sur ce qu'ils s'étaient dit.

Le 11 juin, je déjeunai à l'Adlon avec Karl von Wiegand, le correspondant chevronné de Hearst qui revenait tout juste d'interviewer Hitler sur le front. Le dictateur lui avait dit que la France serait liquidée vers le milieu du mois – dans quatre jours d'ici! – et la Grande-Bretagne vers le milieu d'août – dans deux mois. Karl, un vieux routier de l'information en Allemagne (il y avait couvert la Première Guerre mondiale) dit que Hitler s'était comporté comme s'il avait le monde à ses pieds. Les généraux, bien que satisfaits des succès militaires, paraissaient, selon Karl, un peu inquiets de l'avenir sous l'égide de ce fanatique déchaîné.

L'après-midi du 12, j'eus très peur. J'écoutais une émission de Londres de la BBC lorsqu'on annonça soudain que Genève avait été bombardée la nuit précédente. On comptait plusieurs tués et blessés dans le faubourg où se trouvaient Tess et Eileen. Il me fallut plusieurs heures pour avoir Tess au téléphone mais, quand j'entendis sa voix, je fus au moins certain qu'elle était vivante. Les bombes étaient tombées non loin, effectivement, sur un hôtel, dans notre rue, où nous avions habité pendant les premières semaines après notre arrivée à Genève, faisant cinq ou six morts et une vingtaine de blessés ou même davantage. Elle s'était abritée dans la cave avec le bébé. Dans mon angoisse, je lui demandai de venir me rejoindre à Berlin. C'était l'endroit le plus sûr [1].

Les événements se précipitaient. Le 12 juin, il devint évident que Paris allait tomber. La presse de Berlin mettait en vedette une émission d'Éric Sevareid, de CBS, qui disait de la capitale française :

« Si, dans les jours qui viennent, quelqu'un parle encore de Paris à l'Amérique, ce ne sera plus sous l'autorité du gouvernement français. »

Je notai dans mon carnet :

> Je suppose que je suis tout désigné. Ce sera le plus triste job de ma vie [...] Bien que le Haut Commandement ne le précise pas, la vérité est que les Allemands sont aux portes de Paris ce soir. Dieu merci, la ville ne sera

1. Je pensais, comme Tess, que c'étaient les Allemands qui avaient bombardé Genève. En fait, j'allais l'apprendre par la suite, c'étaient les Britanniques. Des défaitistes français leur avaient interdit de faire décoller leurs bombardiers de Marseille pour attaquer Gênes, Turin et Milan. Ils avaient donc envoyé d'Angleterre un *squadron* qui, faute d'expérience des vols à cette distance, avait confondu Genève et Turin, à près de 200 kilomètres au sud-ouest et de l'autre côté des Alpes.

pas détruite. Sagement, les Français la déclarent ville ouverte et ne la défendront pas [...]. La prise de Paris va être un coup terrible pour les Français et les Alliés.

Pour moi aussi personnellement, je le savais. Car j'aimais Paris, passionnément. C'était ma ville, plus que toute autre au monde.

Berlin, 14 juin. Paris est tombé. La croix gammée de Hitler flotte sous la tour Eiffel au bord de la Seine [...]. Les troupes allemandes sont entrées dans la ville ce matin.

Nous avions entendu la nouvelle à 15 heures à la radio, après un quart d'heure de fanfares appelant les fidèles à écouter les informations. J'en avais éprouvé une peine atroce. Le communiqué de l'OKW disait :

L'effondrement total de tout le front français, de la Manche jusqu'à la ligne Maginot, à Montmédy, a réduit à néant l'intention première des dirigeants français de défendre la capitale de la France. Paris a donc été déclarée ville ouverte. Les troupes victorieuses commencent en ce moment leur entrée dans Paris.

Je déjeunais dans la cour de l'Adlon. C'était un magnifique après-midi d'été, chaud, ensoleillé. La plupart des clients, qui s'étaient groupés autour du haut-parleur de la radio, retournèrent à leurs tables avec un large sourire; mais je dois reconnaître qu'il n'y eut aucune excitation, aucune manifestation excessive, comme je m'y attendais un peu. Je me rappelai que les Berlinois avaient pris toutes les bonnes nouvelles depuis le début de l'offensive sur le front ouest très flegmatiquement. Dehors, dans les rues, il y avait peu de monde. J'achetai les éditions spéciales malgré leur manchettes : « PARIS EST TOMBÉ! ». Plus tard, sur une plage du lac de Halensee, je parlai avec un certain nombre d'Allemands et je compris que, malgré le calme avec lequel ils la prenaient, la nouvelle avait touché quelque chose de très profond en eux, pour la plupart. En prenant Paris, alors qu'elle en avait été si près en 1914, l'armée allemande devait réaliser le rêve inconscient des millions d'Allemands, effacer l'amertume de la défaite de 1918.

Si les Berlinois dans les rues, dans les restaurants et sur les plages prenaient la nouvelle de la chute de Paris avec calme, on ne pouvait en dire autant des fanatiques du Parti. Le journal de Hitler, le *Völkische Beobachter*, par exemple, écrivait dans son éditorial à la « une » :

« Paris était frivole et corrompu, la ville de la démocratie et du capitalisme, où les Juifs avaient leurs entrées à la cour et les nègres dans les salons. Ce Paris-là ne reviendra plus. »

Je fis mon émission de Berlin, ce jour-là, le cœur lourd. Je pleurais Paris. Tard dans la soirée, le Haut Commandement annonça :

La deuxième phase de la campagne se termine avec la prise de Paris. La troisième phase a commencé. C'est la poursuite et la destruction définitive de l'ennemi.

Comme je quittais la Maison de la Radio à une heure du matin, après ma dernière émission, le Dr Harald Diettrich, directeur du service des émissions sur ondes courtes, un Allemand convenable avec qui j'avais de bonnes relations, me demanda si j'avais envie d'aller à Paris. Mon premier mouvement fut de refuser. Je ne voulais pas voir les bottes allemandes dans les rues que j'aimais. Mais je pensai aussitôt que je ne devais pas me laisser aller à négliger mon travail, par haine de ces gens-là, de leur Führer et de tout ce qu'ils rêvaient depuis si longtemps. Je répondis au bon « Doktor » que je serais enchanté. Je savais qu'il m'avait mis sur sa liste en n'ignorant pas que le ministère de la Propagande, qui organisait ces visites au front, me détestait et ne voulait pas m'inscrire. Diettrich m'avait déjà rendu le même service pour le voyage à Kiel à Noël et, plus récemment, pour la visite du front en Belgique.

Notre Mercedes tomba en panne à dix kilomètres de Berlin sur la route de Potsdam, nous faisant prendre plusieurs heures de retard, en attendant qu'une autre vienne de la capitale pour nous reprendre. Ce soir-là, le 15 juin, dans une auberge près de Magdebourg, nous entendions les communiqués et je notai dans mon carnet :

Verdun est pris! Verdun, qui coûta 600 000 morts aux Allemands la dernière fois qu'ils avaient essayé de le prendre. Cette fois, ils le prennent en une journée [...]. Qu'est-il arrivé aux Français?

Je le découvrirais peut-être à Paris dans un jour ou deux. Nous passâmes la nuit suivante à Maubeuge, sur la frontière franco-belge, une ville de 25 000 habitants qui était complètement détruite. Le commandant allemand de la place, un officier de réserve d'âge mûr, ancien homme d'affaires, nous dit qu'une bombe allemande était tombée en plein sur l'église, au centre de la ville, enterrant vivants cinq cents civils dans l'abri situé en dessous. Je notai :

« Enterrés hermétiquement car, en cette nuit tiède remplie d'étoiles, on ne sent aucune odeur. »

Venir à Paris par cette splendide journée du 17 juin, ce n'était pas la joie pour moi. Rouler dans les rues familières, où j'avais passé mes jeunes années d'avant la trentaine, j'en avais l'estomac serré et je regrettais d'être venu. Et, ce qui n'arrangeait rien, mes compagnons allemands étaient enthousiasmés par la beauté de la ville.

Nous étions arrivés aux abords de Paris vers midi. C'était une de ces magnifiques journées de juin où, en temps de paix, les Parisiens seraient allés aux courses à Longchamp, ou voir des matches de tennis à Roland Garros, ou se promener sous les marronniers, ou se mettre à l'ombre aux terrasses des cafés.

Mais les rues, naguère si animées à cette heure, étaient totalement désertes, les boutiques fermées, les volets tirés sur toutes les vitrines. Ce vide me rendait malade. Nous étions passés par Le Bourget, où j'avais retrouvé le souvenir émouvant du jour où, en 1927, treize ans auparavant, à vingt-trois ans, j'avais couru du Bourget jusqu'à Paris pour aller faire mon papier sur l'arrivée de Lindbergh. Ensuite, nous avions pris la rue Lafayette, où notre voiture était sans cesse doublée par des véhicules militaires qui klaxonnaient comme un jour de fête. Sur les trottoirs, pas un homme, pas une femme, pas un enfant. J'avais revu les cafés que je connaissais si bien. Mais les tables et les chaises des terrasses étaient rentrées, derrière les rideaux de fer baissés. J'avais revu aussi le bâtiment du *Petit Journal*, où j'avais travaillé pour le *Herald Tribune*, à mon arrivée à Paris, en 1925. En face, c'était le *café des Trois Portes*, où je retrouvais souvent mes confrères pour passer un peu le temps, et souvent aussi mon grand amour d'alors, Yvonne. Qu'était-elle devenue?

Place de l'Opéra, pour la première fois, il n'y avait pas d'encombrements, pas de flics sifflant inutilement parmi les voitures bloquées. La façade de l'Opéra était cachée derrière des sacs de sable. Mais le *Café de la Paix* paraissait sur le point de rouvrir. Un unique garçon sortait les tables et les chaises, que des soldats allemands, debout sur le trottoir, saisissaient aussitôt. Enfin, ils allaient prendre un verre à la terrasse du célèbre café!

Nous avons descendu le boulevard jusqu'à la Madeleine, puis la rue Royale. Larue et Weber étaient fermés. Soudain, devant nous, c'était l'inoubliable perspective de la place de la Concorde et, de l'autre côté de la Seine, la Chambre des députés, où pendait un énorme drapeau à croix gammée, et au-delà, la coupole dorée des Invalides, où Napoléon devait se retourner dans sa tombe.

Nous sommes descendus au Crillon, où était le quartier général allemand, pour demander où nous pouvions loger. Au Scribe, bien sûr, nous dit un officier à monocle. A ce vénérable hôtel, à deux pas du *Café de la Paix*, au coin du boulevard et de la rue Scribe, où j'étais déjà descendu quelquefois, nous fûmes reçus avec cordialité, en allemand, par le vieux chef portier que je connaissais bien : il avait, entre autres qualités, celle d'être un linguiste distingué. Il parlait à peu près toutes les langues.

« *Willkommen! Willkommen!* » (Bienvenue) s'écria-t-il dans son meilleur allemand à l'accent français. « *Kommen Sie herein, meine Herren! Bitte, Bitte!* » (Entrez, messieurs! Entrez donc) [1].

Deux vieux amis, Demaree Bess, du *Saturday Evening Post*, et Walter Kerr, du *New York Herald Tribune*, étaient dans le salon, les seuls correspondants américains à n'avoir pas suivi le gouvernement français dans sa fuite à Bordeaux.

Je notai dans mon carnet :

> Demaree dit que la panique à Paris a été indescriptible. Tout le monde avait perdu la tête. Le gouvernement ne donnait pas de directives. On disait aux gens de ficher le camp, et trois millions au moins des cinq millions d'habitants de la ville s'étaient enfuis, sans bagages, en courant littéralement à toutes jambes vers le sud [...].
>
> Les habitants en veulent à leur gouvernement qui, les derniers jours, s'était [...] totalement effondré. Il avait même oublié de dire aux gens, jusqu'à ce qu'il soit trop tard, que Paris ne serait pas défendu. La police et les pompiers restaient [...].

Après avoir écouté mes amis et avoir parcouru les rues en parlant aux rares Français qui commençaient à émerger de derrière leurs volets, je conclus :

> Ce que nous voyons ici à Paris est l'effondrement complet de la société française, l'écroulement de l'armée, du gouvernement, du moral de la population. C'est presque trop énorme pour y croire.

Aucun journal n'avait encore reparu et la radio d'État française était fermée, si bien qu'il était difficile de savoir ce que devenait le gouvernement français à Bordeaux. Le bruit courait que Reynaud avait démissionné et qu'il était remplacé par le maréchal Pétain, le héros de Verdun. Si c'était vrai, je pensais que la résistance française continuerait jusqu'au bout. Ce qui restait de l'armée brisée serait obligé de se rendre mais le gouvernement français, avec le plus d'hommes possible, passerait en Afrique du Nord pour continuer à se battre. La Marine française était intacte. Elle pourrait probablement empêcher les Allemands d'arriver en Tunisie, en Algérie et au Maroc. Les importantes garnisons françaises d'Afrique du Nord pourraient facilement résister aux Italiens si ceux-ci tentaient une offensive à partir de la Libye.

C'est pourquoi je fus surpris de ce qui se passa le lendemain, le 18 juin. Peu avant midi, j'étais au beau milieu de la place de la Concorde, en train de causer avec un groupe de Français et de Fran-

1. Il allait accueillir tout aussi cordialement, en anglais, les correspondants américains à leur arrivée au Scribe quatre ans plus tard, par un beau jour d'été : « *Welcom! Welcome! Please come in! Very glad again to see Americans!* » (Très heureux de revoir des Américains!)

çaises. Soudain des haut-parleurs que les techniciens de l'armée allemande venaient d'installer sur la place, une voix s'éleva, annonçant que le maréchal Pétain allait parler. Le silence se fit dans la foule. Le vieux maréchal – il avait quatre-vingt-quatre ans, je m'en souvenais – annonça d'abord, d'une voix chevrotante, qu'il assumait la responsabilité de chef du gouvernement.

« J'ai fait à la France le don de ma personne », dit-il, en une formule qui me parut insolite. Puis ce fut le choc : il avait demandé l'armistice aux Allemands :

« *C'est le cœur brisé que je vous dis aujourd'hui qu'il nous faut cesser le combat.* »

Les Français autour de moi, une cinquantaine d'hommes et de femmes, étaient stupéfaits. Muets. Ils ne pouvaient pas croire que leur grand héros, dont Verdun avait fait le symbole de la résistance aux Allemands, allait, pour son premier acte de gouvernement, s'incliner devant l'ennemi héréditaire. Finalement, quand la vérité se fit jour en eux, commença une discussion bientôt si animée que deux soldats de la police militaire allemande leur demandèrent de se disperser. Leur principale controverse portait sur le fait que Pétain avait demandé de cesser le combat avant même qu'aucun pourparler d'armistice ne soit entamé. Les troupes qui restaient, disaient-ils, n'allaient sûrement pas continuer à se battre après avoir entendu le message du Maréchal [1].

« Pourquoi se battre? » demandait un homme qui n'avait plus qu'un bras.

Il s'était battu pendant quatre ans dans les tranchées la dernière fois, disait-il, et murmurait sans cesse :

« Pourquoi se faire tuer quand la guerre est finie? »

Certains autour de lui approuvaient. D'autres non. Et c'est alors que les deux Allemands nous firent circuler.

Il y eut une autre émission ce jour-là d'un autre général français. Un officier presque inconnu nommé Charles de Gaulle. Il avait pris un avion à Bordeaux pour Londres, avec un officier de liaison britannique, le général Edward L. Spears, brûlant de la volonté passionnée de faire poursuivre la guerre à la France, d'une façon ou d'une autre. Encore colonel, il avait commandé la 4e division blindée, formée à la hâte, et s'était conduit de façon très honorable à l'ouest de la Meuse. Pendant

1. Ils avaient raison. Au cours de mes recherches sur cette journée pour mon livre sur *la Chute de la IIIe République*, je constatai que nombre d'unités combattantes, ayant entendu l'émission, avaient rapidement déposé les armes et s'étaient rendues. Non seulement l'armée allemande avait retransmis le message de Pétain dans toute la France occupée, mais elle avait rapidement imprimé des tracts pour les lancer par avion sur une grande partie de la France encore non occupée. Le général Rommel, qui approchait de Cherbourg avec sa 7e *Panzerdivision*, contribua personnellement à répandre la nouvelle. Il parcourut plusieurs villages dans un char arborant le drapeau blanc, et en criant en trois langues dans un haut-parleur portatif : « *Guerre finie! Krieg fertig! War's over!* »

des années il avait plaidé auprès des gouvernements, des parlementaires et de l'état-major général français la nécessité de créer une arme blindée, comme le faisaient les Allemands. Récemment nommé général de brigade à titre temporaire, il avait été pendant quelques jours (du 5 au 16 juin) sous-secrétaire d'État à la Défense de Paul Reynaud. Pétain et Weygand, qui le détestaient tous les deux, s'étaient opposés à sa nomination. Maintenant, ils étaient furieux que de Gaulle ait quitté la France pour aller s'entendre avec les Britanniques. Ils lui intimèrent l'ordre de rentrer immédiatement, sous peine du conseil de guerre pour désertion.

Mais le général de blindés rebelle s'obstina et resta à Londres. A 18 heures, le 18 juin, seul dans un studio de la BBC, de Gaulle prit la parole :

> Les chefs qui, depuis de nombreuses années, sont à la tête des armées françaises ont formé un gouvernement. Ce gouvernenemt, alléguant la défaite de nos armées, s'est mis en rapport avec l'ennemi pour cesser le combat [...].
>
> Mais le dernier mot est-il dit? L'espérance doit-elle disparaître? La défaite est-elle définitive? Non! [...].
>
> Car la France n'est pas seule! Elle n'est pas seule! Elle n'est pas seule! Elle a un vaste Empire derrière elle. Elle peut faire bloc avec l'Empire britannique qui tient la mer et continue la lutte.

Ce que de Gaulle pensait en lançant son Appel, il allait l'évoquer plus tard dans ses *Mémoires de Guerre* :

> Je sentais en moi-même se terminer une vie, celle que j'avais menée dans le cadre d'une France solide et d'une indivisible armée. A quarante-neuf ans, j'entrais dans l'aventure, comme un homme que le destin jetait hors de toutes les séries.

Il essayait d'amener ses compatriotes à une vision planétaire de la guerre qui dépassait la compréhension de Pétain, Weygand, Laval et des autres défaitistes qui avaient pris en main le gouvernement français :

> Cette guerre n'est pas tranchée par la bataille de France. Cette guerre est une guerre mondiale. Toutes les fautes, tous les retards, toutes les souffrances n'empêchent pas qu'il y a, dans l'univers, tous les moyens pour écraser un jour nos ennemis [...]. Le destin du monde est là.

Paroles historiques! Mais rares furent les Français qui les entendirent. Avec l'électricité coupée dans la plupart des villes et des villages, rares étaient les récepteurs de radio branchés ce jour-là, et la plupart de ceux qui l'étaient, semble-t-il, écoutaient Bordeaux, où les décisions étaient prises sur la cessation des hostilités.

Paroles historiques que, même en Angleterre, personne ne semble avoir prises au sérieux. La BBC, qui devait bien le regretter par la suite, ne les trouva pas assez importantes pour être enregistrées. Et je n'entendis personne y faire allusion pendant ce mois de juin à Paris.

J'allai au Crillon pour essayer d'y trouver quelques tuyaux parmi les militaires allemands. Des officiers chamarrés d'or descendaient de leurs voitures en claquant des talons. Ils jubilaient. Pour eux, l'armistice était proche. Pétain avait-il une autre solution? L'un de mes amis de l'OKW me dit qu'il aurait peut-être des informations précises le lendemain. Je commençai ainsi mes notes dans mon carnet, ce soir-là :

> L'armistice sera signé à Compiègne! Dans le wagon-lit du maréchal Foch, où fut signé l'autre armistice, le 11 novembre 1918, en forêt de Compiègne. Les Français ne le savent pas encore. Les Allemands gardent le secret.

A 16 h 30, grâce à mon ami, les militaires me conduisirent à toute vitesse à Compiègne. Pendant le trajet, je me rappelai que, la veille, j'avais demandé à un fonctionnaire des Affaires étrangères, presque en plaisantant, si Hitler, comme le bruit en courait, exigerait que l'armistice soit signé à Compiègne. Il n'avait pas aimé ma question et avait répondu, glacial :

« Certainement pas! »

Mais quand nous arrivâmes sur les lieux, à 18 heures, la réponse était évidente. Le Génie allemand, avec des marteaux pneumatiques, démolissait à la hâte le mur du musée où était conservé le wagon de Foch, dans lequel l'armistice avait été signé.

Il était prévu, expliquèrent les officiers allemands, de remettre le wagon exactement à la place qu'il occupait dans la clairière de la forêt de Compiègne le 11 novembre 1918 à 5 heures du matin, et d'y faire signer l'*autre* armistice aux Français. Ainsi, le dictateur nazi prenait sa délicieuse revanche. Ce serait une émission sensationnelle, si nous pouvions assister à la cérémonie et la transmettre à New York de la forêt même. Je pris à part un colonel pour le sonder : pouvait-on installer une ligne de téléphone avec Berlin? Il allait essayer, me dit-il. Il avait déjà eu l'amabilité de me faire visiter le wagon de l'armistice. Des cartes indiquaient les places où s'étaient assis les acteurs de la cérémonie historique de 1918. Le maréchal Foch était au centre. C'était là que Hitler, s'il était là, s'assiérait lui aussi, je n'en doutais pas.

En rentrant vers Paris, au crépuscule – vers 9 heures du soir – nous fîmes halte sur la route sinueuse qui traverse la forêt, de Compiègne à Senlis. Une colonne française en retraite y avait été bombardée. Sur quelques centaines de mètres au bord de la route, une vingtaine de tombes fraîchement creusées étaient marquées chacune par un casque de soldat. Les chevaux morts n'avaient pas été enterrés bien profond : l'odeur le disait encore. Un 75 restait là, avec les autres débris qu'abandonne une armée en déroute : fusils, munitions, chaussures, couvertures, etc. Je regardai la date du canon : 1918! Ainsi les Français avaient défendu la principale route vers la capitale avec des canons de la Première Guerre mondiale! Revenu à Paris tard dans la nuit, j'assistai à un briefing du général Glaise von Horstenau, dont Hitler avait fait l'un des historiens militaires de cette guerre. Il m'avait toujours déplu et je me méfiais de lui depuis l'époque où j'étais à Vienne, et où lui, un Autrichien, avait honteusement trahi Schuschnigg. Mais il n'était pas dépourvu d'intelligence et il voyait les choses à l'échelle de l'Histoire. Il pensait que l'Allemagne avait pris les Alliés occidentaux à l'un des rares moments de l'histoire où, pendant quelques semaines, quelques mois ou quelques années, les armes offensives étaient supérieures à celles de la défense. Il expliquait que cette campagne particulière, avec ses résultats, ne pouvait avoir eu lieu qu'en ce début d'été de 1940. Si elle avait été retardée d'un an, estimait-il, les Alliés auraient disposé alors des armes défensives – canons antichars et antiaériens, et d'assez de blindés et d'avions de chasse – permettant de faire face aux armes offensives allemandes. On serait arrivé alors, pensait-il, à la même impasse que sur le front ouest en 1914-18, lorsque l'attaque et la défense étaient à peu près de force égale.

C'est pourquoi Hitler avait frappé à l'ouest quand il l'avait fait.

Tant que je vivrai, je n'oublierai jamais cet après-midi du 21 juin où je me suis trouvé dans cette clairière de la forêt de Compiègne pour assister au dernier et au plus grand triomphe de Hitler, que j'avais vu déjà triompher tant de fois pendant ces années tourmentées. Comme pour l'Autriche, qui l'avait rejeté dans sa jeunesse, et la Tchécoslovaquie, dont il haïssait le peuple, le messianique dictateur nazi se vengeait encore une fois. Cette fois, c'était la revanche de la défaite allemande, scellée en 1918 dans cette même clairière.

C'était une merveilleuse journée d'été. Un chaud soleil tombait sur les arbres majestueux, ormes, chênes, cyprès et pins, jetant des ombres délicieuses sur les allées boisées qui partent de la clairière de Rethondes, au centre de laquelle était placé le vieux wagon-lit du maréchal Foch. La scène était prête pour la plus belle heure de Hitler.

A 15 h 15 précises à ma montre, je vis le dictateur et son entourage arriver dans une caravane de Mercedes qui s'alignèrent devant le monument à l'Alsace-Lorraine. Je pris note de leurs tenues. Hitler portait un uniforme à veste croisée *feldgrau* (contrairement à la tenue marron du parti nazi qu'il avait portée jusqu'à la guerre); Goering, par la grâce du Führer le seul Feldmarschall du Reich, en uniforme fantaisie, bleu ciel, de la Luftwaffe (il jouait avec son bâton de maréchal); le général Keitel, le courtisan à la tête du commandement suprême, et le général von Brauchitsch, tous deux en *feldgrau*; le grand amiral de la Flotte Erick Raeder, en uniforme bleu marine; le fidèle Rudolf Hess, l'adjoint du Führer, dans le même uniforme que son patron; et enfin le ministre des Affaires étrangères, Ribbentrop, dans son uniforme *feldgrau* très ornementé.

Je ne vis pas Goebbels. On avait dû le laisser à Berlin pour garder le magasin. Je l'imaginais furieux d'avoir été empêché d'apparaître à côté de son Führer bien-aimé en cette occasion unique.

Le petit groupe s'arrêta pour regarder la statue de l'Alsace-Lorraine. Je remarquai qu'elle avait été recouverte de grands drapeaux allemands, de toute évidence pour que Hitler ne la voie pas et ne lise pas l'inscription gravée dans la pierre. Moi, je m'en souvenais pour y être venu plusieurs fois, au temps où j'habitais et où je travaillais à Paris. La sculpture représentait la grande épée des Alliés enfoncée dans un aigle agonisant symbolisant le Reich allemand. L'inscription disait :

> ***Aux héroïques soldats français, défenseurs de la patrie et du droit, glorieux libérateurs de l'Alsace-Lorraine.***

Hitler s'écarta du monument et, accompagné de sa suite, se mit en marche vers nous, qui attendions à deux cents mètres, debout devant le wagon-lit :

> Avec mes jumelles, j'observais son visage. Il était grave, solennel, mais illuminé par la revanche. Il y avait aussi, comme dans sa démarche alerte, la note du conquérant qui triomphe à la face du monde. Il y avait encore autre chose, une sorte de mépris joyeux à l'idée d'assister à ce grand renversement du destin, un renversement dont il était lui-même l'artisan.

Le Führer s'arrêta un instant au centre de la clairière, tandis que son pavillon montait à un mât. Alors, remarquant non loin un grand bloc de granit à un mètre du sol, il s'approcha pour le voir. Je me demandais comment il allait réagir lorsqu'on lui traduirait l'inscription.

Je m'en souvenais très bien, pour ma part. Elle m'avait toujours ému dans sa simplicité, même après l'avoir lue bien souvent :

ICI, LE 11 NOVEMBRE 1918
SUCCOMBA L'ORGUEIL CRIMINEL DE L'EMPIRE ALLEMAND
VAINCU PAR LES PEUPLES LIBRES QU'IL VOULAIT RÉDUIRE EN ESCLAVAGE

Je notai dans mon carnet :

> Hitler lit, puis Goering. Ils lisent tous, debout dans le soleil de juin et le silence. Je guette l'expression sur le visage de Hitler. Je ne suis qu'à cinquante mètres de lui et, avec mes jumelles, je le vois comme s'il était juste en face de moi. J'ai vu ce visage plusieurs fois dans les grands moments de son existence. Mais aujourd'hui! Il brûle de mépris, de colère, de haine, de revanche, de triomphe.
>
> Il s'éloigne du monument en s'efforçant de faire de ce mouvement même un chef-d'œuvre de mépris. Il le regarde, méprisant, furieux, furieux on le sent presque, de ne pouvoir balayer l'inscription terrible, provocante, de bout de sa haute botte poussiéreuse [1].
>
> Il regarde lentement tout autour de la clairière et, maintenant que son regard croise les nôtres, on mesure la profondeur de sa haine. Mais le triomphe est là aussi, la haine et la vengeance triomphale. Soudain, comme si son visage ne suffisait pas tout à fait à exprimer ses sentiments, il met son corps tout entier en harmonie avec ce qu'il ressent. Il pose ses mains sur ses hanches, redresse ses épaules, écarte ses jambes largement. C'est un magnifique geste de défi, de mépris brûlant pour cet endroit où il se trouve maintenant et pour tout ce qu'il a symbolisé pendant vingt-deux ans, depuis qu'il a été le témoin de l'humiliation de l'Empire germanique.

C'est dans cet esprit qu'il conduisit sa délégation dans le wagon de l'armistice et s'assit vivement à la place du maréchal Foch au centre de la table. Cinq minutes plus tard, les plénipotentiaires français arrivaient, tendus, conduits par le général Huntziger qui, on l'a vu, commandait l'infortunée IIe armée à Sedan. Les autres étaient un vice-amiral peu connu, un général de l'armée de l'air et Léon Noël, qui, alors ambassadeur de France à Varsovie, avait été aux premières loges pour voir ce que l'armée allemande pouvait faire d'un pays. Les Français étaient bouleversés, mais gardaient une certaine dignité. Ils avaient été volontairement humiliés par Hitler. Le général Halder note dans son carnet :

> Les Français n'avaient pas été prévenus qu'on leur présenterait les conditions sur les lieux mêmes des négociations de 1918. Ils étaient apparemment bouleversés par ces dispositions et, d'emblée, portés à être maussades.

Même un Allemand aussi cultivé, aussi bien élevé que le général Halder ne semblait pas faire la différence entre être digne et être maussade.

Aussitôt les membres de la délégation française assis, le général Keitel

1. Il la fit sauter trois jours plus tard.

ouvrit la séance par la lecture d'une déclaration manifestement préparée par Hitler, tant elle était pleine de ces déformations fatigantes de l'Histoire que j'avais entendues des centaines de fois dans ses discours [1].

Il commença par déclarer que l'Allemagne avait déposé les armes ici en novembre 1918 « à cause des assurances du président américain Wilson. Ainsi avait pris fin une guerre que le gouvernement et le peuple allemands n'avaient jamais voulue et dans laquelle l'ennemi n'était jamais parvenu à vaincre l'armée, la Marine et l'aviation allemandes de façon décisive ».

Alors, l'Allemagne avait subi cette terrible oppression de la part des Alliés qui avait apporté tant de souffrances à son peuple. En conclusion, il dit :

« Le 3 septembre 1939, vingt-cinq ans après le début de la guerre mondiale, l'Angleterre et la France ont encore une fois, sans motif valable, déclaré la guerre à l'Allemagne. »

Dieu! Combien de fois n'avais-je pas entendu ces mensonges!

Il ne pouvait terminer sans s'efforcer de justifier le choix de ce lieu pour la signature d'un autre armistice :

« La forêt historique de Compiègne a été choisie pour effacer une fois pour toutes, par un acte de justice réparatrice, un souvenir qui n'était pas pour la France une page glorieuse de son histoire et que le peuple allemand ressentait comme la plus grande honte de tous les temps. »

Tout cela portait la marque de Hitler. Et Keitel le lut, devait dire l'ambassadeur Léon Noël, « avec véhémence, insolence et brutalité ». Hitler se retira alors avec son entourage. Il avait recommandé à Keitel, qui restait pour parler avec les Français, de ne modifier en rien ses conditions. Le rôle de Keitel se bornait à les « expliquer ». Ces exigences parurent à Huntziger « dures et impitoyables, bien pires que les conditions des Alliés en 1918 ». Il passa le reste de la journée et une bonne partie de celle du lendemain à essayer de les atténuer. Mais en vain.

La clause cruciale concernait la flotte française. Elle était également d'une extrême importance pour les Britanniques, qui n'avaient pas l'intention de se rendre, et pour les États-Unis, dont le président, Roosevelt, était particulièrement sensible à l'équilibre naval en Europe.

1. Par les fenêtres du wagon, je suivais la cérémonie. Les Allemands avaient placé des micros pour enregistrer tout ce qui se disait.

Ayant découvert où se trouvait le camion des transmissions de l'armée qui faisait l'enregistrement, je pus entendre, et prendre des notes. Je le fis surtout pendant la dernière et dramatique séance du deuxième jour. Par un miracle de technique doublé d'un coup de chance, les Allemands avaient réussi à installer une ligne téléphonique, à travers le champ de bataille, entre le wagon de l'armistice et le gouvernement français de Bordeaux. Je pus ainsi entendre également les conversations téléphoniques entre Huntziger et le général Weygand, et d'autres membres du gouvernement français.

Si la flotte française passait intacte aux mains des Allemands, la Grande-Bretagne se trouverait dans une situation encore plus difficile. Churchill, qui y pensait depuis que la France chancelait, lui avait proposé de la libérer de son engagement de ne pas conclure de paix séparée, à condition que sa flotte mette directement le cap sur des ports britanniques.

Hitler était résolu à l'en empêcher. Il en avait discuté avec Mussolini le 18 juin et déclaré qu'il serait obligé de faire quelques concessions à la France. Les conditions d'armistice allemandes stipuleraient que les navires français seraient désarmés dans leurs ports d'attache, sous contrôle allemand ou italien.

En échange de quoi, Hitler faisait une promesse solennelle. Une de plus...

> Le gouvernement allemand déclare solennellement au gouvernement français qu'il n'a pas l'intention d'utiliser à ses propres fins dans la guerre la flotte française qui se trouve dans ses ports sous le contrôle allemand. En outre, il déclare solennellement et expressément qu'il n'a pas l'intention d'exprimer aucune revendication sur la flotte française à la conclusion de la paix.

Apparemment, les Français faisaient encore confiance aux promesses de Hitler car ils acceptèrent celle-là. Mais non pas Churchill, à Londres.

« Quelle est la valeur de telles promesses? dit-il dans un discours, le 25 juin. Demandez-le à une demi-douzaine de pays [1]. »

La plus odieuse des exigences allemandes – à mes yeux du moins – était celle consistant pour les Français à livrer les milliers de réfugiés allemands antinazis, qui avaient fui la tyrannie de Hitler et s'étaient fixés en France. Même le général Weygand, qui était maintenant aux affaires sous Pétain à Bordeaux, protesta qu'une telle demande était « contraire à l'honneur » et réclama sa suppression. Mais les Allemands refusèrent, évidemment.

Par la suite, Weygand oublierait apparemment qu'il avait d'abord considéré cette stipulation comme déshonorante, car il affirmerait que les clauses de l'armistice n'avaient « rien de déshonorant ». Malheureusement, comme en témoignèrent ultérieurement deux ambassadeurs de France, Léon Noël et Albert Kammerer, cet article fut appliqué par le

1. L'amiral François Darlan, commandant en chef de la flotte française, paraissait se soucier davantage que ses navires ne tombent pas aux mains des Anglais plutôt que des Allemands. Le 23 juin, le lendemain de la signature de l'armistice, il adressait un message à tous les bâtiments, affirmant que les Britanniques « essayaient de mettre la main sur la flotte française ». Le lendemain, il diffusait un nouveau message à tous les navires : « Mettre à terre immédiatement tous les officiers de liaison et tout le personnel britanniques [...]. *Attention à d'éventuelles attaques britanniques!* ».

gouvernement Pétain d'une façon « plus odieuse encore ». Le ministère de l'Intérieur et la police secrète française se mirent à pourchasser sans répit les réfugiés allemands pour les livrer à Hitler. Parmi eux se trouvèrent deux vieux dirigeants socialistes allemands, très estimés et retirés de la vie politique depuis bien longtemps, Breitscheid et Hilferding. Ils furent emmenés à Berlin et exécutés à la hache.

Il y avait à mon sens un autre article assez peu honorable, aux termes duquel le gouvernement français s'engageait à interdire à ses nationaux de combattre contre les Allemands au service d'autres États. Ceux qui passeraient outre seraient traités en francs-tireurs, c'est-à-dire fusillés s'ils étaient pris. Cet article visait bien entendu le général de Gaulle, qui s'efforçait de mettre sur pied des Forces françaises libres en Grande-Bretagne. Pétain et Weygand, j'en suis certain, aussi bien que Hitler et Keitel, savaient que traiter ces Français en francs-tireurs était une violation flagrante des lois de la guerre. Le gouvernement de Bordeaux ne protesta pas contre cet article. Pour autant que j'aie pu le vérifier, il ne protesta pas non plus contre l'article 20, qui stipulait que les prisonniers de guerre français, au nombre de près d'un million et demi, resteraient en captivité jusqu'à la conclusion de la paix. J'en fus d'abord étonné, jusqu'au moment où j'appris, par la suite, que Pétain, Weygand et Darlan étaient certains que les Britanniques seraient vaincus, ou renonceraient, d'ici quelques semaines, après quoi, la paix revenue, les prisonniers seraient libérés.

Les autres clauses de l'armistice prévoyaient l'occupation militaire des trois cinquièmes du pays, dont l'essentiel, au nord et à l'ouest, était déjà aux mains des Allemands, y compris la totalité de la côte atlantique. C'était la partie la plus industrialisée de la France. Paris resterait occupé, bien que le gouvernement français pût s'y fixer s'il le désirait. L'Empire français, dont l'Afrique du Nord était la partie la plus importante, restait intact et non occupé, mais ses forces armées, à l'exception des petites unités nécessaires au maintien de l'ordre et à la défense, seraient démobilisées.

Le lendemain, 22 juin, je partis pour Compiègne de bonne heure. Mon ami du Haut Commandement m'avait prévenu que l'armistice franco-allemand, par lequel la France ne serait plus en guerre, serait signé dans la journée. Il y avait une autre raison pour aller sur place de bonne heure.

Au petit déjeuner, à l'hôtel Scribe, j'appris que Hitler avait ordonné que tous les correspondants étrangers et allemands soient renvoyés immédiatement en avion à Berlin où il rentrait lui-même. Si l'armistice était signé, il l'annoncerait de Berlin. Tous les correspondants américains à qui je parlai allaient obéir aux ordres et prendre l'avion de la presse pour Berlin. Je décidai de rester. Je voulais voir la scène historique dans le wagon de l'armistice. Les Français refuseraient peut-être de signer. De toute façon, ce serait intéressant pour moi. Et je voulais pouvoir diffuser mon témoignage oculaire.

De sorte qu'avant qu'on ait pu me rafler ce matin-là au Scribe pour m'expédier à Berlin, je m'étais trouvé une place pour Compiègne dans la voiture de Diettrich, qui couvrait l'affaire pour les émetteurs allemands sur ondes courtes, et avec mon ami de l'armée. Ils n'avaient pas l'air de se faire beaucoup de souci en m'aidant à désobéir à un ordre personnel du dictateur. Diettrich pensait qu'il ne s'appliquait qu'aux correspondants de la presse écrite. Mon ami officier était enchanté que je défie Hitler, qu'il méprisait. Mais il m'avertit que le Führer avait donné l'ordre que toutes les émissions de Compiègne dans la journée soient automatiquement enregistrées à Berlin. Elles ne pourraient être diffusées que sur l'autorisation personnelle de Hitler.

C'était assez raisonnable. Du moins, contrairement aux correspondants des journaux, j'aurais un témoignage oculaire, et qui partirait de Berlin à la même heure que les dépêches de la presse écrite. Et je les battrais de plusieurs heures, avant que leurs papiers ne soient imprimés.

A mesure que la journée s'avançait, je constatai, à partir du camion des transmissions de l'armée, qu'il y avait pas mal de tirage entre les deux camps. La délégation française continuait à demander des concessions – mineures, à ce qu'il me semblait, sauf sur la question des réfugiés allemands – et les Allemands à les refuser. A un moment, Weygand insista pour qu'au moins les demandes françaises et les réponses allemandes soient jointes au « protocole » de l'armistice, mais les Allemands le lui refusèrent.

Vers la fin de l'après-midi, le général Huntziger posa une question brutale au général Weygand à Bordeaux. Il insista au téléphone pour avoir du gouvernement français non seulement l' « autorisation », mais l' « ordre » de signer l'armistice. Il ne voulait pas partager personnellement les responsabilités du gouvernement dans la capitulation. L'irascible petit Weygand n'aima pas cette requête d'un général subordonné, mais Huntziger ne céda pas.

A cette heure-là, en fin d'après-midi, les Allemands commençaient à s'impatienter. A 17 h 30, le général Keitel remit au général Huntziger un ultimatum écrit. Les Français devaient accepter ou refuser les conditions d'armistice allemandes avant une heure, avant 18 h 30 pour être précis. Faute de quoi les pourparlers seraient rompus. Pendant environ une demi-heure, dans ma naïveté, j'envisageai la rupture des négociations, les Français se retirant et le gouvernement de Bordeaux passant en Afrique du Nord, comme j'avais entendu dire que Churchill, de Gaulle et Roosevelt l'y poussaient, pour continuer la guerre là-bas. Je ne mesurais pas encore le profond défaitisme de Bordeaux. Weygand fut chargé de donner à Huntziger ce qu'il insitait tant pour obtenir, *l'ordre* de signer et non une simple autorisation. Il le dicta au téléphone : « N° 43/DN. Ordre est donné à la délégation française [...] de signer la convention d'armistice avec l'Allemagne. »

A 18 h 42 à ma montre, les deux délégations étaient réunies dans le vieux wagon du maréchal Foch pour signer. Par les fenêtres, je voyais le visage tiré, couleur de cendres, du général Huntziger. Il luttait pour retenir ses larmes. Avant de signer, il avait, dit-il, une déclaration personnelle à faire. Je la pris en français, tandis qu'il parlait, de sa voix tremblante retransmise par le camion allemand :

> Je déclare que le gouvernement français m'a ordonné de signer ces conditions d'armistice [...].
> Contrainte par le sort des armes de cesser le combat dans lequel elle était engagée aux côtés de ses alliés, la France se voit imposer de très dures exigences. La France est en droit d'attendre que, dans les futures négociations, l'Allemagne fasse preuve d'un esprit de nature à permettre aux deux grandes nations voisines de vivre et de travailler en paix.

Je me dis à moi-même à ce moment : il croit vraiment que Hitler leur fera cette grâce? Nous savions déjà par les exemples de la Tchécoslovaquie et de la Pologne ce que Hitler réservait à la France.

Nous entendions le grincement des plumes qui signaient l'armistice. Il était 18 h 50. Il y eut quelques remarques étouffées des Français, que je ne saisis pas. Puis la voix grave du général Keitel :

> Je demande à tous les membres des délégations allemande et française de se lever pour rendre l'hommage mérité par les braves soldats allemands et français. Honorons [...] tous ceux qui ont versé leur sang pour leur patrie et tous ceux qui sont morts pour leur pays.

Après une minute de silence, les membres des deux délégations se retirèrent. Les Français partirent pour Paris, où ils allaient être mis dans un avion allemand à destination de Rome, pour y signer les conditions d'armistice imposées par Mussolini, perspective dont la seule pensée remplissait les Français d'amertume [1]. Mais l'article 23 de l'armistice qu'ils venaient de signer stipulait qu'il n'entrerait en vigueur que six heures après la conclusion par les Français d'un armistice avec l'Italie.

1. Le plus amer était Huntziger qui, à un moment, dit à Keitel : « Bien que l'Italie ait déclaré la guerre à la France, elle ne l'a pas faite. La France n'a donc pas à demander un armistice à l'Italie, car l'armistice existe en fait depuis le jour de la déclaration de guerre. » Sur la route qui suit la Côte d'Azur jusqu'à Nice, les maigres forces françaises avaient repoussé sans peine une armée italienne beaucoup plus importante. La plus forte avance italienne, au bout de dix jours de combats, était de quelques centaines de mètres.

Mon émission passa à 20 h 15, lorsque l'armée et la radio d'État allemandes nous eurent donné la ligne avec Berlin. J'improvisai pendant près d'une demi-heure à partir de mes notes, sur la conclusion de l'armistice. Comme nous n'avions pas de « retour » me permettant de communiquer avec New York, je ne cessai d'appeler CBS et NBC [1] pendant quatre ou cinq minutes avant de commencer à parler, mais j'ignorais absolument s'ils étaient à l'écoute et s'ils allaient capter l'émission. Dans mon zèle, j'oubliai que nous n'étions pas censés émettre en direct, mais seulement pour Berlin qui enregistrait, l'émission ne devait être transmise vers l'Amérique qu'après l'accord de Hitler. A moins que je n'aie eu le pressentiment que, peut-être, pour une raison ou pour une autre, nous pourrions passer l'Atlantique directement et instantanément? Je ne m'en souviens plus aujourd'hui.

Mais il se trouva finalement que mes tentatives continuelles pour appeler New York avant de diffuser mon histoire avaient eu une grande importance.

Comme je finissais de parler dans le micro, que j'avais installé juste à côté du camion des transmissions de l'armée, à une trentaine de mètres du wagon de l'armistice, il se mit à pleuvoir légèrement.

Je notai dans mon carnet, le soir :

> Le long de la route, dans les bois, je voyais passer lentement les réfugiés, épuisés, à pied, à bicyclette, quelques-uns sur des camions, en une longue file interminable. Ils étaient à bout de fatigue, hébétés; ceux qui marchaient avaient les pieds blessés, beaucoup boitaient et ils ne savaient pas encore que l'armistice était signé et que les combats allaient cesser très bientôt maintenant.
>
> Je revins au centre de la clairière. Le ciel s'était couvert et la pluie tombait un peu plus fort. Une armée de techniciens du Génie, en criant avec ardeur, avaient déjà déplacé le wagon de l'armistice. Je demandai :
>
> « Pour l'emmener où?
>
> – A Berlin [2]. »

Je dormis tard le lendemain matin, qui était un dimanche, savourant ma première vraie nuit de sommeil depuis que nous avions quitté Berlin

1. A la demande de l'armée et de la *Reichs Rundfunk* (la radio d'État allemande), j'avais accepté de faire une émission commune de CBS avec la NBC. L'armée, le gouvernement et la Radio allemande avaient absolument besoin de la ligne téléphonique pour leurs propres messages et leurs propres émissions. Diettrich et mon ami de l'OKW m'avaient assuré que je parlerais le premier, car la NBC n'avait qu'un « stringer » (un correspondant occasionnel), Bill Kerker, qui n'avait pas une grande expérience journalistique. Je parlai, si j'ai bonne mémoire, une vingtaine de minutes, et Kerker, en se servant surtout de mes notes inutilisées, pendant les dix dernières minutes. Ce fut peut-être la première émission commune entre les deux chaînes concurrentes.

2. Il arriva à Berlin le 8 juillet, et fut exposé peu après. Ironie du sort, il devait être détruit par un bombardement allié par la suite.

la semaine d'avant. J'étais encore en plein sommeil lorsqu'on cogna à ma porte. A ma montre, il était près de midi. C'était Walter Kerr :

« Tu as fait un scoop mondial hier. Félicitations.

– Tu veux rire? » dis-je en essayant d'avoir l'air réveillé.

Walter, qui n'avait pas de carte de presse chez les Allemands, n'avait pas pu aller à Compiègne. Il était resté dans le bureau du *New York Herald Tribune*, me dit-il, écoutant les retransmissions de New York, surtout celles du CBS. (Les Allemands n'avaient pas encore enlevé l'antenne du toit.) Pendant plusieurs heures, me dit-il, mon annonce de la signature de l'armistice, avec la description détaillée des événements dans la clairière de Compiègne, avaient été les seules informations reçues en Amérique. Ce n'était qu'à près de minuit, heure de Berlin, que les dépêches des correspondants de la presse écrite à Berlin avaient commencé d'arriver. (Hitler avait donné le feu vert pour la nouvelle à 23 h 30.)

Elmer Davis et certains autres commentateurs de CBS, poursuivit Walter, avaient commencé à être un peu embarrassés, puis inquiets, lorsque mon émission continuait à n'être confirmée par aucune autre source. Au bout d'une heure environ, Davis, tout en ajoutant toujours foi à mon reportage, commença à indiquer qu'il n'était confirmé par aucune autre source. Cependant, me disait Walter, Elmer soulignait que « M. Shirer est un correspondant plein d'expérience, et très consciencieux. Nous attendons confirmation par d'autres sources très prochainement. En attendant, ne quittez pas l'écoute [1] [...] ».

Elmer Davis, bon ami et grand homme de radio, pensait sans doute à l'annonce prématurée de l'armistice par United Press, le 7 novembre 1918, quatre jours avant la signature. L'erreur avait failli tuer UP, alors une toute jeune agence. Je finis par découvrir, avec le temps, ce qui m'avait valu le plus grand scoop de ma carrière journalistique. Ce qui s'était passé était extrêmement simple, et un véritable coup de chance pour moi : les scoops sont presque toujours une question de chance. Les

1. De Londres, Ed Murrow m'avait entendu. Il pouvait capter les émissions de Berlin sur ondes courtes sur la radio de son bureau. Il devait me raconter plus tard qu'il avait immédiatement téléphoné à Churchill aux Chequers (la résidence de week-end du Premier ministre), puisque c'était un samedi, pour lui annoncer la nouvelle, au cas où il ne la connaîtrait pas déjà. Selon Ed, Churchill ne l'avait pas reçue et, qui plus est, il ne la crut pas : le gouvernement britannique, lui expliqua-t-on, avait ses propres sources d'information et n'avait aucune connaissance de la signature de l'armistice franco-allemand.

Le New York Times du dimanche 23 juin, sous une manchette de trois lignes sur huit colonnes à la une, inclut donc dans la dépêche de Berlin de United Press sur l'armistice, une note de Londres disant que « dans les milieux britanniques autorisés, on n'a aucune confirmation à Londres que les Français aient signé l'armistice, comme on l'annonce de sources américaines et allemandes. Selon ces milieux autorisés, les Français ont présenté des contre-propositions ».

Ainsi, des heures après la signature de l'armistice que nous avions couvert sur place, les « milieux autorisés » de Londres, y compris le Premier ministre, n'y croyaient apparemment toujours pas.

techniciens-radio allemands de Berlin avaient mal branché notre ligne de téléphone de Compiègne. Au lieu de passer mon émission sur la machine à enregistrer de la *Reichs Rundfunk* (la radio allemande), ils l'avaient passée à un émetteur sur ondes courtes de Zossen, qui l'avait retransmise automatiquement et immédiatement à New York. Ainsi CBS à New York (et NBC, s'ils l'avaient captée) avaient eu la nouvelle de la signature de l'armistice une heure et vingt-cinq minutes après l'événement. Les journaux et les agences américains ne devaient l'avoir de leurs correspondants que près de six heures plus tard [1].

J'étais content d'avoir eu la bonne idée d'appeler sans arrêt New York pendant quatre ou cinq minutes avant de commencer à émettre, bien que ce soit une corvée monotone que de répéter des paroles banales sans jamais savoir si quelqu'un vous reçoit. Je répétais indéfiniment : « Allô CBS, New York! Allô NBC New York! Ici William L. Shirer qui vous parle de Compiègne, où se tiennent les pourparlers d'armistice franco-allemands. Dans exactement cinq minutes (puis quatre, puis trois...), nous commencerons à diffuser d'ici les résultats des pourparlers d'armistice [...]. Allô CBS, New York!... »

Paul White, notre directeur des informations à New York, devait me dire par la suite qu'ils ne m'avaient pas entendu dès le début. C'était samedi et il n'y avait qu'un personnel réduit à l'écoute, à CBS. Finalement, quelqu'un capta mon appel, une minute seulement avant que j'annonce que j'allais parler. On me trouva quelqu'un pour présenter l'émission à la dernière minute, et il fallut aller chercher Elmer Davis dans un restaurant de la 52e Rue pour venir faire le commentaire.

Le lendemain de l'émission, j'appris de mes amis militaires que

1. Ainsi les journaux américains de l'après-midi n'avaient eu que notre émission de Compiègne pour leurs éditions. Les dépêches de presse de Berlin leur étaient arrivées trop tard, même pour les dernières éditions. Le journal de ma ville natale dans l'Iowa, la très sérieuse *Cedar Rapids Gazette*, quotidien de l'après-midi, est un bon exemple de ce qui s'est passé alors. Sous une manchette de deux lignes à la une, elle publiait un article en gros caractère qui commençait ainsi :

« New York (UP). Un armistice franco-allemand, qui entrera en vigueur à la conclusion d'un accord analogue entre la France et l'Italie, a été signé à 18 h 50 samedi (10 h 50 de notre heure), ont annoncé Columbia Broadcasting System et National Broadcasting Company, dans une émission commune, de la forêt de Compiègne. William Shirer, correspondant de CBS, annonçait que l'armistice franco-allemand avait été signé pour les Allemands par le général Wilhelm Keitel, chef du Haut Commandement allemand, et, pour les Français, par le général Charles Huntziger [...] ».

La *Gazette* publiait le texte complet de mon émission. Comme on aurait peut-être dû s'y attendre, elle gonflait l'aspect « enfant du pays », qui avait été un temps son collaborateur pendant ses études à l'Université. Au-dessus d'une photo de moi assis derrière un micro de CBS, on lisait cette légence : « Il a envoyé à l'Amérique le premier flash de l'armistice. »

Et sous la photo : « William L. (« Bill ») Shirer, originaire de Cedar Rapids, aujourd'hui chef du service européen de Columbia Broadcasting System, a atteint samedi un sommet de sa carrière de correspondant-radio en envoyant à l'Amérique le premier flash de la signature de l'armistice franco-allemand. Shirer émettait de la forêt de Compiègne à la fois pour les réseaux NBC et CBS. Shirer est un ancien collaborateur de la *Cedar Rapids Gazette* quand il était étudiant. »

Hitler, à Berlin, était furieux : je n'avais pas, selon lui, respecté le délai imposé pour l'annonce de l'armistice. Ce devait être la première fois – et sans doute, pensais-je, la dernière – qu'il avait, lui, le maître absolu de l'Allemagne, été grillé sur un scoop, et par un obscur journaliste étranger pour lequel il n'avait que mépris. Il avait ordonné, me dit-on, une enquête immédiate pour connaître les responsables, dans l'armée et à la radio. Les coupables, avait-il promis, paieraient leur erreur.

Était-ce bien une erreur? Je ne devais jamais le savoir. Interrogé par les gros bonnets de l'armée, de la *Rundfunk* et du ministère de la Propagande, je répondis que j'étais certes heureux de ce qui s'était passé mais que je n'y étais pour rien. Mais certains de mes amis du Haut Commandement de l'armée, lorsque la nouvelle eut été publiée partout – les scoops sont toujours très éphémères – laissèrent entendre qu'il n'y avait peut-être pas eu d'erreur, que l'armée avait délibérément laissé passer mon émission parce qu'elle voulait que la nouvelle de l'armistice fût connue le plus vite possible, et qu'elle en voulait à Hitler de la garder à Berlin pour en tirer une forte publicité personnelle. En fait, je l'appris à mon retour à Berlin, Hitler et Goebbels avaient préparé une grandiose cérémonie à la radio pour l'annonce officielle de l'armistice.

C'était peut-être le dégoût pour ce truc de propagande, me dirent mes amis de l'OKW, qui avait poussé l'armée à faire en sorte que mon émission de Compiègne apporte immédiatement au monde entier la nouvelle de la signature de l'armistice. C'était l'armée, après tout, disaient mes amis, qui, par son incroyable campagne à l'ouest, avait amené la capitulation de la France. L'armée ne voulait pas en laisser la gloire à Hitler. Il y avait eu beaucoup plus de frictions entre le Haut Commandement et le Führer pendant la campagne que nous ne l'imaginions. Le général Halder, le chef d'état-major général, devait m'en parler un peu par la suite, et davantage encore dans ses carnets.

Avoir laissé passer mon émission sur l'armistice, contre les ordres express de Hitler, était peut-être un autre geste de défi des patrons de l'armée.

Tout de même, en rentrant à Berlin, je me demandais si je n'allais pas être expulsé.

Je traînai un peu à Paris. Les derniers jours de juin sur les bords de la Seine étaient délicieux : ensoleillés, avec l'air frais et le ciel bleu mais, malgré tout, malgré le retour aux endroits familiers et les retrouvailles avec les vieux amis et connaissances des belles années, je me sentais de plus en plus déprimé.

Je ne comprenais plus les Français, que j'avais appris à admirer et à aimer quand j'habitais et que je travaillais à Paris. Je ne comprenais pas pourquoi ils ne s'étaient pas battus, comme leurs pères pendant la dernière guerre, contre les envahisseurs allemands. Je ne comprenais pas du tout pourquoi ils étaient satisfaits de l'armistice, ou du moins la plupart d'entre eux, et pourquoi ils refusaient de voir ce qui les attendait sous le joug allemand.

« Plutôt Hitler que Blum », avaient dit les réactionnaires lorsque le leader socialiste, qui se trouvait être juif, avait essayé de faire quelque chose avec son gouvernement de Front populaire. Ils avaient éjecté Blum et maintenant ils avaient Hitler, mais ils refusaient de voir ce que cela leur promettait.

Ils avaient aussi le vieux et sénile maréchal Pétain comme chef de ce qui restait de gouvernement français, après cet armistice que le maréchal lui-même avait demandé avec insistance avant de l'accepter. Cela me choquait mais j'étais bien forcé de reconnaître que la plupart des Français et des Françaises approuvaient Pétain de sortir la France de la guerre et de capituler devant Hitler. Je comprenais, bien entendu, que les Français soient vraiment soulagés que la tuerie ait pris fin – la tuerie pour les Français, du moins. Mais la situation n'était pas aussi simple, aussi tranchée, en noir et blanc. La France n'aurait-elle pas pu continuer la guerre dans son empire comme la majorité au sein du gouvernement Reynaud l'avait d'abord proposé? Les Forces françaises en Afrique du Nord avaient plus de moyens qu'il en fallait pour repousser toute tentative de conquête des Germano-Italiens. Certes, comme le soulignaient mes amis, si le gouvernement était passé en Afrique du Nord, comme il en avait d'abord eu l'intention, il aurait laissé toute la France métropolitaine à la merci des nazis. Mais je répondais que toute la France, malgré les termes de l'armistice, serait tout de même à la merci de Hitler. Le gouvernement de Pétain ne serait pas libre, il n'aurait pas d'indépendance réelle.

Churchill, en annonçant l'armistice aux Communes, « avec tristesse et stupéfaction », avait dit :

« La victoire de la Grande-Bretagne constitue le seul espoir pour la restauration de la grandeur de la France et de la liberté de son peuple. »

Cela paraissait évident. Mais non pas à mes amis français, ni à Pétain, qui pensaient que les Britanniques, commes les Français, devraient se reconnaître vaincus.

« Les Français se sauveront par leurs propres efforts, M. Churchill devrait le savoir », dit Pétain en réponse au Premier ministre britannique.

J'avais peine à le croire, mais pour autant que je puisse le voir, presque tous les Français l'approuvaient.

« Le fait est, devait rappeler plus tard de Gaulle à ses compatriotes, que pas un seul homme public (en France) n'éleva la voix pour condamner l'armistice. »

Dans une émission du 24 juin, il exprima sa honte et sa révolte de voir que « la France et les Français étaient livrés pieds et poings liés à l'ennemi » par les termes de l'armistice.

« De Gaulle? Qui est-ce? » Je me rappelle des Français de ma connaissance qui posaient la question. Rares étaient ceux qui avaient entendu parler de lui [1].

Ils allaient en entendre parler, bien sûr, lorsqu'il devint, lui dont la cause paraissait sans espoir dans ces jours sombres de juin 1940, le seul espoir de libération aux côtés des Alliés. Et ils finiraient par manifester pour lui la même admiration que pour Pétain. Paul Claudel, par exemple, le poète-diplomate, avait écrit juste après l'armistice une ode passionnée à Pétain. Quatre ans plus tard, de Gaulle rentré à Paris, Claudel écrirait une ode tout aussi passionnée au chef des Français libres. Et, si j'ai bonne mémoire, presque dans les mêmes termes. François Mauriac, l'éminent romancier, de l'Académie française (dont Pétain et Weygand étaient membres eux aussi), procéda de la même manière : dans un article du *Figaro* du 3 juillet, il manifestait son extase après avoir entendu le son de la voix de l'héroïque maréchal appelant le pays à accepter la défaite et à se remettre au travail.

> Les paroles du maréchal Pétain [...] avaient un son presque hors du temps. Ce n'était pas un homme qui nous parlait, mais quelque chose qui montait des profondeurs de notre histoire. Ce vieil homme nous était envoyé par les morts de Verdun [...] [2].

Par la suite, le vent ayant tourné, Mauriac, comme Claudel, manifesta la même extase à propos de De Gaulle. Paul Valéry, le célèbre poète, membre, comme Mauriac, de l'Académie, se félicitait que Pétain « se soit offert pour maintenir, au cœur d'un désastre, sans exemple, l'unité, l'existence même du pays ». André Gide n'était pas en reste avec

1. Même en Angleterre, d'où il diffusait ses appels pressant aux Français, il était rejeté par la plupart de ses compatriotes, civils et militaires. Alexis Léger, l'ancien secrétaire du Quai d'Orsay, l'écrivain André Maurois, l'économiste Jean Monnet et nombre d'autres Français éminents qui s'étaient réfugiés à Londres refusèrent de se rallier à lui. Parmi plusieurs milliers de Français évacués de Narvik, dont trois généraux et la plupart des officiers, tous à l'exception d'une poignée refusèrent de s'engager dans les Forces françaises libres et demandèrent à être rapatriés dans leur pays tombé sous le joug. Une flotte importante, qui s'était réfugiée dans les ports britanniques de Porstmouth et Plymouth, deux cuirassés, quatre croiseurs, huit destroyers, plusieurs sous-marins et deux cents plus petits navires refusèrent également de se rallier à de Gaulle. Bon nombre d'entre eux résistèrent aux Britanniques lorsque, le 3 juillet, ils montèrent à bord de ces navires pour les saisir. Seuls 900 marins acceptèrent de se rallier à de Gaulle. Les autres, environ 19 000 hommes, y compris deux amiraux et la plupart des officiers, choisirent d'être rapatriés, et le furent.

2. Les paroles du maréchal avaient un autre son aux oreilles de De Gaulle. Dans une émission de Londres adressée à Pétain, le 26 juin, après l'avoir accusé d'avoir réduit « la Patrie, le gouvernement, vous-même, à la servitude », il concluait : « Ah! pour obtenir et pour accepter un pareil acte d'asservissement, on n'avait pas besoin de vous, monsieur le Maréchal, on n'avait pas besoin du vainqueur de Verdun. N'importe qui aurait suffi. »

ses confrères, les autres écrivains. Il trouvait « simplement admirable » le premier discours radiodiffusé de Pétain, celui où il demandait aux Français de cesser le combat avant même que les Allemands n'aient accepté d'engager des pourparlers d'armistice. Le 10 juillet, il confiait à son journal qu'il « accepterait une dictature qui, seule, j'en ai peur, peut nous sauver de la décomposition ». Il allait être bientôt exaucé et plutôt deux fois qu'une : une dictature française sous Pétain et Laval, sous la botte de la dictature nazie de Hitler. La veille, le 9 juillet, il pensait que « si la domination allemande nous assurait l'abondance, neuf Français sur dix l'accepteraient ». Finalement, vers le milieu de juillet, cet éminent écrivain, qui avait été en quelque sorte l'une des consciences du peuple français, pourrait écrire qu'il « en venait presque à penser que la France ne méritait pas la victoire ». Reprenant les arguments fallacieux de Pétain, Weygand et Laval, il ajoutait :

« Il apparaît que la France s'est jetée dans l'aventure, ou plutôt s'y est laissé entraîner, avec une imprudence redoutable. »

André Gide! Lui qui avait été l'une des idoles de mes premiers moments à Paris! Il s'était rallié à la clique de défaitistes qui avaient pris en main le pays.

Je rencontrai, il est vrai, quelques têtes qui ne se courbaient pas. Mais je me demandai, pendant ce mois de juin dans Paris occupé, si les Français, vautrés dans leur défaite, se relèveraient jamais de ce marécage moral. Je l'espérais, car j'aimais la France et sa civilisation.

De retour à Berlin le 27 juin, j'étais toujours abasourdi par la chute de la France, et en si peu de temps : six semaines! N'ayant rien d'autre à faire, j'essayai de résumer ce qui s'était passé, pourquoi et comment. Il était peut-être trop tôt. Mais du peu qu'un correspondant pouvait voir, je tirai quelques premières conclusions.

La France ne s'était pas battue. Ses armées avaient été submergées sur la Meuse de Sedan à Namur, le cinquième jour de la guerre à l'ouest, et n'offrit plus guère de résistance par la suite. Pourquoi cela s'était-il produit en 1940 et pas en 1914, où les Français, moins aidés par les Britanniques que cette fois, avaient arrêté les Allemands sur la Marne, où ils avaient tenu quatre ans, et pour vaincre en fin de compte? Je ne connaissais pas la réponse. Était-ce le *Blitzkrieg* – l'assaut des blindés et des Stukas sur les routes – qui avait pris les Français par surprise? Impossible : il y avait eu l'invasion de la Pologne, neuf mois plus tôt. Les Hauts Commandements français et britannique n'en avaient-ils pas entendu parler? Bien improbable : il n'y avait rien de secret là-dedans.

Je me rappelais avoir entendu dire, par Ralph Barnes je crois, qu'à peine quelques semaines avant l'offensive à l'ouest, le général sir Edmund Ironside, chef d'état-major impérial britannique, s'était vanté, devant des correspondants américains, à Londres, du grand avantage que c'était pour lui d'avoir plusieurs généraux en France qui avaient commandé des divisions pendant la Grande Guerre, alors que les généraux allemands étaient trop jeunes pour avoir l'expérience du combat.

C'était une vantardise inutile. Les généraux allemands étaient, en effet, plus jeunes : quelques-uns n'avaient pas même quarante ans, la plupart de quarante à cinquante, quelques-uns enfin, au sommet de l'échelle, venaient de passer la cinquantaine. Mais cela leur donnait les qualités de la jeunesse : l'audace, l'imagination, la souplesse d'esprit, l'initiative et la forme physique. Le général von Reichenau fut le premier de son armée à traverser la Vistule à la nage pendant la campagne de Pologne. Guderian, Rommel et les autres commandants des *Panzerdivisions* conduisaient souvent leurs attaques personnellement. Ils ne restaient pas, comme les Français avaient tendance à le faire, à l'abri, loin à l'arrière, dans les états-majors divisionnaires.

Je pense qu'une autre raison de l'incroyable victoire allemande à l'ouest était l'extraordinaire moral de l'armée allemande. Quand on ne l'avait pas vue en action, on avait peine à imaginer à quel point elle était différente de celle que le Kaiser avait déchaînée sur la Belgique et la France en 1914. J'avais découvert cet état d'esprit entièrement nouveau des forces armées allemandes lors de ma visite de la Marine à Kiel, à Noël. Il reposait sur une camaraderie entre les officiers et les hommes, qui aurait choqué les vieux généraux prussiens et surpris les Français, les Britanniques et même, je crois, les militaires américains d'aujourd'hui. Je l'avais senti dans l'armée, à ma surprise, dès mon premier jour au front. D'abord, officiers et hommes de troupe mangeaient souvent la même nourriture, à la même cuisine roulante. Les officiers écoutaient avec attention les rapports de leurs hommes. Le responsable de la prise du fort d'Eben Emael était un sergent. Quand nous sommes arrivés à Paris, j'avais remarqué que les officiers et les hommes de troupe, en dehors du service, bavardaient, assis aux mêmes tables. J'ai vu une fois un colonel inviter une douzaine de simples soldats à faire un bon déjeuner dans un petit restaurant basque près de l'Opéra. Pendant le repas, il parlait avec eux, Baedecker en main, des endroits de Paris qu'il voulait leur montrer. Hitler lui-même, je fus étonné de l'apprendre, avait donné des instructions pour que les officiers s'intéressent aux problèmes personnels de leurs hommes.

Il y avait dans tout cela une chose qui m'étonnait. Ces soldats venaient d'un pays qui avait piétiné toutes les libertés individuelles, écrasé sauvagement toute forme d'opposition, persécuté les Juifs et commencé à les exterminer, un pays devenu une dictature qui, comme un gangster et sans provocation, avait fini par attaquer et occuper, l'un après l'autre, tous ses voisins, qu'il avait juré de ne pas agresser et qu'il était maintenant en train de réduire en esclave.

Comment ces soldats pouvaient-il se battre avec tant d'enthousiasme pour un régime aussi barbare? Je n'arrivais pas à le comprendre.

Le lendemain, 28 juin, je m'en souviens, était le vingt et unième anniversaire de la signature du traité de Versailles. Le monde qu'il avait créé, dont les vainqueurs croyaient qu'il durerait toujours, semblait en train de pousser son dernier soupir. Ce jour-là, les troupes allemandes, descendant de Bordeaux, atteignaient la frontière espagnole et des éléments soviétiques entraient en Bessarabie et en Bukovine, que le traité de paix de 1919 avait attribué à la Roumanie. Je notai que la Wilhelmstrasse n'appréciait pas cette dernière initiative russe. L'Armée rouge était encore, ces derniers jours, en train d'occuper les trois pays baltes. Mais que pouvait faire Hitler? Les Bolcheviques encaissaient les bénéfices de leur accord avec lui. Il devait être particulièrement circonspect au sujet de la Roumanie, dont le Reich tirait l'essentiel de son pétrole importé.

Je demandai à un ami que j'avais dans le Haut Commandement, à mon retour à Berlin :

« Et maintenant?

– L'Angleterre », répondit-il en souriant.

L'Armée n'était pas très enthousiaste, ajouta-t-il. Elle ne savait pas comment elle pourrait traverser la Manche. Mais le Führer y tenait.

« Ça va être votre prochaine affectation », m'avertit mon ami.

J'étais encore moins enthousiaste que l'armée, selon lui. S'il fallait que je couvre l'invasion de l'Angleterre, j'espérais que je verrais l'armée allemande se noyer en essayant. Mais je me dis que j'étais en train de redevenir parano. Il fallait que je m'éloigne des Allemands. Je télégraphiai à New York que j'allais prendre une semaine de vacances à Genève avec ma famille autour du 4 juillet [1]. Je supposais que CBS ne me refuserait pas quelques jours, après mon scoop de l'armistice.

Je passai ces quelques jours à paresser au bord du lac, en essayant d'apprendre à nager à Eileen qui poussait des cris de joie, à parler avec Tess de notre avenir incertain, à dîner avec elle dans des endroits tranquilles, au bord de l'eau, d'où on voyait le mont Blanc tout rose sous le soleil couchant. L'après-midi du 4 juillet, le consul général invita la colonie américaine, bien réduite, chez lui au-dessus du lac. Les vaches broutaient dans les prés alentour, les bateaux à voile glissaient tranquillement sur les eaux du lac, en dessous. On fit griller des saucisses de Francfort sur un énorme barbecue, et des hamburgers, et des épis de maïs, en les faisant glisser avec de la bonne bière et des

1. La fête nationale américaine *(N.d.T.)*

bons vins suisses, mes compatriotes parlant avec nostalgie de l'Amérique, qui semblait tellement loin de la guerre.

Tous les jours, nous passions devant le grand bâtiment de marbre de la Société des Nations, que j'avais couvert naguère, comme correspondant arrivant tout juste de Paris. Pour des millions d'hommes et de femmes, il avait été une promesse de paix mondiale.

De retour à Berlin, le 8 juillet, je notai dans mon journal une mort de plus : celle de la démocratie en France. Pierre Laval venait d'annoncer que la Chambre et le Sénat, les piliers de la démocratie parlementaire de la IIIe République, allaient voter eux-mêmes leur disparition. Le sénile maréchal Pétain allait prendre tous les pouvoirs dans le régime autoritaire de la France non occupée. Et ce serait le sinistre Laval qui tirerait les ficelles, je n'en doutais pas.

Les nazis, à Berlin, s'amusaient doucement de cette tentative tardive de la France pour imiter le IIIe Reich. Mais à la Wilhelmstrasse, on me fit observer que cela ne lui vaudrait pas des conditions de paix moins dures. Le ministère de la Guerre publia même une déclaration :

> Le passage de l'ancien régime, en France, à une forme de gouvernement autoritaire n'influencera en aucune façon l'issue politique de la guerre. En fait, l'Allemagne ne considère pas les comptes avec la France comme réglés. Ils le seront par la suite, avec un réalisme historique.

S'humilier ne paie pas, surtout face à la tyrannie allemande. C'était une leçon que les Français allaient apprendre.

A Berlin, de retour de Genève, je sentis un net refroidissement des relations entre l'Allemagne et l'Union soviétique. Hitler était furieux que Staline ait saisi les trois États baltes, l'Estonie, la Lettonie et la Lituanie, pendant que le Führer était occupé par la conquête de la France. Cela amenait, d'une façon inquiétante, les frontières soviétiques à des centaines de kilomètres plus au sud, jusqu'à la Prusse orientale. Et à la fin de juin, Staline avait pris aussi deux provinces de Roumanie riches en pétrole. Cela plaisait de moins en moins à Hitler. Maintenant qu'il avait conquis l'ouest, le bruit courait qu'il pensait de plus en plus à se tourner contre la Russie, surtout s'il pouvait faire la paix avec la Grande-Bretagne.

Mais nous n'avions pas le droit, nous, de le dire. A deux ou trois reprises, j'avais essayé de faire passer quelque chose sur la nouvelle crise dans les relations russo-allemandes, mais la censure l'avait coupé. Il était évident, pour nous, les correspondants étrangers, que c'était un sujet délicat sur lequel Hitler ne voulait rien voir d'écrit, pour le moment. Ralph Barnes, qui avait quitté son poste de chef du bureau du *New York Herald Tribune* à Londres pour revenir couvrir la campagne à l'ouest du côté allemand, décida cependant de câbler un papier sur un commencement de brouille entre Hitler et Staline. Ralph avait été correspondant du *Herald Tribune* à Moscou avant de venir à Berlin. Il connaissait bien les Russes et la Russie, et il tenait son histoire, j'imagine, de contacts à l'ambassade soviétique de Berlin. Hitler fut furieux et il ordonna l'expulsion immédiate de Ralph. J'étais revenu de Genève à temps pour le voir quitter Berlin. Nous étions de vieux amis, très proches. Nous nous étions connus à Paris jeunes reporters, et nos familles s'étaient beaucoup vues lorsque nous avions été affectés à Berlin. Tess et Esther Barnes étaient devenues intimes. Nous aimions beaucoup leurs deux filles et nous passions régulièrement nos vacances ensemble. J'étais désolé de voir Ralph partir.

La veille, nous étions allés faire une longue promenade dans le Tiergarten, la dernière de toutes celles qui s'étaient succédé au fil des années dans cette oasis de verdure. Nous avions terminé au bar de l'Adlon, comme si souvent, sur un dernier verre. Le lendemain, Ralph partait. Quatre mois plus tard, il allait être tué sur un bombardier britannique qui revenait, dans le brouillard au-dessus des montagnes, à une base en Grèce après un raid sur les lignes italiennes en Albanie. Mussolini, pour ne pas être en reste avec Hitler, avait attaqué un autre pays, la Grèce, le 28 octobre.

Le 15 juillet, on annonça pour la première fois officiellement, à Berlin, que Hitler se préparait maintenant à envahir l'Angleterre.

Les troupes allemandes de toutes les armes, disait le communiqué, sont prêtes pour l'attaque de la Grande-Bretagne. La date sera fixée par le Führer lui-même [1]. »

Mais d'abord, me dit-on à la Wilhelmstrasse, Hitler allait offrir aux Britanniques la paix « la plus généreuse ». Et il la proposa en effet, dans un discours au Reichstag, le 19 juillet. Ce fut, je l'ai noté par ailleurs, le dernier des grands discours de Hitler, et le dernier que j'entendrais au Reichstag. Ce fut aussi, pensai-je alors, l'un de ses meilleurs, l'un des plus intelligents, fort éloquent et, à son ordinaire, plein de mensonges. Je notai mes impressions plus tard dans la soirée :

> Le Hitler que nous avons vu au Reichstag ce soir était le conquérant, et conscient de l'être. Mais aussi un merveilleux acteur, un si admirable manipulateur de l'âme allemande qu'il mêlait magnifiquement la totale assurance du conquérant à l'humilité qui convient toujours si bien aux masses quand elles savent qu'un homme est parvenu au sommet. Sa voix était plus basse ce soir. Il a rarement hurlé, comme il en a l'habitude, et il n'a pas une seule fois poussé ses cris hystériques, comme je l'ai vu si souvent le faire de la tribune.

1. C'était du bluff. On sait maintenant, par les archives secrètes allemandes, qu'il était impossible que les troupes soient prêtes avant la mi-août, au plus tôt.

Son discours, plutôt long à vrai dire, était plein de sa déformation des faits et de ses mensonges habituels. Il ne réussit pas à s'abstenir d'insultes plus personnelles contre Churchill qui, me disais-je, lui portait vraiment sur les nerfs. Mais le discours était modéré dans le ton, quand on pense qu'il célébrait une prodigieuse victoire militaire. Et il était habilement calculé, me dis-je, pour toucher son propre peuple et ceux des pays encore neutres, et pour donner matière à réflexion au peuple britannique, qui se préparait à faire face à l'invasion avec les faibles moyens qui lui restaient après la débâcle en France. Je ne doutais pas, en l'écoutant, qu'il crût (à tort, j'en étais certain) pouvoir séparer le peuple britannique de son gouvernement.

> De Grande-Bretagne je n'entends qu'un seul cri – non pas du peuple mais des politiciens : la guerre doit continuer. Je ne sais pas si ces politiciens ont déjà une idée exacte de ce que sera la poursuite de ce conflit. Mais ils disent qu'ils continueront la guerre et que, même si la Grande-Bretagne doit périr, ils continueront du Canada.

Hitler alors déchaîna ses sarcasmes :

> Je n'arrive pas à croire qu'ils veulent dire que le peuple britannique ira au Canada. Il est probable que seuls les gentlemen intéressés par la poursuite de la guerre s'y rendront. Le peuple, j'en ai peur, devra rester en Angleterre et [...] considérera certainement la guerre avec d'autres yeux que les prétendus dirigeants, du Canada.
>
> Croyez-moi, gentlemen, j'éprouve un profond dégoût pour les politiciens sans scrupules qui détruisent des pays tout entiers. J'ai presque mal à l'idée d'avoir été choisi par le destin pour porter le coup final à l'édifice que ces hommes ont déjà sapé [...]. M. Churchill [...] sera déjà sans aucun doute au Canada [...]. Mais pour des millions d'autres, ce sera le début de grandes souffrances. M. Churchill devrait peut-être me croire, pour une fois, quand je prédis qu'un grand Empire sera détruit, un Empire qu'il n'était jamais entré dans mes intentions de détruire, ni même d'endommager [...].

Brave Hitler! Il prenait l'air angélique d'un enfant de chœur. Il fit une pause, contempla l'assistance dans le décor de la salle de l'Opéra Kroll, les gros députés en face de lui dans l'uniforme brun du parti ou le *feldgrau* de l'armée et une cinquantaine de généraux chamarrés d'or groupés au balcon, la poitrine lourde de décorations. Puis il revint, d'une voix basse et sonore, aux points essentiels de son discours, pour en faire un événement solennel :

> A cet instant, j'estime de mon devoir, en conscience, de faire appel encore une fois à la raison et au bon sens, en Grande-Bretagne aussi bien qu'ailleurs. Je considère que ma situation me permet de lancer cet appel,

> n'étant pas le vaincu qui quémande des faveurs, mais le vainqueur parlant au nom de la raison.

Une nouvelle pause.

> Je ne peux voir aucune raison pour que cette guerre se poursuive.

Il n'y eut ni applaudissemnents, ni vivats, ni lourd piétinement de bottes. Mais le silence. Un silence éloquent.

> Je suis désolé à l'idée des sacrifices qu'elle va coûter. Je voudrais les éviter, et à mon peuple aussi.

Il avait l'air aussi solennel qu'un évêque. Les députés minables et les généraux médaillés paraissaient émus. Je pensais aux millions d'Allemands qui écoutaient la radio ce soir-là. C'est à eux – autant qu'aux Britanniques –, que le discours s'adressait. Eux aussi devaient être émus. Cet appel qu'on leur adressait était un chef-d'œuvre. Car ils allaient dire maintenant, j'en étais sûr, que le Führer avait offert la paix à l'Angleterre, une paix sans conditions. Il avait dit lui-même qu'il ne voyait aucune raison pour que la guerre se poursuive. Si elle continuait, ce serait la faute de l'Angleterre.

Mais la plupart de ses auditeurs étaient convaincus que les Britanniques allaient accepter cette paix « généreuse » que Hitler leur offrait. Je parlai avec plusieurs d'entre eux, députés et officiers, à la fin de la session du Reichstag. Ils paraissaient considérer comme acquis que les Britanniques allaient accepter avec reconnaissance l'occasion que le Führer leur offrait de sortir de la guerre. Ils pensaient que Hitler s'était montré très magnanime. Comment les Britanniques pourraient-ils refuser?

A la radio, quand j'arrivai pour faire une émission sur le discours, on était encore plus optimiste. De jeunes officiers du Haut Commandement et de jeunes fonctionnaires des Affaires étrangères l'étaient encore plus. La guerre à l'ouest était pratiquement finie, disaient-ils. Les Britanniques étaient un peuple raisonnable. Ils savaient ce qui était bon pour eux. Ils choisiraient la paix.

Quelqu'un dans la salle tourna le bouton de la radio pour prendre l'émission de la BBC de Londres, en allemand. Elle allait peut-être nous donner une première indication des réactions britanniques au discours de « paix » du Führer. Il y avait à peine un peu plus d'une heure que Hitler avait cessé de parler et il était probablement trop tôt, me disais-je, pour attendre une réaction de Londres. Mais une voix tranquille s'éleva de la BBC pour donner la réponse à la proposition de Hitler : c'était un « non » retentissant. La Grande-Bretagne, disait cette voix, la rejetait totalement. Mes voisins allcmands dans la salle étaient muets. Stupéfaits. Ils n'en croyaient pas leurs oreilles :

« Les Britanniques, ils sont fous! » répétait un officier de marine [1].

Hitler non plus ne crut pas à cette réponse si rapide des Britanniques. Le 21 juillet, trois jours plus tard, il rappelait à ses confidents que, jusqu'alors, seules la presse et la radio britanniques avaient fait des déclarations et qu'il fallait attendre une prise de position définitive du gouvernement Churchill. Elle arriva le lendemain. Lord Halifax, le secrétaire au Foreign Office, rendit le refus britannique officiel à la radio de Londres.

Mon carnet me rappelle que je vis alors nombre de « visages furieux », à la Wilhelmstrasse, l'après-midi qui suivit l'émission de Halifax. Le porte-parole officiel du ministère des Affaires étrangères nous dit :

« Lord Halifax a refusé d'accepter l'offre de paix du Führer. Messieurs, ce sera la guerre! »

Mais comment? Où? Avec quoi? Manifestement, la suite logique était l'invasion de la Grande-Bretagne. Mais, pour autant que je puisse m'en assurer, le Haut Commandement allemand, si brillant fût-il, n'y avait pas beaucoup réfléchi. Il ne savait comment exploiter maintenant ses éclatants succès de l'été contre la France, la Belgique et les Pays-Bas.

C'est là un des grands paradoxes du IIIe Reich, mais je dois dire que je n'en avais pas vraiment conscience à l'époque. Au moment où Hitler croyait avoir obtenu la plus grande victoire de l'Histoire de cette nation militaire, alors que ses armées occupaient la plus grande partie de l'Europe, du Cercle polaire jusqu'aux Pyrénées, de l'Atlantique jusqu'au-delà de la Vistule, il n'avait aucune idée du moyen de conduire la guerre à une fin victorieuse.

Rétrospectivement, je vois bien que les Allemands, malgré tous leurs talents militaires, manquaient d'un grand dessein stratégique. Leur horizon était limité à la *guerre sur terre* contre les pays voisins de l'Europe continentale. Hitler reconnaissait qu'il avait horreur de la mer (« sur terre je suis héros, mais sur mer je suis lâche », avait-il dit un jour) et ses généraux souffraient d'une ignorance presque aussi totale. Ils avaient l'esprit *terrestre*, non pas l'esprit *marin* comme les Britanniques.

Maintenant, en juillet, ils hésitaient. Leurs armées triomphantes pouvaient facilement écraser les faibles forces qui restaient en Grande-Bretagne, essentiellement des survivants de Dunkerque, à condition de

1. En écoutant la BBC, j'avais cru que la voix était simplement celle d'un porte-parole du gouvernement britannique, mais je me demandais comment, à Downing Street, le Premier ministre pouvait avoir réagi si rapidement. Churchill déclara par la suite que le rejet brutal et rapide de l'offre de paix de Hitler avait été le fait « de la BBC, sans aucune indication du gouvernement de Sa Majesté, aussitôt après avoir entendu le discours de Hitler à la radio ». Manifestement, le Premier ministre n'estimait pas nécessaire de faire une déclaration *officielle*.

pouvoir traverser cette Manche si étroite que, par beau temps, de Calais, on apercevait les falaises de Douvres. C'était un obstacle qui les déconcertait, d'où leur hésitation.

Soudain, alors qu'il félicitait ses généraux de leurs formidables victoires à l'ouest, Hitler prit le temps de nommer douze maréchaux parmi eux. Hermann Goering, commandant en chef de la Luftwaffe et, soit dit en passant, président du Reichstag, était déjà Feldmarschall. Hitler créa pour lui un nouveau titre : Reichsmarschall du Reich Grand Allemand, qui le plaçait au-dessus de tous les autres. Qui plus est, Hitler créa aussi une nouvelle décoration pour Goering : grand-croix de la croix de fer, la seule qui serait décernée pendant toute la guerre.

Goering était ravi. Assis de tout son poids à la tribune de président du Reichstag, il avait l'air d'un gosse heureux qui joue avec ses cadeaux le matin de Noël. Lorsque Hitler lui tendit l'écrin contenant la nouvelle décoration, Goering le prit avec une fierté enfantine, souriant jusqu'aux oreilles, et aussitôt que le Führer fut retourné sur l'estrade, il entrouvrit la boîte, juste assez pour glisser un œil sur le métal luisant.

En nommant tant de maréchaux, il me semblait que Hitler dévaluait ce qui était jusqu'alors le plus haut rang qu'un grand chef militaire pût atteindre dans l'armée prussienne et allemande. Neuf généraux d'armée, Brauchitsch, Keitel, Rundstedt, Bock, Leeb, List, Kluge, Witzleben et Reichenau étaient faits Feldmarschall, de même que trois généraux de la Lutwaffe, Milch, Kesselring et Sperrle. Je me rappelais que, pendant la Grande Guerre, le kaiser, l'empereur Guillaume II, n'avait nommé que cinq maréchaux et pas même le général Ludendorff, le second derrière Hindenburg.

Cette fois, je notai que le général Franz Halder, le brillant chef d'état-major général, considéré par beaucoup comme le cerveau de l'armée allemande, n'était promu que d'un rang, de général de corps d'armée à général d'armée. Ce devait être, pensais-je, parce que Halder était l'un des rares généraux à parler franc avec le dictateur. Halder, on s'en souvient, avait été le chef du complot pour renverser Hitler au moment de Munich. Hitler l'avait-il appris? Je regardais Halder félicitant chaleureusement ses cadets qui, devenus maréchaux, lui étaient maintenant supérieurs en grade. Son visage d'intellectuel, rare chez un général, paraissait dissimuler la lassitude et la tristesse.

Il y avait deux autres personnages, deux étrangers dont je ne devais jamais oublier la présence dans l'assistance au moment du discours de Hitler ce jour-là. L'un était le comte Ciano, le gendre et ministre des Affaires étrangères de Mussolini, qui avait été amené par avion de Rome pour apposer le sceau de l'Axe à l'offre de paix de Hitler à la Grande-Bretagne. Je l'avais rencontré à Rome et il ne m'avait pas déplu, malgré son air plein d'importance et ses pitreries. Il y avait quelque chose d'humain et d'honnête en lui malgré tout son côté ridicule. Mais ce soir-là, au Reichstag, Ciano faisait pâle figure. Dans son uniforme gris et noir de la Milice fasciste, assis au premier rang de la loge du corps diplomatique, au premier balcon, Ciano ne cessait de se dresser d'un bond comme un diable à ressort, chaque fois que Hitler reprenait son souffle, en levant le bras droit pour le salut fasciste. Il était ridicule. Même, me semblait-il, aux yeux des Allemands.

Vers le fond de la loge diplomatique, je reconnus un petit homme aux yeux de porc, recroquevillé dans un coin. C'était Quisling qui, me dit-on, était venu d'Oslo à Berlin pour demander à Hitler de le remettre au pouvoir en Norvège [1], dont il avait été exclu par les Allemands, six jours après qu'il l'eut pris en avril 1940, lors de l'invasion de son pays.

1. Ce qui fut fait. Hitler, le 25 septembre, le nomma chef d'un nouveau gouvernement. Le même jour, le seigneur de la guerre nazi « déposait » officiellement le roi de Norvège réfugié en Angleterre.

Chapitre 12

L'OPÉRATION « LION DE MER » ET LA BATAILLE D'ANGLETERRE 1940

Nous savons maintenant, par les archives militaires secrètes allemandes, que le 16 juillet, trois jours avant son discours de « paix », Hitler avait signé la « directive n° 16 sur la préparation d'une opération de débarquement contre l'Angleterre ». Il était agacé que les Britanniques ne soient pas assez raisonnables pour se reconnaître vaincus.

> Puisque l'Angleterre, malgré sa situation militaire sans espoir, continue à ne montrer aucun signe de bonne volonté, j'ai décidé de préparer une opération de débarquement contre l'Angleterre et, si nécessaire, de l'exécuter.
>
> Le but de cette opération sera d'éliminer l'Angleterre en tant que base pour poursuivre la guerre contre l'Allemagne, et, si cela devenait nécessaire, de l'occuper complètement.

Le nom de code de l'opération devait être *Seelöwe* (lion de mer, ou otarie). Les préparatifs devaient être terminés à la mi-août. Mais le seigneur de la guerre nazi n'avait pas encore pris sa décision. Cinq jours plus tard, le 21 juillet, réunissant ses généraux autour de lui à Berlin, il reconnut qu'il ne comprenait pas « ce qui se passait en Angleterre ». Pourtant, un point était clair à ses yeux :

> La situation de l'Angleterre est désespérée. C'est nous qui avons gagné la guerre. Le renversement des perspectives de succès est impossible.

La situation de l'Angleterre pouvait être désespérée – c'était l'avis de tout le monde, sauf des Anglais – mais cela ne signifiait pas que Hitler pourrait faire passer des troupes de l'autre côté de la Manche pour profiter du « désespoir » de l'ennemi. Lui, ses amiraux et ses généraux n'avaient pas encore imaginé les moyens pour traverser cet étroit bras de mer. Le 29 juillet, l'état-major de Guerre naval rédigea encore un mémorandum déconseillant d'« entreprendre l'opération cette année ». Au lieu de quoi il proposait de l'envisager en mai 1941, ou plus tard.

Mais Hitler insistait pour l'« envisager » tout de suite. Le 31 juillet, convoquant encore ses chefs militaires, il les pressa de se mettre au travail et de proposer une date pour l'invasion. Raeder, qui répétait que « la meilleure date pour l'opération » serait le printemps prochain, ne fut pas suivi. La Marine, déclara Hitler, ne serait pas plus forte, au printemps, comparée à la Navy britannique. L'armée britannique, qui était maintenant en mauvais état après Dunkerque, pouvait devenir une force redoutable de trente à quarante-cinq divisions si on lui donnait huit ou dix mois pour se refaire. Par conséquent, dit-il, il était arrivé à une décision, que Halder prit en notes :

> Il faut étudier des diversions en Afrique. Mais le résultat décisif ne peut être atteint que par une attaque contre l'Angleterre. Il faut donc essayer de préparer l'opération pour le 15 septembre 1940 [...]. La décision de tenter l'opération en septembre ou de la retarder en mai 1941 sera prise lorsque la Luftwaffe aura effectué des attaques concentrées sur le sud de l'Angleterre pendant une semaine. Si l'effet des attaques aériennes est tel que l'aviation, les ports, les forces navales, etc. de l'ennemi sont gravement endommagés, l'Opération *Lion de Mer* aura lieu en 1940. Sinon, elle sera remise à mai 1941.

Tout dépendait donc désormais de la Luftwaffe.

Pendant tout le mois de juillet et la première semaine d'août, l'aviation allemande augmenta ses attaques contre le trafic maritime britannique dans la Manche et dans les ports du sud de l'Angleterre, causant des dégâts considérables, mais cher payés : un total de 296 avions allemands perdus, et 136 endommagés, des bombardiers pour la plupart. La RAF perdit 148 chasseurs. Le 11 août, je notais dans mon carnet que les attaques aériennes allemandes étaient devenues plus intenses. Des bombardiers allemands en grand nombre, protégés par des essaims de chasseurs Messerschmitt, attaquaient tout au long de la côte sud.

Le 12 août, Goering donna l'ordre de lancer l'opération *Adler Angriff* (Attaque de l'aigle) le lendemain. Ce devait être un assaut massif contre la Grande-Bretagne, avec la plus importante force aérienne jamais réunie. Elle serait exécutée par trois grandes flottes aériennes, comprenant la plupart des appareils dont disposaient les Allemands. La flotte aérienne n° 2, commandée par le Feldmarschall Kesselring, opérait à partir des bases occupées en Hollande, en Belgique et dans le nord de la France. La flotte aérienne n° 3, commandée par le Feldmarschall Sperrle, était basée sur des aérodromes du nord de la France. Ensemble, les deux flottes totalisaient 929 chasseurs, 875 bombardiers et 316 bombardiers en piqué. La flotte aérienne n° 5, commandée par le général Stumpff, opérait à partir des bases occupées au Danemark et en Norvège. Elle comptait 123 bombardiers et 34 chasseurs bimoteurs Messerschmitt. Contre cette armada, la Grande-Bretagne avait, pour défendre l'île, environ 800 chasseurs, Hurricanes et Spitfires.

Le lendemain du début de l'opération *Adler*, le 14 août, j'allai en avion de Berlin à la Manche pour voir ce qu'on appellerait bientôt la Bataille d'Angleterre, l'une des batailles les plus décisives de l'Histoire, et la première aérienne. Si la Luftwaffe réussissait – et Goering se vantait de lui faire détruire la RAF en quelques jours – je traverserais avec l'armée allemande pour couvrir l'invasion de la Grande-Bretagne, la première depuis la conquête normande de Guillaume le Conquérant, en 1066. Ce serait un formidable reportage, mais, comme pour l'invasion de la France, je ne me réjouissais pas de cette perspective. Je ne croyais pas, non, que l'invasion réussirait. En faisant mon petit tour à la Wilhelmstrasse le 1er août, j'avais pris deux paris contre des officiels du parti nazi : l'un disait que la croix gammée flotterait sur Trafalgar Square le 15 août, l'autre, le 7 septembre. J'avais parié deux fois *non*.

Avant de quitter Berlin, j'étais allé une fois encore voir mon ami le marin américain de l'ambassade, celui qui m'avait appris, à Noël, à identifier les navires de guerre de Kiel. Il m'expliqua cette fois comment dire si les Allemands allaient vraiment passer la Manche.

« Si c'est sérieux, me dit-il, il faudra qu'ils aient concentré à Anvers et dans les ports de la Manche un énorme tonnage de bateaux. Non seulement les navires de guerre qui leur restent après leurs lourdes pertes en Norvège, pour protéger leur flotte d'invasion contre les forces navales britanniques supérieures et la RAF, mais, ce qui est plus important, les bateaux pour transporter leurs troupes, les munitions, le ravitaillement, l'artillerie, les chars. Rien que pour faire passer dix à douze divisions, un strict minimum pour la première vague, et pour le ravitailler jusqu'à ce qu'elle ait établi une tête de pont solide, il leur faudra au moins 50 navires de transport, un millier de péniches tenant la mer et cinq cents remorqueurs de haute mer pour tirer les péniches [1]. »

Il doutait que les Allemands disposent des péniches et même des remorqueurs. Ils pouvaient en récupérer beaucoup sur leurs voies d'eau terrestres mais ces petits navires ne seraient guère utiles sur les eaux agitées de la Manche, où ils couleraient pour la plupart.

De toute façon, soulignait-il, même si les Allemands pouvaient trouver les bateaux, leur invasion ne pourrait réussir qu'après avoir balayé la RAF du ciel. On ne pourrait pas débarquer un corps expéditionnaire important sur des plages ennemies défendues par des bombardiers et des chasseurs attaquant en rase-mottes les troupes une fois à terre. Et les

1. Les chalands de débarquements spéciaux n'étaient pas encore créés.

Allemands ne pourraient pas vraiment débarquer des forces nombreuses en Angleterre avant de s'être débarrassés de la flotte britannique. D'après ce que mon ami avait entendu dire dans les milieux navals allemands, de nombreux navires de guerre britanniques patrouillaient le long de la côte sud. Goering avait affirmé que sa Luftwaffe les détruirait bientôt tous, comme la RAF. Mais dans la marine allemande, on était très sceptique.

Il y avait une autre information que mon ami avait glanée dans les milieux navals allemands. La RAF pilonnait déjà les ports de la Manche, rendant difficile aux Allemands la concentration de leurs navires. Cela me surprit : l'OKW n'avait pas reconnu l'existence de ces attaques aériennes.

« Ne perdez donc pas de vue ces attaques de nuit contre les navires allemands dans les ports de la Manche, non seulement celles des bombardiers, mais celles des navires de guerre britanniques, me dit-il encore. Il est très important de savoir si elles empêchent les Allemands de réunir le tonnage nécessaire pour le grand saut.

« Il y a plus important encore : essayez d'évaluer le plus exactement possible le nombre de navires de transport, de chalands et de remorqueurs rassemblés. Cherchez-les non seulement dans les ports, Anvers, Ostende, Calais, Boulogne, Le Havre, Cherbourg, mais sur les cours d'eau et les canaux dans l'arrière-pays. Et essayez de voir si les équipages sont prêts. Si vous constatez qu'ils ont les chalands et les navires de guerre de surface et les sous-marins pour les protéger, et s'ils ont balayé les navires de guerre britanniques sur la Manche et la RAF dans les airs, alors l'invasion est probable. Sinon, non, quoi qu'ils pourront vous raconter. »

Je lui dis que les Allemands, je m'en rendais bien compte, allaient peut-être se servir de nous pour bluffer les Britanniques en leur faisant croire que l'invasion était imminente.

« C'est pourquoi cette mission est si importante, me dit-il en me raccompagnant à la porte de son bureau. Ouvrez bien les yeux. En dehors de la bataille aérienne, que personne ne peut prévoir, tout dépend de savoir s'ils auront le tonnage sur mer. C'est cela que vous devez chercher à voir! »

Nous avons eu un peu peur pendant l'approche avant de nous poser sur un aérodrome militaire belge près de Gand. Nous avions volé bas, entre 150 et 300 mètres depuis Berlin, pour que les servants des batteries antiaériennes, peut-être un peu nerveux, nous reconnaissent bien comme amis : ils avaient déjà abattu de nombreux avions à eux, nous avait dit le pilote. Soudain, au sud d'Anvers, deux chasseurs sortirent des nuages et piquèrent sur nous. Notre pilote descendit à son tour à leur approche en piquant autant qu'il le pouvait avec son Ju 52 de transport, peu maniable. J'eus l'impression, je dois le dire, que les chasseurs étaient des Spitfires britanniques, et je me rappelai qu'un général allemand avait été abattu par un Spitfire entre Paris et Bruxelles quelques jours plus tôt. Mais tandis que nous approchions du terrain en louvoyant, les deux chasseurs firent demi-tour. Et pour la première fois de ma vie je fus heureux de voir la croix noire allemande peinte sur des avions : c'étaient des Messerschmitt 109.

Vers la fin de l'après-midi, nous partîmes en voiture pour la côte en contournant Bruges. En entrant dans Ostende, j'ouvris tout grands les yeux à la recherche des bateaux de l'invasion mais je n'en aperçus pas beaucoup, de n'importe quel type. Les bâtiments dans le port étaient pour la plupart des bateaux de pêche belges. Dans les canaux derrière la ville, il n'y avait que quelques péniches. Pas de remorqueurs pour les tirer. Les Allemands ne lanceraient certainement pas d'invasion sérieuse au départ d'Ostende. Nos guides militaires allemands nous installèrent dans un hôtel belge appelé le Picadilly. Fallait-il y voir un présage?

Le lendemain matin, le 15 août, en suivant la côte de la Manche vers Dunkerque et Calais, ce qui m'impressionna le plus furent les mesures *défensives* des Allemands. Et j'en fus très étonné. On nous faisait faire un voyage en voiture, le long de la Manche, qui pouvait nous amener à couvrir une invasion de l'Angleterre par les Allemands, et tout autour de nous on apercevait des préparatifs pour faire face à un débarquement britannique en France. Une ligne de tranchées, de trous d'hommes, de nids de mitrailleuses, avec les effectifs au complet, s'étendait derrière les dunes à une centaine de mètres de la mer, tout le long de la plage jusqu'à Dunkerque. Immédiatement derrière, des batteries de DCA et, quelques centaines de mètres plus en retrait, des batteries d'artillerie.

Et les bases de départ de l'invasion, où étaient-elles? Les Allemands devaient certainement concentrer des troupes, des canons, des chars, des munitions, des approvisionnements par ici, en ce moment.

Je notai dans mon carnet :

« Aucun indice nulle part sur la côte, jusqu'ici, de préparatifs d'invasion allemande. »

La vue des plages fameuses autour de Dunkerque me remplit de joie à l'idée de tous les soldats britanniques qui s'étaient échappés. Ils étaient sans doute déjà en position de l'autre côté de la Manche. Mais avaient-ils de quoi se battre? Car ici, sur les plages de Dunkerque, à perte de vue, on voyait les montagnes d'armes qu'ils avaient laissées derrière eux. Des mécaniciens de l'armée allemande travaillaient à enlever les pneus des camions, les canons des chars, et à essayer de les remettre en marche pour dégager la côte. Je n'avais jamais vu une telle quantité de matériel militaire de ma vie.

Nous étions à peine installés pour déjeuner à la terrasse de notre hôtel à Calais qu'une vague de bombardiers allemands passa en grondant au-dessus de nos têtes, en direction des falaises de Douvres. Ils volaient haut – au moins 3 500 mètres à ce qu'il me parut – mais je réussis à en compter 23, avec un essaim de chasseurs Messerschmitt 109 au-dessus d'eux. La fièvre montait déjà chez nos guides militaires. En venant de Dunkerque à Calais, ils avaient commencé à faire des allusions à cette journée du 15 août 1940, qui pourrait bien être historique.

Si le temps le permettait, la Luftwaffe pourrait lancer son offensive la plus meurtrière contre la Grande-Bretagne. Il se trouva que le 15 août vit le plus grand affrontement de la Bataille d'Angleterre, avec plus d'avions engagés que jamais auparavant. La Luftwaffe fit 1950 sorties, la RAF près d'un millier, sur un front de 800 kilomètres. C'était l'une des batailles décisives de l'Histoire et, avec une autre analogue exactement un mois plus tard, le 15 septembre, elle décida du sort de la Grande-Bretagne et, en vérité, de celui de l'Allemagne nazie [1].

La bataille de ce jour crucial était loin d'être terminée lorsque nous partîmes après déjeuner pour aller, en suivant la côte, au cap Gris-Nez, le point le plus proche de l'Angleterre. En passant par le port de Calais, je notai qu'il n'y avait, là non plus, aucune concentration de bateaux en vue d'une invasion. Tout ce que je pus apercevoir fut quelques petits bateaux, environ une douzaine de péniches et trois vedettes lance-torpilles. Les Allemands bluffaient-ils sur leur invasion de la Grande-Bretagne? Sur les 80 kilomètres de côte entre Ostende et Calais, je n'avais rien vu pouvant indiquer que les Allemands étaient prêts, ou même se préparaient, à traverser la Manche. Je comprenais bien qu'ils ne pouvaient pas risquer une offensive sur les plages britanniques avant d'avoir balayé du ciel la Royal Air Force. Mais à supposer que la Luftwaffe donne raison aux vantardises de Goering, la RAF anéantie en quelques jours? Il me paraissait étonnant que, dans ce cas, la marine et l'armée allemandes ne soient pas prêtes à en profiter pour déclencher l'invasion. Mais chaque chose en son temps. Pour l'instant, les Allemands s'occupaient d'éliminer la RAF et nous étions là pour en être les témoins.

Au-dessus de la route vers le cap Gris-Nez, le ciel était presque caché par les bombardiers et les chasseurs qui fonçaient sur l'Angleterre, ou en revenaient en se traînant. Nous fîmes halte pour regarder un nombre important de bombardiers Heinkel qui rentraient. Trois ou quatre étaient mal en point, dont l'un réussit à se poser *in extremis* dans un champ de blé derrière la falaise. Des chasseurs Messerchmitt 109 passaient et repassaient à 550 kilomètres à l'heure environ, pour

1. Deux dates « aux conséquences suprêmes » devait dire Churchill par la suite. « Le 15 août, écrivit-il, fut la plus grande bataille de cette période de la guerre. Cinq rencontres majeures eurent lieu sur un front de 800 kilomètres. Ce fut en vérité un jour crucial. » (Churchill, *Mémoires. L'Heure tragique*, éd. Plon.)

s'assurer que les bombardiers touchés réussissaient à se poser, puis ils retournaient de l'autre côté de la Manche pour protéger le retour d'une autre vague de bombardiers.

Nous passâmes devant une grosse pièce d'artillerie de marine sur un wagon de chemin de fer. Nous l'avions entendue à des kilomètres de là, le vacarme devenant de plus en plus assourdissant à mesure que nous approchions. Ce canon répondait à un gros canon britannique qui tirait de Douvres. Nous avions entendu le bruit sourd des explosions des obus, mais jusqu'alors ils n'étaient pas tombés près de nous.

En tournant sur une route qui conduisait au cap Gris-Nez et aux plages au pied des falaises, je fus encore une fois frappé par les mesures *défensives* des Allemands : des travailleurs français, certains prisonniers de guerre puisqu'ils étaient encore en uniforme, creusaient des tranchées, des blockhaus et des emplacements d'artillerie.

« Ce n'est pas contraire à la Convention de Genève, de faire travailler des prisonniers de guerre à vos installations militaires? »

L'officier allemand à qui j'avais posé la question dans notre voiture ne répondit pas. Il n'avait peut-être pas entendu : une escadre de bombardiers et de chasseurs venait de passer au-dessus de nous. Lorsque le bruit des moteurs se calma, je lui demandai :

« Pourquoi toutes ces mesures défensives? Vous n'attendez pas d'invasion britannique, n'est-ce pas? Je croyais que vous nous aviez amenés là pour voir *votre* invasion?

– Une bonne armée ne prend pas de risques », dit-il.

Il montra l'autre côté de la Manche :

« Un peu de patience. Vous l'aurez, votre voyage là-bas, bientôt. Je vous le garantis. »

Nous remontâmes de la plage sur la falaise. Le grondement des bombardiers et des chasseurs dans les deux sens devenait presque continu. Ils volaient assez haut en partant vers l'Angleterre, autour de 4 500 mètres d'altitude, selon mon estimation, et se perdaient très vite dans le ciel. A la jumelle, on distinguait les falaises de Douvres et, de temps en temps, un ballon de protection du port.

La mer juste au-dessous de nous était devenue lisse comme un miroir. Les patrouilleurs allemands allaient et venaient, serrant la côte de près. La mer était très calme, et les hydravions allemands avec leur croix rouge peinte sur les ailes se posaient sans difficulté, puis ramenaient à la plage, sans doute, des aviateurs allemands blessés. Puis ils repartaient vers le large. J'en fus étonné : nous n'avions vu aucun combat aérien au-dessus de la Manche. Nous n'avions même pas vu un Spitfire ou un Hurricane de toute la journée. Je demandai :

« D'où viennent les blessés? Nous n'avons pas vu d'avions britanniques de toute la journée.

– Vous ne pouvez pas les voir d'ici, répondit le capitaine de la

Luftwaffe qui était avec nous. Les combats aériens ont lieu presque tous au-dessus de la terre, de l'autre côté de la Manche. Certains de nos avions qui sont touchés essaient de revenir ici [...]. Ils ne réussissent pas tous et certains tombent en mer. Nous essayons de sauver les équipages. C'est pourquoi vous voyez ces croix rouges sur les hydravions. »

Son visage s'assombrit :

« Je pense que c'est mon devoir d'ajouter quelque chose à ce que je vous ai dit. C'est très grave. Les Britanniques violent la Convention de Genève. Ils tirent sur nos hydravions à croix rouge! C'est un crime! J'espère que vous le signalerez, messieurs! »

Son hypocrisie mise à part, je ne le croyais pas. Quand j'avais suivi les Allemands en Belgique et en France pendant l'invasion, en juin, j'avais vu de nombreux gros camions-citernes qui servaient aux Allemands à faire le plein de carburant de leurs chars, ornés de la croix rouge pour écarter les avions britanniques : ils ne se gênaient pas, eux, pour abuser de la croix rouge. Quant aux accusations du capitaine, je ne croyais pas que les Britanniques tiraient sur les hydravions allemands portant la croix rouge.

Et pourtant, c'était vrai, j'allais l'apprendre de Churchill lui-même beaucoup plus tard, qui non seulement le reconnut, mais le justifia :

> Un certain nombre d'avions de transport allemands, marqués de la croix rouge, commencèrent à apparaître au-dessus de la Manche, en juillet et en août, chaque fois qu'il y avait un combat aérien. Nous n'acceptâmes pas ce moyen de sauvetage des pilotes ennemis abattus en opération, pour qu'ils ne puissent pas revenir bombarder notre population civile. Nous les sauvions nous-mêmes chaque fois que c'était possible et nous les faisions prisonniers. Mais toutes les ambulances aériennes allemandes étaient contraintes à se poser ou abattues par nos chasseurs, selon des ordres formels approuvés par le Cabinet de Guerre. Les équipages et les médecins allemands de ces appareils exprimaient leur étonnement devant ce traitement et protestaient qu'il était contraire à la Convention de Genève. Celle-ci n'en parle pas. C'est une forme de guerre qui n'était pas prévue. Les Allemands étaient mal placés pour se plaindre, compte tenu des traités, des lois de la guerre et des accords solennels qu'ils avaient violés sans scrupules quand c'était leur intérêt. Ils renoncèrent bientôt à cette expérience et le travail de sauvetage en mer des deux côtés fut exécuté par nos petits bateaux, sur lesquels, bien entendu, les Allemands tiraient en toute occasion [1].

Vers 18 heures, nous aperçûmes 60 bombardiers – des Heinkel et des Junker 82 – protégés par une centaine de chasseurs Messerschmitt, qui volaient à haute altitude en direction de Douvres. C'était la plus grosse formation que nous ayons vue de toute la journée. Au bout de

1. Churchill, *Mémoires.*

trois ou quatre minutes, nous entendîmes les canons antiaériens britanniques du côté de Douvres qui entraient en action. A en juger par le bruit, les Britanniques avaient de nombreux canons de DCA lourds, probablement l'équivalent des 88 allemands. Un autre bruit plus grave venait des bombes tombant plus loin à l'intérieur des terres. Une heure plus tard, nous vîmes revenir ce qui nous parut être la même formation. Il n'y avait plus que 18 bombardiers sur les 60 du départ. Les Britanniques avaient-ils abattu les autres? Je me rendais bien compte que nos calculs étaient loin d'être précis. Les pilotes de bombardiers allemands avaient souvent l'ordre de rentrer se poser sur d'autres aérodromes que ceux d'où ils avaient décollé. Entre autres raisons, cela empêchait les aviateurs de connaître les véritables pertes.

Je fus surpris du bombardement que les bombardiers britanniques firent subir au port de Calais cette nuit-là. Les Allemands profitaient-ils de l'obscurité pour amener des bateaux dans le port? Il n'y avait pas grand-chose à bombarder quand nous étions passés devant le port l'après-midi. Or il était maintenant sérieusement pilonné.

Je notai dans mon carnet :

« Il est 3 heures du matin et la Flak (la DCA) allemande tire à toute vitesse depuis 23 h 30, peu après la nuit. »

En écoutant le fracas de la DCA et les explosions de bombes, je pensais au dernier discours de Hitler assurant au peuple allemand que la RAF n'attaquait pas les objectifs militaires mais seulement les civils dans les villes.

Quand les Allemands de notre petit groupe furent allés se coucher, nous sommes restés dans l'arrière-salle à boire du vin rouge avec le propriétaire français de l'hôtel, levant nos verres chaque fois que nous entendions tomber une bombe britannique.

Le lendemain, 16 août, la grande bataille aérienne parut se calmer un peu [1]. Dans les deux camps, on léchait ses blessures, sans doute. Les Allemands avaient souffert plus qu'ils ne l'admettaient. En fait, je n'allais apprendre que beaucoup plus tard qu'ils avaient assez bien réussi dans le sud de l'Angleterre, en face de la côte française d'où nous avions suivi les opérations, mais qu'ils avaient subi une grave défaite au large de la côte nord-ouest de la Grande-Bretagne, dans la région de la Tyne.

Les Allemands, croyant que les Britanniques avaient concentré tous leurs chasseurs pour la défense du sud de l'Angleterre, avaient attaqué le nord du Wash avec une centaine de bombardiers Heinkel 111, protégés par 34 chasseurs bimoteurs Messerschmitt 110 de la flotte aérienne n° 5 basée au Danemark et en Norvège. A leur surprise, en

1. Les chiffres officiels après la guerre donnent 1715 sorties pour les Allemands et 776 pour les Britanniques.

approchant de la côte, ils furent accueillis par sept « squadrons » de Hurricanes et de Spitfires, qui avaient été retirés de la violente bataille du sud, pour être mis au repos tout en protégeant justement la région contre une attaque de ce genre. Sur les 100 bombardiers, 30 furent abattus sans aucune perte pour les Britanniques, qui n'eurent que deux pilotes de chasse blessés. Ce fut la fin de la flotte aérienne nº 5 dans la Bataille d'Angleterre.

Dans le sud de l'Angleterre, des environs de Londres jusqu'à la Manche, la Luftwaffe avait été plus heureuse. Elle avait monté quatre attaques massives, dont une avait réussi à pénétrer presque jusqu'à Londres. Quatre usines d'aviation, près de l'aérodrome civil de Croydon, avaient été touchées et cinq terrains de la RAF endommagés.

Nous demandions sans cesse aux officiers allemands qui guidaient notre petit groupe la permission de parler à des pilotes de bombardement et de chasse à leur retour, à titre officiel ou non, mais Goering, qui dirigeait apparemment la Luftwaffe de son luxueux palais de Karinhall, près de Berlin, ne le permettait pas. C'était dommage. J'avais entendu l'un des aviateurs dire que l'as de la chasse allemand, le major (commandant) Adolf Galland, était dans les environs et j'avais demandé expressément à lui parler. On disait de lui que c'était un jeune pilote extrêmement intelligent et éveillé, et je pensais que nous aurions une meilleure idée de ce que voyaient les aviateurs allemands au-dessus de l'Angleterre si nous pouvions le rencontrer. On me le refusa.

Si j'avais pu parler avec Galland, j'aurais peut-être appris l'erreur tactique grave faite par Goering à l'issue des combats de la journée du 15 août, erreur qui allait peser lourdement sur l'issue de la Bataille d'Angleterre. Galland aurait pu révéler, comme il allait le faire plus tard, parce que c'était en rapport direct avec la décision de Goering, un secret de la défense aérienne de l'Angleterre qui avait déjà un effet décisif sur la plus grande bataille aérienne de l'histoire du monde. La précision avec laquelle le *Fighter Command* (le Haut Commandement de la chasse) engageait ses appareils contre des attaquants supérieurs en nombre reposait sur l'efficacité du radar. Dès l'instant de leur décollage, les avions allemands étaient détectés sur les écrans-radar britanniques, et leur route suivie avec une telle précision que le *Fighter Command* savait exactement où et quand il serait préférable de les attaquer. C'était un facteur nouveau dans la guerre aérienne, que les Allemands ne s'expliquaient pas, du fait de leur sérieux retard sur les Britanniques dans ce domaine.

Le major Galland devait dire plus tard aux Alliés :

> Nous avions compris que les « squadrons » de chasse britanniques devaient être guidés du sol par une procédure nouvelle, car nous entendions (sur nos radios) des ordres qui dirigeaient avec adresse et

précision les Spitfires et les Hurricanes sur les formations allemandes [...]. Pour nous, le radar et le radio-guidage de la chasse fut une surprise, et une très mauvaise.

Cependant, au soir de ce 15 août, Goering prit une étrange décision : il interrompit les attaques contre les stations-radar britanniques. Il ne se doutait certainement pas que, le 12 août, les attaques de la Luftwaffe contre ces stations-radar du sud de l'Angleterre avaient été désastreuses pour les Britanniques. Cinq d'entre elles avaient été touchées et endommagées, et une sixième complètement détruite. Si cela devait continuer, la chasse de la RAF qui défendait l'Angleterre serait définitivement handicapée. Mais le jour où nous observions la bataille, du côté français de la Manche, ces attaques avaient été brusquement annulées.

« On peut douter, expliquait Goering dans sa directive, de l'utilité de la poursuite des attaques contre les stations-radar, alors qu'aucune de celles attaquées jusqu'ici n'a été mise hors de service. »

Les Britanniques bénéficièrent ainsi d'un sursis.

Au matin du 16 août, nous avons continué à suivre la côte vers Boulogne. Nous sommes passés devant trois aérodromes, admirablement camouflés et couverts de bombardiers allemands. Par intervalles, ils décollaient et mettaient le cap sur la côte anglaise. Il nous était difficile d'apprécier l'évolution de la grande bataille aérienne. Manifestement, les Allemands n'avaient pas rempli deux conditions de l'invasion de l'Angleterre. Ils n'avaient pas encore balayé la RAF du ciel au-dessus du sud de l'Angleterre. Et, pour autant que je pouvais en juger, ils n'avaient pas rassemblé le tonnage de bateaux nécessaire au transport d'une armée d'invasion à travers la Manche. Dans le port de Boulogne, je n'aperçus que quelques péniches, une demi-douzaine de remorqueurs et autant de vedettes lance-torpilles. Et les environs du port avaient subi, comme ceux de Calais, d'importants dommages du fait des bombardements de nuit britanniques. Le Génie allemand s'employait à déblayer les décombres. Mais les bateaux ? Je ne cessais de me le demander. Nous les verrions peut-être le soir en retournant vers Bruxelles. Nous passerions par Saint-Omer, dont les environs comptaient nombre de canaux, de rivières, de ruisseaux, ceux-là mêmes qui avaient retenu les chars allemands devant Dunkerque.

Il y avait en effet de nombreux bateaux en réserve sur ces cours d'eau, et j'aperçus, sous le camouflage, ce qui ressemblait à des péniches et des pontons portant de l'artillerie et des chars. Mais, notai-je dans mon carnet, certainement pas assez « pour lancer une invasion de l'Angleterre ».

Je commençais à avoir des soupçons.

Pourquoi les officiers responsables de notre petit groupe arrêtaient-ils le car pour que nous puissions regarder ces bateaux chargés d'artillerie et de chars? C'étaient les premiers que nous ayons vus. Et pourquoi nos guides militaires commençaient-ils à insinuer que nous ne voyions là que le haut de l'iceberg? Ils ne cessaient de laisser entendre qu'il y en avait beaucoup d'autres, mais qu'ils ne pouvaient pas nous les montrer. En traversant Lille et Tournai bien abîmées, je notais :

« Possible, mais je me méfie. Je pense que les Allemands veulent nous faire lancer une information sensationnelle sur l'invasion imminente de la Grande-Bretagne. »

Mes soupçons avaient pris naissance ce matin-là, je crois, lorsque nos guides avaient brusquement annoncé qu'ils allaient nous conduire en fin d'après-midi à Bruxelles, où les correspondants des journaux trouveraient de bonnes communications téléphoniques avec Berlin et où j'aurais à ma disposition une ligne spéciale de bonne qualité pour la radio. Pourquoi les Allemands étaient-ils tellement accommodants?

La réponse apparut à notre arrivée à Bruxelles, en début de soirée. Au quartier général, nous fûmes reçus par un général, qui nous dit en substance :

« Messieurs, vous avez vu par vous-mêmes. La Luftwaffe a conquis la maîtrise de l'air au-dessus de la Grande-Bretagne. C'était l'unique condition nécessaire de notre invasion. Dans quelques jours, la RAF sera complètement éliminée. Alors nous pourrons commencer. Nous ne pouvons naturellement pas vous dire la date de l'invasion. Mais nous assouplissons la censure militaire pour vous permettre de transmettre ce que vous avez vu ces derniers jours sur la Manche. »

Je posai au général la question des bateaux. Nous n'en avions pas vu beaucoup, certainement pas assez pour une invasion. Le général sourit. Je me demandais s'il n'était pas un membre déguisé du ministère de la Propagande de Goebbels.

« Je reconnais, dit-il avec un sourire, qu'il y a des choses que nous ne pouvons pas montrer à la presse. Mais je pense que vous en avez vu assez pour vous convaincre que nous sommes prêts pour l'invasion. »

Je n'en avais certainement pas vu assez.

On nous conduisit à notre hôtel, où des chambres avaient été spécialement munies de lignes de téléphone directes avec Berlin. Je n'avais pas l'intention d'utiliser la mienne. J'étais certain que l'invasion allemande n'aurait pas lieu – du moins pas pour l'instant. Quelle que soit l'évolution de la grande bataille aérienne – et je ne savais rien encore à ce sujet – ils n'avaient pas réuni un tonnage suffisant pour lancer une invasion. Et le peu qu'ils avaient dans les ports de la Manche était matraqué toutes les nuits par la RAF.

Je savais que les Allemands ne me permettraient pas de le dire. C'était parfaitement compréhensible, en pleine guerre, et je ne m'en plaignais pas. Leur jeu consistait manifestement, pour l'instant, à bluffer les Britanniques pour leur faire croire que l'invasion était imminente et qu'ils feraient mieux d'accepter la proposition de Hitler de mettre fin à la guerre. Alors le dictateur nazi pourrait se retourner contre la Russie. Cela devenait trop clair. Mais je ne voulais pas y être mêlé. Faire une émission en ce moment pour dire que les Allemands étaient prêts pour l'invasion, ce ne serait pas seulement un mensonge, ce serait porter aux Britanniques assiégés un coup terrible, qui pourrait leur être fatal. Notre responsabilité était d'autant plus grande qu'en tant qu'Américains nous étions neutres, et par conséquent considérés comme honnêtes et objectifs. Les Britanniques ne croiraient pas les Allemands s'ils se vantaient d'être prêts à envahir leur île. Mais ils croiraient peut-être des observateurs neutres américains. Il m'apparut soudain que nous, les correspondants américains, représentant les trois agences de presse, AP, UP et INS, et la radio avec CBS, nous avions à prendre une décision dont les conséquences étaient d'une gravité sans précédent. Pour moi, la décision n'était pas difficile : je ne ferais pas d'émission.

N'ayant pas de texte à préparer, rien d'autre à faire que tenir mon carnet, et il pouvait attendre, je descendis au bar prendre un verre, puis j'allai au restaurant où je fis un bon dîner : on pouvait encore manger très convenablement à Bruxelles malgré l'occupation allemande.

Je venais de remonter dans ma chambre, vers 10 heures du soir, lorsqu'on frappa à ma porte : c'étaient un représentant de la radio allemande, que je connaissais, et l'un des militaires qui servaient de guides à notre petit groupe.

« Nous avons une excellente ligne pour vous, dit l'homme de la radio. Quand voulez-vous émettre?

– Et pas de censure, cette fois, dit le capitaine. Vous avez le droit de parler de tout ce que vous avez vu ces jours-ci.

– Je ne fais pas d'émission », dis-je.

Ils eurent l'air stupéfait. Avant qu'ils aient retrouvé la parole, je repris :

« Messieurs, je vous remercie d'avoir installé cette ligne avec Berlin. Mais je ne peux pas m'en servir. Je ne ferai pas d'émission.

– Et pourquoi? demanda l'homme de la radio.

– Parce que je ne crois pas, après ce que j'ai vu, que vous allez lancer l'invasion, du moins pour l'instant. »

Les deux Allemands bredouillèrent vaguement quelque chose, mais rien d'intelligible. Je repris :

« Je ne vous demande pas de me permettre de le dire, ce serait trahir un secret militaire. Mais ne me demandez pas de dire sur l'antenne ce que je ne crois pas. »

Plus tard dans la soirée, Fred Oeschsner, le chef du bureau d'UP à

Berlin, un correspondant dont j'avais toujours apprécié l'honnêteté, vint me voir. Il tenait à la main une liasse de dépêches. De son bureau de New York, me dit-il. AP et INS enfonçaient UP et monopolisaient tous les titres des journaux du soir avec leurs témoignages oculaires sur les forces allemandes prêtes à envahir l'Angleterre. Le bureau de New York voulait savoir ce qui était arrivé à son correspondant.

« J'ai l'impression que je suis fichu, me dit Fred. Mais, honnêtement, je ne pouvais pas dire qu'ils sont prêts pour l'invasion alors que, visiblement, ils ne le sont pas. »

Nous n'en avions pas vraiment parlé, Fred et moi. Il avait pris seul sa décision, comme moi.

« Comment t'en es-tu tiré pour ton émission? me demanda-t-il.

– Je n'ai pas fait d'émission, dis-je. Pour la même raison que tu n'as rien câblé.

– Et comment expliques-tu que Louis et Pierre aient câblé, eux? » demanda encore Fred.

Louis Lochner était chef de bureau d'AP, et Pierre Huss, correspondant d'INS à Berlin. Pierre, selon moi, avait toujours joué un peu le jeu nazi. Louis aussi, ne serait-ce que pour avoir un scoop. Je ne les enviais pas. Il y a une chose plus importante pour un journaliste que les scoops. La vérité. Et surtout à ce moment, en ce lieu, où tant de choses en dépendaient, surtout pour les Britanniques.

On sait maintenant, grâce aux archives secrètes des deux camps, où en étaient les choses en ce qui concerne l'invasion à ce moment-là et pendant les quatre semaines qui suivirent, les projets des Allemands et leurs préparatifs, et ceux des Britanniques pour les repousser.

Près d'un mois avant notre voyage sur les côtes de la Manche, le 17 juillet, le lendemain du jour où Hitler avait signé la Directive nº 16 pour préparer l'invasion (et deux jours avant son discours de « paix »), le Haut Commandement de l'armée allemande avait désigné treize divisions pour les envoyer sur les bases de départ de la Manche, première vague de la future opération *Lion de Mer*. Ce jour-là, le Haut Commandement de l'armée avait enfin terminé un plan détaillé de débarquement sur la côte sud de l'Angleterre [1].

Comme dans la Bataille de France, le Groupe d'armées A, sous le commandement du Feldmarschall von Rundstedt (il allait être promu à ce grade le 19 juillet) constituait la force d'invasion principale. Six de ses divisions d'infanterie devaient embarquer dans le Pas-de-Calais et

1. Chose étonnante, les Britanniques attendaient l'attaque principale allemande sur la côte est, et ils y avaient concentré l'essentiel de leurs maigres forces. Par la suite, découvrant où les Allemands rassemblaient leurs divisions, ils changèrent leur dispositif, et firent passer le gros de leurs troupes de l'est à la côte sud.

débarquer sur les plages entre Ramsgate et Bexhill. Quatre divisions traverseraient la Manche en partant de la région du Havre pour débarquer entre Brighton et l'île de Wight. Plus à l'ouest, trois divisions de la VIe armée du Feldmarchall von Reichenau (celle que j'avais suivie à travers la Belgique), embarquées sur le *Cotentin*, toucheraient terre dans la baie de Lyme, entre Weymouth et Lyme Regis. La première vague compterait au total 90 000 hommes, avec pour objectif de s'assurer une tête de pont. Les renforts arriveraient à partir du troisième jour, pour que les Allemands, au bout de deux semaines, aient débarqué quelque 39 divisions, soit 260 000 hommes, une force formidable comportant 6 *Panzersdivisions* et 3 divisions motorisées. Pour faire bonne mesure, le plan allemand prévoyait que 2 divisions aéroportées seraient lâchées dans la baie de Lyme et en d'autres points derrière les défenses britanniques, pour y semer la confusion.

Le plan allemand prévoyait également les objectifs immédiats des armées d'invasion. Les plages une fois assurées – l'affaire de trois jours, au maximum, pensaient les Allemands – le Groupe d'armées A, au sud-est, avancerait vers son premier objectif, une ligne allant de Gravesend à Southampton. Plus à l'ouest, la VIe armée de Reichenau avancerait vers le nord, de la baie de Lyme jusqu'à Bristol, isolant le Devon et la Cornouaille. Leur deuxième objectif serait d'atteindre une ligne entre Maldon, sur la côte est, au nord de l'estuaire de la Tamise, et la rivière Severn, encerclant Londres et bloquant le pays de Galles.

Le Haut Commandement allemand ne s'attendait pas à ce que ce soit facile, les premiers jours. « De dures batailles contre des forces britanniques solides » étaient à prévoir. Mais elles seraient vite gagnées, Londres serait encerclé et la poussée vers le nord reprendrait. Les généraux allemands, qui avaient montré tant de scepticisme à propos de l'invasion, paraissaient maintenant encouragés par le seul fait d'avoir conçu leur plan. Le Feldmarschall von Brauchitsch, commandant en chef de l'armée, dit à l'amiral Raeder ce jour-là que toute l'opération serait terminée en un mois et serait relativement facile.

Raeder et les autres amiraux n'en étaient pas si sûrs. Ils se rendaient compte que la marine allemande ne pouvait pas transporter, mettre à terre et protéger une armée aussi importante sur un front aussi vaste. Raeder en informa l'OKW quelques jours plus tard et le répéta lors d'un conseil réuni à Berlin le 21 juillet, avec Hitler et les grands chefs de l'armée et de la Luftwaffe. Le 29 juillet, l'état-major de guerre de la Marine conseilla par écrit à Hitler et à l'armée de « ne pas entreprendre l'opération cette année ». Il proposait, en échange, de « l'envisager en mai 1941 ou plus tard ».

Mais le seigneur de la guerre nazi ne voulait pas attendre si longtemps. Il croyait qu'il avait gagné la guerre. Il avait offert la paix aux Britanniques et ils l'avaient refusée. Il allait donc en finir avec eux tout de suite. Le 31 juillet, il insista pour que les préparatifs d'invasion pour le 15 septembre se poursuivent. Le lendemain, il mit sa pensée par écrit dans la Directive n° 17, « Pour la conduite de la guerre navale et aérienne contre l'Angleterre ». Il fit également envoyer par le Feldmarschall Keitel, chef de l'OKW, une directive analogue réglant le différend entre l'armée et la Marine sur l'étendue du front de débarquement prévu sur la côte sud de l'Angleterre :

> Malgré la mise en garde de la Marine qui ne peut garantir que la défense d'une étroite bande de côte (jusqu'à Eastbourne à l'est), les préparatifs vont continuer pour l'assaut sur un large front, comme prévu à l'origine [...].

Cette décision ne fit qu'aggraver l'hostilité entre les deux armes. L'état-major de guerre de la Marine avait estimé que satisfaire les exigences de l'armée, c'est-à-dire débarquer 100 000 hommes dans la première vague avec le matériel et les subsistances, sur un front de 350 kilomètres de Ramsgate à la Baie de Lyme, exigeait 1 722 péniches, 1 161 canots à moteur, 471 remorqueurs et 155 transports de troupes. Même si c'était possible, dit Raeder à Hitler, priver d'un tel tonnage les cours d'eau et les canaux détruirait le réseau de transport fluvial dont dépendait pour une bonne part l'économie allemande. De toute façon, répétait encore Raeder, soutenir un débarquement sur un front aussi étendu, à portée d'attaques « certaines » de la marine et de l'aviation britanniques, était au-dessus des moyens de la marine allemande. Il appuyait son opinion sur une nouvelle mise en garde qu'il avait reçue de l'état-major de guerre de la Marine, selon laquelle si l'armée insistait pour un front étendu, la Marine risquait de perdre *tous* ses navires. Ce qui impliquait que toute l'armée d'invasion pourrait couler avec *tous* les navires.

Mais l'armée s'obstinait. Surestimant les moyens des Britanniques, elle maintenait que débarquer sur un front réduit mettrait les attaquants allemands face à des forces terrestres ennemies « supérieures ». Le 7 août, ce fut l'épreuve de force entre les deux armes, lorsque le général Halder se trouva face à son homologue, l'amiral Schniewind, chef de l'état-major de guerre de la Marine. Le choc fut violent et spectaculaire. Le général, d'ordinaire plutôt taciturne, était hors de lui. Il explosa :

« Je refuse absolument la proposition de la Marine. Du point de vue de l'armée, je la considère comme un véritable suicide. Autant mettre les hommes dans un hachoir à saucisses. »

Mais l'amiral restait sur ses positions :

« Ce serait également un suicide, dit-il, compte tenu de la suprématie navale britannique, que d'adopter le plan de l'armée. »

La controverse se poursuivit le 10 août, lorsque le maréchal von Brauchitsch, le chef de l'armée, informa l'OKW qu'il « ne pouvait accepter » un débarquement sur le front réduit. Mais les craintes de la Marine commençaient à faire leur chemin à l'OKW. Le 13 août, le général Jodl, le cerveau du Haut Commandement de la Wehrmacht, rédigea une « estimation de la situation » selon laquelle aucune invasion ne devait être tentée avant que la marine britannique n'ait été « éliminée » de la côte sud et la RAF de l'espace aérien au-dessus. Les craintes de la Marine et les hésitations de Jodl commençaient à atteindre Hitler. Je m'étais déjà rendu compte que le seigneur de la guerre nazi faisait beaucoup plus confiance, à l'OKW, à Jodl qu'à Keitel. Le 13 et le 14 août, Hitler écouta encore les arguments de ses commandants en chef de la Marine et de l'armée et, le 16, il prit enfin sa décision. Le front de l'invasion projetée serait réduit en renonçant au débarquement dans la baie de Lyme. Mais pour apaiser ses généraux, le Führer stipulait que, si le débarquement principal se ferait sur un front réduit comme la Marine le souhaitait, l'armée pourrait effectuer « un débarquement simultané de 4 à 5 000 hommes à Brighton, par chaloupes à moteur, et le même effectif de troupes aéroportées à Deal-Ramsgate ».

Le général Halder, chef d'état-major général de l'armée, n'était pas content :

« Une attaque ainsi conçue, écrivit-il, n'a aucune chance de succès cette année. »

Mais il s'adressait à son carnet, non à son seigneur de la guerre.

C'est le 1er septembre seulement que l'OKW ordonna le départ de tous les navires disponibles des ports allemands de la mer du Nord vers les ports d'embarquement de la Manche. Il était plutôt tard pour une vaste opération de débarquement qui devait commencer le 15 septembre. C'est pourquoi, le 3 septembre, une directive de l'OKW retarda le débarquement de six jours, jusqu'au 21 septembre. C'était le premier de nombreux ajournements qui allaient révéler d'autres hésitations dans l'esprit de Hitler et de ses chefs militaires.

Le 6 septembre, Raeder eut encore une longue conférence avec Hitler. L'amiral consigna, le soir, dans le Journal de guerre de l'état-major de la Marine :

« La décision du Führer de débarquer en Angleterre n'est pas encore prise du tout car il est fermement convaincu que la défaite de la Grande-Bretagne sera acquise même sans le " débarquement ". »

Inquiet, l'amiral semble avoir poussé un soupir de soulagement devant les hésitations de Hitler. Mais cela dut paraître incroyable aux généraux. Cette vaste opération militaire amphibie, la première tentative d'invasion de l'Angleterre depuis près de mille ans, était l'objet de nombreux ajournements. Et le seigneur de la guerre nazi était « fermement convaincu » qu'un débarquement n'était pas nécessaire pour assurer la défaite de la Grande-Bretagne.

Lorsque, le 3 septembre, il avait été ajourné du 15 au 21, l'OKW avait stipulé que l'ordre définitif arriverait le 11 septembre, donnant ainsi aux trois armes dix jours pour leurs derniers préparatifs. Mais, le 10 septembre, Hitler décida d'ajourner sa décision jusqu'au 14. Il semble y avoir eu deux raisons à ce délai.

D'une part, on croyait, à l'OKW, que les bombardements de Londres causaient de tels dégâts, aux biens comme au moral britanniques, qu'une invasion ne serait peut-être pas nécessaire.

D'autre part, la marine allemande rencontrait plus de difficultés qu'elle ne l'avait prévu. Non seulement elle était gênée par le temps, « complètement anormal et instable » selon les autorités navales qui s'en plaignaient le 10 septembre, mais l'aviation britannique, que Goering avait promis d'anéantir avant cette date, et la marine aussi, qu'il avait également promis de neutraliser du moins sur la côte sud, intervenaient de plus en plus contre les concentrations de la flotte d'invasion. Les bombardements de nuit des ports de la Manche, auxquels nous avions assisté à la mi-août, causaient des dégâts beaucoup plus graves – « une efficacité indiscutable selon le rapport de l'état-major de la Marine allemande ce jour-là. Le 12 septembre, deux jours plus tard, le Groupe naval ouest, dont dépendait directement la flotte d'invasion, envoyait un avertissement inquiétant à Berlin :

> Les interruptions causées par les forces aériennes, l'artillerie à longue portée et les forces navales légères ennemies ont pris, pour la première fois, une importance majeure. Les ports d'Ostende, Dunkerque, Calais et Boulogne (justement ceux que nous avions visités en août) ne peuvent pas être utilisés de nuit comme mouillage à cause du danger que représentent les bombardements et les tirs d'artillerie anglais. Des unités de la flotte britannique peuvent maintenant opérer presque impunément dans la Manche. Du fait de ces difficultés, d'autres retards sont à prévoir dans le rassemblement de la flotte d'invasion.

Les choses n'allèrent pas mieux le lendemain. Les forces navales britanniques bombardèrent les principaux ports d'invasion de la Manche : Ostende, Calais, Boulogne et Cherbourg. Dans le port d'Ostende, la RAF coula 80 péniches. A Berlin, ce jour-là et le lendemain, le 14 septembre, Hitler réunit encore ses chefs militaires. Les comptes rendus dont on dispose de ces réunions montrent une étonnante confusion parmi les participants. Le général Jodl eut l'impression, comme il le notait dans son carnet, que Hitler « a décidé apparemment de renoncer complètement à *Lion de Mer* ». Ce n'était pas tout à fait l'impression du général Halder et de l'amiral Raeder. Ce dernier se plaignait que le Führer ne donne ni l'ordre définitif de lancer l'invasion ni celui d'y renoncer, malgré l'insistance de l'amiral, partisan de cette dernière solution. Le général Halder note dans son carnet qu'il ne suivait pas très bien l'évolution de la pensée du Führer. D'une part, Hitler déclarait que la Marine avait réalisé les conditions nécessaires de l' « invasion », ce qui surprenait le chef d'état-major général, mieux informé, et que les opérations de la Luftwaffe étaient « au-dessus de tout éloge », ce qui étonnait encore plus le général. Hitler, d'autre part, reconnaissait, selon les notes de Halder :

> L'ennemi ne cesse de se rétablir [...]. Les chasseurs ennemis n'ont pas encore été complètement éliminés. Nos propres rapports de victoires ne donnent pas une image complètement digne de foi.

Pour finir, Hitler aboutit à une décision définitivement négative, que Halder prit en note :

> Dans l'ensemble, donc, et malgré toutes nos victoires, les conditions préliminaires à l'opération *Lion de Mer* n'ont pas encore été réalisées [...]. Décision, par conséquent : l'opération n'est pas abandonnée – pas encore.

Une nouvelle date serait fixée le 17 septembre. Hitler donnerait à la Luftwaffe quelques jours de plus pour anéantir la RAF. Mais, comme la Marine continuait de s'en plaindre, c'était la RAF qui anéantissait ses efforts pour concentrer la flotte d'invasion.

Le 17 septembre fut le jour décisif.

Les informations sur cette journée cruciale proviennent pour la plupart de la marine allemande. C'était la pleine lune – celle dont les Allemands avaient eu l'intention de profiter si leur invasion avait commencé le 15 septembre, comme prévu – et les bombardiers de nuit britanniques en tirèrent le meilleur parti. La Marine signala « des pertes très considérables » dans les ports d'invasion. A Dunkerque, 84 péniches furent coulées ou endommagées, et de Cherbourg au Helder, en Hollande, l'état-major de la Marine enregistra d'autres pertes : un dépôt de 500 tonnes de munitions explosant sous les bombes, un dépôt de ravitaillement incendié, divers cargos, chalands et vedettes lance-torpilles coulés, et de nombreuses pertes en vies humaines. Les violents bombardements par l'aviation et l'artillerie, poursuivait l'état-major de la Marine, rendaient nécessaire de disperser les navires de guerre et de transport déjà rassemblés sur la Manche et d'arrêter les futurs mouvements en direction des ports d'invasion.

> Sinon (concluait le rapport), une action ennemie énergique occasionnera par la suite des pertes telles que l'exécution de l'opération à l'échelle

auparavant envisagée deviendra, en tout état de cause, problématique [1].

Elle était déjà devenue plus que problématique. Nous devons cette information capitale au Journal de guerre de la Marine allemande. Au soir du 17 septembre, un officier inconnu prit quelques notes laconiques à ce sujet :

> L'aviation ennemie n'est pas du tout vaincue. Au contraire, elle manifeste une activité accrue. La situation météorologique, dans l'ensemble, ne nous permet pas de prévoir une période de calme [...]. *Le Führer décide donc d'ajourner « Lion de Mer » indéfiniment.*

Le rédacteur du Journal de la Marine a souligné lui-même la dernière phrase, avec un soulagement manifeste.

Enfin, après tant d'années de succès fantastiques, le dictateur nazi connaissait l'échec. L'invasion de la Grande-Bretagne, dont Hitler avait été certain qu'elle terminerait la guerre victorieusement, était suspendue *sine die*. La guerre allait se poursuivre. Pendant un mois, pour maintenir la pression sur les Britanniques, on continuerait de feindre que l'invasion pouvait encore être lancée pendant l'automne.

Le 19 septembre, Hitler ordonna officiellement l'arrêt de tout autre rassemblement de la flotte d'invasion et la dispersion du tonnage se trouvant déjà dans les ports de la Manche, mais il ne voulut pas consentir à la dispersion des troupes concentrées pour le débarquement. Le général Halder enrage dans son journal contre « cet état de choses insupportable ». A Hitler, il se plaint que garder les troupes sur la Manche « sous

1. Le 16 septembre, selon un spécialiste allemand de la Luftwaffe, les bombardiers de la RAF surprirent un vaste exercice d'entraînement à l'invasion au large de la côte française et infligèrent de lourdes pertes en hommes et en bateaux de débarquement.

Cela donna naissance, en Allemagne et ailleurs en Europe continentale, à des bruits selon lesquels les Allemands avaient effectivement tenté un débarquement sur la côte anglaise et avaient été repoussés (Georg W. Feuchter, *Geschichte des Luftkriegs (Histoire de la guerre aérienne)*, p. 176).

J'ai entendu un bruit de ce genre à Genève, où je passais quelques jours de repos avec ma famille, le soir du 16 septembre. Mon carnet témoigne : je l'ai pris « avec une certaine réserve ».

Cependant, le 18 septembre, et encore le lendemain, à Berlin où j'étais retourné, je vis deux longs trains sanitaires qui débarquaient des soldats blessés. A en juger d'après leurs bandages, j'en conclus qu'ils étaient pour la plupart brûlés. Il n'y avait eu de combats nulle part depuis la chute de la France trois mois plus tôt. Churchill racontera plus tard (dans ses *Mémoires*) que les corps « d'environ 40 soldats allemands furent rejetés en divers points de la côte ». Il fixe la date en août, ce qui est peut-être une erreur. « Les Allemands, écrit-il, avaient effectué des exercices d'embarquement sur des péniches le long de la côte française. Certaines de ces péniches prirent le large pour échapper aux bombes britanniques et furent coulées, soit par les bombes, soit par le mauvais temps. Ce fut l'origine d'une rumeur largement répandue selon laquelle les Allemands avaient tenté une invasion et avaient subi de lourdes pertes, soit par noyade, soit par brûlures, dans des flaques de pétrole enflammé. »

Les Britanniques, ajoute le Premier ministre, « ne firent rien pour démentir ces nouvelles ».

les attaques constantes de l'aviation britannique coûte des pertes continuelles ». L'armée et la Marine voulaient que *Lion de Mer* soit définitivement abandonné. Finalement, le 12 octobre, Hitler céda.

Quartier général du Führer
12 octobre 1940

ULTRA SECRET

Le Führer a décidé que, dorénavant et jusqu'au printemps, les préparatifs de *Lion de Mer* se poursuivront uniquement pour maintenir la pression politique et militaire contre l'Angleterre.

Si l'invasion était de nouveau envisagée au printemps ou au début de l'été de 1941, les ordres pour la reprise des préparatifs de l'opération seraient donnés par la suite.

Pourquoi Hitler fut-il amené à renoncer à l'invasion de la Grande-Bretagne à l'automne de 1940? Pour trois raisons évidentes, à mon sens.

Sa pensée se tournait de nouveau vers l'est, vers la Russie.

La Marine allemande était incapable de fournir les moyens de faire traverser la Manche à l'armée allemande jusqu'en Angleterre.

Et, surtout, la Bataille d'Angleterre dans les airs avait pris une tournure fatale. Revenons brièvement à cette première grande bataille aérienne, et l'une des batailles les plus décisives de l'Histoire. Jusqu'au 17 août et pendant toute cette journée, quand notre petit groupe de correspondants américains quitta la Manche, la Bataille d'Angleterre paraissait favoriser les Britanniques. Leurs Spitfires et leurs Hurricanes causaient de telles pertes aux bombardiers allemands que l'offensive aérienne de Goering ne pouvait plus être poursuivie longtemps. Du 24 août au 6 septembre, après une accalmie d'une semaine, les Allemands envoyèrent en moyenne un millier d'avions par jour, dans un dernier effort pour balayer les chasseurs qui défendaient l'Angleterre.

La Bataille d'Angleterre entrait dans sa phase décisive. La supériorité numérique allemande commençait à se faire sentir. Cinq aérodromes avancés de la chasse dans le sud de l'Angleterre étaient gravement endommagés. Pis encore, six ou sept stations-radio dans les secteurs essentiels étaient presque détruites, au point que tout le réseau des transmissions de la RAF était sur le point de disparaître. C'était presque le désastre, car les stations-radio de secteurs avaient été jusque-là, avec le radar, la clé du succès de la défense aérienne britannique. Elles étaient les centres nerveux souterrains qui guidaient les Hurricanes et les Spitfires dans la bataille par radio-téléphonie, d'après les derniers renseignements fournis par le radar, les postes d'observation au sol et les pilotes en vol.

« La balance penchait au détriment du *Fighter Command* (la Chasse), devait révéler Churchill par la suite. Dans ce combat à mort entre les deux aviations, c'était une phase décisive. »

Et soudain Goering, qui commandait la bataille à Karinhall, fit sa deuxième erreur tactique, semblable à la première, lorsqu'il avait interrompu les attaques contre les stations-radar britanniques. Juste au moment où la RAF chancelait, subissant des pertes en l'air et sur terre qu'elle ne pouvait pas supporter longtemps, il passa, le 7 septembre, à des bombardements massifs de *nuit* sur Londres, accordant ainsi un répit au *Fighter Command.*

Trois ans plus tard, en 1943, lorsque je retournai en Grande-Bretagne pour la première fois pendant la guerre, les Londoniens gardaient encore le souvenir précis de ce samedi soir, le 7 septembre, celui du plus terrible bombardement jamais subi par une ville. Le raid commença vers la fin de la journée, vers 17 heures. La première vague de 320 bombardiers allemands – personne n'avait encore jamais vu une telle formation d'avions lourds – escortée par tous les chasseurs dont les Allemands avaient pu disposer, apparut au-dessus de la Tamise, remonta le fleuve et commença à lâcher ses bombes sur l'arsenal de Woolwich, plusieurs usines à gaz et centrales électriques, des dépôts divers, et sur les kilomètres de quais du port de Londres. En quelques minutes, se rappelaient les Londoniens, le fleuve était devenu une mer de flammes sur toute sa largeur. A un endroit, Silvertown, la population cernée par les flammes dut être évacuée par voie d'eau.

Peu après 20 heures, au crépuscule, une seconde vague de 250 bombardiers vint reprendre l'attaque, et fut suivie par d'autres pendant toute la nuit, jusqu'à 4 h 30 le dimanche matin. Lorsque le ciel commença à pâlir, le raid cessa. Il allait reprendre au crépuscule et continuer toute la nuit du dimanche. Les pertes parmi la population civile, pour les deux nuits, furent de 842 tués et 2 347 blessés, outre d'énormes dégâts à cette ville immense. Certains correspondants américains, qui avaient couvert ce baptême du feu d'une ville sous un bombardement intensif, me dirent qu'ils s'étaient demandé combien de temps le peuple britannique pourrait le supporter. Hitler et Goering étaient encouragés par les rapports de l'ambassade d'Allemagne à Washington, qui se faisaient l'écho de prétendues opinions d'attachés militaires américains, selon lesquels l'Angleterre ne tiendrait pas sous d'aussi effroyables bombardements. Selon un officier de l'OKW, Hitler attendait sérieusement une révolution en Grande-Bretagne [1]. Indiscutablement, cette fausse impression contribua à persuader le Führer de maintenir l'ajournement de *Lion de Mer*, croyant que l'opération ne serait plus nécessaire.

1. Lieutenant-colonel Bernhard von Lossberg : *Im Wehrmacht Fuehrungsstab* (A l'état-major de la Wehrmacht).

Le grand assaut aérien contre la capitale britannique se poursuivit toutes les nuits pendant toute la semaine suivante. Alors, encouragés par leur succès, les Allemands décidèrent d'exécuter un énorme bombardement de Londres *de jour*. Ce qui amena, le dimanche 15 septembre, la bataille aérienne décisive et un tournant dans la fortune de la guerre. Churchill la suivit de la salle d'opérations souterraine du Groupe de chasse nº 11, à Uxbridge.

« Il faut considérer le 15 septembre comme la date cruciale, devait-il écrire dans ses *Mémoires*. Ce jour-là, la Luftwaffe, après deux fortes attaques le 14, concentra tous ses efforts sur la reprise du bombardement de jour sur Londres. Ce fut l'une des batailles les plus décisives de la guerre. »

Vers midi, 200 bombardiers allemands, escortés par 600 chasseurs, apparurent au-dessus de la Manche, cap sur Londres. Le *Fighter Command* de la RAF avait suivi sur les écrans-radar la concentration des attaquants et il était prêt. Les bombardiers furent pour la plupart interceptés avant d'avoir pu atteindre la capitale, plusieurs abattus et d'autres, plus nombreux, endommagés et forcés de faire demi-tour. Les vagues d'attaquants qui suivirent furent dispersées. Les Britanniques annoncèrent triomphalement qu'ils avaient abattu 185 appareils allemands, mais le chiffre exact, tiré des archives allemandes après la guerre, n'était que de 56. Mais 34 d'entre eux étaient des bombardiers. La RAF n'avait perdu que 26 avions.

Cette journée cruciale avait prouvé que les escadrilles de Goering ne pouvaient pas, pour le moment du moins, effectuer un raid de grande envergure contre Londres en plein jour. Malgré six semaines d'énormes efforts, ils n'avaient toujours pas la maîtrise de l'air dans le sud de l'Angleterre. Une invasion n'était donc pas encore possible. Deux jours plus tard, le 17 septembre, Hitler, on l'a vu, ajournait le débarquement indéfiniment. Churchill conclurait par la suite que, pour *Lion de Mer*, le 15 septembre reste la date de son décès. »

Cela pouvait bien être aussi, j'allais bientôt le penser, un tournant capital de la guerre pour Hitler. C'était son premier échec, après tant d'éclatantes victoires. Il connaîtrait encore des triomphes militaires, certes. Mais le courant de l'Histoire, qui lui avait été tellement favorable, ralentissait, et, dans un an, se retournerait contre lui.

La nation britannique était sauvée, elle se battrait encore le lendemain. Pendant près d'un millénaire, elle s'était défendue avec succès par la maîtrise des mers. Parmi ses dirigeants, quelques-uns à peine, et Churchill surtout, avaient compris que la maîtrise de l'air allait devenir décisive vers le milieu du XXᵉ siècle, et ils l'avaient emporté sur une Chambre des communes sceptique et un gouvernement à la traîne. Mais il s'en était fallu de peu. Ils avaient fait du petit avion de chasse et de son pilote (j'avais vu le prototype du Spitfire à la Coupe

Schneider en Angleterre en 1928) le principal bouclier de leur défense.

Avec son éloquence habituelle, Churchill en avait souligné les conséquences dans un discours aux Communes, le 20 août, alors que la Bataille d'Angleterre faisait encore rage et que l'issue en restait très douteuse :

« Jamais, dans l'histoire des conflits humains, tant d'hommes n'ont dû autant à si peu. »

Cependant, avant même que le seigneur de la Guerre nazi n'ait renoncé à l'invasion de l'Angleterre, il y avait eu à Berlin une sorte de tournant de la guerre.

Le soir du 25 août 1940, les Britanniques avaient bombardé la capitale allemande pour la première fois. Leurs bombardiers avaient survolé la ville une demi-douzaine de fois pendant l'hiver précédent, mais pour ne jeter que des tracts. Cette fois, c'était sérieux. A vrai dire, la première attaque n'avait pas été très importante. A cause d'un épais plafond de nuages en altitude, la moitié seulement des 81 bombardiers de la RAF avaient trouvé la cible. Les dégâts matériels, pour autant que j'avais pu le savoir, étaient négligeables et personne n'avait été tué. Mais l'effet sur le moral allemand avait été important. *C'était la première fois que des bombes tombaient sur Berlin.*

Le lendemain, j'écrivais dans mon carnet :

> Les Berlinois sont stupéfaits. Ils ne croyaient pas que c'était possible. Au début de la guerre, Goering les en avait assurés [...]. Ils le croyaient. Leur déception, aujourd'hui, n'en est donc que plus grande. Il suffit de voir leurs figures pour la mesurer.

Les Britanniques revinrent, plus en force, dans la nuit du 28 au 29 août, et je notai dans mon carnet, « *ils ont tué des Allemands pour la première fois dans la capitale du Reich* ». Le chiffre officiel était de 10 morts et 29 blessés. La plupart des correspondants américains et les attachés militaires de notre ambassade estimaient les victimes, d'après les immeubles d'habitation touchés, à quatre ou cinq fois plus. Même ainsi, comparé à ce que les Britanniques commençaient à subir à Londres et à ce que les Allemands connaîtraient dans les années à venir, le chiffre était modeste. Mais, là encore, l'effet sur le moral des Berlinois fut énorme. Et sur le gouvernement nazi aussi.

Les gros bonnets étaient furieux. Goebbels, qui avait ordonné à la presse de minimiser le premier raid, ne lui accordant que quelques lignes, donna cette fois des instructions pour qu'on condamne sans réserve la « brutalité » des aviateurs britanniques qui attaquaient les femmes et les enfants sans défense de Berlin. La plupart des journaux sortaient avec le même titre flamboyant : « LÂCHE ATTAQUE BRITANNIQUE ». Et le ministère de la Propagande leur faisait raconter que les avions allemands sur l'Angleterre n'attaquaient que des objectifs militaires, tandis que les « pirates britanniques, selon les ordres personnels de Churchill », lançaient leurs bombes uniquement sur des « objectifs non militaires ». Dieu sait si j'étais habitué, à ce moment-là, aux mensonges de Goebbels, mais je fus déprimé à l'idée que les naïfs Allemands les croiraient [1].

Je compris une chose, cette nuit-là, en rentrant avec ma voiture à mon hôtel, vers 3 heures du matin, après mon émission et la fin de l'alerte, alors qu'on voyait dans le ciel la lueur de plusieurs incendies : *il n'existait pas de défense contre les bombardements de nuit.* Mon confrère Ed Murrow devait être en train de l'apprendre à Londres. Pendant les deux derniers raids, j'étais resté sur un balcon de la Maison de la Radio à regarder le feu d'artifice dans le ciel, et la Flak (la DCA) allemande, surtout les canons de 88, qui tirait sans relâche, et les énormes projecteurs qui essayaient de prendre les avions britanniques dans leurs rayons. Ils n'y arrivaient jamais et je n'avais jamais vu non plus un seul bombardier britannique tomber en flammes. Il n'y avait rien à faire contre le bombardier de nuit, sinon prier pour que ses bombes ne vous tombent pas dessus.

Je me souviens d'avoir fait cette prière la dernière nuit d'août. J'étais dans la salle de bains et je n'avais pas entendu les sirènes sonner l'alerte. Quand je sortis, les canons antiaériens tonnaient tout près. Comme l'hôtel Adlon était au coin d'Unter den Linden et de la Wilhelmstrasse, où se trouvaient plusieurs ministères et la Chancellerie de Hitler, il y avait une grande concentration de Flak autour de nous, en particulier dans le Tiergarten voisin. Encore un peu abruti par la grippe, je m'endormis bientôt, pour être réveillé quelques minutes plus tard par l'explosion de deux bombes tout près de l'hôtel.

Le lendemain, l'OKW annonçait que les seules bombes lâchées étaient

1. Quelques soirs plus tard, alité par la grippe à l'hôtel Adlon, je fus amené à parler avec la femme de chambre. Mon carnet en garde le souvenir :
« Les Anglais vont revenir, ce soir ? » demandais-je.
Elle soupira : « Certainement. »
Toute sa confiance avait disparu, toute la confiance des cinq millions de Berlinois qui croyaient que leur capitale était à l'abri des raids aériens.
« Pourquoi font-ils ça ? demanda-t-elle.
– Parce que vous bombardez Londres, dis-je.
– Oui, mais nous touchons des objectifs militaires, tandis que les Anglais, ils bombardent nos maisons...
– Vous bombardez peut-être aussi leurs maisons, dis-je.
– Nos journaux disent que non. »
Et elle les croyait.

tombées en dehors de la ville. Hitler et Goebbels devaient rectifier les communiqués du Haut Commandement, pensais-je, car je trouvai le Tiergarten tout proche entouré par des cordes, et les journaux du soir signalaient même plusieurs cratères de bombes dans le parc.

Ce jour-là, le 1er septembre, étant le premier anniversaire de cette guerre engagée par Hitler, je me traînai jusqu'à la Rundfunk pour faire une émission spéciale à cette occasion. Et j'écrivis :

> Il y a aujourd'hui un an que la grande « contre-attaque » contre la Pologne a commencé. En un an, les armes allemandes ont remporté des victoires sans égales dans la brillante histoire militaire de cette nation agressive et militariste. Et pourtant la guerre n'est pas terminée, ni gagnée.

Le censeur coupa le mot « contre-attaque », qu'il trouvait trop ironique. Je lui rappelai :

« C'est exactement le mot employé par l'OKW dans son premier communiqué officiel, il y a un an.

– Aujourd'hui, ça sonne mal, dit-il. Trouvez un autre terme. Et vous ne pouvez pas parler de l'Allemagne agressive et militariste. N'oubliez pas, s'il vous plaît, que c'est la Pologne qui nous a attaqué la première. »

En écrivant dans mon carnet ce soir-là, j'en voulais non seulement aux ciseaux du censeur qui avaient fait des coupures dans mon texte, mais à l'idée que la censure m'étouffait de plus en plus. Je ne pouvais pas diffuser le dixième de ce que je notais chaque soir dans mon carnet. C'est ce soir-là que l'idée commença à se faire jour en moi que mon utilité comme correspondant à Berlin tirait à sa fin.

Quelques jours plus tard, pourtant, le 4 septembre, je m'aperçus que je pouvais encore faire convenablement mon métier de journaliste : encore une occasion de voir le terrible dictateur et d'observer son humeur maintenant que ses armées victorieuses étaient prêtes, comme nous le pensions encore, à envahir l'Angleterre. J'allais peut-être apprendre quelque chose sur ce qu'il pensait de l'évolution réelle de la Bataille d'Angleterre.

L'occasion allait en être l'ouverture de la campagne annuelle du Secours d'hiver, au palais des sports de Berlin, devant une assistance composée principalement d'infirmières et d'assistantes sociales. J'avais rarement vu Hitler manier aussi bien l'hypocrisie ou le sarcasme, tout en sachant pourtant, après des années d'expérience, qu'il était passé maître dans les deux. Il essaya aussi d'offrir à son auditoire ce que les Allemands considèrent comme de l'humour : on n'a pas besoin d'être trop solennel après une nouvelle victoire facile. Ainsi, il appela Churchill « ce célèbre correspondant de guerre ».

> Les bredouillements de M. Churchill ou de M. Eden – le respect dû à son âge m'interdit de parler de M. Chamberlain – ne signifient rien pour le peuple allemand. Au mieux, ils nous font rire.

Je pensais, tout de même, en m'installant pour écouter encore un discours de Hitler, qu'il avait à répondre aux trois principales questions que se posaient tous les Allemands :

1. Où en était la Bataille d'Angleterre, dont Goering s'était vanté qu'elle serait finie maintenant?
2. Quand l'Angleterre serait-elle envahie?
3. Qu'allait-il faire pour les bombardements de nuit de Berlin (dont Goering avait solennellement déclaré qu'ils ne se produiraient jamais) et des autres villes allemandes?

Pour l'invasion, il s'en débarrassa avec une simple plaisanterie :

> En Angleterre, ils sont pleins de curiosité et ils se demandent sans cesse : « Pourquoi ne vient-il pas? » Du calme. Du calme. Il arrive! Il arrive! Ils ne devraient pas être toujours si curieux!

Son auditoire le trouvait très drôle. Tout le monde éclatait de rire. A propos des bombardements de Berlin, Hitler commença par un de ses mensonges habituels et termina sur une menace terrible :

> Ces derniers jours, M. Churchill a montré sa dernière invention, le raid aérien de nuit. Si M. Churchill a recours à ces attaques, ce n'est pas qu'elles promettent d'être particulièrement efficaces, mais parce que son aviation ne peut pas survoler l'Allemagne en plein jour alors que les avions allemands survolent le sol anglais chaque jour [...]. Chaque fois qu'un pilote anglais aperçoit une lumière, il lâche une bombe sur les quartiers résidentiels, les fermes et les villages.

En entendant cela, je me demandais combien ils étaient, parmi toute cette nombreuse assistance – si même il y en avait quelques-uns – à comprendre que les Allemands survolaient l'Angleterre de jour parce qu'elle n'était qu'à quelques kilomètres de leurs bases en France et en Belgique, et qu'ils pouvaient faire escorter leurs bombardiers par des chasseurs. L'Allemagne était trop loin de la Grande-Bretagne pour permettre aux Britanniques d'accompagner leurs bombardiers. C'est pourquoi les Britanniques venaient sous le couvert de la nuit. Maintenant, Hitler en arrivait à sa menace :

> Pendant trois mois, je n'ai pas répondu parce que je croyais que cette folie prendrait fin. M. Churchill a pris cela pour un signe de faiblesse. Maintenant, nous répondons toutes les nuits.

Il éleva la voix :

> Lorsque l'aviation britannique lâchera deux, ou trois, ou quatre mille kilos de bombes, nous en lâcherons, en une nuit, 150, 250, 300 ou 400 tonnes!

A ce moment, dit mon carnet, Hitler fut forcé de s'interrompre à cause des applaudissements hystériques de ses auditrices. Ce qui me rappela que les Allemandes n'étaient pas très différentes de leurs hommes.

> Lorsqu'ils déclarent qu'ils vont accroître leurs attaques, sur nos villes, je dis que nous *raserons* les leurs!

Sur quoi les jeunes dames furent littéralement transportées. Soudain debout, la poitrine gonflée, elles hurlaient leur approbation.

> L'heure viendra, criait Hitler, où l'un de nous craquera, et ce ne sera pas l'Allemagne nationale-socialiste!

Sur quoi les jeunes demoiselles retrouvèrent assez de sang-froid pour remplacer leurs hurlements déchaînés par un chœur de « Jamais! Jamais! »

Ainsi, Hitler avait fini par perdre son calme. Comme si souvent auparavant, avait-il été emporté par son auditoire? Ou était-ce surtout parce que la Bataille d'Angleterre n'allait pas aussi bien que Goering l'avait promis, ce qui le forçait à ajourner l'invasion? En tout cas, j'en conclus par la suite que ses déceptions, et ses réactions délirantes aux bombardements britanniques de Berlin, contribuèrent à faire passer la Luftwaffe des attaques de jour contre la RAF aux bombardements massifs de nuit sur Londres, qui commencèrent trois jours après son discours du Sportspalast, le 7 septembre. Hitler les considérait comme des représailles [1].

Si la Bataille d'Angleterre prenait de l'ampleur à l'approche de la

1. Le 7 septembre, manifestement inspiré par Hitler, le Haut Commandement allemand publia un communiqué spécial :

« L'ennemi a encore attaqué la capitale allemande la nuit dernière, causant des dommages aux personnes et aux biens en bombardant au hasard des objectifs non militaires au centre de la ville. L'aviation allemande, en représailles, a par conséquent commencé à attaquer Londres avec des moyens puissants. » Le lendemain, tous les journaux du dimanche à Berlin portaient la même manchette, dictée par Goebbels :

« GROSSE ATTAQUE DE REPRÉSAILLES CONTRE LONDRES. »

On ne disait pas au peuple allemand que, depuis quinze jours, la Luftwaffe larguait des bombes en beaucoup plus grande quantité sur le centre de Londres. Un communiqué de l'OKW publié plus tard dans la soirée précisa même que Londres avait été attaquée « pour la première fois de nuit ». Et le communiqué ajoutait : « Un grand nuage de fumée s'étend du centre de Londres à l'embouchure de la Tamise. » Cette précision, du moins, était vraie.

mi-septembre, il en était de même de la propagande allemande. Le gouvernement, le Haut Commandement, la presse déversaient un torrent de mensonges sur les bombardements en Allemagne et en Angleterre, des mensonges de plus en plus véhéments de jour en jour. Certains étaient si délirants qu'ils me fournissaient, à l'occasion, de bons éléments pour mes émissions. Je pensais que mes auditeurs, en Amérique, comprendraient à quel genre de mensonges les Allemands étaient soumis. Ce que je ne pouvais pas ajouter dans mes émissions, je le notais dans mon carnet : que le bombardement du 7 septembre avait été « le plus fort et le plus efficace » depuis le commencement.

> Les Britanniques ont mieux visé cette nuit. Quand je suis revenu de la radio peu après 3 heures du matin, le ciel au-dessus du nord de Berlin était éclairé par deux grands incendies. Le plus gros était à la gare de Lehrter. Une autre gare, dans la Schussendorfstrasse, a également été atteinte. Une usine de caoutchouc, me dit-on, a été incendiée [...]

De plus en plus, pendant ce mois de septembre, je me sentais harcelé par la propagande de guerre allemande. En allant au studio, le soir du 5 septembre, je découvris que la Maison de la Radio avait installé un de ces micros qu'il faut tenir tout près de la bouche pour qu'on vous entende. De sorte qu'il ne transmettait pas le bruit des batteries de DCA voisines, ni celui des bombes qui tombaient tout près. On m'avait déjà prévenu que je ne devais pas parler des bombardements pendant qu'ils étaient en cours. J'avais eu beau observer qu'Ed Murrow, à Londres, non seulement parlait d'attaques bien plus violentes, mais les décrivait « à chaud ». Une ou deux nuits auparavant, Elmer Davis, à New York, avait fait un de ses commentaires désabusés à la fin de mon émission, et les Allemands l'avaient entendu. Je n'avais pas parlé d'un bombardement en cours, malgré le tonnerre de la DCA et les explosions de bombes, si forts que je m'entendais à peine parler. Elmer, avec son ironie glaciale, avait fait observer que, si je ne disais pas que Berlin était sous les bombes, les bruits qui traversaient l'Océan étaient plus forts que les mots. Mon micro normal les avait transmis. Le lendemain soir, il était donc remplacé. Au fil des jours, on essaya encore de réduire ma liberté.

Ainsi, plusieurs nuits de suite, pendant un bombardement, on m'envoya à l'abri dans la cave pour que je ne puisse pas regarder de mon balcon ce qui se passait dans le ciel. Finalement, le soir du 9 septembre, les Allemands me jouèrent un tour qui me décida à partir bientôt. Il fallait maintenant que trois censeurs approuvent mes textes : un militaire (celui qui me gênait le moins); un du ministère des Affaires étrangères; et le troisième du ministère de la Propagande. Ce soir-là, j'eus une violente altercation avec les deux derniers. Ils m'accusaient d'ironie excessive, pour avoir souligné l'insistance des Allemands à baptiser « représailles » leurs nouveaux bombardements massifs de Londres la nuit. Je me défendis avec acharnement. Quand ils finirent par accepter, non sans réticence, de me laisser prendre le micro avec ce qui me restait de mon texte, mes cinq minutes d'antenne étaient passées. Le lendemain, Tess m'appela de Genève pour me dire que Paul White, le directeur des informations de CBS à New York, avait téléphoné pour demander pourquoi mon émission n'avait pas eu lieu. CBS avait reçu un câble, lui avait-il dit, du directeur de la Radio allemande :

« Regrette que Shirer soit arrivé trop tard ce soir pour son émission. »

Depuis le début de la guerre, j'avais été très clair, aussi bien avec CBS qu'avec les Allemands : je cesserais mes émissions et je quitterais l'Allemagne si la censure me rendait impossible de travailler à Berlin honnêtement et assez complètement. Dieu sait que j'avais eu d'incessantes difficultés avec les Allemands. Mais je fus surpris d'un manque de compréhension presque total de la part de CBS. Quand je m'étais plaint, en avril, pendant l'occupation allemande de la Norvège, de ce que la censure me rendait difficile de continuer à émettre utilement de Berlin, Paul White m'avait envoyé un câble que je ne pouvais pas accepter.

> *Bill nous comprenons tout avec sympathie pour conditions à Berlin mais pensons nous devons continuer émissions même si seulement lecture déclarations officielles et extraits journaux.*

Pour ce travail subalterne, il faudrait que CBS trouve quelqu'un d'autre. J'avais répondu à White que je pouvais trouver un étudiant américain pro-nazi à 50 dollars par semaine (et sans notes de frais) pour lire ces conneries.

Puis, en mai, Hitler avait attaqué à l'ouest et, parce que tout avait été merveilleusement bien pour les Allemands, la censure avait été assouplie. J'avais pu faire des reportages honnêtes sur la guerre, avec le scoop de Compiègne sur l'armistice franco-allemand. Maintenant, la guerre aérienne devenait plus dure. Hitler était fou de rage contre les bombardements britanniques sur l'Allemagne, en même temps qu'il avait l'air d'hésiter pour l'invasion de l'Angleterre. La censure redevenait dont insupportable. Je télégraphiai à White et, le 10 septembre, je reçus une réponse, par l'intermédiaire de Tess qui me la retransmit au téléphone de Genève. On me demandait de retourner à Genève « le plus tôt possible » pour parler au téléphone.

Berlin, 12 septembre 1940.

Pars pour quelques jours à Genève pour pouvoir parler de divers sujets au téléphone avec New York sans être écouté par les nazis [...]. Le bruit court que la grande invasion de l'Angleterre est prévue pour la nuit du 15 septembre, à cause de la pleine lune et des marées favorables sur la Manche.

Je tente le coup de ce voyage de toute façon.

Je savais ce que j'allais dire à CBS : à moins que les Allemands ne relâchent la censure, je quitterais Berlin. Nous étions à peu près d'accord, Tess et moi, pour qu'elle parte avec Eileen pour l'Amérique à la fin d'octobre. J'avais appris à Berlin, de bonne source, que si Hitler était obligé de renoncer à son invasion, il pourrait se venger de ses déceptions avec les Britanniques en entrant en Espagne pour prendre Gibraltar. De là, il pourrait fermer la Méditerranée et couper les communications britanniques avec l'Égypte, le Proche-Orient et l'Inde. Ce qui, entre parenthèses, fermerait aussi la dernière porte de sortie de Genève pour ma famille. Tess avait reconnu qu'il valait peut-être mieux qu'elle et notre petite fille s'en aillent pendant qu'il en était encore temps.

C'était merveilleux de me retrouver avec elles, même pour quatre jours. La Suisse n'avait jamais été mon pays préféré mais maintenant, après l'Allemagne en guerre, je l'adorai. Ma famille n'avait jamais été plus belle. Un jour, je le jurais, quand cette cochonnerie de guerre serait finie, je trouverais un job qui me permettrait de lui consacrer plus de temps. Avec, peut-être, un ou deux enfants de plus. Nous en parlions longtemps, tous les soirs, avec Tess. Elle hésitait un peu à quitter l'Europe, où elle était née et où elle avait grandi. Elle était sûre d'aimer l'Amérique. Mais elle était européenne et l'Europe lui manquerait.

Quand j'eus Paul White, de New York, au téléphone, je lui demandai d'abord d'organiser la traversée de Tess et d'Eileen depuis Lisbonne. Il allait s'en occuper, mais cela prendrait du temps.

« Elles seront ici pour Noël, sûr, me promit-il.

– Je serai peut-être avec elles.

– Écoute, Bill, on te comprend très bien, répondit White. Mais il faut que tu restes à Berlin. Tu fais un travail formidable. »

Paul était excellent à son poste. Mais il n'avait pas la moindre idée de ce que c'était que de travailler dans cet asile de fous qu'était l'Allemagne nazie.

Malgré plusieurs heures de discussions par téléphone par-dessus l'Atlantique, nous ne réussissions pas, White et moi, à nous mettre tout à fait d'accord. Pour finir, je résumai les choses dans une longue lettre confirmant ce que j'avais dit au téléphone. Et on en resta là :

Je comprends bien que l'issue de la guerre peut se décider au cours des semaines qui viennent et que ce n'est pas le meilleur moment de me retirer à cause de la censure. Si l'Allemagne gagne, vous voudrez naturellement une couverture totale de cette victoire, une couverture qui viendrait en grande partie du côté allemand.

C'est pourquoi je retourne à Berlin pour essayer encore. Mais si la guerre stagne cet hiver et que la censure ne s'assouplit pas, je ne pourrai pas rester là-bas, en ce qui me concerne, pour faire de la propagande nazie.

Et j'ajoutais un post-scriptum :

Quand vous recevrez cette lettre, ou bien Hitler aura tenté son invasion de l'Angleterre, ou bien il aura renoncé, au moins jusqu'au printemps.

Je traînai à Genève jusqu'au 17 septembre. Le 15 était passé et on ne parlait pas de l'invasion de Hitler.

Je rentrai à Berlin le 18 et mon carnet, les jours suivants, retrouve les thèmes habituels : les bombardements britanniques, les explosions de colère qu'ils provoquent dans la presse allemande et la censure de plus en plus sévère. C'était le résultat, me disais-je, de la déception croissante, à Berlin : la RAF n'était toujours pas détruite dans la Bataille d'Angleterre, l'invasion n'avait toujours pas eu lieu et Berlin et les autres villes d'Allemagne étaient toujours bombardées la nuit.

Mon carnet :

Berlin, 18 septembre. Quelque part près de Francfort, dans le train venant de Bâle, la nuit dernière, le porteur a crié : *Flieger Alarm!* (Alerte aux avions), et il y a eu un bruit lointain de canons, mais nous n'avons pas été touchés [...].

Berlin, 19 septembre [...]. Jamais depuis le début de la guerre, la presse n'a été aussi indignée qu'aujourd'hui contre les Britanniques. D'après elle, ceux-ci, la nuit dernière, ont bombardé l'hôpital Bodelschwingh pour enfants débiles mentaux à Bethel, dans l'ouest de l'Allemagne : neuf enfants tués, douze blessés [1].

Je citais quelques titres des journaux de Berlin :

1. Je retrouve une suite intéressante à cette information dans mon carnet du 21 septembre : « X... est monté dans ma chambre à l'Adlon aujourd'hui. Nous avons débranché mon téléphone et vérifié que personne n'écoutait par les fentes de la porte mitoyenne avec l'autre chambre. Alors il m'a raconté une histoire bizarre. Il dit que la Gestapo commence à liquider systématiquement les débiles mentaux [...]. Les nazis appellent cela « mort par pitié » (euthanasie). Je raconte que le pasteur Bodelschwingh, qui dirige un grand hôpital pour enfants débiles mentaux à Bethel, a été arrêté il y a quelques jours parce qu'il refusait de remettre quelques-uns de ses petits malades les plus atteints à la police secrète. Peu après, son hôpital est bombardé. Par les « Anglais »...

Ce n'était pas la première fois que les Allemands se bombardaient eux-mêmes pour exciter les sentiments anti-anglais. Le premier jour de l'offensive à l'ouest, le 10 mai, les Allemands étaient furieux après un bombardement de Fribourg par les Anglais, qui avait tué 24 civils. Il devait être établi par la suite que c'étaient les Allemands qui l'avaient effectué.

> *Nachtausgabe :* « Crime nocturne des Anglais contre 21 enfants allemands. Ce sang versé crie vengeance. »
> *Deutsche Allgemeine Zeitung :* « Des enfants tués à Bethel. Un crime révoltant. »
> *Boersen Zeitung am Mittag :* « L'assassinat n'est plus la guerre, Herr Winston Churchill! L'île des assassins britanniques supportera les conséquences de ses bombardements criminels. »

Et je concluais que les choses devaient aller plus mal pour les Allemands qu'ils ne l'admettaient. C'était la seule explication de ces insanités. Et plus les choses allaient mal, plus la censure devenait sévère. Et les incidents avec moi plus graves.

> 19 septembre : la censure [...] devient de plus en plus impossible. J'ai eu un accrochage royal avec un des censeurs nazis ce soir. Il ne voulait pas que je lise les titres notés plus haut. Il disait qu'ils donnaient « une fausse impression » à l'Amérique [...].

Le lendemain, 20 septembre, ce fut le plus long accrochage que j'aie jamais noté. J'avais indiqué, dans le texte de mon émission, que la presse et la radio allemandes tiraient le maximum d'une information de New York, selon laquelle la censure britannique avait interdit aux correspondants radio américains, à Londres, de parler des raids aériens pendant qu'ils étaient en cours. L'Amérique, disaient les Allemands, était ainsi privée de nouvelles dignes de foi venues d'Angleterre. Jusque-là, tout allait bien : mes censeurs trouvaient mon papier excellent. Mais lorsque j'ajoutais que les autorités à Berlin m'imposaient la même restriction depuis des semaines, ils ne voulurent pas me permettre de le dire.

Le ministère de la Propagande m'avait ajouté deux nouveaux censeurs qui connaissaient non seulement l'anglais, mais aussi l'américain : un professeur qui avait longtemps enseigné dans une université américaine et un financier qui avait été associé dans une banque de Wall Street.

> Et le ministère des Affaires étrangères et le ministère de la Propagande continuent à recevoir des rapports des États-Unis – non seulement de l'ambassade à Washington, mais de leurs services de renseignement dans notre pays tout entier – disant que je m'accommode très bien de ces crimes et qu'il faudrait me clouer le bec [1].

Les bombardements britanniques sur Berlin continuaient. Cela commençait à devenir monotone de les noter dans mon carnet :

1. J'avais un informateur allemand qui me tenait au courant de ces rapports.

24 septembre. Les Britanniques ont vraiment mis le paquet sur Berlin la nuit dernière. Quatre heures de bombardement violent avec une excellente précision. Ils ont touché des usines importantes dans le nord de la ville, une grosse usine à gaz et les chantiers ferroviaires au nord des gares de Stettin et de Lehrter.

Mais nous n'avons pas pu le dire. Selon les autorités, il n'y a eu aucun dégât important [...].

26 septembre. Nous avons eu le plus long raid aérien de la guerre la nuit dernière, de 23 heures à 4 heures du matin.

Zurich, 18 octobre. Arrivé de Berlin en avion cet après-midi [...]. Je suis à la gare et j'attends mon train pour Genève [...], tout triste des adieux nécessaires, et de constater qu'une fois encore le foyer que nous avions essayé de bâtir va être détruit.

A l'aube du 23 octobre, à Genève, je mis Tess et Eileen dans un autocar suisse qui devait les conduire, en deux jours et deux nuits d'un dur voyage à travers la France non occupée, à Barcelone d'où elles devaient prendre le train pour Madrid, puis pour Lisbonne, et de là à New York par bateau. Nous avions été trop occupés à fermer l'appartement que nous avions loué pour être déprimés par cette nouvelle séparation et cette nouvelle fermeture d'une maison, mais je me retrouvai assez abattu quand elles furent parties.

Nous avions eu de la chance, étant donné les circonstances, parce qu'il y avait des milliers de réfugiés qui faisaient des pieds et des mains pour monter dans les dix cars qui partaient pour l'Espagne une fois par semaine.

Je me rappelle, dans le train qui me ramenait à Berne, avoir regardé, le cœur lourd, par la fenêtre de mon compartiment : la Suisse, le lac de Genève, les montagnes, le mont Blanc au loin, les collines et les prairies encore vertes, le palais de marbre de la défunte Société des Nations. Je regrettais de n'avoir pas pris l'autocar avec Tess et Eileen.

J'avais pensé, un certain temps, que j'avais été au bout de mes possibilités en Allemagne nazie. Je ne pouvais plus y rester en disant la vérité. Mais ce n'était pas tout. J'avais eu l'impression, les dernières semaines, que les autorités allemandes me suivaient de plus près. Ce n'était pas une réaction de parano. Je n'inventais rien. Une amie allemande de la Maison de la Radio avait accès aux télégrammes à mon sujet provenant de l'ambassade d'Allemagne à Washington, et aux réactions qu'ils suscitaient à Berlin. Même avant que je n'aille voir ma famille à Genève, elle m'avait prévenu que ma situation était plus sérieuse que je ne pensais.

Je la revis à mon retour à Berlin vers la fin octobre. Elle était inquiète. La Gestapo, le ministère de la Propagande, le ministère des Affaires étrangères et même les militaires, me dit-elle, étaient en train d'ouvrir un dossier d'espionnage contre moi. Pour la première fois, elle me conseilla d'envisager mon départ, et bientôt, pendant qu'il en était encore temps. En particulier, précisait-elle, l'ambassade d'Allemagne à Washington, notamment l'attaché militaire, câblaient qu'ils étaient convaincus que j'étais un espion et que j'émettais d'Allemagne des renseignements secrets, grâce à des mots de code dans mes émissions. Elle me dit aussi que la Gestapo resserrait sa surveillance sur moi et qu'il fallait que je fasse attention à mes relations, y compris elle-même.

Je lui faisais confiance et elle était l'une des rares parmi les Allemands. Raison de plus pour ne pas confier ses avertissements au bureau de New York ou même à mon carnet, de peur de mettre sa vie en danger. Mais ils me rendaient plus facile de surmonter mes hésitations au sujet de mon départ. En principe – et j'en avais pleinement conscience – on ne déserte pas son poste, surtout en temps de guerre. Mais je n'avais pas du tout l'intention de laisser les nazis me faire porter le chapeau comme espion.

Les jours raccourcissaient avec l'hiver, dans le nord, et les nuits rallongeaient : les bombardiers britanniques venaient nous voir toutes les nuits, à Berlin. Les dégâts n'étaient jamais très importants mais il y avait quelques tués à chaque fois, et des dommages aux usines, aux chantiers ferroviaires, aux rues, aux immeubles, aux maisons. En outre, la population perdait une nuit de sommeil, ce qui réduisait la production de guerre et rendait tout le monde nerveux.

Parfois, Dieu merci, il y avait un côté humoristique dans tout cela. Ainsi lorsque Vyatcheslav Molotov, Premier ministre, ministre des Affaires étrangères soviétique et bras droit de Staline, arriva dans la capitale allemande le 12 novembre, pour une visite d'amitié aux Allemands.

C'était un jour sombre, pluvieux et froid, et Molotov avait l'air de tout, sauf de bonne humeur, en sortant de la gare d'Anhalt pour aller à l'ambassade soviétique dans Unter den Linden, à deux pas de l'Adlon. Je le regardai passer. Son visage n'exprimait à peu près rien, mais ce peu paraissait plutôt sévère. Il avait l'air d'un instituteur de province. Mais je me rendais bien compte que son apparence était trompeuse. Il devait être particulièrement capable et dur, pour avoir survécu dans la jungle du Kremlin sous Staline. Je pensais qu'il était l'un des derniers vieux bolcheviques qui avaient fait la révolution avec Léninie. Les autres étaient morts, tués par Staline.

Je me demandais comment Molotov allait s'y prendre avec les Allemands pour sa première visite. Et comment les Allemands s'y prendraient avec lui. J'espérais que les aviateurs anglais ne manqueraient pas de venir nous voir à Berlin. A ma grande déception, ils ne se manifestèrent pas la première nuit, où Goering et Ribbentrop lui offraient un banquet protocolaire. Mais ils assistèrent au deuxième, alors que c'était Molotov qui recevait ses hôtes à l'ambassade soviétique [1].

Il faisait nuit à quatre heures, à Berlin, en cette saison, et je me rappelle que les Anglais sont venus de bonne heure ce soir-là. Peu après neuf heures, les sirènes commencèrent à mugir et bientôt on entendit le tonnerre des canons de la DCA et le grondement des moteurs dans le ciel. Selon le Dr Paul Schmidt, l'interprète du banquet, Molotov venait de proposer le toast de l'amitié et Ribbentrop s'était levé pour y répondre lorsque les sirènes se firent entendre et les invités commencèrent à se disperser. L'ambassade n'avait pas d'abri antiaérien proprement dit, et Ribbentrop proposa d'aller dans les profonds abris du ministère des Affaires étrangères. Comme les voitures officielles s'étaient mises à l'abri, les éminentes personnalités durent faire à pied, dans le black-out et sous les éclats d'obus (et peut-être de bombes, on ne sait jamais), les quelque cinq cents mètres le long d'Unter den Linden et dans la Wilhelmstrasse.

On se précipitait vraiment, dans la rue, je m'en souviens, les Allemands et les Russes mêlés, pour courir vers le ministère des Affaires étrangères. Dans l'obscurité, il y en eut même quelques-uns pour manquer le tournant au coin de la Wilhelmstrasse – il y avait eu à ce moment-là une grosse salve de DCA, un peu déconcertante, il est vrai – et ils se précipitèrent dans l'hôtel Adlon. J'étais devant la porte et je reconnus le Dr Schmidt parmi eux. Apparemment, ils avaient quitté l'ambassade avec tant de hâte qu'on ne savait pas au juste où la réunion allait reprendre. Schmidt pensait que ce serait dans l'abri de l'Adlon, vers lequel il se dirigea avec ses collègues et un ou deux Russes. Ainsi Schmidt, qui avait tenu les minutes de deux jours de conversations de Hitler et Ribbentrop avec Molotov, manqua la réunion improvisée des deux ministres des Affaires étrangères, qui se poursuivit tard dans la nuit – jusqu'au départ des Britanniques – dans les profondeurs souterraines du ministère des Affaires étrangères. Mais Gustav Hilger, conseiller de l'ambassade d'Allemagne à Moscou, qui avait réussi à y arriver, fit fonction d'interprète et prit des notes.

Essentiellement, Ribbentrop répéta ce que lui et Hitler disaient à Molotov depuis deux jours : que la Grande-Bretagne était vaincue et qu'il était temps pour l'Allemagne et la Russie de se partager l'Empire

1. Le raid aérien était minuté pour la circonstance, dira Churchill dans ses *Mémoires*. « Nous étions prévenus de cette conférence et, bien que nous ne fussions pas invités à participer à la discussion, nous ne voulions pas être tout à fait absents en la circonstance. »

britannique, comme la Pologne, avec cette différence que le Japon et l'Italie devraient cette fois être invités à partager le butin.

> Il ne pouvait que répéter inlassablement (dit Ribbentrop, selon les minutes allemandes) que la question cruciale était de savoir si l'Union soviétique était prête à collaborer avec nous à la liquidation de l'Empire britannique.

Hilger nota comme il convient la réponse de Molotov :

> Dans sa réponse, Molotov déclara que les Allemands considéraient que la guerre contre l'Angleterre était déjà pratiquement gagnée. Si, par conséquent, comme on l'avait dit par ailleurs, l'Allemagne menait une guerre de vie ou de mort contre l'Angleterre (Hitler avait déjà employé l'expression avec lui le même jour dans un entretien précédent), il ne pouvait qu'en conclure que l'Allemagne se battait « pour la vie » et l'Angleterre « pour la mort ».

L'ironie était peut-être passée au-dessus de la tête de Ribbentrop, qui était d'une stupidité monumentale, mais le commissaire bolchevique aux Affaires étrangères ne laissait rien au hasard. Comme l'Allemand ne cessait de répéter que l'Angleterre était finie, Molotov finit par répondre :

> Dans ce cas, pourquoi sommes-nous dans cet abri, et à qui sont ces bombes qui tombent?

Les deux jours d'entretien avec l'inflexible Molotov avaient été une épreuve épuisante pour le Führer, déçu par l'impossibilité d'envahir une Angleterre qui, comme le constatait son visiteur bolchevique, continuait bel et bien la guerre. Hitler, nous le savons maintenant, en tira les conclusions.

Un mois plus tard, le 18 décembre 1940, il signa la plus fatale « directive de guerre » de sa vie, la nº 21. Elle commençait en ces termes :

> Les forces armées allemandes doivent être préparées à *écraser la Russie soviétique par une campagne rapide* avant la fin de la guerre contre l'Angleterre [1] [...]. Les préparatifs devront être terminés pour le 15 mai 1941 [...].

Le nom de code de l'opération était *Barbarossa* (Barberousse).

A cette date, je m'apprêtais à rentrer chez moi, enchanté de passer

1. Le passage en italique est de Hitler lui-même.

Noël dans mon pays natal pour la première fois depuis seize ans. Ce serait la toute première fois pour Tess et Eileen. J'avais encore bon moral. Le 5 novembre, à Berlin, j'avais confié à mon carnet d'autres bonnes nouvelles :

> Si tout va bien, je partirai d'ici dans un mois jour pour jour, par avion, jusqu'à New York, par la Lufthansa d'ici à Lisbonne, et par le Clipper de là jusqu'à New York.

Et le 20 novembre :

> Je pars décidément par hydravion de Lisbonne le 5 décembre, si j'ai tous les papiers à temps. Les Affaires étrangères, la police secrète, etc., doivent m'accorder mon visa de sortie pour que je puisse partir.

Obtenir les visas de transit espagnol et portugais ne fut « décidément pas facile », je le notai dans mon carnet. Les autorités allemandes ne mettaient aucune bonne volonté pour mon visa de sortie, mais je m'y attendais.

Les derniers jours de cet hiver à Berlin, je ne pouvais m'empêcher de repenser aux années que j'avais passées à l'étranger avant de quitter l'université d'Iowa, en juin 1925.

Quinze ans et demi! J'avais vingt et un ans, alors. Maintenant, j'en avais presque trente-sept, je n'étais plus un jeune homme. Le temps avait passé si vite : les premières années, passionnantes, à Paris, les reportages en Italie avec les merveilles de Rome, de Florence et de Venise; le poste à Vienne où j'avais connu et épousé Tess; l'entracte en Inde avec Gandhi; le petit village de pêcheurs en Espagne juste avant la guerre civile; et finalement le long cauchemar en Allemagne nazie. Quelle chance j'avais eue, dans ma vie et dans mon métier!

Ces dernières années à Berlin parmi les Allemands n'avaient pas été très agréables. Mais elles n'avaient pas été ennuyeuses non plus, et je ne regrettais pas d'y être venu et d'y être resté si longtemps. Le IIIe Reich m'avait donné un formidable sujet de reportage, une formidable tranche d'Histoire à raconter. Et il m'avait aidé à comprendre la vie sur cette planète : brutalité, violence, machinations, tromperie, intolérance, absurdité. Je ne l'avais pas appris dans les livres, mais par expérience. Tout de même, j'avais vu aussi un peu de beauté, de sérieux et de réussite, de courage et de grandeur d'âme dans la vie des hommes, et même du savoir-vivre, de l'honnêteté, de la bonne volonté et de la tolérance dans leurs relations mutuelles. J'avais acquis, me semblait-il, quelque chose qui avait échappé à tant d'autres, chez nous, en Occident : le sens du tragique de la vie. Mais aussi. je l'espérais, le sens de l'humour et une connaissance de moi-même suffisante pour ne pas me prendre trop au sérieux. Ghandhi, entre autres, avait contribué à me l'enseigner.

C'était donc ici, sur le vieux continent, au bout de quinze ans, que j'étais devenu vraiment adulte et que j'avais fini par me sentir chez moi.

Pourtant, au fond de moi-même, en ces jours sombres et lugubres de novembre à Berlin, je savais que c'était un adieu, non seulement à l'Allemagne, mais au reste de l'Europe, où j'avais trouvé tant de bonheur dans ma vie personnelle et dans mon travail.

Je reviendrais en Europe pour continuer à couvrir la guerre, mais pas en Allemagne. Ici, tant que Hitler vivrait, c'était fini pour moi. Mais quand la guerre serait terminée, j'avais décidé que je rentrerais chez moi, pour toujours. J'avais beau aimer beaucoup le Vieux Monde et m'y sentir chez moi, je n'y resterais pas. Je ne deviendrais pas un expatrié.

Un Américain à l'étranger, je l'avais constaté, reste toujours un étranger, même s'il a vécu et travaillé très longtemps dans les pays d'Europe. Il a beau parler très bien leurs langues, assimiler leur culture, connaître leurs habitants, s'adapter à leurs grandes villes, il reste à jamais un étranger. C'est un rôle que je n'avais pas l'intention de jouer jusqu'à la fin de mes jours. Tôt ou tard – maintenant ou quand la guerre serait finie – il faudrait que je retourne là où étaient mes racines, plantées profondément dans le sol américain.

Mon carnet du 2 décembre se bornait à quatre mots :

« Plus que trois jours! »

Puis :

« Berlin, 4 décembre : j'ai mon passeport et l'autorisation officielle de partir demain. Plus rien à faire que mes bagages. »

Il me restait encore une chose à faire. Après des semaines, je me demandais comment j'allais pouvoir sortir mes carnets de Berlin. A certains moments, je me disais que je ferais mieux de les détruire avant de partir. Il y en avait assez là-dedans pour me faire pendre, si jamais la Gestapo les découvrait. Quelques semaines auparavant, j'en avais confié les pages les plus dangereuses à un ami de l'ambassade de Suède, qui m'avait promis de les envoyer à Lisbonne, où je pourrais les récupérer. Un autre ami, de l'ambassade américaine, celui-là, m'avait aidé lui aussi. Il en emporterait un petit paquet en Espagne quand il partirait en vacances quelques jours avant moi. Mais le chargé d'affaires américain, par ailleurs un type assez convenable, avait interdit à ses attachés d'emporter une quantité importante de mes papiers. Je n'en étais pas étonné. L'ambassade avait toujours été difficile avec nous, les journalistes américains.

Le matin où j'obtins mon passeport et mon visa de sortie, je n'avais plus que vingt-quatre heures pour trouver un moyen de sortir le gros de mes carnets de Berlin. Une fois encore, je pensai les détruire. Mais je tenais beaucoup à les conserver. Soudain, à la fin de cette matinée, la solution m'apparut. C'était risqué, mais la vie dans le IIIe Reich avait toujours été risquée.

Je plaçai les carnets dans deux coffrets d'acier que j'avais achetés. Je les recouvris d'un certain nombre de mes scripts radio, tamponnés à chaque page par les censeurs civils et militaires comme bons pour l'antenne. Par-dessus, je posai quelques cartes d'état-major que je tenais d'amis à l'état-major général ou au Haut Commandement (OKW). Puis j'appelai la direction de la Gestapo à l'Alexanderplatz. J'avais deux valises pleines de mes dépêches, de mes émissions et de notes que je voulais emporter en quittant le pays, dis-je. Comme je partais par avion de Tempelhof le lendemain matin, les gens de la Gestapo, à l'aérodrome, n'auraient pas le temps de regarder ce qu'il y avait dedans. Est-ce qu'on pourrait regarder maintenant, si je les apportais? Et s'ils étaient d'accord, pourraient-ils mettre le tampon de la Gestapo sur les valises pour que je ne sois pas retenu à l'aérodrome?

« Amenez tout ça, me dit-on au bout du fil, on va regarder. »

Après avoir raccroché, je fus repris par le doute. Est-ce que ce n'était pas tenter le sort? Les limiers de la Gestapo allaient certainement flairer mes carnets sous mes émissions. Et je serais fichu. Je ferais peut-être mieux de les balancer dans les toilettes. D'autre part... je pensais que la police secrète allait certainement saisir mes cartes d'état-major. On n'a pas le droit de les emporter, surtout en temps de guerre. C'est pourquoi je les avais mises par-dessus. Les gens des douanes aiment bien trouver quelque chose à saisir dans vos bagages, et les bonshommes de la Gestapo, aussi, sûrement.

Puis ils regarderaient les piles de scripts de mes émissions et je leur montrerais ostensiblement les tampons de la censure sur chaque page. Rien n'impressionnait plus les flics allemands que les tampons officiels, en particulier les militaires. « Approuvé par Un tel de l'OKW », au nom du commandement suprême des forces armées allemandes? Cela donnerait à réfléchir à un homme de la Gestapo. Cela me donnerait du prestige à ses yeux, ou du moins me rendrait moins suspect, bien qu'étranger. En somme, j'allais prendre le pari : leur fouille s'arrêterait là, avant qu'ils n'aillent chercher plus loin, jusqu'à mes carnets sous les scripts de radio. J'allais parier aussi qu'ils n'étaient pas assez malins pour savoir qui j'étais au juste, et que, quand ils l'apprendraient, j'aurais quitté le pays, je serais hors d'atteinte. La Gestapo si redoutée, je savais qu'elle n'était pas vraiment très efficace.

Une fois de plus, j'eus de la chance. Tout, à la direction de la Gestapo, se passa exactement comme je l'avais prévu. Les deux fonctionnaires qui s'occupaient de moi saisirent immédiatement les cartes d'état-major. Je m'excusai. J'avais oublié, dis-je, que je les avais mises dedans au dernier moment. Elles m'avaient beaucoup aidé à suivre les grandes victoires de la Wehrmacht. Je comprenais que je n'avais pas le droit d'emporter des cartes de l'état-major général.

« Qu'est-ce que vous avez encore là-dedans? » me demanda l'un des deux hommes, en posant sa poigne sur la pile de papiers.

« Les textes de mes émissions, dis-je. Toutes les pages, vous voyez, ont le tampon du Haut Commandement et de deux ministères. »

Les deux hommes étudiaient les cachets de la censure. Ils étaient visiblement impressionnés. Ils fouillèrent encore un peu plus par en dessous, chacun dans une valise maintenant. Ils allaient bientôt arriver à mes carnets. J'aurais voulu n'être jamais venu. Je commençais à transpirer. Je m'étais jeté délibérément dans le piège. Quel imbécile!

« Vous avez fait des reportages sur l'armée allemande? me demanda l'un des agents.

– Jusqu'à Paris, et pour l'armistice, à Compiègne, dis-je. Quelle grande armée c'était, et quel grand reportage pour moi! Il entrera dans l'Histoire! »

La cause était entendue : « O.K. », me dit l'un d'eux, visiblement tout fier de connaître ce mot d'anglais.

L'un d'eux apporta une sorte de ruban de métal, en attacha mes deux valises, et y ajouta une demi-douzaine de sceaux de la Gestapo. J'essayai de ne pas mettre trop de chaleur dans mes remerciements. Une fois sorti, j'arrêtai un taxi et me fis emmener à l'aéroport de Tempelhof, où je déposai mes valises à la consigne. Mes papiers n'étaient pas encore sortis d'Allemagne mais, pour l'instant, tout se passait bien.

La dernière note que j'allais inscrire dans mon carnet dans le Berlin de Hitler commençait ainsi :

> 5 décembre. Il faisait encore nuit et le blizzard soufflait quand j'ai quitté l'Adlon pour l'aéroport de Tempelhof ce matin [...].

Dans le taxi qui m'emmenait sur la route familière et glissante de Tempelhof, je me demandais si mon avion pourrait décoller avec ce temps. Si le vol était annulé, je serais coincé pour plusieurs semaines : l'avion pour Madrid et Lisbonne était loué des semaines à l'avance. A l'aéroport, je commençai par retirer mes deux colis de la consigne; le porteur les mit sur un chariot avec les autres valises contenant le reste des biens matériels que j'emportais de ce pays : quelques vêtements et une douzaine de livres allemands. A la douane, il y avait une véritable meute de préposés. J'ouvris les deux valises de mes affaires personnelles et, après avoir un peu fouillé, deux hommes firent une marque à la craie dessus. Je remarquai qu'ils portaient l'insigne de la Gestapo. Ils montrèrent les deux valises qui contenaient mes carnets.

« Ouvrez ça, me dit l'un d'eux, bourru.

– Je ne peux pas. Elles sont scellés par la Gestapo. »

J'étais bien content que mes amis de l'Alexanderplatz y aient apposé au moins une demi-douzaine de sceaux. Les deux hommes se parlèrent à voix basse un moment :

« Où ces deux valises ont-elles été scellées? demanda sèchement l'un d'eux.

– Au siège de la Gestapo, à l'Alexanderplatz. »

Ma réponse les impressionna, mais ils restaient soupçonneux.

« Attendez », me dit l'un.

J'avais vu son collègue décrocher le téléphone sur une table, derrière eux. Visiblement il vérifiait à l'Alexanderplatz. Il raccrocha, revint à moi et, sans un mot, marqua les deux valises à la craie. J'étais enfin libre d'aller faire enregistrer mes bagages. Un homme de la Lufthansa soupesa mes valises. Je lui dis que je voulais enregistrer les plus lourdes.

« Pour où?

– Pour Lisbonne. »

L'idée des lignes allemandes amenant mes carnets en sûreté à Lisbonne, hors d'atteinte du dernier fonctionnaire allemand qui pouvait les saisir, me remonta le moral.

La tour de contrôle ne cessait de retarder le départ de notre avion. La visibilité était nulle au-dessus de Tempelhof. J'allai au restaurant pour prendre un deuxième breakfast. Je n'avais pas faim mais j'avais besoin de m'occuper pour me calmer les nerfs. Je jetai un coup d'œil aux journaux que j'avais achetés machinalement en arrivant à l'aéroport. Celui que je regardais d'abord en général était celui de Hitler, le *Völkische Beobachter,* bourré de propagande mais sans informations. Il donnait la ligne nazie, fixée probablement par le Führer lui-même. Je regardai la première page. Le baratin habituel. Je le rejetai sur la table.

« Je n'ai pas besoin de le lire, me dis-je. Je n'ai plus besoin de lire ces bobards. »

Avant la fin de la journée, en arrivant à Barcelone, je n'aurais plus besoin de rien supporter du grand IIIe Reich. J'éprouvais une énorme sensation de soulagement. Je n'avais plus qu'à tenir encore ce dernier jour, et tout le cauchemar serait terminé pour moi, même s'il durait encore pour des millions et des milliers d'autres. D'ailleurs, les millions d'Allemands n'avaient pas l'air d'en être gênés, pour l'instant du moins.

Enfin on appela notre avion pour Barcelone. En y allant, j'aperçus les porteurs qui chargeaient mes bagages. L'avion décolla, glissa au-dessus de la maison où Tess et moi nous avions passé le plus clair de notre temps à Berlin. Nous n'avions pas été malheureux ici, tous les deux, et nous avions survécu à l'horreur du nazisme et à sa destruction stupide de l'esprit humain. Mais tant d'autres, pensais-je tristement, n'avaient pas survécu : les Juifs surtout, mais aussi les Tchèques et maintenant les Polonais. Même pour la grande masse des Allemands qui soutenaient Hitler, qui s'épanouissaient dans cette Europe qu'il avait conquise, j'éprouvais une sorte de pitié. Ils n'avaient pas l'air de se rendre compte de ce que le poison du nazisme était en train de leur faire.

Estoril, près de Lisbonne. 7 décembre.
Lisbonne, et la lumière, et la santé, et la liberté, enfin!...

Tant pis si les Portugais me retenaient à l'aéroport parce que je n'avais pas de billet pour New York. J'étais tellement euphorique, tellement soulagé d'être libéré de l'Allemagne...

Je réussis enfin à persuader le chef du service des passeports de me laisser aller au comptoir de la Pan Am. Après avoir beaucoup téléphoné à l'agence en ville, on reconnut qu'en effet j'avais bien un billet. CBS l'avait retenu par câble de New York. On me laissa passer. Je m'arrêtai au comptoir de la Lufthansa et montrai les bulletins d'enregistrement de mes deux valises contenant mes carnets, que la compagnie avait bien voulu transporter de Berlin à Lisbonne. Elles avaient d'ailleurs pris le même avion que moi. L'employé allemand fut très impressionné par les sceaux de la Gestapo. Ils avaient même l'air de le terroriser. Il me proposa de me les faire livrer à mon hôtel à Lisbonne. Mais il me sembla que j'avais assez compté sur ma chance. Je repris les valises et j'appelai un taxi pour aller en ville.

Il fallait encore que je récupère ceux de mes carnets qui m'attendaient à la légation de Suède. A Barcelone, j'avais retrouvé ceux que j'avais confiés à mon ami de l'ambassade des États-Unis à Berlin.

A Lisbonne, les hôtels étaient tous complets. Ils étaient tous occupés par des réfugiés, disaient les employés de la réception. D'habitude, j'aurais été agacé. Je ne savais pas où aller et la nuit commençait à tomber. Mais, encore une fois, je ne m'en souciais pas. Je pris un taxi jusqu'à Estoril, une plage au nord de Lisbonne, avec un casino. J'y trouvai une chambre dans un des grands hôtels. J'étais tellement content que j'aurais volontiers couché sur la plage. Après ma toilette, je changeai de chemise et fis un bon dîner – il y avait un vin du pays que me recommanda le serveur et qui était excellent –, puis je passai la soirée à me promener, dans la ville et le long de la plage, en regardant les lumières. Elles paraissaient aveuglantes – et si belles! – après un an et demi du black-out à Berlin!

Quand je rentrai à ma chambre, le téléphone sonnait. C'était Ed Murrow, de Londres. Il avait essayé de me joindre, me dit-il, dans tous les hôtels du Portugal. Il s'était débrouillé pour trouver une place dans un avion qui arrivait le lendemain après-midi à Lisbonne.

« On va parler, me dit-il, et boire quelques verres avant ton départ. Et

New York veut qu'on fasse encore une émission tous les deux. Comment on voit la guerre à Berlin et à Londres. Tu comprends? Mais pas du tout arrangé à l'avance, cette fois-ci [1]. Les Portugais ne nous donnerons probablement pas l'autorisation. Ils ont peur de mécontenter les uns ou les autres. Mais vois ce que tu peux faire. Sinon, au diable! on va s'amuser un peu. »

J'allai à Lisbonne le lendemain après-midi pour attendre Ed à son avion, qui n'arriva qu'un peu avant minuit. Nous avons passé le reste de la nuit à bavarder sans arrêt, à tout dire tous les deux et à comparer nos notes sur l'évolution de la guerre.

Nous avions esquissé un script pour notre émission commune. Mais le gouvernement portugais, de peur de déplaire à Londres et à Berlin, ne cessa de traîner pour nous donner l'autorisation, jusqu'à ce que les moments de l'émission de 2 heures du matin, le 13, et de la reprise de 4 heures soient passés.

Dans l'intervalle, la Pan American m'avait averti que ses avions pour New York étaient bloqués à cause de lames de fond à Horta – les hydravions avaient besoin d'une mer calme pour décoller – et que si je voulais être chez moi pour Noël, je ferais mieux d'essayer de trouver une place sur le bateau hebdomadaire de l'Export Line, qui partait le 13 décembre.

Il y avait des milliers de réfugiés qui se disputaient les places sur les petits bateaux, qui n'avaient que 150 places chacun, mais le directeur local de la ligne me promit de me faire prendre l'*Excambion* qui partait dans la semaine. Je serais peut-être obligé de coucher sur un divan dans un salon [2]. Ça m'était tout à fait égal.

Toute la journée de ce vendredi 13, à Lisbonne, j'étais tout triste à l'idée de quitter Murrow et il éprouvait apparemment le même regret. Depuis trois ans, nous étions devenus très proches l'un de l'autre, dans

1. Après des semaines de négociations avec les gouvernements britannique et allemand, nous avions fait une émission ensemble l'hiver précédent, Ed de Londres, moi de Berlin. C'était la première et la dernière fois, je crois, qu'une conversation en direct était autorisée entre les deux capitales en guerre. Mais elle avait été très guindée, à notre avis. Il nous avait fallu écrire d'avance nos questions et nos réponses, les soumettre aux censeurs et nous y tenir mot pour mot pendant l'émission.

2. Je découvris que le duc et la duchesse de Windsor étaient partis de Lisbonne quatre mois plus tôt sur l'autre bateau, l'*Excalibur*. On sait maintenant, par les archives secrètes nazies, que les Allemands s'étaient donnés beaucoup de mal pour attirer le duc dans leur camp, en lui suggérant qu'ils seraient disposés à le remettre sur le trône qu'il avait abandonné pour la duchesse, aussitôt qu'ils auraient conquis la Grande-Bretagne. Les Allemands, de mèche avec les Espagnols de Franco, étaient même prêts à enlever le duc et la duchesse et à les faire interner en Espagne pour qu'il ait tout le temps de la réflexion. Mais lui et son épouse quittèrent discrètement la ville sur l'*Excalibur*. Pour l'ensemble de cette incroyable histoire, voir *le IIIe Reich*, éd. Stock.

le travail comme en amitié, Et, comme je l'écrivis dans mon carnet ce soir-là : « Un lien s'est créé entre nous, très réél, d'un genre qu'on ne connaît que de rares fois dans la vie, et en même temps, nous avions le pressentiment, absurde certainement, sentimental sans doute, que les hasards de la guerre, peut-être une simple petite bombe, feraient de notre rencontre la dernière. »

Comme il ne repartait pour Londres que le lendemain, Ed m'accompagna à Lisbonne. Le soir tombait à notre arrivée au port. Nous avons trouvé mon bateau et j'ai fait enregistrer mes bagages. Puis nous sommes allés faire le tour du port dans le crépuscule. Il y avait, je m'en souviens, un vague bistrot en plein air pour les dockers, avec une patronne portugaise, grasse, blonde négligée, merveilleuse.

« Ça n'est pas naturel, tous ces cheveux blonds pour une Portugaise », plaisanta Ed.

Nous essayions d'être désinvoltes, au moment de nous séparer. Nous avons pris quelques verres. En silence. Il faisait de plus en plus noir. Je ne distinguais plus son visage. Il était plus sombre. Son froncement de sourcils habituel l'avait repris. Un haut-parleur appela tout le monde à bord. L'équipage commençait à relever la passerelle. Je serrai la main d'Ed. Nous ne trouvions plus rien à nous dire. Je montai à bord et me retournai. Ed avait disparu dans la nuit.

Cinq correspondants américains, de vieux confrères, dont certains que je n'avais pas vus depuis des années, apparurent au bar du bateau au moment où les remorqueurs nous faisaient sortir du port. Ils rentraient aux États-Unis, de France, d'Allemagne, d'Angleterre. Nous avions commandé à boire, pour renouer nos anciennes relations. J'étais content de les retrouver, mais j'étais bien trop nerveux pour rester là. Je montai sur le pont. La pleine lune se levait sur le Tage et, tout le long du large fleuve, des millions de lumières brillaient sur les deux rives et sur les hauteurs. Pour combien de temps? Je me le demandais. Elles s'étaient éteintes presque partout sur cet ancien, ce merveilleux continent, et sur l'Angleterre. Les gangsters nazis arriveraient-ils ici aussi, pour piller le pays et réduire les gens en esclavage? Je savais qu'ils projetaient de traverser l'Espagne pour chasser les Britanniques de Gibraltar. Les Portugais ne pourraient pas les arrêter, pas plus que les Autrichiens, ni les Tchèques, les Polonais, les Danois, les Norvégiens, les Hollandais, les Belges ou les Français.

Je restai longtemps accoudé au bastingage, regardant les lumières disparaître sur cette Europe où, pendant plus de quinze ans, j'avais vécu et travaillé, et où j'avais trouvé tant de bonheur et de joies. Une longue nuit, sombre et tragique, l'avait envahie. Je l'avais vue venir depuis des années, surtout de Berlin, mais aussi de Paris, Londres, Vienne, Rome, Genève et d'Espagne. J'avais essayé de la décrire, bien qu'elle fût au-delà des mots. Maintenant, par chance, simplement parce que j'étais un étranger, je me sauvais. Ceux que je laissais derrière moi ne le pouvaient pas, eux.

Sous l'hécatombe des bombes et les effroyables persécutions des conquérants nazis, ils ne cherchaient qu'à survivre jusqu'à des jours moins horribles. Ils traversaient une épreuve que je n'aurais pas imaginée, même vaguement, à mon arrivée, incroyablement innocent et ignorant comme je l'étais alors. Les braves gens d'Europe se remettaient alors à peine des ravages de la guerre qui avait pris fin sept ans plus tôt seulement. Ils avaient le droit, croyaient-ils, de compter sur une longue période de paix pour reconstruire leurs existences et leurs pays. Nombre d'entre eux avaient espéré que la Société des Nations allait enfin l'assurer, cette paix.

Ils se trompaient. Aucun pays n'avait renoncé à un iota de sa souveraineté égoïste pour le bien commun. Aucune nation ne le ferait peut-être jamais, mon pays pas plus qu'aucun autre. Pourtant, j'étais tout ému d'y rentrer.

Je restai collé au bastingage du bateau, pendant des heures, sans doute. Jusqu'à ce que les dernières lueurs de la côte s'enfoncent dans la nuit. L'Europe avait disparu. J'étais content d'avoir été seul. Je n'aurais pu partager mes pensées, mes sentiments avec personne. Finalement, je me retirai. Mes confrères avaient fini de dîner et prenaient un dernier verre au bar. Ils étaient de bonne humeur, ils riaient en parlant de leur retour chez eux pour Noël, pour la première fois depuis des siècles.

J'allai les rejoindre.

ÉPILOGUE

LA FIN DU IIIe REICH LE JUGEMENT DE NUREMBERG 1945-1946

Cinq ans plus tard, à la fin de la guerre, en 1945, je suis retourné en Allemagne. Le Reich millénaire avait cessé d'exister. Adolf Hitler était mort. La guerre, qu'il avait déclenchée de Berlin par un matin tout gris, le 1er septembre 1939, et qui lui avait apporté tant de conquêtes, il l'avait perdue. Le pays était en ruine. Les gens erraient, ahuris par le froid et la faim. Ceux des chefs nazis qui ne s'étaient pas suicidés, comme Hitler et Heinrich Himmler, étaient en prison à Nuremberg, attendant d'être jugés pour crimes contre l'humanité. La Justice, en fin de compte, les avait rattrapés.

A Berlin, où je les avais vus régner avec tant d'arrogance et de férocité, j'errais parmi les amas de décombres devant les immeubles bombardés, sur des kilomètres et des kilomètres, à perte de vue, abasourdi moi aussi par ce spectacle de désolation.

Le dimanche 5 novembre 1945, je fis ma première émission depuis mon retour. C'était une impression étrange que de m'entendre dire :

« Ici Berlin! »

La dernière fois que j'avais prononcé ces mots, c'était le 3 décembre 1940, il y avait près de cinq ans. Il s'était passé tant de choses, me disais-je, pendant cette période fatidique!

La guerre s'était propagée, après mon départ de Berlin en décembre 1940, entraînant tous les grands pays de la planète. Le 22 juin 1941, Hitler s'était retourné contre la Russie, entraînant l'Union soviétique dans la guerre. Le 7 décembre de la même année, notre tour était venu. Les Japonais nous avaient attaqués à Pearl Harbor. Quatre jours après, le 11 décembre 1941, Hitler déclarait la guerre aux États-Unis, et Mussolini aussi.

Les coups portés d'abord à la Russie et aux États-Unis étaient sévères et, dans le cas de l'Union soviétique, mirent en péril l'existence même de la nation. Pris par surprise malgré les sérieux avertissements donnés à

Moscou par les États-Unis et la Grande-Bretagne, les Russes avaient connu la débâcle pendant les premières semaines de la grande offensive allemande. A la fin de septembre 1941, trois grandes armées allemandes, avançant sur un front de plus de 1 500 kilomètres de la Baltique à la mer Noire, avaient pénétré si profondément en Russie que Hitler ordonna au Haut Commandement de dissoudre quarante divisions d'infanterie, dont il pensait qu'on n'aurait plus besoin. Dans le nord, ses armées encerclaient Leningrad. Au centre, elles n'étaient plus qu'à 300 kilomètres de Moscou. Au sud, elles avaient pris Kiev, occupé la majeure partie de l'Ukraine, le grenier de l'U.R.S.S., et descendaient vers le Caucase et ses riches gisements pétrolifères.

Le 3 octobre, au poste d'écoute de CBS à New York, j'avais entendu Hitler proclamer, de Berlin, l'effondrement de l'Union soviétique.

« Je déclare aujourd'hui sans réserves, avait-il dit, que l'ennemi, à l'est, a été abattu et ne se relèvera jamais. »

Cinq jours plus tard, après la prise d'Orel, une ville clé au sud de Moscou, le seigneur de la guerre nazi envoya le chef de son service de presse, Otto Diettrich, de retour à Berlin en avion, dire aux journalistes que les derniers coups avaient été portés.

« Du point de vue militaire, conclut Diettrich, la Russie soviétique est liquidée. Le rêve britannique de la guerre sur deux fronts est mort. »

Ce furent des jours sombres pour ceux d'entre nous qui avaient espéré que Hitler trouverait à qui parler en Russie. Maintenant, il semblait qu'il eût réussi sa plus grande conquête. Je me rappelle qu'au bout de deux semaines d'offensive allemande, l'état-major général de l'US Army nous informait lui-même, confidentiellement, nous les journalistes, que la fin de l'Union soviétique n'était plus qu'une question de semaines. On espérait que nous ne tromperions pas nos auditeurs ou nos lecteurs en entretenant de faux espoirs.

Le reflux de la marée arriva un jour de gel, par temps de blizzard, le 6 décembre. Quatre jours auparavant, un bataillon de reconnaissance de la 285e division d'infanterie allemande avait atteint Khimki, un faubourg de Moscou. Dans leurs jumelles, les hommes apercevaient les coupoles du Kremlin. Mais pas pour longtemps. Les Russes, malgré les énormes pertes qu'ils avaient déjà subies, avaient massé devant leur capitale une force encore plus formidable que tout ce que les Allemands pouvaient imaginer : sept armées et deux corps de cavalerie blindée, cent divisions fraîches en tout, équipées pour combattre par grand froid et dans la neige profonde. Ils attaquèrent les Allemands sur un front de 350 kilomètres devant Moscou, au matin du 6 décembre, les repoussèrent avec de lourdes pertes et leur ôtèrent toute chance de liquider la Russie.

Le lendemain, à l'autre bout du monde, les États-Unis, pris par surprise comme l'avait été l'Union soviétique le 22 juin, perdaient leur flotte du Pacifique, détruite à Pearl Harbor. La côte ouest de l'Amérique, qui n'était pas défendue, était ouverte aux assauts et à l'invasion japonaises. Ce dimanche-là, nous étions trop secoués par nos propres pertes, absolument stupéfiantes, et par le danger auquel nous faisions face, pour prêter grande attention au reflux de la marée en Russie. Pourtant, nous nous trouvions cette semaine-là en pleine guerre aux côtés des bolcheviques, événement lourd de conséquences pour les deux peuples.

Peu à peu, la marée se renversait en notre faveur aussi. Nous commencions par repousser les Japonais vers le nord, d'île en île, dans le Pacifique occidental. De l'autre côté de l'Atlantique, le 8 novembre 1942, une expédition anglo-américaine commandée par le général Eisenhower débarquait sur les plages du Maroc et de l'Algérie, condamnant les armées italo-allemandes qui battaient en retraite vers l'ouest depuis l'Égypte jusqu'en Afrique du Nord. Le dernier jour de janvier 1943, la VIe armée allemande, celle que j'avais suivie dans son avance triomphale à travers la Belgique et le nord de la France en 1940, se rendait à Stalingrad. C'était la pire défaite militaire de l'histoire de l'Allemagne.

Vers le milieu de l'année suivante, le IIIe Reich lui-même, qui avait lancé tant d'offensives contre d'autres pays, se trouvait pour la première fois attaqué à l'est et à l'ouest. L'Italie fasciste, son unique alliée, avait été en grande partie envahie par les forces anglo-américaines venues de l'Afrique du Nord libérée. Mussolini avait été déposé en juillet 1943 et l'Italie s'était rendue aux Alliés en septembre. Le 5 juin 1944, les forces américaines et britanniques faisaient une entrée triomphale dans Rome. Les Allemands, qui avaient occupé le reste de l'Italie, et qui, jusqu'alors, n'avaient cédé du terrain qu'à regret, reprenaient leur retraite vers le nord à partir de la Ville éternelle.

Le lendemain, le 6 juin, une grande armée anglo-américaine, commandée par le général Eisenhower, débarquait sur les plages de Normandie et repoussait rapidement les Allemands, à travers le nord de la France et la Belgique, jusqu'à leur propre frontière. Je rattrapai la Ire armée américaine le 8 novembre à la ville-frontière d'Aix-la-Chapelle, d'où j'étais parti quatre ans et demi plus tôt pour couvrir l'avance allemande à travers la Belgique et le nord de la France. Dans les rues ravagées d'Aix-la-Chapelle, j'écrivis, dans un article pour le *New York Herald Tribune*, qu'on voyait « le nazisme mort parmi les ruines ». Pendant tout ce rude hiver, pourtant, les Allemands se battaient encore avec acharnement : contre nous sur leurs frontières de l'ouest et contre les Russes, qui étaient arrivés à leurs frontières de l'est.

Au printemps suivant, j'étais de retour dans ma ville d'origine, Cedar Rapids, dans l'Iowa, pour voir ma mère malade, lorsque j'appris, le 12 avril 1945, que Franklin D. Roosevelt était mort. Dans le Midwest, puis de retour sur la côte est, je vis et je sentis le chagrin de toute une nation. La perte subie par le pays semblait irréparable. Une semaine plus tard, j'étais chargé par CBS, non pas de retourner en Europe pour suivre les derniers mois de la guerre, comme je l'espérais, mais d'aller à San Francisco couvrir la création des Nations unies dont nous pensions, dans notre naïveté des beaux jours de ce dernier été de guerre mondiale, qu'elle assurerait à jamais la paix sur la planète. Nous l'espérions tellement!

Cela ne dura guère. A San Francisco, les illusions s'évanouirent bientôt. En relisant mon carnet de l'époque, je retrouve le fil qui domine ce récit de la naissance des Nations unies : l'âpre rivalité entre les États-Unis et l'Union soviétique, émergeant de la guerre comme les deux superpuissances qui détermineraient, pour l'essentiel, la nature du monde à venir. Leurs délégués à San Francisco, je le notai, commencèrent à se disputer le jour même de l'ouverture de la conférence, le 25 avril, et poursuivirent leur désaccord jusqu'à la fin, le 26 juin, lorsque malgré tout la Charte des Nations unies fut signée par toutes les nations présentes. L'hostilité constante entre les représentants des deux grands, leur manque total de confiance mutuelle me déprimait. Dans une émission pour CBS que je fis de San Francisco le dimanche 13 mai, je notai :

> Les États-Unis et la Russie n'ont aucun grand conflit d'intérêts historique. Ils n'en ont jamais eu. Mais si nous ne nous entendons pas, la Russie et nous, il n'y aura pas de paix avant bien longtemps.

Une énorme nouvelle éclata ailleurs, pendant que je suivais les contractions de l'accouchement des Nations unies à San Francisco.

L'Allemagne nazie agonisait. Les Russes étaient à Berlin, ils avançaient, en combattant, vers la Chancellerie, dans la Wilhelmstrasse où Adolf Hitler résistait encore, disait-on. Les Russes avaient rencontré, sur l'Elbe, les Américains qui, avec les Britanniques, nettoyaient l'Europe occidentale et le sud de l'Allemagne. La VIIe armée américaine entrait en Autriche pour faire sa jonction avec les Russes à Vienne.

Le dimanche 29 avril, on apprit à San Francisco que Benito Mussolini était mort. Lui et sa maîtresse, Clara Petacci, avaient été pris par les partisans à Come et exécutés avec dix-sept de ses fascistes fidèles. Les corps avaient été amenés en camion à Milan, pendus sur la Piazza Loreto, insultés par la population en liesse, jetés à terre et abandonnés dans le ruisseau.

Le lendemain mon carnet disait :

San Francisco, lundi 30 avril. Les Russes sont au centre de Berlin. Ils ont pris le vieux bâtiment incendié du Reichstag. Ils ont occupé l'Opéra Kroll, où le Reichstag se réunissait (par la suite) et d'où Hitler annonça au monde, le matin du 1er septembre 1939, les premiers coups de feu de sa guerre.

C'en est fini de Berlin, et de l'Allemagne, et du nazisme! La guerre est à peu près finie.

Le lendemain, le mardi 1er mai, on apprit qu'Adolf Hitler était mort. Comme il convenait, il était mort sur ce qui était, j'en suis sûr, un mensonge. La radio allemande annonçait que « notre Führer, Adolf Hitler, combattant jusqu'à son dernier souffle contre le bolchevisme, est tombé pour l'Allemagne cet après-midi à son quartier général de la Chancellerie du Reich à Berlin. »

« Une mort de héros », déclara son successeur, l'amiral Karl Dönitz, dans l'émission qui suivit aussitôt.

Je doutais fort que Hitler fût mort en héros. Et j'espérais pouvoir retourner bientôt à Berlin pour tirer cela au clair.

Après la mort de Hitler, le prochain événement qu'on allait apprendre d'Allemagne était évident. La nouvelle arriva le 7 mai. Un « flash » d'AP disait :

Reims, France, 7 mai. L'Allemagne s'est rendue aujourd'hui sans conditions aux Alliés occidentaux et à la Russie, à 2 h 41 du matin, heure française.

Et puis, sans préavis, le 6 août 1945, arriva la nouvelle du plus important événement de la guerre, du siècle, de nos existences. Nous avions lâché une bombe atomique sur Hiroshima, au Japon, faisant 80 000 morts, et des dizaines de milliers de blessés, pour la plupart à vie, et rasant 60 p. 100 de la ville. L'homme avait enfin libéré la terrible puissance du minuscule atome. Du jour au lendemain, en cet été brûlant, nous étions entrés dans une ère nouvelle, laissant derrière elle l'ancienne, celle qui durait depuis l'apparition de l'Homme sur la Terre. Nous avions trouvé une arme qui pouvait faire exploser notre univers.

Il fallut un peu de temps pour le comprendre. Je regardai les trois lignes de manchette du *New York Times*, incrédule :

LA PREMIÈRE BOMBE ATOMIQUE SUR LE JAPON. L'ENGIN ÉQUIVAUT A 20 000 TONNES DE TNT. TRUMAN MENACE L'ENNEMI D'UNE « PLUIE DE RUINES ».

Il y avait un sous-titre au-dessus du grand papier :

ON ENTRE DANS UNE ÈRE NOUVELLE. HIROSHIMA EST LA CIBLE.

Il y avait aussi une déclaration véhémente du président Truman :

> Voilà 16 heures, un avion américain a lâché une bombe sur Hiroshima, une base importante de l'armée japonaise. Cette bombe était plus puissante que 20 000 tonnes de TNT [...].
> Les Japonais ont commencé la guerre à Pearl Harbor. Ils viennent d'en être payés et au-delà. Et ce n'est pas fini [...].
> C'est une bombe atomique. Elle utilise la puissance fondamentale de l'Univers. La force dont le soleil tire sa puissance a été déchaînée contre ceux qui ont amené la guerre en Extrême-Orient [...].
> Nous sommes prêts maintenant à réaliser un anéantissement encore plus rapide et complet [...]. Qu'on ne s'y trompe pas. Une destruction complète [...]. S'ils [les dirigeants japonais] n'acceptent pas nos conditions, ils peuvent s'attendre à une pluie de ruines venue du ciel, comme on n'en a jamais vue sur cette terre [...].

Après la terrible menace, venait le rameau d'olivier :

> Le fait que nous puissions libérer l'énergie atomique inaugure une ère nouvelle dans la connaissance humaine des forces de la nature. L'énergie atomique peut, à l'avenir, s'ajouter à la puissance qui provient actuellement du charbon, du pétrole et des chutes d'eau [...].

Il promettait de consacrer « encore des réflexions à la façon dont la puissance atomique peut exercer une influence puissante et vigoureuse en vue de la paix mondiale ».

Winston Churchill, à mon sens, fut plus profond, et plus éloquent :

> Cette révélation des secrets de la nature, si longtemps et si miséricordieusement cachés à l'homme, doit susciter les réflexions les plus solennelles dans l'esprit et la conscience de chaque être humain.

J'appréciai également ce qu'écrivit Hanson Baldwin, le rédacteur militaire du *Times :*

> Hier nous nous sommes offerts la victoire dans le Pacifique, mais nous avons semé la tempête [...].

Il pensait que nous risquions de la récolter. La fin prochaine pour le Japon, d'une façon ou d'une autre, était désormais inévitable. Une semaine plus tard, le 14 août, il se rendait sans conditions. La nouvelle de la reddition tomba quelques secondes après 19 heures. J'étais dans la salle de rédaction de CBS à New York quand elle arriva, sur la ligne de téléphone directe que Paul White avait fait installer avec la Maison-Blanche. Bob Trout, qui attendait avec un micro à la main, diffusa l'information immédiatement.

De la rédaction, au dix-septième étage, on entendit bientôt, par cette chaude soirée d'août, les sirènes des remorqueurs et des navires sur l'Hudson et l'East River. Entre les émissions, je regardais, en dessous, les rues de la grande ville, pleines d'une foule heureuse qui s'en allait célébrer la nouvelle à Radio City et à Times Square. A CBS, on garda une équipe de journalistes presque toute la nuit pour transmettre les nouvelles. Lorsque, mort de fatigue mais heureux, je rentrai chez moi à pied, tenant à peine debout, par la 51e Rue, le soleil d'été se levait, derrière l'East River, sur cette première journée de paix. La Seconde Guerre mondiale était terminée.

> Londres, mercredi 10 octobre. La grande, la vieille ville crasseuse dans l'été indien de ces derniers jours [...].

Les lumières étaient revenues la nuit et les gens dans les rues paraissaient optimistes, après six ans de black-out et de guerre. C'était étrange de revoir tant de mes amis du parti travailliste, que j'avais connus quand j'étais jeune journaliste à Londres et qu'ils venaient tout juste d'entrer au Parlement. Ils étaient maintenant ministres du nouveau gouvernement travailliste. (A la surprise générale, les électeurs avaient éjecté Churchill l'indomptable, le grand vainqueur, dès les tout premiers jours de la paix). Mon fougueux ami gallois, Ny Bevan, était ministre de la Santé, Russell Strauss ministre de quelque chose; Jennie Lee, la jolie fille d'Écosse qui avait été élue à la Chambre en 1929, alors qu'elle avait à peine l'âge requis, était maintenant mariée à Ny, et elle était proposée pour un poste important, comme Dick Crossman.

> Paris, jeudi 19 octobre. Me revoilà dans la ville merveilleuse, la ville magique!...

Le premier jour de mon retour, je me promenai pendant des heures dans les rues familières où j'avais grandi vers le milieu des années 20. J'avais une impression de solitude merveilleuse. C'était « l'un des jours les plus libres et les plus heureux de ma vie ». Ainsi finissait, ce jour-là, mon carnet.

> Paris, jeudi 25 octobre. Yvonne est passée aujourd'hui et a insisté pour aller déjeuner au Knam, un petit restaurant russe du quartier Latin où nous allions souvent dans le bon vieux temps [...]. Nous avons fait, je dois l'avouer, beaucoup de sentiment.

Yvonne avait été mon premier grand amour de Paris. Nous étions restés amis. Mon carnet est ponctué de notes sur de joyeuses rencontres avec de vieux amis, à mon retour dans cette ville que je continuais à aimer passionnément :

> Déjeuner dans un petit bistrot de Levallois avec Eve et Philippe, qui viennent de boucler *Paris Presse,* leur journal du soir.

Eve Curie et Philippe Barrès. Tous deux enfants de parents célèbres. Je les avais beaucoup vus pendant la guerre. Il y a une note dans mon carnet sur ma sortie à Barbizon avec Dos Passos pour aller voir Drue, une actrice américaine qui était restée en France à l'arrivée des Allemands, et qui avait caché des aviateurs britanniques et américains dans sa maison de campagne pour les passer à un réseau clandestin qui les menait à la liberté.

> Dîner à l'ambassade britannique ce soir. Conversation très drôle avec Lady Diana [...].

Diana Cooper avait été, elle aussi, une très belle actrice. Duff Cooper, son mari, était maintenant ambassadeur de Grande-Bretagne à Paris. J'étais évidemment tout heureux de me retrouver à Paris.

> Oublié de noter : au bar du Scribe lundi soir en rentrant de Barbizon, Hadley, la première Mme Hemingway, et Martha, la troisième (juste de retour de Berlin), toutes contentes de parler de la quatrième en prenant leurs apéritifs [...].

Je retournai à Berlin le 30 octobre.

> Berlin, samedi 3 novembre. Telle est donc la fin du Reich millénaire de Hitler [...]. C'est une chose à voir, ici où s'est passée la fin. Et c'est indescriptible.
>
> Comment trouver les mots pour décrire une grande capitale détruite au point d'être presque méconnaissable; une nation naguère puissante qui a cessé d'exister; un peuple conquérant qui était d'une arrogance si brutale et si aveuglément sûr de sa mission de race maîtresse, quand je suis parti voilà cinq ans, et qu'on retrouve, fouillant dans les ruines, des êtres brisés, ahuris, frissonnants, affamés, sans volonté, sans but, réduits comme des bêtes à chercher pitance et abri pour survivre un jour de plus.

Tous les jours, j'errais parmi les ruines de la ville, dont j'avais déjà eu une vue générale dès le premier instant de mon arrivée en avion.

Surprise : la Siegessaule, la grande Colonne de la Victoire érigée pour commémorer la victoire de la Prusse sur la France en 1871, était toujours debout au centre de la Grosser Stern. Ni les bombes anglo-américaines ni les obus russes ne l'avaient abattue. En haut de la colonne flottait le drapeau français, comme pour rappeler que le cours de l'Histoire change souvent de sens. Il y en avait un autre rappel, à quelques centaines de mètres de là, dans l'avenue qui mène à la Porte de Brandebourg : une quantité d'ouvriers qui mettaient la dernière main à un grand monument. C'était dans le secteur de la ville occupé par les alliés occidentaux, mais on m'expliqua que les Russes le faisaient construire en l'honneur de leurs soldats tués pendant la bataille de Berlin. Contrairement à toutes les prévisions, les troupes soviétiques étaient à Berlin et les troupes allemandes n'étaient pas arrivées à Moscou. Les ouvriers russes paraissaient très pressés. Il fallait que le monument soit terminé dans quelques jours, le 7 novembre exactement, pour l'anniversaire de la Révolution bolchevique.

J'avais hâte de revoir la Chancellerie, où Hitler avait vécu et travaillé, et où il était mort. Il n'en restait pas grand-chose non plus : quelques poutres, quelques murs nus qui émergeaient d'un amas de ruines. Une sentinelle de l'Armée rouge, l'air un peu tendu, montait la garde devant l'entrée de l'abri souterrain, où je savais maintenant que Hitler, contrairement à ce que la propagande nazie aux abois avait diffusé, n'avait pas « trouvé une mort de héros en combattant le bolchevisme jusqu'à son dernier souffle ». J'avais déjà commencé à vérifier cela. En escaladant les ruines, je me rappelais les innombrables fois où, du trottoir d'en face, j'avais regardé les grands du régime entrer et sortir de la Chancellerie.

Ils étaient maintenant tous morts ou en prison. Ce bâtiment imposant aussi, avec ses salles ornementées où ils avaient médité avec un tel sang-froid leurs horribles desseins, était, comme eux, à jamais abattu. L'Allemagne aussi, pensais-je. Mais un peu tôt. Les conservateurs américains parlaient déjà de reconstruire le pays.

Tout de même, il était difficile, dans ce désert, de se rappeler que ces misérables Allemands, que j'avais vus à peine cinq ans plus tôt venir à cette Chancellerie aider le dictateur à dresser ses plans inhumains, étaient alors les héros de cette terre de cauchemar. La foule les acclamait quand ils arrivaient et repartaient dans la Wilhelmstrasse. L'Allemagne tout entière les suivait, non seulement avec obéissance, mais avec enthousiasme. Nous étions fatigués, avec mon confrère Howard K. Smith, qui m'accompagnait dans ma visite des ruines. Nous n'avons pas attendu le tour organisé du bunker que préparaient quelques officiers russes. Je reviendrais dans un jour ou deux. En attendant, je continuai ma petite enquête sur la fin de Hitler en ces lieux. En quelques mots, voici :

Adolf Hitler s'était suicidé, au côté de sa maîtresse de longue date, son épouse depuis vingt-quatre heures. Eva Braun s'était empoisonnée. Lui s'était tiré une balle dans la bouche avec son revolver d'ordonnance, au moment où les troupes soviétiques encerclaient la Chancellerie et la pilonnaient de leurs canons à bout portant. Il était 15 h 30, le lundi 30 avril 1945, dix jours après son cinquante-sixième anniversaire et douze ans et trois mois exactement après qu'il fut devenu chancelier d'Allemagne. Il avait mis fin à ses jours plutôt que de risquer d'être pris par les Russes, dont il avait presque détruit le pays. Il disait, dans son testament :

> Je ne tomberai pas aux mains de l'ennemi, qui a besoin d'un nouveau spectacle présenté par les Juifs pour distraire leurs foules hystériques.

Toute son expérience, toutes ses conquêtes et, enfin, sa défaite totale, ne lui avaient rien appris, son testament le prouve. Il croyait encore que les Juifs étaient les seuls responsables de tous les maux de la terre, y compris la défaite et la destruction du IIIe Reich. Les Juifs portaient « seuls la responsabilité », il l'écrivait dans les dernières heures de son existence, non seulement des millions de morts sur les champs de bataille et dans les villes bombardées, mais de leur propre fin atroce, de ses mains.

Joseph Goebbels, fidèle jusqu'au bout, imita son maître le lendemain, mais d'une façon sinistre. Tôt le matin du 1er mai, il fit faire des piqûres mortelles à ses six enfants âgés de trois à douze ans, avant de se faire abattre, avec sa femme, par une ordonnance SS, d'une balle dans la nuque.

Frau Goebbels avait expliqué la veille à une amie que ses enfants « appartenaient au IIIe Reich et au Führer : si l'un et l'autre cessent d'exister, les enfants n'auront plus leur place ».

On n'avait pas consulté les enfants :

« Ils sont trop jeunes, avait écrit Goebbels dans un " appendice " au testament de Hitler. S'ils étaient assez grands, ils approuveraient sans réserve cette décision. »

Ainsi moururent Hitler et l'un de ses principaux hommes de main. Juste avant la fin, le Führer « exclut » du parti, pour trahison envers lui et l'Allemagne, ses deux autres plus proches collaborateurs, Hermann Goering et Heinrich Himmler. Il leur enleva également toutes leurs responsabilités gouvernementales, et, en ce qui concerne Goering, abrogea son décret du 20 juin 1941 qui faisait de lui son successeur : Himmler s'était déjà suicidé en avalant du poison, peu après sa capture par les Britanniques. Goering était parmi les survivants qui attendaient d'être jugés par le tribunal allié de Nuremberg. Le 16 novembre, je quittai Berlin, pour la dernière fois je l'espérais, en direction de Nuremberg. Howard et moi, nous avons roulé toute la nuit. La guerre avait beau être finie depuis six mois, la vue des ruines tout au long de la route me bouleversa encore.

Francfort-sur-le Main, samedi 17 novembre.

La puanteur des morts dans les horribles ruines de Kassel hier soir sous la pleine lune d'hiver! [...] Le premier regard, dans le brouillard du petit matin, à la lueur de la lune, sur ce qui était une grande ville allemande, Francfort, la patrie de Goethe. La terre d'élection des rois allemands, la capitale de la Confédération germanique, un des fiefs du libéralisme allemand au XIXe siècle [...] et un bastion du nazisme [...]. Francfort est morte, sous ses ruines glacées.

Nuremberg, dimanche 18 novembre

Elle n'est plus! La délicieuse ville médiévale derrière ses douves est totalement détruite. C'est un énorme tas de décombres [...]. Selon la formule prosaïque de l'armée américaine, Nuremberg est « mort à 91 p. 100 ».

J'ai traîné des heures durant dans les gravats, ce dimanche-là, à la recherche de points de repère familiers. La vieille ville, le Nuremberg de Dürer, de Hans Sachs, des Maîtres Chanteurs, des vénérables églises de Saint-Lorenz, de Saint-Sebald et de Notre-Dame, le vieil hôtel de ville, mon auberge préférée, la Bratwurstglöcklein (la « Clochette à la Saucisse ») étaient « morts à 91 p. 100 ». La moitié des merveilleuses demeures anciennes au bord de la Pegnitz étaient tombées dans la rivière.

De l'hôtel Deutscher Hof, où Hitler descendait toujours pour les Congrès annuels du parti nazi, je ne retrouvais même pas la trace : c'était là que je l'avais aperçu pour la première fois un soir de septembre, neuf ans plus tôt, debout sur le balcon pour remercier la foule en délire qui l'acclamait. Tout ce quartier de la ville avait disparu, avec l'hôtel Wurtemberger Hof, où descendaient les journalistes.

J'ai arrêté quelques habitants, qui étaient sortis de leur cave pour prendre un peu de ce soleil inattendu de novembre, et je leur ai demandé ce qui s'était passé. Les premiers gros bombardements avaient eu lieu en octobre 1943, et ils n'avaient pratiquement plus cessé. Puis, le lendemain du jour de l'an 1945, ce fut le plus grand raid de tous. Un millier d'avions ou davantage, toute la journée et toute la nuit suivante, avaient achevé la destruction de la cité médiévale et l'avait enterrée sous ses ruines.

La Justice rattrapa les criminels de guerre nazis à 9 h 30 du matin le mardi 20 novembre 1945. Leur procès commença au Palais de justice de Nuremberg devant le Tribunal militaire international. Je n'avais jamais pensé vivre assez pour le voir. C'était absolument sans précédent. La dernière fois que nous avions triomphé des Allemands et ordonné de juger leurs criminels de guerre, tout avait tourné à la farce. En 1919, les Alliés avaient dressé une liste de 3 000 Allemands accusés de crimes de guerre, rapidement ramenée à 892. Sur lesquels *douze* seulement avaient été finalement jugés, par un tribunal allemand, à Leipzig. Mais les Allemands n'avaient jamais pris la chose au sérieux. Trois, sur les douze accusés, ne prirent même pas la peine de se présenter devant la Cour; trois autres bénéficièrent d'un non-lieu et les six derniers, tous accusés de délits mineurs, s'en tirèrent avec des peines légères. Pour la plupart des Allemands, je me rappelle ce que j'en avais lu à l'époque, toute l'affaire était une plaisanterie, une preuve de plus de la stupidité des Alliés.

Cette fois, les Alliés, les États-Unis, la Grande-Bretagne, l'Union soviétique et la France prenaient la chose au sérieux. Pourtant, on avait beaucoup critiqué le procès en Amérique et en Grande-Bretagne, surtout dans les milieux juridiques. Bon nombre d'avocats y étaient opposés pour diverses raisons, mais surtout parce qu'on jugerait les chefs nazis selon une loi postérieure aux faits, qui les rendait responsables de crimes qui n'étaient pas punissables – du moins par un tribunal international des vainqueurs – quand ils avaient été commis.

J'étais trop bouleversé par les crimes de ces barbares nazis pour prendre très au sérieux ces objections. J'avais, il est vrai, des doutes sur l'un des chefs d'accusation [1], qui considérait comme un crime d'avoir déclenché une guerre d'agression. En remontant dans l'Histoire, on trouverait des légions d'hommes coupables de ce chef. Et je pensais qu'il y en aurait d'autres à l'avenir, l'homme n'ayant pas encore fait assez de progrès pour tourner le dos à l'état sauvage et ne plus faire de guerres d'agression.

Le juge Robert H. Jackson, de la Cour suprême des États-Unis et procureur général américain – je le tenais de lui-même – était tout à fait persuadé de pouvoir créer un formidable précédent dans l'Histoire : établir qu'une guerre d'agression est un crime, et que ceux qui la préparent et la déclenchent doivent faire l'objet de poursuites, et être condamnés et punis après un procès en bonne et due forme. Moi qui avais été l'un des rares, à Nuremberg, à avoir vu Hitler et ses complices à Berlin déclencher délibérément la guerre, Dieu sait que je considérais cela comme un crime, dont les coupables devaient être tenus responsa-

1. Il y avait quatre chefs d'accusation :
I. Conspiration pour prendre le pouvoir, établir un régime totalitaire, préparer une guerre d'agression.
II. Conduite de guerres d'agression.
III. Violation des lois de la guerre.
IV. Crimes contre l'humanité, y compris l'assassinat des Juifs.

bles. Mais c'était, à mon sens, une réaction émotive. La justice devait se situer au-delà.

Mais pour les autres chefs d'accusation, crimes de guerre et crimes contre l'humanité – et surtout le massacre des Juifs, des Polonais et des Russes – j'étais heureux qu'ils soient adoptés. Aux experts juridiques coupeurs de cheveux en quatre, en Amérique et en Grande-Bretagne, qui affirmaient qu'on ne peut pas juger des hommes pour des actes qui n'étaient pas des crimes dans les codes au moment des faits – si horribles soient-ils –, il y avait, à mon sens, une réponse suffisante. Massacre, meurtre, torture, esclavage même avaient longtemps été considérés comme des crimes par toutes les sociétés civilisées et inclus dans leurs lois. Comme disait le juge Jackson :

> Nous nous proposons de punir des actes qui ont été considérés comme criminels depuis le temps de Caïn et sont inclus comme tels dans tous les codes civilisés.

Il y avait aussi, à mon sens, un bon argument contre ceux selon qui les nazis ne devaient pas être jugés pour des actes dont ils n'avaient aucune raison de penser qu'ils seraient un jour rendus responsables. En fait, le 1er novembre 1943, deux ans auparavant, les Alliés avaient honnêtement averti les Allemands qu'ils seraient tenus pour responsables des atrocités, massacres et exécutions en masse prémédités, que l'on commençait alors seulement à découvrir. Cet avertissement avait fait l'objet d'une déclaration officielle de Roosevelt, Churchill et Staline :

> Que ceux qui n'ont pas jusqu'ici souillé leurs mains de sang innocent (l'avertissement était certainement de la plume de Churchill) prennent garde de ne pas se retrouver au rang des coupables, car sans aucun doute les trois puissances alliées les poursuivront jusqu'aux plus lointains confins de la Terre pour les livrer à leurs accusateurs afin que justice soit faite.

Aucun des 21 chefs nazis, Goering en tête, qui étaient déjà au banc des accusés lorsque j'arrivai, peu après 9 heures du matin, le jour de la première audience du Tribunal, ne pouvait dire qu'il n'avait pas été prévenu.

Dès mon premier regard, je fus stupéfait. Comme ils étaient tombés bas, ces puissants ! Privés du pouvoir et du cérémonial nazis, comme ils avaient l'air communs et médiocres ! Je me demandais comment ces petits bonshommes insignifiants, qui se tortillaient nerveusement dans leurs tenues minables, pouvaient avoir été ceux qu'on avait vu disposer d'aussi monstrueux pouvoirs. Comment pouvaient-ils, eux, si lamentables, écroulés sur leurs sièges, avoir conquis un grand pays et toute l'Europe de l'Ouest ? Ils n'avaient plus l'air de conquérants, de chefs de la race des seigneurs. Fini l'arrogance, l'insolence, l'agressivité. Je notai sur mon bloc-notes :

« Brisés, ces misérables petits bonshommes. »

Et je commençais à noter comment chacun des accusés se présentait et se comportait au cours de cette première audience.

> Voilà Goering. Il est sur le premier siège des deux rangs du box. C'est le fauteuil nº 1 [...], bien que pas précisément celui dont il avait jadis rêvé. Au premier coup d'œil, je le reconnais à peine. Il a perdu beaucoup de poids – à peu près 35 kilos, me chuchote un médecin militaire américain [...]. Il flotte dans son uniforme d'aviateur défraîchi, privé des insignes et des décorations qu'il adorait puérilement [...]. Et il a perdu aussi son ancienne carrure, son ancienne arrogance, son air flamboyant.

J'étais stupéfait qu'un revers du destin puisse ainsi réduire un homme à ses vraies dimensions. Quant à son voisin dans le box, il était même réduit au-dessous de ses dimensions.

C'était Rudolf Hess, qui avait été longtemps le plus proche de tout l'entourage de Führer et, un temps, son héritier présomptif. Et qui était encore le nº 3 lorsqu'il se lança dans un vol ridicule vers l'Écosse, en 1941. Maintenant, dans le box, il m'apparut, à l'évidence, comme un homme brisé, avec son visage si émacié qu'il avait l'air d'un squelette. Sa bouche ne cessait de se tordre nerveusement, ses yeux jadis brillants flottaient, vides, sur la salle d'audience. C'était la première fois que je voyais Hess sans uniforme. Avec la chemise brune des SA ou le manteau noir des SS, il avait toujours eu l'air costaud. Maintenant, dans un costume civil élimé, il avait l'air tout petit et ratatiné. Il prétendait, on le savait, avoir perdu la mémoire en captivité chez les Britanniques, pendant les quatre dernières années de la guerre. Avec une certaine ostentation, à mon sens, il refusait de participer à la procédure judiciaire. La plupart du temps, il lisait un livre, indifférent à ce qui se passait.

A côté de lui, c'était Joachim von Ribbentrop, un méchant petit ignare solennel. Même la plupart des membres de l'entourage de Hitler – Goering en particulier – se demandaient pourquoi le Führer l'avait choisi, et l'avait gardé. Comme la plupart des autres, il était, lui aussi, voûté, brisé, et il avait incroyablement vieilli.

A sa gauche, Wilhelm Keitel portait un uniforme d'officier, passé, sans aucun insigne, aucune décoration. La dernière fois que je l'avais vu de près, il était Feldmarschall et chef du commandement suprême. C'était à Compiègne où, au nom de Hitler, dans ces tristes jours de juin 1940, assis dans le vieux wagon-lit du maréchal Foch de 1918, il avait dicté les conditions d'armistice à la France. Je me rappelais combien il était suffisant et sûr de lui. Maintenant, il a l'air moins vif, mais non pas brisé. Les monstrueux crimes nazis ne paraissent pas trop peser sur lui. On voit qu'il a bon appétit : il ne cesse de mâcher des crackers qu'il tire d'un paquet de rations K de l'armée américaine.

A côté de lui, c'était Rosenberg, le « philosophe » bidon, jadis mentor de Hitler et du mouvement nazi. Lui aussi a perdu du poids et son visage de Balte, carré et maintenant sans couleur, a perdu ses rondeurs.

> Il porte un complet marron foncé, et ce Balte à l'esprit borné et confus, mais dangereux, qui a tant contribué à créer les haines raciales nazies, qui a organisé le pillage des objets d'art dans les pays conquis, et qui a finalement partagé la responsabilité de l'extermination des Slaves dans les territoires russes occupés, le voilà nerveux, dans le box : il se penche tout le temps en avant pour ne pas manquer le moindre mot, les mains tremblantes.

A côté de lui, c'était Hans Frank, la grande lumière juridique des nazis qui, gouverneur général de Pologne occupée, avait décimé les Polonais et les Juifs. Comme Himmler, Frank me parut une sorte de meurtrier raffiné, qui pouvait tuer, et tuer encore, sans même être excité, sans même paraître excessivement brutal. Il était le plus sûr de lui des nazis dans le box.

Wilhem Frick, son voisin, était aussi un homme froid et impitoyable derrière son apparence presque modeste. Il était l'un des plus vieux compagnons de Hitler, du temps de Munich où, bien que membre de la police bavaroise, il avait été complice du Führer lors du putsch de la brasserie. C'était un bureaucrate jusqu'au bout des ongles. Avec sa veste à carreaux, il avait l'air tout perdu dans le box. Mais je ne pouvais pas oublier la froide brutalité qu'il avait montrée longtemps comme ministre de l'Intérieur et, à la fin « protecteur » de Bohème et de Moravie.

> Il est difficile de reconnaître le suivant dans le box, Julius Streicher. Ancien maître indiscuté de cette ville, qui en parcourait les vieilles rues en brandissant un fouet, et qui devenait obèse en pratiquant la pornographie et en persécutant les Juifs, il s'est plutôt desséché. Ce vieil homme obscène, chauve, décrépit, transpire abondamment. Les gardiens me disent que Streicher est convaincu qu'ils sont tous juifs. Cela vous redonne confiance en la Justice immanente de voir cet Allemand répugnant enfin mis en jugement.

Le suivant était Walter Funk, qui éjecta le Dr Schacht de la présidence de la Reichsbank et du ministère de l'Économie. Il ressemblait toujours à un crapaud, grossier, graisseux et le regard fuyant.

A côté de lui, et le dernier au premier rang, celui des vedettes, il y avait un homme qui n'avait plus voulu parler à Frank depuis dix ans : l'inimitable Dr Hjalmar Horace Greeley Schacht. Il était évident que ce financier rusé, qui, à mon avis, avait plus contribué que quiconque en Allemagne, excepté Papen, à porter Hitler au pouvoir, était furieux d'être jugé avec des hommes qu'il considérait maintenant, un peu tard, comme des gangsters.

> Assis très droit, la tête séparée du reste du corps par son éternel col montant, il se croise les bras sur la poitrine d'un air provoquant. Il sait l'anglais et il suit la lecture de l'acte d'accusation sans écouteurs et avec passion [...]. On m'a dit que Schacht était sûr d'être acquitté.

Les accusés du deuxième rang dans le box m'intéressaient moins. Les deux premiers étaient les seuls grands amiraux de l'Allemagne nazie, Karl Dönitz et Erich Raeder. Dönitz, un officier de Marine capable, dont la carrière s'était passée surtout dans les sous-marins – c'est lui qui avait mis au point la tactique de la « meute » pour les U-Boote allemands – jusqu'à ce qu'il succède à Raeder comme commandant en chef de la Marine, se tenait très droit, en costume civil, avec l'air, pour tout le monde, d'un employé d'épicerie. J'avais du mal à l'imaginer comme successeur de Hitler, ce qu'il avait été, brièvement, après le suicide du Führer. Raeder était encore en uniforme, portant toujours son col cassé (je ne l'ai jamais vu sans). Je pensais qu'il avait vieilli plus que son âge. Il avait eu l'énergie et l'imagination de refaire la Marine allemande après la Première Guerre mondiale. Dans le box, il avait l'air d'un vieil homme fatigué et désorienté.

A côté de lui, c'était le plus agréable d'apparence et le plus jeune des accusés : Baldur von Schirach, le chef des Jeunesses hitlériennes et, pendant la guerre, le *Gauleiter* détesté de Vienne. Il avait l'air plus américain qu'allemand, ayant eu une mère, une grand-mère et un grand-père américains. Le jeune Schirach avait vraiment cru aux balivernes nazies et avait bien réussi à faire de la *Hitlerjugend* une force redoutable. Le premier jour du procès, il paraissait un peu abasourdi de se trouver là.

Fritz Sauckel, le suivant, avait été le patron impitoyable du travail forcé dans le IIIe Reich, un homme grossier et brutal qui avait l'air d'un porc, avec ses petits yeux bridés. Si l'Allemagne de notre temps avait été un pays normal, Sauckel, ancien marin et ouvrier du bâtiment, aurait trouvé sa place dans la vie, mettons, comme boucher. J'étais surpris de voir combien un dur comme lui pouvait être nerveux, une fois prisonnier, lui qui avait réduit en esclavage des millions de travailleurs réquisitionnés dans les pays conquis. Il se balançait sans arrêt.

Le suivant ne se balançait pas : le général Aldred Jodl, raide comme un piquet dans son uniforme déteint. Second après Keitel – et beaucoup plus intelligent que lui – dans l'OKW, il était devenu le général le plus proche de Hitler et l'avait servi fidèlement jusqu'à la fin.

Puis c'était von Papen, l'intrigant, responsable plus qu'aucun autre d'avoir porté Hitler à la Chancellerie en 1933, ce qui ne l'avait pourtant pas empêché plus d'une fois d'être presque liquidé par le Führer. Il avait été le grand survivant, mais on voyait bien qu'il n'était pas heureux maintenant de n'avoir survécu au dictateur que pour être lui-même emprisonné par les Alliés. Il me parut incroyablement âgé, avec ses yeux jadis si vifs et maintenant enfoncés, la peau tendue sur un visage desséché, les épaules voûtées. Il n'en restait pas grand-chose, du vieux renard rusé.

En revanche, Arthur Seyss-Inquart, le méprisable traître autrichien et, pendant la guerre, le brutal oppresseur des Hollandais comme gouverneur nazi des Pays-Bas, paraissait inchangé : toujours très froid et très homme d'affaires.

Albert Speer, l'architecte de Hitler, devenu ministre de l'Armement pendant les dernières années de la guerre, le suivant dans la rangée, paraissait étrangement sérieux. Il m'avait toujours frappé comme l'un des plus convenables parmi les nazis, mais il avait trop d'ambition pour risquer son éclatant succès en s'opposant, avant l'extrême dénouement, au tyran barbare qui, seul, lui avait fait sa carrière. L'avant-dernier dans le box était le Baron Constantin von Neurath, exemple type du diplomate aristocrate sans convictions et sans conscience, qui avait bien servi Hitler, d'abord comme ministre des Affaires étrangères, puis comme « protecteur » de ce qui restait de la nation tchèque, un rôle de vitrine pour la boucherie installée là-bas. C'était un vieil homme brisé, apparemment stupéfait de découvrir qu'on pouvait arriver au bout de cette route qu'il avait suivie si longtemps, lui, le conservateur issu d'une vieille famille allemande, la route des concessions et du compromis avec le Mal.

Le dernier dans le box était Hans Fritsche, commentateur radio et journaliste nazi au ministère de la Propagande, plein de talent mais sans scrupules. Comme Goebbels était mort et ne pouvait pas être jugé, on avait amené Fritsche comme remplaçant. Il paraissait décontenancé de l'importance qu'on lui affectait, comme s'il avait eu envie de dire : « Messieurs les honorables juges, je n'étais vraiment pas dans la même équipe que ces gens-là [1]. »

1. Il manquait à cette liste d'accusés le pire des nazis, Ernst Kaltenbrunner, qui commandait en second la Gestapo-SS sous Himmler, qu'il avait été choisi pour remplacer au procès. Deux jours avant la première audience, il avait eu une hémorragie cérébrale qui l'empêchait de comparaître. Comme Hitler, il était autrichien. L'un de ses adjoints pendant les dernières années de la guerre avait été Adolf Eichmann, qui avait organisé le massacre des Juifs.

Le Dr Robert Ley, l'ivrogne qui dirigeait le Front du travail, n'était pas là non plus, bien qu'il eût été parmi les chefs nazis inculpés à l'origine. Il s'était pendu dans sa cellule avant le début du procès.

A 10 heures précises, les honorables juges firent leur entrée. Ils formaient un groupe intéressant.

> Lord Justice Geoffrey Lawrence, qui présidera, est un vieil Anglais solide, avec un large front à la Gladstone et la confiance en soi discrète de tous les juges britanniques éminents [...]. Il sera ferme, sans passion et équitable. Son suppléant est le jeune Sir Norman Birkett, [...] un grand échalas que j'avais souvent vu au tribunal dans mon jeune temps à Londres, où il était parmi les deux ou trois meilleurs avocats d'assises de notre temps.
>
> Francis Biddle, l'ancien attorney général américain (ministre de la Justice), est un peu intimidé et il se prend presque les pieds dans sa robe en montant sur l'estrade pour aller siéger.
>
> A son côté, le juge John J. Parker, son suppléant, un homme simple venu de la Caroline du Nord, qu'un Sénat furieux a écarté un jour de la Cour suprême. L'Europe, et en particulier l'univers fou du nazisme lui paraissent un peu bizarres [...].
>
> Le juge français, Donnedieu de Vabres, ressemble une minute à Clemenceau et la minute suivante à Pétain. Son suppléant, Robert Falco, ressemble à tous les avocats français qu'on voyait se presser dans la salle des pas perdus du Palais de justice de Paris. Tous ces messieurs portent des robes noires, mais les juges russes, le général Iona Tomofeyevitch Nikitchenko, vice-président de la Cour suprême de l'U.R.S.S., et son suppléant, le lieutenant-colonel Alexander Feodorovitch Voltchkov, sont en uniforme et resplendissants de décorations.

Le procès de Nuremberg dura près d'un an. Ce qui comptait davantage, à mon sens, que le procès lui-même, c'était la publication par l'accusation de milliers de documents secrets du gouvernement nazi, des Affaires étrangères, des SS, du Parti et des trois armes, qui racontaient l'histoire atroce du gouvernement de l'Allemagne et de l'Europe conquise par le régime barbare de Hitler. Ces documents, des centaines de tonnes, avaient été saisis par les armées alliées avant que les Allemands n'aient le temps de les détruire. Par ces papiers, les nazis dans le box se condamnaient eux-mêmes pour les crimes les plus abominables, bien qu'ils aient tous les moyens de se défendre, ce qu'ils firent avec l'aide de leurs avocats, abondamment.

Le 1er octobre 1946, le Tribunal militaire international rendit son verdict. Dix-neuf des vingt-deux accusés étaient déclarés coupables d'un ou de plusieurs des chefs d'accusation. Parmi ceux-ci, douze étaient condamnés à mort par pendaison, trois à la prison perpétuelle et quatre à des peines de dix à vingt ans de prison. Trois accusés, à la surprise de nombreux observateurs, étaient acquittés [1].

1. Par la suite, tous trois furent condamnés par des tribunaux de dénazification allemands. Fritzche fut condamné à neuf ans de travaux forcés, et Schacht et Papen à huit ans. En fin de compte, ils restèrent très peu de temps détenus.

Hess, à la surprise de nombreux observateurs, car il avait été si longtemps l'un des principaux collaborateurs de Hitler, s'en tirait avec la détention perpétuelle, comme Funk et Raeder. Speer et Schirach étaient condamnés à vingt ans de prison, Neurath à quinze et Dönitz à dix. Les autres étaient condamnés à la mort par pendaison.

Seize jours plus tard, peu après une heure du matin, le 16 octobre 1946, Ribbentrop montait à la potence dans la chambre d'exécution de la prison de Nuremberg. Il fut suivi à de brefs intervalles par Keitel, Kaltenbrunner, Rosemberg, Frank, Frick, Streicher, Seyss-Inquart, Sauckel et Jodl.

Le tour de Hermann Goering ne devait jamais venir. Il échappa à la corde. Deux heures avant de monter à la potence, il avait avalé un poison qui lui avait été glissé dans sa cellule.

J'ai écrit par ailleurs :

« Comme son Führer Adolf Hitler et son rival Heinrich Himmler, il avait pu, à la dernière minute, choisir sa façon de quitter un monde où, à l'instar des deux autres, il avait laissé une trace aussi sanglante [1]. »

A ce moment, j'avais quitté l'Allemagne pour la dernière fois et j'étais rentré dans mon pays, à temps, comme la dernière fois cinq ans plus tôt, pour passer Noël en famille.

Cette fois, à quarante et un ans, après vingt ans à l'étranger, c'était définitif.

Martin Bormann, un sombre petit bonhomme qui avait acquis un grand pouvoir comme secrétaire de Hitler pendant la dernière partie de la guerre, fut jugé par contumace, trouvé coupable de deux chefs d'accusation et condamné à mort. Je suis convaincu qu'il fut tué par les obus russes alors qu'il tentait de s'échapper de Berlin, le lendemain du suicide de Hitler. Mais des rumeurs persistèrent pendant des années, selon lesquelles il était arrivé en Amérique du Sud où il vivait bien. Son ascension dans la hiérarchie nazie s'était produite après mon départ de Berlin en 1940.

1. Dernière phrase du *IIIe Reich*.

TABLE

Cet ouvrage a été réalisé sur
Système Cameron
par la SOCIÉTÉ NOUVELLE FIRMIN–DIDOT
Mesnil-sur-l'Estrée
pour le compte des Éditions Plon
le 7 février 1990

Imprimé en France
Dépôt légal : avril 1985
N° d'édition : 11321 – N° d'impression : 14068